Initiation à la comptabilité générale

Tome 1
Sixième édition

Kermit D. Larson
University of Texas at Austin

Michel Légaré
Université du Québec à Rimouski

Guy Perron
Université du Québec à Rimouski

Représenté au Canada par:

 **Les Publications Professionnelles**
Times Mirror Ltée

IRWIN

Toronto • Chicago • Bogotá • Boston • Buenos Aires
Caracas • London • Madrid • Mexico City • Sydney

Directeur de l'édition: *Roderick T. Banister*
Éditrice: *Sabira Hussain*
Coordonnatrice de l'édition: *Paula M. Buschman / Éditions de la
    Chenelière*
Responsable de la production: *Laurie Sander / Éditions de la Chenelière*
Révision linguistique, maquette et composition: *Les Éditions de la
    Chenelière inc. (Montréal)*

ISBN 0-256-17071-1

Imprimé aux États-Unis

3 4 5 6 7 8 9 0   V H   2 1 0 9

Introduction

Perpétuant la tradition, cette sixième édition française du manuel *Initiation à la comptabilité générale* explique clairement les concepts et les pratiques comptables à l'aide d'exposés théoriques complétés par des problèmes et des exercices pratiques. Dans cette nouvelle édition, nous privilégions l'approche pédagogique selon laquelle l'efficacité de l'apprentissage va de pair avec la participation de l'étudiant. Nous croyons fermement que celui-ci apprend plus facilement et plus rapidement lorsqu'il s'engage directement et activement dans le processus d'apprentissage. Cette nouvelle édition française atteint l'objectif que nous nous étions fixé: utiliser le plus efficacement possible le temps que l'étudiant consacre à l'étude de la comptabilité.

En ajoutant au texte une grande variété d'exemples qui s'adressent directement à l'étudiant, nous espérons ainsi l'encourager à participer de façon plus dynamique aux cours ainsi qu'à l'étude qu'il devra poursuivre par la suite. Qu'ils soient nouveaux ou simplement remis à jour, les travaux pratiques proposent une plus grande variété de situations qui représentent bien les problèmes actuels qui se posent dans la réalité. De plus, ces travaux stimulent l'intérêt, développent la capacité d'analyse et permettent au professeur de vérifier le niveau de compréhension de l'étudiant.

Cette sixième édition et le matériel pédagogique qui l'accompagne constituent un ensemble qui intègre les objectifs d'apprentissage des deux premiers cours de comptabilité des niveaux collégial et universitaire. Pour aider les professeurs et les étudiants à atteindre les objectifs de ces cours, nous avons introduit, au début de ce volume, une description et une analyse du cadre théorique de la comptabilité et, tout particulièrement, des postulats et des principes comptables. Cette approche permet aux étudiants d'acquérir les connaissances nécessaires à leur application dans une multitude de situations. Ainsi, les ayant bien compris, ils peuvent développer les compétences qu'ils doivent posséder pour poursuivre des études plus avancées et, s'ils le désirent, faire carrière en comptabilité.

Comme dans les éditions précédentes du manuel *Initiation à la comptabilité générale,* nous abordons les différents concepts dans un langage simple et précis et nous fournissons une très grande variété de travaux pratiques. Ces derniers comprennent de nombreux sujets de discussion en classe, des questions à choix multiples, des cas, des mini-cas, des exercices, des problèmes, un problème à épisodes, des problèmes récapitulatifs et des problèmes d'analyse et de révision. Pour permettre de répartir adéquatement le temps de formation entre l'acquisition des connaissances et le développement des compétences, cette édition comporte les principales nouveautés et améliorations suivantes.

Les nouveautés

Les nombreux commentaires exprimés par les utilisateurs de la cinquième édition du volume *Initiation à la comptabilité générale* nous ont incités à diviser la présente édition en deux tomes.

Le contenu de chacun des tomes répond aux besoins spécifiques du cours de comptabilité auxquels il s'adresse. Dans le tome 1, nous abordons le cycle comptable, de la simple inscription d'une opération à l'établissement des états financiers des entreprises de services et des entreprises commerciales. Le traitement des salaires, avec toutes les particularités reliées au calcul des retenues sur les salaires et du salaire net, y est aussi abordé. Le tome 2 porte sur l'étude et l'analyse des différents postes du bilan. De plus, nous y traitons en détail de la comptabilisation et de la présentation des opérations particulières aux sociétés en nom collectif et aux sociétés par actions.

Par ailleurs, nous avons introduit de nouveaux éléments.

Les problèmes récapitulatifs. Nous avons ajouté des problèmes récapitulatifs à la fin de plusieurs chapitres; ils portent sur les principaux sujets abordés dans ces chapitres. Nous y avons joint une description de l'approche que doit privilégier l'étudiant pour résoudre les difficultés du problème. Cet ajout tend à développer chez l'étudiant une approche logique.

Une question d'éthique professionnelle. De nombreux chapitres présentent une situation soulevant une question d'éthique professionnelle que les étudiants doivent analyser et dont ils doivent discuter. Ces situations donnent parfois lieu à des études de cas qu'ils doivent résoudre.

Une plus grande utilisation des supports visuels d'apprentissage. Nous avons conçu et inséré un grand nombre de nouvelles illustrations graphiques afin d'attirer l'attention des étudiants et de faciliter leur compréhension. Elles mettent en évidence les relations qui existent entre les éléments présentés, les concepts et le traitement de l'information.

Les ordinateurs. Le chapitre 6 du tome 1 aborde les systèmes comptables informatisés tels que nous les retrouvons de nos jours dans les entreprises. Entre autres, nous effectuons un parallèle entre le système comptable manuel et le système comptable informatisé. Finalement, nous avons adapté de nombreux exercices situés à la fin des chapitres pour permettre aux étudiants de les résoudre au moyen d'une feuille de calcul électronique.

Le rapport annuel de Les Industries C-MAC Inc. Plusieurs chapitres contiennent des questions et des problèmes qui nécessitent l'utilisation du rapport annuel de Les Industries C-MAC Inc. situé à l'annexe I, à la fin du manuel.

Les essais analytiques. Chaque chapitre comprend des problèmes qui obligent l'étudiant à analyser la situation et à rédiger un bref essai analytique.

Les synonymes. Nous avons ajouté une section intitulée Des synonymes à la fin de chaque chapitre, à la suite de la section Terminologie comptable.

Les réponses aux questions à choix multiples. Les réponses aux questions à choix multiples sont données à la fin de chaque chapitre.

Les taxes de vente. Les notions reliées à l'application et à la comptabilisation des taxes de vente fédérale (TPS) et provinciale (TVQ) sont maintenant abordées dans les chapitres 5 et 6 du tome 1. La comptabilisation des taxes dans les journaux auxiliaires est traitée dans le chapitre 6, alors que les particularités de leur règlement sont abordées dans le chapitre 6 du tome 2.

L'utilisation de la couleur. Nous utilisons la couleur pour que les étudiants repèrent plus facilement les nouveaux termes introduits dans le texte. Nous l'employons aussi pour faire ressortir les questions d'éthique professionnelle, les tableaux, les figures et la section Questions, exercices et problèmes à la fin de chaque chapitre.

L'utilisation de transparents dans le chapitre 4 du tome 1. Nous employons des transparents pour illustrer la progression du travail du comptable dans l'établissement du chiffrier.

Les améliorations

En plus des nouveautés énumérées ci-dessus, nous avons apporté les améliorations suivantes.

Tome 1

Nous avons entièrement révisé le prologue pour le rendre plus intéressant et plus informatif afin que l'étudiant comprenne mieux le rôle de la comptabilité et le travail du comptable dans notre société en perpétuel changement.

- Nous avons entièrement révisé et simplifié le chapitre 1 afin que l'étudiant se concentre spécifiquement sur l'équation comptable.
- Dans la deuxième partie, nous décrivons et analysons le cadre théorique de la comptabilité générale au Canada. Les principes comptables y sont abordés de façon à ce que l'étudiant comprenne bien, dès le début, leur importance et leur application en comptabilité.
- Nous avons introduit au chapitre 2 un problème à épisodes qui se poursuit jusqu'au chapitre 5.
- Le chapitre 5 couvre mieux les notions se rapportant à l'application de la taxe sur les produits et les services (TPS) et de la taxe de vente du Québec (TVQ). De plus, nous y avons inclus le formulaire de remise des taxes afin de sensibiliser l'étudiant à l'importance de règles précises de comptabilisation de ces taxes.
- Nous avons enrichi le chapitre 7 en y ajoutant différents formulaires nécessaires au traitement des salaires ainsi que des tables de retenues à la source couvrant une fourchette de rémunérations plus importante.
- Dans ce même chapitre, nous avons ajouté à la fin de nouveaux problèmes nécessitant l'utilisation de ces tables de retenues à la source afin que les étudiants comprennent mieux leur fonctionnement et la façon de les utiliser.

Tome 2

- Au chapitre 2, nous avons éliminé la notion des trois jours de grâce pour le calcul des intérêts sur les effets à recevoir. Par contre, nous avons ajouté une nouvelle annexe à ce chapitre afin d'introduire les notions particulières à la comptabilisation des placements dans les titres de participation.

■ Nous avons révisé les chapitres 4 et 5 afin de tenir compte des changements récents apportés au chapitre 3060 du *Manuel de l'I.C.C.A.* portant sur les immobilisations. Par ailleurs, nous avons retiré le texte abordant l'application de la méthode de l'amortissement proportionnel à l'ordre numérique inversé des années puisqu'elle est très peu utilisée au Canada.

■ Nous avons déplacé le texte expliquant la comptabilisation des actions autodétenues du corps du chapitre 10 à l'annexe présentée à la fin de ce chapitre.

■ Afin d'assurer une meilleure homogénéité des sujets, nous avons transféré du chapitre 6 au chapitre 11 la partie traitant de la comptabilisation des effets à payer remboursables par versements.

Les annexes

Afin de donner une plus grande souplesse pédagogique aux professeurs qui adopteront ces volumes, nous avons ajouté quelques annexes à cet ouvrage. Certaines ont été placées à la fin des chapitres qui traitent de sujets étroitement reliés à leur contenu, alors que d'autres ont été introduites à la fin du volume. Vous y trouverez donc les annexes suivantes:

■ Le rapport annuel de Les Industries C-MAC Inc. – annexe I. Ce rapport favorise une compréhension maximale des concepts abordés tout au long de ce volume en permettant à l'étudiant de voir et de comprendre leur application.

■ La liste des comptes utilisés dans le livre – annexe II. Cette liste inclut le nom de tous les comptes de grand livre utilisés dans les chapitres, les exercices et les problèmes; ils sont classés suivant leur nature et les différentes fonctions de l'entité.

■ Les valeurs actualisées et capitalisées: un complément – annexe III du tome 2. Cette annexe, destinée à ceux qui désirent accroître leurs connaissances sur les sujets, fournit un complément aux explications des chapitres 6 et 11 sur la notion de valeur actualisée.

Le matériel pédagogique

Le matériel pédagogique complémentaire du manuel *Initiation à la comptabilité générale* comprend entre autres:

■ Des feuilles de travail   L'étudiant peut obtenir le livret des feuilles de travail sur lesquelles il pourra rédiger les solutions des exercices et des problèmes. L'utilisation de ces feuilles permet à l'étudiant d'être plus efficace en réduisant le temps qu'il doit consacrer à la préparation de tableaux, de feuilles de journal, de comptes de grand livre, etc.

■ Des recueils de solutions   Le professeur peut obtenir les recueils de solutions de tous les sujets de discussion en classe, des mini-cas, des exercices, des problèmes, des cas, ainsi que du problème à épisodes, et des problèmes récapitulatifs et de synthèse de chacun des deux tomes du volume.

Remerciements

La réalisation de cet ouvrage a été rendue possible grâce à la collaboration et au soutien d'un bon nombre de personnes.

Ainsi, nous tenons à exprimer notre reconnaissance aux auteurs américains, MM. Kermit D. Larson, Paul B. W. Miller, et aux auteurs canadiens, MM. Michael Zin et Morton Nelson. Grâce à eux, nous avons pu bénéficier d'une base solide pour préparer cette sixième adaptation française.

Nous désirons aussi remercier le groupe de professeurs qui ont participé au processus de révision de la présente édition; leurs suggestions ont contribué à l'amélioration du contenu de ce volume. Nous remercions tout particulièrement les personnes suivantes:

M. Claude Bélanger, professeur, Cégep de Rivière-du-Loup

M. Gilles Bourgault, professeur, Cégep de l'Outaouais

M. François Chano, professeur, Cégep Ahuntsic

M. Luc Desaulniers, professeur, Université du Québec à Rimouski

M. Vincent Di Maulo, professeur, Collège Bois-de-Boulogne

M. Jean-Louis Hébert, professeur, Cégep de Chicoutimi

M. Luc Léger, professeur, Collège de Sherbooke

M. Marcel Lévesque, professeur, Université du Québec à Rimouski

M. Matampi Mayivangua, professeur, Cégep André-Laurendeau

M. Rodrigue Proulx, professeur, Université du Québec à Rimouski

M. Jean-Pierre Raymond, professeur, Collège Édouard-Montpetit

M. François Vincent, professeur, Collège Édouard-Montpetit

Nous tenons à remercier Mme Danielle Brabant pour sa précieuse collaboration à la rédaction de l'ouvrage. Nous désirons souligner le professionnalisme des Éditions de la Chenelière ainsi que l'excellence du travail de Mme Hélène Pelletier, coordonnatrice à l'édition. Nous remercions également M. Gilles Fresnais (révision linguistique), M. Rémi Tremblay (correction d'épreuves) et Rive-Sud Typo Service inc. (photocomposition et montage).

Les coauteurs remercient également l'Institut Canadien des Comptables Agréés pour l'autorisation accordée de reproduire de nombreux extraits des recommandations provenant du *Manuel de l'I.C.C.A.* et des définitions de termes comptables tirées du *Dictionnaire de la comptabilité et de la gestion financière*. Finalement, nous désirons aussi remercier la direction de Les Industries C-MAC Inc. pour nous avoir permis de reproduire leurs états financiers consolidés aux 31 décembre 1994 et 1993.

Nous sommes très reconnaissants pour toute l'aide reçue et nous invitons tous les lecteurs à nous faire part de leurs critiques et de leurs commentaires.

Michel Légaré
et Guy Perron

Sommaire

Table des matières

Chapitre 5:   La comptabilité des entreprises commerciales   257

Chapitre 6:   Les systèmes comptables   329

Entrée en matière

À peu près tout le monde utilise la comptabilité sous une forme ou une autre. Les plus jeunes calculent les dépenses qu'ils peuvent se permettre avec leur allocation hebdomadaire. Les camelots notent les sommes qu'ils perçoivent de leurs clients. Les étudiants préparent leur budget afin de planifier les dépenses qu'ils auront à effectuer au cours de l'année scolaire et de s'assurer que leurs revenus seront suffisants. Les contribuables établissent leur revenu imposable et calculent les déductions et les crédits d'impôt auxquels ils ont droit. Chaque entreprise additionne ce qu'elle possède et ce qu'elle doit, et dresse ainsi le résultat de ses opérations. Nous utilisons tous des informations comptables pour prendre toutes sortes de décisions financières.

L'étude de la comptabilité vous donnera une vision différente et une meilleure compréhension des décisions financières que vous devez prendre dans le cours normal de vos activités quotidiennes. Vous serez ainsi mieux préparé à vivre en société, à gagner votre vie et à gérer vos revenus. Vous comprendrez plus facilement les informations financières communiquées par les médias telles que les raisons qui expliquent le succès de certaines entreprises alors que d'autres sont acculées à la faillite. En d'autres mots, l'étude de la comptabilité vous fera acquérir des connaissances utiles et pratiques qui vous permettront de mieux comprendre le monde des affaires et le rôle important que joue la comptabilité dans notre système économique.

La première partie du volume *Initiation à la comptabilité générale* comprend les éléments suivants:
  – **Avis à l'étudiant**
  – **Prologue** Introduction aux affaires, à la comptabilité et à l'éthique
  – **Chapitre 1** Les notions de base de la comptabilité

Avis à l'étudiant

Le manuel *Initiation à la comptabilité générale* est conçu de façon à ce que vous soyez activement engagé dans le processus d'apprentissage, ce qui vous permettra d'apprendre plus rapidement et d'intégrer plus à fond les notions comptables. Vous les comprendrez d'autant mieux que vous les aurez vérifiées en les mettant en pratique. C'est pourquoi nous vous invitons à résoudre les problèmes à la fin de chaque chapitre. Vous pouvez aussi utiliser les marges pour y inscrire un commentaire, une note, y résumer une phrase ou y noter une question à laquelle vous aimeriez obtenir une réponse. Ces notes vous seront utiles lors de la révision; de plus, le simple fait d'inscrire ses commentaires contribue en soi au processus d'apprentissage.

Pour vous guider dans votre étude, nous avons précisé, au début de chaque chapitre, les objectifs d'apprentissage spécifiques. L'énoncé et le numéro de chaque objectif est repris tout au long du chapitre; d'abord dans la marge, au début du texte qui le concerne, puis à la fin du chapitre, là où nous les résumons et, enfin, vis-à-vis des exercices et des problèmes qui s'y rapportent.

Autre particularité: vous trouverez des exemples concis de problèmes d'éthique intitulés «Une question d'éthique professionnelle»; nous croyons qu'il est important que vous y réfléchissiez parce qu'ils sont inhérents à la profession et que vous screz confronté régulièrement à de tels problèmes.

À la fin de chaque chapitre, nous présentons un exemple récapitulatif pour vous permettre de vérifier votre compréhension des principaux concepts et sujets abordés. De plus, nous avons inclus une section comprenant une série de questions à choix multiples pour que vous puissiez évaluer les connaissances acquises en regard des objectifs d'apprentissage. Les réponses à ces questions sont données à la toute fin de chaque chapitre.

À la lecture de ce livre, vous serez confronté à la terminologie comptable. Chaque terme est défini à la fin de chaque chapitre dans la section Terminologie comptable et il apparaît en couleur dans le texte la première fois qu'il est utilisé. Relire ces définitions est toujours une bonne façon de commencer la révision d'un chapitre. Enfin, l'index à la fin du volume vous permettra de retrouver tous les termes et éléments importants dans les divers chapitres où ils ont été utilisés.

Dans cette édition, nous avons soigneusement planifié l'usage de la couleur afin de faciliter l'acquisition des connaissances. Ainsi, la couleur a été utilisée pour les titres de paragraphes, pour les nouveaux termes comptables introduits dans le texte et pour les objectifs d'apprentissage. De plus, une bande de couleur borde la section consacrée aux problèmes, questions et exercices à la fin des chapitres.

Introduction aux affaires, à la comptabilité et à l'éthique

Lise Lévesque et Éric Lavoie ont récemment terminé leur baccalauréat en administration des affaires à l'Université du Québec à Rimouski. Mme Lévesque propose à M. Lavoie de s'associer en vue d'exploiter une entreprise de livraison de petits colis à l'intention des entreprises de la région. Lise a déjà en main trois contrats de livraison signés par autant d'entreprises et elle a négocié avec une institution financière locale le financement d'une fourgonnette qu'elle se propose d'acheter. Le projet intéresse Éric; ils décident donc de s'associer et d'exploiter l'entreprise sous la raison sociale Transport vitest enr.

Après discussion, ils conviennent que la première année d'exploitation, ils se partageront les bénéfices à raison de 75 % pour Mme Lévesque et de 25 % pour M. Lavoie. Une plus grande part du bénéfice est attribuée à Mme Lévesque puisque cette dernière est l'instigatrice du projet. Cependant, ils conviennent que le bénéfice net des années subséquentes sera partagé à parts égales compte tenu du fait qu'ils contribueront dans la même proportion à la réussite de l'entreprise. Le chiffre d'affaires de la première année s'avère plus important que prévu, ce qui incite les partenaires à recourir aux services d'un comptable pour établir le bénéfice net réalisé au cours de l'exercice.

Le comptable, qui a un lien de parenté avec Éric Lavoie, sait que le montant du bénéfice net de l'exercice peut varier selon qu'il emploiera une méthode de comptabilisation plutôt qu'une autre tout aussi acceptable pour traiter certaines opérations. Ainsi, selon la méthode comptable choisie, une charge de 30 000 $ pourrait être imputée aux résultats de la première année d'exploitation ou à ceux de la deuxième année. S'il utilise la méthode comptable A, le bénéfice net de la première année d'exploitation sera donc de 30 000 $ supérieur à celui obtenu en appliquant la méthode B. En se fondant sur les résultats prévisionnels de la deuxième année d'exploitation, le comptable a préparé le tableau suivant qui illustre la répartition du bénéfice net entre les associés selon qu'il utilise la méthode comptable A ou B:

Selon la méthode comptable A	1re année Réel	2e année Prévisionnel	Total
Bénéfice net	40 000 $	40 000 $	80 000 $
Répartition du bénéfice net entre les associés			
Lise Lévesque (75 % et 50 %)	30 000	20 000	50 000
Éric Lavoie (25 % et 50 %)	10 000	20 000	30 000
Selon la méthode comptable B			
Bénéfice net	10 000 $	70 000 $	80 000 $
Répartition du bénéfice net entre les associés			
Lise Lévesque (75 % et 50 %)	7 500	35 000	42 500
Éric Lavoie (25 % et 50 %)	2 500	35 000	37 500

Nous reviendrons plus loin sur cette question d'éthique. Dans ce prologue, nous répondrons aussi à d'autres questions, notamment les suivantes:

Quels sont les objectifs poursuivis par les entreprises?

Comment réalisent-elles leurs activités? Qui est responsable de leur gestion?

Quel rôle joue la comptabilité?

En outre, nous soulignerons l'importance de l'étude de la comptabilité même pour ceux qui ne désirent pas devenir comptable. Nous expliquerons aussi la grande variété de tâches spécialisées qu'effectue le comptable. Finalement, nous insisterons sur l'importance du respect des règles d'éthique dans le domaine des affaires et de la comptabilité.

Objectifs d'apprentissage

Après l'étude du prologue, vous devriez être en mesure:

1. d'expliquer l'objectif fondamental de la comptabilité et son importance pour l'entreprise;
2. de décrire le rôle joué par l'entreprise dans la communication de l'information financière aux utilisateurs externes;
3. d'énumérer les principales sphères d'activités de la comptabilité et les tâches qui y sont rattachées;
4. d'énoncer les raisons pour lesquelles l'éthique est importante en comptabilité;
5. de définir et d'expliquer les termes et les expressions de la section Terminologie comptable.

La comptabilité et son importance pour l'entreprise

Objectif 1 Expliquer l'objectif fondamental de la comptabilité et son importance pour l'entreprise.

L'objectif essentiel de la **comptabilité** est de communiquer des informations utiles aux utilisateurs qui doivent prendre des décisions en matière d'affectation des ressources ou juger de la façon dont la direction s'acquitte de sa responsabilité de gérance[1].

La comptabilité fournit donc de l'information financière aux décideurs, ce qui les aide à prendre de meilleures décisions. C'est pour cela qu'on l'appelle souvent le service de la comptabilité. Parmi les décideurs, on retrouve les investisseurs actuels et futurs, les créanciers, les clients, les employés, les gouvernements, etc.

---

[1] «Fondements conceptuels des états financiers», *Manuel de l'I.C.C.A.*, Toronto, Institut Canadien des Comptables Agréés, chap. 1000, paragr. 38.

En plus de fournir de l'information financière sur les entreprises à but lucratif, la comptabilité informe aussi les membres, les donateurs, les subventionneurs et les bénéficiaires sur la situation financière d'un organisme sans but lucratif. Les organismes sans but lucratif, comme les hôpitaux, les musées, les églises, les commissions scolaires, etc., n'ont pas pour objectif de réaliser des profits, mais plutôt de fournir aux membres ou aux bénéficiaires les meilleurs services aux meilleurs coûts possibles. Ainsi, que vous songiez à devenir comptable professionnel, à lancer votre propre entreprise, à faire une carrière de gestionnaire ou tout simplement à utiliser de l'information financière, une bonne connaissance de la comptabilité vous permettra certainement d'atteindre plus facilement vos objectifs.

Les entreprises

La figure PR-1 présente les principales activités d'une **entreprise** manufacturière. Les entreprises de services, comme les entreprises de transport aérien, de transport de marchandises, etc., les services gouvernementaux et les organismes sans but lucratif ont des activités similaires. Les paragraphes suivants décrivent plus en détail ces activités.

Finance. Toutes les entreprises nécessitent des ressources financières pour mener à bien leurs activités et pour assurer leur développement. Les sommes investies peuvent servir à acquérir du matériel, des bâtiments, des véhicules ou un portefeuille d'actions d'autres entreprises. Le service des finances est responsable de la planification et de la gestion du financement de l'entreprise. Ce financement peut être obtenu auprès d'institutions financières, des propriétaires, d'autres investisseurs ou tout simplement prélevé à même les fonds générés par les activités profitables de l'entreprise. Les gouvernements se procurent les sommes nécessaires à la gestion de l'appareil public en imposant des taxes, des impôts et des frais pour les services offerts. Les organismes sans but lucratif obtiennent auprès des donateurs les sommes nécessaires au financement de leurs activités. En préparant les budgets, le service des finances évalue les besoins de financement et détermine les diverses sources possibles. De plus, il analyse les différentes occasions d'investissement et recommande à la direction celles qui doivent être retenues.

Ressources humaines. Toutes les entreprises ont besoin d'employés pour atteindre leurs objectifs. Il est donc nécessaire que l'entreprise sélectionne, recrute, forme, rémunère, conseille le personnel et gère les promotions. Le service des ressources humaines doit aussi gérer la mise à la retraite et la mise à pied d'employés, ainsi que l'application des conventions collectives.

Recherche et développement. Toutes les entreprises doivent trouver de nouvelles façons de satisfaire les besoins de leur clientèle. La recherche de nouveaux produits, de nouveaux procédés et de nouvelles techniques est essentielle à toute entreprise qui veut demeurer concurrentielle. La recherche peut être aussi simple que de tester et améliorer une nouvelle recette de préparation de pizza, ou aussi complexe que de mettre au point un ordinateur plus puissant et plus performant. Une fois la recherche terminée, il faut appliquer le fruit de la recherche à la mise au point d'un nouveau produit ou à la modification d'un produit existant. Le service de recherche et développement, bien que trop souvent négligé, est pourtant essentiel à la survie de l'entreprise et à son expansion.

FIGURE PR-1   *Les activités des entreprises*

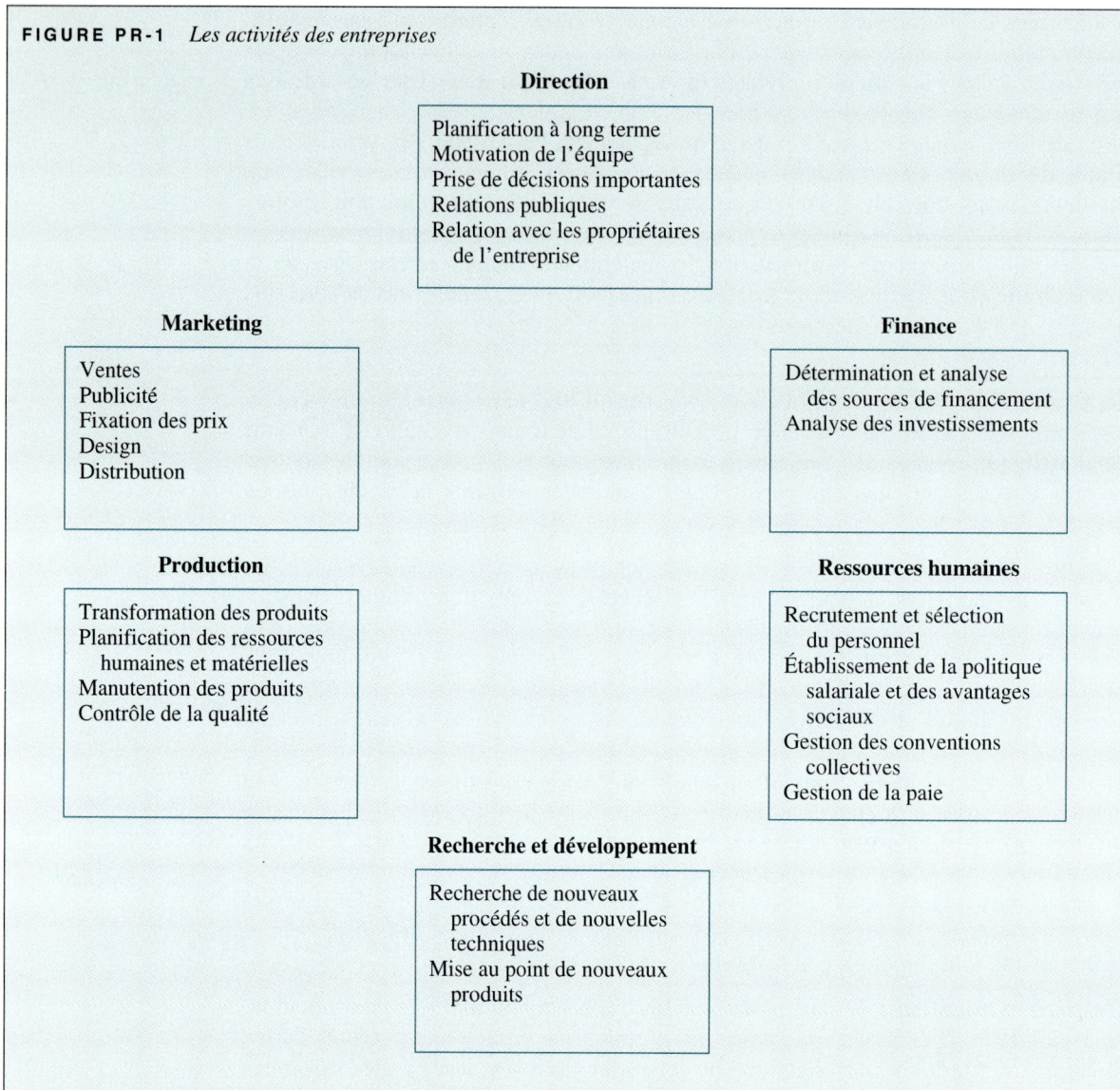

Direction

Planification à long terme
Motivation de l'équipe
Prise de décisions importantes
Relations publiques
Relation avec les propriétaires
    de l'entreprise

Marketing

Ventes
Publicité
Fixation des prix
Design
Distribution

Finance

Détermination et analyse
    des sources de financement
Analyse des investissements

Production

Transformation des produits
Planification des ressources
    humaines et matérielles
Manutention des produits
Contrôle de la qualité

Ressources humaines

Recrutement et sélection
    du personnel
Établissement de la politique
    salariale et des avantages
    sociaux
Gestion des conventions
    collectives
Gestion de la paie

Recherche et développement

Recherche de nouveaux
    procédés et de nouvelles
    techniques
Mise au point de nouveaux
    produits

Production. De nombreuses entreprises produisent des biens et les vendent à leurs clients. La production de biens demande de planifier et de coordonner plusieurs activités de transformation, notamment la conception du processus de fabrication, l'approvisionnement en matières premières et la sélection des employés qualifiés. La manutention des matières premières et des produits finis doit se faire en temps opportun afin d'éviter tout retard. Le service de la production a aussi la responsabilité d'assurer un contrôle rigoureux de la qualité des produits. Les entreprises commerciales et les entreprises de services doivent, elles aussi, s'assurer que la qualité des produits ou des services rendus aux clients correspond aux standards de qualité de l'entreprise.

Marketing. Les entreprises ne peuvent vendre leurs produits ou rendre leurs services que s'il y a des clients prêts à les acheter. Le service du marketing informe les clients des produits et des services offerts par l'entreprise et les encourage à les acheter. Cela comprend les efforts de vente aux clients actuels ainsi que la publicité destinée à accroître la clientèle. Ce service participe à l'élaboration de stratégies de prix qui permettront à l'entreprise de vendre le plus grand nombre possible de produits tout en réalisant des profits. Il doit être à l'écoute des clients afin de suivre l'évolution des goûts et des besoins de ces derniers et de déterminer les nouveaux produits qui pourraient répondre à leurs attentes. Finalement, le service du marketing peut se voir confier le mandat de développer le réseau de distribution des produits de l'entreprise. Les activités du service du marketing peuvent se résumer en quatre P: produit, prix, promotion, pipeline (réseau de distribution).

Haute direction. Toute entreprise doit avoir une haute direction qui fait preuve de leadership et qui planifie et assure la coordination de toutes ses activités. Elle doit aussi établir la stratégie de l'entreprise et motiver le personnel à donner le meilleur de lui-même dans le plus grand intérêt de l'organisation. Les décisions importantes sont prises par le directeur général qui cumule habituellement la fonction de directeur des relations publiques.

Dans certaines entreprises, les propriétaires assument eux-mêmes la direction alors que d'autres confient cette responsabilité à des **gestionnaires**. On appelle ces gestionnaires: président, directeur général ou **président du conseil d'administration**. La personne qui dirige un organisme sans but lucratif porte habituellement le titre de **directeur général**.

Les besoins internes d'informations

La comptabilité est au service de l'ensemble de l'entreprise et fournit l'information financière nécessaire à chacun des services. Elle aide ainsi l'entreprise à atteindre ses objectifs. La figure PR-2 illustre certaines informations financières utilisées par les différents services de l'entreprise.

Le service des finances utilise l'état des flux monétaires afin de connaître l'état actuel des finances de l'entreprise, d'établir les besoins futurs de liquidités et d'évaluer les conséquences des décisions passées. Le service des ressources humaines agit plus efficacement en ayant des informations sur le personnel, comme le montant de la masse salariale. Le service de recherche et développement a besoin de connaître les coûts engagés dans chaque projet afin de mieux les contrôler et d'évaluer la pertinence de réaffecter les ressources s'il y a lieu. La comptabilité fournit au service du marketing les informations dont il a besoin sur le volume des ventes et les coûts engagés dans la promotion des produits ou des services de l'entreprise.

Le service de production dépend fortement de l'information financière pour contrôler ses coûts. Parmi ses tâches, le service de production doit s'assurer qu'il respecte les procédures de **contrôle interne** qui ont été implantées par le service de la comptabilité; le contrôle interne a pour but de promouvoir l'efficience des opérations et de préserver les biens de l'entreprise contre toute mauvaise utilisation. Une procédure du contrôle interne peut, par exemple, obliger un gestionnaire à signer toutes les réquisitions de matériel. Une autre peut viser à s'assurer que les rapports produits sur les activités de production soient fiables et publiés à un moment bien précis. L'organisation et le rôle du contrôle interne seront abordés au chapitre 6. La haute direction utilise l'information financière afin de suivre attentivement les performances et l'évolution de la situation financière de l'entreprise. L'information

---

FIGURE PR-2   *Le rôle interne de la comptabilité*

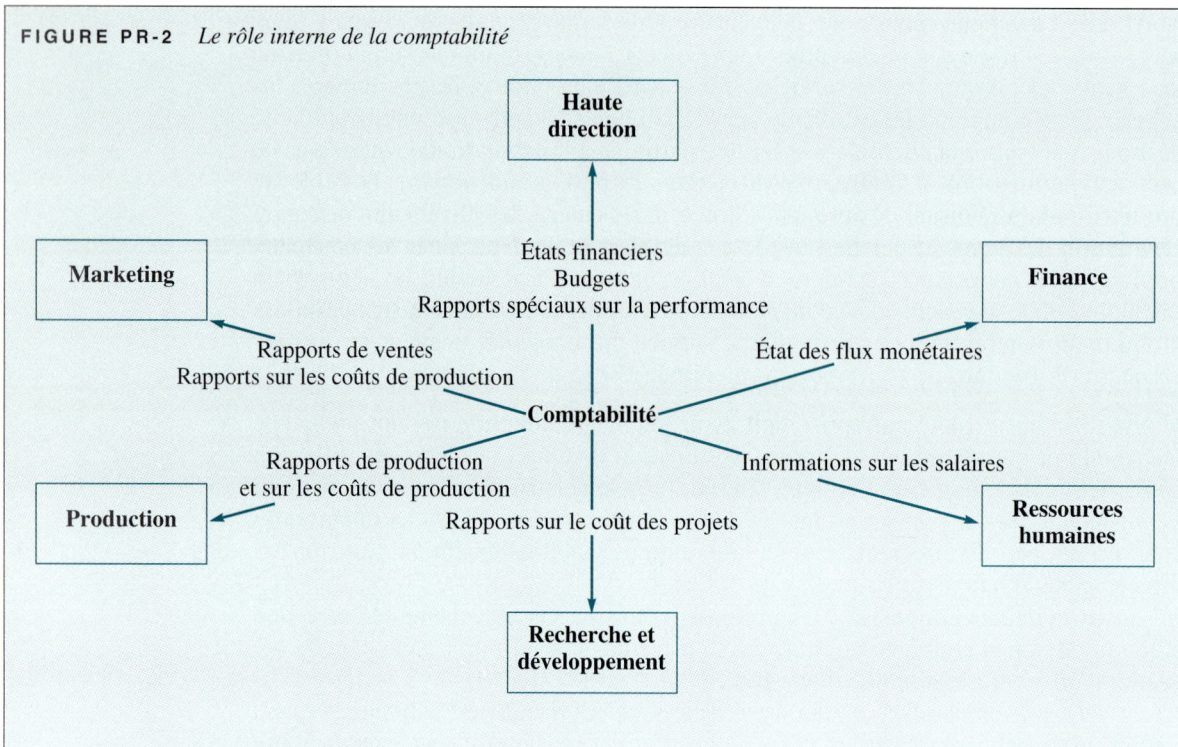

---

financière dont la haute direction a besoin se retrouve en bonne partie dans les **états financiers**. Nous aborderons dans ce livre le contenu des états financiers, leur utilité et leur limite. Nous introduisons au chapitre 1 les quatre états financiers habituellement utilisées. La haute direction utilise les **budgets** pour comparer les résultats réels aux prévisions afin d'évaluer les performances de l'entreprise et de faire les correctifs qui s'imposent au besoin. Les budgets sont aussi utilisés pour planifier l'exploitation future de l'entreprise.

Bref, vous devez retenir à cette étape-ci que ce ne sont pas les activités comptables qui sont importantes mais plutôt les informations financières qu'elles permettent de fournir aux autres services de l'entreprise.

Les besoins externes d'informations

Objectif 2 Décrire le rôle joué par l'entreprise dans la communication de l'information financière aux utilisateurs externes.

En plus de répondre aux besoins internes d'informations, les entreprises doivent fournir de l'information financière à différents groupes d'utilisateurs externes. Parmi ces groupes, on retrouve, entre autres, les propriétaires qui ne s'occupent pas directement de la gestion de leur entreprise. Ils utilisent l'information financière pour évaluer la performance de leur entreprise et ainsi décider de maintenir ou pas leur investissement.

Généralement, le processus de prise de décision oblige les utilisateurs, qu'ils soient internes ou externes, à se poser des questions sur l'entreprise. Le plus souvent, les réponses se trouvent dans les états financiers. Le propriétaire ou les gestionnaires les utilisent donc pour répondre notamment aux questions suivantes:

■ Quelles sont les ressources dont dispose l'entreprise?

■ Quelles sont ses dettes?

- A-t-elle généré des bénéfices?
- Ses charges d'exploitation sont-elle trop élevées par rapport à son chiffre de ventes?
- Réussit-elle à recouvrer rapidement les sommes que ses clients lui doivent?

Ceux qui consentent des prêts à l'entreprise constituent un autre groupe d'utilisateurs externes de l'information financière. Ce groupe, qu'on appelle les **créanciers**, comprend les prêteurs, les institutions financières et les fournisseurs; ils sont intéressés par l'information financière qui permet d'évaluer si l'entreprise est en mesure de remplir ses obligations. Ce groupe cherche des réponses aux questions suivantes:

- Dans le passé, l'entreprise a-t-elle réglé ses dettes dans les délais prévus?
- L'entreprise possède-t-elle les ressources nécessaires pour s'acquitter de ses obligations courantes?
- Les perspectives de bénéfices de l'entreprise sont-elles satisfaisantes?
- Devrait-on augmenter les prêts consentis à l'entreprise?

De plus, l'information financière est utilisée par les citoyens, le législateur et les fonctionnaires afin de connaître les revenus et les dépenses des gouvernements et des organismes gouvernementaux. Les donateurs et les subventionneurs utilisent eux aussi l'information financière pour connaître la façon dont un organisme sans but lucratif a utilisé les fonds qui lui ont été confiés. Les employés d'une entreprise ont tout intérêt à savoir si l'entreprise qui les emploie leur offre un emploi plutôt stable ou plutôt précaire. Pour ce faire, ils utilisent l'information financière afin de connaître la performance et la santé financière de leur employeur. Certains organismes gouvernementaux ont la responsabilité de surveiller les activités commerciales de secteurs réglementés. Les données comptables sont donc nécessaires pour déterminer si les entreprises respectent les réglementations qui les régissent. Revenu Canada et Revenu Québec vérifient à l'aide des états financiers si les entreprises payent les impôts prescrits par la loi. Comme des millions de contribuables canadiens, vous avez dû utiliser des informations financières pour établir votre revenu annuel afin de calculer le montant d'impôt que vous deviez verser aux gouvernements.

Précédemment, nous avons mentionné que la haute direction est généralement responsable des relations publiques et notamment des relations avec les utilisateurs externes de l'information financière. Un des objectifs de ce livre est justement de vous expliquer que les états financiers, de par leur contenu et leur organisation, ont été créés pour communiquer les informations financières qui répondront aux besoins de ces utilisateurs externes. Le schéma ci-dessous présente le lien entre la comptabilité et les utilisateurs externes.

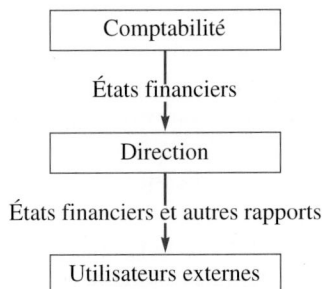

Comptabilité

États financiers

Direction

États financiers et autres rapports

Utilisateurs externes

La différence entre la comptabilité et la tenue des livres

Les liens étroits qui existent entre l'enregistrement des opérations et des faits économiques d'une entité et la communication de l'information financière font que certaines personnes confondent la comptabilité et la **tenue des livres**. Elles identifient la comptabilité à l'une de ses parties, la tenue des livres. En réalité, cette dernière est la partie de la comptabilité qui consiste à enregistrer les opérations dans les livres comptables, soit manuellement, soit en utilisant un ordinateur. La comptabilité englobe beaucoup plus que cela. En effet, elle suppose l'analyse des opérations et des faits économiques, elle précise la façon dont les opérations et les événements doivent être présentés dans les états financiers et en interprète les résultats. Le travail du comptable est beaucoup plus complexe que celui d'un teneur de livres. Le comptable doit être capable de concevoir les systèmes comptables qui produisent des rapports utiles à la prise de décision et qui permettent d'exercer un contrôle sur les opérations de l'entreprise. Son travail fait appel à son jugement et à ses connaissances professionnelles puisqu'il doit analyser des situations complexes et souvent inhabituelles. Il doit aussi être capable d'interpréter l'information contenue dans les rapports financiers.

Que vous désiriez devenir expert-comptable, gestionnaire, investisseur ou financier, il vous sera profitable de connaître comment l'information financière est constituée. Votre étude de la comptabilité débutera par l'apprentissage des différentes techniques reliées à la tenue des livres. Par la suite, ces connaissances vous aideront à mieux comprendre comment les comptables utilisent les informations financières pour produire des rapports utiles. Finalement, votre connaissance du processus d'établissement des états financiers vous permettra d'en faire une meilleure analyse.

La comptabilité et l'ordinateur

Depuis que les premiers ordinateurs sont apparus sur le marché au cours des années cinquante, ils ont envahi le milieu des affaires ainsi que notre vie quotidienne. L'utilisation des ordinateurs est aussi très répandue en comptabilité pour effectuer de nombreuses tâches de gestion, dont le traitement de données comptables. L'ordinateur peut mémoriser une grande quantité de données comptables qu'il trie, traite, résume et dispose dans un certain ordre afin de produire différents rapports utiles à la gestion. De plus, après avoir accepté des données, l'ordinateur a l'avantage de pouvoir les traiter rapidement en recourant peu ou pas du tout à l'intervention humaine. Par conséquent, il a contribué à réduire le temps et le coût du traitement des données comptables et à le rendre moins fastidieux. La réduction du risque d'erreurs dans le traitement des données constitue un autre apport important de l'ordinateur. Ces nombreux avantages expliquent la popularité de la comptabilité informatisée auprès de la majorité des entreprises. De nos jours, seules les petites entreprises utilisent encore des systèmes comptables manuels.

Aujourd'hui, celui qui étudie la comptabilité doit donc être conscient du rôle important que joue l'ordinateur dans le traitement des données comptables. C'est un outil très utilisé par le comptable pour produire l'information financière dont les décideurs ont besoin. Il faut reconnaître que l'avènement de l'ordinateur et surtout la croissance phénoménale de son utilisation en comptabilité a influencé la façon de travailler des comptables. Cependant, il reste que l'ordinateur n'a pas diminué la nécessité d'avoir des personnes bien formées en comptabilité. La demande demeure forte en matière de personnes capables de concevoir et d'implanter des systèmes comptables, d'en superviser les opérations et d'analyser et d'interpréter les rapports produits. Bien que l'ordinateur soit utilisé en comptabilité pour de nombreuses tâches à caractère répétitif, dont la tenue des livres, il ne remplacera et ne comblera jamais le besoin de personnes compétentes.

Pourquoi étudier la comptabilité?

L'information financière permet de trouver des réponses à plusieurs questions et il est certain que dans votre future carrière vous aurez, à un moment donné, à utiliser la comptabilité dans votre travail. En fait, la gestion de votre carte de crédit ou de votre compte de chèques vous oblige déjà à utiliser de l'information financière. Pour pouvoir utiliser correctement l'information financière, vous devez comprendre la terminologie propre à la comptabilité ainsi que les concepts qui guident la préparation des états financiers. Vous devez aussi connaître le processus qui est utilisé pour rassembler, résumer et communiquer les informations à caractère essentiellement financier. Étudier la comptabilité vous permettra aussi d'être conscient de ses limites. Vous apprendrez, par exemple, que la comptabilité utilise des estimations et des prévisions, ce qui a pour effet de fournir des informations qui ne sont pas des mesures précises des résultats. Une bonne compréhension de la façon dont sont établies ces estimations évite les mauvaises interprétations des informations financières.

Une autre bonne raison d'étudier la comptabilité est qu'elle permet de faire une carrière très intéressante, pleine de défis, offrant des salaires intéressants. Dans les prochains paragraphes, nous décrivons en détail le travail du comptable. La lecture de cette section du prologue vous permettra de connaître les différentes possibilités de carrières qui s'offrent à un comptable.

Une des façons de présenter les carrières offertes aux comptables est de les classer par genre de travail. En règle générale, les comptables travaillent principalement dans trois domaines. On doit à chacun de ces champs de spécialisation la production d'informations particulières destinées à des groupes d'utilisateurs différents. Les principaux domaines de spécialisation de la comptabilité sont:

Les différentes carrières de comptables

1. la comptabilité générale, aussi appelée «comptabilité financière»;
2. la comptabilité de gestion ou de management;
3. la fiscalité.

Objectif 3 Énumérer les principales sphères d'activités de la comptabilité et les tâches qui y sont rattachées.

Un peu plus loin dans ce prologue, nous nous attarderons à décrire d'une façon plus détaillée les caractéristiques du travail de chacune de ces spécialités. Une autre façon de présenter les différentes carrières offertes aux comptables est d'établir une liste des types d'organisations qui les embauchent. La majorité des comptables travaillent pour l'entreprise privée et sont à l'emploi d'une seule entreprise. Les grandes entreprises peuvent engager des centaines de comptables, cependant la plupart n'en engagent que quelques-uns.

D'autres comptables rendent des services professionnels à plusieurs clients différents. On dit de ces derniers qu'ils pratiquent l'expertise comptable parce qu'ils offrent des services professionnels au public. Ces comptables sont connus sous le nom d'**experts-comptables**. Certains de ces comptables travaillent à leur compte, alors que la majorité d'entre eux exercent leur profession dans de grands cabinets qui emploient parfois jusqu'à des milliers de personnes.

Les plus grands cabinets d'experts-comptables au Canada en 1995

Nom	Revenus (en milliers de $)
KPMG Peat Marwick Thorne	475 100 $
Deloitte & Touche	406 000
Ernst & Young	366 000
Coopers & Lybrand	284 927
Arthur Andersen	280 573
Price Waterhouse	240 000
Doane Raymond Grant Thornton	204 400
BDO Dunwoody Ward Mallette	119 103

Source: *The Bottom Line*, avril 1995, p. 9.

Les administrations publiques, comme les gouvernements municipaux, provinciaux et fédéral, emploient un nombre important de comptables. Certains comptables en administration publique travaillent à la comptabilisation et à la communication de l'information financière des gouvernements, alors que d'autres s'occupent de la réglementation se rapportant aux entreprises ou de la détection des violations des lois.

En développant des habiletés, des connaissances particulières et en prenant des responsabilités, les comptables ont constitué une profession au même titre que les avocats ou les médecins. Le statut professionnel d'un comptable est reconnu par son adhésion à un ou plusieurs des ordres professionnels provinciaux de comptables.

Les associations comptables

Au Canada, les principales associations qui s'intéressent à la profession comptable sont l'Institut Canadien des Comptables Agréés, l'Association des comptables généraux licenciés du Canada et la Société des comptables en management du Canada. Les associations canadiennes sont composées des ordres de chacune des provinces. Le candidat qui réussit les examens prescrits et effectue le stage requis par un des ordres provinciaux obtient le titre de cet ordre, soit:

Comptable agréé (C.A.);

Comptable général licencié (C.G.A.);

Comptable en management accrédité (C.M.A.).

Les trois associations canadiennes s'occupent de recherche et de publication et contribuent à former la pensée comptable. Chacune d'elles a établi un programme de formation professionnelle et assure la publication de journaux et de revues qui intéressent un grand nombre de lecteurs.

Au cours de la dernière décennie, l'éducation postsecondaire en comptabilité est devenue une partie essentielle de la formation des personnes. La profession comptable est actuellement en pleine expansion. Cette évolution peut s'expliquer par le progrès économique, une plus grande complexité des affaires, le désir des comptables de participer au processus décisionnel et la nécessité de fournir une meilleure information financière.

Comme nous l'avons déjà mentionné, les comptables travaillent habituellement dans un des trois domaines d'intervention de la comptabilité, à savoir la comptabilité générale, la comptabilité de gestion et la fiscalité. Les activités du comptable sont influencées par deux éléments: d'une part, son champ de pratique, d'autre part, le type d'entité où il exerce sa profession (entreprise privée, administration publique ou cabinet d'experts-comptables).

La figure PR-3 présente les activités professionnelles des comptables en fonction de ces deux éléments.

Les domaines de la comptabilité

La comptabilité générale

L'objet de la **comptabilité générale** est de combler les besoins en information financière des décideurs qui n'ont habituellement pas un accès direct aux informations internes de l'organisation. Comme cela a été mentionné plus tôt, on retrouve parmi les décideurs les investisseurs, les créanciers, etc. Les informations financières sont communiquées principalement au moyen d'états financiers à vocation générale. Ils fournissent des informations sur la situation financière de l'**organisation** et sur l'évolution de cette situation financière au cours de l'année. Au chapitre 1, nous expliquerons la forme et le contenu des états financiers.

Dans la première colonne de la figure PR-3, nous indiquons que les états financiers sont établis par les comptables en entreprise. Quoi qu'il en soit, la majorité des entreprises les font vérifier ou examiner avant de les distribuer aux utilisateurs. Cette **vérification** ou cet examen est effectué par des experts-comptables qui exercent leur profession dans des cabinets d'experts-comptables. La vérification des états financiers contribue à accroître la crédibilité de l'information financière. Les banquiers exigent, par exemple, des états financiers vérifiés avant de prêter des sommes importantes à une entreprise. De plus, la Loi sur les sociétés par actions exige que les sociétés constituées sous juridiction fédérale fassent vérifier leurs états financiers avant de faire appel à l'épargne publique en mettant en vente des actions ou des obligations. La Loi sur les compagnies du Québec contient les mêmes exigences. Lors de la vérification, les experts-comptables examinent les états financiers, le système comptable de l'entreprise, les livres comptables et les différents documents d'affaires qui soutiennent les opérations. Ils doivent aussi s'assurer que les états financiers sont préparés en conformité avec les **principes comptables généralement reconnus (P.C.G.R.).** Les principes adoptés doivent permettre à l'entreprise ou à l'organisme de présenter clairement les opérations qui ont eu lieu et sa situation financière. Nous expliquerons les objectifs et les origines des P.C.G.R. dans la deuxième partie de ce livre. De plus, dans les chapitres subséquents, nous ferons fréquemment référence à l'application des principes comptables dans des situations particulières.

Lors de la vérification, le vérificateur cherche à déterminer si les états financiers présentent fidèlement la situation financière de l'entité, en conformité avec les P.C.G.R. En s'appuyant sur les normes de vérification reconnues, le vérificateur exprime une opinion sur les états financiers. Cette opinion est inscrite dans le rapport du vérificateur qui accompagne les états financiers.

Les comptables qui travaillent pour les gouvernements ou les organismes gouvernementaux font aussi de la comptabilité générale. Au bas de la première colonne de la figure PR-3, on indique que ceux-ci doivent préparer des états financiers. Ces états financiers présentent la situation financière des gouvernements et des organismes ainsi que les résultats des opérations survenues au cours de l'exercice.

FIGURE PR-3   *Les activités professionnelles des comptables*

Types de comptables	Champs de pratique		
	Comptabilité générale	Comptabilité de gestion	Fiscalité
Comptables en entreprise	Préparation des états financiers	Contrôle et production de rapports internes Comptabilité des coûts de revient (analytique) Établissement des budgets Vérification interne	Préparation des déclarations de revenus Planification fiscale
Experts-comptables	Mission de vérification ou mission d'examen des états financiers	Conseils de gestion	Préparation des déclarations de revenus Planification fiscale
Comptables en administration publique	Préparation des états financiers Révision des informations financières Préparation de la réglementation Soutien aux entreprises Détection des violations des lois	Contrôle et production de rapports internes Comptabilité des coûts de revient (analytique) Établissement des budgets Vérification interne	Révision des déclarations de revenus Soutien aux contribuables Préparation de la réglementation Détection des fraudes

Ces états financiers permettent au public de connaître la situation financière des gouvernements et des organismes gouvernementaux et d'apprécier la gestion des élus ou de ceux à qui on a confié cette gestion. Les états financiers sont aussi utilisés par les agences qui évaluent la cote de crédit de l'État et des grands organismes. Cette cote sert souvent à déterminer le taux d'intérêt que paiera l'État ou l'organisme lors de l'émission d'obligations. Généralement, les états financiers des organismes gouvernementaux sont vérifiés par des experts-comptables externes ou travaillant pour un service gouvernemental de qui relève la vérification des comptes publics; les vérificateurs généraux du Canada et du Québec en sont des exemples. Les comptables qui travaillent pour des organismes de surveillance, comme la Commission des valeurs mobilières du Québec, doivent examiner les états financiers et les rapports que fournissent les entreprises sous leur surveillance. Ils doivent s'assurer que les informations financières communiquées par ces entreprises respectent la réglementation de la commission. Ils contribuent aussi à préparer la réglementation qui précise l'information financière à communiquer. Ces lois sont souvent très complexes, c'est pourquoi les comptables en administration publique vont aider les entreprises à les comprendre et à les appliquer.

Les services du contentieux de l'État emploient aussi des comptables pour les aider à détecter les fraudes. La Commission des valeurs mobilières du Québec, la Sûreté du Québec et la Gendarmerie royale du Canada, par exemple, emploient des comptables pour les aider à détecter les irrégularités et les fraudes financières.

La comptabilité de gestion

En plus des informations que l'on retrouve dans les états financiers, les rapports de gestion contiennent de nombreuses données qui ne sont habituellement pas communiquées aux utilisateurs externes et sont de nature à permettre aux gestionnaires de prendre des décisions éclairées concernant la planification, le contrôle et l'évaluation des activités courantes de l'organisation.

La figure PR-3 permet de visualiser que les comptables en management qui travaillent pour l'entreprise privée (première section) et ceux qui travaillent pour des organismes gouvernementaux (troisième section) effectuent les quatre mêmes grandes catégories d'activités. Voici la description de ces activités.

Le contrôle et la production de rapports internes. La comptabilité de gestion concerne surtout l'enregistrement, le classement et l'analyse des données nécessaires à la préparation des rapports destinés à la direction et aux gestionnaires des différents services. Le comptable d'une entreprise conçoit et met au point le système comptable avec ou sans l'aide de l'expert-comptable. De plus, il dirige le travail effectué par le personnel de son service et celui des préposés au traitement de l'information financière. Il prépare les états financiers internes et les rapports spéciaux sur le rendement et autres paramètres. On lui donne souvent le nom de **contrôleur** pour reconnaître le fait qu'il exerce un contrôle sur le système comptable et sur la comptabilisation des opérations afin d'assurer la protection des biens de l'entreprise.

La comptabilité des coûts de revient. La **comptabilité des coûts de revient** est une des activités de la comptabilité de gestion qui consiste à assister la direction dans la détermination, la compilation et le contrôle des coûts, particulièrement des coûts de fabrication et de distribution. Elle permet aussi d'évaluer la performance des gestionnaires qui ont la responsabilité du contrôle des coûts. Étant donné qu'il est vital pour une entreprise de connaître ses coûts de production et de les contrôler, un bon nombre de comptables travaillent dans le domaine de la comptabilité de gestion.

L'établissement du budget. Établir un budget consiste à planifier les activités d'une entreprise ou d'un organisme gouvernemental et à fournir à la direction un programme d'actions qui permettra de comparer les résultats obtenus aux prévisions budgétaires et ainsi de vérifier si les objectifs fixés ont été atteints. Beaucoup de grandes entreprises et d'organismes gouvernementaux emploient des comptables qui consacrent tout leur temps à l'**établissement de budgets**.

La vérification interne. En plus d'être vérifiés annuellement par des experts-comptables indépendants, la plupart des grandes entreprises et des organismes gouvernementaux ont un service de **vérification interne** qui est responsable de la vérification ou du contrôle des opérations comptables, financières et administratives. Ces vérificateurs, qui ajoutent de la crédibilité aux rapports internes, doivent s'assurer que tous les services respectent les procédures comptables établies ainsi que les directives des cadres supérieurs. Les vérificateurs internes sont souvent appelés à évaluer l'efficacité des procédures comptables ainsi que des différents services de l'entreprise ou de l'organisme gouvernemental.

Le conseil en gestion. Dans la figure PR-3, nous constatons que les experts-comptables jouent aussi un rôle important en comptabilité de gestion en offrant aux entreprises des services de conseil en gestion.

En plus de vérifier les livres, les experts-comptables jouent souvent le rôle de **conseillers en gestion** auprès de leurs clients. Étant donné que le travail de vérification permet d'acquérir une connaissance approfondie des méthodes, des procédures comptables et de la situation financière de l'entreprise, l'expert-comptable est en mesure de formuler des recommandations au sujet de l'établissement d'un meilleur système comptable ainsi que des moyens à prendre pour améliorer la rentabilité de l'entreprise. La direction des entreprises s'attend à ce que l'expert-comptable fasse des recommandations à la suite de sa vérification. De plus, on retient souvent les services des experts-comptables pour effectuer des études spéciales dont l'objet est d'améliorer l'exploitation. Ces études spéciales et les recommandations qui en découlent représentent le travail du conseiller en gestion.

Les travaux du conseiller portent souvent sur l'analyse et la conception de systèmes comptables, de systèmes d'évaluation des coûts de revient et de procédures de contrôle interne. Il peut assister la direction de l'entreprise dans le choix et l'installation d'un système comptable informatisé ainsi que dans la planification financière, dans l'établissement du budget et dans le contrôle des stocks.

La fiscalité

Les gouvernements fédéral et provinciaux prélèvent des impôts sur les revenus des contribuables. Les impôts sont calculés en fonction du revenu imposable des individus et des sociétés par actions. Le montant d'impôt sur le revenu à payer est établi selon les règles décrites dans la loi, laquelle définit la notion de revenu. En raison de leur formation, les comptables sont en mesure d'assister les contribuables dans la préparation des déclarations de revenus conformes à la loi. Les fiscalistes sont, de plus, en mesure de conseiller les particuliers et les entreprises de façon à minimiser l'incidence des impôts à payer dans le futur. À la figure PR-3, nous présentons dans la troisième colonne le travail effectué en **fiscalité**.

Il arrive fréquemment que les grandes sociétés emploient des fiscalistes qui ont la responsabilité de la préparation des déclarations de revenus, de l'application des lois sur les taxes de vente et de la planification fiscale. À l'occasion, les directions de ces grandes sociétés auront recours aux services de conseillers fiscaux afin de les aider à résoudre des problèmes spécifiques d'interprétation ou d'application des lois et règlements fiscaux. Cependant, la majorité des moyennes et petites entreprises ont recours aux services d'experts-comptables pour résoudre leurs problèmes fiscaux.

Pour leur part, les gouvernements ont à leur service de nombreux comptables qui veillent à l'application des lois et des règlements fiscaux, et qui fournissent aux contribuables des informations sur leur application. Revenu Canada, entre autres, recrute de nombreux comptables qui renseignent les contribuables sur l'application de la loi fiscale fédérale, révisent les déclarations de revenus et effectuent des enquêtes dans le cas de fraudes fiscales. Ils participent aussi à la préparation des changements apportés à la loi et aux règlements fiscaux.

Les paragraphes qui précèdent permettent de mettre en évidence l'importance de la comptabilité pour la majorité des organismes. Quelle que soit l'orientation que vous donnerez à votre carrière, vous aurez certainement à utiliser de l'information financière et à travailler avec des comptables. De plus, si vous décidez de devenir comptable, vous savez maintenant que différents champs d'activités s'offrent à vous dans de nombreuses organisations. Nous aborderons maintenant le rôle important de l'éthique dans le domaine des affaires.

Quotidiennement, dans notre vie privée ou professionnelle, nous sommes tous confrontés à des problèmes d'éthique. En fait, l'éthique est à la base même de toute société. Les médias font régulièrement état de méfaits de toutes sortes qui montrent l'importance de l'éthique: violation des droits de la personne, fraudes commises, par exemple, avec des cartes de crédit, non-respect par des parents de leurs obligations financières vis-à-vis de leurs enfants, abandon, mauvais traitements ou abus d'enfants, abus de confiance de la part de politiciens qui acceptent des pots-de-vin, abus de pouvoir commis par des fonctionnaires et des conseillers financiers, utilisation, par des dirigeants de grandes sociétés, d'informations privilégiées pour réaliser des gains personnels, etc. Tous ces méfaits, qui vont à l'encontre de toute justice, minent la confiance que l'on peut avoir les uns envers les autres, ce qui rend notre vie plus compliquée, plus stressante et moins intéressante.

Dans cette section du prologue, nous définissons l'éthique en général et nous décrivons comment elle influence tout particulièrement les domaines des affaires et de la comptabilité. Le respect d'un **code de déontologie** est essentiel pour les comptables puisque l'objectif de la comptabilité est de fournir une information financière utile à laquelle les décideurs peuvent se fier. Comment les décideurs pourraient-ils se fier à l'information financière s'ils ne peuvent pas faire confiance aux comptables? Afin d'éviter cette situation, les comptables ont conçu un code de déontologie qui énonce les règles de conduite auxquelles les membres de la profession doivent se soumettre.

L'importance de l'éthique en comptabilité

Objectif 4 Énoncer les raisons pour lesquelles l'éthique est importante en comptabilité.

La définition de l'éthique

On peut définir l'éthique comme l'ensemble des règles qui permettent de déterminer si un acte ou une activité est honnête ou malhonnête. L'éthique concerne aussi la morale, l'art de diriger la conduite humaine. Remarquez que les lois et l'éthique sont souvent en accord; ainsi, certains actes qui vont à l'encontre des règles d'éthique, comme le vol ou la violence, sont aussi des actes illégaux. Par contre, il arrive que certains comportements ne soient pas réprimés par la loi mais soient condamnables selon les règles d'éthique. Par exemple, la loi condamne toute personne qui se parjure lorsqu'elle est sous serment alors qu'elle ne sévit pas contre celle qui ment mais n'est pas sous serment. Selon les règles de l'éthique, mentir pour conclure une transaction, par exemple, est tout simplement inacceptable. Cependant, mentir pour mettre quelqu'un à l'abri du danger pourrait être une exception à cette règle. On ne peut donc pas présumer que quelqu'un qui respecte les lois a pour autant un comportement qui correspond aux règles d'éthique.

Une personne peut être confrontée à une situation où il est difficile de décider si une action est acceptable ou pas. La meilleure décision à prendre dans de telles circonstances est celle qui ne laisse planer aucun doute sur la justesse de l'action. Les utilisateurs de l'information financière pourraient, par exemple, mettre en doute la fiabilité de l'information financière contenue dans des états financiers vérifiés par des experts-comptables qui auraient un lien financier avec l'entreprise et auraient donc intérêt à présenter une situation financière favorable. Faut-il interdire aux vérificateurs le droit d'investir dans les entreprises dont ils sont les vérificateurs à moins que le montant investi soit minime? Afin d'éviter d'avoir à définir ce qu'est un investissement minime, le code de déontologie défend aux vérificateurs d'exprimer une opinion sur les états financiers d'une entreprise dans laquelle ils auraient un intérêt financier quelconque, quelle que soit l'importance des montants en question[2]. Il est de plus défendu aux vérificateurs d'accepter un mandat de vérification dont les honoraires seraient établis en fonction des résultats divulgués dans les états financiers[3]. Les règles ont été établies afin d'éviter les conflits d'intérêt qui pourraient amener les utilisateurs de l'information financière à mettre en doute l'intégrité et l'indépendance du vérificateur.

Plusieurs situations controversées auxquelles vous aurez à faire face, que vous soyez étudiant ou sur le marché du travail, ont une dimension qui relève des règles d'éthique. Les questions d'éthique font inévitablement partie de notre quotidien. Comment est-il possible de tenir compte de toutes les facettes de l'éthique? La réponse que nous pouvons apporter à des problèmes d'éthique est souvent influencée par notre vision des choses, par la perception que nous voulons que les autres aient de nous-mêmes ainsi que par une multitude d'autres facteurs dont notre propre moralité. En fait, l'effet combiné des choix faits par chaque individu influence grandement la qualité et l'intégrité de notre société, ainsi que l'expérience de chacune des personnes concernées. Au-delà de ces considérations générales, regardons maintenant comment l'éthique s'applique au monde des affaires et plus particulièrement à celui de la comptabilité.

L'éthique en affaires

Nous commençons ce livre en traitant de l'éthique en affaires à cause de la place importante que prennent les activités commerciales dans notre vie et du rôle essentiel de l'information financière pour les entreprises.

Au cours des dernières années, nombreux sont ceux qui ont exprimé leur opinion sur la détérioration des règles d'éthique en affaires. Touche Ross, firme internationale d'experts-comptables, a effectué un sondage d'opinion sur ce sujet. Ce sondage a été mené auprès de 1100 administrateurs de sociétés, politiciens et doyens de facultés de gestion dans des universités. «Selon les résultats, 94 % d'entre eux considèrent que, de nos jours, le milieu des affaires est préoccupé par les problèmes d'éthique[4]». Ce même sondage révèle que, pour survivre, une entreprise doit respecter un code de déontologie très sévère. Cela nous permet de conclure que «le respect de règles d'éthique très strictes est bon en affaires». Les entreprises qui se sont donné des pratiques soumises à un code de déontologie ont créé un climat de confiance qui leur permet de s'assurer de la fidélité de la clientèle et des fournisseurs, d'avoir à leur emploi un personnel honnête et productif et de maintenir une solide réputation. Pour ces entreprises, le code de déontologie contribue donc à leur succès.

À cause de l'intérêt très répandu dans le public pour l'éthique en affaires, de nombreuses entreprises ont récemment adopté un code de déontologie qu'elles révisent périodiquement. Un grand nombre d'autres sociétés sont en train de se donner pour la

---

[2] *Code de déontologie*, Ordre des comptables agréés du Québec, Manuel des membres, janvier 1990.
[3] *Ibid.*
[4] *Ethics in American Business*, Touche Ross & Co., New York, 1988, p. 1-2 (traduction libre).

première fois des règles d'éthique. Ces codes précisent, entre autres, les règles qui régissent les relations entre les différents services de l'entreprise, la conduite des affaires avec les clients, les fournisseurs, les organismes de réglementation, le public et même avec la concurrence. Ces entreprises utilisent souvent leur code de déontologie comme un engagement social à maintenir des pratiques commerciales intègres. Il est aussi important de mentionner que ce code sert de guide de comportement pour les employés.

L'éthique en comptabilité

Comme cela a été mentionné précédemment, l'éthique revêt une importance particulière en comptabilité, à cause du rôle important que joue le comptable comme pourvoyeur d'une information financière fiable et utile aux décideurs. Le comptable est souvent confronté à des questions d'éthique lorsque vient le temps de choisir les informations qu'il doit fournir aux décideurs. Vous n'ignorez pas que les services rendus par les experts-comptables peuvent comporter de graves conséquences pour le public et les entreprises ou organismes.

Ainsi, les recommandations d'un expert-comptable peuvent influencer la politique de dividendes des sociétés, le coût d'acquisition d'une entreprise, la rémunération des cadres intermédiaires et supérieurs, le succès ou la faillite de certains produits ou de certaines divisions, le montant des impôts ou des taxes qui sera payé, etc. De même, des informations financières inadéquates ou erronées peuvent provoquer la fermeture d'une division, ce qui entraînera le licenciement d'employés et de nombreux torts aux clients et aux fournisseurs. Le comptable doit être conscient des conséquences que peuvent avoir les informations financières qu'il communique. Pour guider les comptables dans les décisions qu'ils doivent prendre, les associations d'experts-comptables comme l'Ordre des comptables agréés du Québec, l'Ordre des comptables en management accrédités du Québec et l'Ordre des comptables généraux licenciés du Québec se sont donné un code de déontologie il y a déjà plusieurs années de cela. Les articles de ces codes sont révisés régulièrement afin qu'ils soient bien adaptés à l'évolution constante du monde des affaires.

Pour comprendre l'importance du rôle des règles d'éthique dans les décisions prises par les experts-comptables, reprenons l'exemple de Mme Lévesque et de M. Lavoie du début du prologue.

Il est clair que le choix d'une méthode plutôt que l'autre avantage l'un ou l'autre des associés. Si la méthode A est choisie, la part des bénéfices que recevra Mme Lévesque sera de 7 500 $ plus élevée qu'avec la méthode B. À l'inverse, si la méthode B est choisie, c'est M. Lavoie qui recevra 7 500 $ de plus qu'avec la méthode A. Dans cet exemple, l'expert-comptable a besoin de plus d'informations pour prendre une décision éclairée quant au choix de la méthode comptable. Cependant, il ne devrait pas être influencé par l'impact que peut avoir le choix d'une méthode sur le revenu des associés. Si c'était le cas, cela pourrait représenter un manquement aux règles d'éthique.

Ce cas n'est pas exceptionnel. Les experts-comptables sont fréquemment appelés à choisir entre plusieurs méthodes comptables qui peuvent influer sur le bénéfice des entreprises. Les décisions relatives au choix des pratiques comptables ne peuvent être prises à la légère car, comme le montre l'exemple précédent, elles peuvent avoir des conséquences sur l'attribution de biens et de ressources à des individus ou à des groupes d'individus.

Ainsi, de nombreuses entreprises versent à leurs gestionnaires en sus du salaire une gratification dont le montant est établi en fonction du bénéfice net de l'entreprise. Le mode de rémunération peut inciter les gestionnaires à choisir des méthodes comptables qui permettent d'accroître le bénéfice net.

La confidentialité des informations privilégiées représente un autre aspect du code de déontologie qu'ils doivent respecter. Ils ont, par exemple, accès au registre des salaires, aux informations sur les projets d'expansion et de développement des entreprises, aux coûts unitaires des produits, aux budgets et à une variété d'informations concernant les clients et les employeurs. Un manquement au secret professionnel peut créer un préjudice irréparable à l'entreprise de son client. C'est pour cette raison que le code de déontologie recommande que ces informations privilégiées soient traitées en toute confidentialité.

De même, les comptables travaillant aux services de la comptabilité de l'entreprise ne doivent pas utiliser les informations financières confidentielles pour en retirer des avantages personnels.

Ces quelques exemples font ressortir l'importance d'un code de déontologie autant pour les comptables que pour leurs clients et le public en général. Ce code leur sert de guide dans les relations d'affaires et dans leurs prises de décision.

Il les incite à être responsables et intègres dans toutes les situations quelles que soient les difficultés qu'elles soulèvent. Il permet aussi aux clients de connaître les règles rigoureuses auxquelles sont assujettis les experts-comptables dans l'exercice de leur profession et rassure le public en général sur la fiabilité des états financiers. Il faut dire, en fait, que le bon fonctionnement de notre système économique repose pour une bonne part sur une information financière digne de confiance.

Le défi de l'éthique

L'étude de la comptabilité vous amènera à rencontrer différentes situations qui mettront en cause les règles d'éthique. Nous vous encourageons donc à rechercher et à explorer les différentes options qui peuvent être envisagées et à les évaluer sur le plan éthique. Vous devez vous rappeler que la comptabilité doit s'exercer selon un code de déontologie strict si l'on veut qu'elle soit un outil utile au service de la société dans laquelle nous vivons. Voilà peut-être le principe fondamental le plus important de la comptabilité. Les décisions d'ordre moral et le développement du code de déontologie relèvent de nous-mêmes.

En conclusion, nous appliquerons à la comptabilité cette phrase d'Earl Warren, juge à la Cour suprême, à propos des lois: «Dans notre monde civilisé, [la comptabilité] flotte sur une mer de questions qui font appel à l'éthique.» Le choix de notre mode de navigation sur cette mer ne dépend que de nous. Ne sous-estimez pas l'importance des choix que vous ferez. Tôt ou tard, les décisions que vous prendrez influeront sur la société dans laquelle nous vivons; c'est là le défi éthique auquel nous sommes tous confrontés.

Résumé en regard des objectifs d'apprentissage

Objectif 1. L'objectif principal de la comptabilité est de communiquer de l'information utile à ceux qui en ont besoin pour prendre des décisions en matière d'investissement, de crédit, etc. Ces utilisateurs incluent les investisseurs actuels et futurs, les créanciers, les gouvernements et le public en général. Les gestionnaires de l'entreprise, les fournisseurs, les clients sont aussi des utilisateurs de l'information financière. À l'interne, la comptabilité fournit des informations aux gestionnaires des différents services de l'entreprise, comme les services des finances, des ressources humaines, de la recherche et développement, de la production, du marketing, et la haute direction.

Objectif 2. En plus de répondre aux besoins internes d'informations, les entités doivent fournir de l'information financière à un grand nombre de groupes d'utilisateurs externes dont les intérêts sont variés. Parmi les utilisateurs externes, nous retrouvons plus particulièrement ceux qui investissent dans l'entreprise et ceux qui lui prêtent des capitaux. Les créanciers ont en effet besoin de savoir si l'entreprise sera en mesure de respecter ses engagements et de rembourser ses dettes à l'échéance.

Objectif 3. Les comptables exercent leur profession soit dans les entreprises privées, soit dans un service gouvernemental, soit dans un cabinet d'experts-comptables. Ces comptables effectuent de nombreuses tâches qui peuvent être classées dans les champs de la comptabilité générale, de la comptabilité de gestion et de la fiscalité. En comptabilité générale, le comptable prépare ou vérifie les états financiers destinés aux utilisateurs qui ne s'occupent pas de la gestion quotidienne de l'entreprise. Le comptable de gestion fournit les rapports dont les gestionnaires de l'entreprise ont besoin pour prendre des décisions. Sa responsabilité recouvre la comptabilité générale, la comptabilité des coûts de revient, la budgétisation, la vérification interne et les conseils de gestion. Finalement, le fiscaliste prépare les déclarations de revenus et effectue de la planification fiscale.

Objectif 4. L'éthique comprend un ensemble de règles qui permettent de déterminer si un acte ou une action est honnête ou non. L'éthique dicte la conduite que doit suivre aussi bien un individu qu'un membre d'une profession. La confiance que l'on peut avoir dans les activités économiques repose sur le fait que l'on considère que les gens sont intègres. L'éthique est particulièrement importante en comptabilité; les utilisateurs ont besoin d'informations financières fiables préparées par un professionnel intègre. Sans le respect d'un code de déontologie lors de l'établissement de l'information financière, cette dernière ne serait pas fiable, ce qui réduirait de beaucoup l'efficacité du système économique actuel.

Terminologie comptable[5]

Budget Expression quantitative et financière d'un programme d'action envisagé pour une période donnée. Le budget est établi en vue de planifier l'exploitation future et de contrôler a posteriori les résultats obtenus.

Code de déontologie Texte réglementaire énonçant les règles de conduite professionnelle auxquelles sont soumis les membres d'une profession.

Comptabilité Système d'information permettant de rassembler et de communiquer des informations à caractère essentiellement financier, le plus souvent chiffrées en unités monétaires, concernant l'activité économique des entreprises et des organismes. Ces informations sont destinées à aider les personnes intéressées à prendre des décisions économiques, notamment en matière de répartition des ressources. La comptabilité recense les faits et les opérations caractérisant l'activité économique d'une entité et, par des procédés de mesure, de classification et de synthèse, transforme ces données brutes en un nombre relativement restreint de renseignements intimement liés et hautement significatifs. Lorsqu'ils sont rassemblés et présentés adéquatement, ces renseignements décrivent la situation financière de l'entité, ses résultats d'exploitation ou de fonctionnement et l'évolution de sa situation financière.

---

5 Louis Ménard, C.A., *Dictionnaire de la comptabilité et de la gestion financière*, Institut Canadien des Comptables Agréés, Toronto, 1994. Reproduit avec permission.

Comptabilité des coûts de revient Comptabilité dont l'objet est, d'une part, de connaître, de calculer, de classer et d'enregistrer les coûts des activités de production et de distribution de biens et de services de l'entité et d'autre part, d'établir des prévisions de charges et de produits (par exemple coûts préétablis et budgets d'exploitation), d'en constater la réalisation et d'expliquer les écarts qui en résultent (contrôle des coûts et des budgets).

Comptabilité générale Comptabilité dont l'objet est de classer, d'enregistrer, d'analyser et d'interpréter, en valeurs monétaires, les activités économiques d'une entité en vue de déterminer les effets de ces activités sur la situation financière de l'entité et sur ses résultats d'exploitation ou de fonctionnement, et de produire des informations à cet égard, notamment les états financiers (ou comptes), en conformité avec les principes comptables généralement reconnus.

Conseiller en gestion Professionnel des techniques d'organisation et de gestion qui est appelé à donner son avis sur la résolution de certains problèmes que lui confie la direction d'une entité.

Contrôle interne Organisation structurelle de l'entité et ensemble des règles et des procédures définies par la direction en vue d'assurer, notamment et dans toute la mesure du possible, la préservation du patrimoine de l'entité, la fiabilité de l'information financière, l'efficience ou l'utilisation optimale des ressources, la prévention et la détection des erreurs et des fraudes et le respect des politiques établies.

Contrôleur Cadre dirigeant chargé des activités de contrôle (notamment contrôle interne, contrôle comptable, contrôle budgétaire, contrôle de gestion) de l'entité.

Créancier Titulaire d'une créance, c'est-à-dire la personne physique ou morale à qui est dû de l'argent.

Directeur général Personne qui répond, devant le conseil d'administration, de la gestion de l'entreprise ou de l'organisme qu'elle dirige.

Entreprise Organisation de production de biens ou de services à caractère commercial.

Établissement du budget Processus d'établissement des prévisions budgétaires.

États financiers Bilan, état des résultats, état de l'évolution de la situation financière et autres documents de synthèse sur lesquels figurent des données financières ou comptables propres à une entité, présentées d'une façon organisée.

Expert-comptable Personne dont la profession est d'exécuter, pour le compte d'autrui, moyennant des honoraires, d'une part des missions de vérification et d'autre part des missions d'examen des comptes ainsi que des travaux de comptabilité et d'établissement d'états financiers. Ce professionnel comptable rend principa-lement des services d'attestation visant à accroître la crédibilité de l'information financière. Accessoirement, il rend d'autres services à titre de conseiller en gestion, en fiscalité, en informatique, etc.

Fiscalité Ensemble des lois relatives au fisc et à l'impôt (législation fiscale) et, par extension, domaine d'activités afférent à ces lois.

Gestionnaire Terme générique utilisé pour désigner toute personne chargée d'une gestion ou ayant la respon-sabilité de gérer une entreprise, un organisme ou une section de ceux-ci.

Organisation Groupe de personnes qui s'unissent et travaillent ensemble en vue d'atteindre un objectif parti-culier.

Président du conseil d'administration Personne qui préside aux délibérations du conseil d'administration d'une entreprise ou d'un organisme.

Principes comptables généralement reconnus (P.C.G.R.) Principes ou normes comptables en vigueur dans un espace juridique donné, dont l'existence a été reconnue formellement par un organisme responsable de la normalisation en comptabilité ou par des textes faisant autorité, ou dont l'acceptation est attribuable à un précédent ou à un consensus.

Tenue des livres Travail qui consiste à classer et enre-gistrer les opérations et les faits économiques se rapportant à une entité dans les comptes et journaux de celle-ci.

Vérification En matière d'états financiers ou autres informations financières, étude des documents comptables et des autres éléments probants s'y rapportant effectuée par un professionnel compétent et indépendant en vue d'exprimer une opinion quant à la fidélité de l'image que ces états ou autres informations donnent de la situation financière et des résultats de l'entité en cause. Le profes-sionnel vise à déterminer si cette image est fidèle selon les principes comptables généralement reconnus ou, dans des cas exceptionnels, selon d'autres règles comptables appropriées communiquées au lecteur.

Vérification interne Fonction de vérification établie au sein d'une entité et dont l'objet est d'examiner et d'évaluer les activités de celle-ci pour le compte de la direction. Elle vise à aider les dirigeants à s'acquitter de leurs responsabi-lités, en fournissant des analyses, des évaluations, des recommandations, des conseils et des informations relati-vement aux activités examinées. Le vérificateur interne, qui est un salarié de l'entité, s'assure, pour le compte de la direction, que les ressources humaines, financières et matérielles sont gérées avec économie, efficience et efficacité, en conformité avec les lois, règlements et direc-tives et que les règles et procédures de contrôle interne fonctionnent et sont appliquées efficacement en conformité avec les politiques établies.

Sujets de discussion en classe

1. Quel est l'objectif essentiel de la comptabilité?

2. Énumérez les six services que l'on retrouve dans la plupart des grandes entreprises.

3. Quelles sont les informations financières utilisées par chacun de ces six services?

4. En quoi consiste le rôle d'information de la comptabilité envers les utilisateurs externes?

5. Quelle différence y a-t-il entre la comptabilité et la tenue des livres?

6. Énumérez trois ou quatre exemples de questions auxquelles une personne en affaires peut répondre en examinant des états financiers.

7. Pourquoi une personne qui utilise un système comptable informatisé doit-elle étudier la comptabilité?

8. Quels sont les trois champs de pratique des comptables?

9. Quelles sont les trois sortes de services professionnels qui sont offerts par un expert-comptable?

10. Donnez quelques exemples de services offerts par un expert-comptable qui agit à titre de conseiller en gestion.

11. Quels services l'expert-comptable rend-il en matière de fiscalité en plus d'établir les déclarations de revenus?

12. Quels sont les champs d'activités d'un comptable œuvrant au sein de l'entreprise?

13. À quoi sert la vérification des états financiers? Décrivez le travail effectué par le vérificateur.

Les notions de base de la comptabilité

Dans ce premier chapitre, nous débutons par l'étude des informations que les comptables communiquent aux décideurs au moyen des états financiers. Ensuite, nous expliquerons l'expression «principes comptables généralement reconnus». Nous aborderons aussi les différentes formes légales d'entreprises, puis nous traiterons de l'analyse que fait le comptable des opérations commerciales dans le but d'en tirer des informations utiles. Finalement, nous expliquerons le taux de rendement des capitaux propres et comment celui-ci est utilisé pour évaluer la performance d'une entreprise au cours d'un exercice.

Objectifs d'apprentissage

Après l'étude du chapitre 1, vous devriez être en mesure:

1. de décrire l'information contenue dans les états financiers et de dresser des états financiers élémentaires;
2. d'expliquer ce que l'on entend par «principes comptables généralement reconnus»;
3. d'expliquer les différences entre l'entreprise individuelle, la société de personnes et la société par actions, et de comparer la responsabilité du propriétaire, celle de l'associé et celle de l'actionnaire par rapport aux dettes de l'entreprise;
4. de discerner et de préciser les effets des opérations sur les éléments de l'équation comptable;
5. d'analyser la performance d'une entreprise en utilisant le taux de rendement des capitaux propres;
6. de définir et d'expliquer les termes et les expressions de la section Terminologie comptable.

La comptabilité a pour objectif de communiquer des informations utiles à ceux qui prennent des décisions en matière d'affectation des ressources et qui évaluent la façon dont la direction s'acquitte de sa responsabilité de gérance[1].

Les états financiers

---

[1] «Fondements conceptuels des états financiers», *Manuel de l'I.C.C.A.*, chap. 1000, paragr. 15, Institut Canadien des Comptables Agréés, Toronto, 1991.

Objectif 1 Décrire l'information contenue dans les états financiers et dresser des états financiers élémentaires.

La comptabilité fournit donc de l'information financière, ce qui aide les utilisateurs[2] à prendre de meilleures décisions. Les principaux utilisateurs sont les investisseurs, les créanciers, les gestionnaires, les fournisseurs, les clients, les employés, les gouvernements, etc.

En plus de fournir de l'information financière concernant les entreprises à but lucratif, la comptabilité informe aussi les membres, les donateurs, les subventionneurs et les bénéficiaires sur la situation financière d'un organisme sans but lucratif. Les organismes sans but lucratif, comme les hôpitaux, les musées, les églises, les commissions scolaires, etc., n'ont pas pour objectif de réaliser des profits, mais plutôt de rendre les meilleurs services aux membres ou aux bénéficiaires aux meilleurs coûts possibles.

Habituellement, les entités utilisent les états financiers pour communiquer l'information financière aux administrateurs et aux autres utilisateurs. Les états financiers sont utiles, car ils décrivent d'une façon condensée la performance de l'entité ainsi que sa situation financière. Puisqu'ils donnent une vue d'ensemble de l'entité, les états financiers constituent donc un bon point de départ pour l'étude de la comptabilité. Par conséquent, nous commençons cette étude par un examen de l'état des résultats et du bilan. Le diagramme qui suit présente la relation qui existe entre ces deux états:

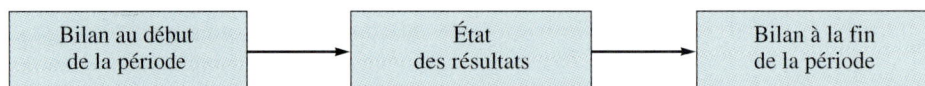

Bilan au début de la période	→	État des résultats	→	Bilan à la fin de la période

L'état des résultats de la période constitue en effet le maillon qui assure le lien entre le bilan du début et celui de la fin de la période.

L'état des résultats

Le tableau 1-1 présente un modèle d'**état des résultats**. Cet état révèle aux utilisateurs si l'entreprise a atteint ou non un de ses objectifs importants, c'est-à-dire la réalisation d'un **bénéfice net**. Un bénéfice net existe lorsque les **produits d'exploitation** sont supérieurs aux **charges d'exploitation** alors que la situation contraire entraîne une **perte nette**. L'examen de l'état des résultats du tablcau 1-1 permet de se rendre compte que les informations fournies par cet état ne se limitent pas au bénéfice net ou à la perte nette.

Il présente plutôt, d'une part, la liste des produits d'exploitation et, d'autre part, la liste des charges d'exploitation, et il déduit le total des charges d'exploitation du total des produits d'exploitation pour déterminer si, au cours de l'exercice, l'entreprise a réalisé un bénéfice ou encouru une perte. Le détail de ces informations est certainement plus utile à la prise de décisions que le seul chiffre de bénéfice net ou de perte nette.

Les produits d'exploitation représentent les augmentations des ressources économiques, sous forme d'entrées d'argent, ou d'accroissements d'autres actifs ou de diminutions de passifs; ils résultent des activités courantes de l'entité. Les produits proviennent habituellement de la vente de biens ou de la prestation de services. Retenez, pour le moment, que les **actifs** sont les ressources économiques que possède l'entité et que les **passifs** sont les dettes.

---

[2] Pour alléger la lecture de cet ouvrage, nous avons choisi d'utiliser le genre masculin dans son sens générique incluant hommes et femmes sans discrimination.

TABLEAU 1-1 *L'état des résultats de Jean Drouin, avocat*

JEAN DROUIN, AVOCAT
État des résultats
pour le mois terminé le 31 décembre 1996

Produits d'exploitation:		
Honoraires professionnels gagnés . .		3 900 $
Charges d'exploitation:		
Salaires.	700	
Loyers.	1 000	
Total des charges d'exploitation . . .		1 700
Bénéfice net		2 200 $

Comme le montre le tableau 1-1, les produits de l'entreprise Jean Drouin, avocat provenant de services légaux rendus à ses clients au cours du mois de décembre 1996 s'élèvent à 3 900 $. Les ventes de marchandises, les loyers gagnés, les dividendes créditeurs et les intérêts créditeurs sont d'autres exemples de produits d'exploitation.

Les charges représentent des diminutions des ressources économiques, sous forme de sorties ou de diminutions d'actifs ou de constitutions de passifs, qui résultent des activités courantes menées par l'entité en vue de la génération de produits ou de la prestation de services[3].

Il faut remarquer que l'en-tête de l'état des résultats du tableau 1-1 donne trois informations importantes; en effet, on y retrouve le nom de l'entreprise, l'intitulé «État des résultats» ainsi que la période couverte par l'état. On ne peut analyser la performance de l'entreprise sans connaître la période de temps couverte par l'état. Les honoraires de 3 900 $ gagnés par Jean Drouin ne peuvent être interprétés convenablement par l'utilisateur sans qu'il sache, par exemple, si ces honoraires ont été gagnés au cours d'une période d'un mois, d'une semaine ou d'un an.

Le bilan

L'objet du **bilan** est de fournir de l'information utile aux décideurs sur la situation financière de l'entreprise. Le bilan présente donc la description et les montants de chaque élément de l'actif, du passif et des **capitaux propres** (l'avoir du propriétaire). (Les capitaux propres représentent la différence entre l'actif et le passif de l'entreprise.)

Le tableau 1-2 présente le bilan de Jean Drouin, avocat au 31 décembre 1996. Comme dans l'état des résultats, l'en-tête du bilan doit comprendre trois éléments: le nom de l'entreprise, l'intitulé «Bilan» et la date à laquelle le bilan est établi. Les montants qui y apparaissent reflètent la situation financière à la date précise où il a été établi.

---

[3] «Fondements conceptuels des états financiers», *Manuel de l'I.C.C.A.*, chap. 1000, paragr. 39.

TABLEAU 1-2   *Le bilan de Jean Drouin, avocat*

JEAN DROUIN, AVOCAT
Bilan
au 31 décembre 1996

Actif		Passif	
Encaisse	1 100 $	Fournisseurs	760 $
Livres de droit	2 880	**Avoir du propriétaire**	
Matériel de bureau	6 880	Jean Drouin – Capital	10 100
		Total du passif et de l'avoir	
Total de l'actif	10 860 $	du propriétaire.	10 860 $

Le bilan de Jean Drouin, avocat au 31 décembre 1996 montre que l'entreprise possède trois éléments d'actif différents: une encaisse, des livres de droit et du matériel de bureau. Les actifs totalisent la somme de 10 860 $. De plus, il montre aussi que l'entreprise a un élément de passif, soit un montant de 760 $ dû à des fournisseurs, et que l'avoir du propriétaire est de 10 100 $. L'avoir du propriétaire est égal à la différence entre le total de l'actif et le total du passif.

De plus, remarquez que le total de l'actif est égal à la somme du passif et de l'avoir du propriétaire. Ces deux totaux doivent toujours être égaux parce que l'un détermine les ressources (l'actif) de l'entreprise alors que l'autre détermine qui les a financées. Ainsi, l'entreprise Jean Drouin, avocat possède 10 860 $ de ressources (d'actif) dont 10 100 $ ont été financés par son propriétaire et 760 $ par ses **créanciers**.

L'actif, le passif et les capitaux propres

L'actif est constitué des ressources économiques que possède l'entreprise. Plus précisément, «les actifs sont des ressources économiques sur lesquelles l'entité exerce un contrôle par suite d'opérations ou de faits passés et qui sont susceptibles de lui procurer des avantages économiques futurs[4]».

Les principaux **éléments d'actif** comprennent l'encaisse, les **comptes clients** (les sommes dues à l'entreprise par des clients à qui elle a vendu des marchandises ou rendu des services à crédit), les marchandises achetées en vue de la revente, les fournitures, le matériel de bureau, le matériel de magasin, les bâtiments, les terrains. L'actif peut aussi comprendre certains biens incorporels comme les brevets d'invention, les droits d'auteur, etc.

Le passif de l'entreprise est constitué de ses dettes. Il est défini plus précisément comme «des obligations qui incombent à l'entité par suite d'opérations ou de faits passés et dont le règlement pourra nécessiter le transfert ou l'utilisation d'actifs, la prestation de services ou toute autre cession d'avantages économiques[5]».

Le passif d'une entreprise comprend les **comptes fournisseurs**, c'est-à-dire les dettes contractées envers ses créanciers pour les marchandises qui lui ont été vendues ou les services qui lui ont été rendus à crédit. Le passif peut aussi comprendre d'autres dettes comme les salaires à payer, les impôts à payer, les effets à payer, les emprunts hypothécaires, les intérêts à payer.

---

[4] «Fondements conceptuels des états financiers», *Manuel de l'I.C.C.A.*, chap. 1000, paragr. 29.
[5] *Ibid.*, chap. 1000, paragr. 32.

Habituellement, la personne ou l'entreprise à qui de l'argent est dû s'appelle créancier, alors qu'on appellera **débiteur** celle qui a contracté une dette à l'égard d'une autre. Les créanciers ont donc le droit de recevoir une somme et d'en réclamer le paiement selon les conditions qui ont été arrêtées avec l'entreprise. Si cette dernière n'est pas en mesure de respecter ses engagements et d'effectuer les paiements requis, la loi reconnaît le droit au créancier d'obtenir la saisie de l'actif de l'entreprise et d'en exiger la vente afin d'obtenir le règlement des sommes dues. Si le produit de la vente des biens de l'entreprise est supérieur aux montants des dettes envers les créanciers, cet excédent sera remis au propriétaire de l'entreprise.

Habituellement, les créanciers consultent le bilan avant de décider s'ils vont accorder un prêt ou une prestation de services à crédit à une entreprise ou encore effectuer une vente de biens. Ils procèdent à une analyse comparative des montants de l'actif et du passif apparaissant au bilan. Ils doivent évaluer le niveau de risque qu'ils assument, qui sera faible si le montant des dettes est inférieur à celui de l'actif. Le risque de ne pas être payé est moins grand, puisque même si la vente de l'actif donne un montant inférieur à la valeur présentée au bilan, le montant pourra toujours être suffisant pour payer les créanciers. Par contre, si le montant du passif est élevé par rapport à l'actif, le créancier considérera le prêt comme risqué. En effet, le produit de la vente de l'actif pourrait ne pas être assez élevé pour permettre le règlement complet des dettes; les créanciers perdraient alors une partie de leurs créances. «Les capitaux propres ou l'**actif net** représentent le droit de propriété sur les actifs d'une entreprise à but lucratif après déduction de ses passifs[6].»

Lorsqu'il s'agit d'une entreprise appartenant à un seul propriétaire, il suffit, pour présenter les capitaux propres au bilan, de les identifier par l'appellation Avoir du propriétaire sous lequel apparaîtra son nom, suivi du mot Capital. Examinez au tableau 1-2 la présentation de l'avoir du propriétaire de Jean Drouin, avocat. On utilise le terme Capitaux propres pour décrire les ressources ou les capitaux avancés à l'entreprise par le propriétaire; ce montant est égal à l'actif net.

Les principes comptables généralement reconnus (P.C.G.R.)

La connaissance des **principes comptables généralement reconnus** (P.C.G.R.) est essentielle à ceux qui établissent et analysent les états financiers. Le but des P.C.G.R., entre autres objectifs, est de permettre aux comptables de fournir une information financière pertinente, complète et comparable. Pour être pertinente, l'information financière doit être utile aux décideurs qui prennent des décisions ayant une portée économique. La comparabilité de l'information financière permettra aux utilisateurs d'établir un parallèle entre les états financiers de deux entreprises différentes ou entre les états financiers de deux exercices différents d'une même entreprise. Les règles qu'énoncent les P.C.G.R. permettent d'uniformiser la pratique comptable de façon à rendre les états financiers plus compréhensibles et plus utiles.

Objectif 2 Expliquer ce que l'on entend par «principes comptables généralement reconnus».

Dans ce chapitre, nous avons déjà défini le bénéfice net (ou la perte nette) comme étant la différence entre les produits d'exploitation et les charges d'exploitation sur une période de temps donnée. De plus, le bénéfice net explique en partie le changement survenu dans l'avoir du propriétaire au cours d'une période. L'état des résultats fait donc le lien entre le bilan du début de la période et celui de la fin de la période. Cependant, il faut mentionner ici que le bénéfice net (ou perte nette) n'explique pas, à lui seul, toute la variation de l'avoir du propriétaire; il faut tenir

---

[6] «Fondements conceptuels des états financiers», *Manuel de l'I.C.C. A.*, chap. 1000, paragr. 35.

compte des **prélèvements** et des investissements additionnels que le propriétaire a effectués au cours de la période.

Nous utiliserons donc, comme toile de fond, le bilan et l'état des résultats pour expliquer la comptabilité générale. Dans la prochaine section de ce chapitre, nous aborderons d'abord brièvement les principes comptables généralement reconnus qui servent de guide à la pratique de la comptabilité générale.

Il faut retenir que les P.C.G.R. comprennent les **postulats comptables**, les **principes comptables** et les **normes comptables**. Les postulats sont les hypothèses concernant l'environnement social et économique de l'entreprise; ils ont pris racine dans un usage reconnu de longue date. Les principes sont, quant à eux, des règles qui ont été promulguées par les organismes de réglementation. Les normes sont des règles adoptées portant sur la façon de traiter certaines opérations. Les principes et les normes comptables formulés par le Conseil des normes comptables de l'Institut Canadien des Comptables Agréés ont un caractère officiel et ils doivent être suivis par les membres de la profession comptable. La connaissance des postulats et des principes comptables vous servira à mieux comprendre la comptabilité. Nous nous y référerons fréquemment tout au long de ce volume et ils seront traités d'une façon plus particulière à la deuxième partie qui suit immédiatement ce chapitre. Pour le moment, nous nous contentons d'énumérer ci-dessous les postulats et les principes comptables.

Postulats comptables:

1. La personnalité de l'entité;
2. La continuité de l'exploitation;
3. L'unité monétaire stable;
4. L'indépendance des exercices.

Principes comptables:

1. Le principe du coût d'origine;
2. Le principe d'objectivité;
3. Le principe de réalisation;
4. Le principe du rapprochement des produits et des charges;
5. Le principe de bonne information;
6. Le principe de l'importance relative;
7. Le principe de la permanence des méthodes;
8. Le principe de prudence.

Les formes légales d'entreprises

Dans cette section du chapitre, nous poursuivons l'étude de la comptabilité en introduisant une description des trois formes légales d'entreprises. Leur particularité se retrouvera dans le modèle de présentation des états financiers. Les trois formes légales sont: l'**entreprise individuelle**, la **société de personnes** et la **société par actions**.

L'entreprise individuelle

Une entreprise qui appartient à une seule personne et qui n'est pas constituée en société par actions en vertu d'une loi provinciale ou fédérale est appelée entreprise individuelle. Les petits magasins de vente au détail et les entreprises de services sont souvent constitués de cette façon. Il n'y a aucune exigence légale particulière à satisfaire pour créer une entreprise individuelle, ce qui en fait le genre d'entreprise le plus courant.

Objectif 3 Expliquer les différences entre l'entreprise individuelle, la société de personnes et la société par actions, et comparer la responsabilité du propriétaire, celle de l'associé et celle de l'actionnaire par rapport aux dettes de l'entreprise.

La société de personnes

La société de personnes, qu'on appelle aussi société en nom collectif, est une entreprise qui appartient à au moins deux personnes appelées associés. Comme dans le cas d'une entreprise individuelle, aucune formalité juridique n'est exigée pour former une société de personnes. Il suffit, pour la créer, qu'au moins deux personnes conviennent de s'associer pour créer une entreprise. L'entente orale ou écrite devient un contrat; toutefois, il est préférable que le contrat soit conclu par écrit afin d'éviter tout malentendu éventuel.

Du point de vue légal, une entreprise individuelle et une société de personnes ne sont pas des entités distinctes de leurs propriétaires. De ce fait, la cour peut ordonner la vente des biens personnels du ou des propriétaires pour régler les dettes de l'entreprise individuelle ou de la société de personnes.

L'inverse est aussi vrai, la cour peut ordonner la vente des biens d'une entreprise individuelle ou d'une société de personnes pour régler les dettes personnelles de son ou de ses propriétaires selon le cas. Néanmoins, du point de vue comptable, le postulat de la personnalité de l'entreprise, comme vous le verrez dans la deuxième partie, attribue à l'entreprise individuelle et à la société de personnes une existence distincte de celle de son propriétaire ou de ses propriétaires et, de ce fait, en traite les affaires séparément.

La responsabilité illimitée du propriétaire d'une entreprise individuelle et des associés d'une société de personnes est certainement un des principaux inconvénients de ces formes d'entreprises.

La société par actions

Une société par actions est une entité légale distincte constituée en vertu d'une loi provinciale ou d'une loi fédérale. Contrairement à l'entreprise individuelle et à la société de personnes, la société par actions est une personne morale, distincte et indépendante de ses **actionnaires**. Les propriétaires sont appelés actionnaires parce que les actions qu'ils détiennent constituent la preuve de leur droit de propriété. Une action est un titre cessible et négociable représentant une participation au capital-actions d'une société par actions. Si, par exemple, une société par actions a émis 1 000 actions de son capital-actions, un actionnaire qui possède 500 actions est propriétaire de 50 % de l'avoir des actionnaires de la société par actions. Les actions peuvent être cédées ou négociées entre actionnaires sans perturber le fonctionnement de la société. Le fait que la société soit une personne morale distincte est la caractéristique la plus importante d'une société par actions. Celle-ci est, par conséquent, responsable de ses actes et de ses dettes, et les actionnaires n'en sont pas tenus responsables. Cette responsabilité limitée des actionnaires est certainement l'avantage qui démarque la société par actions de l'entreprise individuelle et de la société de personnes. En tant que personne morale, elle peut acheter et être propriétaire d'un bien, vendre ce bien, poursuivre ou être poursuivie en justice et passer des contrats pour lesquels elle est entièrement responsable. Autrement dit, la société par actions peut effectuer ses propres transactions, conduire ses propres affaires et cela avec les mêmes droits, devoirs et responsabilités que possède tout être humain. Toutefois, puisqu'elle n'est pas un être humain, elle doit agir par l'entremise de ses agents ou gestionnaires.

Puisque la société par actions est une entité légale distincte de ses actionnaires, sa durée de vie n'est pas limitée à celle de ces derniers. En effet, lors du décès d'un actionnaire, les actions de ce dernier sont transférées à quelqu'un d'autre puisqu'elles sont négociables. Même si, au Canada, le nombre de sociétés par actions est moins important que celui des entreprises individuelles et des sociétés de personnes, il n'en demeure pas moins que les sociétés par actions ont plus d'influence sur l'économie à cause de leur taille et des sommes importantes qui y sont investies. En effet, la responsabilité limitée des actionnaires permet à cette forme d'entreprise d'amasser des capitaux propres beaucoup plus importants que ceux des autres formes d'organisations.

Les particularités de la divulgation de l'information financière

Malgré les particularités légales de ces trois formes d'entreprises, les différences dans la divulgation de l'information financière sont mineures. La différence se note principalement à la section des capitaux propres du bilan. Ainsi, au bilan d'une entreprise individuelle, l'avoir du propriétaire comprend un seul poste qui porte le nom du propriétaire suivi du mot capital, comme l'illustre le tableau 1-3. Si l'entreprise est une société de personnes, la section des capitaux propres du bilan portera le nom de Avoir des associés sous lequel on listera le nom de chaque associé suivi du mot Capital. Le tableau 1-3 donne un modèle de présentation de l'avoir des associés. Vous remarquerez que la somme des capitaux détenus par les associés donne le total de l'avoir des associés. Finalement, à la section de l'avoir des actionnaires d'une société par actions, on ne listera pas le nom de chaque actionnaire. La section Avoir des actionnaires est plutôt divisée en deux sous-sections, soit celle se rapportant au capital investi par les actionnaires et celle donnant le montant des **bénéfices non répartis**. Le tableau 1-3 présente l'aspect que prend l'avoir des actionnaires. Le capital investi par les actionnaires est présenté sous le titre Capital-actions. Les bénéfices non répartis quant à eux représentent l'accumulation des bénéfices réalisés, diminuée des pertes des exercices déficitaires et des **dividendes** versés aux actionnaires depuis la formation de la société.

La terminologie utilisée pour décrire les paiements de l'entreprise envers ses propriétaires constitue une autre source de différences. Ainsi, lorsque le propriétaire d'une entreprise individuelle ou l'associé d'une société de personnes retire des sommes d'argent de l'entreprise, nous appelons ces retraits prélèvements, tandis que lorsqu'une société par actions verse une somme d'argent à un actionnaire, on appelle ce paiement dividende. Les prélèvements ainsi que les dividendes n'apparaissent pas à l'état des résultats de l'entreprise puisqu'ils ne sont pas des charges d'exploitation engagées dans le but de générer des produits.

Une autre différence dans le traitement comptable relié aux formes d'entreprises réside dans la présentation de la rémunération du travail des propriétaires ou des actionnaires de l'entreprise. Puisque l'entreprise individuelle et la société de personnes ne sont pas des entités juridiques distinctes de leurs propriétaires, la rémunération du travail effectué par le propriétaire ou les associés ne constitue pas une charge d'exploitation dans l'état des résultats. Par contre, le traitement comptable de la rémunération du travail des actionnaires d'une société par actions sera considéré comme une charge d'exploitation dans l'état des résultats, parce que cette forme d'entreprise est une entité juridique distincte de ses actionnaires.

TABLEAU 1-3   *Les capitaux propres*

Entreprise individuelle

Avoir du propriétaire

   Michel Lavoie – Capital . . . .   100 000 $

Société de personnes

Avoir des associés

  Marc Roy – Capital. . . . .   50 000 $

  Guylaine Perron – Capital. 50 000

  Total de l'avoir des associés . . . . . .   100 000 $

Société par actions

Avoir des actionnaires

Capital-actions

Autorisé

  Un nombre illimité d'actions
catégorie «A» sans valeur nominale,
votantes

Émis et payé

  10 000 actions catégorie «A» . . . . .   50 000 $

  Bénéfices non répartis. 50 000

Total de l'avoir des actionnaires . . . .   100 000 $

Pour commencer l'étude de la comptabilité, il est préférable d'utiliser des exemples portant sur des entreprises individuelles parce que le traitement comptable des opérations en est plus simple. Les particularités de la comptabilité des opérations des sociétés de personnes seront vues au chapitre 8, alors que les sociétés par actions seront abordées aux chapitres 9 et 10 du tome 2.

L'équation comptable

Jusqu'à maintenant, vous avez appris que les états financiers ont pour objectif de décrire les activités financières de l'entreprise. De plus, vous savez que la majorité de ces activités sont des **opérations commerciales** reliées à la vente et à l'achat de marchandises. Il est donc important, pour comprendre l'information contenue dans les états financiers, de bien connaître la façon dont le système comptable détermine les données pertinentes provenant des opérations, les classifie et les conserve, puis les communique de façon ordonnée dans les états financiers.

Objectif 4 Discerner et préciser les effets des opérations sur les éléments de l'équation comptable.

Nous commençons cette section dédiée à l'étude du système comptable par les capitaux propres définis comme étant la différence entre l'actif et le passif de l'entreprise. Cette définition des capitaux propres peut s'exprimer dans l'équation suivante:

$$\text{Actif} - \text{Passif} = \text{Capitaux propres}$$

L'**équation comptable**, comme toute autre opération mathématique, peut être exprimée d'une autre manière. Ainsi, cette nouvelle forme de présentation se rapproche du modèle adopté dans le bilan:

$$\text{Actif} = \text{Passif} + \text{Capitaux propres}$$

L'équation comptable est le fondement même de la comptabilité. Dans la section suivante, nous vous expliquerons comment l'utiliser pour illustrer les changements qui surviennent dans l'actif, le passif et les capitaux propres à la suite des opérations effectuées par l'entreprise.

Les effets des opérations sur l'équation comptable

Une opération commerciale est un acte conclu entre deux parties qui donne lieu à un échange de ressources économiques comme de la marchandise, des services, de l'argent ou un droit de recevoir une somme d'argent. Puisque chaque opération commerciale est un échange, elle affecte l'actif et le passif et modifie l'équation comptable, tout en maintenant l'équilibre qui doit toujours exister entre le total de l'actif et celui du passif et des capitaux propres. Cette caractéristique fondamentale de l'équation comptable peut être mise en évidence par l'exemple d'une série d'opérations effectuées par l'avocat Jean Drouin. Il s'agit d'une entreprise individuelle.

Opération 1. Le 1er décembre 1996, Jean Drouin a investi 9 000 $ de ses économies pour ouvrir son cabinet. Il a ouvert un compte à la banque et a déposé cet argent au nom de son bureau d'affaires, Jean Drouin, avocat. Après cet investissement, le seul élément d'actif de la nouvelle entreprise et les capitaux propres de Jean Drouin peuvent être exprimés par l'équation suivante:

$$\text{Actif} \qquad = \qquad \text{Capitaux propres}$$
$$\text{Encaisse, 9 000 \$} \quad = \text{Jean Drouin} - \text{Capital, 9 000 \$}$$

Après cette première opération, l'équilibre de l'équation comptable est maintenu; l'entreprise possède un élément d'actif, soit une encaisse de 9 000 $, il n'y a aucun élément de passif et les capitaux propres s'élèvent donc aussi à 9 000 $.

Opérations 2 et 3. Quelque temps plus tard, M. Drouin dépense 2 500 $ comptant pour payer l'achat de livres de droit (2e opération) et 5 600 $ pour l'acquisition de matériel de bureau (3e opération). Puisque ces opérations ne constituent que le changement d'un élément d'actif, soit l'encaisse, en d'autres éléments d'actif, soit les livres de droit et le matériel de bureau, elles n'ont aucun effet sur les capitaux propres. Le tableau 1-4 illustre l'effet de ces deux opérations. Remarquez que l'égalité entre les deux parties de l'équation comptable subsiste toujours et ce, après chaque opération. En effet, la diminution de l'encaisse est compensée par une augmentation du même montant des livres de droit et du matériel de bureau.

Opération 4. Supposons maintenant que M. Drouin ait besoin de livres de droit et de matériel de bureau additionnels, mais qu'il se rende compte qu'il devrait garder le reste de son encaisse, soit 900 $, pour payer les charges d'exploitation courantes; par conséquent, il achètera à crédit à la société Multiplex ltée du matériel de bureau au coût de 1 280 $ et des livres de droit au coût de 380 $. Le tableau 1-5 nous montre l'effet des opérations à cette date (4e opération).

TABLEAU 1-4 *L'effet sur l'équation comptable des achats au comptant d'éléments d'actif*

		Actif		=	Capitaux propres	
	Encaisse +	Livres + de droit	Matériel de bureau	=	Jean Drouin – Capital	Explication
(1)	9 000 $				9 000 $	Investissement
(2)	− 2 500	+ 2 500 $				
	6 500	2 500			9 000	
(3)	− 5 600		+ 5 600 $			
	900 $ +	2 500 $ +	5 600 $	=	9 000 $	

TABLEAU 1-5 *L'effet sur l'équation comptable des achats à crédit d'éléments d'actif*

		Actif		=	Passif	+	Capitaux propres	
	Encaisse +	Livres + de droit	Matériel de bureau	=	Fournisseurs	+	Jean Drouin – Capital	Explication
	900 $	2 500 $	5 600 $				9 000 $	
(4)		+ 380	+ 1 280		+ 1 660 $			
	900 $ +	2 880 $ +	6 880 $	=	1 660 $	+	9 000 $	

Notez que ces achats ont augmenté le total de l'actif d'un montant de 1 660 $ et le total du passif d'un montant de 1 660 $, soit le montant dû à la société Multiplex ltée. Le montant, qui devra être versé à cette dernière société, est appelé compte fournisseur. Les capitaux propres quant à eux demeurent inchangés.

Opération 5. Un des principaux objectifs d'une entreprise est de générer un bénéfice qui contribue à augmenter les capitaux propres du propriétaire. Jean Drouin tâchera d'atteindre cet objectif en facturant des honoraires à ses clients pour les services professionnels qu'il leur rend. Il faudra évidemment que les honoraires gagnés soient supérieurs aux charges d'exploitation engagées afin que l'entreprise puisse réaliser un bénéfice. Les honoraires gagnés et les charges d'exploitation engagées modifieront les éléments de l'équation comptable. Pour illustrer ces effets, supposons que, le 10 décembre, Jean Drouin ait défendu un client et qu'il ait reçu immédiatement 2 200 $ comptant pour les services rendus (5e opération).

Les honoraires gagnés de 2 200 $ sont un produit d'exploitation. Un produit est une source d'augmentation d'actif provenant de la vente de biens ou de la prestation de services. Le tableau 1-6 montre un accroissement de l'encaisse de 2 200 $ et une augmentation des capitaux propres du même montant. Cette information servira au moment de l'établissement de l'état des résultats.

Opérations 6 et 7. Toujours le 10 décembre, M. Drouin débourse une somme de 1 000 $ pour payer le loyer du mois de décembre (opération 6). Le 12 décembre, M. Drouin verse à sa secrétaire un salaire de 700 $ (opération 7). Le tableau 1-6 fait ressortir l'effet de ces deux opérations.

TABLEAU 1-6   *L'effet sur l'équation comptable du produit reçu au comptant et des charges payées au comptant*

	Encaisse +	Livres + de droit	Matériel de bureau	=	Fournisseurs	+	Jean Drouin – Capital	Explication
		Actif		**=**	**Passif**	**+**	**Capitaux propres**	
	900 $	2 880 $	6 880 $		1 660 $		9 000 $	
(5)	**+ 2 200**						**+ 2 200**	**Produit**
	3 100	2 880	6 880		1 660		11 200	
(6)	**− 1 000**						**− 1 000**	**Charge**
	2 100	2 880	6 880		1 660		10 200	
(7)	**− 700**						**− 700**	**Charge**
	1 400 $ +	2 880 $ +	6 880 $	=	1 660 $	+	9 500 $	

Le loyer de 1 000 $ (6ᵉ opération) ainsi que le salaire de 700 $ versé à la secrétaire (7ᵉ opération) sont des charges d'exploitation. Les charges d'exploitation sont des frais en biens et en services engagés au cours d'une période en vue de gagner des produits d'exploitation.

Le loyer et le salaire sont des charges d'exploitation puisque les avantages qu'ils procurent à l'entreprise sont déjà reçus ou ne vont pas au-delà du mois courant. Contrairement aux charges, les actifs représentent des ressources économiques qui procureront des avantages futurs à l'entreprise comme c'est le cas des achats décrits aux opérations 2 et 3. Remarquez que l'égalité entre les deux parties de l'équation comptable subsiste toujours malgré les différentes opérations. Dans la dernière colonne du tableau 1-6, on indique que les charges d'exploitation réduisent les capitaux propres. Ces informations seront reprises lors de l'établissement de l'état des résultats.

Opérations 8 et 9. Supposons que Jean Drouin fasse parvenir une facture de 1 700 $ à un client pour des services qu'il lui a rendus (8ᵉ opération). Dix jours plus tard, il reçoit du client le règlement complet de son compte (9ᵉ opération). Dans le tableau 1-7, on voit que la 8ᵉ opération donne lieu à l'inscription d'un nouvel élément d'actif, à savoir un compte client, c'est-à-dire un droit d'exiger du client le paiement d'une somme de 1 700 $ à une date ultérieure. L'augmentation de 1 700 $ de l'actif est accompagnée d'une augmentation identique des capitaux propres. Cette augmentation des capitaux propres est considérée comme un produit d'exploitation puisque des services professionnels ont été rendus au client. La 9ᵉ opération fait référence à l'encaissement de la somme à recevoir du client. Cette opération n'influence pas le total de l'actif puisqu'on assiste, d'une part, à l'augmentation de l'actif encaisse et, d'autre part, à la diminution de l'actif client. Il n'y a aucun changement dans les capitaux propres puisque le produit d'exploitation a été constaté au moment où Jean Drouin a rendu les services à son client. Comme vous pouvez le remarquer, le produit est constaté au moment de sa prestation et non au moment de son recouvrement. Référez-vous à la deuxième partie pour obtenir de plus amples explications sur le principe de réalisation.

TABLEAU 1-7 *L'effet sur l'équation comptable du produit à recevoir qui sera encaissé plus tard*

	Encaisse +	Clients +	Livres + de droit	Matériel de bureau	= Fournisseurs	+ Jean Drouin – Capital	Explication
	1 400 $		2 880 $	6 880 $	1 660 $	9 500 $	
(8)		+ 1 700 $				+ 1 700	Produit
	1 400	1 700	2 880	6 880	1 660	11 200	
(9)	+ 1 700	− 1 700					
	3 100 $ +	0 $ +	2 880 $ +	6 880 $ =	1 660 $	11 200 $	

TABLEAU 1-8 *L'effet sur l'équation comptable du paiement d'une dette et d'un prélèvement par le propriétaire*

	Encaisse +	Clients +	Livres + de droit	Matériel de bureau	= Fournisseurs	+ Jean Drouin – Capital	Explication
	3 100 $ +	0 $ +	2 880 $ +	6 880 $ =	1 660 $ +	11 200 $	
(10)	− 900				− 900		
	2 200	0	2 880	6 880	760	11 200	
(11)	− 1 100					− 1 100	Prélèvement
	1 100 $ +	0 $ +	2 880 $ +	6 880 $ =	760 $	10 100 $	

Opération 10. Supposons maintenant que le 24 décembre, Jean Drouin rembourse 900 $ des 1 660 $ qu'il doit à la société Multiplex ltée pour les livres de droit et le matériel de bureau achetés à crédit (4e opération). Cette opération apparaît au tableau 1-8; elle contribue à réduire et l'actif et le passif d'un montant de 900 $. Notez que les capitaux propres n'ont pas été affectés par cette opération puisqu'il s'agit d'un règlement de dette et non d'une charge d'exploitation.

Opération 11. M. Jean Drouin prélève une somme de 1 100 $ dans le compte de banque de l'entreprise pour son usage personnel. En vertu du postulat de la personnalité de l'entreprise, cette opération n'est pas une charge d'exploitation même si elle a pour effet de diminuer l'actif. C'est pour cette raison que nous avons inscrit «prélèvement» plutôt que «charge d'exploitation» dans la colonne Explication du tableau. Comme nous l'avons mentionné précédemment, le propriétaire d'une entreprise individuelle ne tire pas de salaire de son entreprise; son revenu est égal au bénéfice net de l'entreprise; c'est ce bénéfice qui contribue à augmenter ses capitaux propres[7].

---

[7] Les sommes versées aux actionnaires d'une société par actions s'appellent dividendes. Les dividendes ne sont pas pris en considération lors de l'établissement du bénéfice net de la société par actions.

TABLEAU 1-9   *L'effet sur l'équation comptable de toutes les opérations*

	Actif				=	Passif	+	Capitaux propres	
	Encaisse +	Clients +	Livres de droit +	Matériel de bureau	=	Fournisseurs +		Jean Drouin – Capital	Explication
(1)	9 000 $							9 000 $	Investissement
(2)	− 2 500		+ 2 500 $						
	6 500		2 500					9 000	
(3)	− 5 600			+ 5 600 $					
	900		2 500	5 600				9 000	
(4)			+ 380	+ 1 280		+ 1 660 $			
	900		2 880	6 880		1 660		9 000	
(5)	+ 2 200							+ 2 200	Produit
	3 100		2 880	6 880		1 660		11 200	
(6)	− 1 000							− 1 000	Charge
	2 100		2 880	6 880		1 660		10 200	
(7)	− 700							− 700	Charge
	1 400		2 880	6 880		1 660		9 500	
(8)		+ 1 700 $						+ 1 700	Produit
	1 400	1 700	2 880	6 880		1 660		11 200	
(9)	+ 1 700	− 1 700							
	3 100	0	2 880	6 880		1 660		11 200	
(10)	− 900					− 900			
	2 200	0	2 880	6 880		760		11 200	
(11)	− 1 100							− 1 100	Prélèvement
	1 100 $ +	0 $ +	2 880 $ +	6 880 $	=	760 $	+	10 100 $	

Dans le tableau 1-9, nous présentons les effets des onze opérations effectuées par Jean Drouin, avocat, sur l'équation comptable. Prenez le temps de bien examiner ce tableau et de constater que l'équation comptable demeure en équilibre après chaque opération. Cet équilibre est maintenu parce que chacune des opérations touchant l'équation comptable était elle aussi en équilibre. Par cet examen, vous remarquerez que les opérations 1, 5 et 8 contribuent à augmenter l'actif et les capitaux propres d'un même montant.

Les opérations 2, 3 et 9 n'affectent pas le total de l'actif; alors qu'un élément de l'actif augmente, un autre diminue du même montant. L'opération 4, quant à elle, augmente l'actif et le passif du même montant. Les opérations 6, 7 et 11 diminuent l'actif et les capitaux propres d'un montant identique. Finalement, à l'opération 10, on assiste à une diminution égale de l'actif et du passif. L'équilibre de l'équation comptable est la pierre angulaire de la comptabilité en partie double que nous aborderons plus particulièrement au chapitre 2. La figure 1-1 illustre l'effet des différentes opérations sur les capitaux propres. Il est important de rappeler ici que les capitaux propres représentent le droit du propriétaire sur les actifs de l'entreprise après déduction des passifs. Les capitaux propres représentent aussi le solde résiduel qu'on obtient après avoir déduit les prélèvements de la somme des investissements

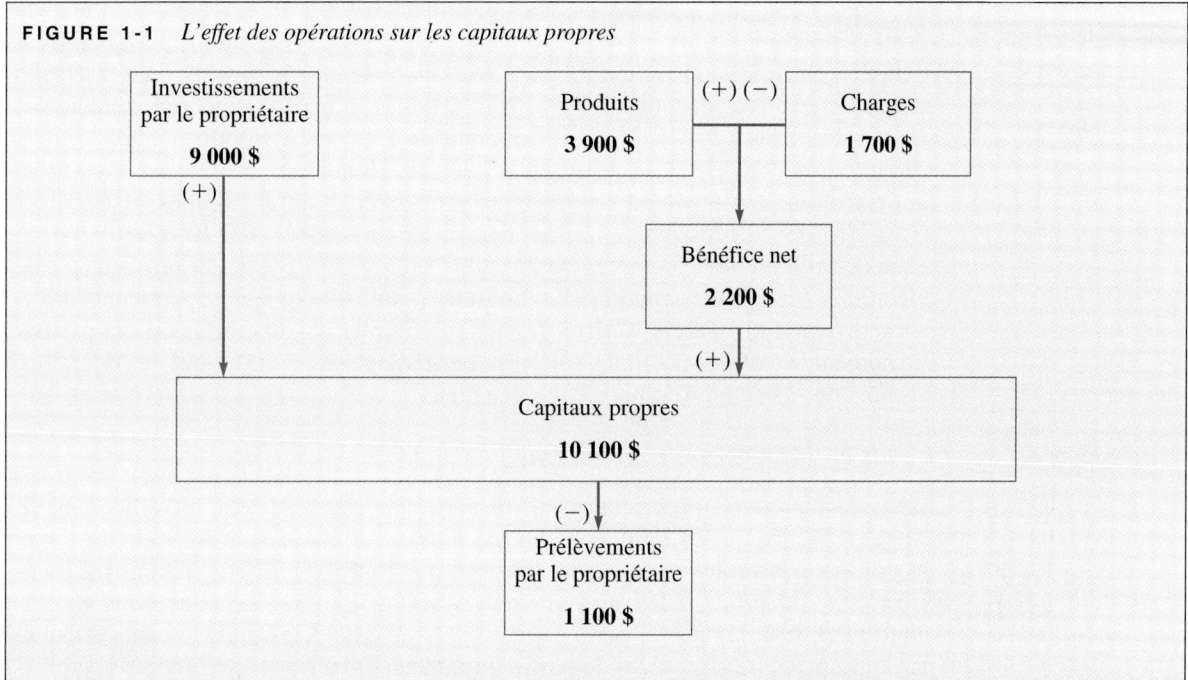

FIGURE 1-1   *L'effet des opérations sur les capitaux propres*

du propriétaire et des bénéfices nets réalisés par l'entreprise. La figure 1-1 fait ressortir les changements survenus dans les capitaux propres; ainsi, les investissements et le bénéfice net augmentent les capitaux propres respectivement de 9 000 $ et de 2 200 $. Le bénéfice net de 2 200 $ est obtenu en soustrayant les charges d'exploitation de 1 700 $ des produits d'exploitation de 3 900 $. Finalement, les capitaux propres sont diminués de 1 200 $ puisqu'on doit en soustraire les prélèvements. Après ces opérations, les capitaux propres montrent un solde résiduel de 10 100 $.

L'objectif de base de la comptabilité est de fournir une information utile à la prise de décisions, notamment en matière d'investissement, de crédit, d'affectation de ressources et autres. Les informations financières sont communiquées aux décideurs au moyen des états financiers. Ces derniers sont établis par les comptables à partir des données et des informations générées par les opérations et les autres faits. Dans ce chapitre, nous avons utilisé un système comptable très simple pour illustrer la façon d'inscrire les opérations comptables de Jean Drouin, avocat. Au prochain chapitre, nous enregistrerons les opérations dans des livres comptables plus complets se rapprochant de ceux utilisés en pratique. Nous n'avons mentionné jusqu'à maintenant que deux états financiers: le bilan et l'état des résultats.

L'établissement des états financiers

Pour que les états financiers soient complets, les P.C.G.R. exigent qu'il y ait deux autres états. Il s'agit de l'état de l'avoir du propriétaire et de l'**état de l'évolution de la situation financière**.

L'état des résultats

La première partie du tableau 1-10 présente l'état des résultats de Jean Drouin, avocat. Les informations nécessaires pour établir les produits et les charges ont été tirées de la colonne Jean Drouin – Capital du tableau 1-9. L'en-tête de l'état des résultats comprend trois parties: le nom de l'entreprise, l'intitulé État des résultats et finalement la période couverte par l'état. Dans le cas de Jean Drouin, avocat, il couvre le mois de décembre 1996. Les produits d'exploitation qui totalisent la somme de 3 900 $ proviennent des opérations 5 et 8. Les produits d'exploitation sont indiqués dans l'état des résultats par le titre Honoraires professionnels gagnés. Si l'entreprise avait généré des revenus provenant d'autres sources, il aurait été nécessaire de les présenter et de les décrire distinctement. Par la suite, l'état des résultats présente les charges d'exploitation Salaires et Loyers qui proviennent des opérations 6 et 7. Ces charges d'exploitation sont divulguées séparément afin de permettre aux utilisateurs d'avoir un aperçu complet des opérations de la période. Finalement, l'état des résultats affiche le bénéfice net de 2 200 $ que les opérations du mois de décembre ont permis de dégager.

L'état de l'avoir du propriétaire

L'état de l'avoir du propriétaire fait ressortir les changements survenus dans les capitaux propres au cours d'une période donnée. L'état donne le solde de l'avoir du propriétaire au début, les opérations qui ont contribué à l'augmenter (les investissements du propriétaire et le bénéfice net) ainsi que les opérations qui ont contribué à le diminuer (la perte nette, si c'est le cas, et les prélèvements effectués par le propriétaire). La seconde partie du tableau 1-10 présente l'état de l'avoir du propriétaire de Jean Drouin, avocat. Ici encore, l'en-tête de cet état donne trois informations: le nom de l'entreprise, l'intitulé État de l'avoir du propriétaire et la période couverte par l'état, soit dans le cas qui nous intéresse, le mois de décembre 1996. Le solde de l'avoir du propriétaire au 30 novembre 1996 était nul puisque l'entreprise n'a commencé ses opérations qu'en décembre. L'investissement initial du propriétaire au montant de 9 000 $ apparaît sous ce titre dans l'état. S'ajoute ensuite le bénéfice net de 2 200 $ réalisé au cours du mois de décembre 1996. Finalement, les prélèvements de 1 100 $ sont soustraits de l'avoir pour établir le solde du compte Jean Drouin – Capital à la fin du mois, soit la somme de 10 100 $.

Le bilan

La dernière partie du tableau 1-10 présente le bilan de Jean Drouin, avocat. Comme nous l'avons déjà mentionné, l'en-tête se compose de trois parties: le nom de l'entreprise, l'intitulé Bilan, et la date de l'état, soit le 31 décembre 1996. Les actifs sont listés du côté gauche de l'état; ils comprennent l'encaisse, les livres de droit et le matériel de bureau. L'encaisse donne le solde en banque et les deux autres actifs apparaissent à leur coût d'acquisition. Le côté droit du bilan indique le seul élément du passif, soit un fournisseur à qui l'entreprise doit 760 $. S'il avait existé d'autres éléments de passif, comme un emprunt bancaire, des intérêts à payer, des salaires à payer ou autres, ils auraient été présentés à la section Passif du bilan. Puisqu'il s'agit d'une entreprise individuelle, l'avoir du propriétaire ne présente qu'un seul élément, soit le poste Jean Drouin – Capital. Le montant de 10 100 $ représente la différence entre le total des éléments d'actif et le total des éléments de passif. Il est à remarquer que ce montant est le même que celui qui apparaît à la dernière ligne de l'état de l'avoir du propriétaire pour le mois terminé le 31 décembre 1996.

TABLEAU 1-10 *Les états financiers de Jean Drouin, avocat*

JEAN DROUIN, AVOCAT
État des résultats
pour le mois terminé le 31 décembre 1996

Produits d'exploitation:		
Honoraires professionnels gagnés		3 900 $
Charges d'exploitation:		
Salaires.	700	
Loyers.	1 000	
Total des charges d'exploitation		1 700
Bénéfice net		2 200 $

JEAN DROUIN, AVOCAT
État de l'avoir du propriétaire
pour le mois terminé le 31 décembre 1996

Jean Drouin – Capital, 30 novembre 1996 . .		0 $
Plus: Investissements par le propriétaire. . .	9 000	
Bénéfice net	2 200	11 200
Total		11 200
Moins: Prélèvements du propriétaire.		1 100
Jean Drouin – Capital, 31 décembre 1996 . .		10 100 $

JEAN DROUIN, AVOCAT
Bilan
au 31 décembre 1996

Actif		**Passif**	
Encaisse	1 100 $	Fournisseurs	760 $
Livres de droit	2 880	**Avoir du propriétaire**	
Matériel de bureau	6 880	Jean Drouin – Capital	10 100
Total de l'actif	10 860 $	Total du passif et de l'avoir du propriétaire.	10 860 $

L'état de l'évolution de la situation financière

Le quatrième état financier porte le nom d'état de l'évolution de la situation financière. Il fait ressortir les rentrées et les sorties d'argent qu'a connues l'entreprise au cours d'une période. D'une façon plus particulière, il indique le montant d'encaisse dont disposait l'entreprise au début d'une période, les opérations qui ont augmenté l'encaisse, comment a été utilisée l'encaisse et à combien s'élève l'encaisse à la fin de la période. Ces informations sont importantes puisque la gestion de l'encaisse est une fonction essentielle à toute entreprise qui désire prospérer ou même survivre. L'état de l'évolution de la situation financière fera l'objet d'une étude plus approfondie au chapitre 12 du tome 2. Pour le moment, il est seulement nécessaire de savoir qu'il existe et de connaître son utilité.

Objectif 5 Analyser
la performance d'une
entreprise en utilisant
le taux de rendement
des capitaux propres.

Une des raisons qui justifie la comptabilisation et la divulgation des informations sur l'actif, le passif, les capitaux propres et le bénéfice net de l'entreprise est que ces informations sont utiles à son propriétaire. En effet, elles lui permettent de juger de la rentabilité de l'entreprise et de comparer le rendement de son investissement à celui qu'il aurait pu obtenir en investissant ailleurs. Pour évaluer la rentabilité d'un investissement dans une entreprise, il suffit de calculer le **taux de rendement des capitaux propres** en divisant le bénéfice d'une période par le montant des capitaux propres.

La formule qui permet d'établir ce taux est la suivante:

$$\text{Le taux de rendement des capitaux propres} = \frac{\text{Le bénéfice net}}{\text{Les capitaux propres du début de l'exercice}}$$

Pour commencer l'analyse de l'investissement dans la Belle Boutique, par exemple, il faut utiliser les informations contenues dans les états financiers de cette entreprise, à savoir le bénéfice net de l'exercice terminé le 31 décembre 1996, qui s'établit à 180 705 $, et les capitaux propres au 1er janvier 1996, qui sont de 613 713 $. On calcule ainsi le taux de rendement des capitaux propres:

$$\frac{\text{Le bénéfice net}}{\text{Les capitaux propres du début de l'exercice}} = \frac{180\,705\ \$}{613\,713\ \$} = 29,4\ \%$$

Pour interpréter le taux de rendement des capitaux propres ainsi obtenu, il faut comprendre plusieurs facteurs. Il est nécessaire, par exemple, de comparer le taux obtenu à celui qu'il est possible de réaliser en effectuant d'autres types d'investissements.

Si nous prenons maintenant l'exemple de Jean Drouin, avocat, les états financiers présentés à la page précédente font ressortir que Jean Drouin obtient un rendement de 24,4 % pour le mois de décembre 1996. Ce taux de rendement des capitaux propres est obtenu en divisant le bénéfice net du mois de décembre, 2 200 $, par le montant investi au début du mois par Jean Drouin.

Le taux de rendement des capitaux propres obtenu en décembre par Jean Drouin peut sembler élevé par rapport à ce qu'on peut obtenir normalement d'un investissement. Il faut cependant se rappeler que le bénéfice net apparaissant à l'état des résultats d'une entreprise individuelle ne tient pas compte de la rémunération du propriétaire pour le temps qu'il consacre à l'entreprise et à sa gestion. Il est donc préférable, avant de calculer le taux de rendement, de réduire le bénéfice net de l'exercice d'un montant équivalent à ce qui pourrait être une rémunération raisonnable pour les services rendus par le propriétaire à l'entreprise. La formule permettant de calculer le taux de rendement des capitaux propres d'une entreprise individuelle pourrait être la suivante:

$$\text{Le taux de rendement des capitaux propres modifié} = \frac{\text{Le bénéfice net} - \text{La rémunération du travail du propriétaire}}{\text{Les capitaux propres du début de l'exercice}}$$

Supposons, par exemple, que Jean Drouin ait à payer 2 000 $ par mois à un employé pour des services similaires à ceux qu'il a rendus à son entreprise. Si tel avait été le cas, le bénéfice net de Jean Drouin pour le mois de décembre 1996 aurait été de 200 $ seulement (2 200 $ – 2 000 $). Ainsi, le taux de rendement des capitaux propres pour le mois de décembre aurait été de 2,2 % (200 $/9 000 $) et non de 24,4 % comme cela a été calculé précédemment.

Pour savoir si l'investissement qu'il a effectué dans son entreprise donne un rendement satisfaisant, Jean Drouin doit comparer le taux qu'il a obtenu à ceux qu'il aurait pu obtenir en investissant ailleurs. Puisqu'un taux de 2,2 % par mois représente un taux annuel de 26,4 % (2,2 % × 12 mois), Jean Drouin sera certainement encouragé à poursuivre les activités de son entreprise.

Cependant, nous devons rappeler ici que, dans cet exemple, nous n'avons pas tenu compte de tous les éléments qui entrent dans le calcul du bénéfice net d'un mois ou d'un exercice. Aux chapitres 2 et 3, nous traiterons des produits et des charges additionnelles dont l'effet net est de réduire le bénéfice net de l'entreprise. Parmi les dépenses additionnelles, notons l'impôt sur le revenu qui est pris en compte dans l'état des résultats lors de l'établissement du bénéfice net d'une société par actions. Les sociétés par actions sont assujetties à l'impôt, tandis que les entreprises individuelles et les sociétés de personnes ne paient pas d'impôt puisqu'elles n'ont pas d'existence légale distincte; ce sont leurs propriétaires qui incluent leur quote-part du bénéfice net dans leur revenu pour fins fiscales et paient l'impôt.

Objectif 1. L'état des résultats d'une entreprise présente les produits, les charges et, selon la situation, le bénéfice net ou la perte nette d'une période. Le bilan fournit une liste des éléments d'actif, de passif et présente l'avoir du propriétaire. Cet état présente l'augmentation de l'avoir dû aux investissements du propriétaire, les diminutions à la suite des prélèvements, l'augmentation due au bénéfice net ou la diminution causée par une perte nette. L'état de l'évolution de la situation financière, quant à lui, informe sur les opérations qui ont fait varier l'encaisse.

Objectif 2. Les principes comptables ont pour but d'aider les comptables à communiquer une information financière pertinente et fiable. Les postulats de la personnalité de l'entreprise, de la continuité de l'exploitation, de l'unité monétaire stable et de l'indépendance des exercices sont des hypothèses fondamentales concernant l'environnement économique, politique et sociologique sur lesquelles repose la formulation des principes comptables. Au Canada, les principes comptables sont établis par le Conseil des normes comptables. Les recommandations du Conseil sont publiées dans le *Manuel de l'I.C.C.A.*

Objectif 3. Une entreprise individuelle appartient à une seule personne et elle n'est pas constituée en vertu d'une loi. La société de personnes ne diffère de l'entreprise individuelle qu'en ce qu'elle appartient à plus d'une personne. Le propriétaire ou les propriétaires (les associés) sont personnellement responsables des dettes de l'entreprise. La société par actions est constituée en vertu de la loi. C'est une entité morale distincte de ses propriétaires (les actionnaires) et ces derniers ne sont pas responsables de ses dettes.

Objectif 4. Les opérations touchent toujours au moins deux éléments de l'équation comptable. Une fois l'opération inscrite, l'équation comptable doit demeurer en équilibre: Actif = Passif + Capitaux propres.

Résumé
en regard
des objectifs
d'apprentissage

Objectif 5. La performance d'une entreprise peut être évaluée en calculant le taux de rendement des capitaux propres et en le comparant à celui obtenu par d'autres entreprises. Lors de la comparaison, il est important de tenir compte de nombreux facteurs comme le risque, la forme légale de l'entreprise, l'impôt sur le revenu, etc.

Exemple récapitulatif

Après avoir planifié soigneusement l'ouverture de son salon de coiffure, La brosse d'or enr., Josée Labrosse a commencé l'exploitation de son entreprise et a effectué les opérations suivantes durant le mois d'août 1996:

a) Août   1er   Investissement de 2 000 $ dans son entreprise;

b)   2   Achat au comptant de fournitures de coiffure: 600 $;

c)   3   Paiement du loyer du mois d'août: 500 $;

d)   5   Achat à crédit de matériel: 1 200 $, qui devra être payé en trois versements égaux à la fin des mois d'août, de septembre et d'octobre;

e)   16   Encaissement des services rendus au cours de la première semaine d'exploitation terminée le 16 août: 825 $;

f)   17   Paiement du salaire d'un employé à temps partiel: 125 $;

g)   30   Encaissement des services rendus au cours des deux dernières semaines du mois d'août: 1 930 $;

h)   31   Paiement du premier versement applicable au montant dû sur le matériel;

i)   31   Prélèvement de Mme Labrosse pour ses dépenses personnelles: 900 $.

Travail à faire

1. Disposez les éléments d'actif, de passif et de capitaux propres en utilisant le tableau 1-9 comme modèle (les comptes Encaisse, Fournitures de coiffure non utilisées, Matériel, Fournisseurs, Josée Labrosse – Capital devront y apparaître) et indiquez les effets des opérations sur les éléments de l'équation comptable en enregistrant les augmentations et les diminutions dans les colonnes appropriées précédées d'un signe d'addition ou de soustraction.

2. Dressez l'état des résultats pour le mois d'août 1996.

3. Dressez un état de l'avoir du propriétaire pour le mois d'août 1996.

4. Dressez le bilan au 31 août 1996.

Solution de l'exemple récapitulatif

Approche privilégiée

■ Établissez un tableau avec les colonnes appropriées; inscrivez sous la dernière colonne le détail des opérations qui touchent les capitaux propres.

■ Analysez chacune des opérations, puis inscrivez-les une à une dans les colonnes appropriées tout en indiquant si elles contribuent à augmenter ou à diminuer le solde de la colonne.

■ Préparez l'état des résultats en utilisant les produits et les charges apparaissant dans la dernière colonne, puis calculez la différence entre les produits et les charges et intitulez le résultat bénéfice net ou perte nette, selon le cas.

■ Préparez l'état de l'avoir du propriétaire à partir des informations contenues dans la colonne Josée Labrosse – Capital.

■ Finalement, utilisez les informations apparaissant à la dernière ligne du tableau pour préparer le bilan.

1.

	Actif			=	Passif	+	Capitaux propres	
	Encaisse +	Fournitures + de coiffure non utilisées	Matériel	=	Fournisseurs	+	Josée Labrosse – Capital	Explication
a)	2 000 $						2 000 $	Investissement
b)	− 600	+ 600 $						
	1 400	600					2 000	
c)	− 500						− 500	Charge
	900	600					1 500	
d)			+1 200 $		+1 200 $			
	900	600	1 200		1 200		1 500	
e)	+ 825						+ 825	Produit
	1 725	600	1 200		1 200		2 325	
f)	− 125						− 125	Charge
	1 600	600	1 200		1 200		2 200	
g)	+ 1 930						+ 1 930	Produit
	3 530	600	1 200		1 200		4 130	
h)	− 400				− 400			
	3 130	600	1 200		800		4 130	
i)	− 900						− 900	Prélèvement
	2 230 $ +	600 $ +	1 200 $	=	800 $	+	3 230 $	

2.

LA BROSSE D'OR ENR.
État des résultats
pour le mois terminé le 31 août 1996

Produits d'exploitation:		
Services rendus................		2 755 $
Charges d'exploitation:		
Loyers......................	500	
Salaires	125	
Total des charges d'exploitation		625
Bénéfice net		2 130 $

3.

LA BROSSE D'OR ENR.
État de l'avoir du propriétaire
pour le mois terminé le 31 août 1996

Josée Labrosse – Capital, 1er août 1996		0 $
Plus: Investissements par la propriétaire...	2 000	
Bénéfice net	2 130	4 130
Total		4 130
Moins: Prélèvements de la propriétaire		(900)
Josée Labrosse – Capital, 31 août 1996		3 230 $

4.

LA BROSSE D'OR ENR.
Bilan
au 31 août 1996

Actif		Passif	
Encaisse.	2 230 $	Fournisseurs.	800 $
Fournitures de coiffure non utilisées	600	**Avoir du propriétaire**	
Matériel.	1 200	Josée Labrosse – Capital	3 230
Total de l'actif.	4 030 $	Total du passif et de l'avoir du propriétaire	4 030 $

Terminologie comptable[8]

Actif Composante du bilan qui décrit les ressources économiques sur lesquelles l'entité exerce un contrôle par suite d'opérations ou de faits passés et qui sont susceptibles de lui procurer des avantages économiques futurs. Les actifs ont trois caractéristiques essentielles: 1) ils représentent un avantage futur en ce qu'ils pourront, seuls ou avec d'autres, contribuer directement ou indirectement aux flux de trésorerie futurs; 2) l'entité est en mesure de contrôler (en vertu d'un droit exécutoire ou par tout autre moyen) l'accès à cet avantage; 3) l'opération ou le fait à l'origine du droit de l'entité à bénéficier de l'avantage, ou à l'origine du contrôle qu'elle a sur celui-ci, a déjà eu lieu.

Actif net Excédent de la valeur comptable du total de l'actif d'une entité sur le total de son passif externe.

Actionnaire Personne physique ou morale propriétaire d'une part du capital d'une société sous forme d'une ou de plusieurs actions.

Bénéfice net Composante de l'état des résultats, souvent utilisée comme mesure de la performance économique de l'entreprise, représentant l'excédent du total des produits et des profits d'un exercice sur le total des charges et des pertes de cet exercice. Sont généralement pris en compte dans le bénéfice net toutes les opérations et tous les faits qui contribuent à augmenter ou à diminuer les capitaux propres, à l'exception de ceux et celles qui résultent des apports et des distributions de capitaux propres. Étant donné que, sur le plan économique, un bénéfice est réalisé uniquement à compter du moment où le patrimoine (actif net) a été préservé, le bénéfice représente la différence entre le montant des capitaux propres en fin d'exercice et les montants des capitaux propres en début d'exercice, à l'exclusion des effets des apports et des distributions de capitaux propres.

Bénéfices non répartis Total des bénéfices réalisés par l'entreprise depuis sa constitution, diminué des pertes des exercices déficitaires, compte tenu des dividendes et des autres éléments qui ont pu en être retranchés ou y être ajoutés.

Bilan Document de synthèse exposant à une date donnée la situation financière et le patrimoine d'une entreprise et dans lequel figurent la liste des éléments de l'actif et du passif ainsi que la différence qui correspond aux capitaux propres. Les règles sur lesquelles se fonde la détermination de la valeur à attribuer aux différents postes du bilan n'ont pas nécessairement pour objet de refléter la valeur économique de l'entité.

Capitaux propres Composante du bilan représentant le droit de propriété sur les actifs, après déduction des passifs externes. Bien que les capitaux propres constituent un solde résiduel, on y distingue souvent les sommes investies par le propriétaire exploitant, les associés ou les actionnaires, et les bénéfices réalisés et non distribués.

Charges d'exploitation Inscription, dans l'état des résultats, de dépenses ou d'actifs déjà pris en compte lorsque ces dépenses ou actifs ne présentent plus aucun avantage économique futur. Les charges sont constatées par rapprochement des produits qu'elles ont contribué à générer. Dans d'autres cas, les charges sont rattachées à un exercice en raison d'opérations ou de faits survenus au cours de cet exercice ou par suite d'un processus de répartition.

---

[8] Louis Ménard, C.A., *Dictionnaire de la comptabilité et de la gestion financière*, Institut Canadien des Comptables Agréés, Toronto, 1994. Reproduit avec permission.

Comptes clients Comptes de tiers dans lesquels l'entité enregistre les sommes à recouvrer des clients pour des marchandises ou produits vendus ou des services rendus à crédit au cours du cycle d'exploitation.

Comptes fournisseurs Comptes de tiers dans lesquels l'entité enregistre les sommes à payer à ses fournisseurs pour des marchandises, matières ou fournitures qu'elle a achetées ou des services qui lui ont été rendus à crédit au cours du cycle d'exploitation.

Créancier Titulaire d'une créance, c'est-à-dire la personne physique ou morale à qui est dû de l'argent.

Débiteur Personne qui a contracté une dette à l'égard d'une autre.

Dividende Partie du bénéfice de l'exercice qu'une société distribue à ses actionnaires en proportion des actions que ceux-ci détiennent, compte tenu des droits attachés à chaque type d'actions.

Élément d'actif Terme qui, d'une façon générale, désigne un bien appartenant en propre à une personne physique ou morale.

Entreprise individuelle Entreprise non constituée en société de capitaux et appartenant à une seule personne. Le plus souvent, cette personne assure elle-même la direction de son entreprise et en est donc le propriétaire exploitant.

Équation comptable Relation mathématique sur laquelle se fonde la comptabilité en partie double. Elle prend souvent la forme de $A = CE + CP$, l'actif A étant égal à la somme des capitaux empruntés CE et des capitaux propres CP. Elle peut aussi prendre la forme $A = P$, le passif P représentant alors à la fois les capitaux empruntés et les capitaux propres, c'est-à-dire la provenance de la totalité des ressources de l'entité.

État de l'évolution de la situation financière État financier (ou tableau) présentant les flux de trésorerie attribuables aux activités d'exploitation, de financement et d'investissement de l'entité au cours de l'exercice, sous une forme qui permet le rapprochement des positions de trésorie d'ouverture et de clôture.

État des résultats État financier (ou compte) où figurent les produits et les profits ainsi que les charges et les pertes d'un exercice. Il fait apparaître, par différence, le bénéfice ou la perte de l'exercice.

Normes comptables Règles adoptées par les organisations comptables professionnelles ou d'autres organismes, et portant sur la façon précise de comptabiliser les opérations et les faits susceptibles de faire l'objet de différents traitements comptables.

Opération commerciale Acte conclu par une entreprise dans le cadre de son exploitation.

Passif Composante du bilan décrivant les obligations qui incombent à l'entité par suite d'opérations ou de faits passés, et dont le règlement pourra nécessiter le transfert ou l'utilisation d'actifs, la prestation de services ou encore toute autre cession d'avantages économiques. Les passifs ont trois caractéristiques essentielles: 1) ils représentent un engagement ou une responsabilité envers des tiers devant entraîner un règlement futur à une date certaine ou déterminable, lorsque surviendra un fait précis, ou encore sur demande; 2) l'engagement ou la responsabilité constitue pour l'entité une obligation, à laquelle l'entité n'a guère ou n'a pas du tout la possibilité de se soustraire (peu importe que l'obligation soit exécutoire, morale ou implicite); 3) l'opération ou le fait à l'origine de l'obligation de l'entité s'est déjà produit.

Perte nette Excédent du total des charges et des pertes d'un exercice sur le total des produits et des profits de cet exercice.

Postulats comptables Hypothèses fondamentales concernant l'environnement économique, politique et sociologique dans lequel baigne la comptabilité, hypothèses qui sont considérées comme incontestables sans pour autant pouvoir ou devoir être démontrées. Les postulats comptables font partie de la grande famille des principes comptables, et ils revêtent un caractère transcendant sur les autres principes.

Prélèvement Action, pour le propriétaire exploitant ou les associés, de retirer des biens (habituellement de l'argent ou des marchandises) d'une entreprise individuelle ou d'une société de personnes.

Principes comptables Ensemble des éléments composant la théorie comptable, comprenant les postulats et les principes justifiant les règles comptables généralement admises et servant de guide dans le choix des méthodes comptables à appliquer selon les circonstances.

Principes comptables généralement reconnus (P.C.G.R.) Principes ou normes comptables en vigueur dans un espace juridique donné, dont l'existence a été reconnue formellement par un organisme responsable de la normalisation en comptabilité ou par des textes faisant autorité, ou dont l'acceptation est attribuable à un précédent ou à un consensus.

Produits d'exploitation Composante de l'état des résultats (ou compte de résultat) représentant les augmentations des ressources économiques, sous forme d'entrées ou d'accroissements d'actifs ou de diminutions de passifs, qui résultent des activités courantes de l'entité et proviennent habituellement de la vente de biens, de la prestation de services ou de l'utilisation de certaines ressources de l'entité par des tiers moyennant un loyer, des intérêts, des redevances ou des dividendes.

Société de personnes Entreprise dans laquelle plusieurs personnes (les associés) conviennent de mettre en commun des biens, leur crédit ou leur industrie en vue de partager les bénéfices qui pourront en résulter.

Société par actions   Entité juridique, avec capital social, distincte et indépendante de ses actionnaires, et ayant pour objet la fabrication d'un produit, le commerce de marchandises ou la prestation de services.

Taux de rendement des capitaux propres   Ratio financier égal au quotient du bénéfice net par le capital investi.

Des synonymes

Bénéfice net   Bénéfice (net) de l'exercice.

Capitaux propres   Actif net; avoir du propriétaire; avoir des associés; avoir des actionnaires.

Prélèvements   Retraits.

Ressources économiques   Éléments d'actif.

Société de personnes   Société en nom collectif.

Société par actions   Compagnie.

Révision en regard des objectifs d'apprentissage

Répondez aux questions suivantes en choisissant la réponse qui vous semble la meilleure avant d'aller voir la solution à la fin du chapitre.

Objectif 1   L'objet de la comptabilité est:

a) de fournir aux gestionnaires de l'information financière sur l'entreprise afin qu'ils puissent contrôler les opérations;

b) de fournir aux prêteurs de l'information sur l'entreprise afin qu'ils puissent décider s'ils vont lui consentir des prêts additionnels;

c) de mesurer le bénéfice net ou la perte nette d'un exercice;

d) de communiquer de l'information financière utile aux décideurs afin qu'ils puissent prendre des décisions en matière d'investissement, de crédit et autres;

e) de mesurer les ressources économiques et les dettes de l'entreprise.

Objectif 2   Au Canada, les principes comptables généralement reconnus sont établis par:

a) l'I.C.C.A., sous l'autorité du gouvernement fédéral;

b) les cabinets d'experts-comptables, sous l'autorité du Conseil des normes de vérification;

c) la Loi sur les sociétés par actions (Canada);

d) le Conseil des normes comptables;

e) l'I.C.C.A., sous la supervision des commissions des valeurs mobilières.

Objectif 3   Qu'est-ce qui distingue l'entreprise individuelle de la société par actions?

a) Le propriétaire de l'entreprise individuelle détient toutes les actions de l'entreprise.

b) L'entreprise individuelle n'est pas une personne morale distincte et indépendante de ses propriétaires, mais elle appartient à plusieurs personnes.

c) L'entreprise individuelle est une personne morale, distincte et indépendante de ses propriétaires.

d) Les dettes sont la responsabilité de l'entreprise individuelle et le propriétaire n'en est pas responsable.

e) L'entreprise individuelle n'est pas une personne morale distincte et indépendante de son propriétaire et c'est pour cette raison que ce dernier est personnellement responsable des dettes.

Objectif 4   Une entreprise nouvellement formée a effectué les opérations suivantes: 1) investissement du propriétaire de 3 600 $; 2) achat au comptant de 2 600 $ de fournitures de magasin; 3) services rendus au comptant, 2 300 $; 4) paiement des salaires aux deux employés, 1 000 $, et 5) emprunt effectué auprès d'une banque, 3 000 $. Après ces opérations, le total de l'actif, le total du passif et des capitaux propres sont de:

a) 7 900 $	5 300 $	2 600 $;
b) 7 900 $	3 000 $	4 900 $;
c) 10 500 $	5 600 $	4 900 $;
d) 7 900 $	— $	7 900 $;
e) 7 900 $	4 300 $	3 600 $.

Objectif 5   Le taux de rendement des capitaux propres se calcule en:

a) divisant le bénéfice net par le total de l'actif;

b) divisant le bénéfice net par l'actif net à la fin de l'exercice;

c) divisant le bénéfice net par le montant des capitaux propres au début de l'exercice;

d) divisant le bénéfice net par le total du passif et des capitaux propres;

e) divisant le bénéfice net par le total du capital-actions.

Objectif 6 Le processus comptable d'un exercice inclut la préparation des états financiers annuels. Ils comprennent:

a) un état des résultats et un bilan;

b) un état des résultats, un état de l'avoir du propriétaire et un bilan;

c) un état des résultats, un état de l'avoir du propriétaire, un bilan et un état de l'évolution de la situation financière;

d) un bilan au début de l'exercice, un état des résultats et un bilan à la fin de l'exercice;

e) les états financiers que l'on veut bien produire.

Sujets de discussion en classe

1. Quel est l'objet de la comptabilité?

2. Décrivez le contenu d'un état des résultats.

3. Pourquoi est-il pertinent que l'utilisateur de l'état des résultats connaisse la période couverte par ce dernier?

4. Décrivez le contenu d'un bilan.

5. Définissez les termes a) actif; b) passif; c) capitaux propres; d) actif net.

6. À quoi servent les principes comptables généralement reconnus?

7. Pourquoi n'est-il pas possible d'augmenter ou de diminuer un élément de passif sans modifier un élément d'actif, de capitaux propres ou un autre élément de passif lors d'une opération?

8. Une société par actions est une personne morale distincte de ses actionnaires. Comment cette particularité peut-elle influencer la responsabilité des actionnaires envers les créanciers?

9. Pour quelle raison le propriétaire d'une entreprise individuelle est-il responsable des dettes de l'entreprise?

10. Décrivez le calcul que l'on doit effectuer pour obtenir le taux de rendement des capitaux propres.

11. Quels sont les événements qui modifient les capitaux propres?

Mini-cas

Mini-cas 1-1

Catherine Lachance décide d'ouvrir un centre de location de films vidéo et de vente d'appareils vidéo et audio. Cependant, elle a besoin d'aide pour déterminer les sources de financement nécessaires à l'acquisition des éléments d'actif, car ses ressources financières personnelles sont insuffisantes.

Travail à faire

Dressez un bilan fictif qui montre les éléments d'actif nécessaires au lancement de son entreprise ainsi que les sources de financement. Expliquez à Catherine ses possibilités de financement.

Mini-cas 1-2

Les études révèlent que 50 % des petites entreprises ferment au cours des deux premières années de leur existence. Ces études indiquent aussi que ce taux de fermeture serait considérablement diminué s'il y avait eu, au départ, une planification plus sérieuse.

Travail à faire

Discutez du genre de planification que l'on peut faire à partir du bilan, de l'état des résultats et de l'état de l'évolution de la situation financière.

Exercices

Exercice 1-1
Le bilan d'une entreprise individuelle
(Objectifs 1, 3, 4)

Le 30 avril 1996, l'équation comptable de l'entreprise individuelle Les Antiquités de Jos enr. comprenait les éléments suivants:

Encaisse	4 000 $
Autres éléments d'actif	75 000 $
Fournisseurs	40 000 $
Jos Lachance – Capital	39 000 $

Le même jour, le propriétaire a vendu les autres éléments d'actif pour 50 000 $ en vue de liquider l'entreprise, mais il a conservé l'encaisse.

Travail à faire

1. Dressez le bilan de l'entreprise après la vente des autres actifs.
2. Dites comment l'entreprise doit distribuer l'encaisse et pourquoi.

Exercice 1-2
L'équation comptable
(Objectif 4)

Déterminez le montant manquant dans chacune des équations comptables suivantes:

	Actif	=	Passif	+	Capitaux propres
a)	57 600 $		10 500 $		?
b)	47 700 $		?		29 700 $
c)	?		9 800 $		36 900 $

Exercice 1-3
L'effet des opérations sur l'équation comptable
(Objectif 4)

Les effets de cinq opérations sur les éléments d'actif, de passif et les capitaux propres de l'entreprise du dentiste Jean Roche sont présentés dans l'équation comptable suivante, précédés par les lettres *a* à *e*:

	Actif				=	Passif	+	Capitaux propres
	Encaisse +	Clients +	Fournitures de bureau non utilisées +	Terrain	=	Fournisseurs	+	Jean Roche – Capital
	12 300 $		6 360 $	3 200 $				21 860 $
a)	− 11 000			+ 11 000				
	1 300		6 360	14 200				21 860
b)			+ 560			+ 560 $		
	1 300		6 920	14 200		560		21 860
c)		+ 860 $						+ 860
	1 300	860	6 920	14 200		560		22 720
d)	− 560					− 560		
	740	860	6 920	14 200		0		22 720
e)	+ 860	− 860						
	1 600 $ +	0 $ +	6 920 $ +	14 200 $ =		0 $		22 720 $

Travail à faire

Décrivez brièvement la nature de chaque opération.

Travail à faire

1. Déterminez les capitaux propres d'une entreprise ayant un actif de 156 300 $ et un passif de 23 900 $.

2. Déterminez le passif d'une entreprise dont l'actif s'élèvent à 110 300 $ et les capitaux propres à 79 300 $.

3. Déterminez l'actif d'une entreprise dont le passif s'élève à 10 500 $ et les capitaux propres à 48 600 $.

Exercice 1-4
L'utilisation de l'équation comptable
(Objectif 4)

Les opérations de l'agence immobilière de Denise Boucher ont débuté le 1er octobre. Elle a effectué cinq opérations qui se reflètent dans les équations comptables suivantes:

Exercice 1-5
L'analyse de l'équation comptable
(Objectif 4)

Solde après la transaction	Encaisse +	Clients +	Fournitures de bureau non utilisées +	Matériel de bureau	= Fournisseurs +	Denise Boucher – Capital
1	25 000 $					25 000 $
2	23 800		2 000 $		800 $	25 000
3	13 800		2 000	10 000 $	800	25 000
4	13 800	2 300 $	2 000	10 000	800	27 300
5	12 100	2 300	2 800	10 900	800	27 300

Travail à faire

Décrivez brièvement la nature des opérations dont il est question et déterminez-en les montants.

L'actif et le passif d'une entreprise au début et à la fin de l'exercice étaient les suivants:

Exercice 1-6
La détermination du bénéfice net
(Objectifs 1, 4)

	Actif	Passif
Début de l'exercice	86 000 $	34 000 $
Fin de l'exercice	100 000	23 000

Travail à faire

Déterminez le bénéfice net ou la perte nette de l'exercice en tenant compte, à chaque fois, de chacune des hypothèses suivantes, indépendantes l'une de l'autre:

1. Le propriétaire n'a fait ni investissement additionnel ni prélèvement au cours de l'exercice.

2. Le propriétaire n'a pas fait d'investissement additionnel, mais a prélevé 2 900 $ par mois pour des dépenses personnelles.

3. Le propriétaire a fait un investissement additionnel de 40 000 $, mais n'a effectué aucun prélèvement.

4. Le propriétaire a investi un montant additionnel de 15 000 $ et a prélevé 3 500 $ par mois pour des dépenses personnelles.

La dentiste Diane Gilbert a effectué les opérations suivantes au cours du mois de novembre:

Exercice 1-7
L'effet des opérations sur l'équation comptable
(Objectif 4)

a) Investissement de 15 700 $ au comptant et apport de matériel ayant une juste valeur marchande de 3 500 $;

b) Paiement mensuel du loyer de son bureau professionnel: 2 500 $;

c) Achat à crédit de matériel: 7 600 $;

d) Encaissement immédiat de 260 $ pour des obturations dentaires;

e) Soins dentaires accordés à crédit: 2 800 $;

f) Achat au comptant de matériel: 590 $;

g) Paiement du salaire de son assistante: 1 900 $;

h) Recouvrement partiel pour les services rendus en *e*: 2 000 $;

i) Règlement de la facture du matériel acheté en *c*.

Travail à faire

Disposez les comptes Encaisse, Clients, Matériel, Fournisseurs et Diane Gilbert – Capital en utilisant le tableau 1-9 comme modèle. Indiquez, par des signes d'addition et de soustraction, les effets de chacune des opérations sur les éléments de l'équation comptable. Calculez le total de chaque colonne après chaque opération.

Exercice 1-8
L'effet des opérations sur l'équation comptable
(Objectif 4)

Donnez un exemple d'opération qui correspond à chacune des situations suivantes:

a) Augmentation d'un élément d'actif et diminution d'un autre élément d'actif;

b) Augmentation d'un élément d'actif et augmentation d'un élément de passif;

c) Diminution d'un élément d'actif et diminution d'un élément de passif;

d) Diminution d'un élément de passif et augmentation d'un autre élément de passif;

e) Augmentation d'un élément d'actif et augmentation des capitaux propres;

f) Diminution d'un élément d'actif et diminution des capitaux propres.

Exercice 1-9
L'état des résultats d'une entreprise individuelle
(Objectif 1)

Les livres comptables dc Julie Lajoie, qui a commencé sa pratique de droit le 1er mars 1996, fournissent les renseignements suivants au 31 mars 1996:

Encaisse...................	600 $	Prélèvements de la propriétaire	3 000 $
Clients	400	Honoraires gagnés..............	4 900
Fournitures de bureau non utilisées..................	800	Frais de voyage	75
Livres de droit..............	4 000	Loyers	700
Matériel de bureau............	2 600	Salaires.....................	1 000
Fournisseurs	2 775	Téléphone	500
Investissement par la propriétaire	6 000		

Travail à faire

Dressez l'état des résultats pour le mois terminé le 31 mars 1996.

Exercice 1-10
L'état de l'avoir du propriétaire d'une entreprise individuelle
(Objectif 1)

Travail à faire

Dressez un état de l'avoir de la propriétaire pour le mois terminé le 31 mars 1996 en partant des informations fournies à l'exercice 1-9.

Exercice 1-11
Le bilan d'une entreprise individuelle
(Objectif 3)

Travail à faire

Dressez un bilan au 31 mars 1996 en partant des informations fournies à l'exercice 1-9.

Exercice 1-12
La détermination des informations de chaque état financier
(Objectif 1)

Catherine Roy a une entreprise de gestion d'immeubles locatifs. Voici les comptes qu'elle utilise pour la tenue des livres de son entreprise:

1. Honoraires gagnés;

2. Clients;

3. Investissement par la propriétaire;

4. Encaisse reçue des clients;

5. Loyer du bureau payé au comptant;

6. Catherine Roy – Prélèvements;

7. Fournitures de bureau non utilisées;

8. Fournisseurs.

Travail à faire

1. Examinez les comptes ci-dessus et indiquez dans lequel des états financiers suivants nous les retrouvons:

   a) L'état des résultats;

   b) L'état de l'avoir du propriétaire;

   c) Le bilan;

   d) L'état de l'évolution de la situation financière.

2. Mentionnez le ou les comptes qui apparaissent dans plus d'un état financier.

Déterminez le montant manquant dans chacune des situations a à d suivantes indépendantes les unes des autres:

Exercice 1-13
Le calcul du montant manquant
(Objectif 4)

	a)	**b)**	**c)**	**d)**
Capital, 1er juillet 1996.	0 $	0 $	0 $	0 $
Investissement par le propriétaire	25 000	32 000	47 000	?
Prélèvements du propriétaire	4 000	?	13 000	6 000
Bénéfice net (perte nette) de l'exercice	?	16 000	(22 000)	25 000
Capital, 30 juin 1997	36 000	40 000	?	53 000

Problèmes

Le courtier en immeubles Jules Durand, qui vient de lancer sa propre entreprise, a effectué les opérations suivantes:

a) Vente de ses actions BCE ltée pour un montant de 52 640 $ et dépôt en banque de 50 000 $ au nom de l'entreprise;

b) Achat d'un bâtiment qui servira de bureau. Le coût d'acquisition est de 125 000 $, dont un montant de 45 000 $ a été payé au comptant et le solde, financé par un prêt hypothécaire;

c) Apport de matériel de bureau ayant une juste valeur marchande de 900 $ que M. Durand possède depuis quelque temps;

d) Achat au comptant de fournitures de bureau: 425 $;

e) Achat à crédit de matériel de bureau: 7 000 $;

f) Services rendus à crédit à un client: 720 $;

g) Achat au comptant d'un espace publicitaire dans le journal local: 150 $;

h) Encaissement de la commission réalisée par suite de la vente d'une maison: 12 000 $;

i) Règlement partiel de l'achat effectué en *e*: 700 $;

j) Recouvrement partiel des services rendus à crédit en *f*: 500 $;

k) Paiement du salaire de la secrétaire: 850 $;

l) Prélèvement par M. Durand pour payer des dépenses personnelles: 400 $.

Problème 1-1
L'effet des opérations sur l'équation comptable
(Objectif 4)

Travail à faire

Dans un tableau, disposez les comptes Encaisse, Clients, Fournitures de bureau non utilisées, Matériel de bureau, Bâtiments, Fournisseurs, Emprunt hypothécaire et Jules Durand – Capital en utilisant le tableau 1-9 comme modèle. Indiquez, par des signes d'addition et de soustraction, les effets de chacune des opérations sur les éléments de l'équation comptable. Additionnez les colonnes après chaque opération et mentionnez dans les capitaux propres s'il s'agit d'un investissement, d'un prélèvement, d'un produit ou d'une charge.

Problème 1-2
L'établissement du bilan et de l'état des résultats
(Objectifs 1, 4)

Le 1er juillet, après avoir terminé ses études universitaires en architecture, André Vachon a investi 5 600 $ au comptant dans une entreprise qui porte le nom de André Vachon, architecte. Il a effectué les opérations suivantes au cours du mois de juillet 1996:

Juillet 1er Location d'un bureau tout meublé et paiement du loyer du mois de juillet: 1 000 $;

1er Achat au comptant de fournitures de dessin: 120 $;

3 Paiement des frais de nettoyage couvrant le mois de juillet: 175 $;

6 Services professionnels rendus au comptant: 450 $;

9 Services professionnels rendus à crédit à la société Lafrance ltée: 1 275 $;

16 Paiement au dessinateur du salaire des deux premières semaines de juillet: 825 $;

19 Recouvrement des services professionnels rendus le 9 juillet à la société Lafrance ltée;

21 Services professionnels rendus à crédit à Construction J. P. Savard inc.: 1 750 $;

22 Achat à crédit de fournitures de dessin: 200 $;

24 Services professionnels rendus à crédit à Anne Rioux: 1 200 $;

28 Achat à crédit de services d'impression de plans: 220 $;

29 Recouvrement des services professionnels rendus le 21 juillet à Construction J. P. Savard inc.;

30 Paiement des fournitures de dessin achetées le 22 juillet;

31 Paiement du compte de téléphone du mois de juillet: 150 $;

31 Paiement du compte d'électricité du mois de juillet: 125 $;

31 Paiement au dessinateur du salaire des deux dernières semaines de juillet: 825 $;

31 Paiement d'une assurance-responsabilité couvrant la période de 12 mois commençant le 1er août 1996: 2 100 $. Utilisez le compte d'actif Assurances payées d'avance;

31 Prélèvement par M. Vachon pour payer des dépenses personnelles: 1 000 $.

Travail à faire

1. Dans un tableau, disposez les comptes Encaisse, Clients, Assurances payées d'avance, Fournitures de dessin non utilisées, Fournisseurs et André Vachon – Capital en utilisant le tableau 1-9 comme modèle. Indiquez les effets des opérations sur les éléments de l'équation comptable en enregistrant les augmentations et les diminutions dans les colonnes appropriées; utilisez un signe d'addition ou de soustraction devant le chiffre approprié.

2. Additionnez les colonnes du tableau et montrez que l'équation comptable est en équilibre.

3. Dressez l'état des résultats pour le mois de juillet 1996.

4. Dressez l'avoir du propriétaire pour le mois de juillet 1996.

5. Dressez le bilan au 31 juillet 1996.

Problème 1-3
L'établissement du bilan et le calcul du bénéfice net
(Objectifs 1, 4)

Les livres comptables de la clinique de la dentiste Suzanne Lavallée fournissent les informations suivantes relatives à l'exercice terminé le 31 décembre 1994 et à celui terminé le 31 décembre 1995:

	1994	**1995**
Encaisse.	10 700 $	2 200 $
Clients.	6 800	8 000
Fournitures dentaires non utilisées	1 200	900
Automobile	7 500	7 500
Matériel de bureau	20 100	24 150
Terrain.	0	85 000
Bâtiment	0	127 500
Fournisseurs	1 500	2 000
Emprunt hypothécaire.	0	152 500

Au cours de la dernière semaine du mois de décembre 1995 (juste avant la comptabilisation des données ci-dessus), Mme Lavallée a fait l'acquisition pour sa clinique d'un terrain et d'un bâtiment au coût de 212 500 $ dont 60 000 $ ont été réglés au comptant; le solde a fait l'objet d'un emprunt hypothécaire. Mme Lavallée a investi un montant additionnel de 50 000 $ dans sa clinique afin que l'entreprise dispose des liquidités nécessaires au versement du comptant de 60 000 $. Elle a aussi effectué des prélèvements mensuels de 5 000 $ pour ses besoins personnels.

Travail à faire

1. Dressez le bilan au 31 décembre 1994 et celui au 31 décembre 1995.

2. Présentez le calcul du bénéfice net de l'exercice terminé le 31 décembre 1995.

Guy Lemieux, qui a récemment ouvert une étude d'avocat, a effectué les opérations suivantes au cours du mois de juin 1996:

Problème 1-4
L'analyse des opérations et l'établissement des états financiers
(Objectifs 1, 4)

Juin   1er   Transfert par Guy Lemieux de 7 000 $ de son compte bancaire personnel à celui de son étude d'avocat; *C N P,*

     1er   Location d'un bureau meublé utilisé par un avocat qui a pris sa retraite et paiement du loyer du mois de juin: 2 000 $;

     1er   Achat des livres de droit de l'avocat retraité pour un montant de 5 000 $, dont 3 000 $ au comptant et le solde payable dans six mois;

     2   Achat au comptant de fournitures de bureau: 300 $;

     7   Services légaux rendus au comptant à un client: 750 $;

     10   Achat à crédit de matériel de bureau: 500 $;

     13   Services professionnels rendus à crédit à la Banque Nationale: 2 765 $;

     17   Achat à crédit de fournitures de bureau: 50 $;

     20   Paiement du montant dû sur le matériel de bureau acheté à crédit le 10 juin: 500 $;

     23   Services professionnels rendus à crédit à la société Després ltée: 1 300 $;

     25   Recouvrement de 2 765 $ dus par la Banque Nationale pour les services rendus à crédit le 13 juin;

     30   Paiement à la secrétaire du salaire du mois de juin: 1 500 $;

     30   Paiement du compte de téléphone du mois: 140 $;

     30   Prélèvement par M. Lemieux pour payer des dépenses personnelles: 2 100 $.

Travail à faire

1. Dans un tableau, disposez les comptes Encaisse, Clients, Fournitures de bureau non utilisées, Livres de droit, Matériel de bureau, Fournisseurs et Guy Lemieux – Capital en utilisant le tableau 1-9 comme modèle. Indiquez, par des signes d'addition et de soustraction, les effets de chacune des opérations sur les éléments de l'équation comptable et mentionnez dans les capitaux propres s'il s'agit d'un investissement, d'un prélèvement, d'un produit ou d'une charge.

2. Dressez l'état des résultats pour le mois de juin 1996.

3. Dressez l'état de l'avoir du propriétaire pour le mois de juin 1996.

4. Dressez le bilan au 30 juin 1996.

Problème 1-5
La détermination des données manquantes dans les états financiers
(Objectif 1)

Voici les informations financières de cinq entreprises individuelles n'ayant aucun lien entre elles:

	Entreprise 1	Entreprise 2	Entreprise 3	Entreprise 4	Entreprise 5
Le 31 décembre 1994					
Actif	35 000 $	39 000 $	46 000 $	29 000 $	63 000 $
Passif	27 000	30 000	30 000	20 000	?
Le 31 décembre 1995					
Actif	37 000	48 000	75 000	?	88 000
Passif	23 800	?	36 000	27 000	40 000
Pour l'exercice terminé le 31 décembre 1995					
Bénéfice net	?	6 000	20 000	10 000	23 000
Investissement du propriétaire	4 600	7 000	?	23 000	0
Prélèvements par le propriétaire	2 000	2 600	4 000	5 000	7 000

Travail à faire

1. Répondez aux questions suivantes relativement à l'entreprise n° 1:

   a) Quel est le montant de l'avoir du propriétaire au 31 décembre 1994?

   b) Quel est le montant de l'avoir du propriétaire au 31 décembre 1995?

   c) Quel est le montant du bénéfice net pour l'exercice terminé le 31 décembre 1995?

2. Répondez aux questions suivantes relativement à l'entreprise n° 2:

   a) Quel est le montant de l'avoir du propriétaire au 31 décembre 1994?

   b) Quel est le montant de l'avoir du propriétaire au 31 décembre 1995?

   c) Quel est le montant du passif au 31 décembre 1995?

3. Déterminez le montant des investissements effectués par le propriétaire de l'entreprise n° 3 au cours de l'exercice terminé le 31 décembre 1995.

4. Déterminez le montant de l'actif de l'entreprise n° 4 au 31 décembre 1995.

5. Déterminez le montant du passif de l'entreprise n° 5 au 31 décembre 1994.

Problème 1-6
L'effet des opérations sur les états financiers
(Objectifs 1, 4)

Déterminez comment chacune des 14 opérations apparaissant au tableau qui suit touche les états financiers de l'entreprise. Pour le bilan, dites comment chacune de ces opérations touche l'actif, le passif et les capitaux propres. Pour l'état des résultats, déterminez comment chacune de ces opérations influe sur le bénéfice net. En ce qui concerne l'état de l'évolution de la situation financière, déterminez l'effet de chacune de ces opérations sur l'encaisse. Indiquez l'effet de chacune des opérations en inscrivant dans la case, sous le poste concerné, un + s'il augmente ou un − s'il diminue. Les deux premières lignes ont été remplies pour vous servir d'exemples:

	Opération	Bilan			État des résultats	État de l'évolution de la situation financière
		Total de l'actif	Total du passif	Capitaux propres	Bénéfice net	Encaisse
1	Investissement par le propriétaire	+		+		+
2	Achat à crédit	+	+			

3	Apport de matériel de bureau par le propriétaire				
4	Paiement des salaires				
5	Services rendus à crédit				
6	Services rendus au comptant				
7	Achat au comptant de matériel de bureau				
8	Services obtenus à crédit				
9	Prélèvements du propriétaire				
10	Vente au comptant de matériel inutilisé (au coût)				
11	Achat d'un terrain grâce à un emprunt				
12	Emprunt effectué à une institution financière				
13	Paiement du loyer				
14	Recouvrement des services rendus à l'opération 5				

Réexaminez les opérations décrites au problème 1-1, et plus particulièrement les opérations *f* et *j*. Dites laquelle de ces deux opérations constitue un produit d'exploitation et expliquez pourquoi. Quant à l'autre opération, dites pourquoi elle n'en est pas un. Reprenez maintenant les opérations *d* et *k*, dites laquelle de ces opérations constitue une charge d'exploitation et expliquez pourquoi. Pourquoi l'autre opération n'est-elle pas une charge d'exploitation?

Problème 1-7
Essai analytique
(Objectifs 1, 2)

Reprenez les données qui vous sont fournies au problème 1-4 et considérez que toutes les opérations qui sont effectuées à crédit le sont maintenant au comptant. Expliquez, s'il y a lieu, l'effet de ces changements sur la composition de l'état des résultats, de l'état de l'avoir du propriétaire et du bilan. Décrivez de façon succincte, sans faire de calcul, les modifications qui ont dû être apportées à chacun de ces états. Dans le cas où il n'y a pas eu de changement, expliquez pourquoi.

Problème 1-8
Essai analytique
(Objectifs 1, 2)

Problèmes additionnels

Le dentiste Jérôme Lemay, qui vient d'ouvrir son propre cabinet, a effectué les opérations suivantes:

Problème 1-1A
L'effet des opérations sur l'équation comptable
(Objectif 4)

a) Vente d'actions de Huile impériale ltée pour un montant de 90 000 $ et investissement de 85 000 $ dans l'entreprise;

b) Achat d'un bâtiment qui servira de bureau. Le coût d'acquisition est de 140 000 $ dont un montant de 50 000 $ a été payé au comptant et le solde, financé par un prêt hypothécaire;

c) Achat au comptant de matériel de bureau: 13 300 $;

d) Apport de matériel de bureau ayant une juste valeur marchande de 620 $ que M. Lemay possède depuis quelque temps;

e) Achat à crédit de fournitures de bureau coûtant 300 $ et de matériel de bureau coûtant 7 000 $;

f) Achat au comptant d'un espace publicitaire dans le journal local: 150 $;

g) Services rendus à crédit à un client: 550 $;

h) Services rendus au comptant à un client: 250 $;

i) Prélèvement par Jérôme Lemay à des fins personnelles: 3 000 $;

j) Recouvrement des services rendus à crédit en *g*;

k) Règlement partiel de l'achat effectué en *e*: 4 500 $;

l) Paiement du salaire de l'hygiéniste dentaire: 1 400 $.

Travail à faire

Dans un tableau, disposez les comptes Encaisse, Clients, Fournitures de bureau non utilisées, Matériel de bureau, Bâtiment, Fournisseurs, Emprunt hypothécaire et Jérôme Lemay – Capital en utilisant le tableau 1-9 comme modèle. Indiquez, par des signes d'addition et de soustraction, les effets de chacune des opérations sur les éléments de l'équation comptable. Additionnez les colonnes après chaque opération et mentionnez dans les capitaux propres s'il s'agit d'un investissement, d'un prélèvement, d'un produit ou d'une charge.

Problème 1-2A
L'établissement du bilan et de l'état des résultats
(Objectifs 1, 4)

Le 1er septembre, après avoir terminé ses études universitaires en ingénierie, Josée Carré a investi 9 000 $ au comptant dans une entreprise qui porte le nom de Josée Carré, ingénieure. Elle a effectué les opérations suivantes au cours du mois de septembre 1996:

Sept. 1er Location d'un bureau tout meublé et paiement du loyer du mois de septembre: 2 100 $;

1er Paiement des frais de nettoyage du mois de septembre: 225 $;

2 Achat au comptant de fournitures de dessin: 75 $;

4 Services professionnels rendus au comptant: 3 200 $;

7 Achat à crédit de fournitures de dessin: 175 $;

9 Services professionnels rendus à crédit à la société Les maisons 2000 ltée: 2 600 $;

15 Paiement à un technicien du salaire des deux premières semaines de septembre: 1 200 $;

16 Paiement des fournitures de dessin achetées le 7 septembre;

19 Recouvrement des services professionnels rendus le 9 septembre à la société Les maisons 2000 ltée;

21 Services professionnels rendus à crédit à Roland Lafleur: 2 100 $;

25 Achat à crédit de fournitures de dessin: 150 $;

29 Services professionnels rendus à crédit à Construction du Nord inc.: 1 350 $;

30 Paiement au dessinateur du salaire des deux dernières semaines de septembre: 1 200 $;

30 Paiement du compte de téléphone du mois de septembre: 65 $;

30 Paiement du compte d'électricité du mois de septembre: 210 $;

30 Paiement de l'assurance-responsabilité couvrant la période de 12 mois commençant le 1er octobre 1996: 3 000 $. Utilisez le compte Assurances payées d'avance;

30 Prélèvement par Mme Carré pour payer des dépenses personnelles: 2 800 $.

Travail à faire

1. Dans un tableau, disposez les comptes Encaisse, Clients, Assurances payées d'avance, Fournitures de dessin non utilisées, Fournisseurs, Josée Carré – Capital en utilisant le tableau 1-9 comme modèle. Indiquez les effets des opérations sur l'équation comptable en marquant les augmentations et les diminutions dans les colonnes appropriées par un signe d'addition ou de soustraction devant le chiffre.

2. Additionnez les colonnes du tableau et montrez que l'équation comptable est en équilibre.

3. Dressez l'état des résultats pour le mois de septembre 1996.

4. Dressez l'avoir du propriétaire pour le mois de septembre 1996.

5. Dressez le bilan au 30 septembre 1996.

Les livres comptables de l'agent immobilier Charles Côté fournissent les renseignements suivants pour l'exercice terminé le 31 décembre 1994 et celui terminé le 31 décembre 1995:

**Problème 1-3A
L'établissement du bilan et le calcul du bénéfice net**
(Objectifs 1, 4)

	1994	1995
Encaisse.	10 700 $	2 700 $
Clients	6 800	8 000
Fournitures dentaires non utilisées	2 000	900
Automobile	5 900	5 900
Matériel de bureau	19 600	24 300
Terrain.	—	80 000
Bâtiment	—	130 000
Fournisseurs	2 500	2 700
Emprunt hypothécaire.	—	150 000

À la fin de décembre 1995, juste avant la compilation des données ci-dessus, l'entreprise de Charles Côté a fait l'acquistion d'un terrain et d'un bâtiment au coût de 210 000 $ dont 60 000 $ ont été réglés au comptant; le solde a fait l'objet d'un emprunt hypothécaire. Afin que l'entreprise dispose des liquidités nécessaires au versement du comptant de 60 000 $, M. Côté a dû réinvestir une somme de 50 000 $. Comme les résultats des opérations de 1995 ont été satisfaisants, M. Côté a décidé d'effectuer des prélèvements mensuels de 4 100 $ à des fins personnelles.

Travail à faire

1. Dressez le bilan au 31 décembre 1994 et au 31 décembre 1995.

2. Présentez le calcul du bénéfice net de l'exercice clos le 31 décembre 1995.

M. Louis Leclerc, qui vient de terminer ses études de droit, a décidé d'ouvrir une étude d'avocat. Le 1er juin 1996, il a investi 6 000 $ au comptant en plus de l'apport du matériel de bureau d'une juste valeur marchande de 9 600 $ qu'il possédait déjà. Il a de plus effectué les opérations suivantes:

**Problème 1-4A
L'analyse des opérations et l'établissement des états financiers**
(Objectifs 1, 4)

Juin 1er Paiement du loyer du mois de juin: 900 $;

1er Transfert à l'entreprise des livres de droit qu'il a acquis au moment où il était étudiant à l'université; leur juste valeur marchande est de 500 $;

2 Achat au comptant de fournitures de bureau: 130 $;

4 Achat de livres de droit: 1 500 $. Il a payé 500 $ au comptant et il s'est engagé à payer le solde dans 90 jours;

5 Services professionnels rendus au comptant à un client: 600 $;

10 Services professionnels rendus à crédit à la Banque Impériale de Commerce: 1 600 $;

15 Achat à crédit de fournitures de bureau: 70 $;

20   Recouvrement de 1 600 $ dus par la Banque Impériale de Commerce pour les services rendus le 10 juin;

25   Services professionnels rendus à crédit à la société Les Immeubles B.S.L. ltée: 1 400 $;

30   Paiement partiel du montant dû à la suite de l'achat des livres de droit effectué le 4 juin: 400 $;

30   Paiement du compte de téléphone du mois: 80 $;

30   Paiement à la secrétaire du salaire du mois de juin: 1 300 $;

30   Prélèvement par M. Leclerc pour payer des dépenses personnelles: 1 500 $.

Travail à faire

1. Dans un tableau, disposez les comptes Encaisse, Clients, Fournitures de bureau non utilisées, Livres de droit, Matériel de bureau, Fournisseurs et Louis Leclerc – Capital en utilisant le tableau 1-9 comme modèle. Indiquez, par des signes d'addition et de soustraction, les effets de chacune des opérations sur les éléments de l'équation comptable. Calculez le total des colonnes après chaque opération et mentionnez dans les capitaux propres s'il s'agit d'un investissement, d'un prélèvement, d'un produit ou d'une charge.

2. Dressez l'état des résultats pour le mois de juin 1996.

3. Dressez l'état de l'avoir du propriétaire pour le mois de juin 1996.

4. Dressez le bilan au 30 juin 1996.

Problème 1-5A
La détermination des données manquantes dans les états financiers
(Objectif 1)

Voici les informations financières de cinq entreprises individuelles n'ayant aucun lien entre elles:

	Entreprise 1	Entreprise 2	Entreprise 3	Entreprise 4	Entreprise 5
Le 31 décembre 1994					
Actif	73 000 $	69 000 $	30 000 $	67 000 $	83 000 $
Passif	57 000	52 000	25 000	49 000	?
Le 31 décembre 1995					
Actif	80 000	97 000	?	83 000	96 000
Passif	?	60 000	29 000	43 000	50 000
Pour l'exercice terminé le 31 décembre 1995					
Bénéfice net	24 000	?	8 600	17 500	17 000
Investissements par le propriétaire	8 000	19 000	21 000	?	10 000
Prélèvements par le propriétaire	3 000	5 000	3 600	0	6 000

Travail à faire

1. Répondez aux questions suivantes relatives à l'entreprise 1:

   a) Quel est le montant de l'avoir du propriétaire au 31 décembre 1994?

   b) Quel est le montant de l'avoir du propriétaire au 31 décembre 1995?

   c) Quel est le montant du passif au 31 décembre 1995?

2. Répondez aux questions suivantes relatives à l'entreprise 2:

   a) Quel est le montant de l'avoir du propriétaire au 31 décembre 1994?

   b) Quel est le montant de l'avoir du propriétaire au 31 décembre 1995?

   c) Quel est le montant du bénéfice net pour l'exercice terminé le 31 décembre 1995?

3. Déterminez le montant de l'actif de l'entreprise 3 au 31 décembre 1995.

4. Déterminez le montant des investissements du propriétaire de l'entreprise 4 durant l'exercice terminé le 31 décembre 1995.

5. Déterminez le montant du passif de l'entreprise 5 au 31 décembre 1994.

Déterminez comment chacune des 14 opérations apparaissant au tableau qui suit touche les états financiers de l'entreprise. Pour le bilan, dites comment chacune de ces opérations touche l'actif, le passif et les capitaux propres. Pour l'état des résultats, déterminez comment chacune de ces opérations influe sur le bénéfice net. En ce qui concerne l'état de l'évolution de la situation financière, déterminez l'effet de chacune de ces opérations sur l'encaisse. Indiquez l'effet de chacune des opérations en inscrivant dans la case, sous le poste concerné, un + s'il augmente ou un – s'il diminue. Les deux premières lignes ont été remplies pour vous servir d'exemples:

Problème 1-6A
L'effet des opérations sur les états financiers
(Objectifs 1, 4)

	Opération	Bilan			État des résultats	État de l'évolution de la situation financière
		Total de l'actif	Total du passif	Capitaux propres	Bénéfice net	Encaisse
1	Investissement par le propriétaire	+		+		+
2	Paiement des salaires	−		−	−	−
3	Achat au comptant de matériel					
4	Achat à crédit de fournitures de bureau					
5	Investissement de fournitures par le propriétaire					
6	Prélèvements du propriétaire					
7	Services rendus à crédit					
8	Vente de matériel inutilisé au comptant (au coût)					
9	Services obtenus à crédit					
10	Services rendus au comptant					
11	Emprunt effectué à une institution financière					
12	Paiement du compte d'électricité					
13	Recouvrement des services rendus à l'opération 7					
14	Achat d'un terrain grâce à un emprunt					

Problème 1-7A
Essai analytique
(Objectifs 1, 2)

Réexaminez les opérations décrites au problème 1-1A et plus particulièrement les opérations *g* et *j*. Dites laquelle de ces deux opérations constitue un produit d'exploitation et expliquez pourquoi. Dites pourquoi l'autre opération n'en est pas un. Reprenez maintenant les opérations *f* et *k*, dites laquelle de ces opérations constitue une charge d'exploitation et expliquez pourquoi. Pourquoi l'autre opération n'est-elle pas une charge d'exploitation?

Problème 1-8A
Essai analytique
(Objectifs 1, 4)

Reprenez les données qui vous sont fournies au problème 1-4A et considérez que toutes les opérations qui sont effectuées au comptant le sont maintenant à crédit. Expliquez, s'il y a lieu, l'effet de ces changements sur la composition de l'état des résultats, de l'état de l'avoir du propriétaire et du bilan. Décrivez de façon succincte, sans faire de calcul, les modifications qui ont dû être apportées à chacun de ces états. Dans le cas où il n'y a pas eu de changement, expliquez pourquoi.

Cas

Cas 1-1
La fête du Travail
(Objectifs 1, 4)

Nicolas Proulx a investi 500 $ dans une entreprise qui effectuera la vente de fruits et de légumes lors de la fête foraine organisée dans sa localité durant la fin de semaine de la fête du Travail. Il a dû verser 200 $ pour obtenir un emplacement sur le site de la foire. La construction d'un comptoir de vente a nécessité l'achat au comptant de 85 $ de matériaux; ce comptoir n'aura aucune valeur à la fin de la fête. Il a de plus acheté pour 55 $ de sacs d'emballage au supermarché. Il s'est rendu chez un producteur et a acheté 450 $ de fruits et de légumes. Comme il ne disposait plus que de 160 $ de liquidités, il a décidé de proposer au producteur un acompte de 150 $ et de régler le solde le lendemain de la fête, ce qui fut accepté. Au cours de ces trois jours, il a vendu pour 1 120 $ au comptant. Il a versé un salaire de 60 $ à son assistant et il a conservé 25 $ de marchandises qu'il pourra vendre au propriétaire d'un petit marché qu'il connaît bien. Il a complètement épuisé son stock de sacs d'emballage. À la suite de cette expérience, Nicolas doit décider s'il continue son commerce de vente de fruits et de légumes dans d'autres foires ou s'il y met fin.

Travail à faire

Dressez un état des résultats pour les trois jours de festivités terminés le 7 septembre, un état de l'avoir du propriétaire ainsi qu'un bilan.

Cas 1-2
Orchestre
Jacques Neuville enr.
(Objectif 1)

Le 2 janvier, Jacques Neuville, a décidé de faire partie d'un orchestre rock. Il n'avait qu'un seul élément d'actif, sa batterie, d'une juste valeur marchande de 1 500 $. Jacques, qui n'a pas tenu de livres comptables, vous demande d'établir le résultat des opérations de son premier exercice. Une étude des documents disponibles vous permet d'établir que le solde du compte de banque s'élève à 650 $ à la fin de l'exercice en plus de 25 $ comptant. Jacques a vendu sa batterie pour une somme de 950 $ et a fait l'acquisition d'une batterie neuve coûtant 4 200 $ durant l'exercice, et le gérant de l'orchestre lui doit 125 $ pour la dernière soirée. La dette contractée envers une société de crédit lors de l'achat de la batterie s'élève à 3 000 $. Les intérêts ont été payés mais aucun remboursement de capital n'a été effectué. M. Neuville a emprunté 650 $ à son père, sans intérêt, ce qui lui a permis de verser le comptant exigé lors de l'acquisition. Ce prêt n'a pas encore été remboursé. M. Neuville a prélevé à des fins personnelles 150 $ par semaine pendant les 52 semaines de l'exercice.

Travail à faire

Établissez le bénéfice net (ou la perte nette) de l'exercice et présentez tous les calculs afin de justifier votre réponse.

Les Industries C-MAC Inc. est une société par actions canadienne engagée dans le secteur de la micro-électronique de pointe. Les informations financières ainsi que les états financiers de 1994 sont inclus au rapport annuel de l'entreprise présenté à l'annexe I.

Cas 1-3
(Objectif 1)

Travail à faire

1. Quelle est la date de la fin de l'exercice de l'entreprise Les Industries C-MAC Inc.?

2. Quel est le bénéfice net du dernier exercice de Les Industries C-MAC Inc.?

3. À combien s'élèvent les quasi-espèces que possède Les Industries C-MAC Inc. à la fin de l'exercice 1994?

4. Quel est le montant des liquidités qui a été généré ou utilisé par les activités de financement de Les Industries C-MAC Inc. durant l'exercice 1994?

5. Les activités d'investissement de Les Industries C-MAC Inc. ont-elles généré ou absorbé des liquidités? Quel en est le montant?

6. Les chiffres qui sont présentés à l'état consolidé de l'évolution de la situation financière (mouvements de la trésorerie consolidés) sont arrondis à quel montant près?

7. Par rapport aux produits de 1993, ceux de 1994 ont-ils augmenté ou diminué? De quel montant?

8. Quel est le montant de l'avoir consolidé des actionnaires à la fin de l'exercice 1994?

9. À quel montant s'élève la différence entre le bénéfice net de 1994 et celui de 1993?

Problèmes d'analyse et de révision

Problème 1-1
AR

Hugues Légaré a commencé l'exploitation d'un atelier de réparation d'automobiles au début du mois de novembre. Un commis inexpérimenté a préparé le bilan suivant au 30 novembre:

ATELIER DE RÉPARATION D'AUTOMOBILES ENR.
Bilan
au 30 novembre 1996

Actif		Passif et avoir du propriétaire	
Encaisse	3 600 $	Pièces et fournitures non utilisées	6 300 $
Fournisseurs	19 800	Clients	27 000
Matériel	12 600	Loyers payés d'avance	1 800
Hugues Légaré - Capital	15 300	Emprunt hypothécaire	16 200
	51 300 $		51 300 $

Travail à faire

1. Dressez un bilan corrigé si vous n'êtes pas d'accord avec cette présentation.

2. Expliquez comment un bilan comportant des erreurs peut malgré tout demeurer en équilibre.

**Problème 1-2
AR**

Mariette Lebrun, qui a ouvert son cabinet d'avocat le 1er octobre 1996, a investi 5 000 $ au comptant. Mme Lebrun a été déçue par les états financiers suivants, préparés par le teneur de livres qu'elle avait embauché:

MARIETTE LEBRUN, AVOCATE
Bilan
au 31 octobre 1996

Actif		**Avoir du propriétaire**	
Encaisse	1 800 $	Mariette Lebrun – Capital	3 500 $
Loyers payés d'avance	1 000		
Fournitures de bureau utilisées. . .	200		
Fournisseurs	500		
	3 500 $		3 500 $

MARIETTE LEBRUN, AVOCATE
État des résultats
pour le mois terminé le 31 octobre 1996

Produits d'exploitation:		
Honoraires	5 500 $	
Clients.	1 000	6 500
Charges d'exploitation:		
Salaires.	1 400	
Téléphone.	100	
Loyers.	1 000	
Fournitures de bureau non utilisées	500	
Livres de droit	4 000	7 000
Perte nette.		500 $

Grâce au cours qu'elle a suivi en comptabilité juridique, Mme Lebrun se rend compte que ses états financiers laissent à désirer et vous demande de les réviser.

Travail à faire

Dressez les états financiers corrigés de Mme Mariette Lebrun, avocate.

**Réponses
aux questions
de révision
en regard
des objectifs
d'apprentissage**

Objectif 1 (*d*)	**Objectif 3** (*e*)	**Objectif 5** (*c*)
Objectif 2 (*d*)	**Objectif 4** (*b*)	**Objectif 6** (*c*)

Les principes comptables et le cadre théorique de la comptabilité générale

Les principes comptables ne prennent pas racine dans les lois de la nature. Ils ont été formulés et développés pour encadrer et améliorer les pratiques de communication de l'information financière. L'étude de la deuxième partie vous permettra de vous familiariser avec les fondements conceptuels des états financiers définis par le Conseil des normes comptables pour encadrer les modifications et les orientations futures de l'information financière.

Objectifs d'apprentissage

Après l'étude de la deuxième partie, vous devriez être en mesure:

1. d'expliquer la relation qui existe entre les principes comptables, les normes de vérification et la communication de l'information financière;
2. d'expliquer la fonction des organismes de normalisation de la comptabilité et de décrire le processus d'établissement des normes comptables;
3. d'expliquer la différence entre l'approche déductive et l'approche inductive dans la formulation des postulats et des principes comptables;
4. de décrire les principaux éléments abordés par le Conseil des normes comptables dans le chapitre du *Manuel de l'I.C.C.A.* traitant des fondements conceptuels des états financiers;
5. d'énumérer les postulats et les principes comptables, et d'en préciser la portée sur la communication de l'information financière;
6. de définir et d'expliquer les termes et les expressions de la section Terminologie comptable.

Les principes comptables, les normes de vérification et la comptabilité générale

Objectif 1 Expliquer la relation qui existe entre les principes comptables, les normes de vérification et la communication de l'information financière.

Contrairement aux principes de la physique et à ceux d'autres sciences similaires, les **principes comptables généralement reconnus** (P.C.G.R.) ne tirent pas leur origine des lois naturelles; ils ont plutôt été développés en réponse aux besoins des utilisateurs de l'information comptable. Ils sont donc appelés à changer puisque les attentes des utilisateurs et de la société en général évoluent continuellement.

Les trois groupes les plus directement touchés par la communication de l'information financière sont: les auteurs (ceux qui établissent les états financiers), les **vérificateurs** et les utilisateurs (ceux qui utilisent les états financiers pour prendre des décisions). La figure II-1 présentée ci-contre fait ressortir les liens existant entre ces différents groupes et les états financiers.

Ainsi, dans les entreprises, les comptables établissent les états financiers, puis les vérificateurs externes les examinent et expriment dans un rapport de vérification leur opinion sur la fidélité des informations qu'ils contiennent. Les états financiers et le rapport de vérification sont transmis aux utilisateurs.

La figure II-2 illustre la relation existant entre les principes comptables, les normes de vérification et la communication de l'information financière. Elle fait d'abord ressortir que les P.C.G.R. doivent être suivis lors de la préparation des états financiers. Ceux qui les établissent doivent s'y référer quand vient le temps de choisir les pratiques comptables à suivre pour la comptabilisation des opérations et l'élaboration des états financiers. Cette figure montre, ensuite, que les vérificateurs doivent suivre les **normes de vérification généralement reconnues** (N.V.G.R.) dans l'exécution de leur travail de vérification. Les N.V.G.R. sont des règles que la profession comptable a adoptées comme guides dans le déroulement d'une vérification des états financiers. Elles précisent l'ampleur du travail que doit effectuer le vérificateur. Toujours à la figure II-2, on voit que ce sont le Conseil des normes comptables et le Conseil des normes de vérification qui ont la responsabilité d'élaborer, respectivement, les P.C.G.R. et les N.V.G.R.

Lors de l'établissement et de la vérification des états financiers, le respect des P.C.G.R. et des N.V.G.R. devrait rassurer les utilisateurs quant à la pertinence, à la fiabilité et à la comparabilité des informations qu'ils contiennent. Cependant, cela ne leur donne pas nécessairement l'assurance qu'ils peuvent investir dans l'entreprise ou lui prêter des sommes sans risque. De même, cela ne réduit pas le risque d'échec de la mise en marché des produits ou des services offerts par l'entreprise ou le risque d'une faillite due à d'autres facteurs.

Le processus d'établissement des normes comptables

Objectif 2 Expliquer la fonction des organismes de normalisation de la comptabilité et décrire le processus d'établissement des normes comptables.

Nous indiquons, à la figure II-2, les deux principaux organismes qui ont pour mandat d'adopter les P.C.G.R. et les N.V.G.R. Au Canada, on a confié la responsabilité d'établir et d'améliorer les **normes comptables** au Conseil des normes comptables. Les membres de ce Conseil, assistés d'une équipe de chercheurs, font appel à leurs connaissances et à leur expérience pour déterminer les problèmes de communication de l'information financière et proposer des solutions pour les résoudre. Le Conseil doit aussi rechercher l'avis des différents groupes ou individus touchés par l'information financière. Il recueille les commentaires des personnes et de tous les organismes intéressés en leur expédiant un document de consultation appelé «**exposé-sondage**». Le Conseil tient compte des commentaires des groupes consultés lorsqu'il prépare les propositions de recommandations qui seront publiées dans le Manuel de l'Institut Canadien des Comptables Agréés (*Manuel de l'I.C.C.A.*).

FIGURE II-1 *Les trois principaux groupes touchés par la communication de l'information financière*

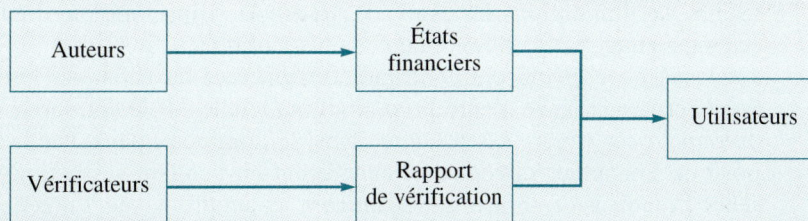

FIGURE II-2 *Les principes comptables généralement reconnus (P.C.G.R.), les normes de vérification généralement reconnues (N.V.G.R.) et les trois principaux groupes d'intervenants touchés par la communication de l'information financière*

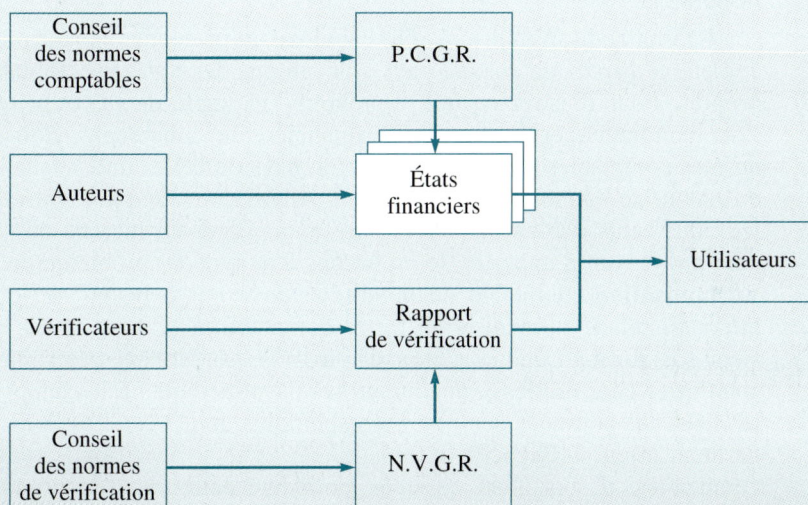

Le Conseil des normes comptables obtient son pouvoir de l'Institut Canadien des Comptables Agréés (I.C.C.A.) et ses recommandations ont un caractère officiel ayant force de loi. En effet, la Loi sur les sociétés par actions (Canada) reconnaît à l'Institut le soin de formuler les P.C.G.R. qui doivent être mis en application lors de l'établissement des états financiers des sociétés par actions. De plus, l'I.C.C.A. publiait en 1969 le paragraphe 1500.06 qui disait ce qui suit:

> Si l'on adopte un traitement comptable ou un mode de présentation aux états financiers qui s'éloignent des recommandations du Manuel, il faut les expliquer dans une note aux états financiers en indiquant également les motifs de la dérogation.

D'autres organismes professionnels soutiennent les objectifs du Conseil des normes comptables. Le principal objectif du Conseil est de contribuer à l'amélioration de l'information financière tout en conciliant les intérêts des différents groupes touchés par cette information.

Les normes comptables internationales

Aujourd'hui, il est de plus en plus facile pour les entreprises de différents pays de faire des affaires dans le monde entier. L'amélioration des moyens de communication, la diminution des frais de transport, l'instauration d'ententes de libre échange entre pays et les changements politiques favorisant le commerce sont autant de facteurs qui ont contribué à augmenter les échanges internationaux et à favoriser la naissance d'entreprises multinationales. Une entreprise canadienne, par exemple, peut vendre ses produits dans de nombreux pays, pendant qu'une entreprise de Singapour obtient du financement en vendant ses actions à des investisseurs canadiens, américains et japonais, et emprunte de l'argent à des banques allemandes et d'Arabie Saoudite.

Un nombre croissant d'entreprises ont des activités internationales. Au Québec, par exemple, Bombardier inc. fabrique du matériel de transport en commun, des véhicules récréatifs destinés au grand public et du matériel de défense, construit des avions et verse dans les services financiers. En plus du Canada, l'entreprise opère dans plusieurs pays dont les États-Unis, le Mexique, l'Irlande du Nord, la Belgique, la France, l'Angleterre, l'Autriche, l'Allemagne, la Finlande et la Barbade.

La mondialisation des marchés soulève un problème majeur pour la profession comptable parce que chaque pays a développé des normes comptables qui lui sont propres. Pour illustrer ce fait, reprenons l'exemple de l'entreprise de Singapour. Pour communiquer l'information financière la concernant, doit-elle utiliser les normes comptables en vigueur dans son pays ou celles du Canada, des États-Unis, du Japon, de l'Arabie Saoudite ou de l'Allemagne? Ou bien doit-elle préparer cinq jeux différents d'états financiers pour avoir accès au marché des capitaux de ces cinq pays? Afin d'apporter des solutions à ce type de problème, les organismes de **normalisation** comptable de nombreux pays ont convenu de former le Comité international de normalisation de la comptabilité (C.I.N.C.). Ce Comité dont le siège social est à Londres a été créé en 1973. Le C.I.N.C. détermine les meilleures **pratiques comptables** et encourage les pays membres à les adopter. En réduisant le choix des pratiques comptables disponibles, le C.I.N.C. espère contribuer à leur harmonisation à l'échelle internationale. S'il y a normalisation des pratiques comptables, il sera alors possible, pour une entreprise, de produire un seul jeu d'états financiers et d'avoir quand même accès au marché des capitaux de différents pays.

Bien que les organismes officiels de normalisation comptable de nombreux pays aient collaboré à la mise sur pied du C.I.N.C., ce dernier n'a pas l'autorité d'imposer l'adoption de normes comptables. Malgré les efforts investis depuis 1987, les progrès de l'harmonisation demeurent quand même lents. Au Canada comme aux États-Unis, l'intérêt pour les pratiques retenues par le C.I.N.C. est très grand. Les organismes de normalisation de ces deux pays acceptent de comparer les normes internationales aux pratiques en vigueur chez eux; s'il existe une différence, ils s'engagent à réviser leurs normes de façon à les harmoniser.

Les postulats et les principes comptables

Il est important que vous compreniez bien les postulats et les principes comptables et ce pour deux raisons. D'abord, cela vous servira de base pour connaître le **cadre théorique de la comptabilité** et de guide général dans l'application des pratiques comptables. Vous pourrez prendre l'habitude d'appliquer ces principes et **postulats comptables** à de nombreuses situations très différentes. Il est plus facile et plus efficace de comprendre la logique de ces postulats et principes comptables que de mémoriser une longue liste de pratiques comptables qui s'appliquent à des situations particulières.

Ensuite, en tant que comptable, vous pourrez analyser une situation inhabituelle et choisir la pratique comptable appropriée. Cela répond au vœu du Conseil des normes comptables, soucieux d'uniformiser la communication de l'information financière au Canada et de contribuer à l'amélioration de la qualité de l'information financière.

Nous énumérons ci-dessous les postulats et les principes comptables. Ils décrivent en termes généraux les principales règles que les comptables suivent.

PRINCIPES COMPTABLES GÉNÉRALEMENT RECONNUS

Postulats comptables:
La personnalité de l'entité
La continuité de l'exploitation
L'unité monétaire
L'indépendance des exercices

Principes comptables:
Le principe du coût d'origine
Le principe d'objectivité
Le principe de réalisation
Le principe du rapprochement
   des produits et des charges
Le principe de bonne information
Le principe de la permanence des méthodes
Le principe de prudence
Le principe de l'importance relative

Chacun de ces postulats et de ces principes est défini plus loin dans cette partie. Leur étude facilite la compréhension des pratiques comptables et permet de proposer une solution aux problèmes particuliers. Cependant, comme les pratiques commerciales ont évolué rapidement ces dernières années, ces règles générales deviennent moins utiles pour solutionner les problèmes soulevés par des opérations d'un nouveau genre et de plus en plus complexes. En effet, les postulats et les principes comptables sont des guides généraux conçus pour s'appliquer à des opérations comptables de nature courante. Ils décrivent les pratiques suivies par les comptables, mais ils ne servent pas nécessairement de guide pour résoudre des problèmes inédits. Puisqu'ils ne permettent pas non plus de déterminer les faiblesses des pratiques comptables, ils ne contribuent donc pas à apporter des améliorations majeures à ces dernières.

Afin de contribuer à améliorer les pratiques comptables, les postulats et les principes comptables ne doivent pas seulement décrire ce qui a été fait, mais aussi recommander ce qu'il serait préférable de faire afin d'améliorer la qualité de l'information comptable.

Avant d'aborder l'étude des fondements conceptuels, examinons d'abord de plus près ce qui différencie l'approche déductive de l'approche inductive dans la formulation des postulats et des principes comptables.

L'utilisation des approches déductive et inductive dans la formulation des postulats et des principes comptables

Les normes comptables se distinguent les unes des autres par la façon dont elles ont été conçues et utilisées. Généralement, lorsqu'elles visent à décrire les pratiques à adopter, elles sont conçues à partir d'une série d'observations des pratiques couramment utilisées par la plupart des comptables. À partir de ces observations, on formule une proposition générale qui devient une norme comptable. Cette approche permettant d'énoncer des normes émanant de la base, c'est-à-dire de la pratique courante, c'est ce qu'on appelle l'approche inductive; elle est illustrée à la figure II-3. Ce processus permet de formuler des normes comptables générales reflétant la pratique; elles sont utilisées dans l'enseignement de la comptabilité. Elles peuvent aussi servir à résoudre certains problèmes

Objectif 3 Expliquer la différence entre l'approche déductive et l'approche inductive dans la formulation des postulats et des principes comptables.

nouveaux, mais leurs possibilités d'application sont limitées. Cette approche permet, par exemple, d'énoncer la norme générale stipulant que tous les actifs doivent être comptabilisés au coût. Cependant, elle ne dit pas quel traitement comptable l'on doit accorder, par exemple, aux actifs qui n'ont pas de coût parce qu'ils ont été donnés à une entreprise par une municipalité. De plus, comme ces normes se fondent sur l'hypothèse que la pratique courante est adéquate, elles ne contribuent pas à développer et à améliorer les pratiques comptables. Pour reprendre l'exemple précédent, la norme voulant que tous les actifs soient comptabilisés au coût ne précise pas si l'actif doit demeurer en permanence inscrit au coût.

Par contre, l'approche déductive permet de formuler des normes qui ont pour but l'amélioration des pratiques comptables; on la décrit comme une approche de normalisation par le haut. Comme l'illustre la figure II-4, cette approche privilégie d'abord la formulation d'objectifs généraux. Ce processus permet de développer le cadre théorique de la comptabilité sur lequel repose la formulation et l'application des règles comptables qui seront suivies lors de la préparation et de la présentation des états financiers. Puisque cette approche consiste à aller du général au particulier, elle offre l'avantage d'apporter des solutions aux problèmes particuliers de comptabilisation ainsi qu'aux problèmes nouveaux ou controversés soulevés par l'information financière. En outre, elle remet en question les pratiques actuelles. Cependant, ce cadre théorique a le désavantage de ne pas être très descriptif de ce qui se fait dans la pratique. Les normes suggérées ne sont habituellement pas d'usage courant.

Jetons maintenant un regard rapide sur la façon dont a été formulé et conçu le cadre théorique devant permettre l'élaboration d'un ensemble cohérent de normes et de pratiques comptables.

Dès les premiers balbutiements de la comptabilité, des temps anciens jusqu'au début des années 1930, les P.C.G.R. se sont développés grâce à l'utilisation répétitive de certaines règles qui ont été sanctionnées par un usage commun. Ainsi, le fait qu'une pratique soit utilisée par la plupart des comptables lui donnait alors un caractère qui était généralement reconnu. Ce sont les actions spontanées des professionnels de la comptabilité qui ont marqué l'histoire du développement de la normalisation comptable; c'est ce qui explique l'utilisation de l'expression «principes comptables généralement reconnus». Une norme était acceptée par la profession comptable lorsqu'elle contribuait à améliorer le processus de prise de décision. Cependant, avec la révolution industrielle à la fin du XIXe siècle, la profession comptable a dû s'adapter à de nouvelles réalités économiques; les décideurs avaient des besoins de plus en plus complexes en information financière. À cette époque, on a reproché à la profession comptable sa faible capacité d'adaptation à l'évolution des besoins en information financière. De nombreux comptables, des gestionnaires et les gouvernements désiraient que la démarche de l'élaboration des principes comptables soit plus structurée. Par conséquent, au début des années 1930, un petit groupe de personnes expérimentées ont été nommées pour siéger à un comité dont le mandat était de définir ce que seraient les principes comptables. Depuis ce temps, plusieurs organismes de normalisation ont vu le jour et contribuent tous à faire progresser les normes comptables. Leur pouvoir a grandement augmenté avec le temps. Nous aborderons dans la prochaine section les principaux concepts sur lesquels reposent la formulation des normes comptables canadiennes.

FIGURE II-3 *La conception de normes à partir d'observations de la pratique courante*

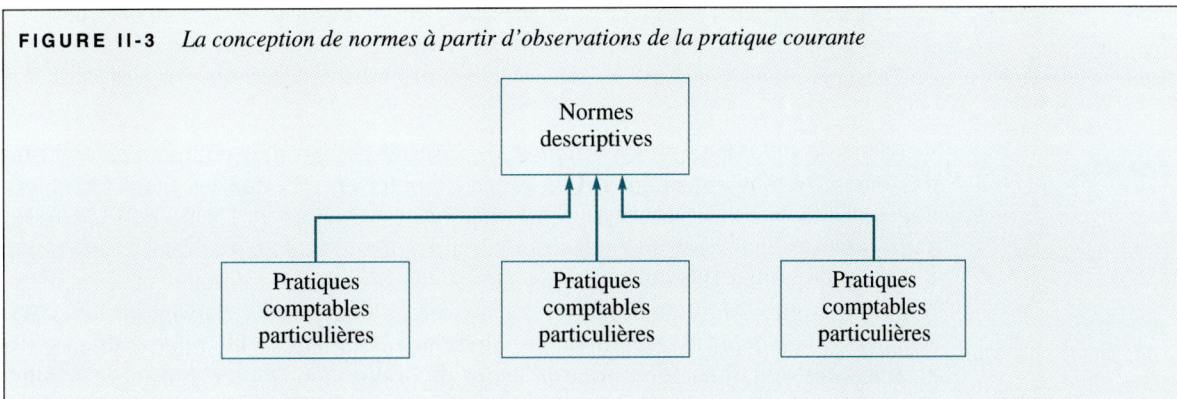

```
                    ┌──────────────┐
                    │   Normes     │
                    │ descriptives │
                    └──────────────┘
                      ↑   ↑   ↑
        ┌─────────────┘   │   └─────────────┐
  ┌──────────┐      ┌──────────┐      ┌──────────┐
  │ Pratiques│      │ Pratiques│      │ Pratiques│
  │comptables│      │comptables│      │comptables│
  │particul. │      │particul. │      │particul. │
  └──────────┘      └──────────┘      └──────────┘
```

FIGURE II-4 *La conception de normes par le haut*

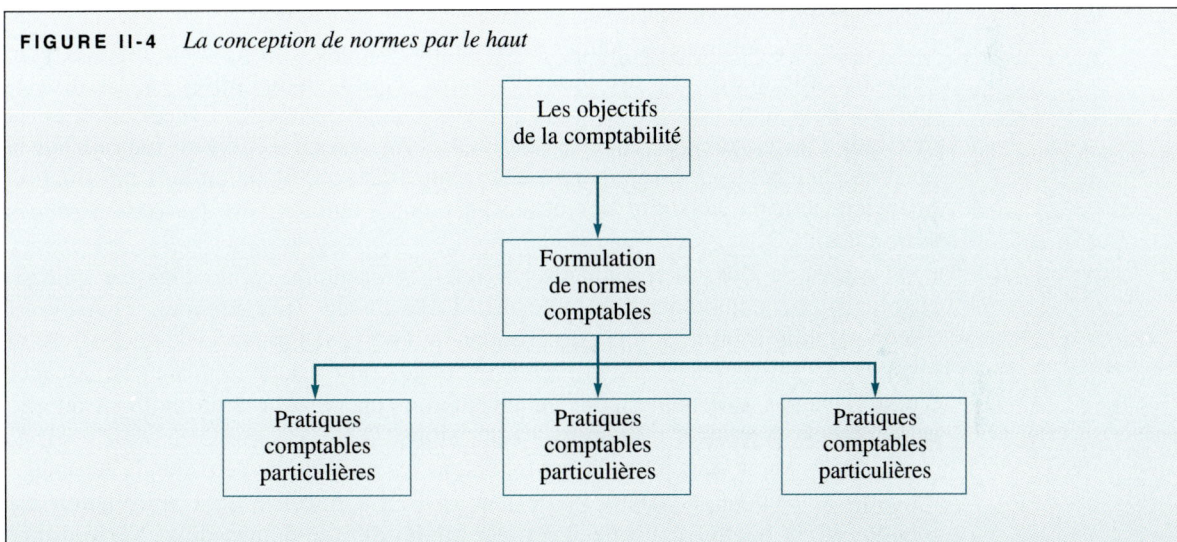

```
                ┌──────────────┐
                │ Les objectifs│
                │ de la compta.│
                └──────────────┘
                       │
                       ↓
                ┌──────────────┐
                │ Formulation  │
                │  de normes   │
                │  comptables  │
                └──────────────┘
                       │
        ┌──────────────┼──────────────┐
  ┌──────────┐   ┌──────────┐   ┌──────────┐
  │ Pratiques│   │ Pratiques│   │ Pratiques│
  │comptables│   │comptables│   │comptables│
  │particul. │   │particul. │   │particul. │
  └──────────┘   └──────────┘   └──────────┘
```

Au cours des années 70, la profession comptable au Canada et aux États-Unis a fait des recherches fondamentales pour améliorer la qualité de l'information financière que l'on retrouve dans les états financiers. En 1980, l'Institut Canadien des Comptables Agréés a publié une étude intitulée «L'information financière publiée par les sociétés: Évolution future». Puis, en 1989, le chapitre 1000, «Fondements conceptuels des états financiers», a été introduit dans le *Manuel de l'I.C.C.A.* Aux États-Unis, le Financial Accounting Standards Board (F.A.S.B.) a publié, entre 1975 et 1983, six directives concernant le cadre théorique de la comptabilité. Le F.A.S.B. (S.F.A.C. n° 1) et le Conseil des normes comptables, avec le chapitre 1000 du *Manuel de l'I.C.C.A.*, ont déterminé les principaux objectifs des états financiers.

Les objectifs des états financiers

Le chapitre sur les fondements conceptuels des états financiers détermine les principaux objectifs des états financiers. L'objectif général est décrit en ces termes au paragraphe 1000.15 du *Manuel de l'I.C.C.A.*:

Le cadre théorique de la comptabilité

Objectif 4 Décrire les principaux éléments abordés par le Conseil des normes comptables dans le chapitre du *Manuel de l'I.C.C.A.* traitant des fondements conceptuels des états financiers.

L'objectif des états financiers est de communiquer des informations utiles aux investisseurs, aux membres, aux subventionneurs ou donateurs, aux créanciers et aux autres utilisateurs qui ont à prendre des décisions en matière d'affectation de ressources ou à apprécier la façon dont la direction s'acquitte de sa responsabilité de gérance.

Dans le préambule de ce chapitre, le Conseil des normes comptables exprime des objectifs plus spécifiques. Ces objectifs précisent: 1) que les états financiers doivent aider les utilisateurs à prédire les flux monétaires et 2) que pour ce faire, l'information financière doit posséder certaines qualités. Les pratiques comptables actuelles procurent des informations sur les ressources économiques et les obligations des entités. Les postulats et les principes comptables doivent orienter les comptables pour qu'ils emploient les pratiques comptables les mieux adaptées à chacune des situations, alors que le cadre théorique doit les conduire à la formulation de nouvelles normes et de nouvelles pratiques.

Les qualités de l'information comptable

Le Conseil des normes comptables a reconnu le fait que l'information financière ne peut être utile que si elle est compréhensible (**compréhensibilité**) par les utilisateurs. Cependant, ceux-ci doivent avoir les connaissances, l'expérience et la motivation nécessaires à l'analyse de ces états financiers: le Conseil indique par là qu'il ne cherchera pas à répondre à des besoins de simplification de l'information financière afin de satisfaire des utilisateurs qui n'auraient pas les connaissances suffisantes.

De plus, le Conseil reconnaît aussi que l'information comptable sera utile si, en plus d'être compréhensible, elle est: 1) pertinente (**pertinence**), 2) fiable et 3) comparable. L'information est pertinente si elle peut influencer les décisions, si elle aide les utilisateurs à prévoir les événements futurs ou à confirmer ou corriger leurs prévisions antérieures pour autant qu'elle soit obtenue à un moment où elle est encore susceptible d'influencer les décisions.

L'information financière est fiable lorsque les utilisateurs peuvent s'y fier parce qu'elle est exempte d'erreurs et de parti pris. La **fiabilité** de l'information est fonction de la fidélité de l'image (**image fidèle**) qu'elle donne, de sa **vérifiabilité** et de sa **neutralité**. C'est donc dire que les règles à suivre pour produire l'information financière ne doivent pas être choisies en fonction des décisions que l'on veut voir prises par les utilisateurs.

Les états financiers sont fidèles si l'information qu'ils contiennent correspond aux opérations et aux faits qui expriment la substance et non pas nécessairement la forme juridique de ceux-ci (par exemple, un contrat de location).

La vérifiabilité de l'information financière demande qu'un observateur compétent et indépendant puisse convenir que la description et la mesure des opérations concordent avec les faits réels. La neutralité de l'information suppose que la façon de mesurer ou de présenter l'information n'a pas pour but d'influencer les utilisateurs. La prudence commande, en cas d'incertitude, de procéder à des estimations conservatrices et de choisir la solution qui risque le moins de surévaluer les actifs, les produits et les gains sans toutefois les sous-évaluer.

L'information est comparable si elle permet aux utilisateurs de déterminer les analogies et les différences entre des entités différentes. La comparaison entre les informations financières de deux entités est possible seulement si celles-ci utilisent des pratiques comptables similaires. Cependant, même si toutes les entités utilisent les mêmes pratiques comptables, la **comparabilité** ne sera valable que si ces pratiques sont acceptables dans toutes les circonstances. L'objectif de la comparabilité de l'information financière ne serait pas valable si on amortissait, par exemple, les immobilisations de toutes les entités sur deux ans, sans se soucier de leur durée de vie réelle.

La comparabilité demande aussi que les pratiques comptables soient appliquées de la même manière d'un exercice à l'autre, à moins que l'on juge que l'adoption d'une nouvelle pratique contribue à améliorer l'information financière. Il est alors nécessaire de décrire la modification et l'incidence de celle-ci sur les états financiers de l'exercice.

Les composantes des états financiers

Une autre activité importante du Conseil des normes comptables consiste à déterminer les composantes des états financiers, c'est-à-dire à définir les rubriques que doivent contenir les états financiers. Les études du Conseil ont aussi porté sur la définition des différentes rubriques, c'est-à-dire sur les principales catégories d'éléments présentées dans les états financiers, comme l'actif, le passif, les capitaux propres, les produits, les charges, les gains et les pertes. Dans le chapitre 1, nous avons fait référence à plusieurs de ces notions lorsque nous avons abordé les notions générales de comptabilité.

Les critères de constatation et de mesure

Dans les paragraphes 41 à 58 du chapitre 1000 du *Manuel de l'I.C.C.A.*, le Conseil des normes comptables a établi les critères permettant: 1) de savoir à quel moment un élément doit être présenté (ou constaté) dans les états financiers et 2) de déterminer la valeur à laquelle un élément sera constaté (ou mesuré) dans les états financiers. En général, les éléments peuvent être constatés dans les états financiers s'ils respectent les critères suivants:

1. **Définition** – L'élément est conforme à la définition d'une des rubriques présentée dans les états financiers;
2. **Mesure** – Il existe une base de mesure appropriée de l'élément en cause et il est possible de procéder à une estimation fiable et raisonnable du montant;
3. **Pertinence** – L'inclusion dans les états financiers d'informations sur cet élément sera utile aux utilisateurs qui doivent prendre des décisions;
4. **Fiabilité** – L'information fournie sur cet élément doit donner une image fidèle et vérifiable, et elle doit être neutre.

La mesure des éléments apparaissant dans les états financiers soulève la question fondamentale de savoir si ceux-ci doivent être basés sur le coût d'origine ou sur la juste valeur marchande des éléments. Comme cette question est très controversée, les études du Conseil des normes comptables sur ce sujet portent plus sur l'état de la pratique courante que sur la recherche de nouvelles approches d'évaluation.

Rappelez-vous la première phrase du chapitre 1. Elle précisait que la comptabilité fournit de l'information financière qui aide les utilisateurs à prendre de meilleures décisions en matière d'investissement, de crédit et dans d'autres domaines similaires. Nous retrouvons cet objectif de la comptabilité au chapitre 1000 intitulé «Fondements conceptuels des états financiers» du *Manuel de l'I.C.C.A.* Ce chapitre

Les principes comptables généralement reconnus

Objectif 5 Enumérer
les postulats et les
principes comptables,
et en préciser la portée
sur la communication
de l'information
financière.

définit aussi plusieurs des termes qui doivent être connus autant des utilisateurs des états financiers que des comptables. On définit dans ce chapitre ce que sont, par exemple, les produits d'exploitation, les charges d'exploitation, l'actif, le passif et les capitaux propres. De plus, on spécifie, comme nous l'avons fait précédemment, les caractéristiques qui rendent une information utile à la prise de décisions: la pertinence et la fiabilité.

Maintenant que vous avez une connaissance générale de la façon dont se conçoivent les principes et les pratiques comptables, nous pouvons aborder les principaux postulats et principes comptables. Une connaissance générale de ceux-ci facilite la compréhension des états financiers ainsi que des règles qui sont suivies lors de leur établissement. Il faut préciser ici que les principes comptables généralement reconnus englobent aussi bien les normes comptables que les postulats et principes comptables.

Les postulats comptables

La compréhension des principes comptables généralement reconnus commence par l'acceptation de quatre grands postulats généraux reliés à la nature de l'environnement économique dans lequel évolue la comptabilité. Ce sont des hypothèses sur lesquelles repose la formulation des principes et des normes comptables.

La personnalité de l'entité

Selon le **postulat de la personnalité de l'entité**, qu'on appelle aussi postulat de la personnalité de l'entreprise, les activités d'une entreprise doivent être comptabilisées et traitées séparément et distinctement de celles de son ou de ses propriétaires. Cela suppose également que des états financiers distincts doivent être établis pour chaque entreprise, même si certaines appartiennent à un seul et même propriétaire. On considère qu'il est plus pertinent pour les décideurs de disposer d'états financiers qui renferment des informations sur une seule entité économique plutôt que sur un ensemble d'entités.

Supposons, par exemple, que le propriétaire d'une entreprise désire connaître la situation financière et la rentabilité de son entreprise. Pour être utiles, les états financiers de cette entreprise devraient distinguer clairement les opérations, les éléments de l'actif et du passif qui lui sont propres de ceux de son propriétaire. Puisque les dépenses personnelles du propriétaire ne contribuent pas au succès de l'entreprise, elles ne doivent pas être comptabilisées lors du calcul du bénéfice net de l'entreprise. Si elles étaient incluses dans le calcul des résultats de l'entreprise, ces derniers seraient donc sous-évalués, ce qui laisserait croire que l'entreprise est moins rentable qu'elle ne l'est en réalité.

Pour conclure, il est essentiel de distinguer clairement les biens et les dettes de l'entreprise de ceux de son propriétaire. C'est pourquoi chaque entreprise doit maintenir des livres comptables et établir des états financiers distincts de ceux de son propriétaire et des autres entreprises exploitées par ce dernier. Le non-respect de ce postulat fausserait l'évaluation que les décideurs feraient de la rentabilité de l'entreprise et de sa situation financière.

La continuité de l'exploitation

Selon le **postulat de la continuité de l'exploitation**, aussi appelé postulat de la permanence de l'entreprise, le comptable pose l'hypothèse, au moment de l'établissement des états financiers, que l'entreprise poursuivra ses activités suffisamment longtemps pour réaliser ses actifs et acquitter ses dettes. On considère donc que l'entreprise ne sera pas liquidée dans un avenir prévisible. Cela ne signifie pas que l'entreprise aura une durée de vie illimitée, mais plutôt qu'elle existera assez longtemps pour mener à terme ses projets et remplir ses engagements. Par conséquent, le bilan d'une entreprise doit présenter l'ensemble des actifs qu'elle utilise pour exercer ses activités non pas à leur valeur de liquidation mais plutôt sur la base de leur coût historique. De nombreux comptables font valoir que le postulat de la continuité de l'exploitation assure une meilleure communication de l'information financière parce que le milieu économique prend la majorité de ses décisions en tenant pour acquis que l'entreprise va poursuivre ses activités dans un avenir prévisible.

Cependant, il est important de souligner que l'application du postulat de la continuité de l'exploitation ne signifie pas que le bilan reflète la juste valeur de l'entreprise. Par conséquent, lorsqu'une entreprise est à vendre, l'acheteur et le vendeur doivent chercher à obtenir des informations additionnelles avant de conclure la transaction.

Toutefois, lors de l'établissement des états financiers, si la poursuite de l'exploitation d'une entreprise peut être mise en doute parce que la faillite est imminente ou qu'elle est sur le point d'être liquidée, il y a lieu de renoncer au principe du coût d'origine et au postulat de la continuité de l'exploitation. Dans une telle situation, il convient de remplacer le coût d'acquisition par des montants susceptibles de mieux informer le lecteur de la situation financière de l'entreprise. Dans ce cas, les états financiers doivent indiquer clairement la base utilisée pour inscrire les nouvelles valeurs.

L'unité monétaire

Selon le **postulat de l'unité monétaire**, la comptabilité doit avoir recours à un dénominateur commun pour mesurer et communiquer les opérations commerciales et financières. Habituellement, au Canada, les entreprises utilisent le dollar canadien comme unité de mesure. Cette unité monétaire est considérée comme le moyen le plus efficace de mesurer et de communiquer l'information financière. La monnaie sert aussi d'instrument d'échange qui permet de quantifier les opérations d'un exercice. Cependant, l'utilisation de la monnaie comme unité de mesure a pour conséquence de regrouper des éléments de valeur différente.

Malheureusement, l'utilisation de la monnaie comme unité de mesure comporte certains inconvénients. En effet, contrairement au mètre qui est une unité de mesure stable à travers le temps, la valeur de la monnaie change continuellement. Des dollars de 1980, 1985 et 1996 sont additionnés sans égard à la variation de leur pouvoir d'achat due à la succession de périodes d'inflation et de déflation. Les comptables ne tiennent pas compte de ces variations, les estimant peu significatives. Ils considèrent malgré tout que le dollar est une unité de mesure relativement stable et constitue le meilleur dénominateur commun de toutes les activités économiques.

L'indépendance des exercices

Le **postulat de l'indépendance des exercices** reconnaît que les règles régissant le monde des affaires et le gouvernement requièrent que la vie d'une entreprise soit divisée en périodes relativement courtes, d'égale longueur, et que les changements de sa situation financière soient mesurés en fonction de ces périodes. Ces périodes sont habituellement de 12 mois, mais rien n'empêche l'entité de publier des rapports financiers plus fréquents. On reconnaît toutefois que les bénéfices de l'entité ne peuvent pas être mesurés précisément sur une courte période. Il sera impossible de connaître les bénéfices exacts réalisés par une entreprise tant qu'elle n'est pas liquidée et que ses éléments d'actif ne sont pas convertis en espèces.

Les principes comptables

La compréhension des états financiers est facilitée lorsqu'on connaît les principes comptables qui les sous-tendent. Dans les pages suivantes, nous jugeons utile de présenter brièvement les principaux principes comptables.

Le principe du coût d'origine

Le **principe du coût d'origine** exige que l'information financière contenue dans les états financiers soit établie à la valeur d'acquisition; il en est ainsi pour toutes les opérations commerciales effectuées par l'entreprise. Les ventes et les achats sont des exemples d'opérations commerciales effectuées par l'entreprise, étant entendu qu'une opération commerciale implique un échange de ressources économiques entre un vendeur et un acheteur n'ayant aucun lien de dépendance. Les ressources échangées peuvent être des biens, des services, de l'argent ou le droit de recevoir de l'argent. Le coût d'acquisition d'un bien ou d'un service correspond au montant affecté à son acquisition ou à son équivalent en argent comptant. Si la contrepartie cédée par une entreprise lors de l'acquisition d'un bien ou d'un service est de l'argent, le coût de ce bien ou de ce service sera égal à la somme d'argent versée. Si, par contre, la contrepartie donnée en échange n'est pas de l'argent (par exemple, un vieux véhicule cédé en échange d'un neuf), le coût d'acquisition du bien ou du service est égal à la juste valeur marchande de la contrepartie cédée ou reçue selon la plus fiable[1].

Si, par exemple, du matériel d'une juste valeur marchande de 15 000 $ est échangé contre un terrain, on attribuera à celui-ci une valeur de 15 000 $, ce qui correspond à la valeur de la contrepartie cédée pour l'acquérir. Le terrain sera donc comptabilisé à ce montant puisqu'il s'agit là d'une valeur objective et fiable.

Les utilisateurs des états financiers considèrent le coût d'origine comme la mesure la plus utile pour la présentation de l'information comptable. Ce coût représente le montant des liquidités sacrifiées par l'entreprise pour acquérir un bien ou un service et équivaut, au moment de l'acquisition, à la juste valeur marchande du bien ou du service obtenu. Les informations sur les liquidités sacrifiées et sur la juste valeur marchande du bien ou du service reçu sont habituellement perçues comme des informations pertinentes à la prise de décisions. En appliquant le principe du coût d'origine, on répond donc au premier critère établi par le Conseil des normes comptables pour juger de la validité d'une information financière.

De plus, le principe du coût d'origine concorde aussi avec le principe d'objectivité. De nombreux comptables croient que l'information basée sur le coût d'acquisition est plus utile car plus objective que l'information basée sur des valeurs estimatives. L'utilisation du coût d'acquisition pour comptabiliser les biens et les services acquis, par exemple, est certainement plus objectif que l'utilisation d'une valeur estimative établie par la direction de l'entreprise. Les états financiers établis au coût sont donc considérés comme plus fiables parce que plus objectifs.

---

[1] *Manuel de l'I.C.C.A.*, «Opérations non monétaires», chap. 3830, paragr. 05, Institut Canadien des Comptables Agréés, Toronto, 1991.

Pour illustrer ce qui précède, supposons qu'une entreprise ait payé 50 000 $ pour acquérir un terrain dont elle a besoin pour son exploitation. Le comptable doit le comptabiliser au coût d'acquisition, c'est-à-dire au montant de 50 000 $, même si l'acquéreur ou des experts estiment que la valeur réelle de ce terrain est de 60 000 $. Le principe du coût d'origine demande que le terrain soit comptabilisé au coût d'acquisition, soit 50 000 $, et que ce montant figure au bilan parce qu'il est fiable et vérifiable.

En conclusion, ce principe veut que la base de mesure la plus utile pour la comptabilisation des éléments enregistrés dans les comptes d'une entreprise et présentés dans ses états financiers soit un coût équivalent à la somme des liquidités versées ou reçues au moment où a été effectuée l'opération. Le coût d'origine constitue donc une base de mesure fiable, vérifiable et objective.

Le principe d'objectivité

Le principe d'**objectivité** exige que les informations contenues dans les états financiers soient à la fois vérifiables et déterminées objectivement comme pour des opérations intervenues entre des parties indépendantes. Il faut éviter que la valeur attribuée aux éléments contenus dans les états financiers soit le fruit de l'estimation de celui qui les établit ou de la direction de l'entité. Cette estimation, même faite de bonne foi, pourrait être trop optimiste ou trop pessimiste. En envisageant le pire des scénarios, une personne sans scrupule pourrait établir des états financiers qui masqueraient la vérité de façon à influencer délibérément les décisions que doivent prendre les utilisateurs.

Le respect du principe d'objectivité permet de rendre les informations contenues dans les états financiers plus utiles parce que fiables et vérifiables.

Le principe de réalisation

Ce principe vise à déterminer le moment où un produit d'exploitation doit être constaté et donc comptabilisé et communiqué dans les états financiers. Un produit est mesuré en fonction de la juste valeur marchande des ressources reçues, du produit livré ou du service rendu, selon celle qui peut être déterminée de la façon la plus fiable.

Selon le **principe de réalisation**, les produits provenant de la vente de biens sont constatés et comptabilisés au moment de la livraison des marchandises vendues puisque c'est à cette étape que le vendeur transfère à l'acheteur tous les risques et avantages inhérents à leur propriété. C'est aussi au moment de la livraison que l'essentiel du processus de réalisation est terminé, que l'on peut mesurer la contrepartie qui sera obtenue et que l'on est raisonnablement sûr du recouvrement de cette contrepartie.

Selon le principe de réalisation, les produits d'exploitation provenant de la prestation de services sont constatés et comptabilisés au moment où les services sont rendus, c'est-à-dire lorsque le service convenu a été exécuté. «L'exécution doit être considérée comme achevée lorsque la mesure de la contrepartie découlant de la prestation des services est raisonnablement sûre[2].»

Les produits résultant de la vente de biens ou de la prestation de services doivent être constatés selon la méthode de la comptabilité d'exercice plutôt que la méthode de la comptabilité de caisse. On constate, par exemple, les produits tirés

_____

[2] *Manuel de l'I.C.C.A.*, chap. 3400, paragr. 08.

de la vente de biens et de la prestation de services au cours de l'exercice où les marchandises sont livrées ou le service est rendu plutôt que dans l'exercice où la contrepartie est recouvrée.

Il faut aussi mentionner que la constatation des produits au moment où le processus de réalisation est terminé ou relativement terminé comporte l'avantage de permettre l'établissement des coûts qui ont dû être engagés pour la réalisation du produit. Ce qui précède met en évidence l'importance du **principe du rapprochement des produits et des charges** que nous présentons plus bas.

En terminant, mentionnons que l'application du principe de réalisation est plus difficile dans le cas des produits découlant d'opérations particulières de ventes comme les ventes à tempérament, les contrats de construction à long terme, les ventes de terrains avec versement initial peu significatif et la vente de franchises. Il est alors plus délicat de déterminer avec justesse le moment où le processus de réalisation est terminé et d'évaluer le montant des produits qui doit être constaté. De tels cas sont repris dans les manuels de comptabilité plus avancée.

Le principe du rapprochement des produits et des charges

Un des objectifs majeurs de la comptabilité consiste à déterminer périodiquement le bénéfice net d'une entreprise. Pour ce faire, le comptable doit s'assurer que toutes les charges engagées dans le processus de réalisation des produits ont été comptabilisées. Ce principe reconnaît que la constatation des produits constitue pour l'entreprise un mouvement continuel et demande: 1) qu'il y ait une démarcation précise de ce mouvement à la fin d'un exercice; 2) que les produits de l'exercice soient mesurés; 3) que les charges engagées pour réaliser ces produits soient déterminées et 4) que la somme des charges d'exploitation soit déduite des produits pour déterminer le bénéfice net de l'exercice.

Le moment de la comptabilisation des charges peut varier. Certaines charges ont une relation de cause à effet avec les produits, c'est-à-dire que les charges sont directement liées à la réalisation des produits; c'est le cas du coût des marchandises vendues, des commissions des vendeurs, des frais de livraison. D'autres charges sont comptabilisées en fonction du temps écoulé parce que les éléments d'actif concernés sont absorbés en fonction du temps plutôt qu'en fonction d'une relation de cause à effet avec les produits; c'est le cas de l'amortissement du matériel, des intérêts, des assurances, des impôts fonciers. Lorsqu'il n'existe aucun rapport direct entre les charges et les produits ou le temps, ces charges doivent être imputées aux résultats des périodes auxquelles elles ont procuré des avantages. C'est le cas des charges de publicité, des frais de recherche et de développement, des contributions aux œuvres de charité. Ces coûts sont communément passés en charges dans la période au cours de laquelle ils ont été engagés.

Le principe de bonne information

Le **principe de bonne information**, qui s'appuie sur la caractéristique de pertinence des éléments d'information, exige que les états financiers, y compris les notes et les tableaux qui les accompagnent, présentent les informations pertinentes à la situation financière de l'entreprise et aux résultats de son exploitation.

Ce principe veut que les états financiers de l'entreprise 1) fournissent tous les éléments d'information financière qui sont suffisamment importants pour être susceptibles d'influencer les décisions que doivent prendre les utilisateurs et 2) qu'ils reflètent fidèlement la situation financière de l'entreprise et le résultat de son exploitation. Les états financiers doivent donc proposer un exposé complet, clair et véridique des informations financières et présenter le tout de façon à éviter d'induire le lecteur en erreur. Ce principe exige également que les principales conventions comptables adoptées par l'entreprise et ayant un effet important sur ses états soient expliquées dans des notes afférentes aux états financiers.

Le principe de la permanence des méthodes

Lors de l'établissement de ses états financiers, il est fréquent que l'entreprise ait à choisir entre deux ou plusieurs méthodes d'application des principes comptables. Bien que chacune de ces méthodes soit acceptable, il est nécessaire que l'entreprise choisisse celle qui est la mieux adaptée à ses besoins, c'est-à-dire celle qui lui permet de donner l'image la plus fidèle de sa situation.

En outre, il est nécessaire que l'entreprise utilise les mêmes méthodes comptables d'un exercice à l'autre afin de permettre la comparabilité des données financières d'une période à l'autre et de respecter aussi le **principe de la permanence des méthodes**. Ce principe reconnaît toutefois qu'une entreprise peut abandonner une méthode comptable pour en adopter une autre qui est préférable à l'ancienne. Dans ce cas, tout changement de méthode doit être justifié dans les états financiers de l'exercice pendant lequel a lieu la modification et les effets de cette modification sur les états financiers doivent être clairement expliqués.

Le principe de prudence

L'établissement des états financiers nécessite que le comptable fasse de nombreuses estimations afin de déterminer la valeur de certains postes du bilan et de l'état des résultats. Le **principe de prudence** oblige le comptable à choisir parmi les pratiques comptables généralement admises celle qui risque le moins de surévaluer l'actif et le bénéfice ou de sous-évaluer le passif et la perte. Idéalement, il doit adopter la méthode qui ne surévalue ni ne sous-évalue les postes du bilan et de l'état des résultats de façon à présenter l'image la plus fidèle possible de la situation financière de l'entreprise et de son résultat d'exploitation.

Le principe de l'importance relative

Selon le **principe de l'importance relative**, la stricte conformité aux principes comptables n'est pas exigée lorsqu'il est question de faits qui auraient peu d'importance sur les états financiers. Le comptable doit donc comparer les coûts additionnels qu'il faut engager pour se conformer à un principe comptable à l'importance que peut avoir cette information ou cette précision supplémentaire pour les décideurs et les utilisateurs des états financiers. La conformité n'est pas nécessaire dans les cas où les coûts reliés au respect d'un principe sont relativement plus élevés que les avantages qui en découlent, et où un manque de conformité n'aura aucun effet significatif sur l'analyse que l'on fait des états financiers.

Il n'y a pas de démarcation précise entre les éléments ayant un caractère significatif et ceux qui sont considérés comme non significatifs; chaque cas doit faire l'objet d'une évaluation qui relève du jugement professionnel. L'importance relative d'un élément est déterminée en fonction d'autres éléments apparaissant dans les états financiers. Le montant d'un élément est considéré comme significatif lorsque son omission, à la lumière des circonstances qui l'entourent, risque d'influencer ou de modifier les décisions qui pourront être prises par les utilisateurs de l'information financière.

Les contraintes d'application

Le principe de prudence et celui de l'importance relative sont différents des autres principes et sont perçus par de nombreux comptables comme des contraintes qui influent sur la communication de l'information contenue dans les états financiers. À ces deux principes s'ajoutent deux autres contraintes: l'**équilibre avantages–coûts** et le respect des pratiques propres à un secteur d'activités.

Le coût de la préparation et de la communication de l'information comptable ne devrait pas être supérieur à la valeur ou à l'utilité de cette information. Le comptable doit s'appuyer sur l'utilité et la substance plutôt que sur la forme dans la présentation de l'information financière. Les particularités et les pratiques de certains secteurs d'activités et de certaines entreprises en particulier pourraient justifier des écarts par rapport aux principes et aux pratiques comptables.

Toute dérogation à une application des postulats et des principes comptables doit être communiquée, qu'elle soit justifiée par *a)* l'importance relative, *b)* la prudence, *c)* l'équilibre avantages-coûts ou *d)* les particularités du secteur d'activités.

**Résumé
en regard
des objectifs
d'apprentissage**

Objectif 1. Les principes comptables ont été conçus en réponse aux besoins des utilisateurs de l'information financière. Les auteurs, les vérificateurs et les utilisateurs sont les trois groupes les plus directement concernés par la communication de l'information financière. Le respect des principes comptables généralement reconnus (P.C.G.R.) et des normes de vérification généralement reconnues (N.V.G.R.) devrait rassurer les utilisateurs quant à la pertinence, à la fiabilité et à la comparabilité des informations contenues dans les états financiers.

Objectif 2. Au Canada, les principes comptables sont instaurés par le Conseil des normes comptables, les normes de vérification généralement reconnues, par le Conseil des normes de vérification. Les normes comptables et les normes de vérification sont publiées dans le *Manuel de l'I.C.C.A.* Le Comité international de normalisation de la comptabilité (C.I.N.C.) détermine les meilleures pratiques comptables et encourage les pays membres à les utiliser.

Objectif 3. L'approche inductive permet, à partir d'observations, de concevoir des normes générales qui reflètent la pratique comptable courante. À l'inverse, l'approche déductive précise d'abord les objectifs de la comptabilité et, par la suite, met au point des normes comptables qui améliorent les pratiques comptables.

Objectif 4. Le chapitre 1000 du *Manuel de l'I.C.C.A.*, «Fondements conceptuels des états financiers», indique les objectifs généraux des états financiers ainsi que les qualités que doit posséder l'information financière. Les composantes ou rubriques des états financiers et les critères de constatation et de mesure y sont aussi stipulés.

Objectif 5. Les quatre postulats comptables sont: le postulat de la personnalité de l'entité, le postulat de la continuité de l'exploitation, le postulat de l'unité monétaire stable et le postulat de l'indépendance des exercices. Ils sont reliés à la nature de l'environnement économique dans lequel évolue la comptabilité. Les principes et les normes comptables reposent sur ces quatre postulats. Les principes comptables sont au nombre de huit: le principe du coût d'origine, le principe d'objectivité, le principe de réalisation, le principe du rapprochement des produits et des charges, le principe de bonne information, le principe de la permanence des méthodes, le principe de prudence et le principe de l'importance relative. Ces deux derniers principes ainsi que l'équilibre avantages–coûts sont perçus comme des limites à la communication de l'information dans les états financiers.

Terminologie comptable[3]

Cadre théorique de la comptabilité Fondements conceptuels sur lesquels reposent la formulation et l'application des principes comptables suivis dans la préparation et la présentation des états financiers et autres informations financières destinés à être publiés.

Comparabilité Qualité essentielle de l'information contenue dans les états financiers, qui permet aux utilisateurs de relever les analogies et les différences entre les informations fournies dans plusieurs jeux d'états financiers.

Compréhensibilité Qualité essentielle de l'information contenue dans les états financiers voulant que, pour être utile, cette information soit facilement intelligible pour les utilisateurs, compte tenu du fait que ceux-ci sont réputés avoir une bonne compréhension des activités commerciales et économiques et de la comptabilité, ainsi que la volonté d'étudier l'information d'une façon raisonnablement diligente.

Équilibre avantages–coûts Équilibre recherché entre les coûts de l'information comptable et les avantages qu'elle est censée procurer. Le fait que ces avantages doivent être supérieurs aux coûts est pris en considération dans le processus d'établissement des normes comptables et dans la préparation de l'information comptable en conformité avec ces normes.

Exposé-sondage Projet de texte normatif publié en vue d'obtenir des commentaires.

Fiabilité Qualité essentielle de l'information contenue dans les états financiers, qui fait que les utilisateurs peuvent avoir confiance que la présentation des opérations et des faits sous-jacents est conforme à la réalité et raisonnablement exempte d'erreurs et de parti pris. La fiabilité de l'information est fonction des qualités particulières suivantes: l'image fidèle, la vérifiabilité et la neutralité, qui est tempérée par la prudence en cas d'incertitude.

Image fidèle Expression s'appliquant aux états financiers qui traduisent de manière adéquate et complète la réalité de la situation, des opérations et des faits, conformément aux principes comptables généralement reconnus ou à d'autres règles comptables appropriées communiquées au lecteur.

Neutralité Qualité d'une information financière exempte de tout parti pris susceptible d'amener les utilisateurs à prendre des décisions qui seraient influencées par la façon dont l'information est mesurée ou présentée.

Normalisation Établissement de normes, notamment en matière de comptabilité ou de vérification.

Normes comptables Règles adoptées par les organisations comptables professionnelles (au Canada, le Conseil des normes comptables de l'Institut Canadien des Comptables Agréés) ou d'autres organismes comme le Financial Accounting Standards Board (US) et le Comité international de normalisation de la comptabilité, et portant sur la façon précise de comptabiliser les opérations et les faits susceptibles de faire l'objet de différents traitements comptables.

Normes de vérification généralement reconnues (N.V.G.R.) Normes de vérification en vigueur dans un espace juridique donné, dont l'existence a été reconnue formellement par un organisme normalisateur ou par des textes faisant autorité, ou dont l'acceptation est attribuable à un précédent ou à un consensus. Au Canada, les normes de vérification sont établies par le Conseil des normes de vérification et le Conseil sur la comptabilité et la vérification dans le secteur public de l'Institut Canadien des Comptables Agréés.

Objectivité Qualité de l'information financière qui suppose, d'une part, l'impartialité dans la tenue des comptes et dans la présentation de l'information et, d'autre part, l'utilisation de méthodes éliminant dans la mesure du possible les marges d'appréciation personnelle.

Pertinence Qualité essentielle de l'information contenue dans les états financiers, qui fait que cette dernière est de nature à influer sur les décisions économiques que sont appelés à prendre les utilisateurs en les aidant à évaluer l'incidence financière des opérations et des faits passés, présents ou futurs, ou en permettant de confirmer ou de corriger des évaluations antérieures.

---

[3] Louis Ménard, C.A., *Dictionnaire de la comptabilité et de la gestion financière*, Institut Canadien des Comptables Agréés, Toronto, 1994. Reproduit avec permission.

Postulat de la continuité de l'exploitation Hypothèse sur laquelle l'entité s'appuie pour la préparation des états financiers, et selon laquelle l'entité poursuivra ses activités dans un avenir prévisible et sera en mesure de réaliser ses actifs et de s'acquitter de ses obligations dans le cours normal de ses activités.

Postulat de la personnalité de l'entité Hypothèse fondamentale portant sur la relation entre, d'une part, l'entreprise et, d'autre part, son propriétaire exploitant, ses associés ou ses actionnaires, en vertu de laquelle on constate une existence propre à chacun, permettant de comptabiliser l'activité de l'entreprise d'une manière séparée de son propriétaire exploitant, de ses associés, de ses actionnaires ou de toute autre entité économique.

Postulat de l'indépendance des exercices Hypothèse fondamentale selon laquelle l'activité économique d'une entité peut être découpée en périodes égales et arbitraires que l'on appelle «exercices».

Postulat de l'unité monétaire Hypothèse fondamentale selon laquelle la monnaie est le dénominateur commun de toute activité économique et, de ce fait, fournit une base appropriée pour l'analyse et la mesure en comptabilité.

Postulats comptables Hypothèses fondamentales concernant l'environnement économique, politique et sociologique dans lequel baigne la comptabilité, hypothèses qui sont considérées comme incontestables sans pour autant pouvoir ou devoir être démontrées. Les postulats comptables font partie de la grande famille des principes comptables et ils revêtent un caractère transcendant sur les autres principes.

Pratiques comptables Modalités d'application systématique des différentes normes comptables.

Principe de bonne information Principe comptable voulant que l'entité fournisse tous les éléments d'information financière qui sont suffisamment importants pour être susceptibles d'influencer le jugement ou les décisions d'un utilisateur averti.

Principe de la permanence des méthodes Principe comptable voulant que l'on utilise les mêmes méthodes comptables d'un exercice à l'autre de manière à maintenir la comparabilité des états financiers et ainsi prévenir les méprises que pourrait causer l'application de méthodes comptables différentes au cours d'exercices distincts.

Principe de l'importance relative Principe suivant lequel certains éléments des états financiers, seuls ou ajoutés à d'autres, sont importants pour la fidélité de l'image que ces états donnent de la situation financière et des résultats selon les principes comptables généralement reconnus.

Principe de prudence Principe voulant que l'on choisisse, parmi les différentes méthodes généralement admises pour comptabiliser une opération ou un fait, celle qui risque le moins de surévaluer l'actif ou le bénéfice ou de sous-évaluer le passif ou la perte.

Principe de réalisation Principe comptable qui consiste à ne constater un produit ou un profit que lorsqu'il est réalisé, c'est-à-dire dans l'exercice où a été achevée l'exécution du travail nécessaire pour le gagner et lorsque la mesure et le recouvrement de la contrepartie sont raisonnablement sûrs.

Principe du coût d'origine Principe voulant que la comptabilité soit tenue et les états financiers soient établis sur la base du coût historique de préférence à toute autre base de mesure. Ainsi, les opérations et les faits sont enregistrés au montant des liquidités versées ou reçues ou à la juste valeur marchande qui leur a été attribuée au moment où ils se sont produits. Une fois qu'on l'a établi, le coût historique est maintenu dans les comptes tant que l'élément demeure dans l'entité. Le principe du coût historique n'est crédible que si on adopte le postulat de la continuité de l'exploitation de l'entité.

Principe du rapprochement des produits et des charges Principe comptable en vertu duquel on détermine le moment où les coûts doivent être passés en charges, dans la mesure où ils peuvent être liés à des produits par un rapport de cause à effet. Si on peut établir une telle relation, directement ou par répartition systématique et logique, les coûts sont passés en charges et rapprochés des produits dans l'exercice où ils ont contribué à les générer ou ont été constatés. Ils sont alors pris en compte dans le calcul des résultats au cours du même exercice, contribuant à une mesure plus appropriée du bénéfice (ou résultat) net de l'exercice.

Principes comptables généralement reconnus (P.C.G.R.) Principes ou normes comptables en vigueur dans un espace juridique donné, dont l'existence a été reconnue formellement par un organisme responsable de la normalisation en comptabilité ou par des textes faisant autorité, ou dont l'acceptation est attribuable à un précédent ou à un consensus.

Vérifiabilité Qualité de l'information financière qui fait qu'elle donne d'une opération ou d'un fait une image dont les observateurs compétents et indépendants conviendraient qu'elle concorde avec l'opération ou le fait réel sous-jacent, avec un degré raisonnable de précision.

Vérificateur Personne chargée d'une mission de vérification.

Des synonymes

Cadre théorique de la comptabilité   Cadre conceptuel de la comptabilité; théorie générale de la comptabilité.

Compréhensibilité   Intelligibilité.

Image fidèle   Présentation fidèle; fidélité.

Neutralité   Impartialité.

Normes comptables   Règles comptables.

Postulat de l'indépendance des exercices   Postulat de la spécialisation des exercices; principe de l'autonomie des exercices.

Postulat de l'unité monétaire   Principe de l'unité monétaire.

Pratiques comptables   Méthodes comptables; procédés comptables.

Principes du coût d'origine   Principe du coût historique.

Révision en regard des objectifs d'apprentissage

Répondez aux questions suivantes en choisissant la réponse qui vous semble la meilleure avant d'aller voir la solution à la fin de la partie.

Objectif 1   Au Canada, la responsabilité de l'élaboration des principes comptables généralement reconnus a été confiée:

a) au Conseil des normes comptables de l'Institut Canadien des Comptables Agréés;

b) aux auteurs, c'est-à-dire aux personnes qui établissent les états financiers;

c) aux vérificateurs;

d) aux utilisateurs, c'est-à-dire aux personnes qui utilisent les états financiers.

e) Aucune de ces réponses ne convient.

Objectif 2   L'évolution du cadre théorique de la comptabilité permet:

a) de fournir une analyse historique des pratiques comptables;

b) de décrire les pratiques comptables couramment utilisées;

c) de fournir un ensemble de normes cohérentes qui facilitent la résolution des nouveaux problèmes pratiques qui se présentent;

d) de décrire toutes les situations qui peuvent se présenter et de formuler un principe comptable qui s'applique à chacune d'elles.

e) Aucune de ces réponses ne convient.

Objectif 3   Parmi les énoncés suivants, lequel est exact?

a) Un des inconvénients du processus de normalisation par les organismes (approche déductive) est que ces derniers fournissent peu de directives permettant de solutionner les problèmes nouveaux.

b) L'approche inductive permet d'énoncer des normes qui sont tirées d'un ensemble d'observations des pratiques courantes des comptables.

c) Un des avantages de l'approche déductive est qu'elle permet de concevoir des normes qui reflètent bien la pratique comptable.

d) L'approche inductive permet la conception du cadre théorique de la comptabilité.

e) Aucune de ces réponses ne convient.

Objectif 4   Quelle qualité de l'information financière est étroitement reliée au principe de la permanence des conventions comptables?

a) La pertinence;

b) L'importance relative;

c) La fiabilité;

d) La vérifiabilité;

e) La comparabilité.

Objectif 5   D'après le principe de réalisation:

a) les produits d'exploitation sont reconnus au moment de l'encaissement du montant de la vente;

b) les produits d'exploitation sont reconnus au moment où l'entreprise reçoit la commande du client;

c) les produits d'exploitation sont reconnus au moment de la livraison du bien ou de la prestation du service;

d) les produits d'exploitation sont constatés selon la méthode de la comptabilité de caisse.

e) Les réponses *a)* et *d)* sont exactes.

Objectif 6   Laquelle des qualités suivantes permet aux utilisateurs de relever les analogies et les différences entre les informations fournies dans plusieurs jeux d'états financiers?

a) La compréhensibilité;

b) La fiabilité;

c) La neutralité;

d) La comparabilité.

e) Aucune de ces réponses ne convient.

Sujets de discussion en classe

1. Les principes comptables généralement reconnus découlent-ils des lois de la nature?

2. Qu'entend-on par «principes comptables généralement reconnus»?

3. Quelle est l'importance des recommandations du *Manuel de l'I.C.C.A.* pour l'étudiant en sciences comptables?

4. Que signifient P.C.G.R. et N.V.G.R.?

5. Au Canada, quel organisme a la responsabilité de concevoir et d'énoncer les normes comptables?

6. Est-il vrai que les entreprises ayant des opérations dans différents pays doivent établir des états financiers conformes aux recommandations du Comité international de normalisation de la comptabilité (C.I.N.C.)?

7. Pourquoi les normes comptables conçues avec l'approche inductive contribuent-elles moins à l'amélioration des pratiques comptables que les normes conçues avec l'approche déductive?

8. Sur quoi se base l'approche déductive pour concevoir des normes comptables?

9. Sur quoi se base l'approche inductive pour concevoir des normes comptables?

10. Quelles sont les trois caractéristiques qualitatives de l'information financière énoncées dans le chapitre 1000, «Fondements conceptuels des états financiers», du *Manuel de l'I.C.C.A.*?

11. Qu'entend-on par «L'information financière doit être pertinente»?

12. Qu'entend-on par «L'information financière doit être fiable»?

13. Pourquoi est-il important que l'information financière soit objective?

14. Quels sont les critères de constatation d'un élément dans les états financiers?

15. Pourquoi une entreprise est-elle considérée comme une entité distincte pour les fins de la comptabilité?

16. Quelles sont les exigences imposées par le principe du coût d'origine? Pourquoi ce principe est-il nécessaire?

17. Une entreprise peut acquérir un bien de fabrication dont elle a besoin à un prix exceptionnel de 25 000 $, alors que sur le marché, le prix d'un bien de fabrication similaire est de 40 000 $. À quel montant ce bien de fabrication doit-il être comptabilisé dans les livres de l'entreprise si elle décide de l'acheter? Quel principe comptable vous permet de formuler cette réponse?

Mini-cas

Mini-cas II-1   Jacques Gallant a trouvé une entreprise qui l'intéressait; en vue de l'acheter, il a entrepris des négociations avec le propriétaire, Gaspard Ouellet. M. Ouellet a remis à M. Gallant un bilan qu'il a lui-même préparé et qui indique cinq éléments d'actif, deux éléments de passif et l'avoir du propriétaire. Les éléments d'actif comprennent l'encaisse, les comptes clients, les stocks, les bâtiments et le matériel.

M. Galant a fait l'achat au début du mois de septembre et c'est avec enthousiasme qu'il a commencé l'exploitation de son commerce. Les ventes du premier mois ont été supérieures aux prévisions. Cependant, à la fin du premier mois, M. Gallant est bouleversé par une lettre qu'il reçoit de l'épouse de M. Ouellet. Il remet cette lettre à son avocat. Dans les jours qui suivent, celui-ci l'informe que l'épouse de M. Ouellet est l'unique propriétaire de l'immeuble. M. Gallant était certain d'avoir acheté l'immeuble puisqu'il était inscrit à l'actif du bilan que lui avait remis M. Ouellet.

Travail à faire

Discutez de l'application des postulats et des principes comptables généralement reconnus dans cette situation. Quels conseils auriez-vous donnés à M. Gallant avant qu'il ne conclut cette transaction?

Déterminez quel est le postulat, le principe ou la contrainte visée dans chacun des énoncés suivants:

a) Si l'acquisition d'un terrain au comptant a nécessité des débours de 15 000 $, ce terrain doit apparaître au montant de 15 000 $ dans le bilan de l'acheteur;

b) Steve Perron est propriétaire des entreprises Boulangerie La Miche et Papeterie Perron. Lors de l'établissement des états financiers de la Boulangerie La Miche, Steve s'assure que ces derniers n'incluent aucun actif, passif, produits et charges appartenant à la Papeterie Perron;

c) Le 15 décembre 1996, le centre de villégiature Bon-Air reçoit la confirmation d'un forfait vacances pour juin 1997. Le comptable du centre comptabilise le produit tiré de ce forfait en juin 1997 et non en décembre 1996;

d) Le bilan de la clinique médicale Saint-Germain présente, à l'actif, un stock de fournitures de bureau ayant coûté 430 $. Ces fournitures non encore utilisées sont composées de papier à lettre portant l'en-tête de la clinique, d'enveloppes et de quelques stylos qui ont une valeur de revente d'environ 10 $.

Exercice II-1
Les postulats et les principes comptables
(Objectif 5)

Inscrivez dans l'espace précédant chacun des énoncés suivants la lettre apparaissant devant le postulat ou le principe visé par l'énoncé.

A. Le principe de la permanence des méthodes

B. Le principe du coût d'origine

C. Le postulat de la personnalité de l'entité

D. Le principe de réalisation

E. Le principe de prudence

F. Le postulat de l'unité monétaire stable

G. Le postulat de la continuité de l'exploitation

_____ 1. demande de comptabiliser l'activité de l'entreprise séparément des activités de son propriétaire.

_____ 2. demande de choisir, parmi les méthodes généralement admises, celle qui risque le moins de surévaluer l'actif ou le bénéfice net ou de sous-évaluer le passif ou la perte nette.

_____ 3. prévoit que l'entité poursuivra ses activités suffisamment longtemps pour être en mesure de réaliser ses actifs et de s'acquitter de ses obligations dans le cours normal de ses activités.

_____ 4. demande que les états financiers soient établis sur la base du coût historique.

_____ 5. précise qu'un produit ou un profit doit être constaté seulement au moment où l'exécution du travail nécessaire pour le gagner est achevé et lorsque la mesure et le recouvrement de la contrepartie sont raisonnablement sûrs.

_____ 6. demande que les mêmes pratiques comptables soient utilisées d'un exercice à l'autre.

_____ 7. précise que le dollar canadien doit être le dénominateur commun de toute activité économique des entreprises canadiennes.

Exercice II-2
Les postulats et les principes comptables
(Objectif 5)

Les auteurs des états financiers, les vérificateurs et les utilisateurs sont les trois groupes les plus touchés par la communication de l'information financière. Déterminez le groupe auquel appartient chacun des sous-groupes suivants en inscrivant dans l'espace réservé à cette fin la lettre appropriée.

Problème II-1
L'information financière
(Objectif 1)

A. Les auteurs (ceux qui établissent les états financiers)

B. Les vérificateurs

C. Les utilisateurs

_____   1. Les Industries C-MAC Inc.

_____   2. Les institutions financières

_____   3. Les analystes financiers

_____   4. La Commission des valeurs mobilières

_____   5. Les comptables d'une firme d'experts-comptables

_____   6. Les étudiants en sciences comptables

_____   7. Le législateur

_____   8. Le propriétaire d'une entreprise individuelle

_____   9. Le ministère du Revenu

_____   10. General Motors Corporation

Problème II-2
Essai analytique
(Objectif 4)

Le Conseil des normes comptables a précisé, dans le chapitre 1000 du *Manuel de l'I.C.C.A.*, les fondements conceptuels des états financiers. Énumérez et expliquez les quatre principales composantes de ces fondements.

Problème II-3
Essai analytique
(Objectifs 1, 2, 3, 4, 5)

Expliquez brièvement les différences qui existent entre l'approche inductive et l'approche déductive dans la conception de normes comptables. Expliquez pourquoi les fondements conceptuels des états financiers découlent d'une approche déductive.

Problèmes additionnels

Problème II-1A
L'information financière
(Objectif 1)

Les auteurs des états financiers, les vérificateurs et les utilisateurs sont les trois groupes les plus concernés par la communication de l'information financière. Déterminez le groupe auquel appartient chacun des sous-groupes suivants en inscrivant dans l'espace réservé à cette fin la lettre appropriée:

A. Les auteurs (ceux qui établissent les états financiers)

B. Les vérificateurs

C. Les utilisateurs

_____   1. Les actionnaires

_____   2. Les syndicats

_____   3. Domtar Inc.

_____   4. Les fournisseurs

_____   5. Samson Bélair Deloitte & Touche, s.e.n.c., experts-comptables

_____   6. Les associés d'une société de personnes

_____   7. Les investisseurs

_____   8. Le groupe Mallette Maheu, comptables agréés

_____   9. Hydro-Québec

_____   10. Les professeurs de sciences comptables

Le chapitre sur les fondements conceptuels des états financiers (chapitre 1000 du *Manuel de l'I.C.C.A.*) fait ressortir les qualités que doit avoir l'information financière fournie dans les états financiers. Dites brièvement ce que signifie chacune des qualités suivantes:

a) La compréhensibilité;

b) La pertinence;

c) La fiabilité;

d) La comparabilité.

Expliquez brièvement pourquoi les normes comptables conçues au moyen de l'approche déductive ont l'inconvénient de ne pas être très descriptives par rapport à ce qui se fait dans la pratique. Expliquez aussi pourquoi les normes comptables conçues au moyen de l'approche inductive reflètent mieux la pratique comptable. Finalement, dites pourquoi les fondements conceptuels des états financiers sont des normes comptables développées par le haut.

Problème II-2A
Essai analytique
(Objectif 4)

Problème II-3A
Essai analytique
(Objectifs 1, 2, 3, 4, 5)

Cas

Inglis limitée est un important fabricant d'appareils électroménagers. Dans un récent rapport annuel, on retrouvait, dans une note jointe aux états financiers, les informations suivantes:

Opérations entre apparentées

Au cours de l'exercice, Inglis limitée a acheté des produits et des services de Whirlpool Corporation et de ses sociétés affiliées, et leur en a vendus, dans le cours normal des affaires. Les ventes s'élevaient à 3 816 000 $, alors que les achats ont été de 24 022 000 $. Ces opérations ont été réglées de façon courante; à la fin de l'exercice, il restait un solde de 108 000 $ à recevoir de Whirlpool Corporation. Cependant, la société a bénéficié de prêts et d'avances de Whirlpool Corporation qui totalisaient, à la fin de l'exercice, la somme de 3 792 000 $ sous forme de billets.

Sears Canada inc. a vendu, au cours de l'exercice, la participation qu'elle détenait dans la société Inglis limitée. Cette transaction n'a pas eu d'effet sur le chiffre d'affaires de la société puisque les ventes effectuées à Sears Canada inc. se sont maintenues à 30 % du chiffre d'affaires.

Travail à faire

Donnez les raisons qui ont motivé Inglis limitée à inclure cette note dans ses états financiers et mentionnez le principe comptable généralement reconnu qui peut être mis en cause par les opérations entre apparentées.

Cas II-1
Inglis limitée
(Objectif 5)

Objectif 1 *(a)*   **Objectif 3** *(b)*   **Objectif 5** *(c)*

Objectif 2 *(c)*   **Objectif 4** *(e)*   **Objectif 6** *(d)*

Réponses
aux questions
de révision
en regard
des objectifs
d'apprentissage

Le traitement des données comptables

Les six chapitres qui suivent sont essentiels à la compréhension ultérieure de la comptabilité. Nous y expliquons le traitement des données comptables en commençant par l'analyse des opérations commerciales pour finir par l'établissement des états financiers de fin d'exercice. L'étude approfondie de ces chapitres devrait faciliter la compréhension des autres parties du livre.

La troisième partie comprend les chapitres suivants:

La comptabilisation des opérations commerciales

Le chapitre 1 a permis d'introduire l'équation comptable (Actif = Passif + Capitaux propres) et d'analyser par la suite l'effet de différentes opérations sur celle-ci. Dans ce chapitre, vous apprendrez à enregistrer les effets des opérations commerciales et à conserver ces informations dans les livres comptables.

Les procédés d'inscription qui y sont expliqués devraient vous permettre de comptabiliser tous les types d'opérations commerciales. Nous débutons par l'étude des caractéristiques des documents commerciaux qui attestent l'existence d'une opération. Par la suite, nous expliquons comment les comptes sont utilisés pour conserver les informations et nous énumérons les plus courants. Nous expliquons ensuite les notions de débit et de crédit ainsi que la façon de les utiliser pour enregistrer l'effet des opérations commerciales dans les comptes. Une fois que tous les éléments sont en place, nous expliquons la comptabilisation des opérations commerciales de façon concrète.

Objectifs d'apprentissage

Après l'étude du chapitre 2, vous devriez être en mesure:

1. de comprendre l'importance des documents commerciaux et la nature des opérations qui font l'objet d'un enregistrement comptable;

2. de comprendre l'utilisation d'un plan comptable, la signification des termes «débit» et «crédit» ainsi que la manière d'enregistrer et de conserver l'effet des opérations dans les comptes;

3. d'expliquer les règles relatives au débit et au crédit, et de les appliquer à l'analyse de l'effet des opérations dans les comptes;

4. de comptabiliser les opérations dans le journal général et de les reporter dans les comptes du grand livre;

5. d'établir une balance de vérification et d'expliquer son utilité pour déceler les erreurs et en faciliter la correction;

6. de définir et d'expliquer les termes et les expressions de la section Terminologie comptable.

L'analyse des opérations et des données internes

La comptabilité fournit de l'information (principalement financière) se rapportant à une entité économique. Cette information a pour but de faciliter la prise de décisions à caractère économique. Le processus comptable implique:

1. la collecte et l'analyse des informations tirées des opérations et des données à caractère économique;
2. l'enregistrement des opérations dans les livres comptables;
3. le classement des effets des opérations dans les comptes et la constitution d'un sommaire;
4. l'établissement des états financiers afin de communiquer l'information financière aux décideurs.

Les opérations commerciales

Objectif 1
Comprendre l'importance des documents commerciaux et la nature des opérations qui font l'objet d'un enregistrement comptable.

À la figure 2-1, on remarque que les opérations sont définies soit comme des **opérations avec un tiers**, soit comme des **opérations comptables**, c'est-à-dire des opérations qui se produisent à l'intérieur de l'entité économique. Les opérations avec un tiers ont été définies au chapitre 1 comme étant celles qui impliquent un échange de biens ou de services entre l'entité et un tiers. Cet échange aura des effets sur l'équation comptable. Le processus comptable commence donc par la collecte et l'analyse des informations tirées des opérations afin d'en déterminer les effets sur l'équation comptable. Ces effets sont par la suite comptabilisés dans les livres comptables.

Certaines opérations qui ont un effet sur l'équation comptable se produisent à l'intérieur de l'entité sans que des tiers ou d'autres entités ne soient concernés. Une entreprise doit, par exemple, utiliser du matériel pour son fonctionnement. Les avantages économiques qu'elle retire de son utilisation réduit sa durée de vie. Cette utilisation a donc pour effet de réduire les avantages futurs que procurera ce matériel, ce qui se traduit par une diminution de la valeur de l'actif et de l'avoir du propriétaire. Bien que les opérations comptables, aussi appelées «opérations internes», ne soient pas des opérations entre l'entreprise et des tiers, il faut quand même les comptabiliser puisqu'elles influencent les éléments de l'équation comptable. L'analyse et la comptabilisation des opérations comptables seront étudiées au chapitre 3.

Nous sommes loin du temps où toutes les opérations commerciales et comptables étaient enregistrées à la main dans des livres comptables. De nos jours, seules quelques rares entreprises de très petite taille utilisent encore un système comptable manuel. Petites et grandes entreprises utilisent désormais des ordinateurs pour comptabiliser les opérations et traiter les données comptables. Néanmoins, pour commencer l'étude de la comptabilité, il faut apprendre à traiter les données avec la méthode manuelle. Celle-ci permet de suivre et de comprendre, étape par étape, le processus comptable. Les connaissances ainsi acquises sont de toute façon transférables en presque totalité au système comptable informatisé puisque les concepts et les procédures sont essentiellement les mêmes dans les deux systèmes.

Les documents commerciaux

Les formulaires qu'une entreprise utilise dans le cours de ses opérations sont appelés «**documents commerciaux**». Cela inclut les rubans de caisse enregistreuse, les factures de vente, les chèques, les bons de commande, les bons de livraison, les factures d'achat, les fiches de présence et les relevés de compte bancaire. Parce qu'ils sont la preuve des opérations commerciales et qu'ils servent à préparer les écritures comptables dans les livres, on les appelle aussi «documents de base», «papiers d'affaires» ou «**pièces justificatives**».

FIGURE 2-1   *Le processus comptable*

Les opérations comptables

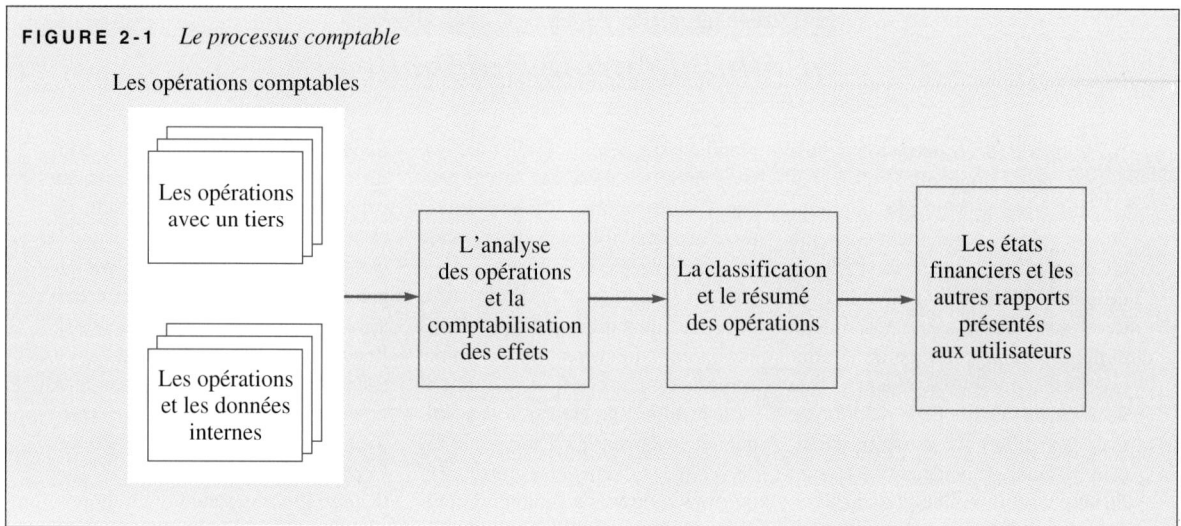

Si, par exemple, vous achetez à crédit une calculatrice de poche, le vendeur préparera une facture en deux ou plusieurs copies. Il vous en remettra une et en enverra une autre au service de la comptabilité; elle servira de document commercial pour comptabiliser l'opération. Par contre, si vous payez comptant votre calculatrice, le vendeur enregistrera la vente sur la caisse enregistreuse et vous remettra un coupon de caisse comme preuve d'achat et de paiement. Certaines caisses enregistreuses enregistrent chaque transaction sur un ruban de papier conservé à l'intérieur de la caisse alors que d'autres ne font que cumuler les transactions. À la fin de la journée, le commis fait le total des ventes en effectuant, sur la caisse enregistreuse, la commande appropriée. Le ruban de la caisse servira de document commercial pour comptabiliser les ventes au comptant de la journée.

Les documents commerciaux, comme les factures de vente, servent à comptabiliser les opérations dans les livres comptables du vendeur et de l'acheteur. Si vous avez acheté une calculatrice pour votre entreprise, la facture ou le coupon de caisse servira à comptabiliser l'opération dans vos livres comptables.

Pour résumer, les documents commerciaux servent de point de départ au processus comptable. De plus, les documents commerciaux provenant d'opérations entre l'entreprise et des tiers sont la preuve que des opérations ont eu lieu, aux montants et aux conditions qui y sont décrits. Ils permettent de satisfaire au principe d'objectivité, abordé à la deuxième partie, en fournissant une information fiable, impartiale et facilement vérifiable.

Le système d'information financière permet de saisir et d'enregistrer les opérations commerciales d'une entreprise, de les colliger et de les classer selon leur nature dans des tableaux distincts afin de faciliter les regroupements nécessaires à l'établissement des états financiers. Ces tableaux sont appelés «**comptes**».

L'information contenue dans les comptes

Au comptoir de restauration rapide d'un centre commercial très achalandé, Catherine Michaud, une nouvelle employée (également étudiante en comptabilité) reçoit de l'adjoint du gérant les directives d'utilisation de la caisse enregistreuse. Celui-ci lui explique que la politique de l'entreprise est d'enregistrer chaque vente au moment où le client se présente avec les différents aliments, d'inscrire le mode de paiement (comptant ou avec carte de crédit) et d'encaisser le paiement. Il précise ensuite, au grand étonnement de Catherine, que cette politique n'est pas suivie pendant l'heure du dîner. De midi à quatorze heures, l'affluence est si grande que, pour accélérer le service, il est plus facile de laisser le tiroir-caisse ouvert et de faire payer les clients sans rien enregistrer sur la caisse enregistreuse.

Il justifie cette entorse à la politique en soutenant que l'important est de servir les clients plus rapidement que tous les autres comptoirs concurrents. Après quatorze heures, il additionne les recettes et enregistre assez de ventes pour égaler le montant perçu durant la période du midi. De cette façon, tout est parfait et quand le gérant arrive à seize heures pour la période du souper, il n'est pas nécessaire de lui révéler que la politique de l'entreprise n'a pas été observée. Catherine comprend l'avantage de ce procédé pour réduire le temps d'attente à la caisse enregistreuse. Cependant elle doute que cette façon de faire soit acceptable.

Objectif 2
Comprendre l'utilisation d'un plan comptable, la signification des termes «débit» et «crédit» ainsi que la manière d'enregistrer et de conserver l'effet des opérations dans les comptes.

De nombreux comptes sont nécessaires puisqu'il faut, par exemple, un compte distinct pour comptabiliser l'augmentation ou la diminution de chaque élément d'actif, de passif et des capitaux propres qui apparaîtront au bilan, ainsi que pour chaque produit et chaque charge qui apparaîtront à l'état des résultats.

Les comptes utilisés pour comptabiliser les opérations peuvent varier d'une entreprise à l'autre, selon la nature des éléments de son actif, de son passif et de ses capitaux propres, et selon l'information dont l'entreprise a besoin dans ses livres comptables. Malgré ces différences, les comptes qui suivent sont couramment utilisés par presque toutes les entreprises.

Les comptes d'actif

Si l'on veut que le système comptable produise une information utile sur les différents éléments d'actif de l'entreprise, on doit tenir un compte distinct pour chaque élément d'actif. On utilise généralement les comptes d'éléments d'actif suivants:

Encaisse. Ce compte sert à comptabiliser les augmentations et les diminutions de l'encaisse qui comprend l'argent et tous les effets que la banque accepte généralement à titre de dépôts. L'encaisse comprend donc les pièces de monnaie, les billets de banque, les chèques, les mandats-poste ou de banque, bref, les sommes déposées dans un compte de banque. Généralement, les augmentations ou les diminutions de l'argent en caisse et des sommes déposées à la banque ou retirées par l'émission de chèques sont comptabilisées dans un seul et même compte.

Clients. Une entreprise vend généralement des marchandises à crédit à des clients qui s'engagent implicitement à acquitter plus tard les sommes dues. Ces ventes et des promesses implicites de payer faites par un client s'appellent respectivement «ventes à crédit» et «comptes clients». Les ventes à crédit contribuent à accroître le compte Clients, alors que les sommes payées par les clients le diminuent. Étant donné qu'une entreprise doit connaître ce que chaque client lui doit, il est nécessaire de tenir compte, généralement dans un registre distinct, des ventes effectuées à chacun des clients et des sommes payées par chacun d'eux. Cette question sera approfondie au chapitre 6. En attendant, nous nous contenterons de comptabiliser toutes les sommes à recouvrer dans un seul compte nommé «Clients».

Effets à recevoir. Ce compte sert à comptabiliser les sommes qu'un client s'est engagé à payer en signant un **billet** à ordre, c'est-à-dire une promesse écrite de payer un montant d'argent précis à une date déterminée d'avance. Selon la longueur du délai de recouvrement, l'effet à recevoir est inscrit soit à l'actif à long terme, soit à l'actif à court terme.

Assurances payées d'avance. Les primes d'assurance (incendie, responsabilité, etc.) sont généralement payables d'avance. Une fois payées, elles accordent à l'assuré une protection durant une période qui peut varier de un an à trois ans. La portion de la prime payée qui assure une protection au-delà de l'exercice en cours représente un élément d'actif appelé «Assurances payées d'avance». Comme les avantages futurs reliés à la portion non absorbée de la prime d'assurance diminueront graduellement, le solde du compte Assurances payées d'avance doit être révisé périodiquement afin que soit déterminée la partie absorbée. Celle-ci doit être inscrite avec les charges après avoir été déduite du compte Assurances payées d'avance.

Fournitures de bureau non utilisées. Les articles inclus dans les fournitures de bureau non utilisées comprennent le papier à lettres, les enveloppes, les crayons, les formulaires et les imprimés de toute nature que l'entreprise utilise pour son fonctionnement. Ces articles représentent une ressource au moment de leur achat; ce n'est que lors de leur utilisation qu'ils deviennent des charges. Les augmentations et les diminutions de cet élément d'actif s'inscrivent dans un compte nommé «Fournitures de bureau non utilisées».

Fournitures de magasin non utilisées. Le papier d'emballage, les boîtes de carton, les sacs, le ruban adhésif et les autres articles servant à l'emballage ou à l'expédition des marchandises aux clients font partie des fournitures de magasin non utilisées et représentent effectivement une ressource. Les augmentations et les diminutions de cet élément d'actif sont comptabilisées dans le compte Fournitures de magasin non utilisées.

Autres charges payées d'avance. Des paiements sont parfois effectués pour acquérir des avantages économiques qui ne seront reçus ou utilisés que plus tard; ces éléments d'actif sont appelés «**charges payées d'avance**» ou «frais payés d'avance». Lorsque l'avantage économique est utilisé ou expiré, l'actif devient une charge.

En pratique, on comptabilise immédiatement comme charge le paiement d'avantages économiques qui sont utilisés ou qui expirent en totalité avant la fin de l'exercice. Par contre, si on prévoit qu'ils ne seront pas entièrement utilisés ou expirés au cours de l'exercice, le paiement ou une partie du paiement est comptabilisé comme charges payées d'avance. Les assurances payées d'avance, les fournitures de bureau non utilisées et les fournitures de magasin non utilisées que nous venons de traiter sont des exemples de charges payées d'avance. Les charges payées d'avance peuvent aussi comprendre les taxes et licences, les loyers, les frais légaux, les honoraires de gestion, etc. On comptabilise généralement chaque sorte de charges payées d'avance dans un compte distinct.

Matériel. Les acquisitions et les aliénations de biens, comme les machines à écrire et à calculer, les bureaux, les chaises et les ordinateurs, dont la durée d'utilisation est relativement longue doivent être comptabilisées dans un compte nommé «Matériel de bureau». En revanche, on comptabilisera dans un compte appelé «Matériel de magasin» des biens comme les comptoirs, les vitrines, les étagères, les caisses enregistreuses et d'autres biens de même nature. Les entreprises qui possèdent des machines comme des tours, des foreuses, etc., comptabilisent ces biens dans un compte nommé «Matériel de fabrication».

Bâtiments. Le bâtiment qu'une entreprise utilise pour son exploitation peut être un magasin, un garage, un entrepôt, une usine. Cependant, le nom du compte utilisé pour comptabiliser ces immeubles porte généralement le nom «Bâtiments», quel que soit le genre d'immeubles qu'une entreprise possède pour les fins de son exploitation. Si plusieurs bâtiments appartiennent à l'entreprise, ils peuvent être comptabilisés dans des comptes distincts.

Terrains. Ce compte sert à comptabiliser les opérations relatives aux terrains qu'une entreprise utilise pour son exploitation. Bien qu'il soit physiquement impossible de séparer un bâtiment du terrain sur lequel il repose, il est nécessaire de comptabiliser ces biens dans deux comptes distincts car, à l'encontre des terrains, les bâtiments doivent être amortis durant leur vie utile.

Les comptes de passif

Rappelez-vous qu'au chapitre 1, nous avons expliqué que les éléments de passif représentent des engagements dont le règlement futur pourra nécessiter le transfert ou l'utilisation d'éléments d'actif ou encore la prestation de services. Les différents types d'éléments de passif qu'une entreprise peut avoir doivent être comptabilisés dans des comptes distincts. Les comptes d'éléments de passif les plus fréquemment utilisés sont les suivants:

Fournisseurs. Le compte Fournisseurs désigne les sommes qu'une entreprise, lors d'achats à crédit, s'est engagée implicitement à payer à des créanciers ou à des fournisseurs. La plupart des sommes dues, regroupées sous le poste Fournisseurs, découlent de l'achat de marchandises, de fournitures, de matériel ou de services reçus à crédit. Comme l'entreprise doit connaître le montant dû à chacun de ses créanciers, il est nécessaire de tenir compte, ordinairement dans un registre distinct, des achats et des règlements se rapportant à chaque créancier. Cette question sera approfondie au chapitre 6. En attendant, nous nous contenterons de comptabiliser toutes les opérations relatives aux achats dans un seul compte nommé «Fournisseurs».

Effets à payer. L'effet à payer est un engagement écrit par lequel le signataire promet de payer au bénéficiaire une somme d'argent précise à une date déterminée d'avance. Les opérations relatives aux billets sont comptabilisées dans le compte Effets à payer. Selon la longueur du délai de paiement, l'effet à payer est inscrit soit dans le passif à long terme, soit dans le passif à court terme.

Produits reçus d'avance. Comme nous l'avons mentionné à la deuxième partie, le principe de réalisation précise qu'un produit d'exploitation ne peut être constaté avant qu'il ne soit réalisé. Pour cette raison, lorsqu'une entreprise a encaissé un produit avant qu'il y ait eu livraison de marchandises ou prestation de services aux clients, les montants ainsi reçus sont des **produits reçus d'avance**. Ces éléments de passif deviendront des produits d'exploitation lorsque les marchandises seront livrées aux clients ou lorsque les services seront rendus. Les abonnements reçus d'avance par l'éditeur d'une revue, les loyers reçus d'avance par un propriétaire d'immeuble, les honoraires juridiques reçus d'avance par un avocat sont des exemples de produits reçus d'avance.

Lors de l'encaissement, ces montants sont comptabilisés dans des comptes de passif tels que Abonnements reçus d'avance, Loyers reçus d'avance, Honoraires reçus d'avance. À la réalisation, les montants en question seront virés dans des comptes de produits d'exploitation tels que Ventes d'abonnements, Loyers gagnés, Honoraires gagnés.

Autres dettes à court terme. Les salaires à payer, les impôts fonciers à payer, les impôts sur le revenu à payer, les intérêts à payer sont d'autres dettes à court terme qu'il faut comptabiliser dans des comptes distincts.

Emprunt hypothécaire. Un **emprunt hypothécaire** est une dette à long terme garantie par un droit accordé au créancier sur un ou plusieurs biens. L'hypothèque donne au créancier le droit de forcer le débiteur à vendre le bien hypothéqué s'il ne peut s'acquitter de sa dette selon les termes convenus au contrat. Les opérations relatives aux dettes hypothécaires s'inscrivent dans le compte Emprunt hypothécaire. Chaque emprunt hypothécaire est comptabilisé dans un compte distinct. La tranche de l'emprunt hypothécaire qui sera remboursée au cours de la période d'un an qui suit la fin de l'exercice doit être présentée avec le passif à court terme.

Les comptes de capitaux propres

Au chapitre 1, nous avons présenté quatre opérations qui modifient les capitaux propres. Ce sont: 1) les investissements que le propriétaire a effectués, 2) les prélèvements en espèces ou autrement faits par celui-ci, 3) les produits et 4) les charges. Rappelez-vous que dans le chapitre précédent, toutes ces opérations ont été inscrites sous la rubrique portant le nom du propriétaire. Cette façon de procéder permettait de mieux faire ressortir ces opérations dans l'équation comptable. Cependant, cette façon de procéder nécessite par la suite une analyse des différents montants inscrits sous cette rubrique pour préparer l'état des résultats et l'état de l'avoir du propriétaire. Pour éviter une telle analyse, il suffit d'ouvrir des comptes distincts pour le capital du propriétaire et les prélèvements du propriétaire, de même que pour chaque produit et chaque charge d'exploitation figurant à l'état des résultats. De cette façon, lorsqu'une opération modifiant les capitaux propres a lieu, elle est comptabilisée dans le compte approprié. Les paragraphes qui suivent décrivent les comptes utilisés.

Capital. Quand une personne investit des ressources dans une entreprise qui lui appartient en propre, le capital investi est comptabilisé dans un compte portant son nom suivi du mot Capital. Ainsi, au chapitre 1, on s'est servi du compte intitulé Jean Drouin – Capital pour y inscrire le capital investi par M. Drouin dans son cabinet d'avocat. C'est aussi dans le compte Capital qu'il faut inscrire les augmentations et les diminutions permanentes des **capitaux propres**.

Prélèvements. Habituellement, le propriétaire qui investit des ressources dans une entreprise espère en retirer un bénéfice. Il espère également que les bénéfices réalisés par son entreprise contribueront à augmenter l'actif net. Il peut décider de réinvestir dans l'entreprise les bénéfices générés par cette dernière ou encore décider de retirer, de temps en temps, des sommes de son entreprise à des fins personnelles. Ces **prélèvements** réduisent à la fois l'actif et les capitaux propres. Les prélèvements sont comptabilisés dans un compte portant le nom du propriétaire suivi du mot Prélèvements. Ainsi, dans le cas du cabinet d'avocat de Jean Drouin, on inscrirait les prélèvements dans le compte Jean Drouin – Prélèvements. Ce compte peut aussi s'appeler Jean Drouin – Retraits. Le plus souvent, le propriétaire d'une entreprise individuelle prélèvera pour ses dépenses personnelles un montant qui sera le même d'une semaine à l'autre ou d'un mois à l'autre. Certains propriétaires croient à tort que les prélèvements constituent un salaire. Puisqu'au sens légal de la chose l'entreprise individuelle n'est pas une entité légale distincte de son propriétaire, ce dernier ne peut donc pas juridiquement conclure de contrat de travail avec lui-même et se verser un salaire. Pour cette raison légale, les prélèvements ne peuvent être considérés comme un salaire ou une charge d'exploitation. Ils sont tout simplement un désinvestissement effectué par le propriétaire.

Produits et charges d'exploitation. Lorsque l'on prépare l'état des résultats d'une entité, il est nécessaire de connaître le montant provenant des divers produits d'exploitation réalisés et des diverses charges d'exploitation engagées au cours de la période couverte par l'état des résultats. Pour accumuler cette information, il est préférable d'utiliser autant de comptes qu'il y a de produits et de charges d'exploitation différents.

La détermination du bénéfice net demande de connaître le détail des produits d'exploitation réalisés et des charges d'exploitation qui s'y rapportent. Pour obtenir cette information, il est nécessaire d'ouvrir, dans le grand livre, un compte distinct pour chaque produit d'exploitation et chaque charge d'exploitation découlant des opérations effectuées durant une période donnée.

Le fait de comptabiliser séparément les différentes sortes de produits et de charges d'exploitation exige d'ouvrir un certain nombre de comptes dont les noms peuvent différer d'une entreprise à l'autre. Voici quelques exemples de comptes de produits et de charges d'exploitation:

Produits d'exploitation:	*Charges d'exploitation:*
Ventes	Publicité
Produits de réparations	Fournitures de magasin utilisées
Honoraires professionnels gagnés	Fournitures de bureau utilisées
Honoraires gagnés	Chauffage
Commissions gagnées	Assurances
Loyers gagnés	Salaires
Intérêts créditeurs	Amortissement
	Loyers
	Électricité
	Impôts fonciers
	Intérêts débiteurs

Vous trouverez à l'annexe II de ce volume une liste détaillée des comptes de grand livre les plus couramment utilisés par les entreprises; elle vous donne une idée de la variété des noms de comptes utilisés. De plus, elle représente une liste complète de tous les comptes de grand livre que vous devrez ouvrir et utiliser pour résoudre les exercices et les problèmes de ce volume.

Généralement, la taille de l'entreprise est un des facteurs qui affectent le nombre de comptes que celle-ci utilisera pour comptabiliser ses opérations. L'ouverture de quelques dizaines de comptes peut suffire aux besoins d'une petite entreprise alors qu'une grande entreprise en utilisera plusieurs milliers pour répondre à ses besoins. Selon le système comptable en place dans l'entreprise, les comptes de grand livre peuvent prendre différentes formes. Ainsi, lorsque l'entreprise utilise un système comptable informatisé, le détail de chacun des comptes est conservé sur un disque rigide ou sur une disquette. Dans un système comptable manuel, le détail de chacun des comptes est inscrit soit sur des feuilles distinctes, conservées dans un classeur à feuilles mobiles, soit sur des cartes individuelles placées dans un classeur. Quel que soit l'aspect physique des comptes utilisés par une entreprise, l'ensemble de ces comptes porte le nom de **grand livre**.

Le grand livre est donc un livre comptable qui contient tous les comptes d'actif, de passif, de capitaux propres, de produits et de charges de l'entité. Si les comptes sont tenus sur des feuilles conservées dans un classeur, ce dernier porte le nom de grand livre; si les comptes sont tenus sur des cartes, le plateau de classement qui contient toutes les fiches devient le grand livre.

Le grand livre et le plan comptable

Toutes les entreprises suivent une méthode systématique pour assigner des numéros d'identification à leurs comptes du grand livre. La liste codifiée de tous les comptes utilisés par une entreprise s'appelle le **plan comptable**. Voici un exemple de plan comptable utilisé par les entreprises de services; il permet d'assigner un numéro à chacun des comptes:

Le plan comptable

Comptes d'actif	101 à 199;
Comptes de passif	201 à 299;
Comptes de l'avoir du propriétaire	301 à 399;
Comptes de produits d'exploitation	401 à 499;
Comptes de charges d'exploitation	501 à 599.

Il est bon de remarquer que les numéros des comptes de l'actif commencent par 1, les numéros des comptes du passif par 2 et ainsi de suite. Le premier chiffre du numéro indique la nature du compte et permet de distinguer si c'est un compte du bilan ou un compte de résultats. Les deuxième et troisième chiffres donnent une indication plus détaillée des comptes. Ce sujet sera plus amplement présenté au prochain chapitre.

Le compte, sous sa forme la plus simple, ressemble à la lettre T. C'est pour cette raison qu'on l'appelle **compte en T**. Voici une illustration de ce genre de compte[1]:

L'utilisation des comptes en T

(Nom du compte)	
(Côté gauche)	(Côté droit)

On retrouve dans un compte en T le nom du compte, un côté droit et un côté gauche. Le nom indique le type d'opérations qui y sont inscrites et regroupées. L'Encaisse est, par exemple, le compte où sont comptabilisées toutes les augmentations

---

[1] Le compte en T est un instrument de travail couramment utilisé en comptabilité pour faciliter l'illustration et la résolution de problèmes.

et diminutions de l'encaisse. Les augmentations sont inscrites d'un côté du compte et les diminutions, de l'autre. Pour les besoins de certains comptes, les augmentations seront inscrites du côté gauche du compte alors que pour d'autres, les augmentations seront inscrites du côté droit. Reprenons l'exemple de l'entreprise Jean Drouin, avocat, abordé au chapitre précédent. L'entreprise a effectué plusieurs opérations qui ont affecté l'encaisse. Si ces augmentations et ces diminutions de l'encaisse étaient inscrites dans un compte en T, on obtiendrait le résultat suivant:

Encaisse

Investissement	9 000	Achat de livres de droit	2 500
Honoraires professionnels		Achat de matériel de bureau	5 600
gagnés	2 200	Paiement du loyer	1 000
Recouvrement de comptes		Paiement du salaire	700
clients	1 700	Règlement d'un fournisseur	900
		Prélèvements par le propriétaire	1 100

Le solde d'un compte

Les augmentations sont inscrites d'un côté et les diminutions de l'autre afin d'obtenir plus facilement le total des augmentations et des diminutions. Le total des diminutions est soustrait du total des augmentations pour déterminer le solde du compte. Qu'il s'agisse d'un compte d'actif, de passif, de capitaux propres ou de résultats, le solde d'un compte correspond toujours à la différence entre les augmentations et les diminutions. Ainsi, le solde d'un compte d'actif correspond au montant qui a été investi par l'entreprise dans cet élément d'actif à la date où ce solde est établi. Le solde d'un compte de passif correspond, quant à lui, au montant de l'élément de passif qui est dû par l'entreprise à la date où il est établi.

Reprenons le compte Encaisse de l'entreprise Jean Drouin, avocat. Le total des augmentations est de 12 900 $ et le total des diminutions de 11 800 $. Ainsi, le solde du compte Encaisse est de 1 100 $ comme le montre l'exemple ci-dessous.

Encaisse

Investissement	9 000	Achat de livres de droit	2 500
Honoraires professionnels		Achat de matériel	
gagnés	2 200	de bureau	5 600
Recouvrement de comptes		Paiement du loyer	1 000
clients	1 700	Paiement du salaire	700
		Règlement d'un fournisseur	900
		Prélèvements par le propriétaire	1 100
Total des augmentations	**12 900**	Total des diminutions	**11 800**
Moins: les diminutions	**− 11 800**		
Solde	**1 100**		

Le débit et le crédit

En comptabilité, le côté gauche d'un compte s'appelle **débit** (Dt) alors que le côté droit s'appelle **crédit** (Ct). Ainsi, lorsqu'on inscrit un montant du côté gauche du compte, on dit qu'on a débité le compte. Par contre, on dit que le compte a été crédité lorsqu'un montant a été inscrit du côté droit du compte. Le solde d'un compte est la différence entre le total des débits et le total des crédits. Le solde d'un compte peut être soit débiteur, soit créditeur. Ainsi, le solde est débiteur lorsque le total des débits excède le total des crédits, et il est créditeur dans le cas contraire.

Il ne faut pas confondre les termes «débit» et «crédit» avec les termes «augmentation» et «diminution» que nous avons utilisés jusqu'à présent. Débiter un compte signifie seulement qu'un montant a été inscrit du côté gauche du compte, alors que le créditer veut dire qu'un montant a été inscrit du côté droit. Débiter ou créditer un compte peut aussi bien signifier une augmentation qu'une diminution de son solde selon sa nature. Pour illustrer ce qui précède, analysons la façon de comptabiliser le capital investi par Jean Drouin dans les comptes Encaisse et Jean Drouin – Capital.

Encaisse	Jean Drouin – Capital
Capital investi 9 000	Capital investi 9 000

L'investissement de 9 000 $ effectué par Jean Drouin dans son cabinet d'avocat a contribué à augmenter l'encaisse aussi bien que le capital. Remarquez que l'augmentation de l'encaisse est inscrite du côté gauche, soit au débit du compte Encaisse, tandis que l'augmentation des capitaux propres est portée au crédit, soit du côté droit du compte Jean Drouin – Capital. Cette façon de comptabiliser une opération est un exemple de la **comptabilité en partie double** que nous traitons dans la section suivante.

La comptabilité en partie double

Objectif 3 Expliquer les règles relatives au débit et au crédit, et les appliquer à l'analyse de l'effet des opérations dans les comptes.

Selon la comptabilité en partie double, l'effet de chaque opération est porté au débit d'un ou de plusieurs comptes et au crédit d'un ou de plusieurs comptes. De plus, après son inscription, la somme des montants inscrits au débit doit être égale à celle des montants inscrits au crédit des comptes. Vu que le solde de chaque compte est la différence entre le total des débits et le total des crédits et que, selon la comptabilité en partie double, les débits doivent être égaux aux crédits inscrits dans les comptes, il est possible de vérifier l'exactitude des écritures passées dans les comptes en s'assurant que la somme des soldes débiteurs est égale à la somme des soldes créditeurs. Toute différence entre les sommes des soldes débiteurs et créditeurs révèle qu'une erreur s'est produite lors de l'inscription d'une opération et qu'il faut la localiser puis la corriger.

La comptabilité en partie double est fondée sur l'équation comptable Actif = Passif + Capitaux propres. D'après cette équation, il faut inscrire les augmentations de l'actif au débit de comptes d'actif. Pourquoi les comptes d'actif ont-ils un solde débiteur? Il n'y a aucune raison particulière si ce n'est que la tradition le veut ainsi. Alors, si les comptes d'actif ont un solde débiteur, pour que l'égalité entre les deux parties de l'équation subsiste, il est nécessaire d'inscrire les augmentations correspondantes du passif ou des capitaux propres au crédit de comptes de passif ou de capitaux propres.

Lorsqu'une opération entraîne une diminution du passif, il faut débiter un compte de passif et créditer un ou plusieurs autres comptes. Ces imputations concernant les augmentations et les diminutions des comptes du bilan peuvent être résumées de la façon suivante:

Actif		=	Passif		+	Capitaux propres	
Débit: Augmentation	Crédit: Diminution		Débit: Diminution	Crédit: Augmentation		Débit: Diminution	Crédit: Augmentation

Les comptes avec leurs côtés débit et crédit nous permettent de formuler des règles précises sur la façon de comptabiliser les opérations conformément à la comptabilité en partie double:

1. Les augmentations de l'actif s'inscrivent au débit de comptes d'actif alors que les diminutions de l'actif doivent être portées au crédit de comptes d'actif.

2. Les augmentations du passif ou des capitaux propres s'inscrivent au crédit de comptes de passif ou de capitaux propres alors que les diminutions du passif ou des capitaux propres doivent être inscrites au débit de ces comptes.

Rappelez-vous qu'au chapitre 1, nous avons vu que l'investissement du propriétaire et les produits contribuaient à augmenter les capitaux propres alors que les prélèvements et les charges contribuaient à leur diminution. En fonction de ces faits, nous formulons les règles additionnelles suivantes:

3. Les investissements par le propriétaire sont inscrits au crédit du compte Capital.

4. Les prélèvements à des fins personnelles, en espèces ou autrement, diminuent les capitaux propres et sont inscrits au débit du compte Prélèvements.

5. Les produits d'exploitation augmentent les capitaux propres et sont inscrits au crédit d'un des comptes de produits utilisés par l'entité. C'est la diversité de la nature des produits qui détermine le nombre de comptes de produits qui sera nécessaire.

6. Les charges d'exploitation diminuent les capitaux propres et sont inscrites au débit d'un des comptes de charges utilisés par l'entité. Le nombre de comptes de charges dépend de la diversité des charges.

Dans un premier temps, il vous sera utile de mémoriser ces règles. Bientôt, vous les appliquerez si fréquemment que leur utilisation deviendra un automatisme.

Les opérations illustrant les règles relatives au débit et au crédit

Les opérations suivantes, tirées de l'exemple du cabinet de l'avocat Jean Drouin, illustrent les règles relatives au débit et au crédit lors de la comptabilisation des opérations dans les comptes. Le numéro entre parenthèses précédant chaque opération permet d'identifier les opérations inscrites dans les comptes. Les opérations 1 à 11 sont les mêmes que celles qui ont été utilisées au chapitre 1 pour illustrer leurs effets sur l'équation comptable. Cinq opérations additionnelles (12 à 16) sont introduites dans ce chapitre.

Avant de comptabiliser une opération, il faut en faire l'analyse afin de déterminer les comptes qui seront débités ou crédités. Plus précisément, il faut: 1) déterminer les comptes d'actif, de passif ou des capitaux propres qui seront augmentés ou diminués par l'opération et 2) appliquer les règles relatives au débit et au crédit pour déterminer la façon d'inscrire ces augmentations ou ces diminutions. Nous allons maintenant analyser chacune des opérations suivantes afin de mieux montrer la façon de procéder.

Exemple de Jean Drouin, avocat

Opérations du mois de décembre

1. Le 1er décembre de l'année courante, Jean Drouin investit 9 000 $ dans son cabinet d'avocat.

Encaisse		
(1)	9 000	

Jean Drouin – Capital		
	(1)	9 000

Analyse de l'opération: L'opération a augmenté à la fois l'encaisse et les capitaux propres. Comme les augmentations d'actif s'inscrivent au débit du compte et que les augmentations des capitaux propres s'inscrivent au crédit, le compte Encaisse est débité de 9 000 $ et le compte Jean Drouin – Capital est crédité du même montant.

2. Achat de livres de droit: 2 500 $, comptant.

Encaisse		
(1)	9 000	(2) 2 500

Livres de droit		
(2)	2 500	

Analyse de l'opération: À la suite de l'achat de livres de droit, l'élément d'actif Livres de droit a augmenté et l'encaisse a diminué. Étant donné que les augmentations et les diminutions de l'actif s'inscrivent respectivement au débit et au crédit du compte, le compte Livres de droit est débité et le compte Encaisse est crédité de 2 500 $.

3. Acquisition de matériel de bureau: 5 600 $, comptant.

Encaisse		
(1)	9 000	(2) 2 500
		(3) 5 600

Matériel de bureau		
(3)	5 600	

Analyse de l'opération: L'élément d'actif Matériel de bureau a augmenté et l'encaisse a diminué. Il faut donc débiter le compte Matériel de bureau et créditer le compte Encaisse de 5 600 $.

4. Achat à crédit à la société Multiplex ltée de 1 280 $ de matériel de bureau et de 380 $ de livres de droit.

Livres de droit		
(2)	2 500	
(4)	380	

Matériel de bureau		
(3)	5 600	
(4)	1 280	

Fournisseurs		
	(4)	1 660

Analyse de l'opération: Cette opération augmente le solde des comptes Livres de droit et Matériel de bureau. Elle augmente aussi le passif du montant que la société Multiplex ltée aura droit de recouvrer du cabinet de Jean Drouin. Étant donné qu'il faut débiter les augmentations de l'actif et créditer les augmentations du passif, le comptable doit débiter les comptes Livres de droit et Matériel de bureau de 380 $ et de 1 280 $ respectivement et créditer le compte Fournisseurs de 1 660 $.

5. Encaissement d'honoraires relatifs à des services juridiques rendus à un client: 2 200 $.

	Encaisse		
(1)	9 000	(2)	2 500
(5)	**2 200**	(3)	5 600

	Honoraires gagnés		
		(5)	**2 200**

Analyse de l'opération: Les honoraires gagnés augmentent à la fois l'actif et les capitaux propres. Étant donné que les règles relatives au débit et au crédit demandent de passer les augmentations de l'actif au débit du compte et de passer les augmentations des capitaux propres au crédit, il faut donc débiter le compte Encaisse et créditer le compte Honoraires gagnés (un élément des capitaux propres) afin d'accumuler les données nécessaires à la préparation de l'état des résultats.

6. Paiement du loyer de décembre pour le bureau: 1 000 $.

	Encaisse		
(1)	9 000	(2)	2 500
(5)	2 200	(3)	5 600
		(6)	**1 000**

	Loyers		
(6)	**1 000**		

Analyse de l'opération: Le loyer versé est une charge d'exploitation qui diminue les capitaux propres et l'encaisse. Il faut donc débiter le compte Loyers (un élément des capitaux propres) afin d'accumuler les données nécessaires à la préparation de l'état des résultats et créditer le compte Encaisse pour comptabiliser la diminution de l'actif.

7. Paiement à la secrétaire de son salaire des deux premières semaines du mois de décembre: 700 $.

	Encaisse		
(1)	9 000	(2)	2 500
(5)	2 200	(3)	5 600
		(6)	1 000
		(7)	**700**

	Salaires		
(7)	**700**		

Analyse de l'opération: Le salaire versé à la secrétaire est une charge d'exploitation qui diminue les capitaux propres et l'encaisse. Il faut donc débiter le compte Salaires (un élément des capitaux propres) afin d'accumuler les données nécessaires à la préparation de l'état des résultats et créditer le compte Encaisse pour comptabiliser la diminution de l'actif.

8. Services juridiques rendus à crédit: 1 700 $.

	Clients		
(8)	**1 700**		

	Honoraires gagnés		
		(5)	2 200
		(8)	**1 700**

Analyse de l'opération: Les honoraires gagnés augmentent à la fois l'actif et les capitaux propres. Étant donné que les règles relatives au débit et au crédit demandent de passer les augmentations de l'actif au débit du compte et de passer les augmentations des capitaux propres au crédit, il faut donc débiter le compte Clients et créditer le compte Honoraires gagnés (un élément des capitaux propres) afin d'accumuler les données nécessaires à la préparation de l'état des résultats.

9. Recouvrement des honoraires facturés au client à l'opération N° 8: 1 700 $.

Encaisse			
(1)	9 000	(2)	2 500
(5)	2 200	(3)	5 600
(9)	**1 700**	(6)	1 000
		(7)	700

Clients			
(8)	1 700	**(9)**	**1 700**

Analyse de l'opération: L'encaisse augmente du montant recouvré alors que le solde du compte Clients diminue du même montant. Il faut donc débiter le compte Encaisse et créditer le compte Clients puisque les règles relatives au débit et au crédit demandent de passer les augmentations et les diminutions d'actif respectivement au débit et au crédit du compte.

10. Règlement partiel du montant dû à la société Multiplex ltée pour les achats à crédit comptabilisés à l'opération N° 4: 900 $.

Encaisse			
(1)	9 000	(2)	2 500
(5)	2 200	(3)	5 600
(9)	1 700	(6)	1 000
		(7)	700
		(10)	**900**

Fournisseurs			
(10)	**900**	(4)	1 660

Analyse de l'opération: Les sommes versées aux créanciers réduisent à la fois l'encaisse et les comptes fournisseurs. Il faut donc débiter le compte Fournisseurs et créditer le compte Encaisse puisque les règles relatives au débit et au crédit demandent de passer les diminutions du passif au débit du compte et de passer les diminutions de l'actif au crédit.

11. Prélèvement de Jean Drouin à des fins personnelles: 1 100 $.

Encaisse			
(1)	9 000	(2)	2 500
(5)	2 200	(3)	5 600
(9)	1 700	(6)	1 000
		(7)	700
		(10)	900
		(11)	**1 100**

Jean Drouin – Prélèvements	
(11) 1 100	

Analyse de l'opération: Cette opération diminue également l'encaisse et les capitaux propres. Il faut débiter le compte Jean Drouin – Prélèvements du montant de la réduction des capitaux propres et créditer le compte Encaisse du montant de la réduction de cet élément d'actif. Cette information nécessaire à la préparation de l'état de l'avoir du propriétaire est inscrite dans le compte Jean Drouin – Prélèvements.

12. Signature d'un contrat en vertu duquel Jean Drouin fournira des services juridiques à la maison de courtage Carrier enr. moyennant des honoraires fixes de 500 $ par mois. Encaissement d'honoraires reçus d'avance couvrant les six premiers mois du contrat: 3 000 $.

Encaisse			
(1)	9 000	(2)	2 500
(5)	2 200	(3)	5 600
(9)	1 700	(6)	1 000
(12)	**3 000**	(7)	700
		(10)	900
		(11)	1 100

Honoraires reçus d'avance			
		(12)	**3 000**

Analyse de l'opération: Cette opération augmente l'encaisse, mais n'augmentera les capitaux propres qu'au moment où les honoraires seront réellement gagnés. Ces honoraires sont reçus avant que le service ne soit rendu; ils représentent une dette dont le cabinet de Jean Drouin s'acquittera en rendant au cours des six prochains mois les services convenus. Il faut donc débiter le compte Encaisse et créditer le compte Honoraires reçus d'avance.

13. Paiement d'une prime d'assurance couvrant les deux années à venir: 2 400 $.

Encaisse

(1)	9 000	(2)	2 500
(5)	2 200	(3)	5 600
(9)	1 700	(6)	1 000
(12)	3 000	(7)	700
		(10)	900
		(11)	1 100
		(13)	**2 400**

Analyse de l'opération: L'élément d'actif Assurances payées d'avance a augmenté et l'encaisse a diminué du montant de la prime. Étant donné que les augmentations et les diminutions de l'actif s'inscrivent respectivement au débit et au crédit, le compte Assurances payées d'avance est débité et le compte Encaisse est crédité de 2 400 $.

Assurances payées d'avance

(13)	2 400

14. Achat au comptant de fournitures de bureau: 120 $.

15. Paiement du compte d'électricité du mois de décembre: 230 $.

16. Paiement à la secrétaire de son salaire des deux dernières semaines du mois de décembre: 700 $.

Encaisse

(1)	9 000	(2)	2 500
(5)	2 200	(3)	5 600
(9)	1 700	(6)	1 000
(12)	3 000	(7)	700
		(10)	900
		(11)	1 100
		(13)	2 400
		(14)	**120**
		(15)	**230**
		(16)	**700**

Analyse des opérations: Ces opérations ont en commun le fait qu'elles diminuent l'encaisse; elles diffèrent, cependant, du fait que les fournitures de bureau non utilisées sont un élément d'actif tandis que l'électricité et les salaires sont des charges. Il faut donc débiter le compte d'actif Fournitures de bureau non utilisées et les deux comptes de charges, Électricité et Salaires. Il faut aussi créditer le compte Encaisse de ces trois montants qui ont pour effet d'en diminuer le solde.

Fournitures de bureau non utilisées

(14)	120

Électricité

(15)	230

Salaires

(7)	700
(16)	700

Les comptes et l'équation comptable

Le tableau 2-1 présente les comptes dans lesquels les opérations précédentes ont été inscrites. Ils ont été classés en respectant l'ordre habituel de présentation des éléments de l'équation comptable.

TABLEAU 2-1 *Le grand livre de Jean Drouin, avocat*

	Actif **Encaisse**			=		**Passif** **Fournisseurs**			+		**Capitaux propres** **Jean Drouin – Capital**	

Actif = **Passif** + **Capitaux propres**

Encaisse

(1)	9 000	(2)	2 500
(5)	2 200	(3)	5 600
(9)	1 700	(6)	1 000
(12)	3 000	(7)	700
		(10)	900
		(11)	1 100
		(13)	2 400
		(14)	120
		(15)	230
		(16)	700
Total	15 900	Total	15 250
	−15 250		
Solde	650		

Passif / Fournisseurs

(10)	900	(4)	1 660
Total	900	Total	1 660
			−900
		Solde	760

Honoraires reçus d'avance

	(12)	3 000

Capitaux propres / Jean Drouin – Capital

	(1)	9 000

Jean Drouin – Prélèvements

(11)	1 100	

Honoraires gagnés

	(5)	2 200
	(8)	1 700
	Solde	3 900

Loyers

(6)	1 000	

Salaires

(7)	700	
(16)	700	
Solde	1 400	

Électricité

(15)	230	

Ces comptes diminuent ou augmentent les capitaux propres et sont présentés à l'état des résultats ou à l'état de l'avoir du propriétaire.

Clients

(8)	1 700	(9)	1 700

Fournitures de bureau non utilisées

(14)	120	

Assurances payées d'avance

(13)	2 400	

Livres de droit

(2)	2 500	
(4)	380	
Solde	2 880	

Matériel de bureau

(3)	5 600	
(4)	1 280	
Solde	6 880	

Dans les pages précédentes, nous avons utilisé les notions de débit et de crédit pour illustrer l'effet sur les comptes d'une variété d'opérations. Cet exercice d'apprentissage vous a permis d'analyser chaque opération et d'en inscrire les effets directement dans les comptes concernés. Cependant, bien que cette façon de procéder facilite la compréhension des concepts, elle ne correspond guère à la pratique quotidienne des entreprises. En effet, dans un système comptable manuel, les opérations ne sont habituellement pas inscrites directement dans les comptes.

Les opérations devront d'abord être inscrites dans un journal

---

FIGURE 2-2   *Les étapes de la comptabilisation des opérations*

Opérations		Journal		Grand livre
Factures de vente				
Factures d'achat	Inscriptions		Report	Fournisseurs
Chèques				Encaisse
Relevé bancaire	→	Journal général	→	

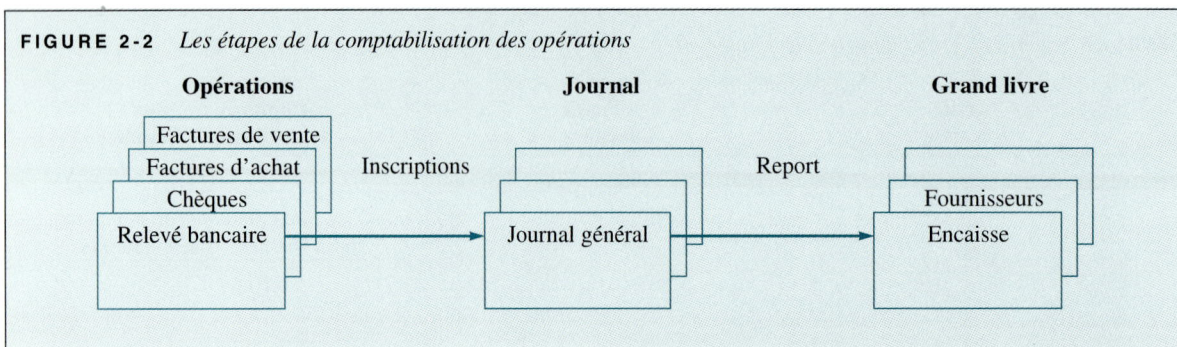

Le modèle d'inscription des opérations que nous venons d'expliquer serait peu pratique puisqu'il serait difficile de repérer les erreurs: il n'existe en effet aucun moyen de faire un lien entre les débits et les crédits inscrits dans des comptes distincts.

Objectif 4
Comptabiliser les opérations dans le journal général et les reporter dans les comptes du grand livre.

Afin de suppléer à cette carence, on doit inscrire les opérations dans un journal afin de pouvoir conserver les informations sur chacune des opérations et maintenir le lien entre les débits et les crédits. Retenez cette règle: toujours inscrire les opérations en premier lieu dans un journal et, par la suite, transcrire les débits et les crédits dans les comptes appropriés du grand livre. Cette nouvelle façon d'inscrire les opérations diminue les probabilités d'erreurs. Cependant, si des erreurs sont commises, il est alors possible de les repérer en retraçant dans le journal les débits et les crédits se rapportant à chaque opération et ainsi de pouvoir vérifier les comptes dans lesquels ils ont été transcrits.

L'expression «passer une écriture» ou «journaliser une opération» est utilisée pour décrire la comptabilisation d'une opération dans un journal alors que le terme «**report**» est utilisé pour décrire la transcription dans le grand livre des écritures comptabilisées dans un journal. La figure 2-2 illustre la séquence de réalisation des différentes étapes de la comptabilisation des opérations. Ainsi, les opérations sont d'abord inscrites dans un journal puis reportées dans le grand livre.

Le journal général

Le **journal général** est le plus simple et le plus souple de tous les livres comptables. Il est aussi celui qui se prête au plus grand nombre d'applications, notamment à la comptabilisation de toutes les sortes d'opérations. Pour chaque opération qui y est inscrite, on retrouve les informations suivantes:

1. la date de l'opération;
2. le nom des comptes qui ont été débités et crédités;
3. le montant de chaque débit et crédit;
4. une note explicative décrivant chaque opération;

À la suite du report dans le grand livre des montants apparaissant dans le journal général, ce dernier comporte en plus:

5. dans la colonne prévue à cette fin, le numéro des comptes du grand livre dans lesquels chacun des montants (débits et crédits) a été reporté.

Le tableau 2-2 reproduit une page typique du journal général sur laquelle ont été inscrites les quatre premières opérations du cabinet Jean Drouin, avocat. La dernière

TABLEAU 2-2 *Le journal général dans lequel sont inscrites les quatre premières opérations du cabinet Jean Drouin, avocat*

			Journal général				Page 1	
Date			**Nom des comptes et explication**	**Compte N°**	**Débit**		**Crédit**	
1996 Déc.	1er	Encaisse			9 000	00		
			Jean Drouin – Capital				9 000	00
			Investissement par le propriétaire					
	2	Livres de droit			2 500	00		
			Encaisse				2 500	00
			Achat au comptant de livres de droit					
	3	Matériel de bureau			5 600	00		
			Encaisse				5 600	00
			Achat au comptant de matériel de bureau					
	6	Livres de droit			380	00		
		Matériel de bureau			1 280	00		
			Fournisseurs				1 660	00
			Achat à crédit de livres de droit et de matériel de bureau					

écriture du journal général, correspondant à l'acquisition de matériel de bureau et de fournitures de bureau à crédit, nécessite l'utilisation de trois comptes. Lorsqu'une opération affecte au moins trois comptes et qu'elle est comptabilisée par une écriture de journal général, l'écriture est dite «**écriture composée**».

Les étapes suivantes sont nécessaires pour passer une écriture dans le journal général:

1. Inscrire l'année sur la première ligne de la première colonne de chaque page.
2. Inscrire le nom du mois sur la deuxième ligne de la première colonne. L'année et le mois ne sont pas répétés à chaque écriture.
3. Pour chaque opération, inscrire le quantième du mois dans la deuxième colonne de la section Date sur la première ligne utilisée pour comptabiliser une opération.
4. Inscrire le nom des comptes à débiter et à créditer et les notes explicatives dans la colonne intitulée Nom des comptes et explication. Il faut, en premier lieu, inscrire le nom du (ou des) compte(s) à débiter à partir de la colonne où figure la date. Le nom du (ou des) compte(s) à créditer doit être inscrit sur la ligne

La comptabilisation des opérations dans le journal général

TABLEAU 2-3   *Le compte Encaisse d'un grand livre*

				Encaisse					Compte N° 101	

Date		Explication	Référence	Débit		Crédit		Solde		
1996 Déc.	1er		JG-1	9 000	00			Dt	9 000	00
	2		JG-1			2 500	00	Dt	6 500	00
	3		JG-1			5 600	00	Dt	900	00
	10		JG-1	2 200	00			Dt	3 100	00

suivante, quelque peu en retrait par rapport au nom du compte à débiter. La note explicative doit être courte, mais suffisamment explicite pour distinguer les opérations les unes des autres.

5. Inscrire le montant à débiter dans la colonne Débit sur la même ligne que le nom du compte à débiter. De même, le montant à créditer doit figurer dans la colonne Crédit sur la même ligne que le nom du compte à créditer.

6. Laisser une ligne entre chaque écriture afin de les séparer.

La colonne **Compte N°** demeure inutilisée lors de l'inscription des opérations dans le journal général. Cette colonne sera utilisée lorsque les débits et les crédits seront reportés du journal général au grand livre. Il faudra alors y inscrire les numéros des comptes du grand livre dans lesquels les montants au débit et au crédit ont été reportés.

La forme élaborée des comptes en T

Les comptes en **T** sont utilisés pour enseigner la comptabilité ou pour résoudre des problèmes pratiques. Dans ce cas, les détails sont éliminés pour faire davantage ressortir la notion à expliquer ou le problème à résoudre. Il va de soi que les entreprises n'utilisent pas cette version simplifiée de comptes puisqu'elle ne répond pas aux besoins d'un bon système comptable. En pratique, on utilise plutôt des comptes semblables à celui présenté au tableau 2-3.

Le compte du grand livre illustré au tableau 2-3 diffère quelque peu des comptes en T utilisés jusqu'à présent. Dans cette nouvelle présentation, les colonnes Débit et Crédit sont placées côte à côte et une troisième colonne sert à inscrire le solde du compte après chaque opération. Chaque fois que le compte est débité ou crédité, un nouveau solde est inscrit et, par conséquent, le dernier montant apparaissant dans la colonne Solde représente le solde du compte.

Le 1er décembre, par exemple, le compte Encaisse du tableau 2-3 a été débité de 9 000 $, soit le montant de l'investissement initial de Jean Drouin. Puisque le solde du compte était nul avant cette opération, le compte a maintenant un solde débiteur de 9 000 $. Le compte a ensuite été crédité d'un montant de 2 500 $, ce qui a eu pour effet de diminuer le solde débiteur à 6 500 $. Le crédit de 5 600 $ du 3 décembre a réduit le solde à 900 $ alors que le débit de 2 200 $ du 10 décembre l'a augmenté à 3 100 $.

On peut remarquer au tableau 2-3 que les augmentations ont été inscrites au débit, que les diminutions ont été inscrites au crédit et que le solde du compte est un solde débiteur puisque les augmentations ont été supérieures aux diminutions. Cette situation est normale lorsqu'il s'agit d'un compte d'actif ou de charges d'exploitation. Toutefois, le solde normal d'un compte peut être soit débiteur, soit créditeur, selon sa nature. Le tableau qui suit indique la colonne dans laquelle doivent apparaître les augmentations ainsi que le solde normal des différents comptes.

Sorte de compte	Colonne dans laquelle doivent apparaître les augmentations	Nature du solde du compte
Actif	Débit	Solde débiteur
Passif	Crédit	Solde créditeur
Capitaux propres:		
Compte de capital	Crédit	Solde créditeur
Prélèvements	Débit	Solde débiteur
Produits d'exploitation . . .	Crédit	Solde créditeur
Charges d'exploitation . . .	Débit	Solde débiteur

Lorsque le solde d'un compte est contraire à celui qui y apparaîtrait normalement, ce solde est parfois encerclé ou inscrit en rouge. De plus, lorsque les montants reportés dans un compte ont pour effet de rendre le solde du compte nul, certains comptables inscrivent le chiffre 0 ou 0,00 dans la colonne Solde, sur la ligne où figure le dernier montant reporté, pour bien faire ressortir le fait que le solde de ce compte est nul.

Le report du journal général dans le grand livre

Le report dans les comptes du grand livre des montants enregistrés dans le journal général peut être effectué soit quotidiennement, soit hebdomadairement, soit quand le temps le permet. Il est préférable d'effectuer le report peu de temps après avoir inscrit l'opération dans le journal général. Il est essentiel que l'ensemble des opérations inscrites dans le journal général soient reportées dans le grand livre afin que l'on puisse établir les états financiers. Le tableau 2-4 illustre la façon de faire. Tous les montants inscrits au débit dans le journal général sont ainsi reportés au débit d'un compte du grand livre; de même, les montants inscrits au crédit du journal général sont reportés au crédit d'un compte du grand livre. Cette procédure de report des montants du journal général dans le grand livre peut être décrite de la façon suivante:

Pour les débits:

1. Trouver dans le grand livre le compte dont le nom figure au débit de l'écriture du journal.
2. Inscrire dans le grand livre la date de l'opération qui figure dans le journal.
3. Inscrire dans la colonne débit de ce compte le montant à débiter.
4. Inscrire dans la colonne Référence les lettres JG suivies du numéro de la page du journal général; cette inscription JG est l'abréviation de journal général et permet d'indiquer que le montant a été reporté du journal général au grand livre. Les autres formes de journaux seront abordées dans un autre chapitre. Chaque journal est identifié par des lettres particulières.

TABLEAU 2-4 *Les procédures de report des écritures du journal général au grand livre*

Journal général   **Page 1**

Date		Noms des comptes et explications	Compte N°	Débit		Crédit	
1996 Déc.	1er	Encaisse	101	9 000	00		
		Jean Drouin – Capital	301			9 000	00
		Pour inscrire le capital investi par M. Jean Drouin					

Grand livre ①   ③

Encaisse   **Compte N° 101**

Date		Explications	Référence	Débit		Crédit		Solde		
1996 Déc.	1er		JG-1	9 000	00			Dt	9 000	00

Jean Drouin – Capital   **Compte N° 301**

Date		Explications	Référence	Débit		Crédit		Solde		
1996 Déc.	1er		JG-1			9 000	00	Ct	9 000	00

5. Établir l'effet du débit sur le solde du compte et inscrire le nouveau solde.

6. Inscrire dans le journal général, sous la rubrique Compte N°, le numéro du compte du grand livre dans lequel le montant a été reporté.

Pour les crédits:

Répéter les étapes précédentes pour le compte à créditer en inscrivant la date de l'opération, le numéro de la page du journal général, le montant à reporter au crédit du compte du grand livre et le nouveau solde du compte.

TABLEAU 2-5   *La balance de vérification tirée du grand livre de Jean Drouin, avocat*

JEAN DROUIN, AVOCAT
Balance de vérification
au 31 décembre 1996

	Débit	Crédit
Encaisse	650 $	
Fournitures de bureau non utilisées	120	
Assurances payées d'avance.	2 400	
Livres de droit.	2 880	
Matériel de bureau	6 880	
Fournisseurs		760 $
Honoraires reçus d'avance		3 000
Jean Drouin – Capital		9 000
Jean Drouin – Prélèvements	1 100	
Honoraires gagnés		3 900
Loyers.	1 000	
Salaires	1 400	
Électricité	230	
Total	16 660 $	16 660 $

Remarquez que la sixième étape du travail décrit précédemment consiste à inscrire, dans la colonne Compte N° du journal général, le numéro des comptes du grand livre qui ont été débités ou crédités. L'inscription du numéro de compte du grand livre dans le journal général permet de savoir dans quel compte un montant a été reporté. Le numéro de la page du journal général figurant dans les comptes du grand livre indique la page d'où proviennent les montants inscrits au débit ou au crédit de chaque compte. Si un commis devait interrompre le travail de report, il saurait, en examinant la colonne Compte N° du journal général, où reprendre son travail.

Les numéros des comptes et des pages du journal général et du grand livre portent aussi le nom de renvois.

Rappelez-vous que la caractéristique principale de la comptabilité en partie double tient au fait que chaque opération est à la fois portée au débit d'un ou de plusieurs comptes et au crédit d'un ou de plusieurs comptes. Si une erreur s'est produite lors de la comptabilisation d'une opération, le total des soldes débiteurs n'est pas égal au total des soldes créditeurs des comptes du grand livre. La préparation de la **balance de vérification** permet de vérifier cette égalité comme le montre le tableau 2-5.

L'établissement de la balance de vérification exige cinq étapes:

1. Déterminer le solde de chacun des comptes du grand livre.
2. Dresser une liste de tous les comptes ayant un solde en respectant leur ordre d'apparition ou d'inscription dans le grand livre; inscrire, dans la balance de vérification, les soldes débiteurs dans la colonne de gauche et les soldes créditeurs dans la colonne de droite, ainsi que l'illustre le tableau 2-5.
3. Additionner les soldes débiteurs.
4. Additionner les soldes créditeurs.

Comment établir une balance de vérification

Objectif 5 Établir une balance de vérification et expliquer son utilité pour déceler les erreurs et en faciliter la correction.

5. Constater l'équilibre de la balance de vérification en s'assurant que le total des soldes débiteurs est égal au total des soldes créditeurs.

Le tableau 2-5 illustre la balance de vérification du cabinet de Jean Drouin, avocat, dressée à partir des comptes apparaissant dans le tableau 2-1 de la page107. Comme le total des débits est égal au total des crédits, la balance de vérification est en équilibre. Cela signifie aussi que les débits et les crédits du grand livre sont en équilibre.

La preuve d'équilibre fournie par la balance de vérification

Si, lors de l'établissement d'une balance de vérification, le total des soldes débiteurs n'est pas égal au total des soldes créditeurs, cela signifie qu'une ou plusieurs erreurs se sont produites, soit lors de la comptabilisation des opérations dans le journal général, soit lors du report des montants dans le grand livre, soit lors de l'établissement des soldes des comptes du grand livre, soit lors de la transcription des soldes dans la balance de vérification, soit, finalement, lors de l'addition des montants figurant dans les deux colonnes de chiffres de la balance de vérification. Lorsque les totaux d'une balance de vérification sont égaux, on peut raisonnablement supposer qu'aucune erreur ne s'est produite. Cependant, l'égalité entre le total des soldes débiteurs et le total des soldes créditeurs n'est pas une preuve absolue de l'absence de toute erreur. En effet, des erreurs qui n'influent pas sur l'égalité du total des deux colonnes ont pu se produire. Par exemple, le bon montant a pu être débité dans un mauvais compte, ce qui ne faussera pas l'équilibre de la balance de vérification; de même, si l'on débitait et créditait un montant erroné dans les bons comptes, le total des soldes débiteurs de la balance de vérification serait tout de même égal au total des soldes créditeurs.

La recherche des erreurs

Si une ou plusieurs erreurs se sont produites lors de l'inscription des opérations dans les livres comptables, il y a de fortes chances que les totaux de la balance de vérification soient différents. Pour trouver l'erreur ou les erreurs, il faut vérifier les écritures de journal ainsi que leur report et réviser toutes les étapes suivies lors de l'établissement de la balance de vérification. Toutefois, il faut procéder dans l'ordre inverse: d'abord refaire l'addition des colonnes de chiffres de la balance de vérification pour s'assurer qu'il n'existe aucune erreur de calcul, puis comparer les soldes des comptes apparaissant à la balance de vérification aux soldes des comptes du grand livre pour s'assurer qu'il n'y a pas eu d'erreur de transcription. Par la suite, il faut calculer de nouveau les soldes des comptes du grand livre. Si les erreurs n'ont pas été découvertes, il faudra vérifier les reports des montants du journal général aux comptes du grand livre et, finalement, les écritures de journal.

Il arrive souvent que les erreurs soient dues à des inversions de chiffres lors du report des montants. Un solde débiteur, par exemple, a pu être inscrit au montant de 619 $ au lieu de 691 $. Il en résulte un écart de 72 $ (691 $ − 619 $) entre le total des soldes débiteurs et le total des soldes créditeurs. Cette erreur, comme toutes les autres erreurs d'inversion de chiffres, peut être déterminée facilement puisque le montant de l'écart se divise toujours par 9. Ainsi, dans notre exemple, l'écart de 72 divisé par 9 donne 8 et nous indique qu'il s'agit d'une inversion de chiffres.

La correction des erreurs

Les erreurs découvertes doivent être corrigées, qu'elles soient dans le journal général ou dans le grand livre. Le comptable ne doit jamais effacer les chiffres erronés dans les livres, car il semblerait alors qu'il tente de dissimuler quelque chose. Par ailleurs, la façon de corriger une erreur peut varier selon sa nature et le moment où elle est découverte.

Si l'erreur est découverte avant que ne soit effectué le report, elle peut être corrigée en rayant le montant ou le nom du compte erroné et en écrivant au-dessus le montant exact ou le nom approprié du compte. On peut corriger de la même façon une erreur commise en reportant un montant erroné dans le bon compte du grand livre. Il est toutefois préférable d'utiliser une écriture de journal pour corriger une erreur résultant du report du bon montant dans le mauvais compte. Cette écriture de journal permettra d'annuler le montant inscrit au mauvais compte pour le porter au bon compte. Supposons, par exemple, que l'on ait passé au journal général l'écriture suivante lors de l'achat de fournitures de bureau:

Oct.	14	Matériel de bureau...............................	160,00	
		Encaisse		160,00
		Pour comptabiliser l'acquisition de fournitures de bureau.		

Il est évident que le mauvais compte a été débité. Cette erreur peut être corrigée en passant l'écriture suivante:

Oct.	17	Fournitures de bureau non utilisées..................	160,00	
		Matériel de bureau		160,00
		Pour corriger l'écriture du 14 octobre par laquelle le compte Matériel de bureau a été débité par erreur au lieu du compte Fournitures de bureau non utilisées.		

L'écriture du 17 octobre a pour objet de comptabiliser dans le bon compte les fournitures achetées et d'annuler le montant comptabilisé par erreur dans le compte Matériel de bureau. Les explications détaillées à la suite de cette écriture sont importantes, car elles permettent d'indiquer la nature de la correction.

L'inscription des montants. Il n'est pas nécessaire d'utiliser la virgule décimale lors de l'inscription des montants dans les **livres de comptes**, car les lignes verticales permettent de savoir s'il s'agit de cents ou de dollars. Cependant, l'usage de la virgule s'impose lorsque les états financiers sont dressés sur du papier non ligné.

Le signe de dollar. Le signe de dollar n'est pas utilisé dans les livres comptables. Par contre, son utilisation est courante dans les états financiers et, en pratique, il y a plusieurs façons de s'en servir. Ainsi, pour certains comptables, le premier montant de chaque colonne et le premier montant inscrit après un trait tiré sous une série de montants doivent être suivis d'un signe de dollar. Par contre, pour d'autres comptables, le signe de dollar doit apparaître après le premier montant d'une ou de plusieurs colonnes ainsi qu'après le montant représentant le total de ces colonnes.

Détails relatifs
à la tenue
des livres

Ce montant est toujours suivi d'un double trait. C'est cette dernière méthode qui est utilisée dans ce volume, et la façon d'appliquer ces règles est illustrée dans le chapitre suivant (tableau 3-4, page 158).

Les zéros dans la colonne des cents. Lorsqu'un montant inscrit dans les livres ne comprend pas de cents, certains comptables préfèrent remplacer les zéros par un trait. Ils estiment qu'il est plus rapide de tirer un trait que d'écrire deux zéros. C'est là une question de goût personnel lorsqu'il s'agit d'inscription dans les livres comptables. Dans les états financiers, il est préférable d'arrondir les montants au dollar près pour les petites et moyennes entreprises, et au millier de dollars près pour les grandes entreprises.

Résumé en regard des objectifs d'apprentissage

Objectif 1. Les opérations qui font l'objet d'inscriptions comptables sont les opérations commerciales et les opérations comptables. Elles ont une incidence sur les éléments d'actif, de passif et sur les capitaux propres. Les documents commerciaux attestent l'existence d'une opération, ainsi que les montants et les conditions qui font l'objet d'une inscription dans les livres comptables.

Objectif 2. Dans un système comptable, les effets des opérations commerciales sont inscrits dans des emplacements distincts qu'on appelle «comptes». Les comptes d'actif les plus fréquemment utilisés sont Encaisse, Clients, Effets à recevoir, Assurances payées d'avance, Fournitures de bureau non utilisées, Fournitures de magasin non utilisées, Matériel, Bâtiments et Terrain. Les comptes de passif les plus couramment utilisés sont Fournisseurs, Effets à payer, Produits reçus d'avance et Emprunt hypothécaire. Les investissements du propriétaire, ainsi que les augmentations et les diminutions relativement permanentes qui peuvent survenir dans les capitaux propres, sont comptabilisés dans le compte Capital. Les produits, les charges et les prélèvements sont tous inscrits dans des comptes distincts. L'ensemble des comptes utilisés par une entreprise s'appelle le grand livre, et chacun de ces comptes doit porter un numéro différent. La liste codifiée de tous les comptes utilisés par une entreprise s'appelle le plan comptable.

Les augmentations de l'actif, des prélèvements et des charges sont comptabilisées au débit du compte tout comme les diminutions du passif, du capital et des produits. Par contre, les augmentations du passif, du capital et des produits sont comptabilisées au crédit du compte. Il en est de même des diminutions de l'actif, des prélèvements et des charges.

Objectif 3. Pour comprendre les effets d'une opération commerciale, il est nécessaire d'en faire l'analyse afin de déterminer les comptes débités ou crédités. Chaque opération affecte au moins deux comptes et le total des débits est toujours égal au total des crédits. De cette façon, les effets d'une opération respectent toujours l'équilibre de l'équation comptable, Actif = Passif + Capitaux propres.

Objectif 4. Il faut toujours inscrire les effets des opérations dans un journal afin de conserver en un même endroit toutes les informations sur ces opérations. On peut ainsi vérifier à chaque page que les débits et les crédits sont égaux. Par la suite, il faut reporter les montants du journal général dans les comptes appropriés du grand livre, puis inscrire dans le journal général à côté du montant reporté le numéro du compte du grand livre dans lequel il a été transcrit. Finalement, il faut inscrire la page du journal général d'où provient le montant reporté dans la colonne Référence du grand livre, à côté du montant reporté. Ce système de renvois permet de retracer toute erreur.

Objectif 5. Pour établir une balance de vérification, il faut lister le solde de tous les comptes du grand livre en prenant soin de présenter les soldes débiteurs dans la colonne de gauche et les soldes créditeurs dans celle de droite. L'addition de chaque colonne permet de constater l'égalité du total des soldes débiteurs et du total des soldes créditeurs. Toutefois, en cas d'inégalité des totaux, il faut rechercher la ou les erreurs et les corriger.

Exemple récapitulatif

Cet exemple est le même que celui utilisé à la fin du chapitre 1.

Après avoir soigneusement planifié l'ouverture de son salon de coiffure, La Brosse d'or enr., Josée Labrosse a commencé l'exploitation de son entreprise. Elle a effectué les opérations suivantes durant le mois d'août 1996:

a) Août 1er Investissement de 2 000 $ comptant dans son entreprise;

b) 2 Achat au comptant de fournitures de coiffure: 600 $;

c) 3 Paiement du loyer du mois d'août: 500 $;

d) 5 Achat à crédit de matériel: 1 200 $. Elle devra le payer en trois versements égaux à la fin des mois d'août, septembre et octobre;

e) 16 Encaissement des services professionnels rendus au cours de la première semaine d'exploitation terminée le 16 août: 825 $;

f) 17 Paiement du salaire d'un employé à temps partiel: 125 $;

g) 30 Encaissement des services professionnels rendus au cours des deux dernières semaines du mois d'août: 1 930 $;

h) 31 Paiement du premier versement dû relatif à l'achat à crédit du matériel;

i) 31 Prélèvement de Mme Labrosse pour ses dépenses personnelles: 900 $.

Travail à faire

1. Inscrivez les opérations précédentes dans le journal général.

2. Reportez les écritures du journal général dans le grand livre en utilisant les comptes suivants: Encaisse, N° 101; Fournitures de coiffure non utilisées, N° 125; Matériel, N° 165; Fournisseurs, N° 201; Josée Labrosse – Capital, N° 301; Josée Labrosse – Prélèvements, N° 302; Services professionnels rendus, N° 405; Salaires, N° 623; et Loyers, N° 640.

3. Dressez la balance de vérification au 31 août 1996.

Solution de l'exemple récapitulatif

Approche privilégiée

■ Analysez chaque opération commerciale afin de déterminer les comptes affectés et les montants à inscrire.

■ Utilisez les notions de débit et de crédit afin de préparer l'écriture de journal général qui se rapporte à chaque opération commerciale.

■ Reportez chaque débit et chaque crédit au compte approprié du grand livre et inscrivez-y les références de report dans les colonnes Compte N° du journal général et Référence du grand livre.

■ Déterminez le solde de chacun des comptes et préparez une balance de vérification avec le solde des comptes.

■ Constatez l'égalité entre le total des débits et celui des crédits de la balance de vérification comme preuve d'un travail sans erreur, ou du moins apparemment sans erreur car vous savez que la balance de vérification n'est pas une preuve absolue.

1. Inscription des opérations commerciales dans le journal général

Page 1

	Date		Nom des comptes et explication	Compte N°	Débit	Crédit
a)	1996 Août	1er	Encaisse............................ Josée Labrosse – Capital............. *Investissement de 2 000 $ dans l'entreprise*	101 301	2 000,00	 2 000,00
b)		2	Fournitures de coiffure non utilisées........ Encaisse......................... *Achat de fournitures pour l'entreprise*	125 101	600,00	 600,00
c)		3	Loyers .... Encaisse......................... *Paiement du loyer du mois d'août*	640 101	500,00	 500,00
d)		5	Matériel............................ Fournisseurs .... *Achat à crédit de matériel*	165 201	1 200,00	 1 200,00
e)		16	Encaisse............................ Services professionnels rendus .... *Ventes de la première semaine terminée* *le 16 août*	101 405	825,00	 825,00
f)		17	Salaires .... Encaisse......................... *Paiement du salaire de l'employé* *à temps partiel*	623 101	125,00	 125,00
g)		30	Encaisse............................ Services professionnels rendus .... *Ventes des deux dernières semaines* *terminées le 30 août*	101 405	1 930,00	 1 930,00
h)		31	Fournisseurs .... Encaisse......................... *Paiement du premier versement sur* *le matériel acheté*	201 101	400,00	 400,00
i)		31	Josée Labrosse – Prélèvements........... Encaisse......................... *Prélèvements effectués par la propriétaire* *pour ses dépenses personnelles*	302 101	900,00	 900,00

2. Report des écritures du journal général dans les comptes du grand livre

Encaisse   **Compte N° 101**

	Date		Explication	Référence	Débit	Crédit		Solde
	1996 Août	1er		JG-1	2 000		Dt	2 000
		2		JG-1		600	Dt	1 400
		3		JG-1		500	Dt	900
		16		JG-1	825		Dt	1 725
		17		JG-1		125	Dt	1 600
		30		JG-1	1 930		Dt	3 530
		31		JG-1		400	Dt	3 130
		31		JG-1		900	Dt	2 230

Fournitures de coiffures non utilisées   Compte N° 125

Date		Explication	Référence	Débit	Crédit		Solde
1996 Août	2		JG-1	600		Dt	600

Matériel   Compte N° 165

Date		Explication	Référence	Débit	Crédit		Solde
1996 Août	5		JG-1	1 200		Dt	1 200

Fournisseurs   Compte N° 201

Date		Explication	Référence	Débit	Crédit		Solde
1996 Août	5		JG-1		1 200	Ct	1 200
	31			400		Ct	800

Josée Labrosse – Capital   Compte N° 301

Date		Explication	Référence	Débit	Crédit		Solde
1996 Août	1er		JG-1		2 000	Ct	2 000

Josée Labrosse – Prélèvements   Compte N° 302

Date		Explication	Référence	Débit	Crédit		Solde
1996 Août	31		JG-1	900		Dt	900

Services professionnels rendus   Compte N° 405

Date		Explication	Référence	Débit	Crédit		Solde
1996 Août	16		JG-1		825	Ct	825
	30		JG-1		1 930	Ct	2 755

Salaires   Compte N° 623

Date		Explication	Référence	Débit	Crédit		Solde
1996 Août	17		JG-1	125		Dt	125

Loyers   Compte N° 640

Date		Explication	Référence	Débit	Crédit		Solde
1996 Août	3		JG-1	500		Dt	500

3.

LA BROSSE D'OR ENR.
Balance de vérification
au 31 août 1996

Encaisse	2 230 $	
Fournitures de coiffure non utilisées	600	
Matériel	1 200	
Fournisseurs		800 $
Josée Labrosse – Capital		2 000
Josée Labrosse – Prélèvements	900	
Services professionnels rendus.		2 755
Salaires	125	
Loyers	500	
Total	5 555 $	5 555 $

Terminologie comptable[2]

Balance de vérification Document comptable contenant la liste de tous les comptes non soldés figurant dans un grand livre, avec mention de leurs soldes respectifs (ou parfois de la somme des débits et de la somme des crédits), dont l'objet est de vérifier l'exactitude arithmétique des écritures comptables, c'est-à-dire de s'assurer que les opérations enregistrées dans les comptes l'ont été conformément au principe de la comptabilité en partie double.

Billet Écrit par lequel une personne (le souscripteur) s'engage à payer, à vue ou à une date déterminée, une somme au bénéficiaire désigné ou à son ordre (billet à ordre) ou au porteur (billet au porteur).

Capitaux propres Composante du bilan représentant le droit de propriété sur les actifs, après déduction des passifs externes. Bien que les capitaux propres constituent un solde résiduel, on y distingue souvent les sommes investies par le propriétaire exploitant, les associés ou les actionnaires, et les bénéfices réalisés et non distribués.

Charges payées d'avance Dépenses engagées en vue d'assurer un avantage à brève échéance. Les dépenses, qui doivent figurer à l'actif, sont subséquemment passées en charges, le plus souvent au moyen d'une écriture de régularisation.

Comptabilité en partie double Comptabilité d'usage généralisé dans laquelle chaque opération est portée à la fois au débit d'un ou de plusieurs comptes et au crédit d'un ou de plusieurs autres comptes de telle sorte que le total des montants inscrits au débit soit égal au total des montants inscrits au crédit.

Compte Tableau où figurent en débits et en crédits, le plus souvent en unités monétaires, les flux en valeur enregistrés au cours d'une période donnée, c'est-à-dire les effets des opérations et autres faits économiques sur un élément particulier de l'actif, du passif ou des capitaux propres de l'entité (compte de bilan), ou encore sur un produit ou une charge de l'exercice (compte de résultats). Un compte distinct est tenu pour chaque élément particulier.

Compte en T Mode simplifié de présentation d'un compte prenant la forme de la lettre T et comportant l'intitulé du compte au-dessus de la ligne horizontale. On porte les débits du côté gauche de la ligne verticale et les crédits, du côté droit.

Compte N° Numéro d'une page inscrit pour identifier la source d'une écriture et le compte dans lequel un montant est reporté d'un journal à un grand livre.

Crédit Colonne numérique de droite d'un compte; partie d'une écriture portée dans cette colonne.

Débit Colonne numérique de gauche d'un compte; partie d'une écriture portée dans cette colonne.

Documents commerciaux Documents établis lors de la conclusion d'une opération (achat, vente, etc.) et servant à prouver l'authenticité de cette opération.

Écriture composée Se dit d'une écriture de journal combinant plusieurs éléments ou opérations qui auraient pu chacun donner lieu à des écritures distinctes.

---

[2] Louis Ménard, C.A., *Dictionnaire de la comptabilité et de la gestion financière*, Institut Canadien des Comptables Agréés, Toronto, 1994. Reproduit avec permission.

Emprunt hypothécaire   Prêt garanti par une hypothèque.

Grand livre   Livre ou fichier de comptes dans lequel on reporte les écritures passées en premier lieu dans les journaux.

Journal général   Journal où l'on enregistre chronologiquement les opérations diverses ou celles pour lesquelles il n'existe pas de journal auxiliaire.

Livres de comptes   Tout journal, fichier ou livre qui fait partie du système comptable et dans lequel on enregistre les opérations et les faits économiques se rapportant à l'entité, le plus souvent en unité monétaire. Les livres de comptes comprennent les journaux et les grands livres.

Opération avec un tiers   Opération effectuée entre l'entité et un tiers. La vente de marchandises, de produits ou de services, l'achat de marchandises, de matières, de fournitures ou de services, le recouvrement d'une créance et le règlement d'un emprunt constituent l'essentiel des opérations avec des tiers conclues par une entreprise commerciale.

Opération comptable   Virement d'un élément comptable d'un compte à un autre au moyen d'une écriture, par exemple l'écriture afférente à l'amortissement et celle par laquelle le coût de produits finis est viré du compte Produits en cours au compte Produits finis.

Pièce justificative   Document qui sert à l'enregistrement d'une opération et qui permet d'en constater l'existence.

Plan comptable   Liste codifiée des comptes d'une entité classés selon leur nature et selon les différentes fonctions de l'entité, établie en vue de permettre une meilleure interprétation des comptes.

Prélèvements   Action, pour le propriétaire exploitant ou les associés, de retirer des biens (habituellement de l'argent ou des marchandises) d'une entreprise individuelle ou d'une société de personnes.

Produit reçu d'avance   Produit déjà encaissé ou comptabilisé à titre de somme à recevoir avant qu'il n'ait été réalisé. Sa constatation est reportée à un exercice ultérieur et il doit entre-temps figurer au passif du bilan jusqu'à ce que les prestations le justifiant aient été effectuées.

Report   Procédé mécanique ou électronique qui consiste à transcrire dans un compte de grand livre un montant enregistré dans le journal ou ne figurant que sur une pièce justificative.

Des synonymes

Document commercial   Document de base, papier d'affaires, pièce justificative.

Billet à recevoir   Effet à recevoir, billet à ordre, billet au porteur.

Folio   Référence.

Grand livre   Grand livre général.

Livre de comptes   Livre comptable, registre comptable.

Révision en regard des objectifs d'apprentissage

Répondez aux questions suivantes en choisissant la réponse qui vous semble la meilleure avant d'aller voir la solution à la fin du chapitre.

Objectif 1   Parmi les éléments suivants, lesquels sont des documents commerciaux?

a) Le journal général et le grand livre.

b) L'état des résultats et le bilan.

c) La balance de vérification.

d) Les relevés bancaires et les factures de vente.

e) Toutes ces réponses conviennent.

Objectif 2   Voici une liste des comptes couramment utilisés par les entreprises: 1. Loyer payé d'avance; 2. Produits reçus d'avance; 3. Bâtiments; 4. Capital; 5. Salaires à payer; 6. Prélèvements du propriétaire; 7. Fournitures de bureau non utilisées. Lequel des classements suivants correspond aux comptes du bilan?

	Actif	Passif	Capitaux propres
a)	1, 3, 7	2, 5	4, 6
b)	1, 3, 7	2, 5, 6	4
c)	1, 3, 7	5, 6	2, 4
d)	1, 7	5, 6	2, 3, 4
e)	1, 7	2, 5	3, 4, 6

Objectif 3   La comptabilité en partie double exige que:

a) toute opération portée au débit d'un compte d'actif ait une contrepartie au crédit d'un compte de passif ou d'un compte de capitaux propres;

b) le total des débits soit égal au total des crédits pour chaque opération;

c) le total des débits de toutes les opérations comptabilisées soit égal au total des crédits de ces mêmes opérations;

d) l'équation comptable tienne compte des opérations commerciales mais que les opérations comptables soient ignorées.

e) Les réponses *b* et *c* sont exactes.

Objectif 4   Lorsque David Thibault a ouvert son entreprise, il a investi une somme de 150 000 $ au comptant et il a transféré un terrain ayant une juste valeur marchande de 23 000 $. De plus, son entreprise devra prendre charge de l'emprunt hypothécaire de 18 000 $ qui a été contracté lors de l'acquisition du terrain. L'écriture de journal général nécessaire pour inscrire l'investissement du propriétaire comprendra:

a) un débit et un crédit;

b) deux débits et un crédit;

c) deux débits et deux crédits;

d) des débits pour un total de 38 000 $ et des crédits pour un total de 33 000 $.

e) Aucune de ces réponses.

Objectif 5   Si le total des débits d'une balance de vérification est de 14 000 $ alors que le total des crédits est de 17 000 $, laquelle des erreurs décrites ci-dessous peut expliquer cette différence?

a) Lors du report, le compte Salaires a été crédité de 1 500 $ au lieu d'être débité.

b) Lors du report, le compte Salaires a été crédité de 3 000 $ au lieu d'être débité.

c) Lors du report, le compte Honoraires gagnés a été débité de 1 500 $ au lieu d'être crédité.

d) Lors du report, le compte Honoraires gagnés a été débité de 3 000 $ au lieu d'être crédité.

e) Aucune de ces réponses ne convient.

Objectif 6   La liste codifiée de tous les comptes utilisés par une entreprise est appelée:

a) le journal général;

b) le grand livre;

c) la balance de vérification;

d) le relevé bancaire;

e) le plan comptable.

Sujets de discussion en classe

1. Quels sont les deux types d'opérations qui touchent l'équation comptable d'une entreprise?

2. Quels sont les quatre principales étapes du processus comptable?

3. Pourquoi les documents commerciaux sont-ils aussi appelés «documents de base» ou «pièces justificatives»?

4. Pourquoi les documents commerciaux sont-ils aussi importants en comptabilité?

5. Qu'est-ce qu'un compte? Qu'entend-on par «grand livre»?

6. Quelles sont les opérations qui ont pour effet d'augmenter les capitaux propres? Quelles sont les opérations qui les diminuent?

7. Les termes «débit» et «crédit» sont-ils toujours synonymes d'augmentation et de diminution?

8. Si une opération a pour effet de diminuer un élément d'actif, cette diminution est-elle comptabilisée au débit ou au crédit du compte? Si une opération a pour effet de diminuer un élément de passif, cette diminution est-elle comptabilisée au débit ou au crédit du compte?

9. Pourquoi le système comptable généralement utilisé est-il appelé «comptabilité en partie double»?

10. Est-ce que vous débitez ou créditez le compte pour:

    a) augmenter un compte de produit?

    b) diminuer un compte de charge?

    c) inscrire au compte des capitaux propres un prélèvement effectué par le propriétaire?

    d) inscrire au compte de capital un investissement effectué par le propriétaire?

11. Pourquoi les règles relatives au débit et au crédit sont-elles les mêmes pour les comptes du passif et ceux des capitaux propres?

12. Pourquoi établit-on une balance de vérification?

13. Quelles sont les erreurs qui peuvent causer une inégalité entre les montants des deux colonnes d'une balance de vérification? Quelles sont les erreurs que la balance de vérification ne permet pas de déceler?

14. Les opérations doivent-elles être inscrites en premier lieu au journal général ou au grand livre? Justifiez votre réponse.

15. À la suite du report, pourquoi inscrit-on le numéro du compte du grand livre sous la rubrique Compte N° du journal général?

Mini-cas 2-1

Après l'étude des deux premiers chapitres de ce volume, Émilie et Éric, deux étudiants en sciences comptables, amorcent une discussion sur le sens qu'il faut donner aux termes «débit» et «crédit».

Ils ne comprennent pas que lorsqu'ils déposent leur argent à la banque, leur livret de banque indique que ce montant a été porté au crédit de ce compte. Pourtant, le montant en dépôt à la banque augmente. Par contre, lorsqu'ils effectuent un retrait, leur livret indique que la banque a débité le montant du retrait à leur compte et que le montant en dépôt à la banque diminue. Tout cela leur semble être en contradiction avec ce qu'ils ont appris jusqu'à présent en comptabilité.

Ils décident donc de rencontrer leur professeur de comptabilité afin d'obtenir des éclaircissements sur ce qui semble être de toute évidence une contradiction.

Travail à faire

Jouez le rôle du professeur de comptabilité et expliquez à Émilie et à Éric pourquoi la situation décrite ci-dessus est logique tout en les convainquant que ce qu'ils ont appris jusqu'à présent concernant le débit et le crédit est exact.

Exercices

Exercice 2-1
L'augmentation, la diminution et le solde normal d'un compte
(Objectifs 2, 3)

Voici un tableau qui résume les effets des opérations sur les comptes et leurs imputations.

Compte	Augmentation	Diminution	Normalement, ce compte a un solde
Produit d'exploitation			
Actif			
Prélèvements			
Passif			
Charge d'exploitation			
Capital			

Travail à faire

Reproduisez le tableau ci-dessus et inscrivez dans les deux colonnes du centre l'effet d'un débit ou d'un crédit sur le solde du compte dont le nom apparaît à l'extrême gauche. Indiquez dans la colonne de droite si le solde de ce compte est normalement débiteur ou créditeur.

a) La diminution du compte Encaisse.

b) L'augmentation du compte Prélèvements.

c) La diminution du compte Loyers.

d) L'augmentation du compte Fournisseurs.

e) La diminution du compte Capital.

f) La diminution du compte Assurances payées d'avance.

g) La diminution du compte Honoraires reçus d'avance.

h) L'augmentation du compte Loyers gagnés.

i) L'augmentation du compte Matériel de bureau.

Exercice 2-2
L'augmentation ou la diminution du solde des comptes
(Objectifs 2, 3)

Travail à faire

Indiquez s'il faut débiter ou créditer chacun des comptes précédents pour atteindre l'objectif décrit.

Exercice 2-3
L'analyse des effets de l'opération sur les comptes
(Objectif 3)

Le 12 mars, Catherine Geoffrion, ingénieure, facture 40 000 $ d'honoraires à un client pour des services rendus lors de la construction d'un important édifice. En guise de paiement, le client, qui éprouve des difficultés financières, propose à Catherine un petit bâtiment d'une juste valeur marchande de 75 000 $, mais grevé d'une hypothèque de 35 000 $ qu'elle devra assumer. Parmi les inscriptions suivantes, laquelle devra être faite dans les comptes de Mme Geoffrion?

a) Une augmentation de 40 000 $ de l'actif.

b) Une augmentation de 75 000 $ du capital.

c) Une augmentation de 35 000 $ des produits d'exploitation.

d) Une augmentation de 75 000 $ des produits d'exploitation.

e) Une augmentation de 35 000 $ du passif.

Exercice 2-4
L'inscription des opérations dans les comptes en T
(Objectif 3)

Roger Ross, qui vient de lancer l'Atelier de réparation Ross enr., a effectué les opérations suivantes au cours du mois d'octobre:

a) Investissement par Roger Ross de 3 500 $ comptant;

b) Achat au comptant de fournitures d'atelier: 90 $;

c) Achat à crédit du matériel nécessaire au fonctionnement de l'atelier: 2 800 $;

d) Reçu 500 $ au comptant pour services de réparation rendus;

e) Paiement du matériel d'atelier acheté en *c*;

f) Facturation pour services de réparation rendus à crédit: 400 $;

g) Paiement du compte de téléphone: 60 $;

h) Recouvrement partiel du montant dû par le client de l'opération *f*: 200 $.

Travail à faire

Inscrivez les opérations ci-dessus directement dans les comptes en T suivants: Encaisse, Clients, Fournitures d'atelier non utilisées, Matériel d'atelier, Fournisseurs, Roger Ross – Capital, Services de réparations rendus, Téléphone. Utilisez la lettre qui précède chaque opération pour identifier les montants qui sont portés aux comptes en T.

Exercice 2-5
La préparation d'une balance de vérification
(Objectif 5)

Dressez la balance de vérification en date du 31 octobre de l'entreprise Atelier de réparation Ross enr. dont il est question dans l'exercice 2-4.

Exercice 2-6
L'effet d'erreurs sur la balance de vérification
(Objectif 5)

Les erreurs suivantes ont été commises lors du report des montants du journal général dans le grand livre:

a) Un montant de 500 $ a été débité au compte Loyer au lieu du compte Loyer payé d'avance;

b) Un montant de 230 $ a été débité au compte Fournisseurs au lieu du compte Entretien véhicule-moteur;

c) Un montant de 90 $ a été crédité deux fois au compte Encaisse;

d) On a débité le compte Électricité d'un montant de 120 $ alors que le bon montant était 128 $;

e) On a oublié de porter un montant de 25 $ au débit du compte Fournitures de bureau non utilisées;

f) Des services rendus au montant de 440 $ ont été crédités au compte Honoraires gagnés au montant de 400 $.

Travail à faire

Préparez un tableau de trois colonnes avec les en-têtes suivants: 1) Erreur, 2) Montant de l'erreur, 3) Crédit ou débit surévalué. Dans la première colonne, indiquez l'erreur au moyen de la lettre qui la précède. Dans la deuxième colonne, inscrivez la différence due à l'erreur dans le total des soldes débiteurs et des soldes créditeurs. Dans la troisième colonne, indiquez si cette erreur a pour effet de surévaluer la colonne débit ou la colonne crédit de la balance de vérification. Si une erreur ne modifie en rien les totaux de la balance de vérification, inscrivez «Aucun effet» dans les deux dernières colonnes.

La balance de vérification préparée par un commis comptable n'est pas en équilibre. En cherchant la cause, il découvre que l'achat à crédit d'un ordinateur a été enregistré en passant un crédit de 1 100 $ au compte Matériel de bureau et un crédit du même montant au compte Fournisseurs. Le compte Matériel de bureau a un solde débiteur de 15 000 $.

Exercice 2-7
L'analyse des erreurs
(Objectif 5)

Travail à faire

1. Dites si chacun des éléments suivants est surévalué, sous-évalué ou évalué correctement dans la balance de vérification et indiquez le montant de l'erreur, s'il y a lieu:
   a) Le compte Matériel de bureau;
   b) Le compte Fournisseurs;
   c) Le total de la colonne des débits de la balance de vérification;
   d) Le total de la colonne des crédits de la balance de vérification.
2. Établissez le total de la colonne des crédits si le total de la colonne des débits de la balance de vérification était de 142 000 $ avant la correction de l'erreur.

La balance de vérification de l'Atelier Rapido enr. a été préparée par un commis inexpérimenté et le total des soldes débiteurs n'est pas égal au total des soldes créditeurs. Une étude des livres comptables permet d'établir que: 1) le total des débits du compte Encaisse s'élève à 62 850 $ alors que le total des crédits est de 57 120 $; 2) un montant de 280 $ reçu d'un client en règlement de son compte n'a pas été reporté au compte Clients; 3) un achat à crédit de fournitures de bureau au montant de 70 $ a été inscrit au journal général, mais seul le crédit a été reporté au compte Fournisseurs du grand livre; 4) lors de l'inscription du solde du compte Services rendus à la balance de vérification, le commis a inversé les chiffres, le bon solde s'élève à 40 270 $; et 5) il s'est trompé de colonne en inscrivant certains soldes dans la balance de vérification.

Exercice 2-8
La correction d'une balance de vérification
Objectif 5

ATELIER RAPIDO ENR.
Balance de vérification
au 31 décembre 1996

	Débit	Crédit
Encaisse	5 930 $	
Clients.		6 660 $
Fournitures de bureau non utilisées	2 800	
Matériel de bureau	11 200	
Fournisseurs	1 800	
Gérard Marier – Capital	12 930	
Gérard Marier – Prélèvements	19 800	
Services rendus.		42 070
Loyers.		7 800
Publicité	1 220	
Total	55 680 $	56 530 $

Travail à faire

Dressez la balance de vérification corrigée.

Exercice 2-9
L'analyse des opérations et le calcul du solde des comptes
(Objectifs 2, 3)

1) Durant le mois de février, Raynald service enr. a encaissé 37 000 $ et déboursé 36 500 $. Le 28 février, le compte Encaisse indique un solde débiteur de 8 400 $.

Travail à faire

Calculez le solde du compte Encaisse au début du mois.

2) Le 31 janvier, le compte Clients indiquait un solde de 16 000 $. Au cours du mois de février, des crédits totalisant la somme de 20 000 $ ont été portés au compte Clients de Raynald service enr. Le 28 février, le solde du compte Clients indique 24 000 $.

Travail à faire

Calculez le montant des ventes à crédit effectuées en février.

3) Le compte Raynald Daoust – Capital indiquait un solde de 40 000 $ le 31 janvier et de 34 000 $ le 28 février. Le bénéfice net du mois de février a été de 11 000 $. Il n'y a eu aucun investissement additionnel du propriétaire au cours de février.

Travail à faire

Calculez les prélèvements effectués par le propriétaire au cours du mois de février.

Exercice 2-10
L'analyse des opérations apparaissant dans les comptes en T
(Objectifs 2, 3)

Sept opérations effectuées par le photographe Éric Desjardins, et indiquées par des lettres, figurent dans les comptes en T ci-dessous:

Encaisse				Appareils photographiques				Éric Desjardins – Capital	
(a)	3 500	(b)	1 800	(a)	2 800			(a)	11 800
(e)	1 250	(c)	300	(d)	4 700				
		(f)	1 200						
		(g)	350						

Fournitures photographiques non utilisées				Matériel de chambre noire				Services photographiques rendus	
(c)	300			(a)	5 500			(e)	1 250
(d)	100								

Loyer payé d'avance				Fournisseurs				Publicité	
(b)	1 800			(f)	1 200	(d)	4 800	(g)	350

Travail à faire

Décrivez brièvement chacune des opérations en indiquant le (ou les) montant(s) concerné(s).

Exercice 2-11
Les écritures de journal général
(Objectif 4)

Les opérations suivantes ont été effectuées par le Service de limousine Geoffrion enr. au cours du mois de mars 1997:

Mars 1er Investissement par Denis Geoffrion de 5 000 $ comptant et d'une automobile d'une juste valeur marchande de 35 000 $.

      1er Paiement du loyer des six mois à venir: 1 200 $.

      2   Achat au comptant d'un téléphone cellulaire pour la limousine: 900 $.

      15 Encaissement de deux semaines de location de la limousine avec chauffeur: 2 500 $.

      31 Paiement de l'essence et de l'huile utilisées au cours du mois de mars par la limousine: 260 $.

Travail à faire

Passez les écritures pour enregistrer les opérations ci-dessus dans un journal général semblable à celui du tableau 2-2, page 109.

Travail à faire

1. Reportez les opérations de l'exercice 2-11 dans les comptes en T suivants: Encaisse, Loyer payé d'avance, Automobile, Matériel, Denis Geoffrion – Capital, Services rendus et Essence et huile.

2. Dressez la balance de vérification au 31 mars 1997.

Les opérations suivantes ont été effectuées par Catherine Roy, dentiste:

a) Encaissement pour services d'orthodontie rendus au comptant: 1 500 $;

b) Investissement de la propriétaire Catherine Roy: 2 500 $ comptant;

c) Recouvrement partiel d'un compte client: 300 $;

d) Facturation pour services d'orthodontie rendus à crédit à un client: 600 $;

e) Emprunt à une institution financière: 10 000 $;

f) Encaissement à l'avance d'un montant à valoir sur des services qui seront rendus l'an prochain: 1 600 $.

Travail à faire

Examinez chacune des opérations décrites ci-dessus, déterminez celles qui concernent un produit et comptabilisez-les. Expliquez pourquoi vous n'avez pas considéré les autres opérations comme des produits.

Les opérations suivantes ont été effectuées par l'entreprise Le beau bébé enr.:

a) Achat au comptant de 1 500 $ de matériel de magasin;

b) Paiement d'un fournisseur à qui on avait acheté des fournitures 30 jours auparavant: 2 400 $;

c) Paiement du compte d'électricité: 310 $;

d) Prélèvements effectués par le propriétaire, Jacques Dubois: 900 $;

e) Paiement des salaires des employés du magasin: 750 $.

Travail à faire

Examinez chacune des opérations décrites ci-dessus, déterminez celles qui concernent une charge et comptabilisez-les. Expliquez pourquoi vous n'avez pas considéré les autres opérations comme des charges.

Importante.

Exercice 2-12
L'utilisation des comptes en T et de la balance de vérification
(Objectifs 3, 5)

Exercice 2-13
L'analyse et la comptabilisation des produits
(Objectif 5)

Exercice 2-14
L'analyse et la comptabilisation des charges
(Objectif 4)

Problèmes

Mme Suzanne Mainville, consultante en marketing, vient d'ouvrir l'agence Mainville marketing enr.; elle a effectué les opérations suivantes au cours du mois de mars 1997:

a) Investissement de 50 000 $ comptant et de matériel de bureau d'une juste valeur marchande de 20 000 $;

b) Achat d'un terrain et d'un bâtiment, évalués respectivement à 60 000 $ et à 230 000 $, par le versement de 43 500 $ comptant et par un prêt hypothécaire correspondant au solde;

c) Achat à crédit de fournitures de bureau: 480 $; *Compte M Roulant.*

d) Cession par Mme Mainville de son automobile personnelle à l'agence. L'automobile d'une juste valeur marchande de 17 200 $ servira exclusivement à l'agence; *→ donne.*

Problème 2-1
La comptabilisation d'opérations dans les comptes en T et la préparation d'une balance de vérification
(Objectifs 2, 3)

e) Achat à crédit de matériel de bureau: 2 500 $;

f) Paiement du salaire de la secrétaire: 800 $;

g) Encaissement d'honoraires pour services professionnels rendus: 3 500 $;

h) Paiement d'un espace publicitaire dans un magazine spécialisé: 450 $;

i) Règlement de la facture de l'achat effectué en *c*;

j) Acquisition d'un micro-ordinateur moyennant la cession d'une vieille machine à écrire ayant une valeur comptable de 200 $ et le versement de 1 000 $ comptant;

k) Facturation d'honoraires pour services professionnels rendus à crédit: 1 300 $;

l) Paiement du salaire de la secrétaire: 800 $;

m) Recouvrement du compte relatif aux services rendus en *k*;

n) Prélèvement par Suzanne Mainville de 1 800 $ pour ses dépenses personnelles.

Travail à faire

1. Comptabilisez les opérations ci-dessus directement dans les comptes en T suivants: Encaisse, Clients, Fournitures de bureau non utilisées, Matériel de bureau, Automobile, Terrain, Bâtiment, Fournisseurs, Emprunt hypothécaire, Suzanne Mainville – Capital, Suzanne Mainville – Prélèvements, Services rendus, Salaires, Publicité. Utilisez la lettre qui précède chaque opération pour identifier les montants qui sont portés aux comptes en T.

2. Établissez le solde de chacun de ces comptes et la balance de vérification au 31 mars 1997.

Problème 2-2
La comptabilisation d'opérations dans des comptes en T et la préparation d'une balance de vérification
(Objectifs 2, 3, 5)

Francis Boucher, arpenteur-géomètre, vient d'ouvrir son propre bureau d'arpentage; il a effectué les opérations suivantes au cours du mois de juin 1997:

a) Investissement dans son entreprise de 20 000 $ comptant ainsi que de 3 000 $ de matériel de bureau et de 45 000 $ de matériel d'arpentage;

b) Achat d'un terrain pour y construire un bâtiment dans lequel il installera son bureau: 19 000 $. Cet achat a été réglé en versant 3 800 $ comptant et en signant un effet à payer pour le solde;

c) Achat au comptant d'un bâtiment préfabriqué usagé qui sera installé sur le terrain. Il servira de bureau à l'entreprise: 8 000 $;

d) Paiement des primes d'assurance annuelles: 4 800 $;

e) Encaissement de 800 $ pour un travail d'arpentage;

f) Achat de matériel d'arpentage de 3 700 $; de ce montant, 700 $ sont versés comptant et le solde est réglé en signant un effet à payer;

g) Exécution à crédit d'un travail d'arpentage pour la société Ouest ltée: 2 100 $;

h) Achat à crédit de matériel de bureau: 250 $;

i) Exécution à crédit d'un travail d'arpentage pour la société Lucien ltée: 3 150 $;

j) Réception d'une facture pour la location de matériel spécialisé utilisé lors du travail effectué pour la société Lucien ltée: 150 $;

k) Recouvrement du montant à recevoir relatif au travail effectué en *g*;

l) Paiement du salaire de l'arpenteur adjoint: 840 $;

m) Règlement de l'achat à crédit effectué en *h*;

n) Paiement d'une réparation effectuée sur du matériel d'arpentage: 350 $;

o) Paiement d'une réparation effectuée sur l'automobile personnelle de Francis Boucher: 260 $ (elle n'est pas utilisée pour le bureau d'arpentage);

p) Paiement du salaire de l'arpenteur adjoint: 880 $;

q) Paiement du permis exigé par la municipalité: 150 $.

Travail à faire

1. Comptabilisez les opérations *a* à *q* qui précèdent dans les comptes en T suivants: Encaisse, Clients, Assurances payées d'avance, Matériel de bureau, Matériel d'arpentage, Bâtiments, Terrains, Effets à payer, Fournisseurs, Francis Boucher – Capital, Francis Boucher – Prélèvements, Honoraires d'arpentage gagnés, Réparations du matériel d'arpentage, Salaires, Loyer du matériel d'arpentage, Permis. Utilisez la lettre précédant chaque opération pour identifier les montants inscrits.

2. Établissez le solde de chacun de ces comptes et la balance de vérification au 30 juin 1997.

L'expert-comptable Jean Dupuis a effectué les opérations suivantes au cours du mois de juin 1997:

Juin   1er   Investissement de 5 700 $ au comptant et de 8 100 $ de matériel de bureau.

     1er   Paiement à l'avance du loyer du bureau correspondant aux mois de juin, juillet et août: 2 250 $.

     2   Achat à crédit à la société Sirois ltée de fournitures et de matériel de bureau coûtant respectivement 300 $ et 800 $.

     4   Exécution d'un travail de comptabilité et perception des honoraires: 350 $.

     8   Services de comptabilité rendus à crédit à la société Régina ltée: 1 700 $.

     10   Règlement de la facture de l'achat du 2 juin.

     14   Paiement de la prime annuelle d'une police d'assurance: 2 400 $.

     18   Recouvrement du montant à recevoir de la société Régina ltée pour les services rendus le 8 juin.

     24   Services de comptabilité rendus à crédit à la société Marcoux ltée: 400 $.

     28   Prélèvement de 1 000 $ par Jean Dupuis à des fins personnelles.

     29   Achat à crédit à la société Sirois ltée de fournitures de bureau: 120 $.

     30   Paiement de la facture d'électricité: 210 $.

Problème 2-3
Le report des opérations du journal général au grand livre et la préparation de la balance de vérification
(Objectifs 4, 5)

Travail à faire

1. Passez les écritures au journal général pour comptabiliser les opérations ci-dessus et reportez les montants aux comptes suivants du grand livre: Encaisse, Clients, Loyer payé d'avance, Assurances payées d'avance, Fournitures de bureau non utilisées, Matériel de bureau, Fournisseurs, Jean Dupuis – Capital, Jean Dupuis – Prélèvements, Honoraires gagnés et Électricité.

2. Dressez la balance de vérification au 30 juin 1997.

Mme Nicole Olivier, ingénieure-conseil, a effectué les opérations suivantes au cours du mois d'avril 1997:

Avril   1er   Investissement de 25 000 $ comptant ainsi que de fournitures de dessin et de matériel de bureau et de dessin ayant respectivement une juste valeur marchande de 700 $ et de 18 500 $.

     1er   Paiement du loyer des mois d'avril et de mai: 3 100 $.

     3   Paiement de la prime d'une police d'assurance d'un an: 2 400 $.

     4   Achat à crédit de matériel de dessin coûtant 680 $ et de fournitures de dessin coûtant 90 $.

     9   Réception du paiement pour un ensemble de plans remis à un entrepreneur: 4 000 $.

     15   Paiement du salaire de la dessinatrice: 960 $.

     16   Remise d'un ensemble de plans à la société Cartier ltée, qui promet de régler le compte dans 10 jours: 7 800 $.

     18   Achat à crédit de fournitures de dessin: 40 $.

     19   Paiement des achats à crédit du 4 avril.

Problème 2-4
La comptabilisation des opérations, le report au grand livre et la préparation d'une balance de vérification
(Objectifs 4, 5)

26   Recouvrement du montant à recevoir de la société Cartier ltée pour l'ensemble des plans remis le 16 avril.

27   Prélèvement par la propriétaire pour ses dépenses personnelles: 2 000 $.

28   Paiement des fournitures achetées le 18 avril.

29   Exécution d'un travail d'ingénierie pour l'agence Martine ltée qui promet de régler le compte dans 30 jours: 1 400 $.

30   Paiement du salaire de la dessinatrice: 960 $.

30   Paiement de l'électricité: 170 $.

30   Paiement d'une annonce publicitaire parue le 9 avril: 110 $.

Travail à faire

1. Passez les écritures dans le journal général pour comptabiliser les opérations ci-dessus et reportez les montants dans le grand livre en utilisant les comptes suivants: Encaisse, Clients, Fournitures de dessin non utilisées, Assurances payées d'avance, Loyer payé d'avance, Matériel de bureau et de dessin, Fournisseurs, Nicole Olivier – Capital, Nicole Olivier – Prélèvements, Honoraires d'ingénierie gagnés, Salaires, Publicité, Électricité.

2. Dressez la balance de vérification au 30 avril 1997.

Problème 2-5
La comptabilisation des opérations, le report dans le grand livre et l'établissement des états financiers
(Objectifs 4, 5)

Anne Leduc a repris à son compte un hôpital vétérinaire lorsque le vétérinaire en place a pris sa retraite pour des raisons de santé. Elle a effectué les opérations suivantes au cours du mois de novembre 1996:

Novembre   1er   Transfert par Anne Leduc d'un montant de 27 000 $ de son compte personnel au compte de son entreprise et de matériel médical d'une juste valeur marchande de 20 500 $.

1er   Paiement du loyer du mois de novembre: 1 600 $.

1er   Paiement de la prime mensuelle d'une assurance responsabilité: 1 500 $.

3   Achat à crédit de fournitures médicales: 580 $.

9   Services professionnels rendus au comptant à un agriculteur: 2 400 $.

13   Paiement des fournitures médicales achetées à crédit le 3 novembre: 580 $.

16   Services professionnels rendus à crédit à la Ferme G.P. ltée: 700 $.

23   Services rendus à crédit à la Ferme Soleil d'or: 200 $.

26   Recouvrement de 700 $ dus par la Ferme G.P. ltée pour les services professionnels rendus à crédit le 16 novembre.

28   Paiement du compte personnel de téléphone de Anne Leduc à même le compte bancaire de l'hôpital vétérinaire: 70 $.

29   Achat à crédit de fournitures médicales: 340 $.

30   Paiement du compte de téléphone de l'entreprise du mois de novembre: 80 $.

30   Paiement du salaire de l'assistant et de la secrétaire: 2 350 $.

30   Paiement d'avance du loyer des mois de décembre et janvier: 3 200 $.

30   Paiement d'avance de la prime d'assurance responsabilité des trois prochains mois: 4 500 $.

Travail à faire

1. Passez les écritures au journal général pour comptabiliser les opérations ci-dessus et reportez les montants dans le grand livre en utilisant les comptes suivants: Encaisse, Clients, Fournitures médicales non utilisées, Assurances payées d'avance, Loyer payé d'avance, Matériel médical, Fournisseurs, Anne Leduc – Capital, Anne Leduc – Prélèvements, Honoraires professionnels gagnés, Salaires, Assurances, Loyer et Téléphone.

2. Dressez la balance de vérification au 30 novembre 1996.

3. Dressez l'état des résultats pour le mois de novembre 1996.

4. Dressez l'avoir du propriétaire pour le mois de novembre 1996.

5. Dressez le bilan au 30 novembre 1996.

Réexaminez les opérations décrites dans le problème 2-2 et plus particulièrement les transactions *h* et *o*. Expliquez pourquoi ces deux opérations influencent différemment les postes du bilan, de l'état des résultats et de l'état de l'avoir du propriétaire. Dites quelle aurait été votre réponse à la question précédente si, à l'opération *o*, les 260 $ avaient été versés pour régler le coût de la location du matériel utilisé par l'entreprise plutôt que de la réparation effectuée à l'automobile personnelle de Francis Boucher.

Problème 2-6
Essai analytique
(Objectif 3)

Reprenez les informations du problème 2-3. Supposons maintenant que des erreurs ont été commises lors de la comptabilisation des opérations et de leur report dans le grand livre. Pour chacune des situations décrites ci-dessous, mentionnez les conséquences que peuvent avoir ces erreurs et ces oublis sur le solde des comptes de la balance de vérification, ainsi que sur le total de chacune des colonnes de cette dernière.

Problème 2-7
Essai analytique
(Objectifs 3, 5)

a) L'investissement du propriétaire effectué le 1er juin a été correctement comptabilisé dans le journal général; cependant, lors du report, on a inscrit 7 500 $ au débit du compte Encaisse.

b) Lors de l'inscription de l'opération du 4 juin, le montant des honoraires a été porté au débit du compte Encaisse et au crédit du compte Honoraires reçus d'avance.

c) Lors de l'inscription de l'opération du 14 juin, le comptable a inversé les comptes: il a débité le compte qui devait normalement être crédité et crédité celui qui devait être débité.

d) Le comptable a oublié de reporter dans le grand livre le montant au crédit de l'écriture du journal général servant à enregistrer l'opération du 29 juin.

e) Le paiement de 210 $ décrit à l'opération du 30 juin a été comptabilisé par erreur au montant de 120 $.

Problèmes additionnels

Julie Dubois, consultante en marketing, a effectué les opérations suivantes au cours du mois de mai 1997:

Problème 2-1A
La comptabilisation des opérations dans les comptes en T et la préparation d'une balance de vérification
(Objectifs 2, 3, 5)

a) Investissement de 15 000 $ comptant, de matériel de bureau, d'une automobile, d'un terrain et d'un bâtiment dont les justes valeurs marchandes sont respectivement de 5 500 $, 9 000 $, 27 500 $ et 120 000 $. Le terrain et le bâtiment sont grevés d'une hypothèque de 100 000 $;

b) Achat à crédit de fournitures de bureau coûtant 100 $ et de matériel de bureau coûtant 700 $;

c) Encaissement de 6 500 $ pour des services professionnels rendus à des clients;

d) Achat à crédit de matériel de bureau: 1 100 $;

e) Paiement d'un espace publicitaire dans une revue spécialisée: 1 800 $;

f) Acquisition d'une automobile neuve moyennant la cession de l'automobile usagée de l'agence et le versement d'une somme de 10 000 $;

g) Paiement du salaire de la secrétaire: 850 $;

h) Paiement de la facture correspondant aux achats à crédit effectués en *b*;

i) Facturation pour des services professionnels rendus à crédit: 800 $;

j) Encaissement de 2 950 $ pour des services professionnels rendus;

k) Recouvrement partiel des services rendus à crédit en *i*: 400 $;

l) Paiement du salaire de la secrétaire: 850 $;

m) Paiement d'un espace publicitaire dans un magazine spécialisé: 475 $;

n) Prélèvement par Julie Dubois de 1 500 $ à des fins personnelles.

Travail à faire

1. Comptabilisez les opérations ci-dessus en inscrivant les montants directement dans les comptes en T suivants: Encaisse, Clients, Fournitures de bureau non utilisées, Automobile, Matériel, Bâtiment, Terrain, Fournisseurs, Emprunt hypothécaire, Julie Dubois – Capital, Julie Dubois – Prélèvements, Services professionnels rendus, Salaires, Publicité.

2. Établissez le solde de chacun de ces comptes et la balance de vérification au 31 mai 1997.

Problème 2-2A
La comptabilisation des opérations dans les comptes en T et la préparation d'une balance de vérification
(Objectifs 2, 3, 5)

Keven Martin, arpenteur-géomètre, vient d'ouvrir son propre bureau d'arpentage. Il a effectué les opérations suivantes au cours du mois de juin 1997:

a) Investissement dans l'entreprise de 18 000 $ comptant, de matériel de bureau et d'arpentage ayant respectivement une juste valeur marchande de 2 800 $ et de 19 200 $;

b) Achat d'un terrain pour y construire un bâtiment dans lequel il installera son bureau: 24 000 $. Cet achat a été réglé en versant 4 800 $ comptant et en signant un effet à payer pour le solde;

c) Achat de matériel d'arpentage: 13 950 $. Cet achat a été réglé en versant 4 650 $ comptant et en signant un effet à payer pour le solde;

d) Achat au comptant d'un bâtiment préfabriqué usagé qui servira de bureau; il sera installé sur le terrain de l'entreprise: 5 400 $;

e) Encaissement pour du travail d'arpentage effectué au comptant: 2 300 $;

f) Paiement des primes d'assurance annuelles: 660 $;

g) Facturation pour du travail d'arpentage effectué à crédit pour la société Charles ltée: 1 650 $;

h) Paiement du salaire de l'arpenteur adjoint: 890 $;

i) Paiement d'une réparation effectuée sur le matériel d'arpentage: 190 $;

j) Recouvrement des services rendus à crédit en *g*;

k) Facturation pour du travail d'arpentage effectué à crédit pour la société David ltée: 750 $;

l) Réception de la facture pour la location de matériel spécialisé utilisé lors du travail effectué pour la société David ltée: 130 $;

m) Achat à crédit de matériel de bureau: 500 $;

n) Prélèvement par Keven Martin de 350 $ à des fins personnelles;

o) Paiement du salaire de l'arpenteur adjoint: 740 $;

p) Paiement de la facture reçue en *l* pour la location du matériel spécialisé;

q) Paiement du permis exigé par la municipalité: 260 $.

Travail à faire

1. Comptabilisez les opérations ci-dessus en inscrivant les montants directement dans les comptes en T suivants: Encaisse, Clients, Assurances payées d'avance, Matériel de bureau, Matériel d'arpentage, Bâtiments, Terrains, Effets à payer, Fournisseurs, Keven Martin – Capital, Keven Martin – Prélèvements, Honoraires d'arpentage gagnés, Réparation du matériel d'arpentage, Salaires, Loyer du matériel d'arpentage, Permis. Utilisez la lettre précédant chaque opération pour identifier les montants inscrits.

2. Établissez le solde de chacun de ces comptes et dressez la balance de vérification au 30 juin 1997.

Cynthia Caron, propriétaire d'un cabinet d'expert-comptable, a effectué les opérations suivantes au cours du mois de septembre 1996:

Septembre   1er   Transfert d'un montant de 5 000 $ de son compte d'épargne au compte du cabinet.

1er   Paiement du loyer des mois de septembre et d'octobre: 1 600 $.

2   Achat à crédit à la société Malco ltée de fournitures de bureau coûtant 140 $ et de matériel de bureau coûtant 4 750 $.

4   Paiement d'une prime annuelle d'assurance: 900 $.

6   Encaissement pour des travaux de comptabilité effectués au comptant: 580 $.

12   Facturation pour des travaux de comptabilité effectués à crédit pour la société Brossard ltée: 1 400 $.

16   Achat à crédit de fournitures de bureau: 35 $.

22   Recouvrement de 1 400 $ dus par la société Brossard ltée pour les travaux effectués à crédit le 12 septembre.

25   Prélèvement en espèces par Cynthia Caron de 600 $ pour son usage personnel.

29   Facturation pour des travaux de comptabilité effectués à crédit pour le compte de la société Landry ltée: 700 $.

30   Paiement partiel du montant dû à la société Malco ltée pour les achats effectués le 2 septembre: 1 000 $.

30   Paiement de la facture d'électricité: 180 $.

Travail à faire

1. Passez les écritures dans le journal général pour inscrire les opérations ci-dessus et reportez les montants dans le grand livre en utilisant les comptes suivants: Encaisse, Clients, Loyer payé d'avance, Assurances payées d'avance, Fournitures de bureau non utilisées, Matériel de bureau, Fournisseurs, Cynthia Caron – Capital, Cynthia Caron – Prélèvements, Honoraires gagnés et Électricité.

2. Dressez la balance de vérification au 30 septembre 1996.

L'ingénieur Carl Doucette a effectué les opérations suivantes au cours du mois de juillet 1996:

Juillet   1er   Investissement de 14 700 $ comptant.

1er   Paiement du loyer des six mois à venir: 4 800 $.

2   Achat de matériel de bureau et de dessin coûtant 6 500 $, moyennant un versement initial de 1 500 $ et le règlement du solde dans les 30 jours.

4   Achat au comptant de fournitures de dessin: 270 $.

8   Encaissement pour des services professionnels exécutés contre règlement comptant: 2 900 $.

12   Paiement de la prime annuelle d'une assurance responsabilité civile: 1 500 $.

14   Achat à crédit de fournitures de dessin coûtant 60 $ et de matériel de dessin coûtant 230 $.

15   Paiement du salaire du dessinateur: 750 $.

17   Exécution à crédit de services professionnels pour l'entreprise Promoteur: 2 000 $.

21   Paiement des achats à crédit du 14 juillet.

25   Exécution à crédit de services professionnels additionnels pour l'entreprise Promoteur: 900 $.

27   Recouvrement de la facture du 17 juillet.

28   Prélèvement par Carl Doucette de 1 300 $ pour des dépenses personnelles.

31   Paiement du salaire du dessinateur: 750 $.

Problème 2-3A
Le report des opérations du journal général au grand livre et la préparation de la balance de vérification
(Objectifs 4, 5)

Problème 2-4A
La comptabilisation des opérations, le report dans le grand livre et la préparation d'une balance de vérification
(Objectifs 4, 5)

31   Paiement de l'électricité: 90 $.

31   Paiement d'une annonce publicitaire: 80 $.

Travail à faire

1. Passez les écritures dans le journal général pour enregistrer les opérations ci-dessus et reportez les montants dans les comptes suivants du grand livre: Encaisse, Clients, Fournitures de dessin non utilisées, Assurances payées d'avance, Loyer payé d'avance, Matériel de bureau et de dessin, Fournisseurs, Carl Doucette – Capital, Carl Doucette – Prélèvements, Honoraires gagnés, Salaires, Publicité et Électricité.

2. Dressez la balance de vérification au 31 juillet 1997.

Problème 2-5A
La comptabilisation des opérations, le report dans le grand livre et l'établissement des états financiers
(Objectifs 4, 5)

Mathieu Roy a repris à son compte un hôpital vétérinaire lorsque le vétérinaire en place a pris sa retraite pour des raisons de santé. Il a effectué les opérations suivantes au cours du mois d'août 1996:

Août   1er   Transfert par Mathieu Roy d'un montant de 10 000 $ de son compte personnel au compte de son entreprise et du matériel médical d'une juste valeur marchande de 4 200 $.

1er   Paiement du loyer du mois d'août: 1 000 $.

2   Achat de matériel médical: 6 600 $. Versement d'un paiement initial de 2 000 $. le solde sera payé dans 30 jours.

5   Achat à crédit de fournitures médicales: 1 760 $.

6   Paiement de la prime mensuelle d'une assurance responsabilité: 900 $.

8   Encaissement pour des services professionnels rendus au comptant à un agriculteur: 1 350 $.

12   Paiement des fournitures achetées à crédit le 5 août: 1 760 $.

16   Facturation pour des services professionnels rendus à crédit à la ferme La Vallée enr.: 550 $.

22   Paiement d'une facture de réparation de la plomberie de la résidence de Mathieu Roy à même le compte bancaire de l'entreprise: 300 $.

24   Recouvrement de 550 $ de la ferme La Vallée pour les services rendus le 16 août.

26   Facturation pour des services professionnels rendus à crédit à la ferme Lavoie: 3 440 $.

30   Paiement du compte de téléphone du mois d'août: 210 $.

31   Paiement du salaire de la secrétaire: 1 200 $.

31   Paiement d'avance du loyer des mois de septembre et d'octobre: 2 000 $.

31   Paiement d'avance de la prime d'assurance responsabilité correspondant aux 2 prochains mois: 1 800 $.

Travail à faire

1. Passez les écritures dans le journal général pour comptabiliser les opérations qui précèdent et reportez les montants dans le grand livre en utilisant les comptes suivants: Encaisse, Clients, Fournitures médicales non utilisées, Assurances payées d'avance, Loyer payé d'avance, Matériel médical, Fournisseurs, Mathieu Roy – Capital, Mathieu Roy – Prélèvements, Honoraires gagnés, Salaire, Assurances, Loyer et Téléphone.

2. Dressez la balance de vérification au 31 août 1996.

3. Dressez l'état des résultats pour le mois d'août 1996.

4. Dressez l'avoir du propriétaire pour le mois d'août 1996.

5. Dressez le bilan au 31 août 1996.

Réexaminez les opérations décrites dans le problème 2-2A et plus particulièrement les transactions *n* et *o*. Expliquez pourquoi ces deux opérations influencent différemment les postes du bilan, de l'état des résultats et de l'état de l'avoir du propriétaire. Dites quelle aurait été votre réponse à la question précédente si, à l'opération *n*, les 350 $ avaient été versés pour régler le coût d'achat du matériel de bureau utilisé par l'entreprise au lieu d'être utilisés par le propriétaire à des fins personnelles.

Problème 2-6A
Essai analytique
(Objectif 3)

Reprenez les informations du problème 2-3A. Supposons maintenant que des erreurs ont été commises lors de la comptabilisation des opérations et de leur report dans le grand livre. Pour chacune des situations décrites ci-dessous, mentionnez les conséquences que peuvent avoir ces erreurs et ces oublis sur le solde des comptes de la balance de vérification, ainsi que sur le total de chacune des colonnes de cette dernière.

Problème 2-7A
Essai analytique
(Objectifs 3, 5)

a) L'investissement effectué par le propriétaire le 1er septembre a été comptabilisé dans le journal général au montant de 3 000 $ au lieu de 5 000 $.

b) L'opération datée du 6 septembre a été inscrite dans le journal général comme s'il s'agissait de services professionnels rendus à crédit.

c) Lors de l'inscription de l'opération du 16 septembre, le comptable a inversé les comptes: il a débité le compte qui devait normalement être crédité et crédité celui qui devait être débité.

d) Le comptable a oublié de reporter dans le grand livre le montant au crédit de l'écriture de journal général servant à enregistrer l'opération du 29 septembre.

e) Le paiement de 180 $ décrit à l'opération du 30 septembre a été comptabilisé par erreur au montant de 18 $.

Problème à épisodes

Les ordinateurs révolutionnaires enr.

(Ce problème se poursuit aux chapitres 3, 4 et 5. Pour le résoudre, utilisez les feuilles de travail fournies avec ce volume.)

Le 1er octobre 1996, Jean Caron a ouvert une entreprise de services informatiques. Cette entreprise individuelle, exploitée sous le nom de Les ordinateurs révolutionnaires enr., offre des services de consultation en informatique, d'implantation informatique ainsi que de conception de logiciels adaptés aux besoins des clients. Le premier exercice de l'entreprise se terminera le 31 décembre 1996. Avant de commencer la tenue des livres, ouvrez les comptes de grand livre suivants:

Compte	Numéro
Encaisse	101
Clients.	106
Fournitures d'ordinateurs non utilisées	126
Assurances payées d'avance	128
Loyers payés d'avance	131
Matériel de bureau	163
Ordinateurs.	167
Fournisseurs	201
Jean Caron – Capital	301
Jean Caron – Prélèvements	302
Services rendus.	405
Salaires.	623
Publicité et dons	655
Frais de déplacement	676
Frais bancaires	677
Entretien et réparations.	684
Téléphone.	688
Électricité	690

Voici les opérations que l'entreprise a effectuées au cours des mois d'octobre et de novembre:

Oct.   1er   Transfert par Jean Caron d'un montant de 5 000 $ de son compte bancaire personnel à celui de son entreprise, d'un micro-ordinateur et de matériel de bureau ayant respectivement une juste valeur marchande de 3 000 $ et de 340 $.

       2   Paiement à l'avance du loyer des quatre mois suivants pour un local situé dans un centre commercial: 900 $.

       3   Achat à crédit de fournitures d'ordinateur auprès de la société Les ordinateurs 2000 inc.: 50 $.

       4   Paiement de la prime annuelle d'une police d'assurance contre le feu, le vol et la responsabilité civile: 195 $.

       5   Exécution à crédit de services d'implantation d'un ordinateur pour la société Le palais des quilles ltée: 500 $.

       8   Paiement des fournitures achetées le 3 octobre.

       10   Engagement d'une assistante à temps partiel, Annie Leblanc, qui commencera le 15 octobre et sera payée 70 $ par jour de travail.

       12   Prélèvement par le propriétaire de 600 $ pour ses dépenses personnelles.

       12   Exécution à crédit de services de consultation pour la société Le palais des quilles ltée: 750 $.

       15   Recouvrement de la somme due par la société Le palais des quilles ltée pour les services d'implantation rendus à crédit le 5 octobre.

       17   Paiement d'une réparation effectuée sur du matériel de bureau: 25 $.

       18   Exécution à crédit de services de consultation pour la société Les distributeurs R.B. ltée: 1 000 $.

       19   Paiement des messages publicitaires parus dans les petites annonces du journal local: 15 $.

       22   Recouvrement des 750 $ dus par la société Le palais des quilles ltée pour les services de consultation rendus à crédit le 12 octobre.

       23   Implantation d'un ordinateur et perception des honoraires: 250 $.

       24   Exécution à crédit de services de consultation pour l'entreprise Les prothèses auditives enr.: 425 $.

       25   Paiement du salaire de l'assistante pour six jours de travail: 420 $.

       25   Achat à crédit de fournitures d'ordinateur à la société Les ordinateurs 2000 inc.: 55 $.

       28   Exécution à crédit de services de consultation pour la société Les services téléphoniques ltée: 725 $.

       30   Paiement du compte de téléphone: 115 $.

       30   Paiement du compte d'électricité: 47 $.

       30   Prélèvement par le propriétaire de 600 $ pour des dépenses personnelles.

Nov.   1er   Paiement à Anne Leblanc du kilométrage effectué avec son automobile pour le compte de l'entreprise, soit 36 $ pour 150 kilomètres à 0,24 $ le kilomètre.

       1er   Paiement à Jean Caron du kilométrage effectué avec son automobile pour le compte de l'entreprise, soit 108 $ pour 450 kilomètres à 0,24 $ le kilomètre.

       4   Recouvrement des 425 $ dus par l'entreprise Les prothèses auditives enr. pour les services de consultation rendus à crédit le 24 octobre.

       5   Implantation d'un ordinateur et perception des honoraires: 300 $.

       6   Recouvrement des 1 000 $ dus par la société Les distributeurs R.B. ltée pour les services rendus à crédit le 18 octobre.

       7   Achat au comptant de fournitures d'ordinateur pour un montant de 45 $ et paiement des fournitures achetées à crédit le 25 octobre à la société Les ordinateurs 2000 inc.

       8   Exécution à crédit de services d'implantation d'un ordinateur et de services de consultation pour la Ferme Saint-Pierre inc.: 895 $.

8 Paiement du salaire de l'assistante pour cinq jours de travail: 350 $.

11 Acceptation par Les distributeurs R.B. ltée de la soumission de Les ordinateurs révolutionnaires enr. au montant de 1 500 $ pour la conception d'un logiciel. Jean Caron commencera le travail le 12 novembre.

13 Réception d'une note de débit de notre institution financière pour des frais bancaires: 4 $.

15 Prélèvement par le propriétaire de 600 $ pour ses dépenses personnelles.

18 Paiement d'une facture de réparation de l'automobile personnelle de Jean Caron: 35 $.

20 Recouvrement partiel de la somme due par la société Les services téléphoniques ltée pour les services rendus le 28 octobre: 500 $.

22 Don à la Société canadienne du cancer: 10 $.

22 Paiement du salaire de l'assistante pour six jours de travail: 420 $.

25 Livraison du logiciel conçu spécialement pour Les distributeurs R.B. ltée avec la facture au montant prévu dans la soumission.

27 Envoi d'un état de compte à Les services téléphoniques ltée pour le solde de la facture du 28 octobre.

28 Paiement du compte de téléphone: 118 $.

28 Paiement du compte d'électricité: 49 $.

28 Prélèvement par le propriétaire de 650 $ pour ses dépenses personnelles.

29 Paiement à Anne Leblanc du kilométrage effectué avec son automobile pour le compte de l'entreprise, soit 48 $ pour 200 kilomètres à 0,24 $ le kilomètre.

29 Paiement à Jean Caron du kilométrage effectué avec son automobile pour le compte de l'entreprise, soit 120 $ pour 500 kilomètres à 0,24 $ le kilomètre.

Travail à faire

Passez dans le journal général les écritures nécessaires à la comptabilisation des opérations ci-dessus et reportez les montants dans les comptes appropriés du grand livre.

Cas

**Cas 2-1
Denis Bouchard, architecte**
(Objectif 2)

Denis Bouchard, architecte, a son propre bureau et sa comptabilité a toujours été tenue par un expert-comptable. Le compte Denis Bouchard – Capital du grand livre s'élevait le 31 octobre à 25 000 $. Pour économiser, M. Bouchard décide de faire lui-même la tenue des livres de son bureau. À la fin du mois de novembre, il prépare l'état des résultats et le bilan ci-dessous et découvre que son entreprise n'est plus rentable.

DENIS BOUCHARD, ARCHITECTE
État des résultats
pour le mois terminé le 30 novembre 1996

Produits d'exploitation:		
Honoraires reçus d'avance............		2 000 $
Investissement par le propriétaire.......		1 000
Total des produits d'exploitation......		3 000
Charges d'exploitation:		
Loyers..........................	700	
Téléphone......................	200	
Matériel de bureau..................	1 800	
Électricité......................	100	
Prélèvements par le propriétaire........	2 000	
Frais de voyage et de représentation.....	1 400	
Assurances......................	300	
Total des charges d'exploitation......		6 500
Perte nette.....................		(3 500 $)

DENIS BOUCHARD, ARCHITECTE
Bilan
au 30 novembre 1996

Actif		Passif	
Encaisse............................	1 300 $	Fournisseurs	800 $
Clients	900	Honoraires gagnés....................	6 000
Loyer payé d'avance	1 400	Effets à payer	16 000
Assurances payées d'avance	600	Total du passif......................	22 800
Fournitures de bureau non utilisées......	100		
Terrain	12 000		
Bâtiment..........................	27 000	**Avoir du propriétaire**	
Salaires versés	1 000	Denis Bouchard – Capital..............	21 500
		Total du passif et de l'avoir	
Total de l'actif....................	44 300 $	du propriétaire......................	44 300 $

Travail à faire

Dressez les états financiers corrigés ainsi qu'un état de l'avoir du propriétaire.

Cas 2-2
André Lachance,
professeur
(Objectifs 2, 4)

André Lachance, professeur de piano, a débuté en affaires le 1er avril. Durant son premier mois d'exploitation, il a comptabilisé toutes les opérations de son entreprise dans deux comptes seulement, soit les comptes Encaisse et Produits gagnés. Ces deux comptes de grand livre sont illustrés ci-dessous.

Encaisse   **Compte N° 101**

Date		Explications	Référence	Débit	Crédit		Solde
Avril	1er	Investissement par le propriétaire	JG-1	6 000		Dt	6 000
	1er	Achat d'un piano	JG-1		4 200	Dt	1 800
	1er	Achat de matériel de bureau	JG-1		1 000	Dt	800
	5	Emprunt à une banque	JG-1	2 000		Dt	2 800
	11	Paiement du loyer du studio	JG-1		400	Dt	2 400
	14	Encaissement de revenus pour des leçons données	JG-1	600		Dt	3 000
	14	Paiement des salaires des assistants	JG-1		270	Dt	2 730
	27	Encaissement de revenus pour des leçons qui seront données en mai	JG-1	1 200		Dt	3 930
	28	Achat de fournitures de bureau	JG-1		200	Dt	3 730
	29	Encaissement de revenus pour des leçons données	JG-1	800		Dt	4 530
	29	Paiement des salaires des assistants	JG-1		230	Dt	4 300
	30	Prélèvements par le propriétaire	JG-1		800	Dt	3 500

André Lachance – Capital
Produits gagnés   **Compte N° 301**

Date		Explication	Référence	Débit	Crédit		Solde
Avril	1ᵉʳ		JG-1		6 000	Ct	6 000
	1ᵉʳ		JG-1	4 200		Ct	1 800
	1ᵉʳ		JG-1	1 000		Ct	800
	5		JG-1		2 000	Ct	2 800
	11		JG-1	400		Ct	2 400
	14		JG-1		600	Ct	3 000
	14		JG-1	270		Ct	2 730
	27		JG-1		1 200	Ct	3 930
	28		JG-1	200		Ct	3 730
	29		JG-1		800	Ct	4 530
	29		JG-1	230		Ct	4 300
	30		JG-1	800		Ct	3 500

Travail à faire

En vous référant aux informations qui précèdent, préparez une écriture composée qui permettra de corriger et d'améliorer l'information comptable, puis passez-la dans le journal général en date du 30 avril.

Janine Cadieux, diplômée en gestion, vient de terminer le premier été d'exploitation de son entreprise, Magasin de la Baie enr., qu'elle exploite au lac Vert. Elle loue des bateaux, vend des gilets, des casquettes et des lunettes de soleil. Elle a commencé l'exploitation de son entreprise en investissant 7 000 $ au comptant et en obtenant un bail de cinq ans pour un quai et un petit bâtiment. Les clauses du bail portent à 1 800 $ le loyer annuel même si son entreprise est seulement exploitée du 1ᵉʳ juin au 31 août. Dès la première journée d'exploitation, Janine a payé le loyer de la première année et a acheté au comptant trois bateaux au coût de 900 $ chacun.

Au cours de l'été, elle a acheté des gilets, des casquettes et des lunettes de soleil pour un montant de 5 750 $. Le 31 août, elle devait 180 $ pour les achats de la dernière semaine. Au cours de la saison, elle a dépensé 220 $ pour payer les frais d'électricité et 1 000 $ pour le salaire d'un employé à temps partiel. Elle a également prélevé 160 $ par semaine pendant 12 semaines pour ses dépenses personnelles.

Les produits tirés de la location des bateaux et de la vente des accessoires ont rapporté respectivement 5 460 $ et 8 340 $. Les ventes ont été effectuées au comptant, sauf un montant de 200 $ dû par une petite entreprise qui a organisé un pique-nique pour ses employés.

À la fin de la saison, soit le 31 août, Janine Cadieux a retourné à son fournisseur des lunettes de soleil et a reçu un remboursement de 150 $. Elle a également apporté chez elle des gilets et des casquettes d'un montant de 90 $, mais qu'elle aurait pu vendre 100 $. Elle a vendu les trois bateaux 300 $ chacun à un marchand de bateaux d'occasion.

Cas 2-3
Un bel été
(Objectifs 4, 5)

Travail à faire

Comptabilisez les opérations ci-dessus dans des comptes en T et préparez l'état des résultats et l'avoir du propriétaire pour la période des trois mois d'exploitation, ainsi que le bilan au 31 août 1996.

Bernard Soucy se cherchait un emploi d'été pour couvrir une partie des frais de sa première année d'études collégiales. Il n'a pas trouvé d'emploi convenable et, par conséquent, a décidé de se lancer dans le service d'entretien de terrains. Il a utilisé les 160 $ qu'il avait dans son compte de banque personnel pour faire l'acquisition d'une brouette et de différents outils. Il a emprunté une somme de 2 400 $ à la banque à un taux d'intérêt mensuel de 1 % pour acheter un camion d'occasion servant à transporter ses outils d'un lieu de travail à un autre.

Cas 2-4
Le beau parterre enr.
(Objectifs 4, 5)

Comme son entreprise s'est avérée rentable dès le début, il a remboursé l'emprunt bancaire et les intérêts après deux mois d'exploitation. Il cessa ses activités comme prévu le 28 août, soit après trois mois d'exploitation. Toutes les sommes reçues de ses clients ont été déposées sans exception dans son compte de banque. L'addition des dépôts apparaissant dans son carnet de banque permet d'établir qu'il y a déposé 4 050 $. Des chèques aux montants de 90 $ et de 180 $ ont été émis pour payer respectivement les droits d'accès au site d'enfouissement sanitaire et des dépenses d'huile et d'essence du camion.

Son carnet de travail indique qu'il doit encore payer une facture de 40 $ pour de l'huile et de l'essence, et que des clients lui doivent 150 $ pour des services rendus à crédit. Bernard a donné ses outils estimés à 100 $ à ses parents, et vendu son camion pour 2 500 $. Bernard a fait des prélèvements de 300 $ pendant l'été pour son usage personnel.

Travail à faire

Utilisez des comptes en T pour établir le solde des comptes, et dressez l'état des résultats et de l'avoir du propriétaire pour les trois mois d'exploitation ainsi que le bilan au 28 août 1996.

Cas 2-5
Agence Gagnon enr.
(Objectifs 2, 5)

Sylvie Gagnon vient d'ouvrir une agence de courtage immobilier qu'elle exploite sous le nom de l'Agence Gagnon enr. Elle a effectué sept opérations dont un investissement personnel, un achat à crédit et d'autres opérations au comptant. Une fois ces opérations effectuées, Mme Gagnon a établi la balance de vérification suivante:

AGENCE GAGNON ENR.
Balance de vérification
au 7 novembre 1996

Encaisse	4 620 $	
Fournitures de bureau non utilisées	230	
Assurances payées d'avance	1 400	
Matériel de bureau	5 000	
Fournisseurs		5 000 $
Sylvie Gagnon – Capital		6 110
Sylvie Gagnon – Prélèvements	13 000	
Commissions gagnées		15 890
Publicité	2 750	
	27 000 $	27 000 $

Travail à faire

Analysez la balance de vérification ci-dessus et décrivez les sept opérations effectuées par Mme Gagnon. Utilisez le procédé des comptes en T, cela facilitera votre travail.

Cas 2-6
Les industries
C-MAC Inc.

Consultez les états financiers consolidés de Les Industries C-MAC Inc. ainsi que les notes complémentaires que vous trouverez à l'annexe I et répondez aux questions suivantes:

1. Quel est le montant des revenus de l'exercice clos le 31 décembre 1994?
2. Quels sont les différents éléments d'actif à court terme de Les Industries C-MAC Inc.?
3. Quels sont les différents éléments du passif à court terme de Les Industries C-MAC Inc.?
4. À combien s'élève la charge d'impôts comptabilisée par Les Industries C-MAC Inc. au cours des exercices de 1993 et de 1994?

Relisez la question d'éthique professionnelle de la page 94 et analysez le problème auquel est confrontée Catherine. Discutez des différentes solutions qui pourraient être envisagées.

Cas 2-7
Une question d'éthique professionnelle
Analyse

Éthique

Problèmes d'analyse et de révision

Problème 2-1 AR

Caroline Leblanc vient de congédier son teneur de livres et vous demande de l'aider en attendant qu'elle trouve un remplaçant. Comme vous avez quelques jours libres avant de partir en vacances en Floride, vous acceptez de l'aider à dresser la balance de vérification corrigée. La balance de vérification qui suit, préparée par le teneur de livres, n'est qu'une liste du solde des comptes.

LEBLANC ENR.
Balance de vérification
au 31 décembre 1996

Encaisse	2 820 $
Clients.	23 660
Fournitures de bureau non utilisées	1 830
Loyer payé d'avance	2 000
Fournisseurs	1 530
C. Leblanc – Capital.	12 000
C. Leblanc – Prélèvements.	5 940
Revenus gagnés	33 200
Salaires	8 900
Assurances	600
Électricité	420
Total	92 900 $

Après avoir classé les comptes en fonction de leur solde, débiteur ou créditeur, vous vous rendez compte que la balance de vérification n'est pas en équilibre. Un examen des livres comptables vous permet de trouver les erreurs suivantes:

1. Une écriture dans le journal général, par laquelle le compte Encaisse est débité et le compte Clients est crédité d'un montant de 220 $, n'a pas été reportée dans le grand livre;

2. Un crédit de 100 $ n'a pas été reporté dans le compte Fournisseurs;

3. Le teneur de livres a inscrit à la balance de vérification 12 000 $ comme solde du compte C. Leblanc – Capital au lieu des 11 400 $ qui apparaissent dans le grand livre;

4. Un prélèvement de 30 $ a été reporté au crédit du compte C. Leblanc – Prélèvements;

5. L'acquisition de fournitures de bureau d'une valeur de 200 $ a été passée au débit du compte Loyer payé d'avance.

Travail à faire

Dressez la balance de vérification corrigée au 31 décembre 1996.

Problème 2-2
AR

Le propriétaire d'une entreprise de publicité vous rencontre pour discuter de ses affaires. Il vous explique qu'il a commencé son exploitation au début du mois d'octobre et précise d'emblée que ses connaissances de la comptabilité sont restreintes. Il a comptabilisé les opérations de son entreprise dans les comptes en T suivants:

Encaisse					**Clients**			
Oct. 1er	10 000	Oct. 2	1 200		Oct. 15	2 000	Oct. 25	1 000
8	1 400	14	800		29	2 400		
22	1 500	18	3 000					
		28	800					

Fournitures de bureau non utilisées			**Loyers payés d'avance**		
	Oct. 3	400	Oct. 1er	12 000	

Fournisseurs					**Honoraires gagnés**		
Oct. 3	400	Oct. 18	300			Oct. 8	1 400
						15	2 000
						22	1 500
						29	2 400

Salaires		
Oct. 14	800	
28	800	

Travail à faire

1. Trouvez les erreurs et les omissions que le propriétaire a commises.

2. Effectuez les corrections que vous jugez nécessaires et établissez une balance de vérification.

Réponses
aux questions
de révision
en regard
des objectifs
d'apprentissage

Objectif 1 (*d*)   **Objectif 3** (*e*)   **Objectif 5** (*a*)
Objectif 2 (*a*)   **Objectif 4** (*c*)   **Objectif 6** (*e*)

La régularisation des comptes et l'établissement des états financiers

Au début du chapitre 2, nous mentionnions que l'équation comptable était influencée par les opérations commerciales et les autres événements (internes). L'objectif premier du chapitre 2 était d'aborder l'enregistrement des opérations commerciales au moyen de la comptabilité en partie double. Vous avez appris à comptabiliser les opérations commerciales dans un journal général et à les reporter dans le grand livre. Le chapitre 3 vous apprendra que certains comptes du grand livre doivent être régularisés une fois que les opérations commerciales y ont été inscrites. Les écritures de régularisation sont requises afin d'ajuster les comptes et ainsi de respecter les principes de réalisation et de rapprochement des produits et des charges. Elles sont enregistrées dans le journal général et reportées dans les comptes du grand livre.

Objectifs d'apprentissage

Après l'étude du chapitre 3, vous devriez être en mesure:

1. de comprendre pourquoi la vie d'une entreprise est divisée en exercices d'égale durée et pourquoi les autres événements sont comptabilisés à la fin de chaque exercice au moyen des écritures de régularisation;

2. de comprendre les écritures de régularisation que requièrent le principe de réalisation et le principe du rapprochement des produits et des charges, ainsi que l'avantage de la comptabilité d'exercice par rapport à la comptabilité de caisse;

3. d'effectuer les écritures de régularisation pour porter dans les comptes les charges payées d'avance, l'amortissement, les produits reçus d'avance, les charges à payer et les produits à recevoir;

4. d'illustrer les effets des écritures de régularisation sur la balance de vérification non régularisée et d'établir les états financiers à l'aide de la balance de vérification régularisée;

5. d'inscrire les encaissements et les décaissements des produits à recevoir et des charges à payer ayant fait l'objet d'une écriture de régularisation;

6. de déterminer les différentes sections du bilan et d'y classer les éléments de l'actif et du passif afin de préparer un bilan ordonné;

7. de définir et d'expliquer les termes et les expressions de la section Terminologie comptable.

Après l'étude de l'annexe 3-A, vous devriez être en mesure:

8. d'expliquer pourquoi certaines entreprises comptabilisent les charges payées d'avance comme charges et les produits reçus d'avance comme produits gagnés, et de déterminer les écritures de régularisation nécessaires dans les circonstances.

Objectif 1
Comprendre pourquoi la vie d'une entreprise est divisée en exercices d'égale durée et pourquoi les autres événements sont comptabilisés à la fin de chaque exercice au moyen d'écritures de régularisation.

La vie d'une entreprise s'étend ordinairement sur plusieurs années et ses activités se poursuivent sans interruption pendant toute cette période. Cependant, les décideurs, comme les investisseurs et les créanciers, ne peuvent attendre que l'entreprise ait cessé ses activités avant de pouvoir évaluer ses progrès financiers. Pour répondre à leurs besoins d'informations, l'entreprise doit produire périodiquement des états financiers; c'est pour cette raison que le processus comptable est basé sur le **postulat de l'indépendance des exercices**. En d'autres mots, la vie de l'entreprise est divisée en périodes égales. Les entreprises établissent donc des états financiers qui permettent de mesurer les résultats des activités de chacune de ces périodes. C'est la période de 12 mois qui est la plus couramment utilisée; on l'appelle **exercice**. Cependant, les entreprises préparent aussi des **états financiers intermédiaires** dont la publication a lieu tous les mois, tous les trois mois ou tous les six mois et qui portent le nom d'états financiers mensuels, trimestriels ou semestriels, selon le cas.

Les entreprises individuelles, les sociétés de personnes et les sociétés par actions doivent choisir comme exercice une période qui n'excède pas 12 mois consécutifs pour leur premier exercice et conserver cette date de fin d'exercice par la suite. Les entreprises dont les résultats sont peu influencés par les facteurs saisonniers choisiront le plus souvent l'année civile comme exercice. Cependant, celles dont le chiffre d'affaires subit des variations saisonnières ont avantage à choisir leur **année normale d'exploitation**. Dans ce cas, l'exercice se termine au moment où les stocks sont à leur plus bas niveau et les activités de l'entreprise au ralenti. L'année normale d'exploitation des grands magasins, par exemple, commence ordinairement le 1er février, une fois les ventes de Noël et les rabais de janvier terminés, et se termine le 31 janvier suivant. Les propriétaires des entreprises individuelles et les associés de personnes qui ont une fin d'exercice autre que le 31 décembre (l'année civile) devront cependant rajuster le revenu d'entreprise sur la base de l'année civile selon une méthode prescrite par le ministère du Revenu.

La régularisation des comptes, une nécessité avant de dresser les états financiers

À la fin d'une période ou d'un exercice, une fois que toutes les opérations ont été comptabilisées, le solde de plusieurs comptes du grand livre ne convient généralement pas pour l'établissement des états financiers, même si toutes les opérations ont été comptabilisées correctement. Les soldes des comptes sont incorrects non pas à cause d'erreurs, mais à cause de certains événements internes qui n'ont pas encore été comptabilisés.

Certains événements impliquent des coûts qui s'absorbent en fonction de l'écoulement du temps; c'est le cas du troisième compte apparaissant dans la balance de vérification de Jean Drouin, avocat, établie au chapitre 2 et reproduite au tableau 3-1, soit les assurances payées d'avance, 2 400 $. Cette somme représente les primes d'assurance pour une période de deux ans commençant le 1er décembre 1996. Cependant, le 31 décembre, le montant de 2 400 $ n'est pas celui qui doit figurer au bilan puisqu'au cours de décembre, une partie des avantages reliés à ces polices

TABLEAU 3-1 *La balance de vérification du grand livre de Jean Drouin, avocat*

JEAN DROUIN, AVOCAT
Balance de vérification
au 31 décembre 1996

Encaisse	650 $	
Fournitures de bureau non utilisées	120	
Assurances payées d'avance	2 400	
Livres de droit	2 880	
Matériel de bureau	6 880	
Fournisseurs		760 $
Honoraires reçus d'avance		3 000
Jean Drouin – Capital		9 000
Jean Drouin – Prélèvements	1 100	
Honoraires gagnés		3 900
Loyers	1 000	
Salaires	1 400	
Électricité	230	
Total	16 660 $	16 660 $

d'assurance a été reçue. Il faut donc reconnaître que l'équivalent d'un mois de couverture d'assurance a été absorbé (2 400 $ ÷ 24 = 100 $) et est devenu une charge. Seul un montant de 2 300 $ (2 400 $ − 100 $) peut être présenté comme actif au bilan, soit l'équivalent de la valeur des services futurs que procureront ces assurances. De la même manière, puisque des fournitures de bureau ont été utilisées au cours du mois, le solde réel du compte d'actif est maintenant inférieur au montant de 120 $ inscrit dans la balance de vérification. Il faudra virer dans un compte de charges la portion utilisée en décembre. De plus, les livres de droit ont une vie utile limitée dont une partie s'est écoulée en décembre. Par conséquent, l'utilisation des livres de droit implique qu'une partie du coût d'acquisition de 2 880 $ soit imputée comme charge pour le mois de décembre; le même raisonnement s'applique au matériel de bureau qui a subi une perte de valeur au cours du mois par suite de son utilisation. Afin de reconnaître ces faits, les soldes des comptes Assurances payées d'avance, Fournitures de bureau non utilisées, Livres de droit et Matériel de bureau inscrits dans la balance de vérification du 31 décembre doivent être régularisés avant que l'on puisse procéder à l'établissement des états financiers.

De plus, certains autres comptes de la balance de vérification du cabinet Jean Drouin, avocat, tels que Salaires, Honoraires reçus d'avance et Honoraires gagnés devront aussi être régularisés avant l'établissement des états financiers.

Les **écritures de régularisation** sont nécessaires pour assurer le respect des deux principes comptables suivants: la réalisation et le rapprochement des produits et des charges. Comme nous l'avons expliqué dans la deuxième partie, le principe de réalisation demande que les produits ne soient comptabilisés dans l'état des résultats qu'au moment où ils sont gagnés, pas avant ni après. Pour la majorité des

L'objet des écritures de régularisation

Objectif 2
Comprendre
les écritures
de régularisation que
requièrent le principe
de réalisation et
le principe du
rapprochement des
produits et des charges,
ainsi que l'avantage
de la comptabilité
d'exercice par rapport
à la comptabilité
de caisse.

entreprises, les produits sont comptabilisés au moment de la prestation du service ou au moment de la vente de la marchandise au client. Si, par exemple, un avocat rend des services juridiques à un client durant le mois de décembre, les honoraires doivent être comptabilisés en décembre, conformément au principe de réalisation, même si ceux-ci ont été encaissés en novembre ou encore ne le seront qu'en janvier. Il est donc nécessaire de passer une écriture de régularisation pour inscrire ces honoraires en décembre, soit au moment où les services sont rendus.

Le principe du rapprochement des produits et des charges demande que les charges soient comptabilisées dans la même période que les produits pour lesquels elles ont été engagées. Supposons, par exemple, qu'une entreprise utilise un bureau loué pour réaliser des produits durant le mois de décembre. Conformément au principe de réalisation, il faut que les produits réalisés au cours de décembre soient reconnus dans l'état des résultats du même mois. Comme l'utilisation du bureau loué a permis à l'entreprise de gagner des produits, le principe du rapprochement des produits et des charges exige que le loyer de décembre soit inscrit à l'état des résultats en même temps que les produits auxquels il a contribué, même si le paiement a été fait en novembre ou en janvier. L'écriture de régularisation sert à rapprocher les charges engagées en décembre et les produits réalisés en décembre.

La comptabilité d'exercice comparée à la comptabilité de caisse

L'entreprise qui se sert des régularisations pour comptabiliser les produits réalisés dans la période appropriée et pour rapprocher les charges s'y rapportant utilise la **comptabilité d'exercice**. La comptabilité d'exercice permet de refléter l'impact des produits sur la situation financière de l'entreprise au moment où ils sont gagnés et non pas au moment où ils sont encaissés. Le principe du rapprochement des produits et des charges exige que les charges soient comptabilisées au moment où les actifs sont utilisés pour réaliser un produit, c'est-à-dire lorsqu'ils procurent des avantages à l'entité et non lorsqu'ils sont payés.

La solution de remplacement de la comptabilité d'exercice est la **comptabilité de caisse**. Dans cette méthode, les produits d'exploitation sont comptabilisés et apparaissent à l'état des résultats de l'exercice au cours duquel ils ont été encaissés. De même, les charges d'exploitation ne sont déduites des produits d'exploitation que lorsqu'elles sont payées. Un produit réalisé en décembre, par exemple, alors que le paiement n'a été reçu du client qu'en janvier, ne nécessitera aucune écriture de régularisation pour reconnaître sa réalisation en décembre; au contraire, sa réalisation sera constatée lors de l'encaissement du paiement en janvier. Puisque les produits sont constatés lors de leur encaissement et que les charges sont comptabilisées lors du décaissement, le bénéfice net d'un exercice sera égal à la différence entre les produits encaissés et les charges décaissées.

En conclusion, le chapitre «Fondements conceptuels des états financiers» précise ce qui suit: «Les éléments constatés dans les états financiers sont comptabilisés selon la méthode de la comptabilité d'exercice. La comptabilité d'exercice consiste à constater l'effet des opérations et des faits dans l'exercice au cours duquel les opérations ont été réalisées et les faits se sont produits, qu'il y ait eu ou non transfert d'une contrepartie en espèces ou d'une autre contrepartie équivalente[1].» La comptabilité de caisse peut convenir aux entreprises dont les montants reliés aux frais payés d'avance, aux charges à payer, aux produits reçus d'avance et aux produits à recevoir sont peu importants.

---

[1] *Manuel de l'I.C.C.A.*, paragr. 1000.46, Toronto, Institut Canadien des Comptables Agréés, 1991.

La comptabilité d'exercice permet la comparaison, d'une période à l'autre, de l'information des états financiers, ce qui constitue un avantage important.

En décembre 1996, par exemple, le cabinet Jean Drouin, avocat, a payé 2 400 $ pour une couverture d'assurance de deux ans commençant le 1er décembre. Conformément à la comptabilité d'exercice, un montant de 1 200 $ sera imputé comme charge d'assurance aux résultats de 1997 (100 $ × 12 mois) et un montant de 1 100 $ aux résultats de 1998 (à raison de 100 $ chacun des onze premiers mois de l'exercice). Cette répartition de la charge d'assurance est illustrée à la figure 3-1.

Par contre, conformément à la comptabilité de caisse, la totalité de la prime d'assurance, soit 2 400 $, sera comptabilisée comme charge en décembre 1996 et la charge d'assurance sera nulle au cours des 23 mois suivants. Si des états des résultats mensuels étaient établis en suivant les règles de chacune de ces deux méthodes, la comparaison de ces états permettrait de constater que ceux préparés selon la comptabilité d'exercice montrent bien que la charge d'assurance est répartie sur la durée de la couverture. Par contre, lorsque la comptabilité de caisse est utilisée, les résultats laissent croire que le mois de décembre est moins rentable que les 23 mois suivants.

La régularisation des comptes

La régularisation des comptes exige de suivre le même processus d'analyse et de comptabilisation que celui employé pour les opérations commerciales. Ainsi, il faut analyser le solde de chaque compte et les autres événements (internes) afin de déterminer les régularisations nécessaires. Si un ajustement des comptes s'impose, une écriture de régularisation est alors prévue pour inscrire l'élément d'actif ou de passif concerné à sa valeur ainsi que le compte de charges ou de produits correspondant. Les écritures de régularisation sont ensuite inscrites dans le journal général et reportées dans le grand livre. Dans les paragraphes qui suivent, nous vous expliquerons pourquoi il est nécessaire en fin d'exercice de passer des écritures de régularisation pour inscrire les charges payées d'avance, l'amortissement, les produits reçus d'avance, les charges à payer et les produits à recevoir.

Objectif 3
Effectuer les écritures de régularisation pour porter dans les comptes les charges payées d'avance, l'amortissement, les produits reçus d'avance, les charges à payer et les produits à recevoir.

Les charges payées d'avance, l'amortissement et les produits reçus d'avance ont nécessité l'inscription d'un élément d'actif ou de passif lors de leur comptabilisation initiale. Depuis, le simple passage du temps ou des événements économiques (les services rendus ou la livraison de marchandises) ont affecté ces éléments d'actif ou de passif. Il est donc nécessaire d'effectuer des écritures de régularisation en fin d'exercice afin de reconnaître l'effet des changements survenus. Les charges à payer et les produits à recevoir qui n'ont pas donné lieu à l'inscription d'un actif et d'un passif durant l'exercice devront faire l'objet d'écritures de régularisation. Une charge sera comptabilisée au même moment que le passif tandis qu'un produit le sera au même moment que l'actif.

Les charges payées d'avance

Comme leur nom l'indique, les **charges payées d'avance** ont fait l'objet d'un décaissement avant que l'entreprise ait bénéficié du service ou des biens achetés. Lors de l'acquisition d'un bien ou d'un service, un élément d'actif est augmenté et la partie utilisée ou absorbée est périodiquement virée à un compte de charges.

FIGURE 3-1   *La répartition d'une prime d'assurance couvrant une période de 24 mois*

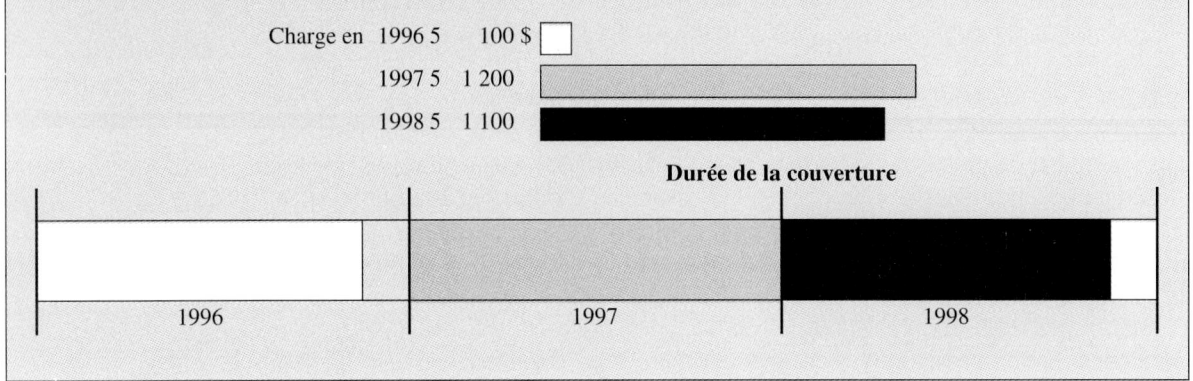

Charge en 1996 5   100 $ □

1997 5   1 200

1998 5   1 100

Durée de la couverture

| 1996 | 1997 | 1998 |

Durant le mois de décembre, par exemple, le cabinet d'avocat de Jean Drouin a payé une prime de 2 400 $ pour une assurance-responsabilité qui couvre une période de deux ans. Même si le paiement a été effectué le 26 décembre 1996, la couverture de cette police est en vigueur depuis le 1er décembre. Nous illustrons à la figure 3-1 comment cette prime d'assurance se répartira sur les exercices de 1996, 1997 et 1998. Chaque jour écoulé en décembre diminue d'autant la valeur des services futurs que procurera cette police d'assurance. Il faudra, afin de reconnaître cette perte de valeur, diminuer le montant des assurances payés d'avance d'un montant égal à la valeur des services reçus et reconnaître ce montant comme une charge de l'exercice. Ainsi, le 31 décembre, l'assurance absorbée pour le mois sera de 100 $, soit 1/24 de 2 400 $. Il est donc nécessaire de passer dans le journal général l'écriture suivante pour virer dans un compte de charges la portion de l'assurance qui a été absorbée:

		Régularisation (a)		
Déc.	31	Assurances (charge)................................	100	
		Assurances payées d'avance		100
		Pour inscrire la charge d'assurance pour le mois		
		de décembre.		

Voici les soldes des comptes de grand livre Assurances payées d'avance et Assurances après le report de cette écriture:

Assurances payées d'avance				**Assurances**		
Déc. 26	2 400	**Déc. 31**	**100**	**Déc. 31**	**100**	

Les comptes Assurances payées d'avance et Assurances ont maintenant des soldes débiteurs de 2 300 $ et de 100 $, ce qui reflète la situation qui prévaut le 31 décembre.

La répartition de la prime d'assurance entre le mois de décembre 1996 et les années 1997 et 1998 est présentée graphiquement à la figure 3-1. Elle fait ressortir les montants des régularisations qu'il faudra passer à la fin de ces deux années soit: 1 200 $ [(2 400 $ ÷ 24) × 12] pour 1997 et 1 100 $ [(2 400 ÷ 24) × 11] pour 1998.

Les fournitures de bureau non utilisées sont un autre exemple de charges payées d'avance nécessitant une écriture de régularisation. Durant le mois de décembre, le cabinet de l'avocat Jean Drouin a acheté des fournitures de bureau que la secrétaire utilise régulièrement. Les fournitures utilisées chaque jour représentent une charge d'exploitation ainsi qu'une diminution de l'actif de l'entreprise. Cependant, le comptable n'inscrit pas ce genre de charge quotidiennement parce que, d'une part, ces renseignements ne sont pas nécessaires et, d'autre part, la comptabilisation est moins onéreuse lorsque l'on attend à la fin d'une période pour comptabiliser la diminution de cette charge payée d'avance.

Il devient donc nécessaire de comptabiliser le coût des fournitures utilisées le 31 décembre, c'est-à-dire à la date de l'établissement des états financiers. Cependant, pour être en mesure de régulariser le compte Fournitures de bureau non utilisées, il faut connaître la quantité de fournitures utilisées; ce renseignement est obtenu en faisant l'inventaire des fournitures non encore utilisées. Ce montant est déduit du montant que l'on obtient en additionnant au solde du début de la période les achats de fournitures effectués durant la période. Si, par exemple, le coût des fournitures non utilisées à la fin du mois de décembre était de 75 $, le coût des fournitures utilisées pendant le mois de décembre par le cabinet serait de 45 $, soit 120 $ − 75 $. L'écriture suivante devrait être passée pour régulariser les comptes:

		Régularisation (b)		
Déc.	31	Fournitures de bureau utilisées (charge)	45	
		Fournitures de bureau non utilisées		45
		Pour inscrire le coût des fournitures utilisées pendant le mois de décembre.		

Voici les comptes Fournitures de bureau non utilisées et Fournitures de bureau utilisées après le report de cette écriture:

Fournitures de bureau non utilisées				**Fournitures de bureau utilisées**	
Déc. 26	120	**Déc. 31**	**45**	**Déc. 31**	**45**

Il arrive souvent que des biens et des services qui sont ordinairement traités comme des charges payées d'avance au moment de l'acquisition soient entièrement utilisés au cours de la même période, comme c'est le cas du loyer que l'entreprise paie au début de chaque mois. Lorsqu'un montant payé pendant une période devient entièrement une charge durant cette période, il est préférable de ne pas débiter un compte d'actif au moment du décaissement. La comptabilité est simplifiée si l'on débite directement un compte de charges au moment du décaissement.

L'amortissement

Les biens corporels à long terme qui sont utilisés par l'entreprise dans la production de biens, la vente de marchandises ou pour rendre des services sont appelés **immobilisations corporelles**. Ils comprennent entre autres les terrains, les bâtiments, le matériel, les automobiles, etc. Toutes les immobilisations corporelles, à l'exception des terrains, perdent de leur valeur à l'usage et vont finir par devenir désuets. Par conséquent, le coût de ces éléments d'actif doit être imputé aux charges en fonction de leur durée de vie utile. Le processus de répartition du coût de ces éléments d'actif est appelé **amortissement**. L'amortissement est comptabilisé au moyen d'une écriture de régularisation similaire à celle des frais payés d'avance.

Les livres de droit que possède le cabinet d'avocat de Jean Drouin, par exemple, ont coûté 2 880 $. M. Drouin estime que ces livres seront utiles pendant trois ans à partir du 1er décembre 1996, après quoi ils n'auront plus aucune utilité, donc, plus aucune valeur. D'après cette estimation, la charge d'amortissement pour le mois de décembre sera calculée de la façon suivante: 2 880 $ ÷ 36 mois = 80 $. L'écriture suivante doit être passée pour régulariser les comptes:

		Régularisation (c)		
Déc.	31	Amortissement – Livres de droit (charge)	80	
		Amortissement cumulé – Livres de droit.		80
		Pour comptabiliser l'amortissement des livres de droit pour		
		le mois de décembre.		

Après le report des montants de la régularisation, voici les soldes des comptes de grand livre: Livres de droit, Amortissement cumulé – Livres de droit et Amortissement – Livres de droit.

Livres de droit		**Amortissement – Livres de droit**	
Déc. 2 2 500		**Déc. 31 80**	
Déc. 6 380			

Amortissement cumulé – Livres de droit	
	Déc. 31 80

Les soldes des comptes Livres de droit et Amortissement cumulé – Livres de droit fournissent les montants qui se rapportent à cet élément d'actif et qui apparaîtront au bilan du 31 décembre. Le compte Amortissement – Livres de droit fournit quant à lui le montant d'amortissement qui figurera à l'état des résultats de la fin du mois de décembre.

Bien que les diminutions survenues dans la valeur d'un bien soient généralement inscrites directement au crédit du compte d'actif concerné, l'amortissement des immobilisations corporelles est traité différemment. En effet, la perte de valeur subie par les immobilisations corporelles est comptabilisée dans un **compte de contrepartie**. Un compte de contrepartie est un compte dans lequel on inscrit les sommes à déduire du solde du compte d'actif correspondant. Dans le cas présent, il s'agit du compte Amortissement cumulé – Livres de droit.

Pourquoi utilise-t-on un compte de contrepartie pour comptabiliser l'amortissement? Le compte de contrepartie permet aux utilisateurs des états financiers de connaître le coût original des immobilisations corporelles et le montant d'amortissement qui a été imputé aux résultats comme charge. Rappelez-vous que l'amortissement n'est, dans les faits, qu'une estimation de la valeur des services tirés des immobilisations corporelles. Le coût des immobilisations ainsi que l'**amortissement cumulé** qui s'y rapporte sont des informations pertinentes pour les utilisateurs des états financiers, qui peuvent mieux évaluer les capacités de production des immobilisations et le moment où il deviendra nécessaire de les remplacer. Les utilisateurs peuvent, par exemple, mieux juger de la taille et de l'âge de la bibliothèque de l'avocat Jean Drouin s'ils en connaissent le coût original, 2 880 $, et l'amortissement cumulé, 80 $. Dans cet exemple, l'amortissement cumulé indique que les livres de droit sont presque neufs.

Remarquez le mot «cumulé» que l'on retrouve dans le titre du compte de contrepartie. Il met en évidence le fait qu'on accumulera dans ce compte, pendant plusieurs périodes, les amortissements qui ont été imputés aux charges. Si les états financiers mensuels du cabinet Jean Drouin, avocat, étaient dressés au 28 février 1997, par exemple, voici les soldes qu'auraient les comptes Livres de droit et Amortissement cumulé – Livres de droit:

Livres de droit			Amortissement cumulé – Livres de droit	
Déc. 2	2 500		Déc. 3	80
6	380		Janv. 31	80
			Févr. 28	80

Ces deux comptes apparaissent de la façon suivante dans le bilan au 28 février 1997:

Livres de droit...................	2 880 $	
Moins: Amortissement cumulé.....	240	2 640 $

Le matériel de bureau du cabinet Jean Drouin, avocat, est une autre immobilisation corporelle qui doit être amortie. Au début de décembre, M. Drouin a acheté du matériel de bureau pour 5 600 $ et 1 280 $. Supposons que le matériel de bureau ait une durée de vie utile de quatre ans et qu'après cette période, on estime que celui-ci pourrait être vendu 880 $. La valeur des services futurs que procurera ce matériel est de 6 000 $, soit le coût d'acquisition, 6 880 $, duquel il faut déduire les 880 $ de valeur résiduelle. Basée sur cette évaluation, la **dotation aux amortissements** du matériel de bureau imputée pour le mois de décembre sera calculée de la façon suivante: 6 000 $ ÷ 48 mois = 125 $. L'écriture suivante doit être passée pour régulariser les comptes:

		Régularisation (d)		
Déc.	31	Amortissement – Matériel de bureau	125	
		Amortissement cumulé – Matériel de bureau		125
		Pour comptabiliser l'amortissement du matériel de bureau		
		pour le mois de décembre.		

Voici le compte Matériel de bureau ainsi que les deux comptes connexes après le report de cette écriture:

Matériel de bureau			Amortissement – Matériel de bureau	
Déc. 3	5 600		Déc. 31	125
6	1 280			

Amortissement cumulé – Matériel de bureau	
Déc. 31	125

Les produits reçus d'avance

L'argent qu'une entreprise reçoit pour des marchandises qu'elle n'a pas encore livrées ou des services qu'elle n'a pas encore rendus est un **produit reçu d'avance**. Le 15 décembre, l'avocat Jean Drouin a conclu une entente avec un client en vertu de laquelle il s'engage à fournir des avis légaux moyennant des honoraires de 500 $ par mois. Le 26 décembre, M. Drouin a reçu la somme de 3 000 $ pour les services à rendre à son client durant les six mois à partir du 15 décembre. Le comptable a enregistré cet encaissement de la façon suivante:

Déc.	26	Encaisse	3 000	
		Honoraires reçus d'avance		3 000
		Pour inscrire les honoraires reçus d'avance.		

L'encaissement de ces honoraires a augmenté l'encaisse du cabinet d'avocat ainsi que son passif par suite de l'obligation qu'il a contractée de fournir des avis légaux pendant une période de six mois. Cependant, le travail effectué du 15 au 31 décembre a permis à M. Drouin de gagner 250 $ du montant encaissé le 26 décembre et de réduire son passif d'autant. L'application du principe de réalisation demande de reconnaître la portion des honoraires gagnés dans l'état des résultats du mois de décembre; par conséquent, il est nécessaire de passer l'écriture de régularisation suivante:

		Régularisation (e)		
Déc.	31	Honoraires reçus d'avance	250	
		Honoraires gagnés		250
		Pour inscrire les honoraires gagnés en décembre.		

Voici les comptes Honoraires reçus d'avance et Honoraires gagnés après le report de cette écriture:

Honoraires reçus d'avance				**Honoraires gagnés**		
Déc. 31	**250**	Déc. 26	3 000	Déc. 10	2 200	
				12	1 700	
				31	**250**	

Par cette écriture, un montant de 250 $ est transféré du compte Honoraires reçus d'avance au compte Honoraires gagnés. Elle réduit donc le passif de 250 $ et augmente les produits d'exploitation du même montant.

Les charges à payer

Le comptable inscrit la plupart des charges d'exploitation au moment où elles sont acquittées. Cependant, à la fin d'une période, il peut y avoir des charges d'exploitation qui ont été engagées pendant l'exercice mais qui ne sont ni payées ni encore comptabilisées parce que la date de règlement n'est pas encore survenue. On appelle ces charges des **charges à payer**. À la fin d'une période, les salaires impayés pour du travail effectué par les employés sont l'exemple le plus courant d'une charge à payer.

Le salaire de la secrétaire de l'avocat Jean Drouin s'élève, par exemple, à 350 $ pour cinq jours de travail par semaine, soit 70 $ par jour. Ce salaire est versé tous les deux vendredis. Les salaires payés les vendredis 12 et 26 décembre sont reflétés dans les comptes du grand livre de la façon suivante:

Encaisse			Salaires		
Déc. 12	700		Déc. 12	700	
26	700		26	700	

En se référant au calendrier du mois de décembre présenté ci-contre, nous constatons que la secrétaire a travaillé les 29, 30 et 31 décembre. Le 31 décembre, le cabinet d'avocat Jean Drouin doit donc trois jours de salaire à la secrétaire, jours qui ne lui seront payés qu'au mois de janvier. Cependant, même si cette somme de 210 $ (70 $ $\times$ 3 jours) n'a pas encore été enregistrée comme charge parce qu'elle n'a pas été payée, il n'en demeure pas moins qu'elle constitue une charge d'exploitation du mois de décembre au même titre que les 1 400 $ de salaire comptabilisés en décembre. Donc, les salaires non encore acquittés le 31 décembre constituent effectivement une dette. Il est donc nécessaire de passer l'écriture de régularisation suivante dans le journal général pour refléter correctement les charges d'exploitation dans les livres du cabinet de l'avocat Jean Drouin:

Décembre
D L M M J V S
1 2 3 4 5 6
7 8 9 10 11 12 13
14 15 16 17 18 19 20
21 22 23 24 25 26 27
28 29 30 31

		Régularisation (f)		
Déc.	31	Salaires	210	
		Salaires à payer		210
		Pour comptabiliser les salaires non payés le 31 décembre.		

Voici les comptes Salaires et Salaires à payer après le report de cette écriture:

Salaires			Salaires à payer		
Déc. 12	700			Déc. 31	210
26	700				
31	**210**				

Les intérêts à payer sur un emprunt à la fin d'un exercice sont un autre exemple typique d'une charge à payer pour laquelle il faut passer une écriture de régularisation.

Les intérêts débiteurs (la charge) s'accroissent uniformément au cours de la durée entière de l'emprunt. Par conséquent, si les intérêts n'ont pas été payés et comptabilisés le dernier jour de l'exercice, il faut inscrire une charge additionnelle d'intérêts qui correspond au montant accumulé depuis la date à laquelle l'intérêt a été payé la dernière fois. La comptabilisation de la charge additionnelle d'intérêts nécessite une écriture similaire à celle effectuée pour inscrire les salaires à payer.

Les produits à recevoir

De nombreux produits sont comptabilisés au moment où un montant d'argent est encaissé. D'autres sont comptabilisés quand les marchandises ou les services vendus à crédit sont facturés au client. Cependant, à la fin d'une période comptable ou d'un exercice, il peut arriver que des produits n'aient pas encore été comptabilisés, même s'ils ont été gagnés. Un produit gagné, mais pour lequel l'entreprise n'a pas encore

Johanne Paradis, comptable chez Image enr., s'apprête à passer les écritures de régularisation à la fin de la première année d'exploitation de l'entreprise lorsque le propriétaire la fait venir à son bureau. Il commence par remettre en question le bien-fondé des écritures permettant d'inscrire les charges à payer à la fin de l'exercice. Puis, il soutient sa demande de ne pas les passer par le fait que les factures ne seront pas reçues avant janvier ou même février. Il lui affirme qu'elle n'a pas à les inclure dans les charges de l'exercice qui vient de se terminer.

De plus, le propriétaire lui demande de lui préciser l'impact qu'aura sur les produits de l'exercice le contrat de vente avec la société Lebrun ltée qui a été signé juste avant la fin d'exercice. Johanne explique que les ventes reliées à ce contrat n'augmenteront pas les produits de l'exercice terminé en décembre, car les marchandises ne seront livrées qu'au cours du prochain exercice. Le propriétaire exaspéré dit à Johanne de tenir compte de ces ventes, car le contrat a été signé avant la fin de l'exercice et l'entreprise avait en stock toutes les mar-

chandises nécessaires pour répondre à cette demande. Il ajoute que la livraison n'a pas été faite en décembre parce que le client ne voulait recevoir ces marchandises qu'en janvier.

Johanne connaît l'effet combiné de ces deux décisions; ne pas inscrire les charges à payer et inscrire les ventes à la société Lebrun ltée augmenteront substantiellement le bénéfice net du premier exercice de l'entreprise. Elle ne sait pas quoi faire. De plus, elle craint la réaction des vérificateurs lorsqu'ils examineront les écritures de régularisation. Que lui conseilleriez-vous?

reçu le paiement, est appelé un **produit à recevoir**. Supposons, par exemple, que le 20 décembre, le cabinet de l'avocat Jean Drouin ait accepté par contrat de fournir des conseils juridiques moyennant des honoraires de 600 $ par mois payables le 20e jour du mois qui suit celui où le travail a été fait. Le 31 décembre, l'avocat Jean Drouin a gagné un tiers des honoraires mensuels de décembre (du 20 au 31 décembre), soit 200 $. Le principe de réalisation demande que ce montant figure dans l'état des résultats de décembre. L'écriture de régularisation suivante s'avère donc nécessaire:

		Régularisation (g)		
Déc.	31	Clients	200	
		Honoraires gagnés		200
		Pour inscrire des honoraires gagnés au cours du mois.		

Voici les comptes Clients et Honoraires gagnés après le report de cette écriture.

Clients					Honoraires gagnés		
Déc. 12	1700	Déc. 22	1 700		Déc. 10	2 200	
31	**200**				12	1 700	
					31	250	
					31	**200**	

Précédemment, nous avons mentionné que les intérêts à payer étaient un exemple typique de charges à payer. De même, les intérêts à recevoir sont des produits à recevoir qui devront être enregistrés au moyen d'une écriture de régularisation. Si, à la fin d'un exercice, l'entreprise a des effets à recevoir ou des comptes clients portant intérêts, il faut comptabiliser les intérêts à recevoir depuis la dernière date où ils ont été encaissés au moyen d'une écriture de régularisation.

TABLEAU 3-2   *Les comptes après régularisation du grand livre de Jean Drouin, avocat*

Actif				=	Passif				+	Capitaux propres		
Encaisse					**Fournisseurs**					**Jean Drouin – Capital**		

Actif — Encaisse				Passif — Fournisseurs				Capitaux propres — Jean Drouin – Capital		
(1)	9 000	(2)	2 500	(10)	900	(4)	1 660		(1)	9 000
(5)	2 200	(3)	5 600	Total	900	Total	1 660			
(9)	1 700	(6)	1 000				−900			
(12)	3 000	(7)	700							
		(10)	900			Solde	760			
		(11)	1 100							
		(13)	2 400							
		(14)	120							
		(15)	230							
		(16)	700							

Jean Drouin – Prélèvements

(11)	1 100		

Encaisse totaux				Honoraires reçus d'avance			
Total	15 900	Total	15 250	(e)	**250**	(12)	3 000
	−15 250			Total	250	Total	3 000
							−250
Solde	650						
						Solde	2 750

Honoraires gagnés

		(5)	2 200
		(8)	1 700
		(e)	**250**
		(g)	**200**
		Solde	4 350

Clients

(8)	1 700	(9)	1 700
(g)	**200**		
Total	1 900	Total	1 700
	−1 700		
Solde	200		

Salaires à payer

		(f)	**210**

Loyers

(6)	1 000		

Fournitures de bureau non utilisées

(14)	120	**(b)**	**45**
Solde	75		

Salaires

(7)	700		
(16)	700		
(f)	**210**		
Solde	1 610		

Assurances payées d'avance

(13)	2 400	**(a)**	**100**
Solde	2 300		

Électricité

(15)	230		

Livres de droit

(2)	2 500		
(4)	380		
Solde	2 880		

Assurances

(a)	**100**		

Amortissement cumulé – Livres de droit

		(c)	**80**

Fournitures de bureau utilisées

(b)	**45**

Matériel de bureau

(3)	5 600		
(4)	1 280		
Solde	6 880		

Amortissement – Livres de droit

(c)	**80**

Amortissement cumulé – Matériel de bureau

		(d)	**125**

Amortissement – Matériel de bureau

(d)	**125**

La balance de vérification régularisée

La balance de vérification dressée avant la régularisation des comptes est une **balance de vérification non régularisée** ou tout simplement une balance de vérification. La balance de vérification dressée après la régularisation des comptes est une **balance de vérification régularisée**. Le tableau 2-5 du chapitre précédent montrait la balance de vérification non régularisée, tandis que le tableau 3-3 présente une balance de vérification régularisée établie en date du 31 décembre 1996 pour le cabinet de l'avocat Jean Drouin. Cette balance de vérification régularisée a été établie avec les soldes des comptes du grand livre présentés au tableau 3-2. Dans les comptes, on retrouve les opérations précédées d'un chiffre, les régularisations précédées d'une lettre, comme cela est expliqué dans les paragraphes précédents, ainsi que les soldes régularisés.

L'établissement des états financiers à partir d'une balance de vérification régularisée

Objectif 4 Illustrer les effets des écritures de régularisation sur la balance de vérification non régularisée et établir les états financiers à l'aide de la balance de vérification régularisée.

La balance de vérification régularisée fournit tous les montants qui serviront à l'établissement du bilan et de l'état des résultats. Lorsqu'elle est utilisée pour établir les états financiers, on commence par la préparation de l'état des résultats, car il est nécessaire de connaître le bénéfice net pour préparer par la suite l'état de l'avoir du propriétaire.

    Le tableau 3-3 met en évidence le lien qui existe entre, d'une part, la balance de vérification régularisée et, d'autre part, les états des résultats et de l'avoir du propriétaire. De plus, elle fait ressortir la présentation adoptée pour les produits et les charges d'exploitation dans l'état des résultats. Pour préparer l'état de l'avoir du propriétaire, vous devrez probablement vous référer au grand livre afin de déterminer les changements survenus dans le compte Capital depuis le début de l'exercice et déterminer le montant des investissements faits par le propriétaire au cours de l'exercice.

    Le tableau 3-4, quant à lui, fait le lien entre les éléments de l'actif, du passif et des capitaux propres que l'on retrouve dans la balance de vérification régularisée et leur présentation dans le bilan. Le bilan est préparé une fois que le solde de fin d'exercice du compte Capital a été établi au moyen de l'état de l'avoir du propriétaire.

L'élimination des soldes des comptes inscrits par régularisation

Objectif 5 Inscrire les encaissements et les décaissements des produits à recevoir et des charges à payer ayant fait l'objet d'une écriture de régularisation.

Les charges à payer

La régularisation du compte Salaires dont il a été question précédemment a donné lieu à une écriture de journal général pour comptabiliser les salaires gagnés par la secrétaire les 29, 30 et 31 décembre:

Déc.	31	Salaires	210	
		Salaires à payer		210
		Pour comptabiliser les salaires non encore payés		
		au 31 décembre.		

Lors du paiement des salaires, le 9 janvier, le comptable doit passer l'écriture suivante:

Janv.	9	Salaires à payer	210	
		Salaires	490	
		Encaisse		700
		Pour comptabiliser les salaires de deux semaines.		

TABLEAU 3-3   *L'utilisation de la balance de vérification régularisée pour la préparation de l'état des résultats et de l'état de l'avoir du propriétaire*

JEAN DROUIN, AVOCAT
Balance de vérification régularisée
au 31 décembre 1996

Encaisse	650 $	
Clients	200	
Fournitures de bureau non utilisées	75	
Assurances payées d'avance	2 300	
Livres de droit	2 880	
Amortissement cumulé – Livres de droit		80 $
Matériel de bureau	6 880	
Amortissement cumulé – Matériel de bureau		125
Fournisseurs		760
Honoraires reçus d'avance		2 750
Salaires à payer		210
Jean Drouin – Capital		9 000
Jean Drouin – Prélèvements	1 100	
Honoraires gagnés		4 350
Loyers	1 000	
Salaires	1 610	
Électricité	230	
Assurances	100	
Fournitures de bureau utilisées	45	
Amortissement – Livres de droit	80	
Amortissement – Matériel de bureau	125	
Total	17 275 $	17 275 $

JEAN DROUIN, AVOCAT
État des résultats
pour le mois terminé le 31 décembre 1996

Produits d'exploitation:		
Honoraires gagnés		4 350 $
Charges d'exploitation:		
Loyers	1 000	
Salaires	1 610	
Électricité	230	
Assurances	100	
Fournitures de bureau utilisées	45	
Amortissement – Livres de droit	80	
Amortissement – Matériel de bureau	125	
Total des charges d'exploitation		3 190
Bénéfice net		1 160 $

JEAN DROUIN, AVOCAT
État de l'avoir du propriétaire
pour le mois terminé le 31 décembre 1996

Jean Drouin – Capital au 30 novembre 1996		0 $
Plus:		
Investissements du propriétaire	9 000	
Bénéfice net	1 160	
Total		10 160
		10 160
Moins:		
Prélèvements du propriétaire		1 100
Jean Drouin – Capital au 31 décembre 1996		9 060 $

TABLEAU 3-4   *L'établissement du bilan d'après les données de la balance de vérification régularisée*

JEAN DROUIN, AVOCAT
Balance de vérification régularisée
au 31 décembre 1996

Encaisse	650 $	
Clients	200	
Fournitures de bureau non utilisées	75	
Assurances payées d'avance	2 300	
Livres de droit	2 880	
Amortissement cumulé – Livres de droit		80 $
Matériel de bureau	6 880	
Amortissement cumulé – Matériel de bureau		125
Fournisseurs		760
Honoraires reçus d'avance		2 750
Salaires à payer		210
Jean Drouin – Capital		9 000
Jean Drouin – Prélèvements	1 100	
Honoraires gagnés		4 350
Loyers	1 000	
Salaires	1 610	
Électricité	230	
Assurances	100	
Fournitures de bureau utilisées	45	
Amortissement – Livres de droit	80	
Amortissement – Matériel de bureau	125	
Total	17 275 $	17 275 $

JEAN DROUIN, AVOCAT
Bilan
au 31 décembre 1996

Actif

Encaisse			650 $
Clients			200
Fournitures de bureau non utilisées			75
Assurances payées d'avance			2 300
Livres de droit	2 880		
Amortissement cumulé – Livres de droit	80		2 800
Matériel de bureau	6 880		
Amortissement cumulé – Matériel de bureau	125		6 755
Total de l'actif			12 780 $

Passif

Fournisseurs	760 $	
Honoraires reçus d'avance	2 750	
Salaires à payer	210	
Total du passif		3 720 $

Avoir du propriétaire

Jean Drouin – Capital au 31 décembre 1996		9 060
Total du passif et de l'avoir du propriétaire		12 780 $

Provient de l'état de l'avoir du propriétaire

Le montant de 210 $ inscrit au débit du compte Salaires à payer annule la dette inscrite le 31 décembre, laquelle correspond aux salaires des trois derniers jours de travail de l'année. Le second débit, au montant de 490 $, sert à comptabiliser la charge de salaires des sept premiers jours de travail du mois de janvier. La somme de 700 $ portée au crédit du compte Encaisse reflète les salaires versés à la secrétaire le 9 janvier.

Les produits à recevoir

Le 20 décembre, l'avocat Jean Drouin s'est engagé à fournir des services juridiques à un client moyennant des honoraires de 600 $ par mois. Le 31 décembre, pour reconnaître la réalisation du tiers des honoraires mensuels, il a été nécessaire de régulariser les comptes en passant l'écriture suivante:

Déc.	31	Clients	200	
		Honoraires gagnés		200
		Pour inscrire des honoraires gagnés en décembre.		

Le 20 janvier, lorsque le cabinet d'avocat encaissera les honoraires versés par le client, le comptable devra passer l'écriture suivante dans le journal général:

Janv.	20	Encaisse	600	
		Clients		200
		Honoraires gagnés		400
		Pour inscrire les honoraires reçus aujourd'hui.		

La somme de 200 $ portée au crédit du compte Clients a pour objet de comptabiliser le recouvrement des honoraires à recevoir à la fin de décembre. Le second crédit, au montant de 400 $, assure l'inscription des honoraires gagnés au cours des 20 premiers jours de janvier.

Les bilans que nous avons présentés jusqu'à maintenant (au tableau 3-4, par exemple) peuvent être décrits comme des bilans non ordonnés. Cela signifie qu'aucun effort n'a été fait dans leur présentation pour distinguer les éléments d'actif et de passif à court terme de ceux à long terme. Cependant, un bilan est plus utile si les divers éléments de l'actif et du passif sont classés de sorte que les postes similaires sont regroupés. Un **bilan ordonné** permet à son utilisateur de mieux évaluer la situation financière de l'entreprise puisque les éléments d'actif sont classés selon un critère de liquidité décroissante et les éléments du passif, selon un critère d'exigibilité décroissante. Il peut ainsi mieux déterminer si l'entreprise aura suffisamment de liquidités pour acquitter ses dettes au moment où elles deviendront exigibles.

Les entreprises n'utilisent pas toutes la même façon d'ordonner les postes d'actif et de passif à leur bilan. Cependant, la plupart utilisent la présentation illustrée au tableau 3-5. Les éléments d'actif sont regroupés sous les sections suivantes: 1) Actif à court terme, 2) Placements à long terme, 3) Immobilisations corporelles et 4) Immobilisations incorporelles. Les postes du passif sont regroupés sous les sections suivantes: 1) Passif à court terme et 2) Passif à long terme. Nous aborderons les caractéristiques de chacune de ces sections dans les paragraphes suivants.

Le bilan ordonné

Objectif 6 Déterminer les différentes sections du bilan et y classer les éléments de l'actif et du passif afin de préparer un bilan ordonné.

TABLEAU 3-5 *Le bilan ordonné*

JACOB ENR.
Bilan
au 31 décembre 1996

Actif

Actif à court terme:

Encaisse.	1 050 $	
Placement à court terme	2 145	
Clients	3 961	
Effets à recevoir	600	
Stock	10 248	
Assurances payées d'avance	405	
Total de l'actif à court terme		18 409

Placements à long terme:

Actions ordinaires – Chrysler ltée.	2 400	
Terrain détenu à des fins spéculatives	8 000	
Total des placements à long terme		10 400

Immobilisations corporelles:

Matériel de magasin	3 200		
Moins: Amortissement cumulé	800	2 400	
Bâtiments:	70 000		
Moins: Amortissement cumulé	18 400	51 600	
Terrain:		24 200	
Total des immobilisations corporelles		78 200	

Immobilisations incorporelles:

Franchise		10 000
Total de l'actif		117 009 $

Passif

Passif à court terme:

Fournisseurs	2 715 $	
Salaires à payer	480	
Effets à payer	3 000	
Tranche de la dette à long terme		
échéant dans moins d'un an	1 200	
Total du passif à court terme	7 395	

Passif à long terme:

Effets à payer	48 800	
Total du passif		56 195 $

Avoir du propriétaire

Samuel Jacob – Capital au 31 décembre 1996	60 814
Total du passif et de l'avoir du propriétaire	117 009 $

L'actif à court terme

L'actif à court terme comprend l'encaisse ainsi que les éléments d'actif qui seront vraisemblablement convertis en argent, vendus ou utilisés, le plus souvent au cours d'une période d'un an ou pendant le **cycle d'exploitation** si celui-ci excède un an. En plus de l'encaisse, l'actif à court terme est habituellement composé des placements à court terme, des comptes clients, des effets à recevoir, des marchandises destinées à la revente (stock) et des charges payées d'avance.

Le cycle d'exploitation d'une entreprise dépend de la nature de ses activités. Pour une entreprise de services, le cycle d'exploitation correspond à la période qui s'écoule entre le moment où les salaires sont versés aux employés qui rendent les services et celui du recouvrement des produits d'exploitation provenant de ces services. Pour une entreprise commerciale, le cycle d'exploitation est la période de temps qui s'écoule entre l'acquisition des marchandises et le recouvrement du produit d'exploitation provenant de leur vente. La figure 3-2 illustre le cycle d'exploitation normal d'une entreprise de services et d'une entreprise commerciale. Dans la plupart des cas, la durée du cycle d'exploitation des entreprises est inférieure à une année et c'est pour cette raison qu'elles utilisent la période d'une année pour classifier leurs éléments d'actif à court terme. Il arrive cependant que certaines entreprises aient un cycle d'exploitation qui excède un an. Les distributeurs de vins peuvent, par exemple, conserver des vins durant plusieurs années dans leurs entrepôts; ces vins doivent vieillir avant d'être prêts pour la vente. Par conséquent, pour ces entreprises, la durée du cycle d'exploitation servira à déterminer les éléments qui feront partie des éléments à court terme et ceux qui feront partie des éléments à long terme.

Revenons au tableau 3-5: remarquez que les postes de l'actif à court terme apparaissent en premier dans le bilan parce que l'on prévoit qu'ils seront convertis en encaisse plus facilement et plus rapidement que les autres éléments de l'actif. En d'autres mots, les **éléments d'actif à court terme** sont plus liquides que les autres. De plus, vous noterez que les éléments de l'actif à court terme apparaissent dans un ordre qui est fonction de leur liquidité, c'est-à-dire les plus liquides en premier et les moins liquides en dernier. Ce sont les charges payées d'avance qui figurent comme tout dernier élément de l'actif à court terme. Contrairement aux autres éléments de cette section du bilan, les charges payées d'avance ne seront pas converties en espèces. Malgré cela, on les inclut dans les éléments de l'actif à court terme, car on considère que la somme payée d'avance représente pour l'entreprise une réduction des décaissements qu'elle devra faire au cours d'exercices futurs.

Les charges payées d'avance sont rarement un montant important dans le bilan des entreprise; c'est pour cette raison qu'habituellement, elles apparaissent dans le bilan, regroupées sous le titre Charges payées d'avance. Les charges payées d'avance peuvent comprendre, entre autres, les assurances payées d'avance, les fournitures de bureau non utilisées et les fournitures de magasin non utilisées.

Les placements

Le deuxième groupe d'éléments d'actif du bilan sont les placements. Ils incluent, entre autres, les actions, les obligations et les billets. Ils ont comme caractéristique de procurer des avantages à long terme à l'entreprise. Cela signifie que l'entreprise n'a pas l'intention de disposer de ces éléments d'actif au cours de la prochaine année ou du prochain cycle d'exploitation s'il excède un an. Les placements

FIGURE 3-2 *Le cycle d'exploitation d'une entreprise*

Entreprise de services

L'encaisse

L'encaisse est utilisée pour payer les salaires des employés qui rendent les services.

Les comptes clients redeviennent de l'encaisse au moment du paiement par les clients.

Les services sont rendus à crédit à des clients.

Entreprise commerciale

L'encaisse

L'encaisse est utilisée pour payer des marchandises.

Les comptes clients redeviennent de l'encaisse au moment du paiement par les clients.

Les marchandises sont vendues à crédit à des clients.

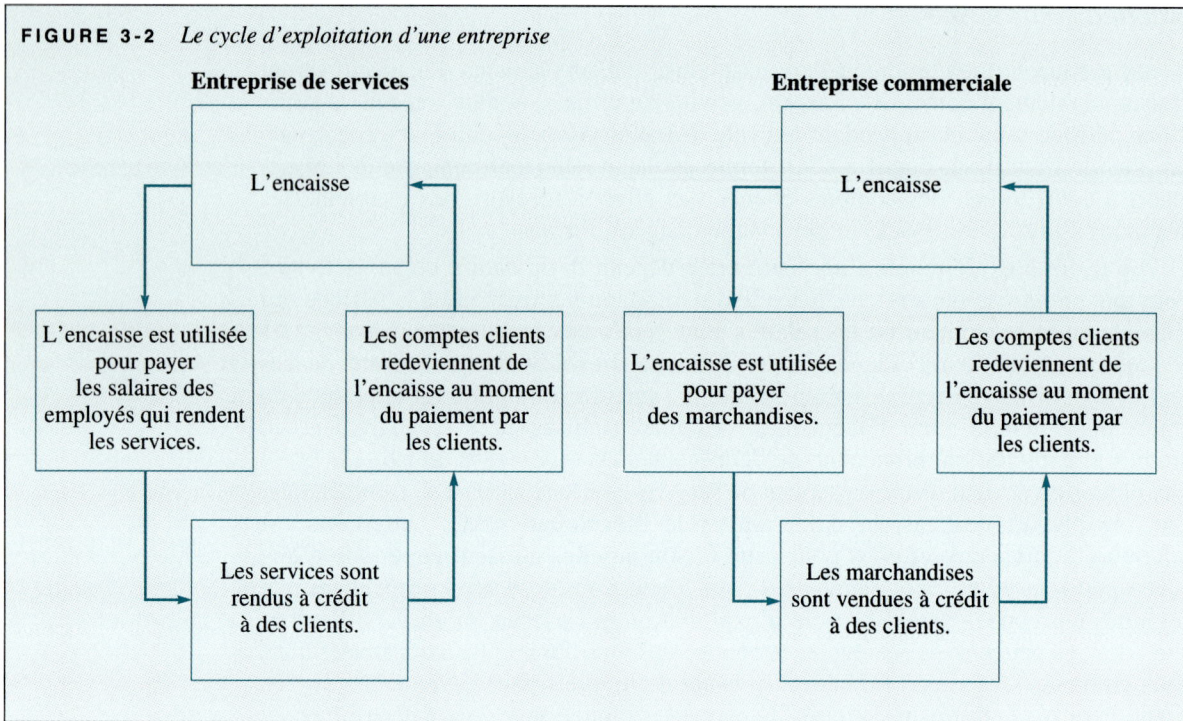

incluent aussi un terrain qu'une entreprise possède à des fins spéculatives, puisqu'il n'est pas utilisé dans le cours normal de son exploitation. Le tableau 3-5 fait ressortir que les placements détenus à titre temporaire et qui seront vendus au moment où l'entreprise aura besoin de liquidités sont inclus dans l'actif à court terme et non dans les placements à long terme. Nous vous expliquerons plus en détail les différences entre les placements à court terme et à long terme dans un chapitre ultérieur.

Les immobilisations corporelles

Au début du chapitre, nous avons décrit les immobilisations corporelles comme étant des éléments d'actif à long terme utilisés dans la production ou la vente de biens ou la prestation de services. Ils comprennent les bâtiments, le matériel, les terrains, etc., c'est-à-dire les biens qu'une entreprise utilise pour son exploitation et qui ont une durée relativement longue. Un terrain détenu par une entreprise à des fins spéculatives ne sera pas inclus avec les immobilisations corporelles, car il ne sert pas à l'exploitation de l'entreprise.

Les termes actif immobilisé et actif corporel sont parfois utilisés au lieu d'immobilisations corporelles; cependant, dans ce manuel, nous nous en tiendrons le plus souvent à la dernière désignation. Dans le bilan, l'ordre de présentation des différents éléments faisant partie des immobilisations corporelles importe peu.

Les immobilisations incorporelles

Les avantages économiques qui n'ont pas d'existence physique sont des éléments d'actif qu'on appelle **immobilisations incorporelles**. Leurs valeurs proviennent des privilèges ou des droits qu'elles confèrent à leur propriétaire. Font partie des immobilisations incorporelles le fonds commercial, qu'on appelle aussi achalandage, les brevets d'invention, les marques de commerce, les droits d'auteurs et les franchises.

Le passif à court terme

Les dettes que l'entreprise devra acquitter à brève échéance, habituellement au cours de la prochaine année ou du prochain cycle d'exploitation s'il excède un an, apparaissent dans le passif à court terme. Le règlement des éléments du passif à court terme nécessitera l'utilisation des ressources faisant partie de l'actif à court terme ou donnera lieu à la création de nouveaux **éléments de passif à court terme**. Les principaux postes du passif à court terme sont les fournisseurs, les effets à payer, les salaires à payer, les impôts à payer, les intérêts à payer et les produits reçus d'avance. Les dettes à long terme nécessitent des paiements périodiques. Ces versements, devant être effectués au cours des 12 prochains mois ou du cycle d'exploitation s'il excède un an, doivent être inclus dans le passif à court terme. Le tableau 3-5 montre les éléments habituels du passif à court terme. L'ordre dans lequel figurent ces diverses dettes peut varier d'une entreprise à l'autre.

Les produits reçus d'avance doivent faire partie du passif à court terme parce que leur règlement nécessite normalement l'utilisation d'un actif à court terme. Ainsi, les sommes reçues d'avance des clients ne deviendront des produits d'exploitation que lorsque l'entreprise aura livré les marchandises ou rendu les services, ce qui réduira effectivement l'actif à court terme.

Le passif à long terme

Le **passif à long terme** constitue le deuxième groupe de passif. Les dettes qui figurent dans ce groupe ne feront pas l'objet d'un règlement au cours des 12 prochains mois ou du prochain cycle d'exploitation si la durée de celui-ci excède un an. Les principaux postes que l'on retrouve à la section passif à long terme sont les effets à payer, les emprunts obligataires et les emprunts hypothécaires. Habituellement, les effets à payer à court terme et ceux à long terme sont comptabilisés dans des comptes différents afin de s'assurer qu'ils seront présentés dans la section appropriée du passif.

Cette rubrique du bilan variera selon la forme juridique de l'entreprise, c'est-à-dire selon qu'elle est une entreprise individuelle, une société de personnes ou une société par actions.

Les capitaux propres dans le bilan

L'entreprise individuelle et la société de personnes

L'entreprise individuelle appartient à une seule personne et cette caractéristique se reflète à la section Avoir du propriétaire. Cet avoir figure sur une seule ligne où apparaît le nom du propriétaire, la date du bilan et le montant du capital, comme le montre le tableau 3-4, où on peut lire «Jean Drouin – Capital au 31 décembre 1996, 9 060 $». Dans les cas inhabituels où le total des éléments du passif excède celui des éléments de l'actif, le montant négatif (ou débiteur) apparaît entre parenthèses et est soustrait du total des éléments de passif.

Quand l'entreprise est une société de personnes, des comptes distincts sont utilisés pour l'avoir et les prélèvements de chacun des associés. Les changements survenus dans le capital des associés sont présentés dans un état similaire à l'état de l'avoir du propriétaire appelé état de l'avoir des associés. À la section Avoir des associés du bilan, il faut faire figurer séparément l'avoir de chacun des associés de la façon suivante:

Avoir des associés		
Rébecca Martin – Capital.	17 300 $	
Marc Soucy – Capital.	24 800	
Total de l'avoir des associés.		42 100 $

La société par actions

Une société par actions est régie soit par une loi fédérale, soit par une loi provinciale. Ces lois exigent que l'on fasse une distinction entre les montants investis par les actionnaires et les augmentations ou les diminutions de l'avoir par suite des bénéfices nets, des pertes et des déclarations de **dividende**. Les sommes investies par les actionnaires font partie du capital d'apport alors que l'accumulation de l'excédent des bénéfices nets sur les pertes et les dividendes s'appelle **bénéfices non répartis**. (Un dividende est une partie des bénéfices non répartis qu'une société par actions distribue le plus souvent **en espèces** à ses actionnaires en proportion des actions que ceux-ci détiennent.) Tout comme un prélèvement, le dividende en espèces a pour effet de réduire, d'une part, l'actif à court terme et, d'autre part, l'avoir des actionnaires. Le bilan des sociétés par actions montre généralement l'avoir des actionnaires de la façon suivante:

Avoir des actionnaires		
Capital-actions ordinaire.	400 000 $	
Bénéfices non répartis.	124 000	
Total de l'avoir des actionnaires.		524 000 $

Lorsqu'une société par actions n'a qu'une catégorie d'actions, il est question d'actions ordinaires (d'autres catégories d'actions seront présentées plus loin). Le montant de 400 000 $ représente le montant que les actionnaires ont investi dans la société par l'achat d'actions de son **capital-actions**. Les bénéfices non répartis de 124 000 $ représentent l'augmentation de l'avoir des actionnaires, provenant de l'excédent des bénéfices sur les pertes, desquels on a soustrait les dividendes versés aux actionnaires.

La présentation du bilan

Le bilan peut être présenté de deux façons ainsi que l'illustrent les tableaux 1-2 et 3-4. Le tableau 1-2 fait ressortir l'égalité qui doit exister entre le total de l'actif et le total du passif et de l'avoir du propriétaire. Cette présentation, appelée disposition horizontale du bilan, s'étend généralement sur deux pages; la première est réservée à l'actif et la deuxième, au passif et à l'avoir du propriétaire.

Le deuxième mode de présentation, appelé disposition verticale (voir le tableau 3-4), n'utilise qu'une page sur laquelle le passif et l'avoir du propriétaire apparaissent immédiatement au-dessous de l'actif. En pratique, ces deux formes de présentation sont utilisées et aussi valables l'une que l'autre.

Dans les chapitres précédents, nous nous sommes contentés de numéroter consécutivement les comptes du grand livre. Cette façon de procéder suffit pour une petite entreprise. Cependant, lorsque le système comptable est plus complexe, les comptes du grand livre sont identifiés au moyen d'un code qui prend en considération leur nature. On peut utiliser, par exemple, un code formé de trois chiffres, et leur donner à chacun une signification particulière. Dans l'exemple suivant, le premier chiffre indique une section donnée du bilan ou de l'état des résultats. Les comptes commençant par le chiffre 1 désignent les comptes de l'actif. Ceux-ci seront donc regroupés de 101 à 199. Le chiffre 2 désigne les comptes du passif, regroupés de 201 à 299. Les exemples suivants indiquent les regroupements les plus fréquemment utilisés:

> ## La codification des comptes du grand livre

101 à 199 – Les comptes de l'actif;

201 à 299 – Les comptes du passif;

301 à 399 – Les comptes de l'avoir du propriétaire;

401 à 499 – Les comptes de produits d'exploitation;

501 à 599 – Le compte Coût des marchandises vendues et les autres comptes connexes;

601 à 699 – Les comptes de charges d'exploitation;

701 à 799 – Les comptes de produits accessoires et de gains inhabituels;

801 à 899 – Les comptes de charges accessoires et de pertes inhabituelles.

Le premier chiffre sert donc à distinguer les comptes du bilan de ceux de l'état des résultats. Le deuxième chiffre du code peut être utilisé afin de classer les comptes d'une façon précise ainsi que le démontrent les exemples suivants:

101 à 199 – Les comptes de l'actif:

> 101 à 139 – Les éléments de l'actif à court terme (deuxième chiffre du code – chiffres 0, 1, 2 ou 3);

> 141 à 149 – Les placements à long terme (deuxième chiffre du code – chiffre 4);

> 151 à 179 – Les éléments composant les immobilisations corporelles (deuxième chiffre du code – chiffres 5, 6 ou 7);

> 181 à 189 – Les ressources naturelles (deuxième chiffre du code – chiffre 8);

> 191 à 199 – Les éléments composant les immobilisations incorporelles (deuxième chiffre du code – chiffre 9).

201 à 299 – Les comptes du passif:

> 201 à 249 – Les éléments du passif à court terme (deuxième chiffre du code – chiffres 0, 1, 2, 3 ou 4);

> 251 à 269 – Les éléments du passif à long terme (deuxième chiffre du code – chiffres 5 ou 6).

Finalement, le troisième chiffre du code complète l'identification. Le troisième chiffre pourrait, par exemple, identifier les différents éléments de l'actif à court terme de la façon suivante:

101 à 199 – Les comptes de l'actif:

101 à 139 – Les éléments de l'actif à court terme:

> 101 – Encaisse;

> 106 – Clients;

110 – Loyers à recevoir;

128 – Assurances payées d'avance.

Le code de trois chiffres décrit ci-dessus convient à un très grand nombre de petites entreprises.

Les entreprises qui nécessitent une codification plus raffinée utiliseront un système à quatre ou cinq chiffres ou même plus. Les comptes de produits d'exploitation (ventes) et de coût des marchandises vendues dont nous mentionnons la codification dans cette section seront abordés au chapitre 5. Remarquez que les numéros des comptes du grand livre suivent l'ordre de leur présentation dans le bilan et l'état des résultats.

Résumé en regard des objectifs d'apprentissage	
	Objectif 1. La vie d'une entreprise est divisée en périodes d'égale durée afin de permettre l'établissement d'états financiers qui seront utiles pour évaluer ses progrès financiers. À la fin de chaque exercice, il faut passer des écritures pour régulariser certains éléments d'actif, de passif, de charges et de produits et pour tenir compte de certains faits survenus au cours de la période, et qui n'ont pas été comptabilisés.

Objectif 1. La vie d'une entreprise est divisée en périodes d'égale durée afin de permettre l'établissement d'états financiers qui seront utiles pour évaluer ses progrès financiers. À la fin de chaque exercice, il faut passer des écritures pour régulariser certains éléments d'actif, de passif, de charges et de produits et pour tenir compte de certains faits survenus au cours de la période, et qui n'ont pas été comptabilisés.

Objectif 2. Lorsque le produit est gagné pendant une période différente de son encaissement, le principe de réalisation demande de passer une écriture de régularisation afin de constater le produit dans la période où il a été gagné. Le principe du rapprochement des produits et des charges exige que les charges d'exploitation soient comptabilisées au cours de l'exercice où elles procurent des avantages, même si elles sont payées au cours de l'exercice subséquent. Ces principes constituent le fondement de la comptabilité d'exercice. On doit utiliser cette dernière de préférence à la comptabilité de caisse, car elle permet de constater l'effet des opérations et des faits au moment où ils agissent sur la situation financière de l'entité. La comptabilité de caisse, quant à elle, ne reconnaît un produit qu'au moment de son encaissement et une charge que lors de son décaissement. La comptabilité de caisse n'exige aucune écriture de régularisation en fin d'exercice.

Objectif 3. Des régularisations sont nécessaires: *a)* pour imputer aux charges la partie utilisée ou absorbée des charges payées d'avance, *b)* pour imputer aux charges l'amortissement des immobilisations, *c)* pour imputer aux produits la portion réalisée des produits reçus d'avance, *d)* pour comptabiliser les charges à payer, et *e)* pour comptabiliser les produits à recevoir.

Objectif 4. Les comptes en T permettent de visualiser les effets des écritures de régularisation sur les soldes non régularisés des comptes du grand livre. On inscrit les montants provenant des écritures de régularisation au débit ou au crédit des comptes, selon le cas. Compte tenu des régularisations, le solde de chacun des comptes du grand livre permet d'établir la balance de vérification régularisée. Cette dernière présente le solde de tous les comptes du grand livre: les comptes d'actif, de passif, de capitaux propres, de produits et de charges, et fournit les informations nécessaires à l'établissement de l'état des résultats, de l'état de l'avoir du propriétaire et du bilan.

Objectif 5. La comptabilisation du paiement d'une charge constatée par régularisation dans l'exercice suivant nécessite une attention particulière. Cette écriture doit répartir le paiement entre, d'une part, la charge à payer inscrite à la fin de l'exercice précédent et, d'autre part, la charge encourue dans le présent exercice. De même, l'encaissement d'un produit à recevoir dans l'exercice suivant oblige à créditer le montant à recevoir inscrit précédemment et à créditer le compte de produits pour la portion réalisée pendant l'exercice en cours.

Objectif 6. Un bilan ordonné inclut habituellement quatre sections d'éléments d'actif: actif à court terme, placements à long terme, immobilisations corporelles et immobilisations incorporelles. Les éléments du passif sont divisés entre le passif à court terme et le passif à long terme. L'avoir du propriétaire d'une entreprise individuelle figure sur une seule ligne. L'avoir de chaque associé des sociétés de personnes apparaît séparément. Les sociétés par actions divisent l'avoir des actionnaires en investissement des actionnaires, apparaissant sous le capital-actions, et en bénéfices non répartis, qui représentent l'excédent des bénéfices réalisés par l'entreprise sur les pertes et les dividendes payés aux actionnaires.

Les renseignements suivants ont été recueillis en vue de régulariser les comptes de l'entreprise La Meilleure plomberie enr. le 31 décembre 1996:

Exemple récapitulatif

a) Les salaires hebdomadaires s'élèvent à 2 800 $. Ils sont payés le vendredi de chaque semaine pour le travail effectué durant la semaine. Le 31 décembre 1996, les employés avaient travaillé du lundi au mercredi;

b) Le 1er décembre 1996, l'entreprise a emprunté 45 000 $ à une banque pour une période de 90 jours à un taux d'intérêt annuel de 12 %;

c) Au cours du mois de décembre, l'entreprise a publié une annonce dans un journal local au coût de 600 $. La facture n'est pas encore comptabilisée ni payée;

d) Le 1er juillet 1995, l'entreprise a acheté du matériel de bureau au coût de 10 000 $. Ce matériel a une durée de vie utile de cinq ans, après quoi sa valeur résiduelle sera nulle;

e) Au début de l'exercice, la société avait 210 $ de fournitures de bureau non utilisées. Durant l'exercice, elle en a acheté pour 650 $; ces fournitures ont été comptabilisées au compte d'actif. À la fin de l'exercice, il lui reste 280 $ de fournitures non utilisées;

f) Le 1er octobre 1996, l'entreprise a signé un contrat prévoyant l'installation de la plomberie dans 24 nouvelles maisons. L'entreprise a reçu le jour même le paiement de 144 000 $, soit la totalité du montant prévu au contrat. Le comptable a crédité ce montant au compte Contrats de plomberie reçus d'avance. Le 31 décembre 1996, les travaux de plomberie de 18 maisons étaient terminés;

g) Le 1er septembre 1996, l'entreprise a acheté une police d'assurance de 1 200 $, d'une durée d'un an, et ce montant a été débité au compte Assurances payées d'avance;

h) Le 1er décembre 1995, l'entreprise avait acheté une police d'assurance au coût de 900 $ qui couvrait la période du 1er décembre 1995 au 30 novembre 1996. Le coût non absorbé de la police, comptabilisé le 31 décembre 1995, est toujours inscrit au compte Assurances payées d'avance le 31 décembre 1996.

Travail à faire

1. Passez dans le journal général les écritures de régularisation nécessaires.
2. Remplissez le tableau suivant:

Écriture	Compte	Montant de la régularisation	Solde du compte après régularisation	Section du bilan*
a)	Salaires à payer			
b)	Intérêts à payer			
c)	Fournisseurs			
d)	Amortissement cumulé			
e)	Fournitures de bureau non utilisées			
f)	Contrats de plomberie reçus d'avance			
g) et *h)*	Assurances payées d'avance			

* Indiquez s'il s'agit d'un actif à court terme, d'une immobilisation corporelle, d'un passif à court terme ou d'un passif à long terme.

3. Remplissez le tableau suivant en indiquant l'incidence de chacune des écritures de régularisation sur le bénéfice net, le total de l'actif et le total du passif.

Écriture	Bénéfice net Augmentation (diminution)	Total de l'actif Augmentation (diminution)	Total du passif Augmentation (diminution)

Solution de l'exemple récapitulatif

Approche privilégiée

■ Analysez l'information disponible relative aux écritures de régularisation afin de déterminer les comptes dont le solde doit être mis à jour. Établissez le montant de la correction qu'il faut apporter au solde des comptes et préparez l'écriture de régularisation.

■ Inscrivez le montant de la régularisation dans la colonne du tableau, calculez et inscrivez le solde du compte après cette régularisation et, finalement, déterminez la section du bilan où le compte sera présenté.

■ Pour chaque écriture de régularisation, examinez les montants apparaissant au débit et au crédit afin de déterminer leurs effets sur le bénéfice net, le total de l'actif et le total du passif.

1. Les écritures de régularisation

a)	Déc.	31	Salaires	1 680	
			Salaires à payer		1 680
			Pour inscrire les salaires à payer des trois derniers jours de travail de l'année ($^3/_5 \times 2\ 800$ $).		
b)		31	Intérêts débiteurs	450	
			Intérêts à payer		450
			Pour inscrire les intérêts du mois ($45\ 000$ $ \times 0,12 \times ^1/_{12}$).		
c)		31	Publicité.	600	
			Fournisseurs.		600
			Pour comptabiliser la charge de publicité de décembre.		
d)		31	Amortissement – Matériel de bureau	2 000	
			Amortissement cumulé – Matériel de bureau		2 000
			Pour inscrire l'amortissement de l'exercice ($10\ 000$ $ \div 5 = 2\ 000$ $).		
e)		31	Fournitures de bureau utilisées	580	
			Fournitures de bureau non utilisées.		580
			Pour comptabiliser les fournitures utilisées au cours de l'exercice (210 $ + 650$ $ - 280$ $).		
f)		31	Contrats de plomberie reçus d'avance.	108 000	
			Produits–Contrats de plomberie		108 000
			Pour comptabiliser la partie gagnée du contrat de plomberie ($144\ 000$ $ \times ^{18}/_{24}$).		

g)		31	Assurances	400	
			Assurances payées d'avance		400
			Pour comptabiliser la partie expirée de la police d'assurance (1 200 $ × $^{4}/_{12}$).		
h)		31	Assurances	825	
			Assurances payées d'avance		825
			Pour comptabiliser la police d'assurance expirée (900 $ × $^{11}/_{12}$).		

2.

Écriture	Compte	Montant de la régularisation	Solde du compte après régularisation	Section du bilan
a)	Salaires à payer	1 680 $	1 680 $	Passif à court terme
b)	Intérêts à payer	450	450	Passif à court terme
c)	Fournisseurs	600	600	Passif à court terme
d)	Amortissement cumulé	2 000	3 000	Immobilisations corporelles
e)	Fournitures de bureau non utilisées	(580)	280	Actif à court terme
f)	Contrats de plomberie reçus d'avance	(108 000)	36 000	Passif à court terme
g) et *h)*	Assurances payées d'avance	(1 225)	800*	Actif à court terme

*(825 $ + 1 200 $ − 825 $ − 400 $ = 800 $)

3.

Écriture	Bénéfice net Augmentation (diminution)	Total de l'actif Augmentation (diminution)	Total du passif Augmentation (diminution)
a)	(1 680) $	0 $	1 680 $
b)	(450)	0	450
c)	(600)	0	600
d)	(2 000)	(2 000)	0
e)	(580)	(580)	0
f)	108 000	0	(108 000)
g)	(400)	(400)	0
h)	(825)	(825)	0

3-A

Les charges payées d'avance et les produits reçus d'avance comptabilisés initialement dans les comptes de résultats

Les charges payées d'avance

Objectif 8 Expliquer pourquoi certaines entreprises comptabilisent les charges payées d'avance comme charges et les produits reçus d'avance comme produits gagnés, et déterminer les écritures de régularisation nécessaires dans les circonstances.

Comme nous l'avons mentionné au début de ce chapitre, les charges payées d'avance sont, au moment du paiement, des éléments d'actif qui procureront des avantages futurs à l'entreprise. C'est pour cette raison qu'elles sont comptabilisées dans un compte d'actif au moment du paiement et qu'à la fin de l'exercice, une écriture de régularisation est effectuée pour comptabiliser la portion utilisée ou absorbée. Nous avons également mentionné qu'à l'occasion, il arrive que les charges payées d'avance soient absorbées au cours du même exercice où elles ont été payées. Dans ces circonstances, le comptable préfère les inscrire immédiatement dans un compte de charges pour en simplifier la comptabilisation; aucune écriture de régularisation n'est alors nécessaire en fin d'exercice.

Certaines entreprises préfèrent comptabiliser toutes les charges payées d'avance immédiatement au débit d'un compte de charges. Ainsi, à la fin de l'exercice, si les charges payées d'avance ne sont pas entièrement utilisées ou absorbées, une écriture de régularisation est alors passée afin de transférer la valeur de la portion non utilisée ou non absorbée du compte de charges à un compte d'actif. Cette pratique est parfaitement acceptable. Une fois qu'ils ont été régularisés, les états financiers établis selon l'une ou l'autre de ces méthodes seront exactement les mêmes.

Reprenons l'exemple du cabinet Jean Drouin, avocat. Le 26 décembre, il achetait au comptant 120 $ de fournitures de bureau. Cet achat avait été inscrit au débit d'un compte d'actif; cependant, nous aurions pu aussi le comptabiliser au débit d'un compte de charges. Ces deux possibilités sont illustrées ci-dessous:

	Achat inscrit comme un actif	Achat inscrit comme une charge
Déc. 26 Fournitures de bureau non utilisées.	120	
Encaisse.	120	
26 Fournitures de bureau utilisées		120
Encaisse.		120

À la fin de l'exercice (le 31 décembre), un inventaire des fournitures de bureau non utilisées a permis d'établir la valeur de ces dernières à 75 $. Le montant des fournitures de bureau utilisées au cours du mois de décembre s'élevait donc à 45 $ (120 $ − 75 $). L'écriture de régularisation dépend de la façon dont les fournitures ont été comptabilisées initialement. Les écritures ci-dessous diffèrent selon chacune des pratiques:

	Achat inscrit comme un actif	Achat inscrit comme une charge
Écriture de régularisation:		
Déc. 31 Fournitures de bureau utilisées............ 45		
Fournitures de bureau non utilisées	45	
Déc. 31 Fournitures de bureau non utilisées		75
Fournitures de bureau utilisées........		75

Une fois que les écritures de régularisation sont reportées dans les comptes du grand livre, on constate que les deux pratiques donnent les mêmes résultats. Selon l'une ou l'autre des méthodes, le compte Fournitures de bureau non utilisées régularisé le 31 décembre affiche un solde de 75 $ et le compte Fournitures de bureau utilisées, un solde de 45 $.

Achat inscrit comme un actif Fournitures de bureau non utilisées			Achat inscrit comme une charge Fournitures de bureau non utilisées		
Déc. 26	120 − 45	Déc. 31	45	Déc. 31	75
Solde	75				

Fournitures de bureau utilisées			Fournitures de bureau utilisées		
Déc. 31	45		Déc. 26	120 − 75	Déc. 31	75
			Solde	45	

Supposons maintenant que, durant le mois de janvier, le cabinet Jean Drouin, avocat, ait acheté 150 $ de fournitures de bureau. Comme nous l'avons démontré précédemment, le compte Fournitures de bureau non utilisées indique un solde de 75 $ le 31 décembre, quelle que soit la méthode utilisée. Les fournitures de bureau disponibles durant le mois de janvier s'élèvent à 225 $ (75 $ + 150 $). De plus, supposons que le 31 janvier, la valeur des fournitures de bureau non utilisées s'élève à 100 $. Il faudra donc régulariser les comptes du grand livre afin de porter le solde du compte Fournitures de bureau non utilisées à 100 $ et celui du compte Fournitures de bureau utilisées à 125 $ (225 $ − 100 $). Selon la méthode utilisée pour comptabiliser les fournitures de bureau, l'écriture de régularisation sera l'une des deux ci-dessous:

	Achat inscrit comme un actif	Achat inscrit comme une charge
Écriture de régularisation:		
Janv. 31 Fournitures de bureau utilisées............. 125		
Fournitures de bureau non utilisées	125	
Janv. 31 Fournitures de bureau non utilisées		25
Fournitures de bureau utilisées........		25

Remarquez que lorsque l'achat de fournitures de bureau a été débité initialement au compte de charges, l'écriture de régularisation a eu pour effet d'augmenter de 25 $ le solde du compte Fournitures de bureau non utilisées, le portant ainsi de 75 $ à 100 $. Le crédit de cette écriture diminue le solde du compte de charges Fournitures de bureau utilisées pour le porter de 150 $ à 125 $.

Les produits reçus d'avance

Les méthodes utilisées pour comptabiliser les produits reçus d'avance sont similaires à celles utilisées pour les charges payées d'avance. L'encaissement des produits reçus d'avance peut être comptabilisé au crédit d'un compte de passif (voir le chapitre 3) ou au crédit d'un compte de produits. L'écriture de régularisation nécessaire en fin d'exercice sera différente selon la méthode utilisée. Cependant, ces deux façons de comptabiliser les produits reçus d'avance sont acceptables et les états financiers établis après régularisation seront exactement les mêmes dans les deux cas.

Pour illustrer la différence entre les deux méthodes, reprenons l'exemple du cabinet Jean Drouin, avocat. Le 26 décembre, il recevait 3 000 $ en paiement des services juridiques à rendre à un client au cours des six prochains mois, à partir du 15 décembre. Au début du chapitre 3, nous avons vu que l'encaissement des produits reçus d'avance était comptabilisé au crédit d'un compte de passif; cependant, une autre façon de faire consisterait à inscrire ce montant au crédit d'un compte de produits. Ces deux possibilités sont illustrées ci-dessous:

	Encaissement inscrit comme un passif		Encaissement inscrit comme un produit	
Déc. 26 Encaisse.............................	3 000			
Honoraires reçus d'avance		3 000		
26 Encaisse.............................			3 000	
Honoraires gagnés...................				3 000

Comme le cabinet d'avocat de Jean Drouin a rendu des services à ce client au cours de la deuxième moitié du mois de décembre, une partie des honoraires reçus d'avance, soit 250 $, sont considérés comme gagnés. L'écriture de régularisation dépend de la façon dont le montant reçu d'avance a été comptabilisé initialement. Les écritures de régularisation qui suivent illustrent la façon de faire selon chacune des méthodes:

	Encaissement inscrit comme un passif		Encaissement inscrit comme un produit	
Écriture de régularisation:				
Déc. 31 Honoraires reçus d'avance	250			
Honoraires gagnés...................		250		
31 Honoraires gagnés.......................			2 750	
Honoraires reçus d'avance				2 750

Lorsque les montants des écritures de régularisation sont reportés dans les comptes du grand livre, les deux méthodes donnent les mêmes résultats. Ainsi, le 31 décembre, les soldes régularisés des comptes Honoraires reçus d'avance et Honoraires gagnés sont, respectivement, de 2 750 $ et de 250 $.

Encaissement inscrit comme un passif Honoraires reçus d'avance			
Déc. 31	250	Déc. 26	3 000 − 250
		Solde	2 750

Encaissement inscrit comme un produit Honoraires reçus d'avance			
		Déc. 31	2 750

Honoraires gagnés			
		Déc. 31	250

Honoraires gagnés			
Déc. 31	2 750	Déc. 26	3 000 − 2 750
		Solde	250

Objectif 8. Comme il arrive fréquemment que l'entité bénéficie des services ou des biens achetés et payés d'avance durant la même période que celle pendant laquelle ils sont payés, certaines entreprises préfèrent les comptabiliser immédiatement dans un compte de charges. Cependant, il peut arriver qu'il soit nécessaire de régulariser ces comptes en fin d'exercice afin de transférer dans un compte d'actif la partie non utilisée. Les produits reçus d'avance, quant à eux, peuvent être crédités à un compte de produits au moment où ils sont encaissés. En fin d'exercice, il faut les régulariser, s'il y a lieu, afin de transférer la partie non gagnée dans un compte de passif.

Résumé de l'annexe 3-A en regard de l'objectif d'apprentissage

Terminologie comptable[2]

Amortissement   Étalement logique et systématique, par imputation graduelle aux résultats sur un nombre d'exercices appropriés, du montant amortissable porté à certains postes du bilan, notamment les immobilisations corporelles ou incorporelles dont la durée de vie est limitée. Cet étalement, qui prend la forme d'un plan d'amortissement, peut être calculé suivant diverses méthodes.

Amortissement cumulé   Montant cumulatif représentant la partie du coût des immobilisations corporelles et incorporelles passée en charges depuis le début de l'utilisation de ces immobilisations par l'entité.

Année normale d'exploitation   Période de 12 mois se terminant généralement à la fin d'un cycle d'exploitation, c'est-à-dire à un moment qui convient particulièrement à l'établissement de l'inventaire et à la clôture de l'exercice parce que, par exemple, les stocks et les comptes clients étant à leur niveau le plus bas, les opérations de recensement et d'évaluation nécessaires à l'établissement de l'inventaire sont, par le fait même, simplifiées d'autant.

Balance de vérification avant régularisation   Balance des comptes du grand livre que l'on établit au début de la procédure d'inventaire, généralement avant la régularisation des comptes.

Balance de vérification régularisée   Balance de vérification que le comptable établit après avoir passé les écritures de régularisation.

Bénéfices non répartis   Total des bénéfices réalisés par l'entreprise depuis sa constitution, diminué des pertes des exercices déficitaires, compte tenu des dividendes et des autres éléments qui ont pu en être retranchés ou y être ajoutés.

Bilan ordonné   Forme de présentation du bilan dans lequel les éléments de l'actif sont classés selon un critère de liquidité décroissante (au Canada et aux États-Unis) ou croissante (en France et en Belgique) et les éléments du passif selon un critère d'exigibilité décroissante ou croissante.

---

[2] Louis Ménard, C.A., *Dictionnaire de la comptabilité et de la gestion financière*, Toronto, Institut Canadien des Comptables Agréés, 1994. Reproduit avec permission.

Capital-actions   Partie des capitaux propres d'une société par actions qui provient des actionnaires et qui ne peut leur être remise qu'une fois respectées les dispositions des statuts de la société ou de la loi en vertu de laquelle elle est constituée.

Charge à payer   Obligation (par exemple des intérêts ou des salaires à payer) qu'une personne contracte avec le passage du temps ou au fur et à mesure qu'elle reçoit un service. Bien que cette obligation ne soit pas encore légalement exécutoire, elle constitue un élément de passif et elle est comptabilisée en fin d'exercice même s'il n'y a encore eu ni facturation ni sortie de fonds.

Charges payées d'avance   Dépenses engagées en vue de s'assurer un avantage à brève échéance. Le plus souvent, elles ont été payées avant que l'avantage en soit tiré, sinon on parle plutôt de charges constatées d'avance. Ces dépenses, qui doivent figurer à l'actif, sont subséquemment passées en charges, le plus souvent au moyen d'une écriture de régularisation.

Comptabilité de caisse   Méthode qui consiste à constater les produits au moment où ils font l'objet d'un encaissement et à imputer les charges aux résultats de l'exercice au cours duquel elles font l'objet d'un décaissement. Selon cette méthode, le résultat net est établi à partir des produits encaissés et des charges réglées, sans considération du moment où les produits sont gagnés ou les charges engagées, laissant ainsi de côté le principe du rapprochement des produits et des charges propre à la comptabilité d'exercice.

Comptabilité d'exercice   Méthode de comptabilisation qui consiste à tenir compte, dans la détermination du résultat net d'une entité, des produits et des charges découlant des opérations d'un exercice lorsque les produits sont gagnés et les charges engagées, sans considération du moment où les opérations sont réglées par un encaissement ou un décaissement ou de toute autre façon.

Compte de contrepartie   Compte dans lequel on inscrit les sommes à déduire du solde d'un compte correspondant, par exemple le compte Amortissement cumulé (par rapport à un compte d'immobilisations amortissables) et le compte Rendus sur achats (par rapport au compte Achats).

Cycle d'exploitation   Période qui s'écoule entre l'achat de matières premières ou de marchandises et le recouvrement du prix des marchandises ou des produits vendus.

Dividende   Partie du bénéfice qu'une société distribue à ses actionnaires en proportion des actions que ceux-ci détiennent, compte tenu des droits attachés à chaque type d'actions.

Dotation aux amortissements   Charge supportée par un exercice donné au titre de l'amortissement des immobilisations corporelles (bâtiments, matériel, etc.).

Écriture de régularisation   Écriture passée en fin d'exercice, avant la clôture des comptes, et ayant pour objet: 1) de répartir des produits et des charges entre les exercices, par exemple la ventilation de la paie lorsque l'exercice se termine entre deux dates de paie par exemple, 2) d'inscrire dans un compte de résultats une partie d'une charge payée d'avance ou d'un produit reçu d'avance, et 3) de comptabiliser les dotations aux comptes d'amortissements et aux comptes de provisions.

Élément de l'actif à court terme   Moyens financiers qu'une entreprise peut utiliser pour son exploitation ainsi que tout autre bien qui, dans le cours normal des affaires, sera converti en argent ou utilisé pour réaliser des produits d'exploitation au cours de l'exercice suivant.

Élément de passif à court terme   Obligation dont l'entité devra s'acquitter au cours de l'exercice suivant.

En espèces   Cette expression signifie que l'opération a été réglée en pièces de monnaie, billets de banque, mandats postaux ou chèques dont la validité ne fait pas de doute.

États financiers intermédiaires   États financiers établis à une date quelconque durant l'exercice ou pour une période se terminant à une date différente de celle de la fin de l'exercice. Les états financiers intermédiaires portent le plus souvent sur une période inférieure à l'exercice, entre deux publications d'états financiers annuels. Les états intermédiaires dont la publication a lieu tous les mois, tous les trois mois ou tous les six mois portent le nom d'états mensuels, trimestriels ou semestriels, selon le cas. Ils se composent au moins d'un état des résultats intermédiaires ainsi que d'un état de l'évolution de la situation financière.

Exercice (financier)   Période d'une durée d'un an au terme de laquelle l'entreprise procède à la clôture de ses comptes et à l'établissement de ses états financiers annuels.

Immobilisations corporelles   Ensemble des biens physiques meubles ou immeubles qui constituent l'outil de production de l'entité, dont elle fait l'acquisition ou qu'elle crée en vue de les utiliser d'une manière durable plutôt que de les vendre ou de les transformer.

Immobilisations incorporelles   Valeur immobilisée qui n'a pas d'existence physique, par exemple les brevets d'invention, les droits d'auteur, les marques de commerce, les droits miniers, les procédés secrets de fabrication, les frais de premier établissement, les frais de développement capitalisés et l'écart d'acquisition.

Passif à long terme   Obligation dont l'entité n'est pas normalement tenue de s'acquitter au cours du prochain exercice.

Postulat de l'indépendance des exercices   Hypothèse fondamentale selon laquelle l'activité économique d'une entité peut être découpée en périodes égales et arbitraires que l'on appelle exercices. Le postulat implique la nécessité de déterminer l'appartenance de chaque opération ou fait à un exercice donné, entraînant le processus de répartition par l'utilisation de comptes de régularisation et conduisant à la constatation des opérations et des faits suivant la méthode de la comptabilité d'exercice.

Produit à recevoir   Droit à un bien (par exemple des intérêts à recevoir) qu'une personne acquiert avec le passage du temps ou en rendant des services. Bien que ce droit ne puisse pas encore être exercé, il constitue un élément d'actif et il est comptabilisé en fin d'exercice même s'il n'a pas encore donné lieu à une rentrée de fonds.

Produit reçu d'avance   Produit déjà encaissé ou comptabilisé à titre de somme à recevoir avant qu'il n'ait été réalisé. Sa constatation est reportée à un exercice ultérieur et il doit entre-temps figurer au passif du bilan jusqu'à ce que les prestations le justifiant aient été effectuées.

Des synonymes

Charges payées d'avance   Frais payés d'avance.

Fonds commercial   Achalandage.

Immobilisations corporelles   Actif(s) immobilisé(s); valeurs immobilisées.

Passif à long terme   Dettes à long terme.

Postulat de l'indépendance des exercices   Postulat de la spécialisation des exercices; principe d'autonomie des exercices.

Révision en regard des objectifs d'apprentissage

Répondez aux questions suivantes en choisissant la réponse qui vous semble la meilleure avant d'aller voir la réponse à la fin du chapitre.

Objectif 1   Afin de préparer les états financiers, il faut diviser la vie d'une entreprise en périodes d'égale durée. On doit tenir compte du fait que:

a) l'exercice d'une entreprise dure habituellement 12 mois;

b) l'exercice d'une entreprise est toujours relié à sa période normale d'exploitation;

c) les états financiers établis à la fin d'un exercice portent le nom d'états financiers intermédiaires;

d) l'exercice d'une entreprise coïncide toujours avec l'année civile.

e) Aucune de ces réponses ne convient.

Objectif 2   Le 1er avril 1996, la société Portech inc. a payé 2 400 $ une assurance d'une durée de deux ans. L'exercice de l'entreprise se termine le 31 décembre.

a) Si la méthode de la comptabilité de caisse est utilisée, la charge d'assurance sera de 0 $ pour l'exercice terminé le 31 décembre 1997.

b) Si la méthode de la comptabilité d'exercice est utilisée, la charge d'assurance sera de 2 400 $ pour l'exercice terminé le 31 décembre 1996.

c) Si la méthode de la comptabilité de caisse est utilisée, la charge d'assurance sera de 300 $ pour l'exercice terminé le 31 décembre 1998.

d) Si la méthode de la comptabilité d'exercice est utilisée, aucune régularisation n'est nécessaire relativement à cette prime d'assurance pour l'exercice terminé le 31 décembre 1996.

e) Si la méthode de la comptabilité de caisse est utilisée, la charge d'assurance sera de 900 $ pour l'exercice terminé le 31 décembre 1996.

Objectif 3   Le 31 décembre 1996, la société Pritech inc. a oublié de passer deux écritures de régularisation: une première pour inscrire 200 $ d'honoraires à recevoir ainsi qu'une deuxième pour comptabiliser une prime d'assurance de 700 $ dont la période de couverture est expirée et qui a été comptabilisée comme charge payée d'avance. L'effet de ces erreurs sur l'état des résultats du 31 décembre 1996 sera:

a) la sous-évaluation du bénéfice net de 200 $;

b) la surévaluation des produits de 200 $ et la sous-évaluation des charges de 700 $;

c) la surévaluation des produits de 200 $ et la surévaluation des charges de 700 $;

d) la sous-évaluation des produits de 200 $ et la surévaluation des charges de 700 $;

e) la sous-évaluation des produits de 200 $ et la sous-évaluation des charges de 700 $.

Objectif 4   Voici les informations tirées de la balance de vérification de l'entreprise Bertrand Maheu, consultant:

	Balance de vérification non régularisée		Balance de vérification régularisée	
	Débit	Crédit	Débit	Crédit
Assurances payées d'avance.........	6 200		5 900	
Salaires à payer				1 400
Fournitures de bureau non utilisées......	900		800	

Parmi les énoncés suivants, lequel reflète les écritures de régularisation qui ont été passées?

a) Un débit de 300 $ au compte Assurances payées d'avance, un crédit de 1 400 $ au compte Salaires à payer et un crédit de 100 $ au compte Fournitures de bureau non utilisées.

b) Un crédit de 300 $ au compte Assurances payées d'avance, un débit de 1 400 $ au compte Salaires à payer et un crédit de 100 $ au compte Fournitures de bureau non utilisées.

c) Un crédit de 300 $ au compte Assurances, un débit de 1 400 $ au compte Salaires et un débit de 100 $ au compte Fournitures de bureau utilisées.

d) Un débit de 300 $ au compte Assurances, un débit de 1 400 $ au compte Salaires et un débit de 100 $ au compte Fournitures de bureau non utilisées.

e) Un débit de 300 $ au compte Assurances, un débit de 1 400 $ au compte Salaires et un débit de 100 $ au compte Fournitures de bureau utilisées.

Objectif 5   Le 31 décembre 1996, l'entreprise Wattier enr. a comptabilisé 1 600 $ de salaires à payer. Le 5 janvier 1997, l'entreprise a payé 8 000 $ de salaires. D'après ces informations, on peut déduire que:

a) l'entreprise utilise la méthode de la comptabilité de caisse;

b) l'écriture du 5 janvier inclut un crédit au compte Encaisse de 6 400 $;

c) la charge de salaires pour 1997 est de 8 000 $;

d) la charge de salaires pour 1997 est de 6 400 $;

e) la charge de salaires pour 1996 est de 6 000 $.

Objectif 6   Une entreprise possède les actifs suivants:

1) un terrain utilisé dans l'exploitation de l'entreprise;

2) des fournitures de bureau non utilisées;

3) des comptes clients;

4) un effet à recevoir encaissable dans trois ans qui provient de la vente d'un terrain que possédait l'entreprise;

5) des assurances payées d'avance dont la durée non expirée est de neuf mois;

6) un terrain détenu pour une expansion future;

7) des camions;

8) des marques de commerce.

Comment ces actifs doivent-ils être classés?

	Actif à court terme	Placements à long terme	Immobilisations corporelles	Immobilisations incorporelles
a)	2	4, 6	1, 7	3, 5, 8
b)	2, 3, 4	6	1, 7	5, 8
c)	2, 3	4, 6	1, 6, 7	5, 8
d)	2, 3, 5	4,	1, 7	8
e)	2, 3, 5	4, 6	1, 7	8

Objectif 7   Lorsqu'une société par actions distribue en espèces une partie de son bénéfice à ses actionnaires, on dit qu'elle verse:

a) un dividende;

b) du capital-actions;

c) des bénéfices non répartis;

d) une immobilisation corporelle;

e) un prélèvement.

Objectif 8   Le cabinet Jean Roch Michaud, avocat, comptabilise immédiatement dans un compte de résultats les charges payées d'avance et les produits reçus d'avance. À la fin du premier exercice, les écritures de régularisation doivent entre autres:

a) créditer le compte Assurances payées d'avance et débiter le compte Assurances;

b) débiter le compte Fournitures de bureau utilisées et créditer le compte Fournitures de bureau non utilisées;

c) débiter le compte Honoraires gagnés et créditer le compte Honoraires reçus d'avance pour inscrire la partie non gagnée des honoraires reçus;

d) débiter le compte Honoraires reçus d'avance et créditer le compte Honoraires gagnés pour comptabiliser la partie gagnée des honoraires reçus d'avance.

e) Aucune de ces réponses ne convient.

Note: Les sujets de discussion, exercices et problèmes précédés d'un A renvoient à l'annexe 3-A.

Sujets de discussion en classe

1. Pourquoi la vie d'une entreprise est-elle divisée en périodes d'égale durée?

2. Dans le choix de la date de fin d'exercice, quel type d'entreprise est le plus susceptible de choisir son année normale d'exploitation au lieu de l'année civile?

3. Pourquoi le solde de certains comptes ne convient pas nécessairement pour dresser les états financiers, même si toutes les opérations ont été comptabilisées correctement?

4. Pourquoi est-il nécessaire de régulariser les comptes avant d'établir les états financiers?

5. Les charges payées d'avance sont des éléments d'actif au moment où elles sont payées. Quand est-il préférable de ne pas comptabiliser des charges payées d'avance dans un compte d'actif et pourquoi?

6. Quel compte de contrepartie est utilisé lors de la comptabilisation de l'amortissement? Pourquoi utilise-t-on ce compte?

7. Si un bâtiment est acheté au prix de 100 000 $ et qu'un amortissement de 2 500 $ est imputé à chaque exercice, quel montant d'amortissement cumulé apparaîtra au bilan à la fin de la cinquième année?

8. Qu'entend-on par charge à payer? Donnez un exemple.

9. Quelles sont les circonstances qui donnent lieu à un produit reçu d'avance?

10. Qu'entend-on par produit à recevoir? Donnez un exemple.

11. Pourquoi l'état des résultats doit-il être dressé en premier lorsqu'une balance de vérification régularisée est utilisée comme point de départ pour dresser les états financiers? Quel est l'état préparé en deuxième?

12. Quels principes comptables justifient la régularisation des comptes?

13. Qu'entend-on par rapprochement des produits et des charges?

14. Quelle différence y a-t-il entre la méthode de comptabilité de caisse et celle de la comptabilité d'exercice?

A15. L'entreprise ABC inc. inscrit les produits reçus d'avance au crédit d'un compte de passif alors que l'entreprise XYZ enr. les inscrit au crédit d'un compte de produits. Les états financiers de ces deux entreprises seront-ils différents compte tenu de la divergence dans la façon de comptabiliser les produits reçus d'avance? Pourquoi?

Mini-cas

Mini-cas 3-1

Le président de la société Sans Importance ltée demande à son contrôleur de venir le voir. Durant la discussion, le président explique au contrôleur qu'il trouve inacceptable le temps que met le service de la comptabilité à préparer et à publier les états financiers mensuels. Le contrôleur explique qu'il comprend la frustration du président, mais qu'il est nécessaire de prendre le temps de faire les régularisations de fin de période. Le président lui répond qu'il pense que ces régularisations ne sont pas nécessaires, qu'elles ne sont que des procédures comptables et qu'en réalité, les effets de ces écritures sont similaires d'une période à l'autre et s'annulent d'eux-mêmes. Il cite l'exemple des salaires à payer en disant que le montant faisant l'objet d'une régularisation à la fin du mois demeure à peu près le même d'une période à l'autre. Alors, demande-t-il, pourquoi toute cette perte de temps?

Travail à faire

Étudiez l'opinion du président et dites si elle convient à toutes les régularisations qu'il est nécessaire de faire à la fin de chaque période lorsque l'on prépare des états financiers intermédiaires.

Mini-cas 3-2

Le président de la société Avant ltée pense qu'il serait possible d'avancer de quelques jours la réunion mensuelle du conseil de direction de la société si les états financiers mensuels du mois précédent étaient disponibles plus tôt. Après discussion avec le contrôleur, le président pense que ce sont les écritures de régularisation qui retardent la préparation des états financiers mensuels. Le président envisage de demander au contrôleur d'accélérer la préparation des états financiers mensuels en ne faisant pas les régularisations. Cependant, avant de prendre cette décision, il vous demande de le conseiller.

Travail à faire

Étudiez la possibilité de ne pas effectuer les écritures de régularisation en considérant: *a)* les principes comptables généralement reconnus, *b)* le traitement des comptes Fournitures de bureau non utilisées et Assurances et *c)* la manipulation des résultats de la période.

Exercices

Exercice 3-1
Les écritures de régularisation des charges à payer
(Objectif 3)

Les deux employés formant le personnel de bureau d'une société travaillent quatre jours par semaine, soit du lundi au jeudi, et gagnent chacun 90 $ par jour. Ils ont été payés pour la semaine terminée le 27 décembre, mais ils n'ont pas été payés pour le lundi 31 décembre. Le mardi 1er janvier était un congé non payé. Ils ont travaillé le mercredi et le jeudi, c'est-à-dire les 2 et 3 janvier.

Travail à faire

Passez dans le journal général l'écriture de régularisation de fin d'exercice pour inscrire les salaires à payer, ainsi que l'écriture pour comptabiliser le paiement des salaires le jeudi 3 janvier.

Exercice 3-2
Les écritures de régularisation des charges
(Objectif 3)

Les situations suivantes, n'ayant aucun lien entre elles, nécessitent ordinairement des écritures de régularisation:

a) Le solde du compte Fournitures de magasin non utilisées était débiteur de 470 $ le 1er janvier. Des fournitures de magasin coûtant 330 $ ont été achetées au cours de l'année et le coût des fournitures non utilisées à la fin de l'exercice était de 100 $;

b) Le compte Assurances payées d'avance avait un solde débiteur de 1 700 $ à la fin de l'exercice avant que ne soit passée l'écriture de régularisation pour l'inscription des assurances absorbées. Une analyse des polices d'assurance indique que les primes absorbées s'élèvent à 1 360 $;

c) Le compte Assurances payées d'avance avait un solde débiteur de 640 $ à la fin de l'exercice avant l'inscription de l'écriture de régularisation pour la comptabilisation des assurances absorbées. Une analyse des polices d'assurance indique que les primes non absorbées s'élèvent à 440 $;

d) L'amortissement du matériel de magasin pour l'exercice est de 3 470 $;

e) À la fin de l'exercice, des impôts fonciers à payer de 1 260 $ n'étaient pas encore comptabilisés.

Travail à faire

Passez dans le journal général les écritures de régularisation qui s'avèrent nécessaires.

Exercice 3-3
Absence d'écritures de régularisation
(Objectifs 1, 4)

Travail à faire

Pour chacune des situations mentionnées à l'exercice 3-2, dites quels auraient été les effets sur l'état des résultats et le bilan si les régularisations de fin d'exercice n'avaient pas été faites.

Exercice 3-4
L'information manquante dans le calcul des fournitures
(Objectif 3)

Supposez que chacune des colonnes ci-dessous représente une situation distincte:

	a)	b)	c)	d)
Fournitures non utilisées le 1er janvier	180	410	745	?
Fournitures achetées durant l'exercice	230	390	?	645
Fournitures non utilisées le 31 décembre......	80	?	115	560
Fournitures utilisées durant l'exercice	?	320	850	425

Travail à faire

Trouvez les montants manquants.

Les situations suivantes nécessitent des écritures de régularisation le 31 mars et des écritures dans le journal général en avril:

a) Les employés d'une entreprise sont payés le vendredi pour leur semaine de travail de cinq jours au salaire hebdomadaire total de 2 400 $. Le 31 mars, les employés avaient travaillé trois jours depuis leur dernière paie. Ils recevront leur paie hebdomadaire suivante le 2 avril;

b) L'entreprise doit 9 000 $ à la banque. Les intérêts de 1 % par mois sont calculés le 10e jour de chaque mois et payés à cette date. Les intérêts ont été payés le 10 mars et le paiement suivant aura lieu le 10 avril.

Travail à faire

Passez dans le journal général des écritures de régularisation le 31 mars et les écritures nécessaires à l'inscription du paiement en avril.

Le 1er septembre 1996, une entreprise a payé une prime de 4 860 $ pour une police d'assurance de trois ans dont l'entrée en vigueur coïncide avec la date du paiement. L'exercice de cette entreprise se termine le 31 décembre.

Travail à faire

a) Calculez la charge d'assurances qui apparaîtrait à l'état des résultats des exercices 1996, 1997, 1998 et 1999 si la méthode de la comptabilité d'exercice était en usage.

b) Calculez le montant d'assurances payées d'avance qui apparaîtrait au bilan des 31 décembre 1996, 1997, 1998 et 1999 si la méthode de la comptabilité d'exercice était en usage.

c) Calculez la charge d'assurances qui apparaîtrait à l'état des résultats des exercices 1996, 1997, 1998 et 1999 si la comptabilité de caisse était en usage.

d) Calculez le montant d'assurances payées d'avance qui apparaîtrait au bilan des 31 décembre 1996, 1997, 1998 et 1999 si la comptabilité de caisse était en usage.

Un grand magasin, qui occupe la majeure partie de l'espace de l'édifice qui lui appartient, loue quelques locaux à des entreprises qui ne lui font pas concurrence.

a) Le 1er septembre 1996, un locataire a versé 9 600 $ pour six mois de loyer et le teneur de livres du magasin a crédité le compte Loyers reçus d'avance pour ce montant. Passez dans le journal général l'écriture de régularisation en vue de l'établissement des états financiers le 31 décembre 1996.

b) Le 1er novembre, un autre locataire a payé 760 $ pour le loyer du mois de novembre. Le 31 décembre, le loyer du mois de décembre n'avait pas encore été payé. Passez dans le journal général l'écriture de régularisation nécessaire à cette date.

c) Posez l'hypothèse que le 3 janvier 1997, le locataire dont il est question en *b* a payé son loyer des mois de décembre et de janvier. Passez dans le journal général l'écriture pour comptabiliser l'encaissement du loyer.

La balance de vérification régularisée au 31 octobre 1996 de la photographe Marie Boucher est le suivant:

Exercice 3-5
La régularisation relative aux charges à payer et le paiement subséquent
(Objectifs 3, 5)

Exercice 3-6
La comptabilité de caisse et la comptabilité d'exercice
(Objectifs 2, 4)

Exercice 3-7
Les produits reçus d'avance et à recevoir
(Objectifs 2, 4)

Exercice 3-8
Le bilan ordonné
(Objectif 6)

MARIE BOUCHER, PHOTOGRAPHE
Balance de vérification régularisée
au 31 octobre 1996

	Débit	Crédit
Encaisse............................	6 700 $	
Clients.............................	4 100	
Fournitures photographiques non utilisées . .	1 950	
Assurances payées d'avance.............	2 050	
Placement dans Rayon x inc. – Actions ordinaires........................	2 200	
Matériel photographique...............	42 400	
Amortissement cumulé – Matériel photographique...................		20 750 $
Bâtiments..........................	85 000	
Amortissement cumulé – Bâtiments.......		31 600
Terrain.............................	70 000	
Salaires à payer......................		400
Honoraires reçus d'avance..............		2 800
Emprunt hypothécaire.................		108 500
Marie Boucher – Capital...............		56 350
Marie Boucher – Prélèvements..........	47 000	
Honoraires gagnés....................		80 300
Charges d'exploitation.................	39 300	
Total.............................	300 700 $	300 700 $

Travail à faire

Dressez un bilan ordonné au 31 octobre 1996.

Exercice 3-9
L'analyse des états
financiers pour
l'établissement
des écritures
de régularisation
(Objectifs 3, 4)

Un teneur de livres inexpérimenté a préparé l'état des résultats avant régularisations des comptes ci-dessous. Quand il s'est rendu compte de son erreur, il a décidé de dresser sur la même feuille l'état des résultats après régularisations. Voici le résultat de son travail:

LES COURTIERS MA MAISON ENR.
État des résultats
pour l'exercice terminé le 31 août 1996

		Avant régularisation des comptes		Après régularisation des comptes
Produits:				
Commissions gagnées..................		89 050 $		89 050 $
Honoraires gagnés provenant de la gestion de propriétés.........................		6 400		7 800
Total des produits:......................		95 450		96 850
Charges d'exploitation:				
Salaires...........................	16 500		17 700	
Loyers............................	13 500		13 500	
Électricité.........................	1 900		1 900	
Frais d'automobile....................	3 750		3 750	
Fournitures de bureau utilisées...........			200	
Assurances.........................			1 800	
Amortissement – Matériel de bureau........			1 400	
Amortissement – Automobile.............			4 000	
Total des charges d'exploitation............		35 650		44 250
Bénéfice net.........................		59 800 $		52 600 $

Travail à faire

Reconstituez les écritures de journal oubliées par le teneur de livres. Le quart de l'augmentation du poste Honoraires gagnés provenant de la gestion de propriétés résulte de l'inscription d'un montant à recevoir d'un client et les trois quarts, d'Honoraires reçus d'avance qui étaient gagnés en fin d'exercice.

Une société par actions a 3 000 000 $ d'actions ordinaires émises et payées le 30 novembre 1996. La société a commencé l'exercice avec 650 000 $ de bénéfices non répartis. Le bénéfice net de l'exercice a été de 640 000 $. La société a déclaré et payé 255 000 $ de dividendes à ses actionnaires durant l'exercice.

Exercice 3-10
La section Avoir des actionnaires
(Objectif 6)

Travail à faire

Dressez la section Avoir des actionnaires du bilan.

Exercice 3-11
Le calcul des éléments manquants de l'avoir du propriétaire
Exercice de révision

	1	2	3	4	5
Avoir du propriétaire au 1er janvier	45 000 $	72 000 $	(c) $	89 300 $	56 000 $
Total des produits au 31 décembre	29 200	(b)	26 500	47 700	38 300
Total des charges au 31 décembre	31 700	43 400	19 900	(d)	29 600
Prélèvements de l'exercice	18 500	24 000	7 800	15 000	(e)
Avoir du propriétaire au 31 décembre	(a)	65 900	21 300	52 100	44 500

Travail à faire

Déterminez le montant qui manque dans chacune des cinq colonnes ci-dessus.

Exercice 3-12
Le calcul des éléments manquants de l'avoir du propriétaire
Exercice de révision

	1	2	3	4
Avoir du propriétaire au 1er mai	37 000 $	53 800 $	(c) $	66 600 $
Investissements de l'exercice	12 500	(b)	26 500	17 700
Bénéfice (perte) net de l'exercice	14 000	32 500	(9 400)	(d)
Prélèvements de l'exercice	(a)	20 000	11 000	14 500
Avoir du propriétaire au 30 avril	22 000	66 300	84 200	47 300

Travail à faire

Déterminez le montant qui manque dans chacune des quatre colonnes ci-dessus.

Les consultants B.S.L. inc. ont lancé leur entreprise le 1er décembre. Le teneur de livres a décidé de comptabiliser les charges payées d'avance immédiatement dans les comptes de charges et les produits reçus d'avance, dans les produits gagnés. Voici les informations disponibles le 31 décembre:

ᴬ Exercice 3-13
L'écriture de régularisation pour les frais payés d'avance et les produits reçus d'avance
(Objectif 8)

a) L'entreprise a acheté pour 840 $ de fournitures de bureau durant l'exercice. Le 31 décembre, l'inventaire montre qu'elle a 505 $ de fournitures non utilisées;

b) L'entreprise a payé une prime d'assurance de 660 $ durant le mois de décembre dont 110 $ sont absorbés le 31 décembre;

c) Durant le mois de décembre, l'entreprise a reçu 3 500 $ d'un client pour couvrir les honoraires de consultation reliés à la réalisation de deux projets. Le 31 décembre, il y a 2 700 $ d'honoraires de consultation gagnés puisqu'un seul de ces deux contrats est terminé;

d) Le 29 décembre, l'entreprise reçoit 800 $ d'honoraires de consultation d'un client pour un projet qui débutera en janvier.

Travail à faire

Préparez les écritures de régularisation au 31 décembre.

ᴬ **Exercice 3-14**
La régularisation du compte Fournitures de bureau utilisées lorsque les achats y ont été inscrits
(Objectif 8)

L'entreprise Bonne Idée enr. prépare des états financiers mensuels. Le 30 septembre, la balance de vérification indiquait que le solde du compte Fournitures de bureau non utilisées était de 350 $. Durant le mois d'octobre, 490 $ de fournitures de bureau ont été achetées et le compte Fournitures de bureau utilisées a été débité de ce montant.

a) Les fournitures de bureau non utilisées le 31 octobre ont une valeur de 120 $.

b) Les fournitures de bureau non utilisées le 31 octobre sont évaluées à 510 $.

Travail à faire

Préparez les écritures de régularisation pour les situations a et b ci-dessus.

Problèmes

Problème 3-1
Les écritures de régularisation
(Objectifs 3, 5)

Les renseignements suivants, relatifs aux opérations de l'exercice clos le 31 décembre 1996, ont été fournis par l'entreprise La Boule de laine enr.:

a) Le solde du compte Fournitures de bureau non utilisées était de 80 $ au début de l'exercice. Les achats de fournitures se sont élevés à 490 $ au cours de l'exercice et ont été comptabilisés dans le compte Fournitures de bureau non utilisées. Le coût des fournitures non utilisées le 31 décembre était de 140 $;

b) Une étude des polices d'assurance en vue de régulariser le compte Assurances payées d'avance permet d'établir que les polices d'assurance suivantes étaient en vigueur le 31 décembre 1996:

N° de la police	Date d'entrée en vigueur	Durée	Coût
1	1ᵉʳ septembre 1995	3 ans	2 700 $
2	1ᵉʳ mars 1996	2 ans	3 480
3	1ᵉʳ juillet 1996	1 an	540

Le coût des polices d'assurance est inscrit au débit du compte Assurances payées d'avance. Le 31 décembre 1995, le compte Assurances payées d'avance avait été correctement régularisé;

c) Les trois employés, qui gagnent respectivement un salaire de 60 $, de 70 $ et de 120 $ par jour, sont payés le vendredi pour la période du lundi au vendredi. Ils ont travaillé les 28, 29, 30 et 31 décembre. Le 31 décembre 1996 est un jeudi. Le salaire sera versé le 1ᵉʳ janvier pour les cinq jours de travail;

d) L'entreprise est propriétaire d'un bâtiment qu'elle occupe depuis le 1ᵉʳ juin de l'exercice en cours. Le coût du bâtiment est de 396 000 $, sa durée de vie prévue est de 30 ans et sa valeur résiduelle est nulle;

e) L'entreprise loue une partie de son bâtiment à deux locataires. Le premier a signé un bail le 1ᵉʳ octobre 1996 lui permettant d'occuper un espace restreint moyennant un loyer mensuel de 540 $. Ce locataire a versé une somme de 1 080 $ pour couvrir le loyer des mois d'octobre et de novembre; le comptable a porté ce montant au crédit du compte Loyers gagnés. Il a reçu le paiement des loyers de décembre et de janvier le 15 janvier seulement;

f) Le deuxième locataire, qui paie un loyer mensuel de 750 $, a versé trois mois de loyer couvrant la période débutant le 1ᵉʳ novembre. Cette somme a été portée au crédit du compte Loyers reçus d'avance.

Travail à faire

1. Passez dans le journal général les écritures de régularisation.

2. Passez les écritures de journal pour comptabiliser les opérations survenues le 1ᵉʳ et le 15 janvier 1997.

La balance de vérification avant régularisation de l'Agence de courtage immobilier Huot enr. au 31 octobre 1996 est la suivante:

AGENCE DE COURTAGE IMMOBILIER HUOT ENR.
Balance de vérification
au 31 octobre 1996

	Débit	Crédit
Encaisse.	7 200 $	
Fournitures de bureau non utilisées	4 300	
Assurances payées d'avance.	8 100	
Automobile.	43 300	
Amortissement cumulé – Automobile		14 900 $
Matériel de bureau	19 800	
Amortissement cumulé – Matériel de bureau		8 490
Fournisseurs.		860
Honoraires reçus d'avance		2 400
Gilles Huot – Capital		55 950
Gilles Huot – Prélèvements	15 000	
Commissions gagnées.		43 400
Salaires	16 800	
Loyers	9 600	
Publicité	500	
Téléphone	1 400	
Total	126 000 $	126 000 $

Travail à faire

1. Ouvrez les comptes du grand livre qui figurent à la balance de vérification ci-dessus, ainsi que les comptes suivants: Clients, Salaires à payer, Honoraires gagnés, Amortissement – Matériel de bureau, Amortissement – Automobile, Assurances et Fournitures de bureau utilisées. Reportez-y les montants qui figurent à la balance de vérification.

2. Passez dans le journal général les écritures de régularisation auxquelles donnent lieu les données suivantes et reportez les montants dans le grand livre:

   a) Les primes d'assurance absorbées le 31 octobre s'élèvent à 900 $;

   b) Le coût des fournitures de bureau non utilisées le 31 octobre est de 1 670 $;

   c) L'amortissement du matériel de bureau pour l'exercice s'élève à 1 320 $;

   d) L'amortissement de l'automobile pour l'exercice s'élève à 3 300 $;

   e) L'Agence Huot enr. a signé un contrat de gestion qui stipule qu'elle s'engage à gérer un immeuble d'habitation à compter du 1er septembre moyennant des honoraires de 600 $ par mois. À la signature du contrat, le client a payé quatre mois d'avance et le montant reçu a été porté au compte Honoraires reçus d'avance;

   f) Le 15 août, l'agence a signé un contrat qui stipule qu'elle doit gérer un immeuble à bureaux à compter de cette même date moyennant des honoraires de gestion de 1 080 $ par mois payables à la fin de chaque trimestre. Le 31 octobre, le client devait deux mois et demi d'honoraires de gestion;

   g) Le 31 octobre, les salaires à payer s'élèvent à 210 $.

3. Dressez la balance de vérification régularisée, l'état des résultats, l'état de l'avoir du propriétaire et le bilan ordonné. Monsieur Gilles Huot n'a fait aucun investissement additionnel dans son entreprise au cours de l'exercice.

Problème 3-3
**Les écritures
de régularisation
et la balance
de vérification
régularisée**
(Objectifs 3, 4, 6)

La balance de vérification avant régularisation de l'entreprise Aménagement Laverdure enr. au 31 décembre 1996 est la suivante:

AMÉNAGEMENT LAVERDURE ENR.
Balance de vérification
au 31 décembre 1996

	Débit	Crédit
Encaisse	3 000 $	
Clients	1 400	
Fournitures d'aménagement non utilisées . . .	1 680	
Assurances payées d'avance	3 200	
Placements dans La Route inc. – Actions ordinaires	6 000	
Camions	42 000	
Amortissement cumulé – Camions		17 000 $
Matériel	5 700	
Amortissement cumulé – Matériel		1 900
Bâtiments	68 000	
Amortissement cumulé – Bâtiments		19 800
Terrain	16 000	
Franchise	30 000	
Services de dessin reçus d'avance		1 050
Emprunt hypothécaire		75 600
Pierre Laverdure – Capital.		49 270
Pierre Laverdure – Prélèvements.	27 000	
Services de dessin rendus		12 250
Services d'aménagement rendus		84 000
Salaires de bureau	14 200	
Salaires des paysagistes.	31 950	
Intérêts débiteurs	6 800	
Essence, huile et réparations	3 940	
Total.	260 870 $	260 870 $

Travail à faire

1. Ouvrez les comptes du grand livre qui figurent à la balance de vérification ci-dessus ainsi que les comptes suivants: Salaires à payer, Amortissement – Bâtiments, Amortissement – Camions, Amortissement – Matériel, Assurances et Fournitures d'aménagement utilisées. Reportez dans les comptes du grand livre les montants qui figurent à la balance de vérification.

2. Passez dans le journal général les écritures de régularisation auxquelles donnent lieu les données suivantes et reportez ces montants dans le grand livre:

   a) Les primes d'assurance absorbées le 31 décembre 1996 s'élèvent à 2 220 $;

   b) Le coût des fournitures non utilisées le 31 décembre 1996 est de 410 $;

   c) L'amortissement du matériel pour l'exercice s'élève à 820 $;

   d) L'amortissement des camions pour l'exercice s'élève à 6 600 $;

   e) L'amortissement des bâtiments pour l'exercice s'élève à 3 020 $;

   f) Le comptable crédite habituellement les sommes reçues d'avance pour les services de dessin au compte Services de dessin reçus d'avance. À la fin de l'exercice, la partie gagnée des sommes portées au crédit de ce compte s'élève à 750 $;

   g) Les services de dessin gagnés le 31 décembre, mais non encore comptabilisés à cette date, sont de 480 $;

   h) Les salaires impayés des paysagistes le 31 décembre s'élèvent à 630 $.

3. Posez les hypothèses que des paiements de 9 000 $ devront être faits au cours de l'exercice suivant pour respecter le contrat d'emprunt hypothécaire, et que le propriétaire a fait un investissement additionnel de 12 000 $ durant l'exercice. Dressez la balance de vérification régularisée, l'état des résultats, l'état de l'avoir du propriétaire et le bilan ordonné.

La balance de vérification avant régularisation du Parc de maisons mobiles Marcellin enr. au 31 mars 1997 est la suivante:

Problème 3-4
Les écritures de régularisation et la balance de vérification régularisée
(Objectifs 3, 4, 6)

PARC DE MAISONS MOBILES MARCELLIN ENR.
Balance de vérification
au 31 mars 1997

	Débit	Crédit
Encaisse	2 850 $	
Fournitures de bureau non utilisées	180	
Assurances payées d'avance	1 470	
Matériel de bureau	3 400	
Amortissement cumulé – Matériel de bureau		2 300 $
Bâtiments	174 500	
Amortissement cumulé – Bâtiments		28 750
Terrain	48 000	
Loyers reçus d'avance		1 300
Emprunt hypothécaire		155 750
Josette Marcellin – Capital		30 260
Josette Marcellin – Prélèvements	12 000	
Loyers gagnés		51 640
Salaires	8 700	
Intérêts débiteurs	13 470	
Impôts fonciers	3 100	
Électricité	2 330	
Total	270 000 $	270 000 $

Travail à faire

1. Ouvrez les comptes du grand livre qui figurent à la balance de vérification ci-dessus ainsi que les comptes suivants: Clients, Intérêts à payer, Salaires à payer, Impôts fonciers à payer, Amortissement – Bâtiments, Amortissement – Matériel de bureau, Assurances et Fournitures de bureau utilisées. Reportez dans les comptes du grand livre les montants qui figurent à la balance de vérification.

2. Passez dans le journal général les écritures de régularisation auxquelles donnent lieu les données suivantes et reportez ces montants dans le grand livre:

   a) Les primes d'assurance absorbées s'élèvent à 1 100 $;

   b) Le coût des fournitures de bureau non utilisées le 31 mars est de 60 $;

   c) L'amortissement du matériel de bureau pour l'exercice s'élève à 680 $;

   d) L'amortissement des bâtiments pour l'exercice s'élève à 7 200 $;

   e) Le comptable crédite habituellement le loyer payé d'avance par les locataires dans le compte Loyers reçus d'avance. Une analyse établit que 840 $ du solde de 1 300 $ étaient effectivement gagnés à la fin de l'exercice;

   f) Le comptable n'a pas encore inscrit le loyer de 90 $ que doit un locataire;

   g) Un employé, qui reçoit un salaire de 40 $ par jour, ne recevra qu'en avril le salaire gagné pendant les trois derniers jours de travail de l'exercice;

   h) Des impôts fonciers de 780 $ n'ont pas encore fait l'objet d'une écriture comptable; ce montant correspond à la charge des trois derniers mois de l'exercice;

i) Des intérêts à payer de 1 120 $ sur l'emprunt hypothécaire n'ont pas encore été comptabilisés.

3. Posez l'hypothèse que des paiements de 9 000 $ seront à payer au cours de l'exercice suivant pour respecter le contrat d'emprunt hypothécaire, et que Josette Marcellin n'a fait aucun investissement additionnel dans son entreprise au cours de l'exercice. Dressez la balance de vérification régularisée, l'état des résultats, l'état de l'avoir du propriétaire et le bilan ordonné.

Problème 3-5
La comparaison entre la balance de vérification non régularisée et la balance de vérification régularisée
(Objectifs 3, 4)

Voici les balances de vérification non régularisée et régularisée de l'entreprise Turcotte, consultant, au 30 septembre 1996:

	Balance de vérification non régularisée		Balance de vérification régularisée	
	Débit	**Crédit**	**Débit**	**Crédit**
Encaisse	15 450 $		15 450 $	
Clients.			3 050	
Fournitures de bureau non utilisées	1 320		480	
Assurances payées d'avance	2 400		1 200	
Matériel de bureau	8 700		8 700	
Amortissement cumulé – Matériel de bureau . . .		1 600 $		2 400 $
Fournisseurs		720		1 130
Intérêts à payer				1 230
Salaires à payer.				1 500
Honoraires reçus d'avance		6 750		3 670
Emprunt hypothécaire		7 300		7 300
André Turcotte – Capital		8 470		8 470
André Turcotte – Prélèvements	44 040		44 040	
Honoraires gagnés		93 130		99 260
Amortissement – Matériel de bureau			800	
Salaires.	28 100		29 600	
Intérêts débiteurs			1 230	
Assurances			1 200	
Loyers.	13 500		13 500	
Fournitures de bureau utilisées			840	
Publicité	4 460		4 870	
Total	117 970 $	117 970 $	124 960 $	124 960 $

Travail à faire

Examinez les balances de vérification de l'entreprise André Turcotte, consultant et reconstituez les écritures de régularisation qui expliquent les différences entre la balance de vérification non régularisée et la balance régularisée.

Problème 3-6
La comptabilité d'exercice
(Objectifs 3, 4)

Le 1er septembre, Guylaine Cloutier a acheté l'immeuble à usage locatif Le Quatre saisons enr. qu'elle a exploité quatre mois, soit du 1er septembre au 31 décembre 1996. Bien qu'elle n'ait pas tenu de livres comptables, elle a déposé toute l'encaisse reçue dans un compte bancaire et a enregistré tous les décaissements dans son carnet de chèques. Voici l'analyse de ses opérations:

	Encaissement	Décaissement
Capital investi	114 000 $	
Achat de l'immeuble		
Matériel de bureau.		2 620 $
Bâtiments.		156 000
Terrain		89 000
Total.		247 620
Moins: Emprunt hypothécaire		148 500
Somme déboursée lors de l'acquisition		99 120
Salaires versés		7 380
Prime d'assurance payée		4 200
Fournitures de bureau achetées		500
Impôts fonciers payés		2 100
Électricité payée		800
Prélèvements par Guylaine Cloutier		3 200
Loyers perçus.	16 000	
Total.	130 000	117 300
Solde de l'encaisse au 31 décembre		12 700
Total.	130 000 $	130 000 $

Lors de l'achat, la durée de vie des bâtiments est estimée à 20 ans, après quoi tout sera démoli. Il est prévu que les produits provenant de la vente des matériaux récupérés des vieux bâtiments seront alors suffisants pour couvrir le coût de démolition. Mme Cloutier prévoit qu'elle utilisera le matériel de bureau pendant trois ans et qu'elle l'échangera alors contre du matériel neuf de même nature. Elle estime que le vieux matériel aura alors une valeur de reprise d'environ 100 $.

La prime d'assurance de 4 200 $ correspond à une police d'assurance d'un an datée du 1er septembre. Mme Cloutier vous informe que la moitié des fournitures de bureau achetées ont été utilisées, et que le seul employé de l'entreprise gagne 50 $ par jour et travaille du lundi au vendredi. L'employé a été payé pour la semaine terminée le 25 décembre et a également travaillé les lundi, mardi et mercredi suivants, jours pour lesquels il n'a pas encore été payé.

Le montant de 16 000 $ de loyers perçus comprend une somme de 1 500 $ reçue d'un locataire qui a payé d'avance le loyer de trois mois à compter du 1er décembre. Par contre, un autre locataire n'a pas encore payé son loyer du mois de décembre, qui s'élève à 500 $.

L'emprunt hypothécaire exige un remboursement annuel de 7 500 $ auquel s'ajoutent des intérêts calculés au taux annuel de 10 % sur le solde de l'emprunt du début de l'exercice. Les impôts fonciers de 2 100 $ représentent les impôts payés le 1er octobre pour une période d'un an commençant le 1er septembre, soit le jour où Mme Cloutier a acheté l'immeuble.

Travail à faire

Reportez les encaissements et les décaissements dans des comptes en T et inscrivez-y les régularisations nécessaires pour être en mesure de dresser, pour les quatre mois terminés le 31 décembre 1996, l'état des résultats, l'état de l'avoir du propriétaire ainsi que le bilan à cette date. Identifiez chaque régularisation par une lettre différente.

L'entreprise Beau Projet enr. comptabilise les charges payées d'avance immédiatement dans les comptes de charges et les produits reçus d'avance, dans les comptes de produits. Voici les informations disponibles le 28 février 1997, date de la fin de l'exercice de l'entreprise:

a) Au début de l'exercice, il y avait un solde de 740 $ au compte Fournitures de magasin non utilisées. L'entreprise a acheté pour 1 600 $ de fournitures durant l'exercice et, à la fin de celui-ci, la partie non utilisée est évaluée à 520 $;

ᴬ Problème 3-7
La comptabilisation des charges payées d'avance et des produits reçus d'avance
(Objectifs 2, 8)

b) Une étude des polices d'assurance permet d'établir que les polices suivantes sont en vigueur le 28 février 1997:

N° de la police	Date d'entrée en vigueur	Durée	Montant de la prime
1	1er juin 1994	3 ans	3 240 $
2	1er octobre 1996	2 ans	960 $

Le coût de ces polices a été débité au compte de charges Assurances. Cependant, la police en vigueur les 28 février 1995 et 1996 a été correctement régularisée à la fin de ces deux exercices;

c) Le 15 décembre 1996, l'entreprise a reçu d'un client une avance de 4 200 $ d'honoraires de consultation. À la fin de l'exercice, l'entreprise estime qu'environ les deux tiers des services reliés à ces honoraires de consultation reçus d'avance ont été rendus au client;

d) L'entreprise utilise la majeure partie du bâtiment dont elle est propriétaire. Le 1er janvier, elle a loué à un médecin un petit local dont le loyer est de 400 $ par mois. À cette date, le locataire a versé le loyer des trois mois débutant le 1er janvier;

e) Au début de l'exercice, il y avait un solde de 320 $ au compte Fournitures de bureau non utilisées. L'entreprise a acheté pour 650 $ de fournitures durant l'exercice et un inventaire montre que 710 $ de fournitures ont été utilisées au cours de l'exercice.

Travail à faire

Passez les écritures de régularisation au 28 février 1997. Pour les informations contenues au paragraphe *b*, faites des écritures distinctes pour chacune des polices.

Problème 3-8
Essai analytique
(Objectifs 3, 4, 5)

Examinez les informations présentées au problème 3-3 et supposez que les erreurs décrites ci-dessous ont été commises lors des écritures de régularisation:

1. On a omis de comptabiliser 6 600 $ pour l'amortissement des camions pendant l'exercice 1996. Cette erreur n'a pas été découverte en 1996 ni en 1997;

2. Le 31 décembre 1996, on a omis de comptabiliser un montant de 480 $ à recevoir d'un client pour des plans effectués. Lors de l'encaissement, en 1997, ce montant a été inscrit au crédit du compte Services de dessin rendus;

3. Le 31 décembre 1996, on a comptabilisé des salaires à payer au montant de 360 $ au lieu de 630 $. Lors du paiement, en 1997, on a débité le compte Salaires à payer d'un montant de 360 $ et la différence entre ce montant et le paiement de 630 $ a été inscrite au débit du compte Salaires des paysagistes.

Travail à faire

Décrivez les effets de ces erreurs sur les états des résultats et sur les bilans des exercices de 1996 et de 1997.

A Problème 3-9
Essai analytique
(Objectifs 3, 4, 8)

Le 1er octobre 1996, les entreprises Satisfaction enr. et Extase enr. ont payé chacune 3 600 $ pour un contrat d'assurance d'une durée de 24 mois. Satisfaction enr. a comptabilisé ce montant au débit du compte Assurances payées d'avance alors que Extase enr. l'a inscrit au débit du compte Assurances.

Travail à faire

Expliquez la différence qu'il va y avoir entre les écritures de régularisation des deux entreprises et l'impact sur leurs états financiers présentés le 31 décembre 1996.

Les renseignements suivants ont été recueillis en vue de la régularisation des comptes de l'entreprise Jean-Philippe enr. le 31 décembre 1996:

a) Le solde du compte Fournitures de bureau non utilisées était de 240 $ le 1er janvier. Les achats de fournitures au cours de l'exercice se sont élevés à 760 $ et ont été comptabilisés dans le compte Fournitures de bureau non utilisées. Le coût des fournitures non utilisées le 31 décembre était de 190 $;

b) Une étude des polices d'assurance en vue de régulariser le compte Assurances payées d'avance permet d'établir que les polices d'assurance suivantes étaient en vigueur le 31 décembre 1996:

N° de la police	Date d'entrée en vigueur	Durée	Coût
1	14 avril 1994	3 ans	1 440 $
2	1er juillet 1994	2 ans	1 800 $
3	1er octobre 1996	1 an	420 $

Le coût des polices d'assurance est inscrit au débit du compte Assurances payées d'avance. Le 31 décembre 1995, ce compte avait été correctement régularisé;

c) Les deux employés de bureau de l'entreprise reçoivent des salaires quotidiens de 45 $ et de 80 $, respectivement. Ces employés sont payés le vendredi de chaque semaine pour le travail effectué durant la semaine. Leur dernière paie leur a été versée le vendredi 27 décembre, et ils ont travaillé les lundi et mardi suivants. La paie suivante leur sera versée le 3 janvier;

d) L'entreprise est propriétaire d'un immeuble dont elle a pris possession le 1er mai de l'exercice en cours. Le nouvel immeuble, qui a coûté 472 500 $, a une durée de vie prévue de 25 ans et une valeur résiduelle nulle;

e) L'entreprise loue une partie de son nouvel immeuble à deux locataires. Le premier locataire paie un loyer de 650 $ par mois pour l'espace qu'il occupe; il a versé au début de chaque mois le loyer des mois de septembre à novembre inclusivement. Les sommes reçues ont été portées au crédit du compte Loyers gagnés. Récemment, ce locataire a éprouvé des difficultés financières et il n'a pas encore versé le loyer du mois de décembre. L'entreprise a reçu le paiement des loyers de décembre et de janvier le 12 janvier seulement;

f) Le second locataire a signé un bail le 1er novembre lui permettant d'occuper un espace restreint moyennant un loyer mensuel de 490 $. Ce locataire a versé une somme de 1 470 $ le jour où il a signé le bail et le comptable a porté ce montant au crédit du compte Loyers reçus d'avance.

Travail à faire

1. Passez dans le journal général les écritures de régularisation.
2. Passez les écritures de journal pour comptabiliser les opérations survenues le 3 et le 12 janvier 1997.

Problème 3-2A
**Les écritures
de régularisation
et la balance
de vérification
régularisée**
(Objectifs 3, 4, 6)

La balance de vérification avant régularisation de l'agence de courtage immobilier Simon enr. au 31 octobre 1996 est la suivante:

SIMON ENR.
Balance de vérification
au 31 octobre 1996

	Débit	Crédit
Encaisse.	7 200 $	
Fournitures de bureau non utilisées	4 300	
Assurances payées d'avance	8 100	
Automobile	19 800	
Amortissement cumulé – Automobile		8 490 $
Matériel de bureau	43 300	
Amortissement cumulé – Matériel de bureau		14 900
Fournisseurs		860
Honoraires reçus d'avance		2 400
Luc Simon – Capital		55 950
Luc Simon – Prélèvements	15 000	
Commissions gagnées		43 400
Salaires	16 800	
Loyers	9 600	
Publicité	500	
Téléphone	1 400	
Total	126 000 $	126 000 $

Travail à faire

1. Ouvrez les comptes du grand livre qui figurent à la balance de vérification ci-dessus ainsi que les comptes suivants: Clients, Salaires à payer, Honoraires gagnés, Amortissement – Matériel de bureau, Amortissement – Automobile, Assurances et Fournitures de bureau utilisées. Reportez-y les montants qui figurent à la balance de vérification.

2. Passez dans le journal général les écritures de régularisation auxquelles les données suivantes donnent lieu et reportez les montants dans le grand livre:

   a) Le coût des primes d'assurance absorbées au cours de l'exercice est de 2 025 $;

   b) Le coût des fournitures de bureau non utilisées le 31 octobre s'élève à 1 075 $;

   c) L'amortissement du matériel de bureau pour l'exercice s'élève à 3 830 $;

   d) L'amortissement de l'automobile pour l'exercice s'élève à 2 800 $;

   e) Le compte de téléphone au montant de 420 $ ainsi qu'une facture de 120 $ pour de la publicité parue dans un journal local sont dus à la fin d'octobre 1996 et n'ont pas encore été comptabilisés;

   f) Le 1er octobre, l'agence s'est engagée par contrat à gérer un immeuble à bureaux moyennant des honoraires de 150 $ par mois. À cette date, le client a versé les honoraires de trois mois, et ce montant a été porté au crédit du compte Honoraires reçus d'avance;

   g) Jacques Grenier a confié à l'agence Simon enr. la gestion de son immeuble d'habitation. Il est convenu que les honoraires de gestion seront de 400 $ par mois à partir du 15 septembre. Les honoraires seront payés à la fin de chaque trimestre. Le 31 octobre, il y avait un mois et demi d'honoraires de gestion à recevoir du client;

   h) Le salaire du seul employé est payé le vendredi de chaque semaine. Le 31 octobre, le salaire de quatre jours de travail, à raison de 80 $ par jour, n'avait pas encore été versé.

3. Dressez la balance de vérification régularisée, l'état des résultats, l'état de l'avoir du propriétaire et le bilan ordonné. Le solde de l'avoir du propriétaire était de 48 950 $ le 1er novembre 1995 et, au cours de l'exercice, M. Luc Simon a fait un investissement additionnel de 7 000 $ dans son entreprise.

La balance de vérification avant régularisation de l'entreprise Aménagement Savoie enr. au 31 décembre 1996 est la suivante:

Problème 3-3A
Les écritures de régularisation et la balance de vérification régularisée
(Objectifs 3, 4, 6)

AMÉNAGEMENT SAVOIE ENR.
Balance de vérification
au 31 décembre 1996

	Débit	Crédit
Encaisse	3 000 $	
Clients.	1 400	
Fournitures d'aménagement non utilisées . .	1 680	
Assurances payées d'avance	3 200	
Placement dans Autoroute inc. – Actions ordinaires	6 000	
Camions	42 000	
Amortissement cumulé – Camions		17 000 $
Matériel	5 700	
Amortissement cumulé – Matériel		1 900
Bâtiments	68 000	
Amortissement cumulé – Bâtiments		19 800
Terrain	16 000	
Franchise	30 000	
Services de dessin reçus d'avance		1 050
Emprunt hypothécaire		75 600
David Savoie – Capital.		49 270
David Savoie – Prélèvements.	27 000	
Services de dessin rendus.		12 250
Services d'aménagement rendus		84 000
Salaires de l'employé de bureau.	14 200	
Salaires des paysagistes	31 950	
Intérêts débiteurs	6 800	
Essence, huile et réparations	3 940	
Total	260 870 $	260 870 $

Travail à faire

1. Ouvrez les comptes du grand livre qui figurent à la balance de vérification ci-dessus ainsi que les comptes suivants: Salaires à payer, Amortissement – Bâtiments, Amortissement – Camions, Amortissement – Matériel, Assurances et Fournitures d'aménagement utilisées. Reportez dans les comptes du grand livre les montants qui figurent à la balance de vérification.

2. Passez dans le journal général les écritures de régularisation auxquelles donnent lieu les données suivantes et reportez les montants dans le grand livre:

   a) Les primes d'assurance absorbées le 31 décembre 1996 s'élèvent à 960 $;

   b) Le coût des fournitures d'aménagement non utilisées le 31 décembre s'élève à 990 $;

   c) L'amortissement annuel du matériel est de 1 400 $;

   d) L'amortissement des camions pour l'exercice s'élève à 8 300 $;

   e) L'amortissement annuel des bâtiments s'élève à 3 800 $;

f) Le comptable crédite habituellement les sommes reçues d'avance pour des services de dessin dans le compte Services de dessin reçus d'avance. Le 31 décembre, la partie gagnée de ces services s'élève à 350 $;

g) Les services de dessin gagnés le 31 décembre, mais non encore comptabilisés à cette date, s'élèvent à 1 000 $;

h) Les salaires à payer aux paysagistes s'élèvent à 720 $.

3. Posez les hypothèses que des paiements de 9 450 $ devront être faits au cours de l'exercice suivant pour respecter le contrat d'emprunt hypothécaire, et que le propriétaire a fait un investissement additionnel net de 15 000 $ durant l'exercice. Dressez la balance de vérification régularisée, l'état des résultats, l'état de l'avoir du propriétaire et le bilan ordonné.

Problème 3-4A
Les écritures de régularisation et la balance de vérification régularisée
(Objectifs 3, 4, 6)

La balance de vérification avant régularisation du Parc de maisons mobiles Valmont enr. au 31 mars 1997 est la suivante:

PARC DE MAISONS MOBILES VALMONT ENR.
Balance de vérification
au 31 mars 1997

	Débit	Crédit
Encaisse.	2 850 $	
Fournitures de bureau non utilisées	180	
Assurances payées d'avance.	1 470	
Matériel de bureau	3 400	
Amortissement cumulé – Matériel de bureau		2 300 $
Bâtiments	174 500	
Amortissement cumulé – Bâtiments.		28 750
Terrain.	48 000	
Loyers reçus d'avance.		1 300
Emprunt hypothécaire.		155 750
Laurent Perron – Capital.		30 260
Laurent Perron – Prélèvements.	12 000	
Loyers gagnés		51 640
Salaires	8 700	
Intérêts débiteurs.	13 470	
Impôts fonciers	3 100	
Électricité	2 330	
Total	270 000 $	270 000 $

Travail à faire

1. Ouvrez les comptes du grand livre qui figurent à la balance de vérification ci-dessus ainsi que les comptes suivants: Clients, Intérêts à payer, Salaires à payer, Impôts fonciers à payer, Amortissement – Bâtiments, Amortissement – Matériel de bureau, Assurances et Fournitures de bureau utilisées. Reportez dans les comptes du grand livre les montants qui figurent à la balance de vérification.

2. Passez dans le journal général les écritures de régularisation auxquelles donnent lieu les données suivantes et reportez les montants dans le grand livre:

a) Les primes d'assurance absorbées s'élèvent à 490 $;

b) Le coût des fournitures de bureau non utilisées le 31 mars est de 50 $;

c) L'amortissement du matériel de bureau pour l'exercice s'élève à 600 $;

d) L'amortissement des bâtiments pour l'exercice s'élève à 8 100 $;

e) Le comptable crédite habituellement le loyer reçu d'avance dans le compte Loyers reçus d'avance. Une analyse établit que 550 $ du solde de 1 300 $ étaient effectivement gagnés à la fin de l'exercice;

f) Le comptable n'a pas encore inscrit le loyer de 150 $ que doit un locataire;

g) Des impôts fonciers de 1 040 $ n'ont pas encore fait l'objet d'une écriture comptable; ce montant correspond à la charge des trois derniers mois de l'exercice;

h) Un employé, qui reçoit un salaire de 50 $ par jour, ne recevra qu'en avril le salaire gagné pendant les quatre derniers jours de travail de l'exercice;

i) Des intérêts à payer de 3 900 $ sur l'emprunt hypothécaire n'ont pas encore fait l'objet d'une écriture comptable.

3. Posez les hypothèses que des paiements de 7 800 $ devront être faits au cours de l'exercice suivant pour respecter le contrat d'emprunt hypothécaire, et que Laurent Perron n'a fait aucun investissement additionnel dans son entreprise au cours de l'exercice. Dressez la balance de vérification régularisée, l'état des résultats, l'état de l'avoir du propriétaire et le bilan ordonné.

Voici les balances de vérification non régularisée et régularisée de l'entreprise Lemieux, consultant, au 30 septembre 1996:

Problème 3-5A
La comparaison entre les balances de vérification non régularisée et régularisée
(Objectifs 3, 4)

	Balance de vérification non régularisée		Balance de vérification régularisée	
	Débit	**Crédit**	**Débit**	**Crédit**
Encaisse..............................	23 515 $		23 515 $	
Clients..................................			2 220	
Fournitures de bureau non utilisées...........	960		320	
Assurances payées d'avance.................	12 000		8 000	
Matériel de bureau........................	13 220		13 220	
Amortissement cumulé – Matériel de bureau....		4 250 $		6 120 $
Bâtiments................................	195 000		195 000	
Amortissement cumulé – Bâtiments...........		45 600		58 400
Terrain..................................	65 000		65 000	
Fournisseurs.............................		1 750		3 790
Intérêts à payer..........................				8 560
Impôts fonciers à payer....................				6 400
Honoraires reçus d'avance..................		15 270		7 190
Emprunt hypothécaire......................		92 700		92 700
Paul Lemieux – Capital....................		22 775		22 775
Paul Lemieux – Prélèvements..............	52 200		52 200	
Honoraires gagnés........................		261 750		272 050
Amortissement – Bâtiments.................			12 800	
Amortissement – Matériel de bureau..........			1 870	
Salaires.................................	54 800		54 800	
Intérêts débiteurs.........................			8 560	
Assurances..............................			4 000	
Fournitures de bureau utilisées..............			640	
Publicité.................................	21 660		23 700	
Impôts fonciers..........................			6 400	
Électricité...............................	5 740		5 740	
Total.................................	444 095 $	444 095 $	477 985 $	477 985 $

Travail à faire

Examinez la balance de vérification de Lemieux, consultant et reconstituez les écritures de régularisation qui expliquent les différences entre la balance de vérification non régularisée et la balance régularisée.

Problème 3-6A
La comptabilité d'exercice
(Objectifs 2, 3, 5)

L'avocat André Houle, qui comptabilise ses opérations en utilisant la comptabilité de caisse, a préparé l'état des résultats suivant à la fin de l'exercice 1996:

ANDRÉ HOULE, AVOCAT
État des résultats
pour l'exercice se terminant le 31 décembre 1996

Produits d'exploitation	256 000 $
Charges d'exploitation.	80 450
Bénéfice net.	175 550 $

Le solde des comptes suivants n'a pas été pris en considération lors de la préparation de cet état des résultats:

	31 décembre	
	1995	**1996**
Charges payées d'avance.	12 600 $	14 200 $
Charges à payer	6 120	5 800
Produits reçus d'avance.	10 400	7 500
Produits à recevoir.	12 000	14 900

Travail à faire

Posez comme hypothèse que les montants payés ou reçus d'avance le 31 décembre 1995 sont devenus des charges ou ont été gagnés au cours de l'exercice 1996, et que les montants à recevoir ou à payer en 1995 ont été soit reçus, soit payés au cours de l'exercice 1996. Dressez l'état des résultats en utilisant la comptabilité d'exercice et présentez les calculs en annexe pour justifier les montants de produits d'exploitation et de charges d'exploitation.

^A Problème 3-7A
La comptabilisation des charges payées d'avance et des produits reçus d'avance
(Objectifs 2, 8)

L'entreprise Chrome inc. comptabilise les charges payées d'avance immédiatement dans les comptes de charges et les produits reçus d'avance, dans les comptes de produits. Voici les informations disponibles le 28 février 1997, date de la fin de l'exercice de l'entreprise:

a) Au début de l'exercice, le solde du compte Fournitures de magasin non utilisées était de 400 $. L'entreprise a acheté pour 1 150 $ de fournitures durant l'exercice et à la fin, il lui en restait pour 1 250 $;

b) Une étude des polices d'assurance permet d'établir que les polices suivantes sont en vigueur le 28 février 1997:

N° de la police	Date d'entrée en vigueur	Durée	Montant de la prime
1	1er septembre 1994	3 ans	3 420 $
2	1er décembre 1996	2 ans	8 640 $

Le coût de ces polices a été débité au compte de charges Assurances. Cependant, la police en vigueur les 28 février 1995 et 1996 a été correctement régularisée à la fin de ces deux exercices;

c) Le 17 novembre 1996, l'entreprise a reçu d'un client une avance de 9 450 $ d'honoraires de consultation. À la fin de l'exercice, l'entreprise estime qu'environ les deux tiers des services reliés à ces honoraires de consultation reçus d'avance ont été rendus au client;

d) L'entreprise utilise la majeure partie du bâtiment dont elle est propriétaire. Le 1er décembre, elle a loué à un avocat un petit local; le loyer est de 750 $ par mois. À cette date, le locataire a payé six mois de loyer d'avance;

e) Au début de l'exercice, le solde du compte Fournitures de bureau non utilisées était de 220 $. L'entreprise a acheté pour 540 $ de fournitures durant l'exercice et un inventaire montre que 400 $ de fournitures ont été utilisées au cours de l'exercice.

Travail à faire

Préparez les écritures de régularisation au 28 février 1997. Pour les informations contenues au paragraphe *b*, faites des écritures distinctes pour chacune des polices.

Examinez les informations présentées au problème 3-3A, et supposez que les erreurs décrites ci-dessous ont été commises lors des écritures de régularisation:

1. Le 31 décembre 1996, on a comptabilisé une charge d'amortissement de 3 800 $ pour les camions alors que le bon montant était 8 300 $. Cette erreur n'a pas été découverte en 1996 ni en 1997;

2. Le 31 décembre 1996, on a omis de virer aux résultats un montant de 350 $ représentant la portion des services de dessin reçus d'avance qui a été gagnée au cours de l'exercice. Ce montant fut constaté seulement en 1997;

3. Le 31 décembre 1996, on a omis d'inscrire des salaires à payer au montant de 720 $. Lors du paiement, en 1997, il a été débité au compte Salaires des paysagistes.

Problème 3-8A
Essai analytique
(Objectifs 3, 4, 5)

Travail à faire

Décrivez les effets de ces erreurs sur l'état des résultats et le bilan de l'exercice 1996 et ceux de l'exercice 1997.

Le 1er septembre 1996, les entreprises Lemieux enr. et Excellence enr. ont reçu chacune 5 400 $ d'honoraires pour des services qu'elles rendront dans les mois à venir. Lemieux enr. a comptabilisé ce montant au crédit du compte Honoraires reçus d'avance alors que Excellence l'a inscrit au crédit du compte Honoraires gagnés. On estime à 1 200 $ la portion des 5 400 $ qui doit être prise en compte par les deux entreprises parce que les services ont été rendus au cours de l'exercice terminé le 31 décembre 1996.

^A **Problème 3-9A**
Essai analytique
(Objectifs 3, 4, 8)

Travail à faire

Expliquez la différence qu'il y a entre les écritures de régularisation des deux entreprises et l'impact sur les états financiers qui seront établis au 31 décembre 1996.

Problème
à épisodes

Les Ordinateurs
révolutionnaires enr.

(N'exigez pas ce problème si les feuilles de travail qui accompagnent ce volume ne sont pas utilisées. Ce problème a débuté au chapitre 2 et se continue aux chapitres 4 et 5. Si vous ne l'avez pas effectué au chapitre 2, vous pourrez toujours le commencer ici à condition de prendre connaissance des données au chapitre 2. Voir pages 135 à 137.)

L'entreprise Les Ordinateurs révolutionnaires enr. a commencé ses opérations il y a deux mois. Vous avez déjà comptabilisé les opérations de ces deux premiers mois comme vous l'a demandé le propriétaire, M. Jean Caron. Ce travail a été effectué au chapitre 2. Maintenant, avant de procéder à l'inscription des opérations de décembre, il est nécessaire que vous ajoutiez les comptes suivants dans le grand livre:

Compte	Numéro
Amortissement cumulé – Matériel de bureau	164
Amortissement cumulé – Ordinateurs	168
Salaires à payer	210
Honoraires reçus d'avance	233
Amortissement – Matériel de bureau	612
Amortissement – Ordinateurs	613
Assurances	637
Loyers	640
Fournitures d'ordinateurs utilisées	652

L'entreprise a effectué les opérations suivantes au cours du mois de décembre:

Déc.   2   Paiement d'une publicité conjointe avec les autres commerçants du centre commercial: 300 $.

3   Paiement d'une réparation effectuée sur le matériel de bureau: 76 $.

5   Recouvrement de 1 500 $ dus par la société Les Distributeurs R.B. ltée pour les services rendus et facturés le 25 novembre.

6   Paiement à l'assistante du salaire de quatre jours de travail: 280 $;

9   Confirmation reçue de Les Distributeurs R.B. ltée à l'effet que notre soumission au montant de 1 850 $ a été acceptée; réception d'une avance de 450 $.

11   Achat à crédit auprès de la société Les Ordinateurs 2000 inc. de fournitures d'ordinateurs: 85 $.

12   Expédition d'un relevé de compte à la ferme St-Pierre inc. concernant notre facture du 8 novembre demeurée impayée.

13   Réception d'une note de débit pour les services bancaires chargés par la banque INTEL. La banque a déduit ces 4 $ de notre compte de chèques.

16   Paiement d'une publicité dans le journal *L'Écho des nouvelles*: 15 $.

18   Encaissement pour des services d'installation d'un ordinateur et de consultation rendus au comptant, d'un montant de 495 $.

20   Prélèvement par le propriétaire pour payer des dépenses personnelles: 675 $.

20   L'assistante n'a pas travaillé au cours des deux dernières semaines.

22-26   M. Jean Caron prend une semaine de vacances durant la période des fêtes.

29   Recouvrement d'une somme de 450 $ due par la ferme St-Pierre en règlement partiel des services rendus le 8 novembre.

30   Paiement de la facture d'électricité: 51 $.

30   Paiement du compte de téléphone: 110 $.

31   Paiement à Anne Leblanc du kilométrage effectué avec son automobile pour l'entreprise, 50 kilomètres à 0,24 $ le kilomètre: 12 $.

31   Paiement à Jean Caron du kilométrage effectué avec son automobile pour l'entreprise, 300 kilomètres à 0,24 $ le kilomètre: 72 $.

En prévision de l'établissement des états financiers de la période de trois mois terminée le 31 décembre 1996, voici les informations qui vous seront utiles pour effectuer les écritures de régularisation:

a) Le coût des fournitures d'ordinateur non utilisées s'élève à 17 $;

b) La couverture d'assurance absorbée est de trois mois;

c) Le salaire d'Anne Leblanc est payé le vendredi de chaque semaine;
le 31 décembre, le salaire de trois jours de travail n'avait pas encore été versé;

d) L'ordinateur a une durée de vie prévue de trois ans et une valeur résiduelle nulle;

e) Le matériel de bureau a une durée de vie prévue de quatre ans et une valeur résiduelle nulle;

f) Rappelez-vous que quatre mois de loyer avaient été payés au début d'octobre.

Travail à faire

1. Passez les écritures dans le journal général pour comptabiliser les opérations et les régularisations ci-dessus et reportez les montants dans les comptes appropriés du grand livre.

2. Dressez la balance de vérification régularisée au 31 décembre, l'état des résultats et l'état de l'avoir du propriétaire pour les trois derniers mois de 1996, de même que le bilan au 31 décembre 1996.

Cas

Les éléments d'actif et de passif ci-dessous figurent aux bilans de l'agence immobilière Émilie enr. au 31 décembre 1995 et au 31 décembre 1996:

Cas 3-1
L'agence
immobilière
Émilie enr.
(Objectifs 3, 4)

	31 décembre	
	1995	**1996**
Clients	4 450 $	3 180 $
Assurances payées d'avance	5 720	2 600
Intérêts à payer	14 625	11 700
Honoraires de gestion reçus d'avance	5 200	6 460

Les livres de l'agence montrent que les encaissements et les décaissements suivants ont été effectués au cours de l'exercice 1996:

Paiement des primes d'assurance	4 470 $
Paiement des intérêts	18 750
Perception d'honoraires de gestion	76 200

Travail à faire

Calculez: *a)* la charge d'assurances et *b)* la charge d'intérêts pour l'exercice se terminant le 31 décembre 1996, ainsi que *c)* les honoraires de gestion gagnés au cours de l'exercice 1996.

Thérèse Monpetit, qui a lancé l'Atelier de réparation Monpetit enr. le 2 janvier 1996, avait l'impression que son premier exercice d'exploitation avait été un succès puisqu'elle avait réalisé de nombreuses opérations. Toutefois, la banque a commencé à refuser ses chèques et ses créanciers la harcèlent pour les factures qu'elle ne parvient pas à payer. Thérèse, qui ne comprend pas comment la situation financière de son entreprise a pu se détériorer à ce point, vous demande de l'aider à établir les résultats de son premier exercice d'exploitation.

Cas 3-2
L'Atelier
de réparation
Monpetit enr.
(Objectifs 2, 3, 4, 6)

Étant donné que les livres comptables de l'atelier ont été tenus par le mari de Thérèse, qui n'a aucune formation en comptabilité, celle-ci vous a préparé le relevé des encaissements et des décaissements suivant:

ATELIER DE RÉPARATION MONPETIT ENR.
Encaissements et décaissements
pour l'exercice se terminant le 31 décembre 1996

Encaissements:		
Capital investi par Thérèse Monpetit	25 000 $	
Reçus des clients pour services rendus . .	45 900	70 900
Décaissements:		
Loyers	5 590	
Matériel de réparation	22 750	
Dépenses du camion	13 100	
Salaires	17 500	
Assurances	3 000	
Pièces et fournitures de réparation	9 290	71 230
Découvert bancaire		(330) $

Vous avez aussi obtenu les informations additionnelles suivantes:

1. Le bail de cinq ans requiert le paiement d'un loyer mensuel de 430 $ et, de plus, le paiement d'avance des loyers du premier et du dernier mois du bail. Tous les paiements de loyer ont été faits à temps;

2. Le matériel de réparation, qui a une durée de vie prévue de cinq ans et une valeur résiduelle nulle, a été utilisé pendant tout l'exercice;

3. Les dépenses du camion comprennent son coût d'acquisition: 11 500 $ (il a été acquis le 2 janvier) et le coût de l'essence et de l'huile utilisées: 1 600 $. Thérèse s'attend à utiliser le camion pendant cinq ans, après quoi elle prévoit obtenir une valeur de reprise de 2 000 $;

4. Le poste Salaires comprend une somme de 4 000 $ qui a été payée à un employé embauché le 1er septembre, ainsi que des prélèvements de 13 500 $. L'atelier doit 190 $ pour des salaires qui n'ont pas encore été payés;

5. Les frais d'assurance de 3 000 $ comprennent les primes de deux polices d'assurance qui sont entrées en vigueur le 2 janvier. Une des polices, qui offre une protection d'un an, coûte 840 $ alors que l'autre couvre une période de deux ans et coûte 2 160 $;

6. En plus des pièces et des fournitures de réparation de 9 290 $ payées au cours de l'exercice, l'atelier doit 430 $ pour des pièces et des fournitures reçues. L'inventaire de fin d'exercice établit que le coût des pièces et des fournitures non utilisées s'élève à 1 660 $;

7. Thérèse vous informe que la plupart des réparations sont payées au comptant, mais que des clients lui doivent 620 $ pour des travaux effectués à crédit.

Travail à faire

Préparez l'état des résultats et l'état de l'avoir du propriétaire pour l'exercice se terminant le 31 décembre 1996, ainsi que le bilan ordonné à cette date en utilisant la comptabilité d'exercice.

Cas 3-3
Réparations rapides enr.
(Objectifs 2, 3, 4, 6)

Durant la première semaine d'avril 1996, M. Raymond Boulanger a ouvert l'entreprise qu'il a appelée Réparations rapides enr. Bien qu'il n'ait pas tenu de livres comptables en bonne et due forme, il a déposé à la banque tout l'argent reçu et a tenu compte des décaissements effectués dans son carnet de chèques. Voici les encaissements et décaissements effectués:

	Encaissement	Décaissement
Capital investi par M. Boulanger	18 000 $	
Matériel d'atelier		8 200 $
Fournitures d'atelier		10 600
Loyers		5 850
Assurances		720
Publicité		1 470
Électricité		1 020
Salaires		5 200
Prélèvements effectués par M. Boulanger		16 500
Services de réparation gagnés	34 150	
Total	52 150	49 560
Solde de l'encaisse au 31 mars 1997		2 590
Total	52 150 $	52 150 $

Il est prévu que le matériel d'atelier aura une durée de vie de huit ans, après quoi sa valeur résiduelle sera nulle. Il y a pour 980 $ de factures non payées sur le bureau de M. Boulanger; elles se rapportent toutes à des fournitures qui ont été reçues au cours de l'exercice. L'inventaire de fin d'exercice établit le coût des fournitures d'atelier non utilisées à 1 740 $. Le bail de location d'une durée de cinq ans nécessite le paiement d'un loyer mensuel de 450 $ et, de plus, que les loyers du premier et du dernier mois du bail soient payés d'avance. Le débours d'assurances de 720 $ correspond aux primes de deux polices d'assurance qui sont entrées en vigueur le 2 avril. Une des polices, qui offre une protection d'un an, coûte 300 $ alors que l'autre couvre une période de deux ans et coûte 420 $. L'entreprise doit à son employé un salaire de 120 $ alors que des clients doivent à l'entreprise 1 650 $ pour des travaux de réparation effectués à crédit.

Travail à faire

Préparez l'état des résultats et l'état de l'avoir du propriétaire pour l'exercice se terminant le 31 mars 1997, ainsi que le bilan ordonné à cette date en utilisant la comptabilité d'exercice.

En vous référant au rapport annuel de Les Industries C-MAC Inc. apparaissant à l'annexe I, et plus particulièrement aux bilans consolidés et aux notes complémentaires, répondez aux questions suivantes:

1. Le bilan consolidé est-il ordonné? Nommez-en les sections.
2. Combien de classes d'actions Les Industries C-MAC Inc. possède-t-elle?
3. Quel est le montant d'amortissement cumulé au 31 décembre 1994?
4. Quel est le montant du capital-actions émis au 31 décembre 1994?
5. Quel est le montant de la dette à long terme échéant en deçà d'un an?

Cas 3-4
Les Industries C-MAC Inc.
(Objectif 6)

Relisez la question d'éthique professionnelle de la page 154.

Travail à faire

Évaluez les différentes solutions qui se présentent à Johanne Paradis et expliquez en quoi votre réponse serait différente si les situations suivantes prévalaient: *a)* les états financiers de l'entreprise ne seront pas vérifiés par des vérificateurs externes, *b)* un emprunt supplémentaire a été demandé à une institution financière, *c)* son emploi dépend de sa soumission aux volontés du propriétaire.

Cas 3-5
Une question d'éthique professionnelle
Analyse

Éthique

Problèmes d'analyse et de révision

Le 31 décembre 1995, le solde du compte Salaires à payer de la société Mélissa ltée et le total des opérations portées au débit et au crédit de ce compte pendant l'exercice 1996 apparaissent ci-dessous:

Problème 3-1
AR

Salaires à payer			
Écritures de 1996	194 560	Solde au 31 décembre 1995	11 260
		Écriture de 1996	194 420

Travail à faire

Calculez:

1. la charge de salaires pour l'exercice de 1996;
2. le montant payé aux employés pendant l'exercice de 1996 pour du travail effectué pendant l'exercice de 1995;
3. le montant payé aux employés pendant l'exercice de 1996 pour du travail effectué pendant l'exercice de 1996;

4. le montant qui sera payé aux employés pendant l'exercice de 1997 pour du travail effectué pendant l'exercice de 1996.

Problème 3-2
AR

La secrétaire du dentiste Robert Dufour a préparé l'état des résultats suivant pour l'exercice se terminant le 31 décembre 1996 en utilisant la comptabilité de caisse:

ROBERT DUFOUR, DENTISTE
État des résultats
pour l'exercice terminé le 31 décembre 1996

Honoraires reçus.		155 800 $
Charges payées:		
Loyers du bureau.	12 000	
Loyers du matériel	30 000	
Électricité	600	
Téléphone	360	
Fournitures utilisées	3 500	
Salaires de la secrétaire.	26 000	72 460
Bénéfice de l'année.		83 340 $

Le dentiste Dufour, qui a l'impression que son bénéfice serait sensiblement différent si l'état des résultats était préparé en utilisant la méthode de la comptabilité d'exercice, vous demande de préparer l'état des résultats conformément à cette méthode. En examinant les livres comptables, vous obtenez les faits additionnels suivants:

a) Des honoraires de 2 800 $ gagnés au cours de l'exercice de 1995 sont inclus dans le montant des honoraires reçus de 155 800 $;

b) Des honoraires de 6 600 $ étaient gagnés, mais non encore reçus le 31 décembre 1996;

c) Lorsqu'il a ouvert son cabinet en 1995, le dentiste Dufour a signé un contrat de location d'une durée de 10 ans avec la société Fournitures dentaires lui permettant d'obtenir le matériel dont il a besoin moyennant un loyer mensuel de 2 500 $;

d) Le loyer de 1 000 $ du bureau est payé le premier de chaque mois;

e) Le coût des fournitures non utilisées au début et à la fin de l'exercice était respectivement de 100 $ et de 300 $;

f) Le 31 décembre 1996, des salaires de 600 $ étaient dus à la secrétaire;

g) Les factures d'électricité non payées au début et à la fin de l'exercice étaient respectivement de 35 $ et de 75 $ alors que celles du téléphone étaient respectivement de 30 $ et de 60 $.

Travail à faire

Préparez l'état des résultats pour l'exercice de 1996 en utilisant la comptabilité d'exercice. Justifiez les calculs effectués pour apporter les changements à l'état des résultats préparé par la secrétaire.

**Réponses
aux questions
de révision
en regard
des objectifs
d'apprentissage**

Objectif 1 (*a*)	**Objectif 4** (*e*)	**Objectif 7** (*a*)
Objectif 2 (*a*)	**Objectif 5** (*d*)	**Objectif 8** (*c*)
Objectif 3 (*e*)	**Objectif 6** (*e*)	

Le chiffrier
et la clôture des comptes

Dans ce chapitre, nous nous concentrerons sur certaines procédures qu'il faut entreprendre à la fin de chaque exercice. Vous apprendrez à utiliser un chiffrier, à y inscrire les écritures de régularisation et à dresser les états financiers à partir de ce dernier. Vous apprendrez également quelles sont les étapes à suivre pour que les comptes du grand livre soient prêts à recevoir les opérations de l'exercice suivant.

Objectifs d'apprentissage

Après l'étude du chapitre 4, vous devriez être en mesure:

1. d'établir le chiffrier d'une entreprise de services et d'expliquer son utilité;

2. de passer les écritures de clôture des comptes de résultats d'une entreprise de services à la fin de chaque exercice et d'expliquer pourquoi elles sont nécessaires;

3. de dresser une balance de vérification après clôture et de justifier son utilité;

4. de résumer les étapes du cycle comptable en suivant l'ordre dans lequel elles sont effectuées;

5. de définir et d'expliquer les termes et les expressions de la section Terminologie comptable.

Après l'étude de l'annexe 4-A, vous devriez être en mesure:

6. de préparer les écritures de contrepassation et d'expliquer pourquoi et quand on les utilise.

Dans le processus d'organisation et de structuration de l'information financière que l'on retrouve dans les états financiers à présentation ordonnée, le comptable doit procéder à des analyses et préparer des documents et divers tableaux afin de se faciliter la tâche. Ces analyses et ces documents, appelés **feuilles de travail**, sont des outils inestimables pour le comptable. Elles lui facilitent la tâche tout en lui épargnant du travail. Le **chiffrier** est probablement le meilleur exemple de ce type de feuilles de travail. Il est établi par le comptable afin de faciliter le traitement des informations nécessaires à la préparation des états financiers. Le chiffrier est

L'utilisation
d'un chiffrier
à la fin
d'une période

Objectif 1 Établir le chiffrier d'une entreprise de services et expliquer son utilité.

conservé par le comptable; il ne sera donc pas remis à la direction de l'entreprise ni transmis aux utilisateurs de l'information financière.

Rappelez-vous les procédures de fin d'exercice que nous avons expliquées au chapitre 3. Après avoir comptabilisé toutes les opérations d'un exercice, il faut dresser une balance de vérification avant régularisation, inscrire par la suite les écritures de régularisation dans le journal général puis les reporter dans le grand livre. Par la suite, il faut établir une balance de vérification régularisée et l'utiliser pour dresser les états financiers.

Ces procédures peuvent être satisfaisantes et suffisantes pour les petites entreprises. Cependant, si l'entreprise utilise plusieurs comptes de grand livre et que les écritures de régularisation sont nombreuses, le comptable peut réduire le risque d'erreurs en effectuant une étape additionnelle à la balance de vérification régularisée. Cette étape additionnelle consiste à établir un chiffrier. Cette feuille de travail est préparée avant que les écritures de régularisation soient inscrites dans le journal général et reportées dans le grand livre.

Dans le chiffrier, le comptable: 1) inscrit la balance de vérification non régularisée, 2) enregistre les effets des écritures de régularisation sur le solde des comptes, 3) calcule la balance de vérification régularisée et 4) reporte les soldes régularisés dans les colonnes appropriées servant à dresser l'état des résultats, l'état de l'avoir du propriétaire et le bilan. De plus, le montant du bénéfice net est calculé dans la section du chiffrier se rapportant à l'état des résultats. Après avoir établi le chiffrier, le comptable utilise les informations qu'il contient pour dresser les états financiers et passer les écritures de régularisation et de clôture. (Il sera question des écritures de clôture un peu plus loin dans ce chapitre.)

L'établissement du chiffrier

Le tableau 4-1 montre une feuille de travail à multiples colonnes utilisée pour l'établissement d'un chiffrier; elle est subdivisée en cinq sections comportant chacune une colonne débit et une colonne crédit. Ces sections correspondent à celles de la balance de vérification non régularisée, des régularisations, de la balance de vérification régularisée, de l'état des résultats et de l'état de l'avoir du propriétaire et du bilan. Le chiffrier pourrait aussi être subdivisé en six sections, ce qui permettrait de traiter distinctement l'état de l'avoir du propriétaire et le bilan. Cependant, comme la section État de l'avoir du propriétaire inclut peu d'éléments, elle peut être avantageusement regroupée avec le bilan, comme dans le tableau 4-1. Pour les fins de ce chapitre, nous utiliserons un chiffrier dans lequel l'état de l'avoir du propriétaire et le bilan sont regroupés dans la même section.

Quand un chiffrier est utilisé, la balance de vérification non régularisée est dressée directement dans celui-ci. Ainsi, lors de l'établissement d'un chiffrier, la première étape consiste à dresser cette balance de vérification dans les deux premières colonnes (section 1), comme dans le tableau 4-2. Les données apparaissant dans la section Balance de vérification non régularisée de ce tableau sont celles du cabinet de l'avocat Jean Drouin que nous avons utilisées dans les chapitres précédents.

Rappelez-vous que le cabinet de Jean Drouin a effectué plusieurs opérations durant le mois de décembre 1996. La balance de vérification non régularisée du tableau 4-2 montre les soldes des comptes après la comptabilisation des opérations de décembre, mais avant que soient passées les écritures de régularisation.

Dans le tableau 4-2, une ligne a été laissée en blanc après le compte Honoraires gagnés. Le comptable sait par expérience qu'elle pourrait être utile si un compte en particulier est affecté par de nombreuses écritures de régularisation.

C'est le cas du compte Honoraires gagnés dont le solde est redressé par deux régularisations (voir le tableau 4-3). Le comptable aurait pu aussi réunir ces deux montants sur la même ligne.

L'étape suivante de l'établissement du chiffrier consiste à inscrire les montants provenant des écritures de régularisation dans la section Régularisation, comme dans le tableau 4-3. Nous reprenons ici les écritures de régularisation dont il a été question au chapitre précédent. Remarquez que chacun des montants est identifié par une lettre pour mettre en relation les débits et crédits de chaque écriture de régularisation, ce qui facilitera par la suite le travail du comptable lorsqu'il inscrira ces écritures dans le journal général et les reportera dans le grand livre.

Les explications des régularisations apparaissant dans le chiffrier sont les suivantes:

a) Pour inscrire la charge d'assurance pour le mois de décembre;

b) Pour inscrire le coût des fournitures utilisées pendant le mois de décembre;

c) Pour comptabiliser l'amortissement des livres de droit pour le mois de décembre;

d) Pour comptabiliser l'amortissement du matériel de bureau pour le mois de décembre;

e) Pour tenir compte des honoraires reçus d'avance à la fin de décembre;

f) Pour comptabiliser les salaires à payer le 31 décembre;

g) Pour inscrire les honoraires à recevoir.

La plupart de ces écritures concernent des comptes qui ne figurent pas dans la balance de vérification non régularisée parce que leur solde dans le grand livre était nul au moment où celle-ci a été dressée. Il suffit d'inscrire le nom de ces nouveaux comptes sur les lignes libres à la suite des totaux de la balance de vérification. Cependant, on peut souvent prévoir les effets des écritures de régularisation et incorporer dans la balance de vérification non régularisée le nom des comptes qu'il sera nécessaire d'ouvrir.

Après avoir inscrit les régularisations dans la section appropriée du chiffrier, il est nécessaire d'additionner les montants inscrits dans les colonnes débit et crédit de la section Régularisation afin de vérifier l'égalité des totaux. Par la suite, on dresse la balance de vérification régularisée. Pour ce faire, il faut reporter chaque solde de compte de la balance de vérification non régularisée à la section Balance de vérification régularisée tout en tenant compte de l'effet sur ces soldes des montants apparaissant à la section Régularisation. Il va de soi que les soldes qui n'ont pas été régularisés sont reportés directement dans la balance de vérification régularisée. Il en est de même pour les montants apparaissant à la section Régularisation lorsqu'il n'y a aucun solde correspondant dans la balance de vérification non régularisée.

Dans le tableau 4-3, par exemple, du solde débiteur de 2 400 $ du compte Assurances payées d'avance apparaissant dans la balance de vérification non régularisée sont soustraits 100 $ (crédit) de la section Régularisation pour donner un solde débiteur de 2 300 $ qui est reporté dans la colonne débit de la section Balance de vérification régularisée. De même, le compte Assurances, dont le solde est nul dans la balance de vérification non régularisée, aura un solde débiteur de 100 $ dans la balance de vérification régularisée par suite du report du montant de 100 $ apparaissant au débit de ce compte à la section Régularisation. Le solde de quelques comptes comme Encaisse, Matériel de bureau et Fournisseurs est reporté directement dans la section Balance de vérification régularisée puisqu'ils n'ont nécessité aucune régularisation. Après avoir reporté les soldes dans les colonnes débit et crédit de cette troisième section du chiffrier Balance de vérification régularisée, il faut les additionner pour s'assurer de l'égalité des totaux. L'étape suivante consiste à reporter le solde des comptes de la balance de vérification régularisée dans une des colonnes des sections des états financiers, comme dans le tableau 4-4. Les charges sont inscrites au débit de la section État des résultats. Les produits sont inscrits au crédit de la section État des résultats. Les éléments d'actif et les prélèvements du propriétaire sont inscrits au débit de la section État de l'avoir du propriétaire et bilan. Les éléments du passif et le compte Capital sont inscrits au crédit de la section État de l'avoir du propriétaire et bilan. Cette tâche demande de répondre aux deux questions suivantes: 1) Est-ce que le solde du compte est débiteur ou créditeur? 2) À quel état appartient le compte en question?

Après avoir terminé le report de ces montants dans la colonne appropriée, il est nécessaire d'additionner les colonnes des sections États financiers, comme dans le tableau 4-5. La différence entre le total des deux colonnes de la section État des résultats correspond soit au bénéfice net, soit à la perte nette. Si le total de la colonne des crédits (produits d'exploitation) de cette section excède le total de la colonne des débits (charges d'exploitation), la différence entre ces deux totaux donne le bénéfice net de la période; à l'inverse, si le total de la colonne des débits (charges d'exploitation) excède le total de la colonne des crédits (produits d'exploitation), la différence entre ces deux montants est une perte nette. Dans notre exemple, le total de la colonne des crédits excède le total de la colonne des débits et, par conséquent, la différence de 1 160 $ correspond au bénéfice net de la période.

Le bénéfice net est inscrit dans la colonne débit pour créer l'égalité entre les totaux des colonnes de la section État des résultats. Ce montant de 1 160 $ est, par la suite, reporté au crédit de la section État de l'avoir du propriétaire et bilan. Le solde de 9 000 $ du compte Capital ne reflète pas l'augmentation de l'avoir du propriétaire résultant du bénéfice net. Cependant, l'inscription du montant du bénéfice net dans la colonne crédit de la section État de l'avoir du propriétaire et bilan donne le même résultat que s'il était ajouté au solde du compte Capital, et ce report permet aussi d'équilibrer les totaux de cette section du chiffrier.

Si l'entreprise avait subi une perte au cours de cette période, il aurait fallu inscrire celle-ci dans la colonne crédit de la section État des résultats et reporter ce montant dans la colonne débit de la section État de l'avoir du propriétaire et bilan, ce qui aurait donné un résultat identique à celui qu'on aurait obtenu en déduisant la perte directement du compte Capital.

Quand le bénéfice net ou la perte nette est reportée dans la colonne appropriée de la section État de l'avoir du propriétaire et bilan, le total de ces deux colonnes devrait être le même. Si les totaux de celles-ci ne sont pas égaux, c'est qu'une ou des erreurs ont été commises lors de l'établissement du chiffrier. Il peut s'agir d'erreurs purement arithmétiques ou encore d'erreurs dues à un ou des montants reportés dans une mauvaise colonne.

Bien que l'égalité des totaux des deux dernières colonnes soit un bon indice que le travail relié à l'établissement du chiffrier a été bien exécuté, on ne peut cependant pas être absolument certain qu'aucune erreur n'a été commise. En effet, un certain type d'erreur peut s'être produit lors de l'établissement du chiffrier sans que cela ait pour effet d'affecter l'égalité des totaux des deux dernières colonnes.

Si, par exemple, le montant d'un compte d'actif est reporté par erreur dans la colonne débit de la section État des résultats, cela n'empêchera pas les totaux des deux dernières colonnes d'être égaux. Ou encore, si le montant d'un compte de passif est reporté par erreur dans la colonne crédit de la section État des résultats, les totaux des deux dernières colonnes resteront égaux. Ces deux erreurs auraient pour effet de fausser le montant du bénéfice net, mais n'affecteraient pas l'égalité des totaux des colonnes des deux dernières sections du chiffrier. Afin d'éviter de telles erreurs, il est donc important d'étudier attentivement la nature des comptes et de les reporter dans les colonnes appropriées des sections États financiers du chiffrier.

Les régularisations doivent être comptabilisées au moyen d'écritures dans le journal général bien qu'elles aient été inscrites dans la section Régularisation du chiffrier. En effet, une fois que le chiffrier a été dressé, les écritures de régularisation doivent être passées dans le journal général et reportées dans le grand livre, comme nous l'avons déjà indiqué au chapitre 3. Cette tâche est facile puisque la section Régularisation du chiffrier fournit tous les renseignements nécessaires pour passer ces écritures. Si vous effectuez les écritures de régularisation à partir des informations apparaissant au tableau 4-5, vous verrez qu'elles sont identiques à celles dont il a été question au chapitre 3.

L'établissement des écritures de régularisation à l'aide du chiffrier

Le chiffrier ne remplace pas les états financiers. Ce n'est qu'un outil de travail que le comptable utilise à la fin d'un exercice ou d'une période pour structurer les données comptables. Cependant, aussitôt que le chiffrier est établi, le comptable dresse les états financiers à partir de celui-ci. Les montants apparaissant dans les colonnes de la section État des résultats sont nécessaires pour dresser un état des résultats en bonne et due forme.

Les informations contenues dans les deux colonnes de la section État de l'avoir du propriétaire et bilan sont utilisées pour dresser ces deux états financiers. L'information fournie par le chiffrier montré au tableau 4-5 est utilisée pour dresser les états financiers, comme dans le tableau 4-6.

L'établissement des états financiers à l'aide du chiffrier

Une fois que les états financiers ont été établis et que les écritures de régularisation ont été comptabilisées et reportées dans le grand livre, vous devez passer les **écritures de clôture** dans le journal général et les reporter dans le grand livre. Comme l'illustre la figure 4-1, les écritures de clôture sont nécessaires afin de transférer, à la fin d'un exercice, le solde des comptes de produits et de charges et les prélèvements au compte de bilan Capital. Cependant, les soldes des comptes de produits et de charges sont d'abord transférés dans le compte **Sommaire des résultats**, puis le solde du compte Sommaire des résultats, qui représente le bénéfice net ou la perte nette de l'exercice, est par la suite viré au compte de bilan Capital. Finalement, le compte Prélèvements est lui aussi viré au compte Capital.

Le compte Sommaire des résultats n'est utilisé qu'à la fin de l'exercice lors des écritures de clôture. Il permet de vérifier si la fermeture des comptes de produits et de charges d'exploitation donne bien le bénéfice net ou la perte nette qui apparaissait dans l'état des résultats. Au cours de l'exercice, on n'y retrouve aucune opération.

Les écritures de clôture

Objectif 2 Passer les écritures de clôture des comptes de résultats d'une entreprise de services à la fin de chaque exercice et expliquer pourquoi elles sont nécessaires.

TABLEAU 4-1 *L'établissement du chiffrier à la fin d'une période*

L'en-tête identifie l'entreprise, le document et la période ou l'exercice couvert.

JEAN DROUIN, AVOCAT
Chiffrier pour le mois terminé le 31 décembre 1996

Nom du compte	Balance de vérification non régularisée		Régularisation		Balance de vérification régularisée		État des résultats		État de l'avoir du propriétaire et bilan	
	Débit	Crédit	Débit	Crédit	Débit	Crédit	Débit	Crédit	Débit	Crédit

Le chiffrier peut être établi manuellement ou au moyen d'un ordinateur en utilisant une feuille de calcul électronique.

Le chiffrier contient les informations nécessaires à l'établissement des états financiers et à l'inscription des écritures de régularisation et de clôture dans le journal général.

TABLEAU 4-6   *Les états financiers dressés à partir du chiffrier*

JEAN DROUIN, AVOCAT
État des résultats
pour le mois terminé le 31 décembre 1996

Produits d'exploitation:		
Honoraires gagnés		4 350 $
Charges d'exploitation:		
Salaires	1 610	
Loyers	1 000	
Électricité	230	
Assurances	100	
Fournitures de bureau utilisées	45	
Amortissement – Livres de droit	80	
Amortissement – Matériel de bureau	125	
Total des charges d'exploitation		3 190
Bénéfice net		1 160 $

JEAN DROUIN, AVOCAT
État de l'avoir du propriétaire
pour le mois terminé le 31 décembre 1996

Jean Drouin – Capital, 30 novembre 1996 . .		0 $
Plus:		
Investissements par le propriétaire. . .	9 000	
Bénéfice net	1 160	10 160
Total		10 160
Moins: Prélèvements du propriétaire.		1 100
Jean Drouin – Capital, 31 décembre 1996 . .		9 060 $

JEAN DROUIN, AVOCAT
Bilan
au 31 décembre 1996

Actif			Passif		
Encaisse.		650 $	Fournisseurs		760 $
Clients		200	Honoraires reçus d'avance . . .		2 750
Assurances payées d'avance		2 300	Salaires à payer		210
Fournitures de bureau non utilisées .		75	Total du passif.		3 720
Livres de droit.	2 880				
Amortissement cumulé –					
Livres de droit.	80	2 800			
Matériel de bureau	6 880		**Avoir du propriétaire**		
Amortissement cumulé –			Jean Drouin – Capital		
Matériel de bureau	125	6 755	au 31 décembre 1996		9 060
			Total du passif et de l'avoir		
Total de l'actif.		12 780 $	du propriétaire.		12 780 $

Après le report des écritures de clôture dans les comptes du grand livre, le solde des comptes de produits et de charges et du compte Prélèvements est nul. C'est pour cette raison que nous disons que les **comptes de résultats** et le compte Prélèvements sont mis à zéro ou fermés.

Les écritures de clôture sont nécessaires, car elles permettent la mise à jour du compte Capital à la fin de chaque exercice. Les transferts du solde des comptes de produits, de charges et du compte Prélèvements sont nécessaires parce que:

1) les produits accroissent l'avoir du propriétaire tandis que les charges et les prélèvements le diminuent;

2) durant l'exercice, le comptable inscrit temporairement ces augmentations et ces diminutions dans les comptes de produits et de charges et dans le compte Prélèvements plutôt que directement dans le compte Capital;

3) en transférant, à la fin de l'exercice, le solde des comptes de produits et de charges et du compte Prélèvements au compte Capital, les écritures de clôture permettent d'établir le bon solde du compte Capital à cette date.

Les écritures de clôture permettent de commencer le nouvel exercice avec un solde nul dans les comptes de résultats. Ce solde nul est nécessaire pour distinguer les opérations d'un exercice à l'autre parce que:

1) l'état des résultats tient compte des produits réalisés et des charges engagées pendant un seul exercice; cet état est établi à partir de l'information contenue dans les comptes de résultats;

2) une fois que leur solde a été mis à zéro à la fin d'un exercice, les comptes de résultats sont utilisés de nouveau pour inscrire les produits et les charges;

3) les soldes des comptes de résultats reflètent les produits et les charges d'un seul exercice; ces comptes doivent commencer l'exercice avec un solde nul;

4) l'état de l'avoir du propriétaire montre les prélèvements effectués au cours d'un exercice seulement; c'est pour cette raison que ce compte doit afficher un solde nul au début de chaque exercice.

Exemple d'écritures de clôture

Le tableau 4-7 montre les soldes des comptes de résultats, du compte Prélèvements et du compte Capital qui apparaissent dans le grand livre du cabinet Jean Drouin le 31 décembre, après le report des écritures de régularisation, mais avant la clôture de ces comptes. Le compte Jean Drouin – Capital apparaissant au tableau 4-7 affiche un solde de 9 000 $, soit le montant d'investissement fait par Jean Drouin au début de décembre. Ce solde ne tient donc pas compte des changements qui ont pu survenir dans l'avoir du propriétaire au cours du mois de décembre. Les écritures de clôture sont donc nécessaires pour que le compte Capital reflète les effets de ces changements.

Remarquez que le compte Sommaire des résultats du tableau 4-7 n'a pas été utilisé au cours du mois de décembre. Ce compte n'est utilisé qu'à la fin de l'exercice pour fermer les comptes de produits et de charges et pour résumer leur effet sur le compte Capital.

La clôture des comptes de produits

Avant le report des écritures de clôture, les comptes de produits d'exploitation ont tous un solde créditeur. Par conséquent, pour les fermer il faudra porter au débit de

FIGURE 4-1   *Les écritures de clôture*

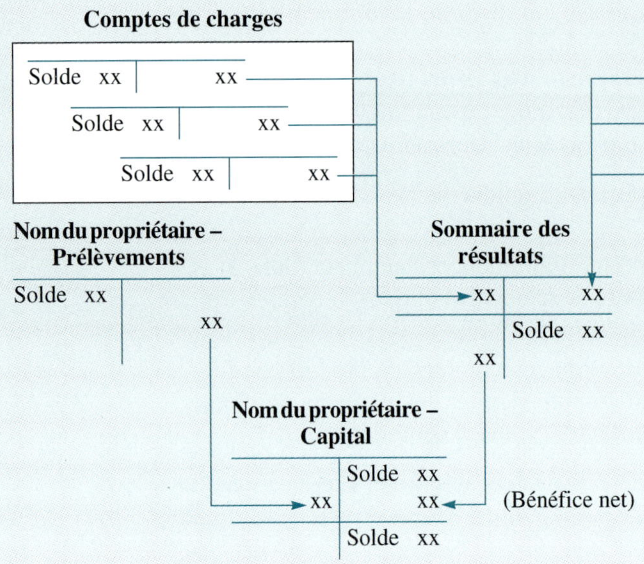

ces comptes un montant égal à leur solde créditeur. Le total des soldes de ces comptes est passé au crédit du compte Sommaire des résultats. Le cabinet de l'avocat Jean Drouin a un seul compte de produits d'exploitation, que le comptable ferme en passant l'écriture suivante:

Déc.	31	Honoraires gagnés	4 350	
		Sommaire des résultats.		4 350
		Pour fermer le compte de produits.		

Le report de cette écriture de clôture dans les comptes du grand livre produit les résultats suivants:

Honoraires gagnés   **Crédit**

Date		Explication	Débit	Crédit		Solde
Déc.	10			2 200	Ct	2 200
	12			1 700	Ct	3 900
	31			250	Ct	4 150
	31			200	Ct	4 350
	31		4 350			0

Sommaire des résultats   **Crédit**

Date		Explication	Débit	Crédit		Solde
Déc.	31			4 350	Ct	4 350

TABLEAU 4-7   *Les comptes de résultats et les comptes Prélèvements et Capital de Jean Drouin, avocat*

Jean Drouin – Capital   [Crédit]

Date		Explication	Débit	Crédit		Solde
Déc.	1er			9 000	Ct	**9 000**

Électricité   [Débit]

Date		Explication	Débit	Crédit		Solde
Déc.	26		230		Dt	**230**

Jean Drouin – Prélèvements   [Débit]

Date		Explication	Débit	Crédit		Solde
Déc.	24		1 100		Dt	**1 100**

Assurances   [Débit]

Date		Explication	Débit	Crédit		Solde
Déc.	31		100		Dt	**100**

Honoraires gagnés   [Crédit]

Date		Explication	Débit	Crédit		Solde
Déc.	10			2 200	Ct	2 200
	12			1 700	Ct	3 900
	31			250	Ct	4 150
	31			200	Ct	**4 350**

Fournitures de bureau utilisées   [Débit]

Date		Explication	Débit	Crédit		Solde
Déc.	31		45		Dt	**45**

Amortissement – Livres de droit   [Débit]

Date		Explication	Débit	Crédit		Solde
Déc.	31		80		Dt	**80**

Salaires   [Débit]

Date		Explication	Débit	Crédit		Solde
Déc.	12		700		Dt	700
	26		700		Dt	1 400
	31		210		Dt	**1 610**

Amortissement – Matériel de bureau   [Débit]

Date		Explication	Débit	Crédit		Solde
Déc.	31		125		Dt	**125**

Loyers   [Débit]

Date		Explication	Débit	Crédit		Solde
Déc.	10		1 000		Dt	**1 000**

Sommaire des résultats

Date	Explication	Débit	Crédit	Solde

Remarquez que cette écriture de clôture a un double effet. D'une part, elle annule le solde du compte de produits en le virant au crédit du compte Sommaire des résultats et, d'autre part, elle prépare le compte Honoraires gagnés pour l'enregistrement des montants provenant des opérations du nouvel exercice.

La clôture des comptes de charges

Les comptes de charges d'exploitation ont un solde débiteur avant la clôture des comptes; par conséquent, il faut les créditer pour les fermer. Le total des soldes de ces comptes est passé au débit du compte Sommaire des résultats, et chaque compte individuel de charges est crédité d'un montant égal à son solde débiteur pour qu'il soit fermé. Le cabinet de l'avocat Jean Drouin a sept comptes de charges que le comptable ferme en passant l'écriture composée suivante:

Déc.	31	Sommaire des résultats............................	3 190	
		Salaires....................................		1 610
		Loyers.....................................		1 000
		Électricité.................................		230
		Assurances................................		100
		Fournitures de bureau utilisées		45
		Amortissement – Livres de droit		80
		Amortissement – Matériel de bureau...........		125
		Pour fermer les comptes de charges.		

Cette écriture de clôture a aussi un double effet. D'une part, elle annule les soldes des comptes de charges en virant le total de ces soldes au débit du compte Sommaire des résultats et, d'autre part, elle prépare les comptes de charges pour l'enregistrement des montants provenant des opérations du nouvel exercice. Les effets du report de cette écriture de clôture sur les comptes du grand livre sont illustrés au tableau 4-8.

La clôture du compte Sommaire des résultats

Après avoir reporté dans le grand livre les deux écritures de clôture des comptes de produits et de charges, le solde du compte Sommaire des résultats correspond au bénéfice net ou à la perte nette de l'entreprise pour l'exercice. Lorsque les produits excèdent les charges, le compte Sommaire des résultats a un solde créditeur dont le montant correspond au bénéfice net. En revanche, lorsque les charges excèdent les produits, le compte Sommaire des résultats a un solde débiteur qui correspond au montant de la perte nette de l'exercice. Il faut, par la suite, virer le solde du compte Sommaire des résultats au compte Capital, que ce solde soit débiteur ou créditeur.

Le cabinet d'avocat Jean Drouin a réalisé un bénéfice net de 1 160 $ au cours du mois de décembre. On obtient ce montant une fois que tous les comptes de produits et de charges ont été virés au compte Sommaire des résultats. C'est en passant l'écriture suivante que le comptable vire le solde du compte Sommaire des résultats au compte Jean Drouin – Capital:

Déc.	31	Sommaire des résultats............................	1 160	
		Jean Drouin – Capital........................		1 160
		Pour fermer le compte Sommaire des résultats.		

Les effets du report de cette écriture sont illustrés dans les comptes suivants:

Sommaire des résultats   Crédit

Date		Explication	Débit	Crédit		Solde
Déc.	31			4 350	Ct	4 350
	31		3 190		Ct	1 160
	31		**1 160**			**0**

Jean Drouin – Capital   Crédit

Date		Explication	Débit	Crédit		Solde
Déc.	1er			9 000	Ct	9 000
	31			**1 160**	Ct	**10 160**

TABLEAU 4-8 *Les écritures de clôture des comptes de charges*

Débit

Salaires

Date		Explication	Débit	Crédit		Solde
Déc.	12		700		Dt	700
	26		700		Dt	1 400
	31		210		Dt	1 610
	31			**1 610**		**0**

Débit

Loyers

Date		Explication	Débit	Crédit		Solde
Déc.	10		1 000		Dt	1 000
	31			**1 000**		**0**

Débit

Électricité

Date		Explication	Débit	Crédit		Solde
Déc.	26		230		Dt	230
	31			**230**		**0**

Débit

Assurances

Date		Explication	Débit	Crédit		Solde
Déc.	31		100		Dt	100
	31			**100**		**0**

Crédit

Sommaire des résultats

Date		Explication	Débit	Crédit		Solde
Déc.	31			4 350	Ct	4 350
	31		**3 190**		Ct	**1 160**

Débit

Fournitures de bureau utilisées

Date		Explication	Débit	Crédit		Solde
Déc.	31		45		Dt	45
	31			**45**		**0**

1 610 $
1 000
230
100
45
80
125
‾‾‾‾‾‾
3 190 $

Débit

Amortissement – Livres de droit

Date		Explication	Débit	Crédit		Solde
Déc.	31		80		Dt	80
	31			**80**		**0**

Débit

Amortissement – Matériel de bureau

Date		Explication	Débit	Crédit		Solde
Déc.	31		125		Dt	125
	31			**125**		**0**

L'écriture de clôture a un double effet. D'une part, elle ferme le compte Sommaire des résultats et, d'autre part, elle permet d'inscrire le bénéfice net du mois de décembre dans le compte Jean Drouin – Capital.

La clôture du compte Prélèvements

Le solde débiteur du compte Prélèvements représente une diminution de l'avoir du propriétaire due aux sommes d'argent ou autres biens prélevés par le propriétaire pour son usage personnel. La clôture du compte Prélèvements s'effectue en passant l'écriture suivante à la fin de l'exercice:

Déc.	31	Jean Drouin – Capital...............................	1 100	
		Jean Drouin – Prélèvements.....................		1 100
		Pour fermer le compte Jean Drouin – Prélèvements.		

Les effets du report de cette écriture sont illustrés dans les comptes suivants:

Débit

Jean Drouin – Prélèvements

Date		Explication	Débit	Crédit		Solde
Déc.	24		1 100		Dt	1 100
	31			**1 100**		**0**

Crédit

Jean Drouin – Capital

Date		Explication	Débit	Crédit		Solde
Déc.	1er			9 000	Ct	9 000
	31			1 160	Ct	10 160
	31		**1 100**		Ct	**9 060**

Remarquez que le solde de tous les comptes de produits et de charges est maintenant nul et que le solde du compte Capital reflète l'effet des produits, des charges et des prélèvements de l'exercice.

Les comptes de résultats (temporaires) et les comptes de bilan (permanents)

Les comptes de produits et de charges, les comptes Prélèvements et Sommaire des résultats sont des comptes de résultats qui sont souvent appelés comptes temporaires puisque l'information qu'ils contiennent n'y demeure que durant un exercice. Le solde de chacun de ces comptes est mis à zéro à la fin de chaque exercice au moyen des écritures de clôture. Par contre, les comptes qui apparaissent au bilan sont souvent appelés comptes permanents ou **comptes de bilan** puisque l'information contenue y demeure aussi longtemps que les éléments d'actif, de passif et le capital correspondants sont valides.

Les sources d'information pour les écritures de clôture

L'information nécessaire à l'établissement des écritures de clôture peut être tirée directement de chacun des comptes de produits et de charges; cependant, le chiffrier fournit cette information sous une forme plus pratique. Reportez-vous au tableau 4-5 et notez que chaque compte apparaissant à la section État des résultats ainsi que le compte Prélèvements doivent être fermés.

Le report des écritures de régularisation et de clôture a été fait dans les comptes du cabinet de l'avocat Jean Drouin montrés au tableau 4-9. Remarquez que tous les comptes de l'actif et du passif ainsi que le compte Capital affichent un solde à la fin de l'exercice alors que le solde des comptes de produits et de charges est nul. Ces derniers sont de nouveau disponibles pour qu'on puisse y enregistrer les produits et les charges du nouvel exercice.

Les comptes après clôture

Étant donné que des erreurs peuvent se produire lors du report dans les comptes du grand livre des montants provenant des écritures de régularisation et de clôture, il est bon de dresser une **balance de vérification après clôture** afin de s'assurer que les comptes du grand livre sont toujours en équilibre. Cette nouvelle balance de vérification du cabinet d'avocat Jean Drouin est illustrée au tableau 4-10.

Remarquez que les seuls comptes inclus dans cette balance de vérification sont les comptes de l'actif, du passif et de l'avoir du propriétaire, puisque le solde des comptes de produits et de charges est nul après le report, en fin d'exercice, des écritures de clôture, comme le montre le tableau 4-9.

La balance de vérification après clôture

Objectif 3 Dresser une balance de vérification après clôture et justifier son utilité.

Dans les chapitres 2, 3 et 4, il a été question des procédures comptables qui doivent être effectuées au cours de chaque exercice; celles-ci débutent par l'inscription des opérations dans le journal général et se terminent par l'établissement de la balance de vérification après clôture. Ces étapes sont répétées à chaque exercice; c'est pour cette raison qu'on dit qu'elles constituent le **cycle comptable**. La figure 4-2 (voir p. 220) illustre le déroulement des différentes étapes du cycle comptable dans l'ordre où elles surviennent. Examinez bien cette figure afin de mémoriser leur séquence de réalisation. Afin d'en faciliter l'étude, nous donnons ci-dessous une brève description de chacune des étapes du cycle comptable.

Le cycle comptable

Objectif 4 Résumer les étapes du cycle comptable en suivant l'ordre dans lequel elles sont effectuées.

1. **L'enregistrement des opérations**

   Analyse de l'effet des opérations et inscription dans un des journaux.

2. **Le report dans le grand livre**

   Report des écritures de journal dans les comptes du grand livre.

3. **L'établissement de la balance de vérification**

   Établissement de la liste des comptes du grand livre et de leur solde pour s'assurer de l'égalité des totaux des débits et des crédits.

À la fin d'un exercice ou d'une période

4. **L'établissement du chiffrier**

   Établissement du chiffrier à partir de la balance de vérification; inscription des régularisations dans le chiffrier et report de chaque solde de la balance de vérification non régularisée dans la section Balance de vérification régularisée tout en tenant compte de l'effet des montants apparaissant dans la section Régularisation sur ces soldes. Ensuite, report des soldes apparaissant dans la balance de vérification régularisée dans les colonnes de la section État des résultats ou de la section État de l'avoir du propriétaire et bilan, selon le cas. Finalement, calcul du montant du bénéfice net ou de la perte nette de la période ou de l'exercice.

5. **L'inscription des écritures de régularisation**

   À partir des informations contenues dans la section Régularisation du chiffrier, comptabilisation des écritures de régularisation dans le journal général et report de ces écritures dans le grand livre afin de mettre à jour le solde de ces comptes.

6. **L'établissement des états financiers**

   Utilisation et disposition des données contenues dans le chiffrier pour établir l'état des résultats, l'état de l'avoir du propriétaire, le bilan et l'état de l'évolution de la situation financière (ce dernier état financier sera étudié en détail au chapitre 12 du tome 2).

Seulement à la fin d'un exercice

7. **La clôture des comptes de résultats**

   Comptabilisation des écritures de clôture dans le journal général et report dans le grand livre afin de fermer les comptes temporaires, puis virement du montant du bénéfice net ou de la perte nette au compte Capital.

8. **L'établissement de la balance de vérification après clôture**

   Établissement de la balance de vérification après clôture afin d'établir l'égalité des débits et des crédits et de s'assurer que le report des écritures de régularisation et de clôture a été fait adéquatement.

TABLEAU 4-9 *Le grand livre du cabinet d'avocat Jean Drouin*

Encaisse   **Compte n° 101**

Date		Explication	Référence	Débit		Crédit		Solde		
1996 Déc.	1er		JG-1	9 000	00			Dt	9 000	00
	2		JG-1			2 500	00	Dt	6 500	00
	3		JG-1			5 600	00	Dt	900	00
	10		JG-1	2 200	00			Dt	3 100	00
	10		JG-1			1 000	00	Dt	2 100	00
	12		JG-1			700	00	Dt	1 400	00
	22		JG-1	1 700	00			Dt	3 100	00
	24		JG-2			900	00	Dt	2 200	00
	24		JG-2			1 100	00	Dt	1 100	00
	26		JG-2	3 000	00			Dt	4 100	00
	26		JG-2			2 400	00	Dt	1 700	00
	26		JG-2			120	00	Dt	1 580	00
	26		JG-2			230	00	Dt	1 350	00
	26		JG-2			700	00	Dt	650	00

Clients   **Compte N° 106**

Date		Explication	Référence	Débit		Crédit		Solde		
1996 Déc.	12		JG-1	1 700	00			Dt	1 700	00
	22		JG-1			1 700	00		0	
	31		JG-3	200	00			Dt	200	00

Fournitures de bureau non utilisées   **Compte N° 124**

Date		Explication	Référence	Débit		Crédit		Solde		
1996 Déc.	26		JG-2	120	00			Dt	120	00
	31		JG-3			45	00	Dt	75	00

TABLEAU 4-9   *(suite)*

Assurances payées d'avance   Compte N° 128

Date		Explication	Référence	Débit		Crédit		Solde			
1996 Déc.	26		JG-2	2 400	00			Dt	2 400	00
	31		JG-3			100	00	Dt	2 300	00

Livres de droit   Compte N° 159

Date		Explication	Référence	Débit		Crédit		Solde			
1996 Déc.	2		JG-1	2 500	00			Dt	2 500	00
	6		JG-1	380	00			Dt	2 880	00

Amortissement cumulé – Livres de droit   Compte N° 160

Date		Explication	Référence	Débit		Crédit		Solde			
1996 Déc.	31		JG-3			80	00	Ct	80	00

Matériel de bureau   Compte N° 163

Date		Explication	Référence	Débit		Crédit		Solde			
1996 Déc.	3		JG-1	5 600	00			Dt	5 600	00
	6		JG-1	1 280	00			Dt	6 880	00

Amortissement cumulé – Matériel de bureau   Compte N° 164

Date		Explication	Référence	Débit		Crédit		Solde			
1996 Déc.	31		JG-3			125	00	Ct	125	00

TABLEAU 4-9 *(suite)*

Fournisseurs — Compte N° 201

Date		Explication	Référence	Débit		Crédit		Solde		
1996 Déc.	6		JG-1			1 660	00	Ct	1 660	00
	24		JG-2	900	00			Ct	760	00

Salaires à payer — Compte N° 209

Date		Explication	Référence	Débit		Crédit		Solde		
1996 Déc.	31		JG-3			210	00	Ct	210	00

Honoraires reçus d'avance — Compte N° 231

Date		Explication	Référence	Débit		Crédit		Solde		
1996 Déc.	26		JG-2			3 000	00	Ct	3 000	00
	31		JG-3	250	00			Ct	2 750	00

Jean Drouin – Capital — Compte N° 301

Date		Explication	Référence	Débit		Crédit		Solde		
1996 Déc.	1er		JG-1			9 000	00	Ct	9 000	00
	31		JG-3			1 160	00	Ct	10 160	00
	31		JG-3	1 100	00			Ct	9 060	00

Jean Drouin – Prélèvements — Compte N° 302

Date		Explication	Référence	Débit		Crédit		Solde		
1996 Déc.	24		JG-2	1 100	00			Dt	1 100	00
	31		JG-3			1 100	00		0	

TABLEAU 4-9   *(suite)*

Honoraires gagnés   **Compte N° 401**

Date		Explication	Référence	Débit		Crédit			Solde	
1996 Déc.	10		JG-1			200	00	Ct	2 200	00
	12		JG-1			1 700	00	Ct	3 900	00
	31		JG-3			250	00	Ct	4 150	00
	31		JG-3			200	00	Ct	4 350	00
	31		JG-3	4 350	00				0	

Amortissement – Livres de droit   **Compte N° 610**

Date		Explication	Référence	Débit		Crédit			Solde	
1996 Déc.	31		JG-3	80	00			Dt	80	00
	31		JG-3			80	00		0	

Amortissement – Matériel de bureau   **Compte N° 612**

Date		Explication	Référence	Débit		Crédit			Solde	
1996 Déc.	31		JG-3	125	00			Dt	125	00
	31		JG-3			125	00		0	

Salaires   **Compte N° 622**

Date		Explication	Référence	Débit		Crédit			Solde	
1996 Déc.	12		JG-1	700	00			Dt	700	00
	26		JG-2	700	00			Dt	1 400	00
	31		JG-3	210	00			Dt	1 610	00
	31		JG-3			1 610	00		0	

TABLEAU 4-9 *(suite)*

Assurances — Compte N° 637

Date		Explication	Référence	Débit		Crédit		Solde		
1996 Déc.	31		JG-3	100	00			Dt	100	00
	31		JG-3			100	00		0	

Loyers — Compte N° 640

Date		Explication	Référence	Débit		Crédit		Solde		
1996 Déc.	10		JG-1	1 000	00			Dt	1 000	00
	31		JG-3			1 000	00		0	

Fournitures de bureau utilisées — Compte N° 650

Date		Explication	Référence	Débit		Crédit		Solde		
1996 Déc.	31		JG-3	45	00			Dt	45	00
	31		JG-3			45	00		0	

Électricité — Compte N° 690

Date		Explication	Référence	Débit		Crédit		Solde		
1996 Déc.	26		JG-2	230	00			Dt	230	00
	31		JG-3			230	00		0	

Sommaire des résultats — Compte N° 901

Date		Explication	Référence	Débit		Crédit		Solde		
1996 Déc.	31		JG-3			4 350	00	Ct	4 350	00
	31		JG-3	3 190	00			Ct	1 160	00
	31		JG-3	1 160	00				0	

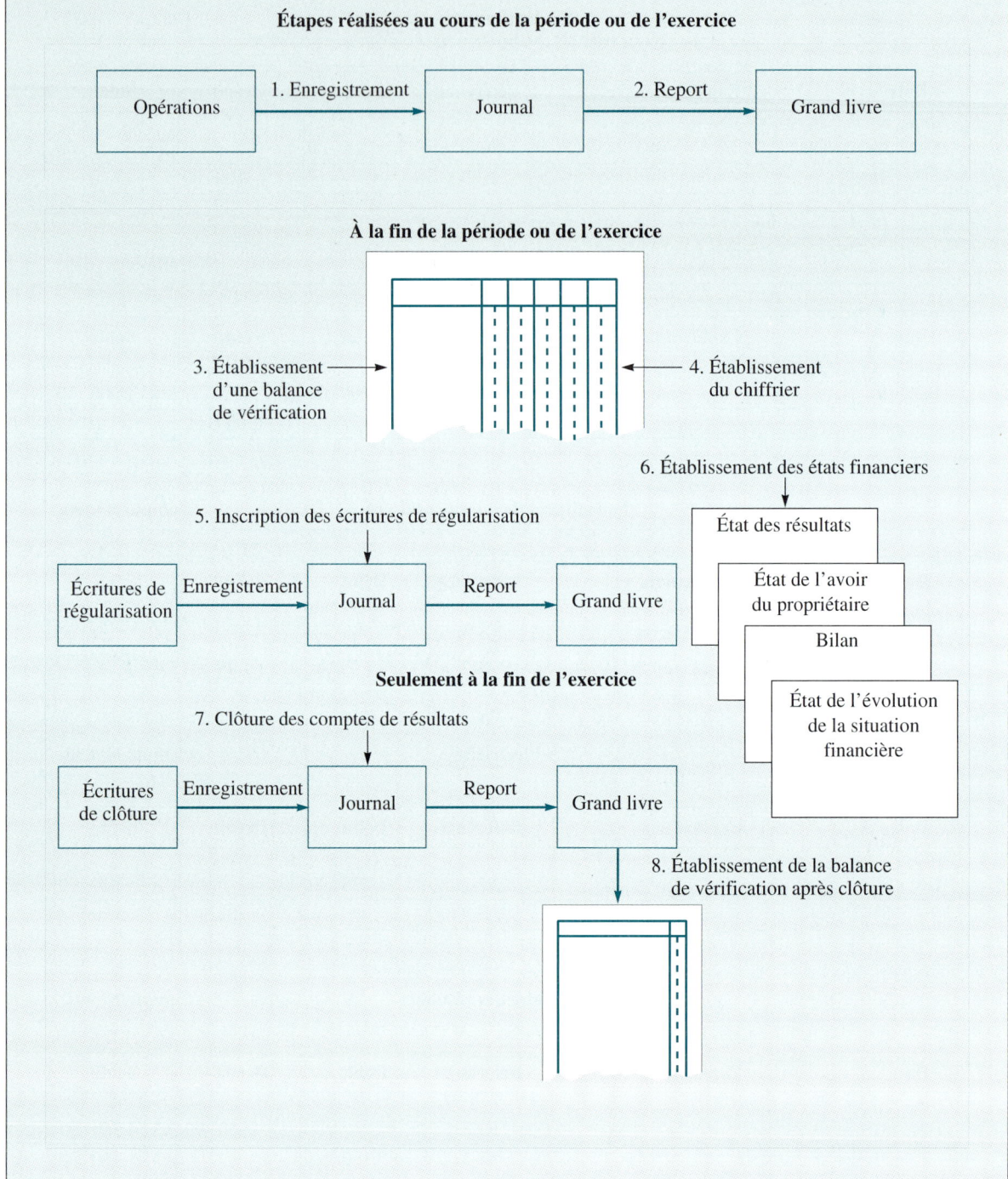

FIGURE 4-2 *Le cycle comptable*

TABLEAU 4-10 *La balance de vérification après clôture*

JEAN DROUIN, AVOCAT
Balance de vérification après clôture
au 31 décembre 1996

Encaisse	650 $	
Clients.	200	
Fournitures de bureau non utilisées	75	
Assurances payées d'avance.	2 300	
Livres de droit.	2 880	
Amortissement cumulé – Livres de droit		80 $
Matériel de bureau	6 880	
Amortissement cumulé – Matériel de bureau. . .		125
Fournisseurs		760
Salaires à payer.		210
Honoraires reçus d'avance		2 750
Jean Drouin – Capital		9 060
Total	12 985 $	12 985 $

Objectif 1. Un chiffrier est un outil de travail utilisé par le comptable à la fin d'une période ou d'un exercice pour montrer les effets des régularisations et structurer les données en vue de l'établissement des états financiers, et de la comptabilisation des écritures de régularisation et de clôture à la fin d'un exercice.

Objectif 2. La clôture des comptes temporaires à la fin de chaque exercice permet de transférer les soldes de ces comptes au compte Capital qui apparaît au bilan et d'en refléter l'effet net. Elle sert aussi à mettre à zéro le solde des comptes de produits et de charges et du compte Prélèvements de façon qu'ils puissent servir de nouveau à enregistrer les résultats du nouvel exercice.

Objectif 3. La balance de vérification après clôture permet de s'assurer que les comptes du grand livre sont toujours en équilibre et que les écritures de régularisation et de clôture ont été reportées correctement. Elle permet aussi de s'assurer que tous les comptes temporaires ont été fermés.

Objectif 4. Les étapes du cycle comptable sont l'inscription des opérations dans le journal, le report de ces dernières dans le grand livre, l'établissement d'un chiffrier dans lequel figure une balance de vérification, l'inscription des écritures de régularisation, l'établissement des états financiers et, à la fin de l'exercice, la clôture des comptes de résultats et l'établissement de la balance de vérification après clôture.

Résumé
en regard
des objectifs
d'apprentissage

Exemple récapitulatif

La balance de vérification régularisée du 31 décembre 1996 de Les Réparations rapides enr. est la suivante:

	Débit	Crédit
Encaisse	83 300 $	
Clients.	45 000	
Effets à recevoir	60 000	
Assurances payées d'avance	19 000	
Loyers payés d'avance	5 000	
Matériel	165 000	
Amortissement cumulé – Matériel		52 000 $
Fournisseurs		58 500
Effets à payer		58 000
Réal Leblanc – Capital		154 000
Réal Leblanc – Prélèvements	75 000	
Services de réparation rendus.		420 000
Intérêts créditeurs		6 500
Amortissement – Matériel	26 000	
Salaires	179 000	
Loyers.	47 000	
Assurances	7 000	
Intérêts débiteurs	4 700	
Publicité	33 000	
Total	749 000 $	749 000 $

Travail à faire

1. Effectuez les écritures de clôture.
2. Dressez la balance de vérification après clôture.
3. Dressez le compte Réal Leblanc – Capital et reportez-y les montants des opérations qui se rapportent à ce compte.

Solution de l'exemple récapitulatif

Approche privilégiée

■ Examinez la balance de vérification régularisée et déterminez les comptes temporaires qui seront fermés à la fin de l'exercice.

■ Dressez les écritures de clôture qui permettront de virer le solde des comptes de produits d'exploitation et celui des comptes de charges d'exploitation au compte Sommaire des résultats. Puis, dressez celle qui permettra de virer le solde du compte Sommaire des résultats au compte Réal Leblanc – Capital. Finalement, virez le solde du compte Réal Leblanc – Prélèvements au compte Réal Leblanc – Capital.

■ Dressez la liste des comptes permanents avec leur solde afin de préparer la balance de vérification après clôture.

■ Établissez le compte de grand livre Réal Leblanc – Capital et inscrivez-y le solde apparaissant à la balance de vérification régularisée, puis reportez-y les montants provenant des écritures de clôture.

1. Les écritures de clôture:

1996 Déc.	31	Services de réparation rendus	420 000	
		Intérêts créditeurs	6 500	
		Sommaire des résultats		426 500
	31	Sommaire des résultats	296 700	
		Amortissement – Matériel.		26 000
		Salaires		179 000
		Loyers		47 000
		Assurances.		7 000
		Intérêts débiteurs		4 700
		Publicité.		33 000
	31	Sommaire des résultats	129 800	
		Réal Leblanc – Capital		129 800
	31	Réal Leblanc – Capital	75 000	
		Réal Leblanc – Prélèvements		75 000

2. La balance de vérification après clôture:

LES RÉPARATIONS RAPIDES ENR.
Balance de vérification après clôture
31 décembre 1996

Encaisse	83 300 $	
Clients	45 000	
Effets à recevoir	60 000	
Assurances payées d'avance	19 000	
Loyers payés d'avance.	5 000	
Matériel	165 000	
Amortissement cumulé – Matériel		52 000 $
Fournisseurs.		58 500
Effets à payer		58 000
Réal Leblanc – Capital		208 800
Total	377 300 $	377 300 $

3. Le compte Réal Leblanc – Capital:

Réal Leblanc – Capital

Date			Explication	Référence	Débit	Crédit		Solde
1996 Janv.	1er		Solde d'ouverture				Ct	154 000
Déc.	31					129 800	Ct	283 800
	31				75 000		Ct	208 800

Les écritures de contrepassation ou de réouverture

Dans cette annexe, il sera question des écritures facultatives que le comptable peut utiliser au début d'une période ou d'un exercice relativement aux charges à payer et aux produits à recevoir. Ces écritures sont appelées **écritures de contrepassation** ou écritures de réouverture; elles sont utiles, car elles facilitent la tenue de livres, mais elles ne sont pas indispensables. L'exemple du cabinet de l'avocat Jean Drouin comportait une écriture de régularisation relative aux salaires à payer à la secrétaire le 31 décembre 1996. Cette écriture était la suivante:

1996 Déc.	31	Salaires..	210	
		Salaires à payer		210
		Pour inscrire les salaires à payer.		

Le 31 décembre, le compte Salaires a été fermé en même temps que les autres comptes de résultats au compte Sommaire des résultats. Comme la secrétaire est payée toutes les deux semaines, la première paie du nouvel exercice est versée le 9 janvier et elle est comptabilisée de la façon suivante:

1997 Janv.	9	Salaires à payer	210	
		Salaires..	490	
		Encaisse		700
		Pour inscrire le paiement de deux semaines de salaire.		

Le 9 janvier, pour comptabiliser correctement cette opération, le comptable doit se souvenir qu'une partie du paiement concerne des salaires à payer qui ont été comptabilisés au moyen d'une régularisation en date du 31 décembre et que l'autre partie est une charge de janvier 1997. De nombreux comptables évitent cette situation en passant, au début du nouvel exercice, des écritures de contrepassation pour inverser les écritures de régularisation relatives aux charges à payer et aux produits à recevoir. Les écritures de contrepassation, habituellement datées de la première journée du nouvel exercice, sont passées après le report des écritures de régularisation et de clôture.

De plus, si des sommes payées d'avance ou reçues d'avance sont initialement comptabilisées dans des comptes de résultats, le comptable devra, à la fin de l'exercice, passer des écritures de régularisation afin de transférer dans un compte d'actif la portion non utilisée de la charge payée d'avance et dans un compte de passif la portion non gagnée du produit reçu d'avance. Les écritures de contrepassation peuvent être utilisées pour inverser les écritures de régularisation passées en fin d'exercice et ainsi porter de nouveau la charge payée d'avance au compte de charges et le produit reçu d'avance au compte de produits. Ici, l'écriture de contrepassation est utile, car elle remet les livres comptables dans l'état où ils étaient avant l'inscription de l'écriture de régularisation, permettant ainsi d'enregistrer les opérations subséquentes de la façon habituelle. L'écriture de contrepassation suivante serait passée le 1er janvier pour inverser les salaires à payer:

1997					
Janv.	1er	Salaires à payer	210	
		Salaires		210
		Pour inverser les salaires à payer.		

Remarquez que l'écriture de contrepassation est exactement l'inverse de l'écriture de régularisation. Après le report des écritures de régularisation, de clôture et de contrepassation, les comptes Salaires et Salaires à payer seront les suivants:

Salaires

Date		Explication	Débit	Crédit		Solde
Déc.	12	Paie	700		Dt	700
	26	Paie	700		Dt	1 400
	31	Salaires à payer	210		Dt	1 610
	31	Clôture		1 610		0
1997						
Janv.	1er	Contrepassation		210	Ct	210

Salaires à payer

Date		Explication	Débit	Crédit		Solde
Déc.	31	Salaires à payer		210	Ct	210
1997						
Janv.	1er	Contrepassation	210			0

Notez que l'écriture de contrepassation annule le montant de 210 $ apparaissant au compte Salaires à payer et en inscrit le crédit dans le compte Salaires. L'utilisation des écritures de contrepassation permet de comptabiliser, le 9 janvier, le paiement du salaire de la façon habituelle, soit en passant l'écriture suivante:

Janv.	9	Salaires	700	
		Encaisse		700
		Pour inscrire le paiement de deux semaines de salaire.		

Le montant de 700 $ passé au débit du compte Salaires comprend 210 $ de salaires à payer se rapportant à l'exercice précédent ainsi que 490 $ de salaires engagés au début du mois de janvier. Cependant, une fois que toutes ces opérations ont été reportées au compte Salaires, le solde de ce compte n'est que de 490 $, soit le montant des salaires engagés durant l'exercice en cours, bien que le compte ait été débité de 700 $. Cette situation est reflétée dans le compte Salaires de la façon suivante:

Salaires

Date		Explication	Débit	Crédit		Solde
Déc.	12	Paie	700		Dt	700
	26	Paie	700		Dt	1 400
	31	Salaires à payer	210		Dt	1 610
	31	Clôture		1 610		0
1997						
Janv.	1er	Contrepassation		210	Ct	210
	9	Paie	700		Dt	490

Résumé de l'annexe 4-A en regard de l'objectif d'apprentissage

Objectif 6. Les écritures de contrepassation s'appliquent à tous les produits à recevoir ainsi qu'à toutes les charges à payer, comme les intérêts à recevoir, les salaires à payer, les taxes foncières à payer, etc. Les écritures de contrepassation sont aussi utilisées pour les charges payées d'avance et les produits reçus d'avance lorsque ces décaissements et ces encaissements ont été portés respectivement au débit des comptes de charges et au crédit des comptes de produits (cette pratique a été expliquée à l'annexe 3-A). Cependant, bien que les écritures de contrepassation soient utiles, elles ne sont pas indispensables. Les états financiers seront établis correctement, qu'il y ait eu ou non des écritures de contrepassation. Leur utilisation est une question de choix et la décision relève du teneur de livres.

Terminologie comptable[1]

Balance de vérification après clôture Balance des comptes du grand livre que l'on établit après avoir procédé à la clôture des comptes en fin d'exercice.

Chiffrier Feuille ou tableau à colonnes multiples constitué de différentes sections où figurent respectivement la balance de vérification avant régularisation, les régularisations, la balance de vérification après régularisation et, dans les deux dernières sections, les éléments qui feront respectivement partie de l'état des résultats (ou compte de résultats) et du bilan.

Comptes de résultats Comptes où figurent respectivement les produits, les charges, les pertes et les profits d'un exercice, et dont l'objet est d'analyser les opérations comptables ayant une influence sur les résultats.

Comptes de bilan Comptes ayant pour objet de constater les divers éléments du patrimoine de l'entreprise ou de l'organisme.

Cycle comptable Ensemble des étapes de la comptabilisation des opérations et des faits économiques se rapportant à une entité. Le cycle comptable comprend toutes les procédures comptables à exécuter au cours de l'exercice, depuis le repérage, à partir des pièces justificatives, des opérations et des faits à comptabiliser et l'inscription de ces opérations et des faits dans les comptes et journaux, jusqu'à l'établissement des états financiers et à la clôture des comptes de l'exercice.

Écriture de clôture Écriture passée par le comptable à la fin de l'exercice afin de virer les soldes des comptes de produits et de charges au compte Sommaire des résultats et, de là, au compte Bénéfices non répartis ou Capital.

---

[1] Louis Ménard, C.A., *Dictionnaire de la comptabilité et de la gestion financière*, Toronto, Institut Canadien des Comptables Agréés, 1994. Reproduit avec permission.

Écriture de contrepassation Écriture passée au début d'un exercice pour qu'il soit possible d'enregistrer de la façon habituelle une opération ayant nécessité, à la fin de l'exercice précédent, la passation d'une écriture de régularisation portant sur une charge à payer ou un produit à recevoir, ou encore sur une charge payée d'avance ou un produit reçu d'avance enregistré dans un compte de charges ou de produits à la date de la constatation initiale de l'opération. L'écriture de contrepassation est exactement l'inverse de l'écriture de régularisation correspondante en ce qui concerne tant les intitulés des comptes que les montants en jeu.

Feuille de travail Feuille où sont indiquées les différentes tâches que doit accomplir le professionnel comptable à qui l'on a confié une mission.

Sommaire des résultats Compte du grand livre où sont virés les soldes des comptes de produits, de gains, de charges et de pertes à la fin d'un exercice en vue de déterminer le bénéfice net ou la perte nette de l'exercice.

Des synonymes

Balance de vérification après clôture Balance de vérification après fermeture.

Comptes de résultats Comptes temporaires.

Comptes de bilan Comptes de valeurs; comptes permanents.

Écriture de clôture Écriture de fermeture.

Écriture de contrepassation Écriture de réouverture.

Feuille de travail Document de travail.

Révision en regard des objectifs d'apprentissage

Répondez aux questions suivantes en choisissant la réponse qui vous semble la meilleure avant d'aller voir la solution à la fin du chapitre.

Objectif 1 Lors de l'établissement du chiffrier de fin d'exercice, le comptable d'une entreprise a reporté par erreur les 9 400 $ du compte Salaires de la balance de vérification régularisée au débit de la section État de l'avoir du propriétaire et bilan. Quelle est la conséquence de cette erreur?

a) Les totaux des deux colonnes de la section Balance de vérification régularisée ne seront pas égaux.

b) Le bénéfice net calculé sur le chiffrier sera sous-évalué.

c) Le bénéfice net calculé sur le chiffrier sera surévalué.

d) Les totaux des deux colonnes de la section Avoir du propriétaire et bilan ne seront pas égaux.

e) Les réponses *b* et *d* conviennent.

Objectif 2 Lors de l'établissement des écritures de clôture:

a) les comptes de charges, de produits et le compte Prélèvements sont virés au compte Sommaire des résultats;

b) tous les comptes de charges sont virés aux comptes de produits, qui sont à leur tour virés au compte Sommaire des résultats;

c) après le processus de clôture des comptes, le solde du compte Sommaire des résultats sera égal au bénéfice net ou à la perte nette de l'exercice;

d) une fois le processus de clôture des comptes terminé, le solde de tous les comptes temporaires est nul.

e) Aucune de ces réponses ne convient.

Objectif 3 Une balance de vérification après clôture:

a) comprend le solde de tous les comptes apparaissant aux états financiers;

b) est un des plus importants états financiers présentés au propriétaire ainsi qu'aux utilisateurs;

c) doit être la première étape du processus de fin d'exercice qui mène à l'établissement des états financiers;

d) comprend le solde de tous les comptes apparaissant dans l'état des résultats et du bilan;

e) comprend le solde de tous les comptes apparaissant dans le bilan.

Objectif 4 Les étapes du cycle comptable:

a) sont au nombre de huit et sont subséquentes à l'établissement du chiffrier;

b) débutent par l'établissement de la balance de vérification non régularisée;

c) sont réalisées une seule fois au cours de la vie de l'entreprise;

d) se terminent par l'établissement de la balance de vérification après clôture.

e) Toutes ces réponses conviennent.

Objectif 5 Afin de virer les soldes des comptes temporaires au compte Capital, les écritures passées par le comptable à la fin de l'exercice s'appellent:

a) les écritures de journal;

b) les écritures de régularisation;

c) les écritures de clôture;

d) les écritures de contrepassation.

e) Ces écritures n'existent pas.

Objectif 6   Les écritures de contrepassation:

a) doivent être établies par toutes les entreprises qui utilisent la comptabilité d'exercice;

b) sont comptabilisées dans le journal général et reportées dans le grand livre après les écritures de régularisation mais avant les écritures de clôture;

c) permettent le report des charges d'exploitation d'un exercice à un autre exercice;

d) n'ont aucun effet sur le montant des postes apparaissant aux états financiers.

e) aucune de ces réponses ne convient.

Note: Les sujets de discussion, exercices et problèmes précédés d'un A renvoient à l'annexe 4-A.

Sujets de discussion en classe

1. Quelle est la différence entre les feuilles de travail et le chiffrier?

2. Quelles sont les tâches qui sont exécutées sur le chiffrier?

3. Est-il possible de dresser les états financiers, de régulariser les comptes et de les fermer sans établir un chiffrier? Quels sont les avantages d'un chiffrier?

4. À quelle étape du cycle comptable le chiffrier est-il préparé?

5. D'où proviennent les montants inscrits dans la section Balance de vérification non régularisée du chiffrier?

6. Pourquoi des lettres sont-elles utilisées pour identifier les écritures dans la section Régularisation du chiffrier?

7. Quel est le résultat de la combinaison des soldes des comptes de la section Balance de vérification non régularisée et des montants inscrits dans la section Régularisation du chiffrier?

8. Pourquoi faut-il procéder soigneusement lors du report des montants de la section Balance de vérification régularisée dans les sections État des résultats, État de l'avoir du propriétaire et bilan du chiffrier?

9. Quelle influence peuvent avoir sur le bénéfice net les reports suivants effectués sur le chiffrier? *a)* Le report d'une charge au débit de la section État de l'avoir du propriétaire et bilan; *b)* Le report d'un élément de passif au crédit de la section État des résultats; *c)* Le report d'un produit au débit de la section État de l'avoir du propriétaire et bilan. L'utilisation du chiffrier permet-elle de découvrir ces erreurs automatiquement? Quelles sont les erreurs susceptibles d'être découvertes automatiquement? Pourquoi?

10. Pourquoi les comptes de produits d'exploitation et de charges d'exploitation sont-ils considérés comme des comptes temporaires ou de résultats?

11. À quoi servent les écritures de clôture?

12. Quelles sortes de comptes font l'objet d'écritures de clôture? Quelles sortes de comptes ne font pas l'objet d'écritures de clôture?

13. Expliquez la différence qui existe entre les écritures de régularisation et les écritures de clôture.

14. À quoi sert le compte Sommaire des résultats?

A15. Comment se reflète la différence, dans les états financiers, entre une entreprise qui utilise les écritures de contrepassation et une autre qui ne les utilise pas?

Mini-cas

Mini-cas 4-1   Au cours des XVe et XVIe siècles, des aventuriers ont exploré de nouvelles voies maritimes qui devaient les mener au Nouveau Monde. Des groupes se formaient pour financer ces expéditions qui pouvaient durer quelques années, après quoi l'entreprise était dissoute. À la fin d'une expédition, le responsable dressait des états financiers qui reflétaient la situation véritable de l'entreprise sans qu'il soit nécessaire de préparer des écritures de régularisation. On préparait les écritures de clôture pour fermer les produits et les charges aux comptes Capital des associés et, avant de dissoudre l'entreprise, on répartissait l'encaisse en fonction de l'avoir de chaque associé.

Travail à faire

Discutez des similitudes et des différences qui existent entre la comptabilisation des opérations des entreprises de ce temps-là et la comptabilisation d'entreprises similaires de nos jours en relation avec les principes comptables généralement reconnus.

Exercices

Supposez que les soldes des comptes ci-dessous apparaissent au chiffrier dans la section Balance de vérification régularisée:

Exercice 4-1
Le report des soldes de la balance de vérification régularisée dans les autres sections du chiffrier
(Objectif 1)

1. Diane Michaud – Prélèvements
2. Matériel
3. Amortissement – Matériel
4. Fournitures de bureau non utilisées
5. Assurances payées d'avance
6. Loyers
7. Honoraires gagnés
8. Clients
9. Diane Michaud – Capital
10. Salaires
11. Fournisseurs
12. Amortissement cumulé – Matériel
13. Encaisse
14. Électricité

Travail à faire

Réécrivez sur une feuille le chiffre précédant chacun des comptes ci-dessus et indiquez dans quelle section du chiffrier ce solde doit être reporté en utilisant la lettre *a* pour indiquer la colonne des débits de la section État des résultats, la lettre *b* pour indiquer la colonne des crédits de la section État des résultats, la lettre *c* pour indiquer la colonne des débits de la section État de l'avoir du propriétaire et bilan, et la lettre *d* pour indiquer la colonne des crédits de la section État de l'avoir du propriétaire et bilan.

Supposez que les montants ci-dessous figurent à la section Régularisation d'un chiffrier dressé le 31 octobre 1996:

Exercice 4-2
L'établissement des écritures de régularisation à l'aide du chiffrier
(Objectif 1)

	Régularisation			
	Débit		**Crédit**	
Assurances payées d'avance			(*a*)	2 475 $
Fournitures de bureau non utilisées			(*b*)	360
Amortissement cumulé – Matériel de bureau . . .			(*c*)	1 670
Amortissement cumulé – Matériel de livraison . .			(*d*)	8 200
Salaires du personnel de bureau	(*e*)	780 $		
Assurances – Matériel de bureau	(*a*)	625		
Assurances – Matériel de livraison	(*a*)	1 850		
Fournitures de bureau utilisées.	(*b*)	360		
Amortissement – Matériel de bureau	(*c*)	1 670		
Amortissement – Matériel de livraison	(*d*)	8 200		
Salaires à payer.			(*e*)	780
Total		13 485 $		13 485 $

Travail à faire

Utilisez les informations fournies pour reconstituer les écritures de régularisation et passez-les dans le journal général.

Exercice 4-3
L'établissement des écritures de clôture à l'aide du solde apparaissant dans les comptes en T
(Objectif 2)

Les soldes des comptes de grand livre de l'entreprise Côté enr. sont représentés dans les comptes en T ci-dessous:

Alfred Côté – Capital		
	Déc. 31	19 700

Loyers		
Déc. 31	5 400	

Alfred Côté – Prélèvements		
Déc. 31	22 500	

Salaires		
Déc. 31	4 200	

Sommaire des résultats		

Fournitures de réparation utilisées		
Déc. 31	9 775	

Services rendus		
	Déc. 31	38 100

Amortissement – Matériel		
Déc. 31	3 600	

Travail à faire

Sur une feuille, reproduisez ces comptes en T et leur solde, passez les écritures de clôture dans le journal général et reportez les montants dans les comptes en T.

Exercice 4-4
L'établissement des écritures de clôture à l'aide du chiffrier
(Objectif 2)

Les éléments suivants apparaissent dans la section État des résultats du chiffrier du comptable Charles Doré, le 31 juillet 1996:

	État des résultats	
	Débit	**Crédit**
Honoraires gagnés......................		71 000 $
Salaires................................	18 000 $	
Loyers	9 600	
Assurances............................	3 360	
Fournitures de bureau utilisées	580	
Amortissement – Matériel de bureau...........	2 300	
	33 840	71 000
Bénéfice net...........................	37 160	
	71 000 $	71 000 $

Travail à faire

Posez l'hypothèse que M. Doré a prélevé 32 000 $ au cours de l'exercice et passez dans le journal général les écritures pour fermer les comptes de produits d'exploitation et de charges d'exploitation ainsi que les comptes Sommaire des résultats et Prélèvements.

Voici le solde de certains comptes de l'entreprise de réparation Janice enr.:

Jean Lajoie – Capital		
	Déc. 31	56 800

Loyers		
	Déc. 31	7 800

Jean Lajoie – Prélèvements		
Déc. 31	8 750	

Salaires		
Déc. 31	33 280	

Sommaire des résultats		

Assurances		
Déc. 31	1 500	

Services de réparation rendus		
	Déc. 31	62 400

Amortissement – Matériel de réparation		
Déc. 31	7 600	

Travail à faire

Reproduisez sur une feuille ces comptes en T et leur solde, passez les écritures de clôture dans le journal général et reportez les montants dans les comptes en T.

Durant l'exercice, l'entreprise de services Charles enr. a débité un montant de 50 000 $ au compte Jean René – Prélèvements. La section État des résultats du chiffrier au 31 mai 1997 s'établit comme suit:

État des résultats

	Débit	Crédit
Services rendus		285 700 $
Salaires des employés de bureau.	187 000 $	
Loyers	18 000	
Assurances	4 400	
Fournitures de bureau utilisées	400	
Amortissement – Matériel de bureau	5 100	
	214 900	285 700
Bénéfice net	70 800	
	285 700 $	285 700 $

Travail à faire

Passez les écritures de clôture dans le journal général.

Voici les opérations effectuées par l'entreprise Paul enr.:

a) Investissement de Paul Larue: 150 000 $;

b) Achat au comptant de matériel: 146 500 $;

c) Facturation pour services rendus à crédit: 30 000 $;

d) Recouvrement des comptes clients: 27 000 $;

e) Paiement au comptant de charges d'exploitation: 20 000 $;

f) Prélèvements du propriétaire: 7 500 $;

g) Acquisition de matériel coûtant 12 000 $ en échange de 5 000 $ au comptant et d'un effet à payer de 7 000 $;

Exercice 4-5
L'établissement et le report des écritures de clôture
(Objectif 2)

Exercice 4-6
L'établissement des écritures de clôture
(Objectif 3)

Exercice 4-7
La comptabilisation des opérations dans les comptes en T
(Objectif 2)

h) Clôture des comptes de produits;

i) Clôture des comptes de charges;

j) Clôture du compte Sommaire des résultats;

k) Clôture du compte Paul Larue – Prélèvements.

Travail à faire

Passez les écritures relatives aux opérations ci-dessus directement dans les comptes en T suivants: Encaisse, Clients, Matériel, Effets à payer, Paul Larue – Capital, Paul Larue – Prélèvements, Sommaire des résultats, Services rendus et Charges d'exploitation.

Exercice 4-8
**L'établissement
d'un chiffrier**
(Objectif 1)

Le 31 mars 1997, les comptes de l'entreprise Picard enr. ainsi que leur solde exprimé en milliers de dollars sont les suivants:

Fournisseurs...........	2 $	Loyers	7 $
Clients	5	Services rendus	24
Amortissement cumulé –		Pierre Picard – Capital....	30
Matériel d'atelier.......	12	Pierre Picard –	
Encaisse..............	4	Prélèvements	8
Effet à payer...........	3	Matériel d'atelier........	30
Assurances payées		Fournitures d'atelier	
d'avance.............	2	non utilisées..........	6
		Salaires...............	9

Travail à faire

Dressez un chiffrier, inscrivez-y les montants précédents dans la section Balance de vérification non régularisée et complétez celui-ci en tenant compte des régularisations suivantes:

a) Amortissement du matériel d'atelier: 4 $;

b) Primes d'assurance absorbées: 1 $;

c) Coût des fournitures d'atelier inutilisées le 31 mars: 3 $;

d) Salaires à payer: 1 $.

Exercice 4-9
**L'établissement
d'un chiffrier**
(Objectif 1)

Le 30 novembre 1996, la balance de vérification de l'entreprise Denise enr. est la suivante:

DENISE ENR.
Balance de vérification
au 30 novembre 1996

	Débit	Crédit
Encaisse	15 500 $	
Assurances payées d'avance	1 400	
Fournitures de réparation non utilisées ...	24 300	
Matériel de réparation	28 000	
Amortissement cumulé – Matériel		
de réparation.....................		6 500 $
Denise Lavoie – Capital..............		37 000
Denise Lavoie – Prélèvements..........	5 000	
Services de réparation rendus..........		82 900
Salaires..........................	42 000	
Loyers...........................	10 200	
Total...........................	126 400 $	126 400 $

Travail à faire

Dressez un chiffrier et inscrivez-y les montants précédents dans la section Balance de vérification non régularisée et complétez-le en tenant compte des informations suivantes:

a) Assurances absorbées au cours de l'exercice: 800 $;

b) Fournitures de réparation inutilisées le 31 décembre: 5 100 $;

c) Amortissement du matériel de réparation: 1 300 $;

d) Salaires à payer à la fin de l'exercice: 500 $.

Travail à faire

Passez les écritures de régularisation et de clôture de l'exercice 4-9 dans le journal général de l'entreprise Denise enr.

Exercice 4-10
**Les écritures
de régularisation
et de clôture**
(Objectif 2)

Voici les différentes étapes du cycle comptable:

a) L'établissement de la balance de vérification après clôture;

b) L'enregistrement dans le journal général des écritures de régularisation et leur report dans le grand livre;

c) L'établissement du chiffrier;

d) L'établissement de la balance de vérification non régularisée;

e) L'enregistrement des écritures de clôture dans le journal général et le report de ces écritures dans le grand livre;

f) La comptabilisation des opérations;

g) Le report des écritures de journal dans les comptes du grand livre;

h) L'établissement des états financiers.

Exercice 4-11
**Les étapes du cycle
comptable**
(Objectif 4)

Travail à faire

Classez dans l'ordre de réalisation les différentes étapes du cycle comptable en utilisant la lettre qui les précède.

Les renseignements suivants ont servi à établir les écritures de régularisation de l'entreprise Jean enr. le 31 octobre 1996:

a) Amortissement du matériel de bureau: 3 400 $;

b) Assurances absorbées au cours de l'exercice: 800 $;

c) Salaires à payer à la fin de l'exercice: 1 700 $;

d) Services reçus d'avance et qui ont été réalisés au cours de l'exercice: 2 100 $;

e) Services rendus durant l'exercice et qui n'ont pas encore été comptabilisés ni facturés: 4 900 $.

[A] **Exercice 4-12**
**Les écritures de
contrepassation**
(Objectif 6)

Travail à faire

Déterminez parmi les régularisations ci-dessus celles qui nécessitent une écriture de contrepassation et établissez ces écritures. Supposez que les écritures de régularisation ont été adéquatement établies par le comptable.

Les informations suivantes concernent l'entreprise Daniel enr. dont l'exercice se termine le 31 décembre 1996:

a) L'entreprise paie un loyer mensuel de 6 200 $ pour le bureau qu'elle occupe. Le loyer du mois de décembre 1996 n'a été payé que le 6 janvier 1997, soit en même temps que celui du mois de janvier 1997;

b) Daniel enr. sous-loue la partie inoccupée de son local pour un montant de 800 $ par mois. Le locataire a payé le loyer de décembre 1996 seulement le 8 janvier 1997, soit en même temps que celui du mois de janvier 1997.

[A] **Exercice 4-13**
**Les écritures de
contrepassation**
(Objectif 6)

Travail à faire

1. Passez les écritures de régularisation du 31 décembre 1996 et comptabilisez en janvier 1997 les opérations concernant le paiement du loyer et l'encaissement du loyer du sous-locataire. Supposez qu'aucune écriture de contrepassation n'a été effectuée.

2. Passez les écritures de régularisation du 31 décembre 1996, les écritures de contrepassation du 1er janvier 1997, et comptabilisez le loyer payé par Daniel enr. en janvier ainsi que l'encaissement du loyer du sous-locataire.

Problèmes

Problème 4-1
Le chiffrier,
les états financiers
et les écritures
de clôture
(Objectifs 1, 2)

Voici la balance de vérification tirée des livres comptables de Centre d'emploi gagné enr.:

CENTRE D'EMPLOI GAGNÉ ENR.
Balance de vérification
au 31 octobre 1996

	Débit	Crédit
Encaisse	4 850 $	
Fournitures de bureau non utilisées	1 100	
Assurances payées d'avance	2 120	
Matériel de bureau	27 860	
Amortissement cumulé – Matériel de bureau		11 630 $
Fournisseurs		890
Thomas Gagné – Capital		16 380
Thomas Gagné – Prélèvements	22 500	
Services de réparation rendus		56 400
Salaires	18 220	
Loyers	7 500	
Électricité	1 150	
Total	85 300 $	85 300 $

Travail à faire

1. Dressez un chiffrier pour l'exercice se terminant le 31 octobre 1996, inscrivez-y les montants ci-dessus dans la section Balance de vérification non régularisée et complétez-le en tenant compte des informations suivantes:

   a) Primes d'assurance absorbées au cours de l'exercice: 1 410 $;

   b) Coût des fournitures de bureau non utilisées le 31 octobre: 460 $;

   c) Amortissement du matériel de bureau pour l'exercice: 2 800 $;

   d) Salaires à payer le 31 octobre: 220 $.

2. Dressez l'état des résultats, l'état de l'avoir du propriétaire et le bilan en supposant que M. Gagné n'a fait aucun investissement supplémentaire durant l'exercice.

3. Passez dans le journal général les écritures de régularisation et de clôture.

Les comptes du grand livre de Marthe Ouellet, arpenteuse-géomètre, sont fournis sur les feuilles de travail qui accompagnent ce texte. La balance de vérification non régularisée ci-dessous est également reproduite sur le chiffrier que vous soumet la propriétaire de l'entreprise.

Problème 4-2
Les procédures de fin d'exercice
(Objectifs 1, 2, 3)

MARTHE OUELLET, ARPENTEUSE-GÉOMÈTRE
Balance de vérification
au 30 novembre 1996

	Débit	Crédit
Encaisse.	2 740 $	
Fournitures d'arpentage non utilisées	1 930	
Assurances payées d'avance	3 500	
Matériel d'arpentage	85 365	
Amortissement cumulé – Matériel d'arpentage		35 460 $
Fournisseurs.		900
Emprunt hypothécaire		12 000
Marthe Ouellet – Capital		34 680
Marthe Ouellet – Prélèvements	21 000	
Honoraires gagnés		58 400
Salaires.	16 820	
Intérêts débiteurs	720	
Loyers	5 400	
Taxes et licences	2 470	
Réparations du matériel.	535	
Électricité.	960	
Total.	141 440 $	141 440 $

Travail à faire

1. Établissez un chiffrier, inscrivez-y les montants ci-dessus dans la section Balance de vérification non régularisée et complétez-le en tenant compte des informations suivantes:

   a) Coût des fournitures d'arpentage inutilisées: 840 $;

   b) Primes d'assurance absorbées: 1 600 $;

   c) Amortissement du matériel applicable à l'exercice: 6 300 $;

   d) Facture d'électricité du mois de novembre non encore comptabilisée: 85 $;

   e) Salaires à payer: 210 $;

   f) Le bail stipule que le loyer annuel de Marthe Ouellet, arpenteuse-géomètre, est fixé à 10 % de ses produits d'exploitation. Un montant de 450 $ doit être payé au début de chaque mois et le solde doit être réglé à la fin de l'exercice. Le montant de 450 $ a été payé au début de chaque mois et il a été porté au débit du compte Loyers;

   g) Réparations de matériel au montant de 620 $, ni enregistrées ni payées;

   h) L'emprunt hypothécaire, effectué le 1er août, prévoit des intérêts annuels de 12 % payables d'avance à raison de 360 $ d'intérêts chaque trimestre. Les intérêts ont été payés le 1er août et le 1er novembre. Le premier remboursement de 1 200 $ sur le principal est dû le 1er août 1997.

2. Dressez l'état des résultats, l'état de l'avoir du propriétaire et le bilan. Mme Ouellet n'a fait aucun investissement additionnel durant l'exercice.

3. Passez dans le journal général les écritures de régularisation et de clôture, et reportez les montants dans le grand livre.

4. Dressez la balance de vérification après clôture.

Problème 4-3
Les procédures de fin d'exercice
(Objectifs 1, 2, 3)

Les comptes du grand livre de l'entreprise Robert enr. sont fournis sur les feuilles de travail qui accompagnent ce texte. La balance de vérification non régularisée ci-dessous est également reproduite sur le chiffrier que vous soumet le propriétaire de l'entreprise, M. Robert Leblanc.

ROBERT ENR.
Balance de vérification
au 31 décembre 1996

	Débit	Crédit
Encaisse	890 $	
Clients.	1 400	
Fournitures de conciergerie non utilisées	470	
Assurances payées d'avance	2 100	
Loyers payés d'avance	350	
Camions	18 235	
Amortissement cumulé – Camions		7 295 $
Matériel de nettoyage	4 930	
Amortissement cumulé – Matériel de nettoyage		1 970
Fournisseurs		985
Services de nettoyage reçus d'avance		800
Robert Leblanc – Capital		10 115
Robert Leblanc – Prélèvements	15 000	
Services de nettoyage rendus		52 850
Salaires du personnel de bureau	9 600	
Salaires des nettoyeurs	15 840	
Loyers.	3 500	
Essence, huile et réparations	1 220	
Téléphone	480	
Total	74 015 $	74 015 $

Travail à faire

1. Établissez un chiffrier, inscrivez-y les montants ci-dessus dans la section Balance de vérification non régularisée et complétez-le en tenant compte des informations suivantes:

   a) Primes d'assurance absorbées: 1 580 $;

   b) Fournitures de nettoyage inutilisées le 31 décembre: 265 $;

   c) Amortissement du matériel de nettoyage: 495 $;

   d) Amortissement des camions: 3 650 $;

   e) En décembre 1995, l'entreprise avait payé d'avance le loyer de janvier 1996. Ce montant apparaît toujours à la balance de vérification comme loyers payés d'avance. Les loyers des mois de février à novembre ont été payés et comptabilisés dans le compte Loyers. Le loyer du mois de décembre 1996, au montant de 350 $, n'a pas été payé ni comptabilisé;

   f) L'entreprise a signé des ententes avec trois magasins; elle s'engage à fournir des services de nettoyage à forfait. Deux des magasins ont versé un montant de 800 $, qui a été comptabilisé dans le compte Services de nettoyage reçus d'avance et dont 600 $ ont été gagnés pendant l'exercice. Le contrat conclu le 15 décembre avec le troisième magasin stipule que celui-ci doit payer un montant forfaitaire de 250 $ par mois qu'il doit verser le premier du mois suivant celui pendant lequel les services ont été rendus. Le comptable n'a pas comptabilisé le montant gagné sur ce contrat pendant les 15 derniers jours du mois de décembre;

g) La facture de téléphone du mois de décembre, au montant de 45 $, et la facture d'une réparation du camion faite en décembre, au montant de 190 $, ne sont ni payées ni comptabilisées;

h) Les salaires à payer au personnel de bureau et aux nettoyeurs s'élèvent respectivement à 145 $ et à 255 $ le 31 décembre 1996.

2. Dressez l'état des résultats et l'état de l'avoir du propriétaire pour l'exercice se terminant le 31 décembre 1996, et le bilan à cette date. M. Leblanc n'a fait aucun investissement durant l'exercice.

3. Passez dans le journal général les écritures de régularisation et de clôture, et reportez les montants dans le grand livre.

4. Dressez la balance de vérification après clôture.

La balance de vérification de l'entreprise Blizzard enr. au 31 mars 1997, date de la fin de l'exercice, est la suivante:

^A **Problème 4-4**
Les écritures de contrepassation (Objectifs 2, 6)

BLIZZARD ENR.
Balance de vérification
au 31 mars 1997

	Débit	Crédit
Encaisse	12 450 $	
Effets à recevoir	63 000	
Fournitures de bureau non utilisées	1 100	
Terrain	480 000	
Services reçus d'avance		15 000 $
Effets à payer		290 000
Jean Caron – Capital		150 820
Jean Caron – Prélèvements	180 000	
Services rendus		288 000
Loyers gagnés		57 600
Intérêts créditeurs		6 930
Salaires	38 000	
Intérêts débiteurs	26 100	
Assurance collective	7 700	
Total	808 350 $	808 350 $

Voici les informations nécessaires pour effectuer des écritures de régularisation:

a) Des salaires au montant de 3 270 $ sont versés aux employés toutes les deux semaines. Le 31 mars 1997, les salaires à payer étaient de 1 960 $; ils seront inclus dans les 3 270 $ de salaires versés le 4 avril;

b) Blizzard enr. a loué la partie inoccupée de son bureau à un locataire pour un montant mensuel de 1 000 $. Comme ce locataire avait des problèmes de liquidité, il n'a versé en mars que 500 $ des 1 000 $ convenus. Le 10 avril, il a payé le solde dû en même temps que le loyer du mois d'avril;

c) Un inventaire a révélé que le coût des fournitures de bureau inutilisées est de 550 $;

d) La prime mensuelle de 700 $ de l'assurance collective payée par l'employeur pour le mois de mars a été acquittée le 12 avril;

e) L'an passé, Blizzard enr. a emprunté à une institution financière la somme de 290 000 $ au taux d'intérêt annuel de 12 %. Les intérêts sur cet effet à payer sont payables trimestriellement à raison de 8 700 $ le 15 des mois de janvier, avril, juillet et octobre;

f) L'analyse des contrats de services montre qu'une somme de 5 200 $ des 15 000 $ reçus d'avance n'est pas encore gagnée le 31 mars 1997;

g) Blizzard enr. a un effet à recevoir de 63 000 $ sur lequel les intérêts gagnés et à recevoir s'élèvent à 315 $ le 31 mars. Le 15 avril, l'entreprise a encaissé un montant de 63 630 $ pour couvrir les intérêts à ce jour et le paiement de l'effet à recevoir;

h) Le 31 mars 1997, Blizzard enr. avait rendu à un client des services pour un montant de 9 000 $ qui n'était pas encore facturé. Le 25 avril 1997, l'entreprise a reçu 10 800 $ de ce client, en règlement des services rendus en mars et de ceux rendus au début d'avril.

Travail à faire

1. Passez les écritures de régularisation.
2. Passez les écritures de clôture.
3. Passez les écritures de contrepassation.
4. Passez les écritures dans le journal général pour comptabiliser les opérations d'encaissement et de décaissement d'avril 1997 décrites ci-dessus.

Problème 4-5
Les écritures de clôture
(Objectif 2)

Le 7 janvier 1995, Jean Haché a fondé une entreprise dans laquelle il a investi 225 000 $. L'entreprise a subi une perte de 30 240 $ pendant l'exercice de 1995, alors qu'elle a réalisé un bénéfice de 83 550 $ pendant l'exercice de 1996. Le 5 janvier 1997, le propriétaire a décidé qu'en date du 9 janvier, il prélèverait la somme de 36 000 $ dans son entreprise.

Travail à faire

1. Passez les écritures pour comptabiliser l'investissement fait par le propriétaire et fermez le compte Sommaire des résultats à la fin de l'exercice de 1995 et de l'exercice de 1996.
2. Passez l'écriture dans le journal général pour comptabiliser le prélèvement fait le 9 janvier 1997.

Problème 4-6
Toutes les étapes du cycle comptable (deux mois d'exploitation)
(Objectifs 1, 2, 3, 4)

Jean Richard, qui a lancé l'entreprise Jean Richard, consultant le 3 juin 1996, a effectué les opérations suivantes au cours du mois de juin:

Juin   3 Investissement de 70 000 $ au comptant ainsi que d'une automobile d'une juste valeur marchande de 18 000 $.

          3 Paiement du loyer pour le mois de juin: 1 250 $.

          4 Achat au comptant de fournitures de bureau: 680 $.

          8 Paiement de la prime d'assurance pour une police d'une durée d'un an: 1 080 $.

         14 Paiement à la secrétaire du salaire des deux premières semaines de juin: 750 $.

         16 Encaissement pour des consultations rendues au comptant: 2 700 $.

         28 Paiement à la secrétaire du salaire des deux dernières semaines de juin: 750 $.

         30 Paiement de la facture de téléphone du mois de juin: 320 $.

         30 Paiement de l'essence et de l'huile pour l'automobile pendant le mois de juin: 90 $.

Travail à faire

1. Ouvrez les comptes du grand livre suivants: Encaisse, Fournitures de bureau non utilisées, Assurances payées d'avance, Automobile, Amortissement cumulé – Automobile, Salaires à payer, Jean Richard – Capital, Jean Richard – Prélèvements, Honoraires gagnés, Amortissement – Automobile, Salaires, Assurances, Loyers, Fournitures de bureau utilisées, Essence, huile et réparations, Téléphone, Sommaire des résultats.

2. Passez les écritures dans le journal général pour comptabiliser les opérations ci-dessus et reportez les montants dans le grand livre.

3. Dressez un chiffrier, reportez le solde des comptes du grand livre dans la section Balance de vérification non régularisée et complétez-le en tenant compte des informations suivantes:

a) La prime d'assurance pour les deux tiers d'un mois est absorbée;

b) Le coût des fournitures de bureau non utilisées s'élève à 640 $ le 30 juin;

c) L'amortissement de l'automobile est de 375 $;

d) Le salaire à payer à la secrétaire est de 150 $.

4. Passez dans le journal général les écritures de régularisation et reportez les montants dans le grand livre.

5. Dressez l'état des résultats et l'avoir du propriétaire pour le mois de juin, et le bilan au 30 juin 1996.

6. Passez dans le journal général les écritures de clôture et reportez les montants dans le grand livre.

Note: En pratique, les écritures de clôture ne sont effectuées qu'une fois par année, à la fin de l'exercice.

7. Dressez la balance de vérification après clôture.

L'entreprise a effectué les opérations suivantes au cours du mois de juillet:

Juillet 1er Paiement du loyer du mois de juillet: 1 250 $.

3 Achat au comptant de fournitures de bureau: 35 $.

11 Paiement à la secrétaire du salaire des deux premières semaines de juillet: 750 $.

15 Prélèvement en espèces effectué par Jean Richard pour son usage personnel: 2 000 $.

18 Encaissement pour des consultations rendues au comptant: 4 200 $.

25 Paiement à la secrétaire du salaire des deux dernières semaines de juillet: 750 $.

31 Paiement de l'essence et de l'huile utilisées pour l'automobile de l'agence pendant le mois de juillet: 70 $.

31 Paiement de la facture de téléphone du mois de juillet: 190 $.

Travail à faire

1. Passez les écritures dans le journal général pour comptabiliser les opérations ci-dessus et reportez les montants dans le grand livre.

2. Dressez un chiffrier, reportez le solde des comptes du grand livre dans la section Balance de vérification non régularisée et complétez-le en tenant compte des informations suivantes:

a) La prime d'assurance pour un mois est absorbée;

b) Le coût des fournitures de bureau inutilisées le 31 juillet s'élève à 580 $;

c) L'amortissement de l'automobile est de 375 $;

d) Le salaire à payer à la secrétaire est de 300 $.

3. Passez dans le journal général les écritures de régularisation et reportez-les dans le grand livre.

4. Dressez l'état des résultats et l'état de l'avoir du propriétaire pour le mois de juillet, et le bilan au 31 juillet 1996.

5. Passez dans le journal général les écritures de clôture et reportez les montants dans le grand livre.

Note: En pratique, les écritures de clôture ne sont effectuées qu'une fois par année, à la fin de l'exercice.

6. Dressez la balance de vérification après clôture.

Problème 4-7
Essai analytique
(Objectif 1)

Reprenez les informations qui vous sont données dans le problème 4-2, et supposez maintenant que les erreurs décrites ci-dessous ont été commises lors de la préparation du chiffrier:

1. Lors de la régularisation du solde du compte Fournitures d'arpentage non utilisées, un montant de 840 $ a été débité au compte Fournitures d'arpentage utilisées et crédité au compte Fournitures d'arpentage non utilisées;

2. Le montant de 620 $ à payer pour la réparation de matériel a donné lieu à une régularisation par laquelle on a débité le compte Matériel d'arpentage et crédité le compte Impôts fonciers à payer;

3. On a reporté le montant de l'encaisse apparaissant dans la balance de vérification non régularisée dans la colonne crédit de la section État de l'avoir du propriétaire et bilan;

4. On a reporté le montant des assurances payées d'avance de la section Balance de vérification régularisée dans la colonne débit de la section État des résultats.

Travail à faire

Décrivez les conséquences de chacune de ces erreurs sur les données apparaissant dans le chiffrier.

ᴬ Problème 4-8
Essai analytique
(Objectif 6)

Le 31 décembre 1996, les entreprises Castillo enr. et Bélanger enr. avaient toutes les deux des salaires à payer de 5 000 $ et des intérêts à recevoir de 2 400 $. Elles ont toutes les deux passé des écritures de régularisation afin d'inscrire ces montants en fin d'exercice. Seule, l'entreprise Bélanger enr. utilise les écritures de contrepassation, lesquelles ont été inscrites dans le journal général le 1ᵉʳ janvier 1997.

Le 4 janvier 1997, ces deux entreprises ont déboursé chacune une somme de 14 000 $ afin de régler les salaires dus à leurs employés pour les services rendus au cours des derniers jours de décembre 1996 et des premiers jours de 1997. De plus, le 24 février 1997, chacune des deux entreprises a encaissé 3 700 $ en règlement des intérêts gagnés jusqu'à cette date, y compris les intérêts à recevoir à la fin de décembre.

Travail à faire

Décrivez ce qui différenciera les écritures qui devront être passées dans les livres comptables de Castillo enr. et Bélanger enr. pour inscrire le paiement des salaires le 4 janvier et l'encaissement des intérêts le 24 février. Dites ce qui explique ces différences et décrivez les conséquences que peuvent avoir ces deux façons de faire sur les données apparaissant aux états financiers.

Problèmes
additionnels

La balance de vérification de l'entreprise La Batelière enr. au 31 octobre 1996 est la suivante:

Problème 4-1A
**Le chiffrier,
les états financiers
et les écritures
de clôture**
(Objectifs 1, 2)

LA BATELIÈRE
Balance de vérification
au 31 octobre 1996

	Débit	Crédit
Encaisse	3 680 $	
Clients	1 700	
Fournitures de pêche non utilisées.	2 100	
Assurances payées d'avance	4 920	
Loyers payés d'avance.	1 200	
Bateaux	82 900	
Amortissement cumulé – Bateaux.		24 870 $
Matériel de pêche.	24 400	
Amortissement cumulé – Matériel		
de pêche		7 320
Fournisseurs.		2 550
Revenus d'excursions reçus d'avance		3 500
Francine Giguère – Capital		62 210
Francine Giguère – Prélèvements	27 000	
Revenus d'excursions gagnés		68 800
Salaires.	11 400	
Loyers	5 400	
Essence, huile et réparations	4 550	
Total.	169 250 $	169 250 $

Travail à faire

1. Dressez un chiffrier pour l'exercice se terminant le 31 octobre 1996, inscrivez-y les montants ci-dessus dans la section Balance de vérification non régularisée et complétez-le en tenant compte des informations suivantes:

    a) Primes d'assurance absorbées: 3 640 $;

    b) Un inventaire matériel a révélé que le coût des fournitures de pêche inutilisées le 31 octobre était de 1 100 $;

    c) Le solde du compte Loyers payés d'avance, qui représente le loyer de la marina et d'un garage pendant deux mois, n'a pas changé depuis le 1er novembre 1995. Des mois de janvier à septembre inclusivement, le loyer a été payé au début de chaque mois et porté au débit du compte Loyers. Le loyer d'octobre n'a pas encore été payé;

    d) L'amortissement du matériel de pêche pour l'exercice s'élève à 2 440 $;

    e) L'amortissement des bateaux pour l'exercice s'élève à 13 800 $;

    f) Le 15 septembre, l'entreprise s'est engagée par contrat à faire effectuer des excursions de pêche aux clients de la société Beau Tour inc. moyennant une rémunération mensuelle de 1 750 $. Le client a versé d'avance une somme correspondant à deux mois de service, somme que le comptable a portée au crédit du compte Revenus d'excursions reçus d'avance. Un contrat semblable fut signé le 15 octobre par l'entreprise Mélissa enr. Cependant, ce client n'a pas encore acquitté la somme de 500 $ convenue pour les excursions effectuées du 15 au 31 octobre et le comptable n'a pas encore inscrit le produit correspondant;

g) Les salaires à payer le 31 octobre s'élèvent à 175 $.

2. Dressez l'état des résultats et l'état de l'avoir du propriétaire pour l'exercice se terminant le 31 octobre 1996, et le bilan à cette date. Mme Giguère n'a pas fait d'investissement pendant l'exercice.

3. Passez dans le journal général les écritures de régularisation et de clôture.

Problème 4-2A
Les procédures de fin d'exercice
(Objectifs 1, 2, 3)

Les comptes de l'entreprise Jean Ouellet, arpenteur-géomètre, ainsi que leur solde de fin d'exercice, sont reproduits sur les feuilles de travail accompagnant cet ouvrage. Vous y trouverez également la balance de vérification non régularisée reproduite sur le chiffrier que vous soumet le propriétaire de l'entreprise.

JEAN OUELLET, ARPENTEUR-GÉOMÈTRE
Balance de vérification
au 30 novembre 1996

	Débit	Crédit
Encaisse	2 740 $	
Fournitures d'arpentage non utilisées	1 930	
Assurances payées d'avance	3 500	
Matériel d'arpentage	85 365	
Amortissement cumulé – Matériel d'arpentage		35 460 $
Fournisseurs		900
Emprunt hypothécaire		12 000
Jean Ouellet – Capital		34 680
Jean Ouellet – Prélèvements	21 000	
Honoraires gagnés		58 400
Salaires	16 820	
Intérêts débiteurs	720	
Loyers	5 400	
Taxes et licences	2 470	
Réparation du matériel	535	
Électricité	960	
Total	141 440 $	141 440 $

Travail à faire

1. Établissez le chiffrier, inscrivez-y les montants ci-dessus dans la section Balance de vérification non régularisée et complétez-le en tenant compte des informations suivantes:

   a) Coût des fournitures d'arpentage inutilisées le 30 novembre 1996: 630 $;

   b) Primes d'assurance absorbées: 2 400 $;

   c) Amortissement du matériel d'arpentage pour l'exercice: 7 100 $;

   d) Facture d'électricité du mois de novembre reçue en décembre mais pas encore comptabilisée: 140 $;

   e) Salaires à payer: 330 $;

   f) Le bail stipule que le loyer annuel de l'entreprise est fixé à 10 % de ses produits d'exploitation. Un montant de 450 $ doit être payé au début de chaque mois et le solde doit être réglé à la fin de l'exercice. Le montant mensuel de 450 $ a été payé au début de chaque mois et a été porté au débit du compte Loyers;

   g) Taxes et licences à payer: 460 $;

   h) L'emprunt hypothécaire effectué le 1er août de l'année courante prévoit des intérêts annuels de 12 % payables d'avance à raison de 360 $ d'intérêts chaque trimestre. Les intérêts ont été payés le 1er août et le 1er novembre. Le premier remboursement de 3 000 $ sur le principal est dû le 1er août 1997.

2. Dressez l'état des résultats et l'état de l'avoir du propriétaire pour l'exercice se terminant le 30 novembre 1996, et le bilan à cette date. M. Ouellet n'a fait aucun investissement additionnel durant l'exercice.

3. Passez dans le journal général les écritures de régularisation et de clôture, et reportez les montants dans le grand livre.

4. Dressez la balance de vérification après clôture.

La balance de vérification de l'entreprise Charline enr. au 31 décembre 1996 est la suivante:

Problème 4-3A
Les procédures de fin d'exercice
(Objectifs 1, 2, 3)

CHARLINE ENR.
Balance de vérification
au 31 décembre 1996

	Débit	Crédit
Encaisse	890 $	
Clients	1 400	
Fournitures de nettoyage non utilisées . . .	470	
Assurances payées d'avance	2 100	
Loyers payés d'avance.	350	
Camions.	18 235	
Amortissement cumulé – Camions		7 295 $
Matériel de nettoyage	4 930	
Amortissement cumulé – Matériel de nettoyage.		1 970
Fournisseurs.		985
Revenus de nettoyage reçus d'avance		800
Charline Mercier – Capital		10 115
Charline Mercier – Prélèvements	15 000	
Services de nettoyage rendus.		52 850
Salaires du personnel de bureau	9 600	
Salaires des nettoyeurs.	15 840	
Loyers	3 500	
Essence, huile et réparations	1 220	
Téléphone	480	
Total.	74 015 $	74 015 $

Travail à faire

1. Établissez un chiffrier pour l'exercice se terminant le 31 décembre 1996, inscrivez-y les montants ci-dessus dans la section Balance de vérification non régularisée et complétez-le en tenant compte des informations suivantes:

   a) Primes d'assurance absorbées: 1 350 $;

   b) Fournitures de nettoyage inutilisées: 160 $;

   c) Amortissement du matériel de nettoyage: 1 020 $;

   d) Amortissement des camions: 2 850 $;

   e) En décembre 1995, l'entreprise avait payé d'avance le loyer de janvier 1996. Ce montant apparaît toujours à la balance de vérification comme loyers payés d'avance. Les loyers des mois de février à novembre ont été payés et comptabilisés dans le compte Loyers. Le loyer du mois de décembre 1996, au montant de 350 $, n'a pas été payé ni comptabilisé;

   f) L'entreprise a signé des ententes avec trois magasins; elle s'engage à leur fournir des services de nettoyage à forfait. Deux des magasins ont versé un montant de 800 $ qui a été comptabilisé dans le compte Revenus de nettoyage reçus d'avance et dont 400 $ ont été gagnés pendant l'exercice. Le contrat conclu le 15 décembre avec le troisième magasin stipule que celui-ci doit payer un montant forfaitaire de 400 $ par mois qu'il doit verser le premier du mois suivant celui pendant lequel les services ont été rendus. Le comptable n'a pas comptabilisé le montant gagné sur ce contrat pendant les 15 derniers jours du mois de décembre;

g) La facture de téléphone du mois de décembre, au montant de 50 $, et la facture d'une réparation faite au camion en décembre, au montant de 320 $, ne sont ni payées ni comptabilisées;

h) Les salaires à payer au personnel de bureau et aux nettoyeurs s'élèvent à 200 $ et à 280 $ respectivement.

2. Dressez l'état des résultats et l'état de l'avoir du propriétaire pour l'exercice se terminant le 31 décembre 1996 et le bilan à cette date.

3. Passez dans le journal général les écritures de régularisation et de clôture, et reportez les montants dans le grand livre.

4. Dressez la balance de vérification après clôture.

Problème 4-4A
Les écritures de contrepassation
(Objectifs 2, 6)

La balance de vérification de Jean Marquis, architecte, au 31 mars 1997, date de la fin de l'exercice, est la suivante:

JEAN MARQUIS, ARCHITECTE
Balance de vérification
au 31 mars 1997

	Débit	Crédit
Encaisse	14 120 $	
Effets à recevoir	17 500	
Fournitures de bureau non utilisées	1 700	
Bâtiments	290 000	
Terrains	375 000	
Honoraires reçus d'avance		7 800 $
Effets à payer		471 100
Jean Marquis – Capital		67 950
Jean Marquis – Prélèvements	120 000	
Honoraires gagnés		367 400
Loyers gagnés		17 250
Intérêts créditeurs		1 500
Salaires	77 600	
Intérêts débiteurs	31 800	
Assurance collective	5 280	
Total	933 000 $	933 000 $

Voici les informations nécessaires pour établir les écritures de régularisation:

a) Des salaires, au montant de 3 040 $, sont versés aux employés toutes les deux semaines. Le 31 mars 1997, les salaires à payer étaient de 1 440 $; ils seront inclus dans les 3 040 $ de salaires versés le 6 avril;

b) L'entreprise a loué la partie inoccupée de son bureau à un locataire pour un montant de 1 500 $ par mois. En mars, ce locataire avait des problèmes de liquidité et il n'a versé que 750 $ des 1 500 $ convenus. Le 10 avril, il a payé le solde dû en même temps que le loyer du mois d'avril;

c) Un inventaire a révélé que le coût des fournitures de bureau inutilisées est de 650 $;

d) La prime mensuelle de 480 $ de l'assurance collective payée par l'employeur pour le mois de mars a été acquittée le 12 avril;

e) L'an passé, l'entreprise a emprunté à une institution financière la somme de 471 100 $ au taux d'intérêt annuel de 9 %. Les intérêts sur cet effet à payer sont payables trimestriellement à raison de 10 600 $ le 15 des mois de janvier, avril, juillet et octobre;

f) L'analyse des contrats montre qu'une somme de 4 300 $ des 7 800 $ reçus d'avance n'est pas encore gagnée le 31 mars 1997;

g) L'entreprise a un effet à recevoir de 17 500 $ sur lequel les intérêts gagnés et à recevoir s'élèvent à 50 $ le 31 mars. Le 22 avril, l'entreprise a encaissé un montant de 17 625 $ pour couvrir les intérêts à cette date et le paiement de l'effet à recevoir;

h) Le 31 mars 1997, l'entreprise avait rendu à un client des services pour un montant de 20 000 $ qui n'était pas encore facturé. Le 24 avril 1997, l'entreprise a reçu 23 500 $ de ce client, en règlement des services rendus en mars et de ceux rendus au début d'avril.

Travail à faire

1. Passez les écritures de régularisation.

2. Passez les écritures de clôture.

3. Passez les écritures de contrepassation.

4. Passez les écritures dans le journal général pour comptabiliser les opérations d'encaissement et de décaissement d'avril 1997 décrites ci-dessus.

Arthur Jean a fondé le 7 janvier 1995 une entreprise dans laquelle il a investi 70 000 $. L'entreprise a subi une perte de 7 000 $ pendant l'exercice de 1995 alors qu'elle a réalisé un bénéfice de 24 500 $ pendant l'exercice de 1996. Le 5 janvier 1997, le propriétaire a décidé qu'en date du 10 janvier, il prélèverait un montant de 14 000 $ dans son entreprise.

Problème 4-5A
Les écritures de clôture
(Objectif 2)

Travail à faire

1. Passez les écritures pour comptabiliser l'investissement fait par le propriétaire, et fermez le compte Sommaire des résultats à la fin de l'exercice de 1995 et de l'exercice de 1996.

2. Passez l'écriture dans le journal général pour comptabiliser le prélèvement du 10 janvier 1997.

Jeanne Roussel, qui a lancé l'entreprise Jeanne Roussel, consultante enr. le 1er juin 1996, a effectué les opérations suivantes au cours du mois de juin:

Problème 4-6A
Toutes les étapes du cycle comptable (deux mois d'exploitation)
(Objectifs 1, 2, 3, 4)

Juin 3 Investissement de 40 000 $ comptant ainsi que d'une automobile d'une juste valeur de 16 000 $.

3 Paiement d'un mois de loyer: 900 $.

4 Achat au comptant de fournitures de bureau: 750 $.

7 Encaissement pour des consultations rendues au comptant: 3 200 $.

14 Paiement de la prime d'assurance pour une police d'une durée d'un an: 840 $.

14 Paiement à la secrétaire du salaire des deux premières semaines de juin: 700 $.

16 Encaissement pour des consultations rendues au comptant: 1 800 $.

28 Paiement à la secrétaire du salaire des deux dernières semaines de juin: 700 $.

30 Paiement de la facture de téléphone du mois de juin: 240 $.

30 Paiement de l'essence et de l'huile utilisées pour l'automobile pendant le mois de juin: 80 $.

Travail à faire en juin

1. Ouvrez les comptes du grand livre suivants: Encaisse, Fournitures de bureau non utilisées, Assurances payées d'avance, Automobile, Amortissement cumulé – Automobile, Salaires à payer, Jeanne Roussel – Capital, Jeanne Roussel – Prélèvements, Honoraires gagnés, Amortissement – Automobile, Salaires, Assurances, Loyers, Fournitures de bureau utilisées, Essence, huile et réparations, Téléphone, Sommaire des résultats.

2. Passez les écritures dans le journal général pour comptabiliser les opérations précédentes et reportez les montants dans le grand livre.

3. Dressez un chiffrier, reportez le solde des comptes du grand livre à la section Balance de vérification non régularisée et complétez-le en tenant compte des informations suivantes:

   a) Comptabilisation de la charge d'assurance pour la moitié du mois;

   b) Fournitures de bureau inutilisées le 30 juin: 670 $;

   c) Amortissement de l'automobile: 200 $;

   d) Salaires à payer à la secrétaire: 70 $.

4. Passez dans le journal général les écritures de régularisation et reportez les montants dans le grand livre.

5. Dressez l'état des résultats et l'état de l'avoir du propriétaire pour le mois de juin, et le bilan au 30 juin 1996.

6. Passez dans le journal général les écritures de clôture et reportez les montants dans le grand livre.

Note: En pratique, les écritures de clôture ne sont effectuées qu'une fois par année, à la fin de l'exercice.

7. Dressez la balance de vérification après clôture.

L'entreprise a effectué les opérations suivantes pendant le mois de juillet:

Juillet 1er Paiement du loyer de juillet: 900 $.

   3 Achat au comptant de fournitures de bureau: 30 $.

   12 Paiement à la secrétaire du salaire des deux premières semaines de juillet: 700 $.

   15 Prélèvement par la propriétaire pour des dépenses personnelles: 2 000 $.

   18 Encaissement pour des consultations rendues au comptant: 2 400 $.

   26 Paiement à la secrétaire du salaire des deux dernières semaines de juillet: 700 $.

   31 Paiement de l'essence et de l'huile utilisées pour l'automobile pendant le mois de juillet: 100 $.

   31 Paiement de la facture de téléphone du mois de juillet: 170 $.

Travail à faire en juillet

1. Passez les écritures dans le journal général pour inscrire les opérations ci-dessus et reportez les montants dans le grand livre.

2. Dressez un chiffrier, reportez le solde des comptes du grand livre à la section Balance de vérification non régularisée et complétez-le en tenant compte des informations suivantes:

   a) Comptabilisation de la charge d'assurance pour le mois;

   b) Fournitures de bureau inutilisées le 31 juillet: 610 $;

   c) Amortissement de l'automobile: 200 $;

   d) Salaires à payer à la secrétaire: 210 $.

3. Passez dans le journal général les écritures de régularisation et reportez les montants dans le grand livre.

4. Dressez l'état des résultats et l'état de l'avoir du propriétaire pour le mois de juillet, et le bilan au 31 juillet 1996.

5. Passez dans le journal général les écritures de clôture et reportez les montants dans le grand livre.

6. Dressez la balance de vérification après clôture.

Note: En pratique, les écritures de clôture ne sont effectuées qu'une fois par année, à la fin de l'exercice.

Reprenez les informations qui vous sont données au problème 4-2A et supposez maintenant que les erreurs décrites ci-dessous ont été commises lors de la préparation du chiffrier :

Problème 4-7A
Essai analytique
(Objectif 1)

1. Lors de la régularisation du solde du compte Assurances payées d'avance, un montant de 1 100 $ a été débité au compte Assurances alors que le crédit a été inscrit au compte Assurances payées d'avance;

2. La régularisation de la charge de loyer a été faite en portant un montant de 440 $ au débit du compte Loyers et un même montant au crédit du compte Honoraires gagnés;

3. La régularisation concernant les taxes et les licences à payer a été omise;

4. On a reporté le montant de la charge d'électricité de la section Balance de vérification régularisée dans la colonne débit de la section État de l'avoir du propriétaire et bilan.

Travail à faire

Décrivez les conséquences de chacune de ces erreurs sur les montants et les comptes du chiffrier qui seront affectés.

Le 31 décembre 1996, les entreprises Legros enr. et Lepetit enr. avaient toutes les deux des intérêts à payer de 8 500 $ et des honoraires à recevoir de 4 600 $. Elles ont toutes les deux passé les écritures de régularisation afin d'inscrire ces montants en fin d'exercice. Cependant, seule l'entreprise Lepetit enr. utilise les écritures de contrepassation qui ont été inscrites dans le journal général le 1er janvier 1997. Le 1er mars 1997, ces deux entreprises ont déboursé chacune une somme de 27 000 $ afin de régler les intérêts dus à cette date, y compris les intérêts à payer le 31 décembre 1996. De plus, le 30 janvier, chacune des deux entreprises a encaissé 52 600 $ qui couvraient les services rendus en janvier ainsi que ceux qui étaient à recevoir à la fin de décembre.

[A] **Problème 4-8A**
Essai analytique

Travail à faire

Décrivez ce qui différenciera les écritures qui devront être passées dans les livres comptables de Legros enr. et de Lepetit enr. pour inscrire le paiement des intérêts le 1er mars et l'encaissement des honoraires le 30 janvier. Dites ce qui explique ces différences et décrivez les conséquences que peuvent avoir ces deux façons de faire sur les données apparaissant dans les états financiers.

Problème à épisodes

Les Ordinateurs révolutionnaires enr.

(N'exigez pas ce problème si les feuilles de travail qui accompagnent ce volume ne sont pas utilisées. Ce problème a débuté au chapitre 2, s'est continué au chapitre 3 et se terminera au chapitre 5. Si vous ne l'avez pas effectué aux chapitres 2 et 3, vous pouvez toujours le commencer ici, à condition de prendre connaissance des données concernant ce problème aux chapitres 2 et 3. Voir pages 135 et 195.)

L'entreprise Les Ordinateurs révolutionnaires enr. a été en activité au cours des trois derniers mois de l'année 1996. Le propriétaire de l'entreprise désire maintenant préparer ses livres comptables afin de pouvoir commencer l'inscription des opérations du nouvel exercice. Toutes les opérations survenues au cours des mois d'octobre, novembre et décembre ont été inscrites dans les livres comptables de l'entreprise. Le 31 décembre, les comptes ont été régularisés et les montants reportés au grand livre. (Voir les données concernant les opérations et les écritures de régularisation au chapitre 2, page 135, et au chapitre 3, page 195.) De plus, les états financiers au 31 décembre 1996 ont été établis.

Travail à faire

1. Ouvrez le compte Sommaire des résultats portant le numéro 901.

2. Terminez le cycle comptable en préparant les écritures de clôture, inscrivez-les dans le journal général et reportez-les dans le grand livre.

3. Dressez la balance de vérification après clôture.

Cas

Cas 4-1
Brideau enr.

Gérard Brideau poursuit l'exploitation de l'entreprise Brideau enr. héritée de son père. Gérard s'imagine qu'il n'y a aucun problème aussi longtemps que l'encaisse augmente. Il est satisfait des résultats de l'exercice étant donné que le solde de l'encaisse a augmenté de 3 700 $ à 24 780 $ au cours de l'exercice. Puisqu'il a prélevé 25 000 $ pour payer des dépenses personnelles, il conclut que l'entreprise a réalisé un bénéfice net de 46 080 $ (24 780 $ − 3 700 $ + 25 000 $). Gérard, surpris d'apprendre que, selon l'état des résultats fourni ci-dessous, son entreprise avait seulement réalisé un bénéfice de 26 410 $, vous demande de lui expliquer comment l'encaisse a pu augmenter de 21 080 $ malgré un prélèvement de 25 000 $, si le bénéfice net n'a été que de 26 410 $. En examinant les comptes de l'entreprise, vous remarquez que le solde du compte Salaires à payer au début de l'exercice était de 235 $ alors qu'il était de 475 $ à la fin de l'exercice. Les impôts fonciers à payer au début de l'exercice étaient de 860 $ alors qu'ils étaient de 950 $ à la fin de l'exercice. Le solde des fournitures de bureau non utilisées a diminué de 370 $ au cours de l'exercice alors que celui du compte Assurances payées d'avance a augmenté de 180 $. Il n'y a eu aucun autre changement dans les soldes des comptes de l'actif et du passif durant l'exercice, sauf les changements survenus dans les comptes Encaisse et Amortissement cumulé.

BRIDEAU ENR.
État des résultats
pour l'exercice terminé le 31 décembre 1996

Produits d'exploitation:		
Services de nettoyage rendus		73 750 $
Charges d'exploitation:		
Amortissement – Bâtiment.	5 750	
Amortissement – Camion.	6 000	
Amortissement – Matériel de nettoyage.	7 400	
Salaires	12 100	
Assurances	1 310	
Fournitures de nettoyage utilisées	6 040	
Essence, huile et réparations	1 745	
Impôts fonciers	4 235	
Électricité	2 760	
Total des charges d'exploitation		47 340
Bénéfice net		26 410 $

Travail à faire

Expliquez l'augmentation de l'encaisse en fournissant vos calculs à l'appui.

Cas 4-2
David Chiasson, avocat
(Objectif 2)

La secrétaire de l'avocat David Chiasson, qui s'occupe aussi de la comptabilité, est dans un état comateux à l'hôpital à la suite d'un accident. L'avocat Chiasson sait qu'elle a préparé un chiffrier, un état des résultats et un bilan, mais ne peut retrouver ni le chiffrier ni le bilan. Il a toutefois retrouvé la balance de vérification non régularisée et l'état des résultats. Il vous demande d'établir les écritures de régularisation et de clôture ainsi qu'un bilan ordonné en vous basant sur ces deux documents.

Vous apprenez que la Banque Nationale a retenu les services de l'avocat Chiasson le 1er novembre moyennant une rémunération forfaitaire de 1 250 $ par mois. Les honoraires reçus pour quatre mois ont été comptabilisés dans le compte Honoraires reçus d'avance. M. Chiasson vous informe qu'il a également signé une entente le 1er décembre avec l'agence Immeubles LaVallée enr., qui prévoit des honoraires mensuels de 750 $ payables à la fin de chaque trimestre et pour laquelle aucun honoraire n'a été comptabilisé. Finalement, il vous mentionne qu'il n'a fait aucun investissement additionnel dans son entreprise au cours de l'exercice. La balance de vérification non régularisée et l'état des résultats dressés par la secrétaire sont reproduits ci-dessous:

DAVID CHIASSON, AVOCAT
Balance de vérification non régularisée
au 31 décembre 1996

	Débit	Crédit
Encaisse	8 320 $	
Honoraires à recevoir	3 500	
Fournitures de bureau non utilisées	300	
Assurances payées d'avance	4 450	
Matériel de bureau	27 900	
Fournisseurs		1 810 $
Effets à payer à court terme		6 000
Honoraires reçus d'avance		5 000
David Chiasson – Capital		19 220
David Chiasson – Prélèvements	38 000	
Honoraires gagnés		83 400
Salaires	22 400	
Loyers	9 000	
Téléphone	1 560	
Total	115 430 $	115 430 $

DAVID CHIASSON, AVOCAT
État des résultats
pour l'exercice terminé le 31 décembre 1996

Produits d'exploitation:		
Honoraires gagnés		86 650 $
Charges d'exploitation:		
Amortissement – Matériel de bureau . . .	2 790	
Salaires	22 560	
Intérêts débiteurs	720	
Assurances	3 900	
Loyers	9 000	
Fournitures de bureau utilisées	200	
Téléphone	1 560	
Total des charges d'exploitation		40 730
Bénéfice net		45 920 $

Travail à faire

Passez les écritures de régularisation et de clôture. Dressez l'état de l'avoir du propriétaire pour l'exercice se terminant le 31 décembre 1996 et le bilan ordonné à cette date.

Cas 4-3
Hamel enr.
(Objectif 1)

Le bilan de l'entreprise Hamel enr. au 31 décembre 1996 est le suivant:

HAMEL ENR.
Bilan
au 31 décembre 1996

Actif

Actif à court terme:			
Encaisse.		4 845 $	
Fournitures de bureau non utilisées		530	
Assurances payées d'avance.		670	
Total de l'actif à court terme			6 045
Immobilisations corporelles:			
Matériel de bureau	24 500		
Moins: Amortissement cumulé.	14 700	9 800	
Automobile	52 700		
Moins: Amortissement cumulé.	29 860	22 840	
Total des immobilisations corporelles			32 640
Total de l'actif			38 685 $

Passif

Passif à court terme:		
Fournisseurs:.	1 090 $	
Salaires à payer	335	
Honoraires de gestion reçus d'avance.	500	
Total du passif		1 925

Avoir de la propriétaire

Monique Hamel – Capital au 31 décembre 1996	36 760
Total du passif et de l'avoir de la propriétaire	38 685 $

Après avoir dressé le bilan, le comptable a passé les écritures de régularisation et de clôture suivantes et a reporté les montants dans le grand livre:

Déc.	31	Assurances..		1 100	
		Assurances payées d'avance			1 100
	31	Fournitures de bureau utilisées		740	
		Fournitures de bureau non utilisées................			740
	31	Amortissement – Matériel de bureau		5 400	
		Amortissement cumulé – Matériel de bureau			5 400
	31	Amortissement – Automobile		5 880	
		Amortissement cumulé – Automobile..............			5 880
	31	Honoraires de gestion reçus d'avance...............		1 000	
		Honoraires de gestion gagnés			1 000
	31	Salaires		335	
		Salaires à payer			335
	31	Commissions gagnées...........................		58 850	
		Honoraires de gestion gagnés		7 200	
		Sommaire des résultats			66 050
	31	Sommaires des résultats		37 720	
		Salaires			15 000
		Loyers			7 500
		Téléphone			830
		Essence, huile et réparations			1 270
		Assurances....................................			1 100
		Fournitures de bureau utilisées			740
		Amortissement – Matériel de bureau			5 400
		Amortissement – Automobile			5 880
	31	Sommaire des résultats		28 330	
		Monique Hamel – Capital			28 330
	31	Monique Hamel – Capital........................		24 000	
		Monique Hamel – Prélèvements			24 000

Travail à faire

Reconstituez à rebours le chiffrier de Hamel enr. au 31 décembre 1996 en vous servant des informations du bilan, des écritures de régularisation et des écritures de clôture.

Consultez les états financiers de Les Industries C-MAC Inc. ainsi que les notes complémentaires que vous trouverez à l'annexe I et supposez qu'il existe un compte de grand livre pour chacun des postes apparaissant aux états financiers de Les Industries C-MAC Inc. Préparez à partir de ces données la balance de vérification après clôture au 31 décembre 1994 et inscrivez les montants en milliers de dollars.

Cas 4-4
Les Industries C-MAC Inc.
(Objectif 3)

C-MAC

Problèmes d'analyse et de révision

**Problème 4-1
AR**

Le chiffrier incomplet de l'entreprise Daigle enr. pour l'exercice se terminant le 31 décembre 1996 apparaît ci-dessous:

DAIGLE ENR.
Chiffrier pour l'exercice terminé le 31 décembre 1996

Compte	Balance de vérification Débit	Balance de vérification Crédit	Régularisation Débit	Régularisation Crédit	Balance de vérification régularisée Débit	Balance de vérification régularisée Crédit	État des résultats Débit	État des résultats Crédit	État de l'avoir du propriétaire et bilan Débit	État de l'avoir du propriétaire et bilan Crédit
Encaisse	10 650									
Clients	5 200				6 000					
Fournitures non utilisées	1 400								200	
Assurances payées d'avance	2 400									
Loyers payés d'avance	1 200									
Camions					40 000					
Fournisseurs		3 130				3 130				
Revenus de livraison reçus d'avance		4 500								2 000
Sylvie Daigle – Capital		50 000								
Sylvie Daigle – Prélèvements	3 000									
Revenus de livraison		10 700								
Publicité	50									
Essence et huile	680									
Salaires	3 600									
Électricité	150									
	68 330	68 330								
Assurances							800			
Loyers					600					
Fournitures utilisées										
Amortissement – Camions										
Amortissement cumulé – Camions										1 000
Salaires à payer										300
Bénéfice net										

Travail à faire

1. Complétez le chiffrier.

2. Passez les écritures de régularisation et de clôture (sans les explications).

Philippe Laurin, ingénieur, comptabilise ses opérations selon la méthode de la comptabilité de caisse. La balance de vérification à la fin de sa première année d'exploitation est la suivante:

Problème 4-2 AR

PHILIPPE LAURIN, INGÉNIEUR
Balance de vérification
au 31 décembre 1996

Encaisse	3 600 $	
Matériel de bureau	28 000	
Philippe Laurin – Capital		11 000 $
Honoraires professionnels gagnés		108 000
Salaires	31 000	
Téléphone	1 000	
Assurances	3 000	
Fournitures de bureau utilisées	800	
Philippe Laurin – Prélèvements	51 600	
Total	119 000 $	119 000 $

Informations additionnelles

a) Un inventaire a révélé que le coût des fournitures de bureau inutilisées est de 500 $.

b) Le matériel de bureau a une vie utile de 10 ans et sa valeur résiduelle sera nulle.

c) Un montant de 4 000 $ d'honoraires gagnés doit être reçu après le 31 décembre 1996.

d) La facture de téléphone du mois de décembre a été payée en janvier 1997: 150 $.

e) Une facture de publicité du mois de décembre 1996 n'est pas encore payée: 800 $.

f) En décembre, un client a payé d'avance des services qui seront rendus en janvier 1997: 2 000 $.

Travail à faire

1. Passez les écritures de régularisation de façon à assurer le passage de la comptabilité de caisse à la comptabilité d'exercice.

2. Dressez la balance de vérification après régularisation.

3. Répondez aux questions suivantes:

   a) Quel effet a eu sur le bénéfice net le passage de la comptabilité de caisse à la comptabilité d'exercice?

   b) Quelle méthode reflète le mieux la réalité de la situation financière de Philippe Laurin, ingénieur? Pourquoi?

   c) Quelles sont les similitudes et les différences entre les écritures de régularisation lorsqu'il faut convertir les comptes de la méthode de comptabilité de caisse à la méthode de comptabilité d'exercice, et les écritures de régularisation lorsque la méthode de comptabilité d'exercice est déjà utilisée?

Problème récapitulatif

**Déménagement
Satellite enr.**
(Révision des
chapitres 1 à 4)

La balance de vérification non régularisée au 30 novembre 1996 de Déménagement Satellite enr., propriété de Jean-Claude Dion, est reproduite ci-dessous. Les comptes de résultats reflètent les opérations des 11 premiers mois de l'exercice de 1996. Le compte Jean-Claude Dion – Capital n'a pas changé depuis le 1er janvier 1996.

DÉMÉNAGEMENT SATELLITE ENR.
Balance de vérification
au 30 novembre 1996

	Compte N°	Débit	Crédit
Encaisse.	101	51 610 $	
Fournitures de bureau non utilisées.	124	450	
Fournitures de déménagement non utilisées	126	8 700	
Assurances payées d'avance	128	7 475	
Camions.	153	350 000	
Amortissement cumulé – Camions	154		200 000 $
Bâtiments.	173	185 000	
Amortissement cumulé – Bâtiments	174		29 120
Fournisseurs.	201		2 350
Intérêts à payer.	203		0
Salaires à payer	210		0
Services d'entreposage reçus d'avance	233		700
Effets à payer.	251		245 000
Jean-Claude Dion – Capital.	301		42 205
Jean-Claude Dion – Prélèvements.	302	26 500	
Services de déménagement rendus	401		179 600
Services d'entreposage rendus.	402		26 750
Amortissement – Bâtiments.	606	0	
Amortissement – Camions.	611	0	
Salaires des déménageurs	623	41 700	
Intérêts débiteurs	633	0	
Assurances.	637	0	
Fournitures de bureau utilisées	650	0	
Fournitures de déménagement utilisées.	652	0	
Publicité.	655	5 900	
Essence, huile et réparations	669	31 510	
Salaires des employées de bureau	672	16 880	
Sommaire des résultats	901		0
Total		725 725 $	725 725 $

Les opérations suivantes ont été effectuées durant le mois de décembre 1996:

Déc.   2   Encaissement de services d'entreposage reçus d'avance: 180 $.

  5   Paiement de comptes fournisseurs du 30 novembre: 720 $.

  6   Paiement d'avance d'une police d'assurance: 8 100 $.

  7   Dépôt à la banque de sommes reçues contre des services de déménagement réalisés au cours de la première semaine du mois: 8 700 $.

  10   Achat à crédit de fournitures de déménagement: 1 560 $.

  12   Achat d'un camion additionnel: 56 000 $ (6 000 $ comptant et le solde, 50 000 $, réglé au moyen d'un effet à payer à long terme).

14 Paiement aux déménageurs des salaires de la période du 1er au 14 décembre: 2 700 $.

17 Achat à crédit de fournitures de bureau: 130 $.

21 Dépôt à la banque de sommes reçues pour des services de déménagement: 6 260 $, et des services d'entreposage réalisés: 1 600 $.

24 Paiement de la réparation d'un camion: 860 $.

28 Paiement aux déménageurs des salaires de la période du 15 au 28 décembre: 2 850 $.

30 Paiement d'une annonce parue dans le journal en décembre: 900 $.

31 Dépôt à la banque de sommes reçues pour des services de déménagement: 4 700 $, et des services d'entreposage: 800 $.

Travail à faire

1. Dressez les comptes du grand livre à partir de la balance de vérification au 30 novembre et inscrivez-y le solde des comptes au 30 novembre.

2. Passez dans le journal général les écritures pour inscrire les opérations du mois de décembre 1996 et reportez-les dans le grand livre.

3. Établissez un chiffrier, inscrivez la balance de vérification au 31 décembre 1996 et complétez celui-ci en tenant compte des informations suivantes:

   a) Salaires à payer le 31 décembre 1996: 610 $;

   b) Coût des fournitures de bureau inutilisées le 31 décembre 1996: 180 $;

   c) Coût des fournitures de déménagement inutilisées le 31 décembre 1996: 4 530 $;

   d) Partie non absorbée des assurances payées d'avance: 9 475 $;

   e) Amortissement de trois camions pour l'exercice: 50 350 $;

   f) Amortissement du bâtiment pour l'exercice: 7 400 $;

   g) Services d'entreposage non rendus le 31 décembre 1996: 650 $;

   h) Prélèvement effectué par M. Dion le 30 décembre pour son usage personnel, non comptabilisé: 1 600 $;

   i) Intérêts à payer au 31 décembre 1996: 24 700 $.

4. Passez dans le journal général les écritures de régularisation et reportez les montants dans le grand livre.

5. Dressez l'état des résultats et l'état de l'avoir du propriétaire pour l'exercice se terminant le 31 décembre 1996 et le bilan ordonné à cette date.

6. Passez dans le journal général les écritures de clôture et reportez les montants dans le grand livre.

7. Dressez la balance de vérification après clôture.

Objectif 1 (*c*)	**Objectif 3** (*e*)	**Objectif 5** (*c*)	**Réponses aux questions de révision en regard des objectifs d'apprentissage**
Objectif 2 (*d*)	**Objectif 4** (*d*)	**Objectif 6** (*d*)	

La comptabilité
des entreprises commerciales

Les exemples utilisés dans les chapitres précédents étaient reliés aux entreprises de services comme les cabinets d'avocats, les cabinets d'experts-comptables, les agences immobilières, etc. Dans ce chapitre, nous aborderons les aspects particuliers de la comptabilité des entreprises commerciales qui achètent ou fabriquent des marchandises qu'elles revendent à leurs clients. Notre étude portera plus particulièrement sur la façon de comptabiliser les marchandises achetées par les entreprises commerciales à des fins de revente. Nous déterminerons les différents éléments qui composent le coût des marchandises vendues et les processus de fin d'exercice de ces entreprises. Nous aborderons aussi les notions relatives à l'application de la taxe sur les produits et services (TPS) et de la taxe de vente du Québec (TVQ).

Objectifs d'apprentissage

Après l'étude du chapitre 5, vous devriez être en mesure:

1. d'expliquer l'application et la comptabilisation de la taxe sur les produits et services et de la taxe de vente du Québec;

2. de comptabiliser les opérations relatives à l'achat et à la revente de marchandises;

3. d'expliquer la nature de chacun des éléments composant le coût des marchandises vendues et de le calculer ainsi que la marge bénéficiaire brute;

4. d'établir le chiffrier et de dresser les états financiers d'une entreprise commerciale lorsque celle-ci utilise la méthode de l'inventaire périodique;

5. d'effectuer les écritures de régularisation et de clôture d'une entreprise commerciale;

6. de définir et d'expliquer les termes et les expressions de la section Terminologie comptable.

Après l'étude de l'annexe 5-A, vous devriez être en mesure:

7. d'expliquer les écritures de régularisation relatives à la comptabilisation du stock et d'établir le chiffrier ainsi que les écritures de régularisation et de clôture s'y rapportant.

La taxe sur les produits et services (TPS) et la taxe de vente du Québec (TVQ)

Objectif 1 Expliquer l'application et la comptabilisation de la taxe sur les produits et services et de la taxe de vente du Québec.

L'application

Depuis le 1er janvier 1991, la taxe sur les produits et services (TPS) remplace la taxe de vente fédérale qui était prélevée par les entreprises de fabrication et certains distributeurs sur les produits qu'ils vendaient. Contrairement à cette dernière, la TPS s'applique aussi aux services, et elle est prélevée tout au long du processus de production et de commercialisation du bien ou du service. Le 1er juillet 1992 et le 1er août 1995, le gouvernement du Québec a pour sa part modifié sa taxe de vente (TVQ) pour permettre son harmonisation presque complète avec la TPS.

L'entrée en vigueur de ces nouvelles taxes a des répercussions importantes sur toutes les entreprises puisqu'elle modifie le traitement comptable des taxes de vente auquel elles étaient habituées. Ces taxes sont prélevées à chacune des étapes de la production et de la distribution, c'est-à-dire chaque fois qu'une activité contribue à augmenter la valeur d'un bien ou d'un service. En d'autres termes, de la première transformation d'une matière brute ou du début d'un service à sa vente finale, chaque augmentation de valeur est assujettie à la TPS et à la TVQ. Ainsi, toute personne ou entreprise doit payer la TPS et la TVQ sur les biens et les services qu'elle achète, à l'exclusion des exceptions prévues par la loi.

L'assujettissement légal au paiement de ces taxes incombe à l'acheteur et le vendeur agit comme percepteur pour le compte de l'État. En d'autres mots, les entreprises exerçant des activités commerciales au Québec doivent facturer la TPS et la TVQ sur la vente de biens et de services taxables et payer la TPS et la TVQ sur les achats effectués. Cependant, les entreprises inscrites pourront recouvrer la TPS et la TVQ qu'elles auront payées sur les produits et services qu'elles achètent dans le cadre de leurs activités commerciales. Il y a quelques exceptions à l'obligation de s'inscrire aux fins de la TPS et de la TVQ comme l'illustre la figure 5-1 de la page suivante.

Aux dates prévues par la loi, les entreprises doivent produire une déclaration relative aux montants de la TPS et de la TVQ qu'elles ont perçus sur les ventes faites à des clients et qu'elles ont dû payer sur leurs achats. Habituellement, le montant des taxes payées par les clients est supérieur à celui des taxes que l'entreprise a eu à payer sur ses achats; cette différence doit être remise aux gouvernements. Dans le cas contraire, l'entreprise aura droit à un remboursement de la part des gouvernements. Ces situations sont illustrées à la figure 5-2.

Comme nous le mentionnions précédemment, la plupart des produits et services vendus sont assujettis à la TPS et à la TVQ. Le régime de la TPS classe les biens et les services en trois catégories: les biens et les services taxés, ce qui correspond à la majorité des biens et services; les biens et les services détaxés; et enfin les biens et les services exonérés. Seuls les biens et les services taxés sont touchés par la TPS et l'entreprise qui les vend aura droit au **crédit de taxe sur les intrants**, c'est-à-dire au remboursement de la TPS qu'elle a payée sur ses achats. L'entreprise qui vend des biens et services qui font partie des fournitures détaxées, dont quelques exemples sont donnés plus loin, n'aura à percevoir aucune TPS sur ces biens puisqu'ils sont taxés à un «taux nul». Cependant, même si elle ne perçoit pas de TPS, elle a quand même droit au crédit de taxe sur les intrants.

FIGURE 5-1 *L'inscription à la TPS et à la TVQ*

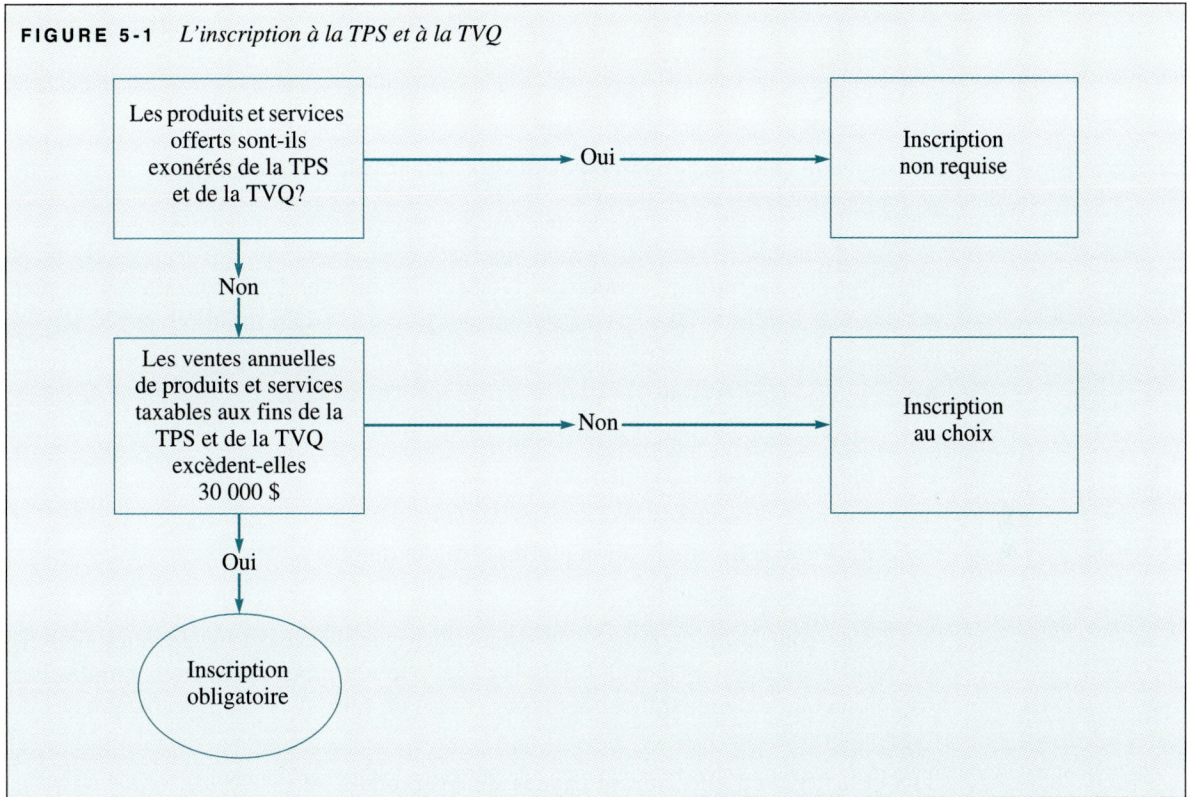

Les produits et services offerts sont-ils exonérés de la TPS et de la TVQ?

→ Oui → Inscription non requise

↓ Non

Les ventes annuelles de produits et services taxables aux fins de la TPS et de la TVQ excèdent-elles 30 000 $

→ Non → Inscription au choix

↓ Oui

Inscription obligatoire

FIGURE 5-2 *Le remboursement de la TPS et de la TVQ*

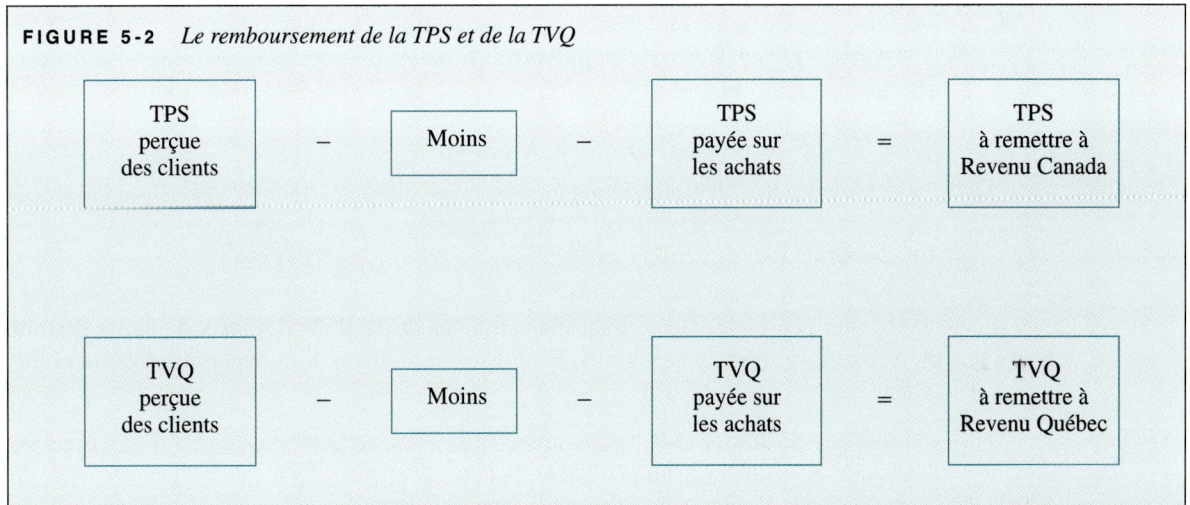

| TPS perçue des clients | − | Moins | − | TPS payée sur les achats | = | TPS à remettre à Revenu Canada |

| TVQ perçue des clients | − | Moins | − | TVQ payée sur les achats | = | TVQ à remettre à Revenu Québec |

Biens et services détaxés:

■ Les produits et services exportés;

■ La plupart des produits agricoles et des produits de la pêche;

■ Les produits alimentaires de base;

■ Les médicaments et appareils médicaux vendus sur ordonnance;

■ Le bétail.

Enfin, aucune taxe n'est perçue sur les biens et services qui font partie de la catégorie des fournitures exonérées. L'entreprise qui vend ces fournitures ne peut réclamer de crédit de taxe sur les intrants au titre de la TPS qu'elle a payée sur ses achats.

Biens et services exonérés:

■ La plupart des services d'enseignement;

■ La plupart des services financiers;

■ Les services de santé et les services dentaires;

■ La location de logement à long terme (résidentiel);

■ Les services de garderie.

Ce ne sont là que quelques exemples d'exceptions que l'on retrouve dans la loi. Nous n'entrons pas dans les détails parce que notre but est de vous familiariser avec la façon de comptabiliser les taxes et non de faire de vous des spécialistes de l'application de ces taxes.

Les taux

Le taux d'imputation de la taxe de vente provinciale est de 6,5 % sur les biens et les services. Ce taux s'applique au coût incluant le montant de la TPS de 7 %. L'exemple suivant illustre l'application de ces taxes à des fournitures de bureau achetées au coût de 100 $:

Achat de fournitures de bureau	100,00 $
TPS 7 % (100 $ × 7 %)	7,00
TVQ 6,5 % (107 $ × 6,5 %).	6,96
Montant que le client devra payer.	113,96 $

L'effet combiné de ces deux taxes majore de 13,955 % le prix de vente de tout bien et service qui y est assujetti. Seules les assurances font exception à cette règle. Ainsi:

– L'assurance-automobile est exonérée de la TPS; au Québec, elle est assujettie à la taxe de 5 % sur les primes d'assurance;

– L'assurance générale est aussi exonérée de la TPS mais, par contre, au Québec elle est assujettie à une taxe de 9 % sur les primes d'assurance;

– Finalement, l'assurance-vie est exonérée de la TPS et détaxée de la TVQ.

Les modalités de versement

À la suite d'une entente conclue entre le gouvernement du Québec et le gouvernement du Canada, le ministère du Revenu du Québec est responsable, depuis le

1er juillet 1992, de l'administration de la TPS au Québec. Cela signifie que depuis cette date, les entreprises du Québec responsables de percevoir la TPS et la TVQ doivent faire parvenir les taxes perçues au ministère du Revenu du Québec. La loi prévoit des périodes de déclaration différentes selon le chiffre d'affaires de chaque entreprise. Celles dont le chiffre d'affaires tiré de la vente de produits et de services taxables au cours de l'exercice excède 6 000 000 $ doivent remplir des déclarations mensuelles; celles dont le chiffre d'affaires se situe entre 500 001 $ et 6 000 000 $ peuvent s'en tenir à des déclarations trimestrielles et celles dont le chiffre d'affaires est inférieur à 500 000 $, à des déclarations annuelles. Chaque entreprise doit produire la déclaration des taxes perçues et la faire parvenir au ministère avec son paiement au plus tard le dernier jour du mois suivant la fin de la période couverte par la déclaration. Les entreprises qui ont la possibilité de choisir la période de déclaration annuelle doivent verser des acomptes provisionnels trimestriels si le montant de la taxe nette qu'elles devront payer pour la dernière période de déclaration excède 1500 $.

La comptabilisation de la TPS et de la TVQ

Le tableau 5-1 fournit des informations sur l'application de la TPS et de la TVQ tout le long de la chaîne de production et de distribution du bois, du bûcheron qui coupe l'arbre au consommateur qui achète le meuble.

Voici, en rapport avec ce tableau, les écritures de journal général nécessaires à la comptabilisation des opérations effectuées par le détaillant:

Févr.	1er	**Achat du mobilier pour la revente** Achats*	425,00	
		TPS à recouvrer	29,75	
		TVQ à recouvrer	29,56	
		Encaisse		484,31
		Pour inscrire l'achat au comptant d'un mobilier auprès *du grossiste.* *TPS 425,00 $ × 7 %: 29,75 $* *TVQ 425,00 $ + 29,75 $ = 454,75 $ × 6,5 % = 29,56 $*		
Févr.	2	**Achat de fournitures de magasin** Fournitures de magasin non utilisées	70,00	
		TPS à recouvrer	4,90	
		TVQ à recouvrer	4,87	
		Encaisse		79,77
		Pour inscrire les fournitures de magasin achetées *au comptant.* *TPS 70,00 $ × 7 % = 4,90 $* *TVQ 70,00 $ + 4,90 $ = 74,90 $ × 6,5 % = 4,87 $*		

* Le compte Achats est utilisé pour comptabiliser les marchandises achetées pour fins de revente.

TABLEAU 5-1 *L'application des taxes*

Chaîne de production et de distribution	Achats	Taxes à l'achat		Taxes remboursées	
		TPS	**TVQ**	**TPS**	**TVQ**
Bûcheron					
– Autres achats de biens	75,00 $	5,25 $	5,22 $	5,25 $	5,22 $
Scierie					
– Achats de matières premières (bois)	100,00	7,00	6,96	7,00	6,96
– Autres achats de biens	50,00	3,50	3,48	3,50	3,48
Fabricant					
– Achats de matières premières (planches)	200,00	14,00	13,91	14,00	13,91
– Autres achats de biens	50,00	3,50	3,48	3,50	3,48
Grossiste					
– Achat du mobilier	350,00	24,50	24,34	24,50	24,34
– Autres achats de biens	50,00	3,50	3,48	3,50	3,48
Détaillant					
– Achat du mobilier	425,00	29,75	29,56	29,75	29,56
– Autres achats de biens	70,00	4,90	4,87	4,90	4,87
Consommateur	550,00 $	38,50	38,25	—	—
Taxe totale facturée		134,40	133,55		
Taxe totale remboursée		(95,90)	(95,30)	95,90 $	95,30 $
Taxe payée par le consommateur		38,50 $	38,25 $		

La première écriture permet d'inscrire dans le journal général l'achat du mobilier par le détaillant. La facture qu'il a reçue du grossiste pour cet achat comprend le coût du mobilier auquel se sont ajoutés 7 % de TPS et 6,5 % de TVQ; il doit donc payer au fournisseur une somme de 484,31 $ (425,00 $ + 29,75 $ de TPS + 29,56 $ de TVQ). Vous remarquerez que les 29,75 $ de TPS et les 29,56 $ de TVQ payés lors de cet achat sont comptabilisés, respectivement, au débit du compte TPS à recouvrer et du compte TVQ à recouvrer. Ces taxes sur les intrants viendront se soustraire des taxes à payer, c'est-à-dire celles qui ont été payées par les clients au cours de la même période sur les ventes effectuées par le détaillant.

La seconde écriture dans le journal général comptabilise l'achat de fournitures de magasin au montant de 70 $ auxquels se sont ajoutés 4,90 $ de TPS et 4,87 $ de TVQ. Ces deux montants sont portés, respectivement, au débit du compte TPS à recouvrer et du compte TVQ à recouvrer.

Supposons maintenant que le détaillant vende le mobilier à un prix de 550 $. Il doit, à titre de mandataire des gouvernements, percevoir de ses clients la TPS et la TVQ sur tous les biens et services qu'il vend. Ainsi, la facture qu'il remet à son client comprend le prix du mobilier, 550 $, auquel s'ajoutent la TPS, soit 38,50 $, et la TVQ, soit 38,25 $, pour un montant total de 626,75 $. L'écriture comptable suivante illustre la façon de comptabiliser cette vente dans les livres du détaillant; les montants de taxes perçues lors de la vente du mobilier sont portés au crédit des comptes TPS à payer, 38,50 $, et TVQ à payer, 38,25 $:

		Vente du mobilier			
Févr.	8	Encaisse..................................	626,75		
		TPS à payer.................................		38,50	
		TVQ à payer.................................		38,25	
		Ventes*....................................		550,00	
		Pour inscrire la vente du mobilier au comptant.			
		TPS 550,00 $ × 7 % = 38,50 $			
		TVQ 550,00 $ + 38,50 $ = 588,50 $ × 6,5 % = 38,25 $			

* Le compte Ventes est un compte de produits d'exploitation.

Voici les comptes TPS à recouvrer, TPS à payer, TVQ à recouvrer et TVQ à payer après le report des montants provenant des trois écritures qui précèdent:

TPS à recouvrer				**TVQ à recouvrer**	
(Achat)	29,75		(Achat)	29,56	
(Achat)	4,90		(Achat)	4,87	
(Solde)	34,65		(Solde)	34,43	

		TPS à payer				**TVQ à payer**	
		38,50	(Vente)			38,25	(Vente)
		38,50	(Solde)			38,25	(Solde)

En supposant que ce soient les seules opérations à survenir au cours de la période, le détaillant devra produire une déclaration au ministère du Revenu du Québec relative à la TPS et à la TVQ perçues et payées au cours de la période. Cette déclaration devra d'abord faire ressortir la TPS perçue sur les ventes, soit 38,50 $, et la TPS payée sur les achats, 34,65 $. La différence entre ces deux montants, 3,85 $ (38,50 $ − 34,65 $) représente la TPS à remettre. Toujours sur la même déclaration, le détaillant devra indiquer qu'il doit remettre 3,82 $ de TVQ, soit la différence entre la TVQ perçue sur les ventes (38,25 $) et la TVQ qu'il a payée sur les achats (34,43 $). Le détaillant devra produire la déclaration au ministère du Revenu du Québec à la date prévue et y inclure un chèque correspondant au total de la TPS et de la TVQ à remettre qui, dans le présent cas, s'élève à 7,67 $ (3,85 $ + 3,82 $). Voici l'écriture qu'il faut passer dans le journal général pour inscrire le paiement des taxes:

Févr.	28	TPS à payer.................................	38,50		
		TVQ à payer................................	38,25		
		TPS à recouvrer.............................		34,65	
		TVQ à recouvrer............................		34,43	
		Encaisse...................................		7,67	
		Pour inscrire la remise de la TPS et de la TVQ.			

Les comptes TPS à payer, TPS à recouvrer, TVQ à payer et TVQ à recouvrer sont regroupés en un seul montant net pour fins de présentation au bilan.

Habituellement, il en résulte une dette qui apparaît comme élément du passif à court terme. Dans les cas plus rares où ces comptes ont un solde débiteur supérieur au solde créditeur, ce qui peut survenir lorsque les taxes payées sur les achats d'une période sont supérieures à celles qui ont été perçues sur les ventes, le solde débiteur de taxe apparaîtra alors au bilan comme élément de l'actif à court terme.

Le formulaire de déclaration qui doit accompagner la remise ou la demande de remboursement de la TPS et de la TVQ au ministère du Revenu vous est présenté à la figure 5-3.

Afin d'illustrer les particularités reliées à la comptabilisation de la TPS et de la TVQ, voici l'exemple du cabinet Sylvie Lavoie, avocate, qui rend des services juridiques à sa cliente, La petite boutique enr., et lui fait parvenir pour ces services une facture d'honoraires professionnels de 1 000 $.

Ces honoraires professionnels seront comptabilisés de la façon suivante dans les livres de l'avocate:

Juin	15	Clients	1 139,55	
		Honoraires gagnés		1 000,00
		TPS à payer		70,00
		TVQ à payer.		69,55
		Pour inscrire le revenu d'honoraires pour services rendus		
		à La petite boutique enr.		
		TPS 1 000 $ × 7 % = 70,00 $		
		TVQ 1 000 $ + 70,00 $ = 1 070,00 $ × 6,5 % = 69,55 $		

Comme le démontre cette écriture, les taxes exigées par le cabinet de l'avocate sont inscrites dans les comptes de taxes à payer et elles devront être remises aux gouvernements aux dates prévues.

Dans les livres de La petite boutique enr., la facture des honoraires professionnels de l'avocate Sylvie Lavoie sera enregistrée ainsi:

Juin	15	Frais juridiques.	1 000,00	
		TPS à recouvrer	70,00	
		TVQ à recouvrer	69,55	
		Fournisseurs.		1 139,55
		Pour inscrire les frais juridiques facturés par le cabinet		
		Sylvie Lavoie, avocate.		

Les entreprises commerciales comme La petite boutique enr. peuvent récupérer la TPS et la TVQ qu'elles ont payées sur les achats effectués au cours d'une période. Ainsi, dans le cas de la TPS payée, elles bénéficieront d'un crédit de taxe sur les intrants (CTI) leur permettant de déduire le montant de la taxe payée sur leurs achats du montant de la taxe perçue sur leurs ventes avant de remettre la différence au gouvernement. C'est la même procédure de remboursement qui est suivie pour la TVQ, sauf que ce crédit porte le nom de **remboursement de la taxe sur les intrants (RTI).**

Dans les rares cas où les biens et les services achetés par l'entreprise ne donnent pas droit au remboursement de la taxe sur les intrants, il faudra tenir compte de ce fait lors de la comptabilisation des achats. C'est le cas de l'assurance

FIGURE 5-3 *Le formulaire de déclaration*

Revenu Canada Accise, Douanes et Impôt	Revenue Canada Customs, Excise and Taxation	**FORMULAIRE DE DÉCLARATION** Taxe sur les produits et services Taxe de vente du Québec

administrée par le **Gouvernement du Québec Ministère du Revenu**

FPZ-500 (94-11)

Numéro de compte TPS	121609283 RT
Numéro d'identification	1003767511 Dossier TQ0001

PARTIE 1

N° d'impression : **008582**

Date du relevé : **1995-06-19**
année mois jour

JACQUES PERRON
2736-2029 QUEBEC INC
7365, BOUL. DE LA RIVE-SUD
LEVIS (QUEBEC)
G6V 7A3

INFORMATIONS RELATIVES A LA TVQ
Période visée : du 1995-04-01 au 1995-06-30
Nous vous faisons parvenir votre formulaire de déclaration afin que vous fassiez votre déclaration et votre paiement selon les dispositions prévues par la loi.

	Période de déclaration	TPS		Remboursement demandé		$ Montant payé		$
MESSAGE IMPORTANT		TVQ				$		$

La loi oblige tout inscrit à produire une déclaration. Pour respecter cette obligation, vous devez :
- reporter les montants inscrits dans les cases ombrées du formulaire *Calculs détaillés* aux cases correspondantes de la partie 2 de votre formulaire de déclaration ;
- signer et retourner la partie 2 (accompagnée de votre paiement, s'il y a lieu).

MODE DE PAIEMENT : Pour effectuer votre paiement, présentez votre bordereau de paiement à une institution financière ou à tout bureau du ministère du Revenu du Québec, ou postez-le dans l'enveloppe-réponse avec un chèque ou un mandat fait à l'ordre du ministre du Revenu du Québec. Inscrivez votre numéro de compte TPS et votre numéro d'identification sur le chèque ou le mandat. Cependant, si votre montant de TPS à remettre ou votre montant de TVQ à remettre est de 50 000 $ ou plus, vous devez effectuer votre paiement à une institution financière.

IMPORTANT : Pour tout changement, retournez la partie détachable de l'enveloppe-réponse.

Si vous n'avez aucun paiement à effectuer ou si vous demandez un remboursement, veuillez poster ou présenter la partie 2 ci-dessous, dûment signée, à l'un des bureaux du ministère du Revenu du Québec.

DATE DE RÉCEPTION D'UN PAIEMENT OU DE PRODUCTION D'UNE DÉCLARATION : La date de réception de tout paiement ou de production de toute déclaration est la date à laquelle ils sont reçus à l'un des bureaux du ministère du Revenu du Québec, qu'ils soient transmis par la poste ou en personne, ou à une institution financière (uniquement si la déclaration est accompagnée d'un paiement). Votre déclaration doit parvenir au Ministre au plus tard le dernier jour du mois suivant la fin de votre période de déclaration ou, si vous devez produire une déclaration annuelle, au plus tard le dernier jour du troisième mois suivant la fin de la période de déclaration.

Pour plus d'informations, communiquez avec un représentant du ministère du Revenu au (418) 659-4692 ou, sans frais, au 1 800 567-4692.

Conservez cette partie pour vos dossiers. **N'attachez aucun document à la partie 2 ci-dessous.**

FORMULAIRE DE DÉCLARATION — Taxe sur les produits et services — Taxe de vente du Québec

BORDEREAU DE PAIEMENT FPZ-500 (94-11)

		Gouvernement du Québec Ministère du Revenu
Revenu Canada Accise, Douanes et Impôt	Revenue Canada Customs, Excise and Taxation	

PARTIE 2

Période de déclaration TPS	Période de déclaration TVQ
année mois jour	année mois jour
du 1995-04-01	du 1995-04-01
au 1995-06-30	au 1995-06-30

020 1003767511 480001 950600 0000000000000 0000950630 500 9

2736-2029 QUEBEC INC	N° de compte TPS 121609283 RT	N° d'identification 1003767511	Dossier TQ0001	N° de validation 95067	Date d'échéance 1995-07-31

Fournitures (chiffre d'affaires) 101	TPS exigible et redressements 105	CTI et redressements 108 −	TPS nette 109	**TPS** à remettre
Acomptes provisionnels de TPS 110 −	Autres remboursements de TPS 111 −	TPS à payer ou remboursement 113	TVQ exigible et redressements 203	**TVQ** à remettre
RTI et redressements 204 −	TVQ nette 205	Autres remboursements de TVQ 206 −	TVQ à payer ou remboursement 207	**TOTAL À REMETTRE** $

SANS FRAIS BANCAIRES

1	2	**REMBOURSEMENT NET DEMANDÉ**	Si vous n'avez pas utilisé le mode de compensation TPS – TVQ, cochez. ☐

RÉF. : 00691
Retournez à : 3800, rue de Marly
Sainte-Foy (Québec) G1X 4A5

Je déclare que ces renseignements sont exacts et complets.

Signature
X

Date   Ind. rég. Téléphone

Protégé une fois rempli (voyez le *Guide à l'intention de l'inscrit*). La production d'une fausse déclaration est une infraction grave.

Ce formulaire est prescrit par le sous-ministre du Revenu du Québec.

⑃008582⑃ ⑃98320⑃815⑃ 96

générale. Ainsi, pour illustrer ce qui précède, supposons que La petite boutique enr. reçoive des Assurances Boucher inc. une facture de 1 000 $ pour l'assurance feu et vol du magasin qui couvre la période du 1er juin 1996 au 31 mai 1997 à laquelle s'ajoutent 90 $ de TVQ mais aucune TPS. Cette facture sera comptabilisée de la façon suivante dans les livres de La petite boutique enr.:

Juin	18	Assurances payées d'avance	1 090,00	
		Encaisse		1 090,00
		Pour inscrire la facture concernant l'assurance incendie.		
		Il n'y a aucune TPS car l'assurance est considérée comme		
		un service financier.		
		TVQ 1 000,00 $ × 9 % = 90,00 $		

Les entreprises commerciales

Les livres et les états financiers illustrés dans les chapitres précédents concernent des entreprises du secteur des services; d'autres entreprises, comme les buanderies, les hôtels, les salons de coiffure, les cinémas, les clubs de golf, appartiennent également à ce secteur. Toutes ces entreprises rendent des services moyennant une rémunération. Le bénéfice net de ce genre d'entreprises est constitué de l'excédent des produits d'exploitation sur les charges d'exploitation. En revanche, une entreprise commerciale réalise un produit d'exploitation par la vente de **marchandises**, en gros ou au détail; le bénéfice net de telles entreprises est constitué de l'excédent des ventes sur le coût des marchandises vendues et les charges d'exploitation, comme l'illustre l'état sommaire des résultats suivant:

DONALDA ENR.
État des résultats
pour le mois terminé le 31 juillet 1996

Ventes.	100 000 $
Coût des marchandises vendues. . . .	60 000
Marge bénéficiaire brute	40 000
Charges d'exploitation	25 000
Bénéfice net	15 000 $

Cet état des résultats montre que l'entreprise Donalda enr. a vendu à ses clients 100 000 $ de marchandises qui ont coûté 60 000 $, ce qui lui a permis de réaliser une **marge bénéficiaire brute** de 40 000 $. L'entreprise a engagé des charges d'exploitation de 25 000 $ qui, déduites de la marge bénéficiaire brute, lui permettent de dégager un bénéfice net de 15 000 $ au mois de juillet.

La marge bénéficiaire brute correspond à l'excédent du montant des ventes nettes sur le coût des marchandises vendues; c'est le calcul de ces éléments qui distingue la comptabilité des entreprises commerciales de celle des entreprises de services. Vous devez donc vous familiariser avec la façon d'établir les éléments permettant le calcul de la marge bénéficiaire brute, comme les produits tirés des ventes et le coût des marchandises vendues.

Les ventes brutes, qu'on appelle aussi chiffre d'affaires brut, sont égales au total des ventes au comptant et des ventes à crédit effectuées au cours de l'exercice. Le produit tiré de la vente de marchandises est égal au montant des ventes brutes moins celui des rendus et rabais sur ventes et moins le montant des escomptes sur ventes.

Les ventes

Objectif 2
Comptabiliser les opérations relatives à l'achat et à la revente de marchandises.

Les ventes brutes

Les ventes brutes, comme l'illustre l'état partiel des résultats de Donalda enr. présenté à la page 266, incluent à la fois les ventes au comptant et les ventes à crédit réalisées au cours de l'exercice. Les ventes au comptant sont habituellement inscrites sur le ruban d'une caisse enregistreuse au moment où survient la vente. À la fin de chaque journée, la caisse enregistreuse fournit le montant total des ventes au comptant qui sera comptabilisé au moyen d'une écriture comme celle qui suit:

Nov.	3	Encaisse.	1 373,16	
		TPS à payer		84,35
		TVQ à payer		83,81
		Ventes		1 205,00
		Pour inscrire les ventes au comptant de la journée.		

Quant aux ventes à crédit, elles seront comptabilisées quotidiennement par une écriture comme celle qui suit:

Nov.	3	Clients	51,28	
		TPS à payer		3,15
		TVQ à payer		3,13
		Ventes		45,00
		Pour inscrire les ventes à crédit de la journée.		

Les rendus et rabais sur ventes

La plupart des entreprises commerciales permettent aux clients de rapporter les marchandises dont ils ne sont pas satisfaits; les clients peuvent aussi garder ces marchandises et obtenir un rabais qui en réduit le prix. Il est donc important pour la direction de l'entreprise d'étudier attentivement le pourcentage par rapport au total des rendus et rabais sur ventes et le montant des ventes étant donné qu'il reflète l'insatisfaction des clients. C'est pour fournir cette information que les comptables inscrivent les rendus et les rabais accordés aux clients dans un compte distinct qui porte le nom de Rendus et rabais sur ventes. Les crédits accordés aux clients sont comptabilisés au moyen d'une écriture comme celle qui suit:

Nov.	4	Rendus et rabais sur ventes	20,00	
		TPS à payer	1,40	
		TVQ à payer	1,39	
		Clients		22,79
		Pour comptabiliser les marchandises rapportées par un client.		

Le compte Rendus et rabais sur ventes est un compte de contrepartie du compte Ventes. De même, notez dans l'écriture qui précède que les comptes TPS à payer et TVQ à payer ont été débités afin d'annuler les taxes qui avaient été initialement inscrites lors de la vente de ces marchandises.

Les escomptes sur ventes

Les entreprises qui vendent à crédit doivent faire connaître clairement les **conditions de règlement** et le montant qui leur est dû à la date d'échéance afin d'éviter tout malentendu. Les conditions de règlement précisent les modalités de paiement d'une facture, dont la date d'échéance et, s'il y a lieu, l'**escompte de caisse** et les intérêts en cas de retard. Ces conditions, qui figurent habituellement sur la facture, dépendent des pratiques propres à chaque entreprise ou encore au secteur d'activités. Dans certains cas, le règlement doit se faire dix jours après la fin du mois de la vente; cette condition apparaît sur la facture de la façon suivante: n/10, **F.D.M.** Dans d'autres cas, les comptes doivent être réglés 30 jours après la date de la facture; cette condition se traduit sur la facture par la mention n/30, ce qui signifie que le montant net doit être acquitté au plus tard 30 jours après la date de la facture.

Certaines entreprises accordent à leurs clients un **escompte sur ventes**, aussi appelé escompte de caisse, pour accélérer le recouvrement des comptes. Cette pratique aide à réduire le montant investi dans les comptes clients ainsi que les pertes attribuables aux créances irrécouvrables. Les conditions pourraient être, par exemple, 2/10, n/60, ce qui veut dire que le **délai de paiement** est de 60 jours, mais que le client peut soustraire 2 % du montant de la facture s'il la règle dans les 10 jours qui suivent la date de la facture; cette période porte le nom de **délai d'escompte**.

Étant donné qu'au moment de la vente, le vendeur ne sait pas si le client réglera son compte de façon à bénéficier de l'escompte, il est préférable d'attendre le moment du paiement pour comptabiliser celui-ci. Supposons, par exemple, que le 12 novembre 1996, l'entreprise Donalda enr. vend des marchandises pour un montant de 100 $ aux conditions 2/10, n/60. Cette opération est inscrite de la façon suivante:

1996					
Nov.	12	Clients	113,96	
		TPS à payer		7,00
		TVQ à payer.		6,96
		Ventes.		100,00
		Vente de marchandises aux conditions 2/10, n/60.		

Le client peut décider de régler son compte au plus tard le 22 novembre 1996 et ne payer que 111,96 $, soit le montant total de la vente moins un escompte de caisse de 2,00 $ (100 $ × 2 %)[1]; il peut aussi décider d'attendre 60 jours, c'est-à-dire jusqu'au 11 janvier 1997, et verser alors la somme de 113,96 $. Voici les écritures de journal pour comptabiliser le recouvrement de ce compte en supposant, d'une part, que le client tire avantage de l'escompte et, d'autre part, qu'il le règle à la date d'échéance:

---

[1] L'escompte de caisse se calcule toujours sur le montant de la vente avant les taxes.

Si le règlement a lieu au plus tard le 22 novembre 1996:

1996 Nov.	22	Encaisse.	111,96	
		Escomptes sur ventes.	2,00	
		Clients		113,96
		Pour comptabiliser le recouvrement de la vente du		
		12 novembre lorsque le client tire avantage de l'escompte.		

Si le règlement a lieu entre le 23 novembre 1996 et le 11 janvier 1997:

1997 Janv.	11	Encaisse.	113,96	
		Clients		113,96
		Pour comptabiliser le recouvrement de la vente du		
		12 novembre lorsque le client ne tire pas avantage		
		de l'escompte.		

L'escompte de caisse accordé aux clients de l'entreprise est comptabilisé dans le compte Escomptes sur ventes. Le compte est un compte de contrepartie du compte Ventes. Le solde du compte Escomptes sur ventes sera donc déduit du chiffre des ventes dans l'état des résultats. Cette présentation est acceptable puisque les escomptes sur ventes représentent une diminution du prix de vente brut accordée en vue d'accélérer le recouvrement des comptes clients.

Les ventes et les comptes de contrepartie qui s'y rapportent apparaissent à l'état des résultats de la façon suivante:

DONALDA ENR.
État partiel des résultats
pour l'exercice clos le 31 décembre 1996

Produits d'exploitation:			
Ventes brutes.		306 200 $	
Moins: Rendus et rabais sur ventes	1 900		
Escomptes sur ventes	4 300	6 200	
Ventes nettes.		300 000 $	

Certaines entreprises commerciales, comme les concessionnaires automobiles et les magasins d'ameublement, effectuent chaque jour un nombre restreint de ventes et peuvent, par conséquent, consulter facilement leurs livres au moment d'une vente pour déterminer le coût de l'automobile ou du meuble vendu. En revanche, dans le cas d'une pharmacie ou d'une quincaillerie, par exemple, il serait difficile de procéder de la même façon. Lorsque le pharmacien vend à un client une boîte d'analgésique, un tube de dentifrice et une revue, il enregistre facilement cette vente au moyen d'une caisse enregistreuse; il éprouverait cependant de la difficulté à comptabiliser immédiatement le coût des articles vendus. Cela explique pourquoi

L'inventaire périodique et l'inventaire permanent

des entreprises comme les épiceries et les quincailleries ne comptabilisent pas le coût des marchandises vendues au moment de la vente, à moins que leur système comptable informatisé le permette. Ainsi, les entreprises qui vendent de menus articles en grand volume ne feront pas d'effort particulier pour comptabiliser le coût des articles au moment de leur vente; elles préféreront attendre la fin de l'exercice pour le faire. Pour y arriver, elles auront besoin des informations provenant des livres comptables et du résultat de l'**inventaire** des stocks dressé à la clôture de l'exercice. L'inventaire comporte deux opérations: le dénombrement des articles destinés à la vente et leur évaluation.

Il est nécessaire de connaître la valeur des marchandises en magasin, c'est-à-dire du **stock**, pour pouvoir établir le coût des marchandises vendues. Lorsqu'une entreprise doit procéder à un inventaire à la fin d'un exercice pour déterminer la valeur de ses stocks, on dit qu'elle utilise la **méthode de l'inventaire périodique**. Ainsi, les pharmacies, les épiceries, les quincailleries et d'autres entreprises du même genre utilisent le plus souvent cette méthode pour déterminer le stock à la fin d'un exercice et le coût des marchandises vendues au cours de cet exercice. Cette méthode est expliquée plus loin dans ce chapitre. Les entreprises qui désirent connaître en tout temps le nombre d'articles en stock et le coût des marchandises vendues doivent utiliser la **méthode de l'inventaire permanent**. Pour utiliser cette méthode, il faut tenir à jour un registre dans lequel on inscrit le coût de tous les articles en magasin, y enregistrer les mouvements d'entrée et de sortie des marchandises à mesure qu'ils se présentent et arrêter chaque fois le nouveau solde. Cette méthode sera étudiée plus en détail au chapitre 3 du tome 2.

Le coût des marchandises vendues et l'inventaire périodique

Objectif 3 Expliquer la nature de chacun des éléments composant le coût des marchandises vendues et le calculer ainsi que la marge bénéficiaire brute.

Ainsi que nous l'avons dit précédemment, une entreprise qui utilise la méthode de l'inventaire périodique ne tente pas de déterminer, au moment de la vente, le coût des marchandises vendues; elle préfère plutôt attendre la fin de l'exercice, au moment du calcul du bénéfice net. Les informations nécessaires au calcul du coût des marchandises vendues sont: 1) le coût des marchandises composant le stock d'ouverture, 2) le coût des marchandises achetées pendant la période et 3) le coût des marchandises composant le stock de clôture. Une entreprise commerciale peut donc établir le coût des marchandises vendues au cours d'un exercice en utilisant ces informations de la façon illustrée à la figure 5-4.

L'examen de la figure 5-4 permet de constater que le coût des marchandises destinées à la vente s'élève à 251 000 $. Le montant inclut 19 000 $ de stock au début de l'exercice auxquels s'ajoutent 232 000 $ d'achats de marchandises effectués au cours de l'exercice. Une partie des marchandises destinées à la vente a été vendue, le reste se retrouve dans le stock à la fin de l'exercice. Puisque des marchandises coûtant 21 000 $ n'étaient pas encore vendues à la fin de l'exercice, le coût des marchandises vendues au cours de cet exercice s'élève donc à 230 000 $. En résumé, le coût des marchandises s'établit en effectuant le calcul suivant[2]:

---

[2] Certains comptables préfèrent sauter l'étape permettant d'établir le coût des marchandises destinées à la vente et calculent immédiatement le coût des marchandises vendues de la façon suivante:

Coût des marchandises achetées au cours de l'exercice	232 000 $
Variation dans la valeur du stock	− 2 000
Coût des marchandises vendues au cours de l'exercice	230 000 $

FIGURE 5-4 *L'achat et la revente de marchandises*

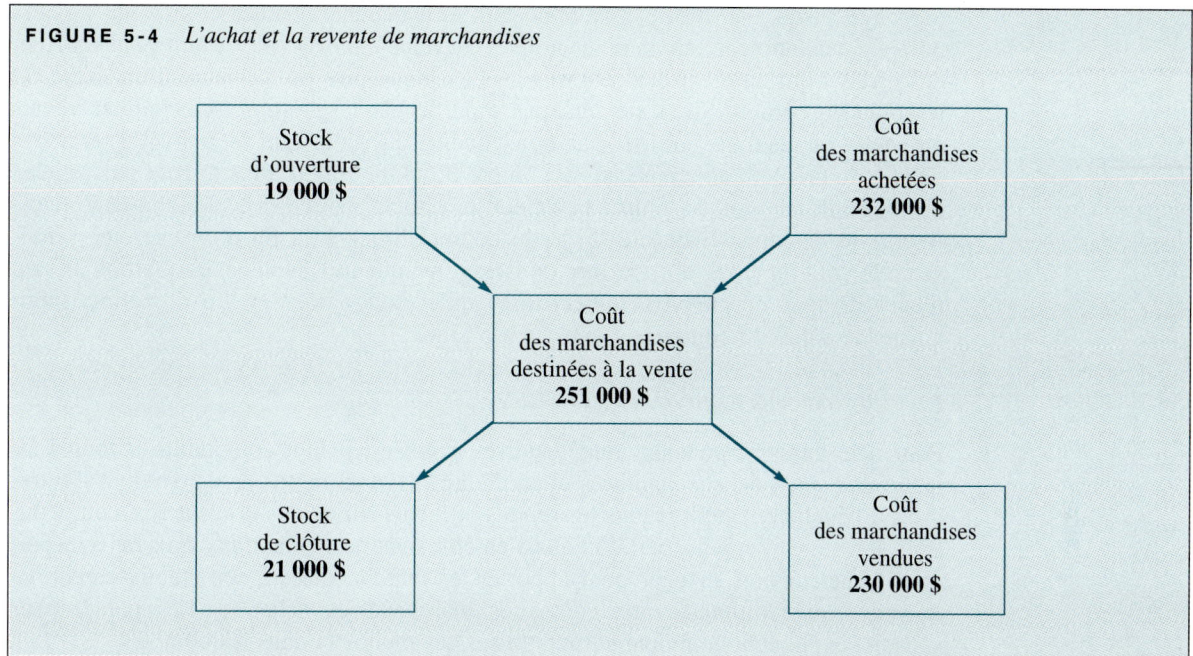

Coût des marchandises composant le stock d'ouverture	19 000 $
Coût des marchandises achetées au cours de l'exercice	232 000
Coût des marchandises destinées à la vente	251 000
Moins: Coût des marchandises composant le stock de clôture	21 000
Coût des marchandises vendues	230 000 $

Dans les paragraphes suivants, nous expliquerons comment il faut procéder pour obtenir toutes les informations nécessaires à ce calcul.

Le stock

Les marchandises stockées au début et à la fin d'un exercice portent respectivement le nom de stock d'ouverture et de stock de clôture. Puisque les marchandises qui n'ont pas été vendues à la fin d'un exercice seront vendues pendant l'exercice suivant, le stock de clôture d'un exercice devient automatiquement le stock d'ouverture de l'exercice suivant.

Lorsqu'une entreprise utilise l'inventaire périodique, le coût des marchandises composant le stock de clôture est déterminé: 1) en dénombrant les articles invendus entreposés ou en magasin, 2) en multipliant le nombre de chaque sorte d'articles dénombrés par son coût unitaire et 3) en additionnant les résultats de ces multiplications.

Ayant ainsi établi le coût du stock de clôture, on soustrait ce dernier du coût des marchandises destinées à la vente afin d'établir celui des marchandises vendues. Lors de la passation des écritures de clôture, la valeur du stock de clôture est portée au débit d'un compte de grand livre appelé Stock. Ce solde demeurera inchangé jusqu'à la fin de l'exercice qui suit; aucune écriture comptable ne sera portée à ce compte au cours de ce nouvel exercice à moins que ce soit pour corriger des erreurs qui auraient été commises. C'est donc dire qu'au cours d'un exercice, le solde du compte Stock ne sera pas modifié par les nombreux achats et ventes effectués pendant l'exercice. Par conséquent, une fois que le nouvel exercice a débuté, le montant apparaissant au compte Stock ne reflète plus le coût des articles en magasin. Il indique plutôt la valeur du stock d'ouverture. Finalement, il est important de rappeler que le solde du compte Stock à la fin d'un exercice représente le coût du stock d'ouverture de l'exercice qui suit. Nous expliquerons un peu plus loin dans ce chapitre les écritures qu'il faut passer en fin d'exercice pour ajuster le solde du compte de grand livre Stock.

Le coût des marchandises achetées

Pour déterminer le coût des marchandises achetées, il faut comptabiliser toutes les factures d'achat de marchandises et en déduire les escomptes de caisse dont l'entreprise a bénéficié. De plus, tous les rendus et rabais sur achats doivent être comptabilisés séparément et leur total doit aussi en être soustrait. Quant aux frais de transport que l'acheteur doit engager pour apporter les marchandises à son établissement, ils doivent être additionnés aux coûts des marchandises achetées. Les paragraphes suivants expliquent comment comptabiliser ces montants dans les comptes.

Lorsque la méthode de l'inventaire périodique est utilisée, le coût des marchandises achetées en vue de les revendre est porté au débit du compte Achats en passant une écriture comme celle qui suit:

Nov.	5	Achats..	1 000,00	
		TPS à recouvrer	70,00	
		TVQ à recouvrer	69,55	
		Fournisseurs.................................		1 139,55
		Achat de marchandises à crédit aux conditions 2/10, n/30.		
		La facture est datée du 2 novembre.		

Le compte Achats est un compte temporaire qui sert uniquement à accumuler de l'information sur le coût de toutes les marchandises destinées à la revente. À aucun moment de l'exercice, ce compte n'indique si les marchandises achetées ont été vendues ou sont encore en magasin.

Puisque la majorité des entreprises achètent à crédit les marchandises qu'elles destinent à la vente, elles bénéficient souvent d'un escompte de caisse que l'on appelle aussi **escompte sur achats** lorsque le compte est réglé avant la fin d'un délai déterminé. Ainsi, lorsqu'un achat à crédit est réglé à l'intérieur du délai d'escompte, cet escompte doit être porté au crédit d'un compte de contrepartie appelé Escomptes sur achats. Reprenons ici l'exemple précédent. Si l'entreprise règle l'achat du 5 novembre dans un délai de 10 jours pour tirer avantage de l'escompte, le règlement sera comptabilisé en passant l'écriture suivante:

Nov.	12	Fournisseurs....................................	1 139,55	
		Escomptes sur achats		20,00
		Encaisse		1 119,55
		Règlement de l'achat du 5 novembre moins l'escompte.		

Rappelons ici que l'escompte de caisse se calcule toujours sur le montant de l'achat excluant les taxes; dans le cas présent, l'escompte est de 20 $, soit 1 000 $ × 2 %.

Quand un fournisseur offre un escompte de caisse, une importante économie peut être réalisée par les entreprises qui prennent soin de payer leur compte avant l'expiration du délai d'escompte; en revanche, une bonne gestion de l'encaisse exige que l'entreprise ne règle ses comptes qu'à la fin du délai d'escompte. Ces deux objectifs peuvent être atteints en classant les factures à payer en fonction des dates de règlement, de sorte que le responsable puisse automatiquement connaître la date idéale du règlement des comptes. Une façon de procéder consiste à avoir un échéancier comprenant une chemise pour chaque jour du mois. Après son inscription dans le journal, la facture est placée dans la chemise qui correspond à la date idéale de paiement. Ainsi, supposons qu'une facture datée du 2 novembre stipule que les conditions de paiement sont 2/10, n/30. Elle doit être réglée au plus tard le 12 novembre pour permettre de tirer avantage de l'escompte et, par conséquent, elle doit être classée dans la chemise n° 12. Le 12 novembre, le responsable prend cette facture ainsi que toutes celles qui se trouvent dans la même chemise et les règle ou, exceptionnellement, les classe de nouveau si l'on décide de retarder la date du règlement. Dans les entreprises utilisant un système comptable informatisé, il suffit au commis comptable d'indiquer un code lors de la saisie des données sur les achats pour déterminer la dernière journée de la période d'escompte. À la date d'expiration du délai d'escompte, le logiciel produit un mémo rappelant au commis comptable les factures qui devraient être payées afin de bénéficier de l'escompte de caisse.

Parfois, les marchandises achetées ne conviennent pas tout à fait et l'entreprise veut les renvoyer au fournisseur ou ne les garder qu'à condition que celui-ci lui accorde un rabais. Lorsqu'une entreprise renvoie des marchandises insatisfaisantes ou défectueuses, le fournisseur rembourse l'acheteur en lui émettant une note de crédit ou lui accorde un rabais sur le prix d'achat convenu dans le but de l'inciter à conserver les marchandises qui ne sont pas entièrement satisfaisantes. Il faut rappeler que les coûts associés au retour de marchandises, comme les frais de réception, d'inspection, d'estimation, de remballage et de réexpédition, peuvent être significatifs. Il est donc de l'intérêt de la direction de toute entreprise de connaître et de contrôler les coûts relatifs aux rendus et rabais sur les marchandises achetées.

Dans certains cas, ces informations pourraient inciter l'entreprise à changer de fournisseur. Pour cette raison, le comptable inscrit les rendus et les rabais sur achats dans un compte de contrepartie nommé Rendus et rabais sur achats. Voici un exemple de l'écriture qu'il faudrait passer au journal pour inscrire des marchandises renvoyées le 14 novembre:

Nov.	14	Fournisseurs.	74,07	
		Rendus et rabais sur achats		65,00
		TPS à recouvrer.		4,55
		TVQ à recouvrer		4,52
		Marchandises endommagées renvoyées au fournisseur.		

Par cette écriture, on porte au compte Rendus et rabais sur achats le coût avant taxes des marchandises renvoyées. Il faut aussi réduire les comptes TPS à recouvrer et TVQ à recouvrer des montants de taxes se rapportant aux marchandises renvoyées. Finalement, le compte Fournisseurs sera réduit d'un montant égal au coût d'achat des marchandises incluant les taxes.

Lorsqu'un achat donne droit à un escompte de caisse et qu'une partie des marchandises est renvoyée avant que la facture soit payée, l'escompte ne s'applique qu'au coût avant taxes des marchandises gardées. Supposons, par exemple, qu'une entreprise achète des marchandises pour un montant de 500 $ avant taxes sur lequel elle peut bénéficier d'un escompte de 2 % et qu'elle renvoie 100 $ de marchandises avant le paiement de celles-ci. Si elle paie sa facture avant l'expiration du délai d'escompte, l'escompte s'appliquera seulement sur les 400 $ de marchandises conservées. Elle paiera 392 $, soit 400 $ moins 8 $ d'escompte (400 $ × 2 %).

Quelquefois, le fournisseur assume les frais de transport des marchandises vendues jusqu'à l'établissement de l'acheteur. Dans ce cas, le coût total des marchandises achetées correspond au montant payé au fournisseur et c'est ce montant qui est inscrit au compte Achats. Lorsque l'acheteur doit payer les frais de transport, ceux-ci, qui font partie du coût des marchandises achetées, pourraient être portés au débit du compte Achats. Cependant, l'information est plus complète s'ils sont comptabilisés dans un compte distinct appelé **Frais de transport à l'achat**. À la clôture de l'exercice, le solde de ce compte sera additionné au total des achats nets afin d'obtenir le coût des marchandises achetées. Nous vous en présentons un exemple ci-dessous. L'écriture suivante permet d'illustrer l'utilisation que l'on ferait du compte Frais de transport à l'achat. On comptabiliserait le paiement des 22 $ de frais de transport plus les taxes se rapportant à des marchandises achetées de la façon suivante :

Nov.	24	Frais de transport à l'achat............................	22,00	
		TPS à recouvrer..................................	1,54	
		TVQ à recouvrer..................................	1,53	
		Encaisse......................................		25,07
		Paiement des frais de transport de marchandises reçues.		

Remarquez que lors de leur comptabilisation, il faut dissocier les frais de transport payés à l'achat de marchandises des frais de transport engagés par l'entreprise pour expédier à ses clients les marchandises qu'elle leur a vendues. Ces frais doivent être comptabilisés dans des comptes différents. Les frais de transport à l'achat font partie intégrante du coût des marchandises achetées alors que les frais de transport à la vente font partie des frais de vente.

Toute transaction d'achat ou de vente de marchandises devrait spécifier qui, de l'acheteur ou du vendeur, aura à payer les frais de transport. Puisque le transport des marchandises implique des coûts, il est important que les parties en cause négocient la responsabilité de ces frais. Si les parties s'entendent sur la condition de livraison **franco transporteur (FCA)**, le vendeur transfère la propriété des marchandises à l'acheteur dès qu'il les confie à un transporteur, et les frais de transport seront à la charge de l'acheteur à partir de l'établissement du vendeur. Dans ce cas, on utilise le terme FCA, point de départ, pour exprimer ces conditions de livraison. En revanche, si les parties s'entendent sur la condition de livraison FCA, point d'arrivée, cela signifie que c'est le vendeur qui assume les frais de transport. À titre d'exemple, supposons qu'un vendeur propose à son client un prix de 300 $ FCA, point de départ. Si le client désire que le vendeur paie les frais de transport et assume les risques de pertes et d'endommagement des marchandises lors du transport, le client devra négocier un prix de 300 $ FCA, point d'arrivée.

Pour rendre service à l'acheteur, il arrive parfois que le vendeur paie d'avance les frais de transport bien que la condition de transport soit FCA, point de départ. Le vendeur ajoute alors ces frais de transport à la facture. Dans ce cas, même si les conditions de paiement incluent un escompte, celui-ci ne s'applique pas aux frais de transport. En d'autres mots, l'acheteur doit rembourser au vendeur la totalité des frais de transport même si la facture est payée à l'intérieur du délai d'escompte.

À la fin d'un exercice, on établit le coût des marchandises achetées au cours de l'exercice en associant les soldes des comptes de grand livre Achats, Rendus et rabais sur achats, Escomptes sur achats et Frais de transport à l'achat. Voici comment ces divers éléments sont présentés dans l'état des résultats pour calculer le coût des marchandises achetées:

Achats		235 800 $	
Moins: Rendus et rabais sur achats . .	1 200		
Escomptes sur achats	4 100	5 300	
Achats nets		230 500	
Plus: Frais de transport à l'achat		1 500	
Coût des marchandises achetées			232 000 $

Le coût des marchandises vendues

Le calcul précédent a permis d'établir le coût des marchandises achetées au cours d'un exercice. Maintenant, pour obtenir le coût des marchandises vendues, il suffit d'ajouter le montant du stock d'ouverture au coût des marchandises achetées et d'en déduire le montant du stock de clôture, comme dans l'exemple suivant:

Coût des marchandises vendues:				
Stock d'ouverture			19 000 $	
Achats		235 800		
Moins: Rendus sur achats	1 200			
Escomptes sur achats	4 100	5 300		
Achats nets.		230 500		
Plus: Frais de transport à l'achat		1 500		
Coût des marchandises achetées			232 000	
Coût des marchandises destinées à la vente . .			251 000	
Stock de clôture			21 000	
Coût des marchandises vendues				230 000 $

Récemment, Martine Lemire a été engagée au service de la comptabilité d'une entreprise de taille moyenne qui effectue la majorité de ses achats à crédit. Sa principale responsabilité est la gestion de l'encaisse et des comptes fournisseurs. Sa compétence sera surtout évaluée selon sa capacité de maintenir la cote de crédit de l'entreprise auprès des fournisseurs en respectant les délais de paiement tout en profitant au maximum des escomptes. Martine a travaillé durant quelques jours avec Pierre Latrappe qui effectuait ce travail avant d'être nommé à un autre poste.

Pierre a expliqué à Martine le système utilisé qui lui permettait d'effectuer facilement le travail tout en atteignant les objectifs de l'entreprise et ainsi de maximiser le bénéfice. Les fournisseurs se révèlent très coopératifs, car l'entreprise a toujours payé ses comptes. Le procédé de Pierre était le suivant: le système informatisé émettait les chèques immédiatement aux montants nets, c'est-à-dire après déduction de l'escompte. Les chèques, qui étaient datés du dernier jour du délai d'escompte, n'étaient pas mis à la poste avant l'expiration du délai. Cependant, comme Pierre l'a expliqué à Martine, il ne les postait que

quatre ou cinq jours plus tard. L'entreprise obtenait ainsi un délai supplémentaire de quatre ou cinq jours tout en bénéficiant de l'escompte. Si des fournisseurs appelaient pour se plaindre, Pierre rejetait la faute sur le service interne de courrier ou sur les services postaux.

Quelques jours plus tard, le 18 avril, après le départ de Pierre, Martine a en main les chèques émis en règlement d'achats effectués le 9 avril. L'un d'eux, concernant un achat de 10 000 $ effectué le 9 avril, est lié aux conditions 2/10, n/30. Martine se demande si elle le postera le 19 avril ou si elle attendra le 24 avril comme le suggérait Pierre.

Notez que, dans l'exemple ci-dessus, le coût des marchandises destinées à la vente est obtenu en additionnant le stock d'ouverture au coût des marchandises achetées. Lorsque l'on déduit le stock de clôture du coût des marchandises destinées à la vente, on obtient le coût des marchandises vendues.

Les pertes de marchandises

Les principaux facteurs qui font perdre des marchandises aux entreprises sont le vol à l'étalage, les dommages, etc. Les pertes peuvent représenter des montants importants et les entreprises font bien de s'en préoccuper. Lorsque la méthode de l'inventaire périodique est utilisée, ces pertes de marchandises sont comprises dans le coût des marchandises vendues. Supposons, par exemple, qu'un magasin de détail ait subi des vols à l'étalage représentant un montant de 500 $ au cours d'un exercice. Le coût du stock de clôture sera alors inférieur de 500 $ parce que les marchandises volées ne seront pas disponibles lors de l'inventaire de fin d'exercice. Le coût du stock de clôture, qui est inférieur de 500 $ à ce qu'il aurait été si les vols n'avaient pas été commis, est déduit du coût des marchandises destinées à la vente pour établir le coût des marchandises vendues, lequel est automatiquement augmenté de 500 $.

Les entreprises ont raison de se préoccuper des vols à l'étalage et des autres types de perte de marchandises. L'inconvénient de la méthode de l'inventaire périodique est qu'elle ne fournit pas d'informations précises sur le montant relatif aux pertes qui se trouve dissimulé dans le coût des marchandises vendues. La méthode de l'inventaire permanent fournit une information plus complète sur ces pertes de marchandises. Au chapitre 3 du tome 2, nous expliquerons cette méthode ainsi qu'une autre méthode qui permet d'estimer les pertes lorsque l'on utilise la méthode de l'inventaire périodique.

L'état des résultats des entreprises commerciales comprend trois sections: 1) les produits d'exploitation, 2) le coût des marchandises vendues et 3) les charges d'exploitation. Les deux premières ont déjà été abordées. Dans le tableau 5-2, remarquez que lorsque le coût des marchandises vendues est soustrait des ventes nettes, on obtient la marge bénéficiaire brute. (Cet exemple comprend de nombreux détails qu'on ne retrouve habituellement pas dans les états financiers publiés par les grandes sociétés.) Dans le même tableau, les charges d'exploitation sont regroupées en deux catégories, soit les **frais de vente** et les **frais d'administration**. Les frais de vente comprennent des éléments comme les frais d'entreposage, de promotion, de commercialisation et de livraison. Les frais d'administration comprennent les frais inhérents à la gestion générale de l'entreprise, comme les frais de comptabilité, de recouvrement et les salaires du personnel administratif.

Il est parfois nécessaire de ventiler une charge entre les frais de vente et les frais d'administration. Ainsi, l'entreprise Donalda enr. a ventilé la charge de loyer de 9 000 $ entre les frais de vente et les frais d'administration, comme dans le tableau 5-2. On a imputé 8 100 $ (90 %) aux frais de ventes et le solde, soit 900 $ (10 %), aux frais d'administration. Cette ventilation doit être faite sur une base logique, en fonction de la superficie occupée par chaque département ou selon la valeur locative de l'espace occupé. Par contre, le coût des assurances n'a pas été ventilé puisque le montant en cause est peu élevé et ne justifie pas le travail additionnel que demanderait cette ventilation.

Dans le tableau 5-2, les charges d'exploitation sont soustraites de la marge bénéficiaire brute pour arriver à l'établissement du bénéfice net de l'exercice.

L'état
des résultats
des entreprises
commerciales

Le chiffrier des entreprises commerciales est semblable à celui des entreprises de services. Dans les deux cas, le chiffrier est un outil de travail qui fournit les informations nécessaires à l'établissement de l'état des résultats et du bilan. Il donne également les informations nécessaires pour passer au journal les écritures de régularisation et de clôture. La forme du chiffrier de l'entreprise Donalda enr., qui apparaît au tableau 5-3, diffère quelque peu des chiffriers présentés au chapitre 4 puisqu'il ne comprend pas de section Balance de vérification régularisée. En effet, les comptables d'expérience évitent souvent cette section afin de minimiser le temps et l'effort nécessaires à la réalisation du chiffrier. Les écritures de régularisation sont inscrites dans la section Régularisation puis elles sont combinées aux montants de la section Balance de vérification non régularisée et le résultat est reporté directement dans la colonne appropriée de la section État des résultats ou État de l'avoir du propriétaire et bilan. Les autres caractéristiques de ce chiffrier sont décrites section par section ci-dessous.

Le chiffrier
des entreprises
commerciales

Objectif 4 Établir le chiffrier et dresser les états financiers d'une entreprise commerciale lorsque celle-ci utilise la méthode de l'inventaire périodique.

La section Nom du compte

Certains comptes sont absolument nécessaires à l'établissement des états financiers. Leur nom doit apparaître dans le chiffrier, avec celui des autres comptes, dans le même ordre que dans le grand livre, même s'ils n'ont aucun solde. C'est le cas, par exemple, du compte Fournitures de magasin utilisées inscrit à la ligne numéro 28 du tableau 5-3 qui n'a aucun solde dans les colonnes de la section Balance de vérification. Ils ne seront utilisés que lors des écritures de régularisation. Mais il vaut mieux les inscrire dès l'établissement du chiffrier. Cela facilite le report dans les sections appropriées des états financiers puisque tous les comptes seront inscrits dans l'ordre où ils doivent apparaître. Toutefois, si on se rend compte plus tard que l'on

TABLEAU 5-2   *L'état des résultats d'une entreprise commerciale*

DONALDA ENR.
État des résultats
pour l'exercice clos le 31 décembre 1996

Produits d'exploitation:			
Ventes brutes........................			306 200 $
Moins: Rendus et rabais sur ventes.......		1 900	
Escomptes sur ventes...........		4 300	6 200
Ventes nettes........................			300 000
Coût des marchandises vendues:			
Stock d'ouverture		19 000	
Achats	235 800		
Moins: Rendus et rabais sur achats.......	1 200		
Escomptes sur achats...........	4 100	5 300	
Achats nets........................		230 500	
Plus: Frais de transport à l'achat		1 500	
Coût des marchandises achetées		232 000	
Coût des marchandises destinées à la vente .		251 000	
Stock de clôture......................		21 000	
Coût des marchandises vendues			230 000
Marge bénéficiaire brute			70 000
Charges d'exploitation:			
Frais de vente:			
Salaires des vendeurs.................	18 500		
Loyers – Service des ventes.............	8 100		
Publicité..........................	700		
Fournitures de magasin utilisées	400		
Amortissement – Matériel de magasin	3 000		
Total des frais de vente		30 700	
Frais d'administration:			
Salaires du personnel de bureau	25 800		
Loyers – Administration	900		
Assurances........................	600		
Fournitures de bureau utilisées	200		
Amortissement – Matériel de bureau	700		
Total des frais d'administration..........		28 200	
Total des charges d'exploitation			58 900
Bénéfice net..........................			11 100 $

n'a pas inscrit un compte dont on a besoin, on peut, comme on l'a vu au chapitre précédent, l'inscrire à la suite de la balance de vérification.

La section Balance de vérification

Les montants dans cette section du tableau 5-3 sont les soldes non régularisés des comptes du grand livre à la fin de l'exercice. Ces montants ont été extraits une fois que toutes les opérations de l'exercice clos le 31 décembre 1996 ont été comptabilisées,

TABLEAU 5-3 *Le chiffrier d'une entreprise commerciale*

DONALDA ENR.
Chiffrier pour l'exercice clos le 31 décembre 1996

	Nom du compte	Balance de vérification Débit	Balance de vérification Crédit	Régularisation Débit	Régularisation Crédit	État des résultats Débit	État des résultats Crédit	État de l'avoir du propriétaire et bilan Débit	État de l'avoir du propriétaire et bilan Crédit
1	Encaisse	9 800						9 800	
2	Clients	8 800						8 800	
3	TPS à recouvrer	1 205						1 205	
4	TVQ à recouvrer	1 195						1 195	
5	Stock	19 000				19 000	21 000	21 000	
6	Assurances payées d'avance	900			(a) 600			300	
7	Fournitures de magasin non utilisées	600			(b) 400			200	
8	Fournitures de bureau non utilisées	300			(c) 200			100	
9	Matériel de magasin	29 100						29 100	
10	Amortissement cumulé – Matériel de magasin		2 500		(d) 3 000				5 500
11	Matériel de bureau	4 400						4 400	
12	Amortissement cumulé – Matériel de bureau		600		(e) 700				1 300
13	Fournisseurs		600						600
14	TPS à payer		1 505						1 505
15	TVQ à payer		1 495						1 495
16	Donalda Lavoie – Capital		58 600						58 600
17	Donalda Lavoie – Prélèvements	4 000						4 000	
18	Ventes		306 200				306 200		
19	Rendus et rabais sur ventes	1 900				1 900			
20	Escomptes sur ventes	4 300				4 300			
21	Achats	235 800				235 800			
22	Rendus et rabais sur achats		1 200				1 200		
23	Escomptes sur achats		4 100				4 100		
24	Frais de transport à l'achat	1 500				1 500			
25	Salaires des vendeurs	18 500				18 500			
26	Loyers – Service des ventes	8 100				8 100			
27	Publicité	700				700			
28	Fournitures de magasin utilisées			(b) 400		400			
29	Amortissement – Matériel de magasin			(d) 3 000		3 000			
30	Salaires du personnel de bureau	25 800				25 800			
31	Loyers – Administration	900				900			
32	Assurances			(a) 600		600			
33	Fournitures de bureau utilisées			(c) 200		200			
34	Amortissement – Matériel de bureau			(e) 700		700			
35		376 800	376 800	4 900	4 900	321 400	332 500	80 100	69 000
36	Bénéfice net					11 100			11 100
37						332 500	332 500	80 100	80 100

mais avant que les régularisations de fin d'exercice aient été effectuées. Remarquez que le stock de 19 000 $ inscrit à la cinquième ligne de la section Balance de vérification représente le stock que l'entreprise possédait le 31 décembre 1995. Ce montant, débité au compte Stock à la fin de l'exercice précédent, est devenu le stock du début de l'exercice et il est demeuré inchangé pendant tout l'exercice courant.

Puisque l'entreprise utilise la méthode de l'inventaire périodique, comme nous l'avons déjà mentionné, l'utilisation de cette méthode implique que tous les achats de marchandises soient portés au débit du compte Achats. L'ajustement du solde du compte Stock sera effectué par les écritures de clôture, comme nous le verrons un peu plus loin dans ce chapitre.

La section Régularisation

Comme nous l'avons vu au chapitre précédent, on inscrira dans cette section les montants des écritures de régularisation servant à corriger les soldes d'un certain nombre de comptes de la balance de vérification non régularisée. On identifie chacune des régularisations par une lettre, ce qui permet de retracer facilement le crédit accompagnant le débit d'une même écriture et inversement.

Cinq écritures de régularisation semblables à celles expliquées au chapitre 4 sont inscrites dans le chiffrier du tableau 5-3:

a) Le solde du compte Assurances payées d'avance comprend 600 $ d'assurances absorbées;

b) L'inventaire effectué le 31 décembre 1996 révèle qu'il y a, à cette date, 200 $ de fournitures de magasin non utilisées;

c) L'inventaire effectué le 31 décembre 1996 révèle qu'il y a, à cette date, 100 $ de fournitures de bureau non utilisées;

d) L'amortissement du matériel de magasin de l'exercice s'élève à 3 000 $;

e) L'amortissement du matériel de bureau de l'exercice s'élève à 700 $.

Le calcul et le report du solde des comptes

Après avoir effectué les écritures de régularisation, il faut additionner les montants apparaissant dans les deux colonnes de la section Régularisation afin de vérifier l'égalité des débits et des crédits. L'étape suivante consiste à prendre les montants de la balance de vérification, à les grouper avec ceux inscrits dans la section Régularisation et à reporter les soldes régularisés dans les colonnes appropriées des sections des états financiers. Les produits, les éléments du coût des marchandises vendues et les charges d'exploitation sont reportés dans les colonnes de la section État des résultats. Les éléments d'actif, de passif et de l'avoir du propriétaire sont reportés dans les colonnes de la section État de l'avoir du propriétaire et bilan.

La section État des résultats

Dans le tableau 5-3, remarquez que les éléments du coût des marchandises vendues, des produits et des charges d'exploitation gardent leur solde débiteur ou créditeur lorsqu'ils sont reportés dans les colonnes de la section État des résultats. Puisque les comptes Rendus et rabais sur ventes et Escomptes sur ventes sont des comptes de contrepartie du compte Ventes, leur montant est inscrit dans la colonne débit et sera déduit du montant des ventes lors de l'établissement de l'état des résultats, comme le montre le tableau 5-2. Il en est de même pour les comptes Rendus et rabais sur achats et Escomptes sur achats dont les soldes sont créditeurs. Ce sont des comptes de contrepartie du compte Achats et c'est pourquoi ils seront déduits du montant des achats lors de l'établissement de l'état des résultats, comme le montre le tableau 5-2.

L'inscription du stock d'ouverture. Dans le chiffrier du tableau 5-3, vous constaterez à la ligne 5 que le coût du stock du début de l'exercice, au montant de 19 000 $, est reporté dans la colonne débit de la section État des résultats puisque ce compte a un solde débiteur. Le coût du stock du début entre dans le calcul du coût des marchandises vendues. Rappelez-vous que dans l'état des résultats, le calcul du coût des marchandises vendues nécessite l'addition du coût du stock d'ouverture au montant des achats nets pour déterminer le coût des marchandises destinées à la vente.

L'inscription du stock de clôture. Comme vous le savez, lorsque la méthode de l'inventaire périodique est utilisée, il faut, à la fin de chaque exercice, procéder au dénombrement des marchandises en magasin et multiplier le nombre d'unités par leur coût d'acquisition; le coût du stock de clôture correspond à la somme de ces calculs. Le 31 décembre 1996, l'entreprise Donalda enr. a établi la valeur de son stock de clôture à 21 000 $ en suivant cette méthode.

Lors de l'établissement du chiffrier, après avoir reporté tous les montants de la section Balance de vérification dans les colonnes appropriées des sections des états financiers, le coût du stock de clôture est alors inscrit dans la colonne crédit de la section État des résultats et dans la colonne débit de la section État de l'avoir du propriétaire et bilan, comme à la ligne 5 du chiffrier du tableau 5-3. En inscrivant le coût du stock de clôture dans la colonne crédit de la section État des résultats du chiffrier, on obtient un résultat similaire à celui de l'état des résultats dans lequel le coût du stock de clôture est déduit du coût des marchandises destinées à la vente pour obtenir le coût des marchandises vendues.

Par ailleurs, le coût du stock de clôture au montant de 21 000 $ est inscrit dans la colonne débit de la section État de l'avoir du propriétaire et bilan puisqu'il s'agit d'un élément d'actif qui doit apparaître au bilan (plus loin dans ce chapitre, nous présenterons l'écriture de journal qu'il faut passer dans les livres pour comptabiliser le stock de clôture).

L'inscription du coût des marchandises vendues dans le chiffrier

Les montants nécessaires au calcul du coût des marchandises vendues sont présentés en bleu dans la section État des résultats du tableau 5-3. Le stock d'ouverture, les achats et les frais de transport à l'achat apparaissent dans la colonne débit de la section État des résultats, alors que les montants du stock de clôture, des rendus et rabais sur achats et des escomptes sur achats apparaissent dans la colonne crédit de cette section.

Remarquez que dans le calcul suivant, la somme des trois montants créditeurs est déduite de la somme des trois montants débiteurs pour établir à 230 000 $ le coût des marchandises vendues présenté dans l'état des résultats du tableau 5-2.

Débits:	
Stock d'ouverture	19 000 $
Achats	235 800
Frais de transport à l'achat.	1 500
Total des débits	256 300
Crédits:	
Stock de clôture	21 000
Rendus et rabais sur achats	1 200
Escomptes sur achats	4 100
Total des crédits	26 300
Coût des marchandises vendues	230 000 $

Ces six éléments sont reportés dans la colonne appropriée de la section État des résultats du chiffrier, ce qui permet de tenir compte du coût des marchandises vendues (230 000 $) dans l'établissement du bénéfice net de l'exercice.

Le chiffrier et l'établissement des états financiers

Une fois tous les montants convenablement classés dans le chiffrier et le stock de clôture inscrit, le chiffrier est complété en additionnant les colonnes et en déterminant le bénéfice net ou la perte nette, comme nous l'avons expliqué au chapitre précédent.

L'établissement de l'état des résultats

Une fois le chiffrier terminé, les montants de la section État des résultats sont utilisés pour dresser un état des résultats en bonne et due forme. L'état des résultats de l'entreprise Donalda enr., basé sur les informations du tableau 5-3, apparaît au tableau 5-2.

L'établissement de l'état de l'avoir du propriétaire

L'état de l'avoir du propriétaire indique les changements qui ont eu lieu dans l'avoir du propriétaire au cours de l'exercice. Cet état permet donc de faire le lien entre le montant de l'avoir du propriétaire apparaissant au bilan de l'exercice précédent et celui qui figure au bilan de l'exercice en cours.

Les informations nécessaires pour dresser l'état de l'avoir du propriétaire figurent dans les deux dernières colonnes du chiffrier. Le montant de l'avoir du propriétaire au début de la période apparaît sur la ligne du compte Donalda Lavoie – Capital. Le bénéfice net (ou la perte nette) apparaît sur une ligne au bas du chiffrier et le montant des prélèvements apparaît sur une ligne séparée (ligne 17 du chiffrier).

L'état de l'avoir du propriétaire de l'entreprise Donalda enr., montré dans le tableau 5-4, indique que l'entreprise a commencé l'exercice 1996 avec 58 600 $ de capital, soit le montant apparaissant à l'avoir du propriétaire à la fin de l'exercice précédent. Ce solde a été augmenté du montant du bénéfice net réalisé au cours de l'exercice 1996, soit 11 100 $; il a été réduit par des prélèvements s'élevant à 4 000 $, ce qui explique le solde de 65 700 $ apparaissant au bilan du 31 décembre 1996 du tableau 5-5.

L'établissement du bilan

Le bilan ordonné de l'entreprise Donalda enr. apparaît dans le tableau 5-5. Puisque la valeur de chacun des éléments payés d'avance n'est pas importante, ils ont tous été regroupés dans le bilan en un seul poste. De plus, vous remarquerez que les comptes TPS à recouvrer, TVQ à recouvrer, TPS à payer et TVQ à payer ont été regroupés dans un seul poste intitulé Taxes de vente à payer. Le capital de 65 700 $ apparaissant à la section de l'avoir du propriétaire et du bilan est identique au solde de fin d'exercice du compte Donalda Lavoie – Capital établi à l'état de l'avoir du propriétaire, comme le montre le tableau 5-4.

Une fois le chiffrier et les états financiers établis, les écritures de régularisation et de clôture doivent être passées dans le journal général et reportées dans le grand livre. Les écritures de régularisation et de clôture de l'entreprise Donalda enr. apparaissent au tableau 5-6. Toutefois, afin d'alléger la lecture, les explications des écritures ne sont pas fournies. Chaque groupe d'écritures est identifié par les en-têtes Écritures de régularisation et Écritures de clôture.

En comparant les écritures de régularisation du tableau 5-6 et les écritures de la section Régularisation du chiffrier du tableau 5-3, vous pouvez constater que la section Régularisation du chiffrier fournit l'information nécessaire à l'établissement des écritures de régularisation.

La section État des résultats du chiffrier donne l'information nécessaire à l'établissement des écritures de clôture. Comparez la première écriture de clôture du tableau 5-6 aux éléments de la colonne débit de la section État des résultats du tableau 5-3. Remarquez que, dans l'écriture de clôture, le compte Sommaire des résultats est débité d'un montant de 321 400 $ qui est égal au total de la colonne débit de la section État des résultats du chiffrier, et que chaque compte dont un montant figure dans cette colonne est crédité d'un montant identique dans l'écriture de clôture. Cette écriture enlève le stock d'ouverture de 19 000 $ du compte Stock et ferme également tous les comptes de charges, du coût des marchandises vendues ainsi que les comptes de contrepartie des ventes qui ont un solde débiteur.

En comparant la deuxième écriture de clôture du tableau 5-6 aux éléments de la colonne crédit de la section État des résultats du chiffrier du tableau 5-3, vous pouvez constater que chaque compte de cette colonne est débité d'un montant identique dans l'écriture de clôture, et que le compte Sommaire des résultats est crédité d'un montant de 332 500 $ qui est égal au total de la colonne. Cette écriture ferme les comptes de produits d'exploitation ainsi que les éléments du coût des marchandises vendues qui ont un solde créditeur (compte de contrepartie des achats) et permet d'inscrire le stock de clôture au montant de 21 000 $ dans le compte Stock.

La troisième écriture transfère le bénéfice net réalisé au cours de l'exercice, soit 11 100 $, du compte Sommaire des résultats au compte Donalda Lavoie – Capital. Finalement, la quatrième écriture ferme le compte Prélèvements en le créditant d'un montant égal à son solde et en portant ce montant au débit du compte Donalda Lavoie – Capital.

Les écritures de régularisation et de clôture

Objectif 5 Effectuer les écritures de régularisation et de clôture d'une entreprise commerciale.

TABLEAU 5-4 *L'état de l'avoir du propriétaire*

DONALDA ENR.
État de l'avoir du propriétaire
pour l'exercice clos le 31 décembre 1996

Donalda Lavoie – Capital au 1er janvier 1996	58 600 $
Plus: Bénéfice net	11 100
Total....................................	69 700
Moins: Prélèvements	4 000
Donalda Lavoie – Capital au 31 décembre 1996....	65 700 $

TABLEAU 5-5 *Le bilan*

DONALDA ENR.
Bilan
au 31 décembre 1996

Actif

Actif à court terme:			
Encaisse...............................		9 800 $	
Clients		8 800	
Stock		21 000	
Frais payés d'avance		600	
Total de l'actif à court terme................			40 200
Immobilisations corporelles:			
Matériel de magasin	29 100		
Moins: Amortissement cumulé	5 500	23 600	
Matériel de bureau.......................	4 400		
Moins: Amortissement cumulé	1 300	3 100	
Total des immobilisations corporelles.........			26 700
Total de l'actif............................			66 900 $

Passif

Passif à court terme:		
Fournisseurs...........................	600 $	
Taxes de vente à payer	600	
Total du passif à court terme.................		1 200

Avoir du propriétaire

Donalda Lavoie – Capital	65 700
Total du passif et de l'avoir du propriétaire	66 900 $

TABLEAU 5-6   *Les écritures de régularisation et de clôture d'une entreprise commerciale*

DONALDA ENR.
Écritures de régularisation et de clôture
au 31 décembre 1996

Date		Nom des comptes et explication	Compte N°	Débit	Crédit
1996 Déc.		Écritures de régularisation			
	31	Assurances		600	
		Assurances payées d'avance.			600
	31	Fournitures de magasin utilisées.		400	
		Fournitures de magasin non utilisées			400
	31	Fournitures de bureau utilisées		200	
		Fournitures de bureau non utilisées			200
	31	Amortissement – Matériel de magasin		3 000	
		Amortissement cumulé – Matériel de magasin			3 000
	31	Amortissement – Matériel de bureau		700	
		Amortissement cumulé – Matériel de bureau . . .			700
		Écritures de clôture			
	31	Sommaire des résultats		321 400	
		Stock			19 000
		Rendus et rabais sur ventes.			1 900
		Escomptes sur ventes			4 300
		Achats			235 800
		Frais de transport à l'achat			1 500
		Salaires des vendeurs			18 500
		Loyers – Service des ventes			8 100
		Publicité			700
		Fournitures de magasin utilisées.			400
		Amortissement – Matériel de magasin			3 000
		Salaires du personnel de bureau			25 800
		Loyers – Administration.			900
		Assurances			600
		Fournitures de bureau utilisées			200
		Amortissement – Matériel de bureau			700
	31	Stock		21 000	
		Ventes		306 200	
		Rendus et rabais sur achats		1 200	
		Escomptes sur achats		4 100	
		Sommaire des résultats			332 500
	31	Sommaire des résultats		11 100	
		Donalda Lavoie – Capital			11 100
	31	Donalda Lavoie – Capital		4 000	
		Donalda Lavoie – Prélèvements			4 000

Aucun élément nouveau ne s'ajoute au moment des écritures de clôture d'une entreprise commerciale à l'exception du montant des stocks d'ouverture et de clôture. Il importe que vous saisissiez bien les effets des écritures de clôture sur le compte Stock.

Les écritures de clôture et le compte Stock

Avant le report des écritures de clôture, le compte Stock de l'entreprise Donalda enr. avait un solde débiteur de 19 000 $ qui correspondait au montant du stock d'ouverture. Ce compte figurait alors dans le grand livre de la façon suivante:

Stock   **Compte n° 119**

Date		Explication	Référence	Débit	Crédit		Solde
1995 Déc.	31		JG-10	19 000		Dt	19 000

Lorsque la première écriture de clôture du 31 décembre 1996 est reportée dans le grand livre, le crédit de 19 000 $ porté au compte Stock annule le montant du stock d'ouverture. Ce compte figure alors de la façon suivante:

Stock   **Compte n° 119**

Date		Explication	Référence	Débit	Crédit		Solde
1995 Déc.	31		JG-10	19 000		Dt	19 000
1996 Déc.	31		JG-20		19 000		0

Lorsque la deuxième écriture de clôture est reportée, le débit de 21 000 $ porté au compte Stock y inscrit le coût du stock de clôture. Ce compte figurerait alors de la façon suivante:

Stock   **Compte n° 119**

Date		Explication	Référence	Débit	Crédit		Solde
1995 Déc.	31		JG-10	19 000		Dt	19 000
1996 Déc.	31		JG-20		19 000		0
	31		JG-23	21 000		Dt	21 000

Le solde débiteur de 21 000 $ apparaissant au compte Stock demeure inchangé tout au long de l'exercice suivant. Ce solde représente le stock de clôture de l'exercice 1996 et devient alors le coût du stock d'ouverture de l'exercice 1997.

Les autres méthodes d'inscription du stock

Il existe plusieurs façons d'ajuster le solde du compte Stock à la fin d'un exercice. Toutefois, elles ont toutes les mêmes objectifs: d'une part, enlever le montant du stock d'ouverture du compte Stock et l'imputer au compte Sommaire des résultats et, d'autre part, inscrire le stock de clôture dans le compte Stock et créditer le montant au compte Sommaire des résultats. Ces objectifs peuvent être atteints en utilisant les écritures de clôture, comme cela a déjà été expliqué, ou en passant une écriture de régularisation. Les deux méthodes sont acceptables et elles donnent des résultats équivalents. L'approche des écritures de régularisation est expliquée à l'annexe 5-A, à la fin de ce chapitre.

L'état des résultats montré au tableau 5-2 respecte les règles de la bonne présentation des informations puisque les éléments sont classés par groupes. (Notez que les charges d'exploitation sont regroupées en deux grands groupes, les frais de vente et les frais d'administration.) C'est un **état des résultats à groupements multiples**, car le coût des marchandises vendues est soustrait du total des ventes nettes afin d'obtenir la marge bénéficiaire brute, et les autres charges sont soustraites par groupes pour en arriver à établir le bénéfice net. Une autre forme de présentation communément utilisée est l'**état des résultats à groupements simples** illustré au tableau 5-7. Cette forme de présentation est plus concise. Remarquez que le coût des marchandises vendues et les autres charges sont additionnés pour donner le total des charges, puis ce montant est soustrait des ventes nettes pour établir le bénéfice net. Cette présentation est souvent utilisée pour la publication des états financiers des grandes sociétés. Remarquez aussi que les informations fournies par cet état des résultats sont condensées. Le détail des éléments permettant d'établir le montant des ventes nettes, le coût des marchandises vendues, les frais de vente et les frais d'administration, par exemple, n'est pas présenté.

L'état des résultats à groupements multiples et l'état des résultats à groupements simples

De nombreuses entreprises combinent l'état des résultats et celui de l'avoir du propriétaire en un seul état. Cet état peut être soit à groupements simples, comme au tableau 5-8, soit à groupements multiples.

L'état combiné des résultats et de l'avoir du propriétaire

Dans le cours normal des affaires, il peut arriver qu'un acheteur et un fournisseur conviennent qu'il est nécessaire de corriger le montant dû à l'un ou à l'autre. Une telle situation peut se présenter lorsque les marchandises reçues ne conviennent pas, qu'elles n'ont pas été commandées, qu'elles sont avariées au moment de la réception, que la quantité reçue est différente de celle facturée ou encore lorsqu'une erreur s'est produite lors de l'établissement de la facture. Certaines situations peuvent exiger une négociation entre l'acheteur et le fournisseur alors que d'autres sont tellement évidentes qu'un échange ne s'avère pas nécessaire. Il est facile, par exemple, de corriger une erreur qui s'est produite sur la facture d'un fournisseur. Si l'acheteur effectue la correction, il avise le fournisseur de la situation en lui faisant parvenir, selon le cas, une **note de débit** ou une **note de crédit**.

La note de débit est un document commercial sur lequel doit apparaître le nom et l'adresse de l'entreprise à qui il est destiné; il porte aussi la mention «Nous débitons votre compte d'un montant de» suivie de l'explication justifiant cette correction. La note de crédit, quant à elle, porte la mention «Nous créditons votre compte d'un montant de». L'utilisation de ces documents est présentée à la figure 5-5.

Pour illustrer l'utilisation d'une note de débit, supposons qu'un acheteur découvre qu'une erreur s'est produite lors de l'addition des montants apparaissant sur une facture qu'il vient de recevoir d'un fournisseur; le total de cette dernière est surévalué d'un montant de 10 $ plus les taxes. L'acheteur avise rapidement le

Les notes de débit et de crédit

TABLEAU 5-7   *L'état des résultats à groupements multiples*

DONALDA ENR.
État des résultats
pour l'exercice clos le 31 décembre 1996

Ventes nettes		300 000 $
Charges d'exploitation:		
Coût des marchandises vendues	230 000	
Frais de vente.	30 700	
Frais d'administration	28 200	
Total des charges d'exploitation		288 900
Bénéfice net.		11 100 $

TABLEAU 5-8   *L'état combiné des résultats et de l'avoir du propriétaire*

DONALDA ENR.
État des résultats et de l'avoir du propriétaire
pour l'exercice clos le 31 décembre 1996

Ventes nettes		300 000 $
Charges d'exploitation:		
Coût des marchandises vendues	230 000	
Frais de vente.	30 700	
Frais d'administration	28 200	
Total des charges d'exploitation		288 900
Bénéfice net.		11 100
Donalda Lavoie – Capital au 1er janvier 1996		58 600
Total.		69 700
Moins: Prélèvements		4 000
Donalda Lavoie – Capital au 31 décembre 1996. . . .		65 700 $

fournisseur de l'erreur qu'il vient de découvrir, rédige une note de débit sur laquelle on peut lire le nom du fournisseur et «Nous débitons votre compte d'un montant de 11,40 $ (10,00 $ + 0,70 $ de TPS + 0,70 $ de TVQ) afin de corriger l'erreur qui s'est produite sur votre facture du 17 novembre», et une copie de celle-ci sera expédiée au fournisseur. Le montant total (11,40 $) de la note de débit sera porté dans les livres de l'acheteur en réduction du compte Fournisseurs (au débit) et le montant de l'erreur avant les taxes (10 $), au crédit du compte Achats. Finalement, les montants de TPS et TVQ seront, respectivement, crédités aux comptes TPS à recouvrer (0,70 $) et TVQ à recouvrer (0,70 $). Si, par contre, l'acheteur découvre l'erreur avant que la facture d'achat soit comptabilisée, il inscrira la correction sur la facture d'achat, préparera une note de débit qu'il attachera à la facture afin de signaler que le fournisseur en a été avisé. Par la suite, il inscrira dans les livres l'achat au montant obtenu après modification.

Dans d'autres circonstances, il peut être nécessaire que l'acheteur et le fournisseur s'entendent avant d'apporter une correction. Ainsi, lorsqu'un acheteur découvre que les marchandises reçues ne correspondent pas à ce qu'il avait commandé, il devra, avant de les renvoyer, s'entendre avec le fournisseur. L'acheteur comptabilisera quand même cette facture d'achat en portant le montant total (incluant les taxes) au crédit du compte Fournisseurs, le montant de l'achat avant taxes au débit du compte Achats, et la TPS ainsi que la TVQ au débit des comptes TPS à recouvrer et TVQ à recouvrer. Si le fournisseur donne suite aux demandes de l'acheteur, il l'avisera soit de renvoyer la marchandise, soit de la conserver en bénéficiant d'une réduction de prix. Le fournisseur spécifiera les termes de l'entente sur la note de crédit à l'acheteur. Le fournisseur utilise une note de crédit parce que le retour de marchandises ou la réduction de leur prix de vente a pour effet de réduire ses comptes clients; un crédit sera donc porté à ce compte. Lorsque l'acheteur recevra la note de crédit, il devra porter au débit du compte Fournisseurs le montant de la note de crédit incluant les taxes, créditer le compte Rendus et rabais sur achats du montant avant taxes, et créditer la TPS ainsi que la TVQ aux comptes TPS à recouvrer et TVQ à recouvrer. Rappelons ici que la facture d'achat avait été comptabilisée au plein montant.

Comme vous le voyez, les notes de débit ou de crédit peuvent être émises aussi bien par l'acheteur que par le fournisseur. Le nom du document dépend de celui qui l'émet. Si l'auteur de la note doit débiter le compte Clients ou le compte Fournisseurs dans ses livres, il émet une note de débit. Si, par contre, l'auteur de la note doit créditer le compte Clients ou le compte Fournisseurs dans ses livres, il émet une note de crédit.

Le rabais de gros

Quand un fabricant ou un grossiste prépare un catalogue de ses marchandises mises en vente, il fixe, pour chaque article, un prix de vente courant. Un **rabais de gros** est une réduction accordée sur le **prix courant** (souvent, au moins 40 %). On utilise le prix courant ou le prix du catalogue duquel on déduit l'escompte auquel a droit un client pour établir le prix de vente qui apparaîtra sur la facture.

Les rabais de gros sont couramment utilisés par les fabricants et les grossistes afin d'éviter le renouvellement des catalogues chaque fois que les prix de vente changent. Il suffit d'ajuster ceux-ci en ajoutant une nouvelle liste d'escomptes qui permet d'offrir différents prix aux différentes catégories de clients. Tout en utilisant un même catalogue, un fabricant pourrait, par exemple, offrir un rabais de gros de 40 % aux grossistes et un rabais de 30 % aux détaillants. Ces rabais de gros sont différents des escomptes sur ventes abordés précédemment. Ils ne sont comptabilisés ni par l'acheteur ni par le fournisseur. Supposons, par exemple, qu'un fabricant vende à crédit à un commerçant un article dont le prix courant est de 100 $. S'il offrait un rabais de gros de 40 %, il comptabiliserait cette vente au montant de 60 $ [100 − (40 % × 100 $)] plus TPS et TVQ, de la façon suivante:

Déc.	10	Clients	68,37	
		TPS à payer		4,20
		TVQ à payer		4,17
		Ventes		60,00
		Pour inscrire une vente à crédit.		

FIGURE 5-5   *Les notes de débit et de crédit*

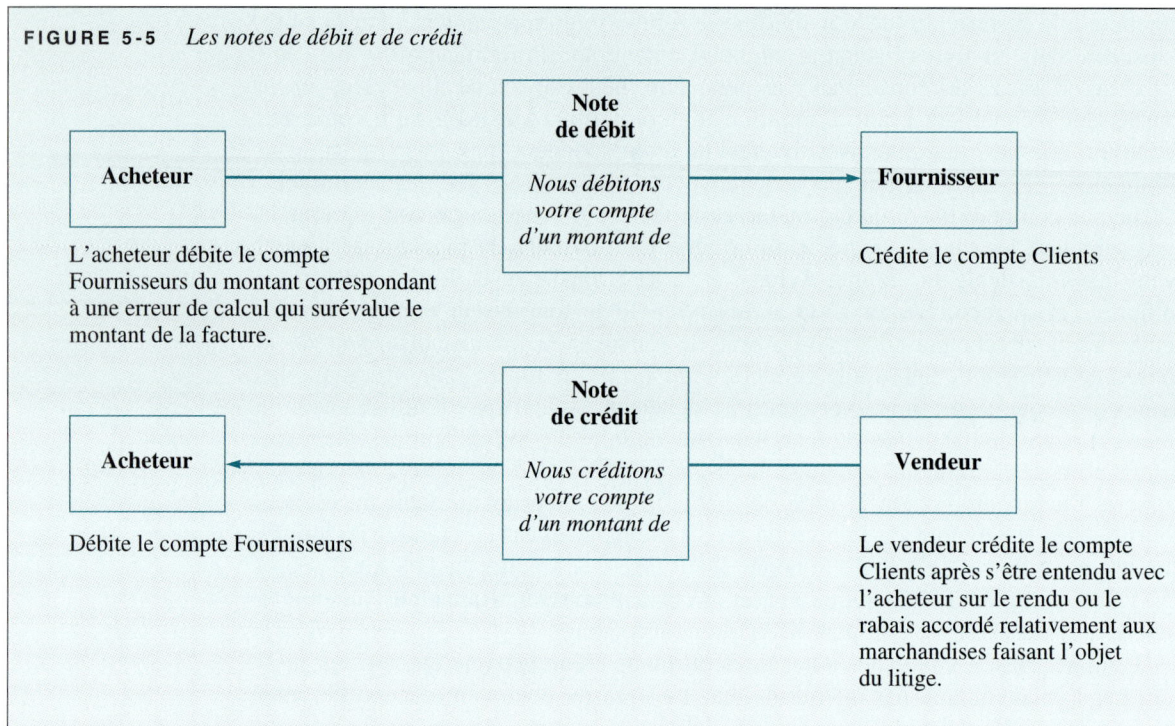

	Note de débit	
Acheteur	*Nous débitons votre compte d'un montant de*	**Fournisseur**
L'acheteur débite le compte Fournisseurs du montant correspondant à une erreur de calcul qui surévalue le montant de la facture.		Crédite le compte Clients

	Note de crédit	
Acheteur	*Nous créditons votre compte d'un montant de*	**Vendeur**
Débite le compte Fournisseurs		Le vendeur crédite le compte Clients après s'être entendu avec l'acheteur sur le rendu ou le rabais accordé relativement aux marchandises faisant l'objet du litige.

L'acheteur comptabiliserait l'achat au même montant, c'est-à-dire au prix de 60 $ plus les taxes. Si le client bénéficiait d'un escompte de caisse, l'escompte ne s'appliquerait qu'au montant net de l'achat, soit 60 $.

Résumé en regard des objectifs d'apprentissage	**Objectif 1.** Pour calculer la TPS, on doit multiplier le coût du bien ou du service par le taux de 7 %. La TVQ, quant à elle, se calcule sur le prix du bien ou du service incluant la TPS. Son taux est de 6,5 %. Les montants de TPS et de TVQ perçus par une entreprise doivent être portés respectivement au crédit des comptes de passif TPS à payer et TVQ à payer. Quant aux montants de TPS et de TVQ versés par une entreprise à ses fournisseurs, ils doivent être respectivement inscrits au débit des comptes TPS à recouvrer et TVQ à recouvrer. Aux périodes prévues, l'entreprise doit remettre aux gouvernements le montant net des taxes.

Objectif 2. Pour déterminer le montant à comptabiliser comme achat (ou vente), il faut déduire les rabais de gros du prix courant afin d'établir le prix facturé, lequel est débité au compte Achats (ou crédité au compte Ventes). Les escomptes sur achats, les rendus et rabais sur achats, les frais de transport à l'achat, les escomptes sur ventes, et les rendus et rabais sur ventes sont comptabilisés dans des comptes distincts de grand livre.

Objectif 3. Les escomptes sur ventes et les rendus et rabais sur ventes sont déduits des ventes brutes pour obtenir les ventes nettes. Le coût du stock d'ouverture est ajouté au coût des marchandises achetées pour obtenir le coût des marchandises destinées à la vente. Le coût du stock de clôture est soustrait du coût des marchandises destinées à la vente pour obtenir le coût des marchandises vendues, qui est lui-même soustrait des ventes nettes afin d'obtenir la marge bénéficiaire brute.

Objectif 4. Lorsque les écritures de clôture sont utilisées pour ajuster le stock, le montant du stock d'ouverture est reporté dans le chiffrier, de la colonne débit de la section Balance de vérification à la colonne débit de la section État des résultats. Le montant du stock de clôture, quant à lui, est inscrit directement dans la colonne crédit de la section État des résultats et dans la colonne débit de la section État de l'avoir du propriétaire et bilan.

Objectif 5. Lorsque la méthode des écritures de clôture est utilisée pour ajuster le stock, le montant du stock d'ouverture est fermé dans le compte Sommaire des résultats et le montant du stock de clôture est porté au débit du compte Stock et au crédit du compte Sommaire des résultats.

Voici le chiffrier partiel du Magasin Universel enr., établi le 31 décembre 1996:

Exemple récapitulatif

MAGASIN UNIVERSEL ENR.
Chiffrier
pour l'exercice clos le 31 décembre 1996

Nom du compte	Balance de vérification		Écriture de régularisation	
	Débit	**Crédit**	**Débit**	**Crédit**
Encaisse	28 200			
TPS à recouvrer	902			
TVQ à recouvrer	898			
Stock	52 000			
Fournitures de magasin non utilisées	7 000			(*a*) 6 000
Matériel de magasin	40 000			
Amortissement cumulé – Matériel de magasin		11 000		(*b*) 5 500
Fournisseurs		1 000		
TPS à payer		1 002		
TVQ à payer		998		
Jacques Lacroix – Capital		69 000		
Jacques Lacroix – Prélèvements	8 000			
Ventes		320 000		
Escomptes sur ventes	20 000			
Achats	147 000			
Escomptes sur achats		12 000		
Frais de transport à l'achat	11 000			
Salaires	43 000			
Loyers	24 000			
Publicité	21 000			
Fournitures de magasin utilisées			(*a*) 6 000	
Amortissement – Matériel de magasin			(*b*) 5 500	
Assurances	12 000			
	415 000	415 000	11 500	11 500

Travail à faire

1. Établissez un chiffrier en tenant compte du fait que le stock de clôture s'élève à 50 000 $.
2. Dressez l'état des résultats de l'exercice clos le 31 décembre 1996.
3. Dressez l'état de l'avoir du propriétaire.
4. Dressez le bilan au 31 décembre 1996.
5. Passez les écritures de clôture.

Solution de l'exemple récapitulatif	**Approche privilégiée**

Approche privilégiée

■ Dressez un chiffrier et transcrivez-y les montants de la balance de vérification avant régularisation ainsi que les montants inscrits dans la section Régularisation. Reportez les soldes régularisés de chacun des comptes dans les colonnes appropriées des sections État des résultats ou État de l'avoir du propriétaire et bilan. Puis, inscrivez le montant du stock de clôture dans la colonne crédit de la section État des résultats et dans la colonne débit de la section État de l'avoir du propriétaire et bilan. Additionnez les colonnes de la section État des résultats pour établir le bénéfice net de l'exercice et inscrivez ce montant dans la colonne débit de la section État des résultats; reportez ce même montant dans la colonne crédit de la section État de l'avoir du propriétaire et bilan. Totalisez chacune des colonnes de la section État de l'avoir du propriétaire et bilan, et vérifiez si le total de la colonne débit est égal au total de la colonne crédit.

■ Dressez l'état des résultats. Dans un premier temps, calculez les ventes nettes, le coût des marchandises vendues, la marge bénéficiaire brute et le bénéfice net.

■ Établissez l'état de l'avoir du propriétaire qui fera ressortir l'avoir du début, le bénéfice net de l'exercice, les prélèvements et finalement l'avoir de la fin.

■ Établissez le bilan en utilisant les montants apparaissant dans les deux colonnes de la section État de l'avoir du propriétaire et bilan. N'oubliez pas d'y inscrire le solde de l'avoir du propriétaire à la fin de l'exercice.

■ Préparez la première écriture de clôture, qui crédite tous les comptes de la section État des résultats ayant un solde débiteur. La deuxième écriture de clôture débite tous les comptes de la section État des résultats ayant un solde créditeur. La troisième écriture de clôture permet de porter le solde du compte Sommaire des résultats au compte Jacques Lacroix – Capital. Finalement, la quatrième écriture de clôture permet de fermer le compte Prélèvements en portant le solde de ce compte au débit du compte Capital.

1.

MAGASIN UNIVERSEL ENR.
Chiffrier
pour l'exercice clos le 31 décembre 1996

Nom du compte	Balance de vérification		Régularisation		État des résultats		État de l'avoir du propriétaire et bilan	
	Débit	Crédit	Débit	Crédit	Débit	Crédit	Débit	Crédit
Encaisse	28 200						28 200	
TPS à recouvrer	902						902	
TVQ à recouvrer	898						898	
Stock	52 000				52 000	50 000	50 000	
Fournitures de magasin non utilisées	7 000			(a) 6 000			1 000	
Matériel de magasin	40 000						40 000	
Amortissement cumulé – Matériel de magasin		11 000		(b) 5 500				16 500
Fournisseurs		1 000						1 000
TPS à payer		1 002						1 002
TVQ à payer		998						998
Jacques Lacroix – Capital		69 000						69 000
Jacques Lacroix – Prélèvements	8 000						8 000	
Ventes		320 000				320 000		
Escomptes sur ventes	20 000				20 000			
Achats	147 000				147 000			
Escomptes sur achats		12 000				12 000		
Frais de transport à l'achat	11 000				11 000			
Salaires	43 000				43 000			
Loyers	24 000				24 000			
Publicité	21 000				21 000			
Fournitures de magasin utilisées			(a) 6 000		6 000			
Amortissement – Matériel de magasin			(b) 5 500		5 500			
Assurances	12 000				12 000			
	415 000	415 000	11 500	11 500	341 500	382 000	129 000	88 500
Bénéfice net					40 500			40 500
					382 000	382 000	129 000	129 000

2.

MAGASIN UNIVERSEL ENR.
État des résultats
pour l'exercice clos le 31 décembre 1996

Produits d'exploitation:			
Ventes brutes			320 000 $
Moins: Escomptes sur ventes			20 000
Ventes nettes			300 000
Coût des marchandises vendues:			
Stock d'ouverture		52 000	
Achats	147 000		
Moins: Escomptes sur achats	12 000		
Achats nets	135 000		
Plus: Frais de transport à l'achat	11 000		
Coût des marchandises achetées		146 000	
Coût des marchandises destinées à la vente		198 000	
Stock de clôture		50 000	
Coût des marchandises vendues			148 000
Marge bénéficiaire brute			152 000
Charges d'exploitation:			
Salaires		43 000	
Loyers		24 000	
Publicité		21 000	
Fournitures de magasin utilisées		6 000	
Amortissement – Matériel de magasin		5 500	
Assurances		12 000	
Total des charges d'exploitation			111 500
Bénéfice net			40 500 $

3.

MAGASIN UNIVERSEL ENR.
État de l'avoir du propriétaire
pour l'exercice clos le 31 décembre 1996

Jacques Lacroix – Capital au 1er janvier 1996	69 000 $
Plus: Bénéfice net	40 500
Total	109 500
Moins: Prélèvements	8 000
Jacques Lacroix – Capital au 31 décembre 1996	101 500 $

4.

MAGASIN UNIVERSEL ENR.
Bilan
au 31 décembre 1996

Actif

Actif à court terme		
Encaisse...........................		28 200 $
Stock..............................		50 000
Fournitures de magasin non utilisées........		1 000
Total de l'actif à court terme..............		79 200
Immobilisations corporelles		
Matériel de magasin....................	40 000	
Moins: Amortissement cumulé............	16 500	
Total des immobilisations corporelles		23 500
Total de l'actif...........................		102 700 $

Passif

Passif à court terme:		
Fournisseurs.........................	1 000 $	
Taxes de vente à payer..................	200	
Total du passif à court terme...............		1 200

Avoir du propriétaire

Jacques Lacroix – Capital..................		101 500
Total du passif et de l'avoir du propriétaire.....		102 700 $

5.

1996					
Déc.	31	Sommaire des résultats.............................		341 500	
		Stock...			52 000
		Escomptes sur ventes...........................			20 000
		Achats..			147 000
		Frais de transport à l'achat.....................			11 000
		Salaires......................................			43 000
		Loyers.......................................			24 000
		Publicité......................................			21 000
		Fournitures de magasin utilisées..................			6 000
		Amortissement – Matériel de magasin.............			5 500
		Assurances....................................			12 000
	31	Stock...		50 000	
		Ventes..		320 000	
		Escomptes sur achats..............................		12 000	
		Sommaire des résultats........................			382 000
	31	Sommaire des résultats.............................		40 500	
		Jacques Lacroix – Capital......................			40 500
	31	Jacques Lacroix – Capital..........................		8 000	
		Jacques Lacroix – Prélèvements.................			8 000

5-A

La comptabilisation des stocks au moyen des écritures de régularisation

Objectif 7 Expliquer les écritures de régularisation relatives à la comptabilisation du stock et établir le chiffrier ainsi que les écritures de régularisation et de clôture s'y rapportant.

Dans le chapitre 5, nous fermons le stock d'ouverture dans le compte Sommaire des résultats au moyen des écritures de clôture. De même, nous inscrivons le montant du stock de clôture à l'aide de la deuxième écriture de clôture. Une autre approche possible consiste à utiliser les écritures de régularisation pour fermer le stock d'ouverture apparaissant dans le chiffrier et pour y inscrire le coût du stock de clôture.

Certains comptables préfèrent utiliser les écritures de clôture, alors que d'autres préfèrent les écritures de régularisation. L'utilisation de l'une ou de l'autre de ces deux méthodes relève d'un choix personnel puisqu'elles donnent des résultats analogues. Plusieurs systèmes informatiques effectuent automatiquement les écritures de clôture. En d'autres mots, le comptable n'a pas besoin d'établir les écritures de clôture: il tape une commande indiquant qu'il s'agit d'une fin d'exercice et le logiciel ferme tous les comptes temporaires et seulement ces derniers. Puisque le compte Stock n'est pas un compte temporaire, son solde demeure donc inchangé après la passation automatique, par le système informatique, des écritures de clôture. Lorsque le logiciel comptable ne permet pas de traiter les stocks d'ouverture et de clôture au moyen des écritures de clôture, le comptable doit utiliser les écritures de régularisation pour fermer le stock d'ouverture et inscrire le solde du stock de clôture.

Pour illustrer la différence entre les deux approches, utilisons de nouveau l'exemple de l'entreprise Donalda enr. Dans le chapitre 5, nous avons utilisé les écritures de clôture. D'après cette méthode, on transfère le stock d'ouverture, au montant de 19 000 $, du compte Stock au compte Sommaire des résultats. Par une deuxième écriture, on inscrit le stock de clôture, au montant de 21 000 $, en transférant cette somme du compte Sommaire des résultats au compte Stock.

L'utilisation des écritures de régularisation exige qu'on utilise une première écriture de régularisation pour transférer le montant du stock d'ouverture dans un nouveau compte qu'on appellera Coût des marchandises vendues. Pour ce faire, on crédite le compte Stock du montant du stock d'ouverture, soit 19 000 $, ce qui a pour effet de mettre ce compte à zéro, et on débite ce montant au compte Coût des marchandises vendues. La seconde écriture de régularisation permet d'inscrire le stock de clôture en débitant le compte Stock du montant du stock de clôture, soit 21 000 $, et en créditant du même montant le compte Coût des marchandises vendues. Une troisième écriture de régularisation est nécessaire afin de transférer au compte Coût des marchandises vendues les soldes des autres comptes qui entrent dans la composition de ce poste. Ainsi, cette écriture composée permettra de transférer le solde du compte Achats (il faut créditer ce compte), le solde du compte Rendus et rabais sur achats (débiter ce compte), le solde du compte Escomptes sur achats (débiter ce compte) et de porter le résultat net au débit du compte Coût des marchandises vendues. Au lieu de faire trois écritures de régularisation comme nous venons de le décrire, les comptables qui utilisent les écritures de régularisation préfèrent souvent regrouper ces éléments et établir une seule écriture de régularisation. Dans le tableau 5-A-1, nous avons utilisé une seule écriture de régularisation pour comptabiliser le stock selon l'approche des écritures de régularisation. Les deux approches de comptabilisation des stocks sont comparées dans le tableau 5-A-1. Vous remarquerez que les deux approches permettent d'atteindre les mêmes objectifs relatifs au solde du compte Stock. Ce solde est réduit du montant du stock d'ouverture, soit 19 000 $, et augmenté d'un montant de 21 000 $ qui correspond au stock de clôture. Les deux approches donnent un compte Sommaire des résultats dont le solde créditeur est de 11 100 $; ce montant représente le bénéfice net de l'exercice. Ce compte est lui-même fermé dans le compte Donalda Lavoie – Capital.

Le chiffrier selon l'approche des écritures de régularisation

Lorsque les écritures de régularisation sont utilisées, le stock d'ouverture est ajouté au compte, alors que le stock de clôture en est soustrait. Après l'inscription des régularisations dans le chiffrier, le solde du compte Coût des marchandises vendues correspond exactement au montant qui apparaît dans l'état des résultats en face du poste portant le même nom. À la fin de l'exercice, ce poste est lui-même fermé dans le compte Sommaire des résultats par les écritures de clôture. Le chiffrier du tableau 5-A-2 vous permet de bien visualiser l'écriture de régularisation (*g*) et de constater que le montant apparaissant en face du compte Coût des marchandises vendues est analogue à celui établi dans l'état des résultats pour le poste portant le même nom; à cette fin, reportez-vous au tableau 5-2.

Il faut mentionner ici que toutes les autres opérations nécessaires à l'établissement du chiffrier sont les mêmes, qu'on utilise l'une ou l'autre des approches. La seule exception concerne les écritures de clôture qui ne comportent ni débit ni crédit au compte Stock lorsqu'on utilise les écritures de régularisation. Une comparaison entre le chiffrier du tableau 5-A-2 et celui du tableau 5-3 de la page 279 vous permet de constater les différences. De même, l'examen des écritures de clôture du tableau 5-A-1 fera ressortir ce qui est particulier à chaque approche.

Malgré tout, il faut se rappeler que le chiffrier est un outil utilisé par le comptable dans le but de faciliter et d'accélérer l'établissement des états financiers. Dans la pratique, le comptable peut utiliser une approche quelque peu différente de celles décrites dans la présente section, mais en bout de ligne, les résultats sont les mêmes.

TABLEAU 5-A-1		*Comparaison entre l'approche avec écritures de clôture et l'approche avec écritures de régularisation pour ajuster le compte Stock*	

	Ajustement du compte Stock au moyen des écritures de clôture		Ajustement du compte Stock au moyen des écritures de régularisation	
1996 Écritures de régularisation				
Déc. 31 Assurances	600		600	
Assurances payées d'avance		600		600
31 Fournitures de magasin utilisées	400		400	
Fournitures de magasin non utilisées		400		400
31 Fournitures de bureau utilisées	200		200	
Fournitures de bureau non utilisées		200		200
31 Amortissement – Matériel de magasin	3 000		3 000	
Amortissement cumulé – Matériel de magasin		3 000		3 000
31 Amortissement – Matériel de bureau	700		700	
Amortissement cumulé – Matériel de bureau		700		700
31 **Coût des marchandises vendues**			**230 000**	
Stock (de clôture)			**21 000**	
Escomptes sur achats			**4 100**	
Rendus et rabais sur achats			**1 200**	
Achats				**235 800**
Stock (d'ouverture)				**19 000**
Frais de transport à l'achat				1 500
Écritures de clôture				
31 Sommaire des résultats	321 400		295 100	
Stock (d'ouverture)		**19 000**		
Rendus et rabais sur ventes		1 900		1 900
Escomptes sur ventes		4 300		4 300
Achats		235 800		
Frais de transport à l'achat		1 500		
Salaires des vendeurs		18 500		18 500
Loyers – Service des ventes		8 100		8 100
Publicité		700		700
Fournitures de magasin utilisées		400		400
Amortissement – Matériel de magasin		3 000		3 000
Salaires du personnel de bureau		25 800		25 800
Loyers – Administration		900		900
Assurances		600		600
Fournitures de bureau utilisées		200		200
Amortissement – Matériel de bureau		700		700
Coût des marchandises vendues				230 000
31 **Stock (de clôture)**	**21 000**			
Ventes	306 200		306 200	
Rendus et rabais sur achats	5 300			
Sommaire des résultats		332 500		306 200
31 Sommaire des résultats	11 100		11 100	
Donalda Lavoie – Capital		11 000		11 000
31 Donalda Lavoie – Capital	4000	4000	4000	4000
Donalda Lavoie – Prélèvements				

TABLEAU 5-A-2   *Le chiffrier selon l'approche avec écritures de régularisation*

DONALDA ENR.
Chiffrier
pour l'exercice clos le 31 décembre 1996

Nom du compte	Balance de vérification Débit	Balance de vérification Crédit	Régularisation Débit	Régularisation Crédit	État des résultats Débit	État des résultats Crédit	État de l'avoir du propriétaire et bilan Débit	État de l'avoir du propriétaire et bilan Crédit
1 Encaisse	9 800						9 800	
2 Clients	8 800						8 800	
3 TPS à recouvrer	1 205						1 205	
4 TVQ à recouvrer	1 195						1 195	
5 Stock	19 000		(g) 21 000	(g) 19 000			21 000	
6 Assurances payées d'avance	900			(a) 600			300	
7 Fournitures de magasin non utilisées	600			(b) 400			200	
8 Fournitures de bureau non utilisées	300			(c) 200			100	
9 Matériel de magasin	29 100						29 100	
10 Amortissement cumulé – Matériel de magasin		2 500		(d) 3 000				5 500
11 Matériel de bureau	4 400						4 400	
12 Amortissement cumulé – Matériel de bureau		600		(3) 700				1 300
13 Fournisseurs		600						600
14 TPS à payer		1 505						1 505
15 TVQ à payer		1 495						1 495
16 Donalda Lavoie – Capital		58 600						58 600
17 Donalda Lavoie – Prélèvements	4 000						4 000	
18 Ventes		306 200				306 200		
19 Rendus et rabais sur ventes	1 900				1 900			
20 Escomptes sur ventes	4 300				4 300			
21 Achats	235 800			(g) 235 800				
22 Rendus et rabais sur achats		1 200	(g) 1 200					
23 Escomptes sur achats		4 100	(g) 4 100					
24 Frais de transport à l'achat	1 500			(g) 1 500				
25 Coût des marchandises vendues			(g) 230 000		230 000			
26 Salaires des vendeurs	18 500				18 500			
27 Loyers – Service des ventes	8 100				8 100			
28 Publicité	700				700			
29 Fournitures de magasin utilisées			(b) 400		400			
30 Amortissement – Matériel de magasin			(d) 3 000		3 000			
31 Salaires du personnel de bureau	25 800				25 800			
32 Loyers – Administration	900				900			
33 Assurances			(a) 600		600			
34 Fournitures de bureau utilisées			(c) 200		200			
35 Amortissement – Matériel de bureau			(e) 700		700			
36	376 800	376 800	261 200	261 200	295 100	306 200	80 100	69 000
37 Bénéfice net					11 100			11 100
38					306 200	306 200	80 100	80 100

Résumé de l'annexe 5-A en regard de l'objectif d'apprentissage

Objectif 7. Lorsque les écritures de régularisation sont utilisées pour comptabiliser le stock, le coût du stock d'ouverture est transféré dans le compte Coût des marchandises vendues. Par la suite, on inscrit dans le compte Stock le coût du stock de clôture et ce montant est soustrait du compte Coût des marchandises vendues. Cette même régularisation transfère au compte Coût des marchandises vendues les soldes des comptes Achats, Rendus et rabais sur achats, Escomptes sur achats et Frais de transport à l'achat. Après la régularisation du compte Coût des marchandises vendues, son solde est identique à celui qui apparaît dans l'état des résultats.

Terminologie comptable[3]

Conditions de règlement Modalités prévues de règlement d'une facture (échéance, escompte de caisse, intérêts de retard).

Crédit de taxe sur les intrants Taxe sur les produits et services payée sur l'achat d'un bien ou d'un service qui sera utilisé dans le cadre d'une activité commerciale.

Délai de paiement Période au terme de laquelle un débiteur est tenu de régler sa dette.

Délai d'escompte Période (généralement de dix jours) accordée par l'entreprise à ses clients pour régler leur compte s'ils veulent bénéficier d'un escompte de caisse.

Escompte de caisse Réduction de prix consentie par le vendeur à un client qui règle, avant l'expiration d'une période déterminée, une dette née à l'occasion de l'achat de marchandises ou de services. Cette réduction de prix a souvent pour but d'inciter le débiteur à régler rapidement sa dette.

Escompte sur achats Escompte de caisse ou de règlement que l'entité obtient de ses fournisseurs lorsqu'elle règle la facture d'achat avant l'expiration d'un délai déterminé.

Escompte sur ventes Escompte de caisse consenti par le vendeur à son client pour l'inciter à régler son compte rapidement.

État des résultats à groupements multiples Schéma de présentation de l'état des résultats qui consiste à classer par groupes les postes qui en font partie, de manière à mettre en évidence certains soldes intermédiaires de gestion, par exemple la marge bénéficiaire brute, le résultat d'exploitation, le résultat avant impôts et le résultat net.

État des résultats à groupements simples Schéma de présentation de l'état des résultats qui consiste à grouper, d'une part, tous les produits et profits et, d'autre part, toutes les charges et pertes pour dégager le résultat net de l'exercice, compte tenu, s'il y a lieu, des éléments extraordinaires.

F.D.M.[4] Abréviation de «fin de mois».

Frais d'administration Coûts inhérents à la gestion générale de l'entité, engagés pour assurer sa bonne marche. Tous les coûts de cette nature sont regroupés à des fins de classement dans l'état des résultats présenté par destination sous la rubrique des frais d'administration, par opposition aux coûts d'autre nature, notamment les coûts de production et les frais de vente.

Frais de transport à l'achat Frais de transport que l'acquéreur de marchandises prend à sa charge.

Frais de vente Ensemble des charges ou des frais engagés pour mettre des produits ou des marchandises sur le marché, par opposition aux frais se rapportant à la fabrication, à la gestion et au financement.

Franco transporteur (FCA) Expression servant à désigner la condition de livraison selon laquelle le vendeur s'oblige à remettre la marchandise au transporteur désigné par l'acheteur au lieu convenu. À partir de ce point, l'acheteur doit supporter tous les coûts et les risques inhérents au transport de la marchandise jusqu'à la destination souhaitée.

Inventaire Action de dénombrer les articles en stock ou les biens immobilisés à une date donnée. Par ailleurs, ces opérations de recensement sont normalement complétées par la valorisation des éléments en cause.

Marchandises Articles achetés par un détaillant ou un grossiste en vue de leur revente en l'état.

Marge bénéficiaire brute Différence entre le prix de vente d'un article et son coût de revient ou son coût d'achat.

---

[3] Louis Ménard, C.A., *Dictionnaire de la comptabilité et de la gestion financière*, Institut Canadien des Comptables Agréés, Toronto, 1994. Reproduit avec permission.

[4] *Le Petit Larousse illustré*, Paris, 1990.

Méthode de l'inventaire périodique   Méthode de tenue de la comptabilité des stocks qui consiste à déterminer périodiquement (le plus souvent à la fin de chaque exercice) la quantité et la valeur des articles stockés en procédant à un dénombrement de ces derniers.

Méthode de l'inventaire permanent   Méthode de tenue de la comptabilité des stocks qui consiste à enregistrer les mouvements d'entrée et de sortie au fur et à mesure qu'ils se présentent et à arrêter chaque fois le nouveau solde afin d'avoir un inventaire comptable constamment à jour.

Note de crédit   Document établi par l'entreprise pour aviser son client qu'elle a réduit le solde de son compte en raison d'un rabais, d'un retour ou de l'annulation d'une opération.

Note de débit   Document établi par le client à l'intention d'un de ses fournisseurs pour l'aviser qu'il a réduit le solde de son compte en raison d'un rabais, d'un rendu ou de l'annulation d'une opération.

Prix courant   Prix normal auquel une entreprise vend un produit ou un service à sa clientèle, marge du revendeur comprise.

Rabais de gros   Réduction de prix consentie par un grossiste à un détaillant.

Remboursement de la taxe sur les intrants (RTI)   Taxe de vente du Québec sur les produits et services payée sur l'achat d'un bien ou d'un service qui sera utilisé dans le cadre d'une activité commerciale.

Stock   Articles qu'une entité détient à un moment donné et qu'elle a l'intention de vendre ou d'utiliser pour fabriquer un produit ou rendre un service; valeur totale attribuée à l'ensemble de ces biens.

Des synonymes

Conditions de règlement   Modalités de paiement.

Escompte de caisse   Escompte au comptant; escompte de règlement.

Escompte sur achats   Escompte obtenu.

Escompte sur ventes   Escompte accordé.

Frais d'administration   Frais administratifs; frais de gestion; charges administratives; frais généraux.

Frais de vente   Frais de commercialisation; frais de distribution.

Marge bénéficiaire brute   Profit brut; marge sur coût de revient; marge sur coût d'achat; marge commerciale.

Révision en regard des objectifs d'apprentissage

Répondez aux questions suivantes en choisissant la réponse qui vous semble la meilleure avant d'aller voir la solution à la fin du chapitre.

Objectif 1   Parmi les écritures suivantes, laquelle doit être passée par l'entreprise lors du paiement de la TVQ et de la TPS au ministère du Revenu?

a) Encaisse   xxx
　　TPS à payer   xxx
　　TVQ à payer   xxx

b) TPS à payer   xxx
　TVQ à payer   xxx
　　Encaisse   xxx

c) TPS à recouvrer   xxx
　TVQ à recouvrer   xxx
　　Encaisse   xxx

d) TPS à recouvrer   xxx
　TVQ à recouvrer   xxx
　　TPS à payer   xxx
　　TVQ à payer   xxx
　　Encaisse   xxx

e) TPS à payer   xxx
　TVQ à payer   xxx
　　TPS à recouvrer   xxx
　　TVQ à recouvrer   xxx
　　Encaisse   xxx

Objectif 2   Une réduction du prix de vente consentie par le vendeur à un client qui règle sa dette à l'intérieur du délai de paiement accordé s'appelle un:

a) rabais de gros;

b) rendu sur ventes;

c) rabais sur ventes;

d) escompte de caisse.

e) Aucune de ces réponses ne convient.

Objectif 3 Dans le chiffrier d'une entreprise commerciale qui utilise l'approche avec écritures de clôture pour fermer son stock d'ouverture et inscrire son stock de clôture:

a) le stock d'ouverture est reporté de la colonne débit de la section Balance de vérification à la colonne crédit de la section État des résultats;

b) le stock de clôture est inscrit dans la colonne débit de la section État des résultats et reporté dans la colonne crédit de la section État de l'avoir du propriétaire et bilan;

c) le montant du coût des marchandises vendues est calculé dans les colonnes de la section Régularisation;

d) le stock d'ouverture et le stock de clôture apparaissent respectivement dans les colonnes débit et crédit de la section État des résultats;

e) les comptes qui composent le coût des marchandises vendues sont reportés à la section État de l'avoir du propriétaire et bilan.

Objectif 4 Avec la méthode de l'inventaire périodique, le coût des marchandises vendues:

a) est soustrait du coût des marchandises destinées à la vente pour déterminer la marge bénéficiaire brute;

b) ajouté aux achats nets, donne le coût des marchandises destinées à la vente;

c) est obtenu en additionnant le stock d'ouverture et les achats nets, dont il faut déduire le stock de clôture;

d) est soustrait des ventes brutes pour obtenir les ventes nettes;

e) inclut toutes les charges d'exploitation reliées à la commercialisation.

Objectif 5 Lorsqu'une entreprise utilise la méthode de l'inventaire périodique, lequel des énoncés suivants convient à la comptabilisation des opérations se rapportant à l'achat de marchandises et à leur vente?

a) Le prix de vente de la marchandise renvoyée par les clients est crédité au compte Rendus et rabais sur ventes.

b) Le coût des achats renvoyés aux fournisseurs est débité au compte Rendus et rabais sur achats.

c) Le compte Ventes est crédité d'un montant égal au coût des marchandises vendues aux clients.

d) Le montant des escomptes accordés aux clients est débité au compte Escomptes sur ventes.

e) Le montant des escomptes accordés par les fournisseurs est débité au compte Escomptes sur achats.

Objectif 6 Lorsque l'approche avec écritures de clôture est utilisée pour fermer le stock d'ouverture et inscrire le stock de clôture:

a) les écritures de clôture incluent un crédit au compte Stock d'un montant égal à la valeur du stock d'ouverture;

b) les écritures de clôture incluent un débit au compte Stock d'un montant égal à la valeur du stock de clôture;

c) le coût des marchandises vendues est comptabilisé dans le compte Coût des marchandises vendues qui est lui-même fermé dans le compte Sommaire des résultats;

d) le coût des marchandises correspond à la différence entre le stock d'ouverture et le stock de clôture.

e) Les réponses *a* et *b* sont exactes.

Objectif 7 Lorsque l'approche avec écritures de régularisation est utilisée pour ajuster le solde du compte Stock:

a) l'écriture de régularisation inclut un débit au compte Stock d'un montant égal à la valeur du stock d'ouverture;

b) l'écriture de régularisation inclut un débit au compte Stock d'un montant égal à la valeur du stock de clôture;

c) le compte Coût des marchandises vendues n'est pas fermé dans le compte Sommaire des résultats;

d) le compte Achats est crédité lors des écritures de clôture.

e) Les réponses *a* et *b* sont exactes.

Note: Les sujets de discussion, exercices et problèmes précédés d'un A renvoient à l'annexe 5-A.

Sujets de discussion en classe

1. Qu'entend-on par marge bénéficiaire brute?

2. Est-il possible qu'une entreprise réalise une marge bénéficiaire brute et qu'elle subisse quand même une perte nette? Si oui, comment?

3. Pourquoi les gestionnaires d'une entreprise commerciale sont-ils intéressés par les informations portant sur ses rendus et rabais sur ventes?

4. Pourquoi les rendus et rabais sur ventes ne sont-ils pas immédiatement comptabilisés au débit du compte Ventes puisqu'ils sont de toute façon soustraits de ce poste dans l'état des résultats?

5. Qu'entend-on pas escompte de caisse?

6. Quelle est la différence entre escompte sur ventes, escompte sur achats et escompte de caisse?

7. Quand et comment une entreprise détermine-t-elle le coût des marchandises vendues lorsqu'elle utilise la méthode de l'inventaire périodique?

8. Dans le cas d'une épicerie, laquelle des opérations suivantes demande de débiter le compte Achats? *a)* L'achat d'une caisse enregistreuse; *b)* l'achat d'un comptoir réfrigéré; *c)* l'achat d'un espace publicitaire dans les journaux ou *d)* l'achat de 48 caisses de soupe aux tomates.

9. Étant donné qu'une entreprise peut obtenir une note de crédit pour la valeur des marchandises refusées, pourquoi est-il intéressant pour l'entreprise d'accumuler les montants des rendus et rabais sur achats dans un compte distinct?

10. Est-ce le stock d'ouverture ou de clôture qui figure dans la balance de vérification non régularisée de fin d'exercice d'une entreprise qui utilise la méthode de l'inventaire périodique?

11. Quelle est la différence entre un état des résultats à groupements multiples et un état des résultats à groupements simples?

12. Au cours d'un exercice, une entreprise a acheté des marchandises coûtant 165 000 $. Pour cette entreprise, quel est le coût des marchandises vendues dans chacune des situations indépendantes suivantes?

    a) Le stock d'ouverture et le stock de clôture sont nuls.

    b) Le stock d'ouverture est de 35 000 $ alors que celui de clôture est nul.

    c) Les stocks d'ouverture et de clôture s'élèvent respectivement à 30 000 $ et 42 000 $.

    d) Le stock d'ouverture est nul, alors que celui de clôture s'élève à 21 000 $.

13. Lors de l'inventaire de fin d'exercice, un commis a oublié de dénombrer des articles dont le coût s'élève à 150 $. Quel est l'effet de cette omission sur le bilan et sur l'état des résultats?

14. Supposez que l'omission de 150 $ de stock dont il est question à la question 13 n'ait pas été découverte. Quel serait son effet sur le bilan et l'état des résultats dressés à la fin de l'exercice suivant?

▲ 15. Énoncez les différences entre les procédés utilisés pour inscrire le stock selon l'approche avec écritures de régularisation et selon l'approche avec écritures de clôture?

Mini-cas

Partie 1: Un mois après l'achat d'une entreprise de distribution de fournitures de plomberie, M. Gérald Laliberté réalise qu'il vit un cauchemar. En effet, le directeur du service de la comptabilité a remis sa démission et est parti depuis deux semaines. C'est Gérald qui reçoit maintenant les appels téléphoniques de fournisseurs qui réclament le règlement des arriérés de créances. Il ne comprend pas pourquoi il est confronté à cette situation. Pourtant, il a donné l'instruction à son personnel de régler les comptes lorsqu'ils sont dus.

Partie 2: Jeannine, l'épouse de M. Laliberté, lui offre son aide. Elle a été comptable pour l'entreprise de son père jusqu'au moment de sa vente, il y a 15 ans. Avec l'aide du commis comptable, elle trouve une chemise pleine de factures impayées qui n'ont pas encore été comptabilisées dans les livres de l'entreprise. Elles sont toutes antérieures à la date d'achat de l'entreprise. Après une enquête auprès de la secrétaire de l'ancien directeur du service de la comptabilité, Jeannine apprend que cette situation n'est pas nouvelle. La secrétaire précise en effet que son ancien patron retardait l'inscription des factures d'achats afin que les états financiers de l'entreprise indiquent une meilleure situation financière.

D'après la secrétaire, son ancien patron lui avait expliqué que cela ne dérangeait personne, étant donné que la marchandise était incluse dans le stock et que, de toute façon, les factures étaient finalement comptabilisées et payées. Le total des factures non inscrites et non payées au moment de l'achat s'élève à 70 000 $, alors que l'année précédente, il s'élevait à 50 000 $.

Travail à faire

Dites si M. Laliberté aurait effectué la transaction concernant l'acquisition de cette entreprise de la même façon s'il avait connu la situation véritable des comptes fournisseurs.

Mini-cas 5-1
Des factures non comptabilisées

Mini-cas 5-2   En relation avec la partie 2 du mini-cas 5-1.

Travail à faire

Discutez de l'effet de ce «tripotage» dans l'inscription des factures sur les états financiers.

Exercices

Exercice 5-1
L'analyse et la
comptabilisation
d'achats et
d'escomptes
sur achats
(Objectifs 1, 2)

L'entreprise Librairie universelle enr. a acheté des marchandises pour une somme de 7 000 $ plus TPS et TVQ à un fournisseur qui accorde des conditions de paiement de 2/10, n/60. La facture a été réglée à temps pour tirer avantage de l'escompte de caisse.

Travail à faire

1. Passez les écritures dans le journal général pour comptabiliser l'achat et le paiement des marchandises.

2. Passez les écritures dans le journal général pour comptabiliser ces opérations dans les livres du vendeur.

3. Dites si l'entreprise Librairie universelle enr. réaliserait une économie en empruntant à la banque la somme nécessaire au taux de 12 % pour acquitter la facture le dernier jour du délai d'escompte.

Exercice 5-2
L'inscription des
opérations d'achat
dans le journal
général
(Objectifs 1, 2)

Le magasin Le Coin enr. a effectué les opérations suivantes relatives aux achats du mois de juillet:

Juillet 5   Achat de marchandises coûtant 600 $ plus TPS et TVQ aux conditions 2/15, n/60, FCA, point de départ.

        7   Paiement de 65 $ plus TPS et TVQ à Transport Théberge ltée pour le transport des marchandises achetées le 5 juillet.

        9   Renvoi de 200 $ de marchandises défectueuses achetées le 5 juillet.

       19   Envoi d'un chèque pour payer les marchandises achetées le 5 juillet compte tenu du renvoi de marchandises et de l'escompte.

       20   Achat de marchandises coûtant 900 $ plus TPS et TVQ aux conditions 2/10, n/30, FCA, point de départ. La facture indique que le fournisseur a payé 70 $ plus TPS et TVQ pour le transport des marchandises.

       24   Après avoir informé le fournisseur que certains articles achetés le 20 juillet étaient de qualité médiocre, celui-ci a émis une note de crédit de 300,00 $ incluant la TPS et la TVQ.

       30   Paiement des marchandises achetées le 20 juillet compte tenu des frais de transport, du rabais accordé et de l'escompte.

Travail à faire

Passez les écritures dans le journal général pour comptabiliser les opérations décrites précédemment.

Exercice 5-3
L'inscription dans
le journal général
des achats, ventes et
rendus et rabais
sur achats
(Objectifs 1, 2)

Le 6 juillet 1997, l'entreprise Trévor enr. a reçu de l'entreprise Mathieu enr. des marchandises coûtant 7 000 $ plus TPS et TVQ ainsi que la facture datée du 5 juillet dont les conditions de paiement sont 2/10, n/30 et les conditions de vente, FCA, point de départ. Le 6 juillet, l'entreprise Trévor enr. a payé des frais d'expédition de 270 $ plus TPS et TVQ et a renvoyé des marchandises défectueuses coûtant 600 $. Le 15 juillet, elle a posté un chèque à l'entreprise Mathieu enr. pour payer le montant dû.

Travail à faire

1. Passez les écritures dans le journal général pour enregistrer les opérations précédentes dans les livres de l'entreprise Trévor enr.

2. Supposez que l'entreprise Mathieu enr. ait enregistré le rendu et le chèque le lendemain de leur envoi et passez les écritures de journal pour enregistrer les opérations dans les livres de l'entreprise Mathieu enr.

Exercice 5-4
Le calcul des éléments de l'état des résultats
(Objectif 3)

Ventes	Stock d'ouverture	Achats	Stock de clôture	Coût des marchandises vendues	Marge bénéficiaire brute	Charges d'exploitation	Bénéfice net ou perte nette
198 000 $	144 000 $	126 000 $	? $	171 000 $	? $	90 000 $	? $
333 000	117 000	?	135 000	144 000	?	99 000	90 000
270 000	90 000	?	54 000	?	153 000	81 000	72 000
?	135 000	198 000	108 000	?	180 000	72 000	?
288 000	108 000	171 000	?	189 000	?	126 000	?
90 000	27 000	?	45 000	54 000	?	?	9 000
?	207 000	396 000	234 000	?	252 000	?	90 000
144 000	?	90 000	63 000	?	54 000	?	18 000

Travail à faire

Complétez le tableau ci-dessus en considérant que chaque ligne constitue un problème différent. Indiquez les pertes nettes entre parenthèses.

Les montants qui figurent dans la section État des résultats du chiffrier de l'entreprise Librairie universelle enr. pour l'exercice clos le 31 décembre 1996 sont les suivants:

Exercice 5-5
L'état des résultats à groupements multiples
(Objectif 4)

État des résultats		
	Débit	**Crédit**
Stock	64 500	72 000
Ventes		360 000
Rendus et rabais sur ventes	2 250	
Escomptes sur ventes.	2 700	
Achats	216 000	
Rendus et rabais sur achats		1 500
Escomptes sur achats.		4 500
Frais de transport à l'achat.	1 050	
Frais de vente.	54 000	
Frais d'administration	37 500	
	378 000	438 000
Bénéfice net.	60 000	
	438 000	438 000

Travail à faire

Dressez l'état des résultats à groupements multiples de la Librairie universelle enr. pour l'exercice clos le 31 décembre 1996.

Posez l'hypothèse que vous êtes le comptable de l'entreprise Librairie universelle enr. dont il est question à l'exercice 5-5.

Exercice 5-6
L'établissement des écritures de clôture
(Objectif 5)

Travail à faire

1. Passez les écritures de clôture dans le journal général.

2. Ouvrez le compte Stock dans le grand livre et reportez-y les données pertinentes.

Exercice 5-7
L'établissement d'un état des résultats à partir des écritures de clôture
(Objectifs 4, 5)

L'entreprise individuelle Émilie enr. a passé les écritures de clôture suivantes le 31 décembre 1996:

Déc.	31	Sommaire des résultats..............................	475 200	
		Stock...................................		63 000
		Rendus et rabais sur ventes		3 600
		Escomptes sur ventes...........................		5 400
		Achats.................................		270 000
		Frais de transport à l'achat......................		7 200
		Frais de vente.............................		72 000
		Frais d'administration		54 000
	31	Stock...................................	82 500	
		Ventes.................................	450 000	
		Rendus et rabais sur achats	1 800	
		Escomptes sur achats	3 600	
		Sommaire des résultats		537 900

Travail à faire

Dressez l'état des résultats à partir des informations contenues dans les écritures.

Exercice 5-8
L'établissement de l'état des résultats à groupements multiples et de l'état de l'avoir du propriétaire
(Objectif 4)

Les éléments suivants apparaissent dans les quatre dernières colonnes du chiffrier de Petite Boutique enr. au 31 décembre 1996 (les charges d'exploitation ont été regroupées pour économiser de l'espace):

	État des résultats		État de l'avoir du propriétaire et bilan	
	Débit	**Crédit**	**Débit**	**Crédit**
Stock..............................	71 000	90 000	90 000	
Autres actifs			225 000	
Jean Petit – Capital.....................				272 000
Jean Petit – Prélèvements.................			30 000	
Ventes..............................		540 000		
Rendus et rabais sur ventes	2 700			
Escomptes sur ventes	5 400			
Achats..............................	324 000			
Rendus et rabais sur achats................		1 800		
Escomptes sur achats		4 500		
Frais de transport à l'achat................	900			
Frais de vente........................	81 000			
Frais d'administration	78 300			
	563 300	636 300	345 000	272 000
Bénéfice net	73 000			73 000
	636 300	636 300	345 000	345 000

Travail à faire

Dressez l'état des résultats à groupements multiples et l'état de l'avoir du propriétaire de l'exercice clos le 31 décembre 1996.

Posez l'hypothèse que vous êtes le comptable de l'entreprise Petite Boutique enr. dont il est question à l'exercice 5-8.

Travail à faire

1. Passez les écritures de clôture dans le journal général.

2. Ouvrez le compte Stock dans le grand livre et reportez-y les données pertinentes.

Exercice 5-9
L'établissement et le report des écritures de clôture
(Objectif 5)

Les informations suivantes ont été tirées de l'état des résultats de l'entreprise Josette enr.:

Ventes	270 000 $	Rendus sur achats	900 $
Rendus sur ventes	1 800	Rabais sur achats	2 700
Rabais sur ventes	3 600	Frais de transport à l'achat	5 400
Stock d'ouverture	72 000	Marge bénéficiaire brute	84 600
Achats	171 000	Perte nette	7 200

Exercice 5-10
Le calcul des charges d'exploitation et du coût des marchandises vendues
(Objectifs 3, 4)

Travail à faire

Calculez:

a) le total des charges d'exploitation;

b) le coût des marchandises vendues;

c) le stock de clôture.

La balance de vérification non régularisée de l'entreprise Bêta enr. au 31 décembre 1996 est la suivante:

Exercice 5-11
L'établissement d'un chiffrier
(Objectif 4)

BÊTA ENR.
Balance de vérification non régularisée
au 31 décembre 1996 (en milliers de dollars)

	Débit	Crédit
Encaisse	3 $	
Clients	11	
Stock	9	
Fournitures de magasin non utilisées	6	
Matériel de magasin	15	
Amortissement cumulé – Matériel de magasin		4 $
Fournisseurs		6
Salaires à payer	—	—
Jean Potvin – Capital		33
Jean Potvin – Prélèvements	2	
Ventes		63
Rendus et rabais sur ventes	3	
Achats	28	
Escomptes sur achats		5
Frais de transport à l'achat	3	
Salaires	17	
Loyers	10	
Publicité	4	
Amortissement – Matériel de magasin	—	—
Fournitures de magasin utilisées	—	—
Total	111 $	111 $

Travail à faire

Inscrivez la balance de vérification de la page précédente dans un chiffrier et complétez celui-ci en tenant compte des informations suivantes:

a) Coût des fournitures inutilisées à la fin de l'exercice: 2 $;

b) Amortissement du matériel de magasin: 6 $;

c) Salaires à payer à la fin de l'exercice: 3 $;

d) Stock de clôture: 10 $.

AExercice 5-12
L'établissement d'un chiffrier et l'utilisation de l'approche avec écritures de régularisation
(Objectif 7)

Travail à faire

Utilisez les informations de l'exercice 5-11 pour établir un chiffrier qui tient compte de l'approche avec écritures de régularisation pour comptabiliser le stock.

AExercice 5-13
La comptabilisation du stock selon l'approche avec écritures de régularisation
(Objectif 7)

Travail à faire

Passez dans le journal général les écritures de régularisation et de clôture conformes à l'approche avec écritures de régularisation en utilisant toujours les informations de l'exercice 5-11.

Exercice 5-14
L'établissement d'un chiffrier pour une entreprise commerciale
(Objectif 4)

La balance de vérification non régularisée de l'entreprise Les Beaux Cadeaux enr. au 31 décembre 1996 est la suivante:

LES BEAUX CADEAUX ENR.
Balance de vérification non régularisée
au 31 décembre 1996 (en milliers de dollars)

Encaisse	12 $	
Clients	16	
Stock	24	
Fournitures de magasin non utilisées	14	
Fournisseurs		28 $
Salaires à payer	—	—
Robert Carrier – Capital		39
Robert Carrier – Prélèvements	9	
Ventes		93
Rendus et rabais sur ventes	8	
Achats	37	
Escomptes sur achats		6
Frais de transport à l'achat	7	
Salaires	28	
Loyers	11	
Fournitures de magasin utilisées	—	—
Total	166 $	166 $

Travail à faire

Inscrivez la balance de vérification précédente dans un chiffrier et complétez celui-ci en tenant compte des informations suivantes:

a) Coût des fournitures non utilisées à la fin de l'exercice: 7 $;

b) Salaires à payer à la fin de l'exercice: 5 $;

c) Stock de clôture: 32 $.

Travail à faire

Utilisez les informations de l'exercice 5-14 pour établir un chiffrier qui tient compte de l'approche avec écritures de régularisation pour comptabiliser le stock.

[A]Exercice 5-15
L'établissement d'un chiffrier pour une entreprise commerciale et l'utilisation de l'approche avec écritures de régularisation
(Objectif 7)

Travail à faire

Passez dans le journal général les écritures de régularisation et de clôture en utilisant l'approche avec écritures de régularisation, toujours avec les informations de l'exercice 5-14.

[A]Exercice 5-16
La comptabilisation du stock selon l'approche avec écritures de régularisation
(Objectif 7)

Problèmes

L'entreprise Faber enr. a effectué les opérations suivantes durant le mois de septembre:

Sept. 2 Achat de marchandises coûtant 4 700 $ plus TPS et TVQ aux conditions 1/15, n/30, FCA, point de départ.

3 Achat à crédit d'un ordinateur au coût de 10 000 $ plus TPS et TVQ.

3 Vente de marchandises au prix de 2 900 $ plus TPS et TVQ aux conditions 2/10, 1/30, n/60.

4 Paiement du transport des marchandises achetées le 2 septembre: 225 $ plus TPS et TVQ.

8 Vente de marchandises au comptant au prix de 470 $ plus TPS et TVQ.

10 Achat de marchandises coûtant 2 600 $ plus TPS et TVQ aux conditions 2/15, n/30.

12 Réception d'une note de crédit de 400 $ plus TPS et TVQ pour des marchandises achetées le 10 septembre et qui ont été refusées.

19 Vente de marchandises au prix de 2 460 $ plus TPS et TVQ aux conditions 2/10, n/30.

22 Émission d'une note de crédit au client du 19 septembre qui a renvoyé des marchandises: 295 $ plus TPS et TVQ.

23 Achat à crédit de fournitures de bureau: 295 $ plus TPS et TVQ.

24 Réception d'une note de crédit de 70 $ plus TPS et TVQ pour les fournitures de bureau refusées.

25 Paiement de l'achat du 10 septembre, moins la note de crédit et l'escompte de caisse.

Problème 5-1
La comptabilisation dans le journal général d'opérations se rapportant à l'achat de marchandises
(Objectifs 1, 2)

29 Encaissement du chèque reçu en règlement de la vente du 3 septembre; le client a profité de l'escompte auquel il avait droit.

29 Encaissement du chèque reçu en règlement de la vente du 19 septembre; le client a tenu compte de la note de crédit et de l'escompte auquel il avait droit.

31 Paiement des marchandises achetées le 2 septembre.

Travail à faire

Passez les écritures dans le journal général pour comptabiliser les opérations décrites ci-dessus.

Problème 5-2
L'état des résultats, l'état de l'avoir du propriétaire et les écritures de clôture
(Objectifs 3, 4, 5)

Les sections des états financiers du chiffrier de l'entreprise Holga enr. au 31 décembre 1996 fournissent les informations suivantes:

	État des résultats		État de l'avoir du propriétaire et bilan	
	Débit	**Crédit**	**Débit**	**Crédit**
Stock.................................	40 518	42 948	42 948	
Autres actifs			318 786	
René Landry – Capital				343 284
René Landry – Prélèvements			30 000	
Ventes.................................		396 612		
Rendus et rabais sur ventes	2 364			
Achats.................................	260 118			
Rendus et rabais sur achats...............		936		
Escomptes sur achats		3 906		
Frais de transport à l'achat...............	1 686			
Salaires des vendeurs	39 312			
Loyers du magasin	19 440			
Publicité	1 422			
Fournitures de magasin utilisées	990			
Amortissement – Matériel de magasin.......	3 810			
Salaires du personnel de bureau...........	19 170			
Loyers du bureau	2 160			
Téléphone.............................	1 026			
Fournitures de bureau utilisées.............	390			
Assurances	2 592			
Amortissement – Matériel de bureau	954			
	395 952	444 402	391 734	343 284
Bénéfice net	48 450			48 450
	444 402	444 402	391 734	391 734

Travail à faire

1. Dressez en bonne et due forme l'état des résultats à groupements multiples de l'exercice clos le 31 décembre 1996.

2. Dressez l'état de l'avoir du propriétaire de l'exercice clos le 31 décembre 1996.

3. Passez les écritures de clôture.

4. Ouvrez le compte Stock dans le grand livre et reportez-y les données pertinentes.

5. Dressez les états combinés des résultats à groupements simples et de l'avoir du propriétaire pour l'exercice clos le 31 décembre 1996.

La balance de vérification non régularisée de l'entreprise individuelle Grondin enr. au 31 décembre 1996 est la suivante:

Problème 5-3
Le chiffrier et les écritures de clôture d'une entreprise individuelle
(Objectif 4)

GRONDIN ENR.
Balance de vérification non régularisée
au 31 décembre 1996

	Débit	Crédit
Encaisse	4 400 $	
TPS à recouvrer	2 510	
TVQ à recouvrer	2 490	
Stock	61 152	
Fournitures de magasin non utilisées	1 410	
Fournitures de bureau non utilisées	438	
Assurances payées d'avance	3 276	
Matériel de magasin	38 178	
Amortissement cumulé – Matériel de magasin		15 372 $
Matériel de bureau	10 644	
Amortissement cumulé – Matériel de bureau		3 840
Fournisseurs		8 766
TPS à payer		3 510
TVQ à payer		3 490
Raoul Grondin – Capital		72 540
Raoul Grondin – Prélèvements	32 400	
Ventes		342 774
Rendus et rabais sur ventes	2 094	
Escomptes sur ventes	3 816	
Achats	205 650	
Rendus et rabais sur achats		1 332
Escomptes sur ventes		5 292
Frais de transport à l'achat	1 158	
Salaires des vendeurs	38 304	
Loyers du magasin	23 220	
Publicité	684	
Fournitures de magasin utilisées	—	
Amortissement – Matériel de magasin	—	
Salaires du personnel de bureau	22 356	
Loyers du bureau	2 736	
Fournitures de bureau utilisées	—	
Assurances	—	
Amortissement – Matériel de bureau	—	
Total	456 916 $	456 916 $

Travail à faire

1. Inscrivez la balance de vérification ci-dessus dans un chiffrier et complétez celui-ci en tenant compte des informations suivantes au 31 décembre:

   a) Fournitures de magasin non utilisées: 240 $;

   b) Fournitures de bureau non utilisées: 150 $;

   c) Assurances absorbées: 2 682 $;

   d) Amortissement du matériel de magasin: 3 816 $;

   e) Amortissement du matériel de bureau: 690 $;

   f) Stock de clôture: 62 784 $.

2. Passez les écritures de clôture.

3. Ouvrez le compte Stock dans le grand livre et reportez-y les montants pertinents.

Utilisez l'approche avec écritures de régularisation pour comptabiliser le stock et les données fournies au problème 5-3.

Travail à faire

1. Établissez un chiffrier en tenant compte des informations fournies au point 1 du problème 5-3.

2. Passez les écritures de régularisation et de clôture.

3. Ouvrez le compte Stock dans le grand livre et reportez-y les montants pertinents.

La balance de vérification non régularisée de l'entreprise Carmen enr. au 31 octobre 1996 est la suivante:

CARMEN ENR.
Balance de vérification non régularisée
au 31 octobre 1996

	Débit	Crédit
Encaisse	15 770 $	
TPS à recouvrer	2 003	
TVQ à recouvrer	1 997	
Stock	62 778	
Fournitures de magasin non utilisées	1 104	
Fournitures de bureau non utilisées	570	
Assurances payées d'avance	3 798	
Matériel de magasin	66 954	
Amortissement cumulé – Matériel de magasin		6 372 $
Matériel de bureau	15 192	
Amortissement cumulé – Matériel de bureau		1 662
Fournisseurs		1 434
TPS à payer		3 015
TVQ à payer		2 985
Salaires à payer		—
Carl Lavoie – Capital		98 190
Carl Lavoie – Prélèvements	18 000	
Ventes		494 676
Rendus et rabais sur ventes	3 348	
Achats	302 058	
Rendus et rabais sur achats		1 344
Escomptes sur achats		5 262
Frais de transport à l'achat	3 930	
Salaires des vendeurs	44 370	
Loyers du magasin	18 900	
Publicité	6 180	
Fournitures de magasin utilisées	—	
Amortissement – Matériel de magasin	—	
Salaires du personnel de bureau	45 288	
Loyers du bureau	2 700	
Assurances	—	
Fournitures de bureau utilisées	—	
Amortissement – Matériel de bureau	—	
Total	614 940 $	614 940 $

Travail à faire

1. Inscrivez la balance de vérification de la page précédente dans un chiffrier et complétez celui-ci en tenant compte des informations suivantes au 31 octobre 1996:

   a) Fournitures de magasin non utilisées: 294 $;

   b) Fournitures de bureau non utilisées: 222 $;

   c) Assurances absorbées: 2 958 $;

   d) Amortissement du matériel de magasin: 6 498 $;

   e) Amortissement du matériel de bureau: 1 782 $;

   f) Salaires à payer aux vendeurs: 402 $; salaires à payer au personnel de bureau: 288 $;

   g) Stock de clôture: 59 688 $.

2. Dressez l'état des résultats à groupements multiples en bonne et due forme.

3. Dressez l'état de l'avoir du propriétaire.

4. Passez les écritures de clôture.

5. Dressez les états combinés des résultats à groupements simples et de l'avoir du propriétaire.

Utilisez l'approche avec écritures de régularisation pour comptabiliser le stock et les données fournies au problème 5-5.

ᴬProblème 5-6
**Le chiffrier,
l'état des résultats,
l'état de l'avoir
du propriétaire ainsi
que les écritures
de régularisation et
de clôture en utilisant
l'approche
avec écritures
de régularisation**
(Objectif 7)

Travail à faire

1. Établissez un chiffrier en tenant compte des informations fournies au point 1 du problème 5-5.

2. Dressez un état des résultats à groupements multiples en bonne et due forme.

3. Dressez un état de l'avoir du propriétaire.

4. Passez les écritures de régularisation et de clôture.

5. Dressez les états combinés des résultats à groupements simples et de l'avoir du propriétaire.

Problème 5-7
L'établissement du chiffrier, des états financiers et des écritures de clôture
(Objectif 5)

La balance de vérification non régularisée de l'entreprise La Vallée enr. au 31 décembre 1996 est la suivante:

LA VALLÉE ENR.
Balance de vérification non régularisée
au 31 décembre 1996

	Débit	Crédit
Encaisse	14 830 $	
Clients....................................	27 198	
TPS à recouvrer	2 754	
TVQ à recouvrer.........................	2 746	
Stock.....................................	62 214	
Fournitures de magasin non utilisées	2 898	
Fournitures de bureau non utilisées	930	
Assurances payées d'avance	3 906	
Matériel de magasin........................	74 376	
Amortissement cumulé – Matériel de magasin		12 996 $
Matériel de bureau	15 012	
Amortissement cumulé – Matériel de bureau		3 390
Fournisseurs		9 972
TPS à payer		4 025
TVQ à payer..............................		3 975
Salaires à payer...........................		—
Denis Fournier – Capital		127 218
Denis Fournier – Prélèvements	18 000	
Ventes....................................		674 568
Rendus et rabais sur ventes	6 084	
Achats....................................	462 102	
Rendus et rabais sur achats...................		2 184
Escomptes sur achats		5 652
Frais de transport à l'achat	6 150	
Salaires des vendeurs	51 864	
Loyers du magasin	24 300	
Fournitures de magasin utilisées	—	
Amortissement – Matériel de magasin	—	
Salaires du personnel de bureau................	57 996	
Loyers du bureau	10 620	
Assurances	—	
Fournitures de bureau utilisées.................	—	
Amortissement – Matériel de bureau	—	
Total.....................................	843 980 $	843 980 $

Travail à faire

1. Inscrivez la balance de vérification ci-dessus dans un chiffrier et complétez celui-ci en tenant compte des informations suivantes au 31 décembre 1996:

   a) Fournitures de magasin non utilisées: 534 $;

   b) Fournitures de bureau non utilisées: 270 $;

   c) Assurances absorbées: 3 366 $;

   d) Amortissement du matériel de magasin: 6 498 $;

   e) Amortissement du matériel de bureau: 1 782 $;

   f) Salaires à payer aux vendeurs: 533 $; salaires à payer au personnel de bureau: 252 $;

   g) Stock de clôture: 65 238 $.

2. Dressez l'état des résultats à groupements multiples en bonne et due forme.

3. Dressez l'état de l'avoir du propriétaire au 31 décembre 1996 sachant que M. Denis Fournier a investi 84 000 $ durant l'exercice.

4. Dressez le bilan ordonné.

5. Établissez les écritures de régularisation et de clôture.

Reportez-vous au problème 5-2. À la première ligne du chiffrier, en face du compte Stock, on a inscrit un montant dans chacune des colonnes de la section État des résultats et dans la colonne débit de la section État de l'avoir du propriétaire et bilan. Expliquez pourquoi il y a un montant d'inscrit dans chaque colonne de la section État des résultats en face du compte Stock, puis décrivez les procédures qui ont été suivies et qui ont permis d'atteindre cette présentation dans le chiffrier. De plus, décrivez les écritures de fin d'exercice dans le journal général qui permettent de porter le montant du stock de la fin de l'exercice au compte Stock apparaissant dans le grand livre.

Problème 5-8
Essai analytique
(Objectifs 4, 5)

Reportez-vous au problème 5-2. À la première ligne du chiffrier, on a inscrit les montants de stock devant apparaître aux états financiers à la fin de l'exercice. Décrivez comment le stock aurait été présenté dans le chiffrier si l'entreprise Holga enr. avait utilisé l'approche avec écritures de régularisation pour les comptabiliser. De plus, relativement à cette approche, décrivez les procédures nécessaires à l'inscription du stock dans le chiffrier et à la clôture des comptes à la fin de l'exercice.

^A**Problème 5-9**
Essai analytique
(Objectifs 4, 7)

Problèmes additionnels

Problème 5-1A
La comptabilisation dans le journal général d'opérations se rapportant à l'achat de marchandises
(Objectifs 1, 2)

L'entreprise Silex a effectué les opérations suivantes durant le mois de novembre:

Nov. 1 Achat de marchandises coûtant 8 640 $ plus TPS et TVQ, aux conditions 2/10, n/30.

3 Vente de marchandises au comptant au prix de 900 $ plus TPS et TVQ.

8 Achat de marchandises coûtant 6 300 $ plus TPS et TVQ, aux conditions 2/10, n/30, FCA, point de départ.

8 Paiement des frais de transport relatifs à l'opération précédente: 270 $ plus TPS et TVQ.

9 Achat à crédit de matériel de bureau au coût de 14 400 $ plus TPS et TVQ.

13 Vente de marchandises au prix de 3 600 $ plus TPS et TVQ aux conditions 2/15, 1/30, n/60.

14 Réception d'une note de crédit de 900 $ plus TPS et TVQ pour des marchandises achetées le 8 novembre et qui ont été refusées.

14 Achat de fournitures de bureau coûtant 288 $ plus TPS et TVQ à la condition n/30.

16 Vente de marchandises au prix de 2 520 $ plus TPS et TVQ aux conditions 2/10, 1/30, n/60.

16 Paiement de l'achat du 8 novembre moins la note de crédit et l'escompte de caisse.

17 Réception d'une note de crédit de 72 $ plus TPS et TVQ pour des fournitures de bureau refusées.

20 Émission d'une note de crédit au client du 16 novembre qui a retourné des marchandises: 252 $ plus TPS et TVQ.

26 Encaissement du chèque reçu en règlement de la vente du 16 novembre; le client a tenu compte de la note de crédit et de l'escompte auquel il avait droit.

28 Encaissement du chèque reçu en règlement de la vente du 13 novembre; le client a tenu compte de l'escompte auquel il avait droit.

30 Paiement des marchandises achetées le 1er novembre.

Travail à faire

Passez les écritures dans le journal général pour comptabiliser les opérations décrites ci-dessus.

Problème 5-2A
L'état des résultats, l'état de l'avoir du propriétaire et les écritures de clôture
(Objectifs 3, 4, 5)

Les sections des états financiers du chiffrier de l'entreprise La Plage au 31 décembre 1996 fournissent les informations suivantes:

	État des résultats		État de l'avoir du propriétaire et bilan	
	Débit	Crédit	Débit	Crédit
Stock.	83 196	79 854	79 854	
Autres actifs			608 292	
Michel Michaud – Capital				614 844
Michel Michaud – Prélèvements			60 000	
Ventes.		1 156 464		
Rendus et rabais sur ventes	6 858			
Escomptes sur ventes	17 496			
Achats.	782 082			
Rendus et rabais sur achats.		3 276		
Escomptes sur achats		10 764		
Frais de transport à l'achat	11 046			
Salaires des vendeurs	84 096			
Loyers du magasin	39 600			
Fournitures de magasin utilisées	1 944			
Amortissement – Matériel de magasin.	10 692			
Salaires du personnel de bureau	68 184			
Loyers du bureau	3 600			
Fournitures de bureau utilisées.	882			
Assurances	4 068			
Amortissement – Matériel de bureau	3 312			
	1 117 056	1 250 358	748 146	614 844
Bénéfice net	133 302			133 302
	1 250 358	1 250 358	748 146	748 146

Travail à faire

1. Dressez en bonne et due forme l'état des résultats à groupements multiples de l'exercice clos le 31 décembre 1996.

2. Dressez l'état de l'avoir du propriétaire de l'exercice clos le 31 décembre 1996.

3. Passez les écritures de clôture.

4. Ouvrez le compte Stock dans le grand livre et reportez-y les données pertinentes.

5. Dressez les états combinés des résultats à groupements simples et de l'avoir du propriétaire de l'exercice clos le 31 décembre 1996.

La balance de vérification non régularisée de l'entreprise Doiron enr. au 31 décembre 1996 s'établit de la façon suivante:

DOIRON ENR.
Balance de vérification non régularisée
au 31 décembre 1996

	Débit	Crédit
Encaisse....................................	11 166 $	
TPS à recouvrer...........................	2 304	
TVQ à recouvrer..........................	2 296	
Stock......................................	56 400	
Fournitures de magasin non utilisées.............	2 058	
Fournitures de bureau non utilisées.............	774	
Assurances payées d'avance...................	4 608	
Matériel de magasin........................	69 282	
Amortissement cumulé – Matériel de magasin.....		11 490 $
Matériel de bureau.........................	16 956	
Amortissement cumulé – Matériel de bureau......		4 404
Fournisseurs..............................		5 616
TPS à payer...............................		3 510
TVQ à payer..............................		3 490
Luc Doiron – Capital.......................		112 302
Luc Doiron – Prélèvements...................	37 800	
Ventes....................................		574 620
Rendus et rabais sur ventes...................	3 822	
Escomptes sur ventes.......................	6 228	
Achats....................................	397 578	
Rendus et rabais sur achats...................		2 214
Escomptes sur achats.......................		5 670
Frais de transport à l'achat...................	3 372	
Salaires des vendeurs.......................	41 652	
Loyers du magasin.........................	28 800	
Publicité..................................	1 464	
Fournitures de magasin utilisées...............	—	
Amortissement – Matériel de magasin...........	—	
Salaires du personnel de bureau...............	33 156	
Loyers du bureau..........................	3 600	
Fournitures de bureau utilisées................	—	
Assurances................................	—	
Amortissement – Matériel de bureau............	—	
Total.....................................	723 316 $	723 316 $

Travail à faire

1. Inscrivez la balance de vérification ci-dessus dans un chiffrier et complétez celui-ci en tenant compte des informations suivantes au 31 décembre 1996:

   a) Fournitures de magasin non utilisées: 462 $;

   b) Fournitures de bureau non utilisées: 216 $;

   c) Assurances absorbées: 3 318 $;

   d) Amortissement du matériel de magasin: 7 038 $;

   e) Amortissement du matériel de bureau: 2 106 $;

   f) Stock de clôture: 58 776 $.

2. Passez les écritures de clôture.

3. Ouvrez le compte Stock dans le grand livre et reportez-y les montants pertinents.

Utilisez l'approche avec écritures de régularisation pour comptabiliser le stock et les données fournies au problème 5-3A.

Travail à faire

1. Établissez un chiffrier en tenant compte des informations fournies au point 1 du problème 5-3A.

2. Passez les écritures de régularisation et de clôture.

3. Ouvrez le compte Stock dans le grand livre et reportez-y les montants pertinents.

La balance de vérification non régularisée de l'entreprise Cosmos enr. au 31 octobre 1996 s'établit de la façon suivante:

COSMOS ENR.
Balance de vérification non régularisée
au 31 octobre 1996

	Débit	Crédit
Encaisse	23 082 $	
TPS à recouvrer	2 805	
TVQ à recouvrer.	2 795	
Stock.	80 172	
Fournitures de magasin non utilisées	1 752	
Fournitures de bureau non utilisées	792	
Assurances payées d'avance	5 208	
Matériel de magasin	78 084	
Amortissement cumulé – Matériel de magasin		11 220 $
Matériel de bureau	17 406	
Amortissement cumulé – Matériel de bureau		2 742
Fournisseurs		4 050
TPS à payer		4 010
TVQ à payer.		3 990
Salaires à payer.		—
Alain Léger – Capital		106 746
Alain Léger – Prélèvements	9 000	
Ventes.		641 772
Rendus et rabais sur ventes	3 816	
Achats.	422 814	
Rendus et rabais sur achats.		2 598
Escomptes sur achats		5 916
Frais de transport à l'achat	3 990	
Salaires des vendeurs	50 574	
Loyers du magasin	23 400	
Publicité	6 594	
Fournitures de magasin utilisées	—	
Amortissement – Matériel de magasin.	—	
Salaires du personnel de bureau	47 160	
Loyers du bureau	3 600	
Assurances	—	
Fournitures de bureau utilisées.	—	
Amortissement – Matériel de bureau	—	
Total	783 044 $	783 044 $

Travail à faire

1. Inscrivez la balance de vérification de la page 318 dans un chiffrier et complétez celui-ci en tenant compte des informations suivantes au 31 octobre 1996:

    a) Fournitures de magasin non utilisées: 474 $;

    b) Fournitures de bureau non utilisées: 222 $;

    c) Assurances absorbées: 4 458 $;

    d) Amortissement du matériel de magasin: 7 668 $;

    e) Amortissement du matériel de bureau: 2 058 $;

    f) Salaires à payer aux vendeurs: 618 $; salaires à payer au personnel de bureau: 150 $;

    g) Stock de clôture: 77 166 $.

2. Dressez en bonne et due forme l'état des résultats à groupements multiples.

3. Dressez l'état de l'avoir du propriétaire.

4. Passez les écritures de clôture.

5. Dressez les états combinés des résultats à groupements simples et de l'avoir du propriétaire.

Utilisez l'approche avec écritures de régularisation pour comptabiliser le stock et les données fournies au problème 5-5A.

Travail à faire

1. Établissez un chiffrier en tenant compte des informations fournies au point 1 du problème 5-5A.

2. Dressez un état des résultats à groupements multiples en bonne et due forme.

3. Dressez un état de l'avoir du propriétaire.

4. Passez les écritures de régularisation et de clôture.

5. Dressez les états combinés des résultats à groupements simples et de l'avoir du propriétaire.

La balance de vérification non régularisée de l'entreprise Le Bon Marché enr. au 31 décembre 1996 s'établit de la façon présentée à la page suivante:

^AProblème 5-6A
Le chiffrier, l'état des résultats, l'état de l'avoir du propriétaire, ainsi que les écritures de régularisation et de clôture en utilisant l'approche avec écritures de régularisation
(Objectif 7)

Problème 5-7A
L'établissement du chiffrier, des états financiers et des écritures de clôture
(Objectifs 2, 3, 4)

LE BON MARCHÉ ENR.
Balance de vérification non régularisée
au 31 décembre 1996

	Débit	Crédit
Encaisse	15 304 $	
Clients	28 698	
TPS à recouvrer	2 204	
TVQ à recouvrer	2 196	
Stock	62 226	
Fournitures de magasin non utilisées	2 670	
Fournitures de bureau non utilisées	1 008	
Assurances payées d'avance	4 284	
Matériel de magasin	67 536	
Amortissement cumulé – Matériel de magasin		11 004 $
Matériel de bureau	14 262	
Amortissement cumulé – Matériel de bureau		3 300
Fournisseurs		4 608
TPS à payer		3 757
TVQ à payer		3 743
Salaires à payer		—
Jean-Marc Labonté – Capital		135 408
Jean-Marc Labonté – Prélèvements	30 000	
Ventes		662 112
Rendus et rabais sur ventes	5 382	
Achats	458 424	
Rendus et rabais sur achats		2 304
Escomptes sur achats		5 178
Frais de transport à l'achat	5 310	
Salaires des vendeurs	47 430	
Loyers du magasin	24 300	
Fournitures de magasin utilisées	—	
Amortissement – Matériel de magasin	—	
Salaires du personnel de bureau	50 280	
Loyers du bureau	9 900	
Fournitures de bureau utilisées	—	
Assurances	—	
Amortissement – Matériel de bureau	—	
Total	831 414 $	831 414 $

Travail à faire

1. Inscrivez la balance de vérification ci-dessus dans un chiffrier et complétez celui-ci en tenant compte des informations suivantes au 31 décembre 1996:

   a) Fournitures de magasin non utilisées: 618 $;

   b) Fournitures de bureau non utilisées: 330 $;

   c) Assurances absorbées: 3 546 $;

   d) Amortissement du matériel de magasin: 5 958 $;

   e) Amortissement du matériel de bureau: 1 698 $;

   f) Salaires à payer aux vendeurs: 582 $; salaires à payer au personnel de bureau: 330 $;

   g) Stock de clôture: 64 602 $.

2. Dressez l'état des résultats à groupements multiples en bonne et due forme.

3. Dressez l'état de l'avoir du propriétaire au 31 décembre 1996 sachant que M. Labonté a investi 90 000 $ durant l'exercice.

4. Dressez le bilan ordonnée.

5. Passez les écritures de régularisation et de clôture.

Reportez-vous au problème 5-2A. À la première ligne du chiffrier, en face du compte Stock, on a inscrit un montant dans chacune des deux colonnes de la section État des résultats et dans la colonne débit de la section État de l'avoir du propriétaire et bilan. Expliquez pourquoi le stock, qui est un élément de l'actif, est inscrit dans la section État des résultats du chiffrier. Comment procède-t-on pour que le montant du stock de la fin de l'exercice apparaisse dans le chiffrier dans la colonne débit de la section État de l'avoir du propriétaire et bilan?

Problème 5-8A
Essai analytique
(Objectifs 4, 5)

Reportez-vous au problème 5-2A. À la première ligne du chiffrier, on a inscrit les montants du stock devant apparaître dans les états financiers de fin d'exercice. Décrivez comment le stock aurait été présenté dans le chiffrier si l'entreprise La Plage avait utilisé l'approche avec écritures de régularisation pour le comptabiliser. Même si la section Régularisation du chiffrier n'est pas présentée dans le problème 5-2A, indiquez quel effet peut avoir l'utilisation de l'approche avec écritures de régularisation sur le total qui apparaîtra au bas de chacune des colonnes de cette section.

[A]**Problème 5-9A**
Essai analytique
(Objectifs 4, 7)

Problème à épisodes

Les ordinateurs révolutionnaires enr.

(N'exigez pas ce problème si les feuilles de travail qui accompagnent ce volume ne sont pas utilisées. Ce problème a débuté au chapitre 2 et s'est poursuivi aux chapitres 3 et 4. Si vous ne l'avez pas effectué aux chapitres précédents, vous pouvez toujours le commencer ici à condition de prendre connaissance des données le concernant aux chapitres 2, 3 et 4. Voir pages 135, 195 et 247.)

L'entreprise Les ordinateurs révolutionnaires enr. a commencé ses opérations le 1er octobre 1996. Comme les ventes à crédit ont été rares au cours des trois premiers mois, on a décidé de maintenir dans le grand livre un seul compte Clients. Jusqu'à maintenant, M. Caron, le propriétaire, contrôlait les comptes clients grâce au compte Clients du grand livre et aux copies des factures sur lesquelles il inscrivait Payé au fur et à mesure que les clients effectuaient leur paiement. Cependant, au cours des dernières semaines, l'entreprise ayant connu un accroissement important de son chiffre d'affaires à crédit, M. Caron a décidé de créer dans le grand livre un compte Clients distinct pour chacun d'entre eux. D'après le plan comptable, le compte Clients du grand livre porte le numéro 106. Afin de permettre l'augmentation du nombre de comptes Clients dans le grand livre, M. Caron a décidé d'attribuer à chacun de ceux-ci un numéro de quatre chiffres commençant par le numéro 106. Les comptes Clients qui ont été créés sont les suivants:

Compte	Numéro
Les Distributeurs R.B. ltée	1060
Le palais des quilles ltée.	1061
Les services téléphoniques ltée . .	1062
Le chenil beau pitou enr.	1063
Les prothèses auditives F.L. enr. .	1064
Ferme St-Pierre inc.	1065
Garage Marquis enr.	1066
Le glacier ltée	1067
Les vêtements sports enr.	1068

Depuis que M. Caron a ouvert son commerce, les clients exercent des pressions de plus en plus fortes pour qu'il garde en magasin des ordinateurs, des périphériques ainsi que des logiciels pour avoir les articles plus rapidement en main. Après avoir évalué sommairement le marché potentiel, M. Caron a conclu que la vente de ces produits pourrait être rentable. Il a donc décidé de garder en magasin un stock restreint de périphériques et de logiciels. Les ordinateurs révolutionnaires enr. offre à ses clients des conditions de règlement 1/10, n/30.

La croissance de l'entreprise a nécessité l'ajout des comptes de grand livre suivants:

Compte	Numéro
TPS à recouvrer.	107
TVQ à recouvrer	108
Stock	119
TPS à payer.	202
TVQ à payer	203
Ventes	413
Rendus et rabais sur ventes.	414
Escomptes sur ventes	415
Achats	505
Rendus et rabais sur achats.	506
Escomptes sur achats	507
Frais de transport à l'achat	508

L'entreprise n'effectue pas d'écritures de contrepassation.

Voici les opérations que l'entreprise a effectuées au cours des mois de janvier, février et mars 1997. Pour chacune des opérations décrites ci-dessous, vous devez tenir compte de l'incidence de la taxe sur les produits et services (TPS) et de la taxe de vente du Québec (TVQ) au besoin.

1997

Janv. 2 Paiement à Anne Leblanc, informaticienne, du salaire de quatre jours de travail dont trois se rapportent à décembre 1996: 280 $.

5 Investissement additionnel de la part de M. Caron afin de permettre l'achat des marchandises: 3 000 $.

6 Achat de marchandises à crédit de Data Max inc. aux conditions 1/10, n/30, FCA, point de départ: 5 750 $ plus TPS et TVQ.

7 Recouvrement de la somme de 445 $ due par la ferme St-Pierre inc. Voir l'opération du 8 novembre (chapitre 2) et du 29 décembre (chapitre 3).

9 Fin des travaux exécutés pour Les distributeurs R.B. ltée. La facture du client s'élève à 1 850 $ plus TPS et TVQ; de ce montant il faut déduire l'acompte de 450 $ reçu précédemment. Voir l'opération du 9 décembre (chapitre 3).

12 Vente de marchandises à crédit à Le chenil beau pitou enr.: 945 $ plus TPS et TVQ.

13 Paiement des frais de transport se rapportant aux marchandises achetées le 6 janvier: 138 $ plus TPS et TVQ.

14 Réception d'une note de débit de la Banque Intel pour des frais bancaires de 9 $ prélevés dans le compte bancaire de l'entreprise.

15 Implantation d'un logiciel et perception des honoraires: 2 420 $ plus TPS et TVQ.

16 Paiement au fournisseur Data Max inc. de l'achat effectué le 6 janvier; il faut tenir compte de l'escompte de caisse.

20 Réception de marchandises refusées par Le chenil beau pitou enr. achetées le 12 janvier; émission d'une note de crédit de 100 $ plus TPS et TVQ.

21 Confirmation par l'entreprise Le glacier ltée que la soumission de 1 925 $ a été acceptée aux conditions prévues. Le client verse une avance de 500 $.

22 Recouvrement de la somme due par Le chenil beau pitou enr. compte tenu du rendu et rabais sur ventes accordé et de l'escompte de caisse.

26 Marchandises défectueuses renvoyées à Data Max inc. (elles avaient été achetées le 6 janvier) et entente avec le fournisseur qui a accepté d'émettre une note de crédit de 95 $ plus TPS et TVQ.

27 Vente de marchandises à crédit à Les vêtements sport enr: 2 740 $ plus TPS et TVQ.

28 Achat de marchandises à crédit à Data Max inc. aux conditions 1/10, n/30, FCA, point de départ: 895 $ plus TPS et TVQ.

29 Réception de la note de crédit de Data Max inc. relative aux marchandises refusées le 26 janvier: 95 $ plus TPS et TVQ.

30 Paiement du compte de téléphone: 105 $ plus TPS et TVQ.

30 Paiement du compte d'électricité: 62 $ plus TPS et TVQ.

30 Paiement à l'informaticienne du salaire de sept jours de travail en janvier: 490 $.

Févr. 2 Paiement du loyer des mois de janvier, février et mars 1997: 675 $ plus TPS et TVQ.

2 Fin des travaux exécutés pour Le glacier ltée. La facture du client s'élève à 1 925 $ plus TPS et TVQ. De ce montant, il faut déduire l'acompte de 500 $ reçu précédemment. Voir l'opération du 21 janvier.

5 Paiement à Data Max inc. de l'achat effectué le 28 janvier compte tenu du rendu et rabais du 26 janvier et de l'escompte de caisse.

9 Paiement de petites annonces parues dans le *Journal de Québec*: 25 $ plus TPS et TVQ.

10 Recouvrement de la somme due par Les distributeurs R.B. ltée.

11 Facturation pour des services de consultation rendus à crédit à l'entreprise Le palais des quilles ltée: 950 $ plus TPS et TVQ.

14 Réception d'une note de débit de la banque Intel pour des frais bancaires de 12 $ prélevés dans le compte bancaire de l'entreprise.

14 Prélèvement effectué par le propriétaire: 650 $.

19 Réception d'un acompte de 520 $ de l'entreprise Le palais des quilles ltée sur la somme due.

20 Confirmation de l'entreprise Les distributeurs R.B. ltée que notre soumission de 2 125 $ a été acceptée aux conditions prévues. Le client verse une avance de 600 $.

24 Vente de marchandises à crédit à Garage Marquis inc.: 1 285 $ plus TPS et TVQ.

26 Paiement du compte de téléphone: 108 $ plus TPS et TVQ.

26 Paiement du compte d'électricité: 58 $ plus TPS et TVQ.

27 Paiement à l'informaticienne du salaire de six jours de travail: 420 $.

27 Remboursement de 48 $ à Anne Leblanc pour le kilométrage qu'elle a effectué avec son automobile personnelle pour le compte de l'entreprise, soit 200 kilomètres à 0,24 $ le kilomètre. (Ne tenez pas compte de la TPS et de la TVQ pour cette opération.)

27 Remboursement de 72 $ à Jean Caron pour le kilométrage qu'il a effectué avec son automobile personnelle pour le compte de l'entreprise, soit 300 kilomètres à 0,24 $ le kilomètre. (Ne tenez pas compte de la TPS et de la TVQ pour cette opération.)

28 Remise de la TPS et de la TVQ dues le 31 janvier.

Mars 3 Recouvrement de la somme due par Le palais des quilles ltée. Voir les opérations du 11 et du 19 février.

5 Fin des travaux exécutés pour Les distributeurs R.B. ltée. La facture du client s'élève à 2 125 $ plus TPS et TVQ. De ce montant, il faut déduire l'acompte de 600 $ reçu précédemment. Voir l'opération du 20 février.

8 Achat à crédit de fournitures d'ordinateur à la société Les ordinateurs 2000 inc.: 190 $ plus TPS et TVQ.

9 Recouvrement du solde dû par Garage Marquis inc.

15 Achat au comptant d'une pièce nécessaire à la réparation de l'ordinateur de l'entreprise: 120 $ plus TPS et TVQ.

16 Confirmation de l'entreprise Les vêtements sport enr. que notre soumission de 2 450 $ a été acceptée aux conditions prévues. Le client verse une avance de 600 $.

19 Paiement du solde dû à Les ordinateurs 2000 inc. Voir les opérations du 11 décembre (chapitre 3) et du 8 mars.

24 Facturation pour des services de consultation rendus à crédit à l'entreprise Le palais des quilles ltée: 850 $ plus TPS et TVQ.

25 Vente de marchandises à crédit à Le chenil beau pitou enr.: 1 780 $ plus TPS et TVQ.

30 Vente de marchandises à crédit à Le palais des quilles ltée: 290 $ plus TPS et TVQ.

30 Paiement du compte de téléphone: 110 $ plus TPS et TVQ.

30 Paiement du compte d'électricité: 62 $ plus TPS et TVQ.

31 Remboursement de 24 $ à Anne Leblanc pour le kilométrage qu'elle a effectué avec son automobile personnelle pour le compte de l'entreprise, soit 100 kilomètres à 0,24 $ le kilomètre. (Ne tenez pas compte de la TPS et de la TVQ pour cette opération.)

31 Remboursement de 48 $ à Jean Caron pour le kilométrage qu'il a effectué avec son automobile personnelle pour le compte de l'entreprise, soit 200 kilomètres à 0,24 $ le kilomètre (Ne tenez pas compte de la TPS et de la TVQ pour cette opération.)

31 Remise de la TPS et de la TVQ dues au 28 février.

À la fin du premier trimestre de 1997, M. Jean Caron veut savoir si son entreprise est rentable. Il vous demande donc de lui préparer des états financiers intermédiaires. Voici les informations qui vous seront utiles pour établir un chiffrier et préparer les écritures de régularisation:

a) Le coût des fournitures d'ordinateur non utilisées le 31 mars s'élève à 19 $;

b) Au cours de la période, trois mois de la couverture d'assurance d'un an achetée le 4 octobre 1996 au prix de 195 $ ont été absorbés;

c) Le salaire d'Anne Leblanc correspondant à 4 jours de travail n'avait pas encore été versé à la fin du mois;

d) Il ne reste aucun mois de loyer mensuel de payé d'avance à la fin de mars 1997;

e) L'amortissement du matériel de bureau relatif aux mois de janvier, février et mars s'élève à 21,25 $;

f) L'amortissement de l'ordinateur de l'entreprise relatif aux mois de janvier, février et mars s'élève à 250 $;

g) Le stock au 31 mars s'élève à 2 167 $.

Sonia Rousseau et Bernard LeBrun, qui exploitaient un magasin de vêtements de travail, ont convenu de le fermer et de mettre fin à leur société de personnes. Sonia Rousseau a reçu un stock de vêtements évalué à 33 750 $ en règlement de son investissement. Elle a décidé d'ouvrir le magasin Les vêtements de travail Rousseau enr. en investissant ce stock et 27 000 $ au comptant. Elle a acquis du matériel de magasin coûtant 22 500 $ et a lancé sa nouvelle entreprise le 1er juin 1997. Au cours des sept mois suivants, elle a payé 75 200 $ à ses fournisseurs pour des marchandises, a déboursé 31 500 $ en règlement de charges d'exploitation et a effectué des prélèvements de 22 000 $ à des fins personnelles.

Cas 5-1
Les vêtements de travail Rousseau enr.
(Objectif 4)

Le bilan de l'entreprise Les vêtements Rousseau enr. au 31 décembre 1997 s'établit de la façon suivante:

LES VÊTEMENTS DE TRAVAIL ROUSSEAU ENR.
Bilan
au 31 décembre 1997

Actif			Passif	
Encaisse		13 325 $	Fournisseurs	4 950 $
Stock		39 975		
Matériel de magasin.	22 500		**Avoir de la propriétaire**	
Moins: Amortissement cumulé	1 800	20 700	Sonia Rousseau – Capital	69 050
Total de l'actif		74 000 $	Total du passif et de l'avoir de la propriétaire	74 000 $

Travail à faire

Dressez l'état des résultats pour la période du 1er juin au 31 décembre 1997. Fournissez les calculs qui ont servi à établir les postes Ventes, Coût des marchandises vendues et Bénéfice net.

La nuit dernière, la boutique Vachon enr. a été sérieusement endommagée par un incendie. La presque totalité des livres et des documents comptables a brûlé. La propriétaire, Denyse Vachon, avait convenu avant l'incendie de fournir l'état des résultats de sa boutique à un prêteur qui envisageait de lui fournir les fonds nécessaires à la réalisation d'un projet d'expansion. À partir de quelques documents que Mme Vachon avait chez elle, il a été possible d'établir les bilans au 31 décembre 1995 et au 31 décembre 1996 ainsi que les encaissements et les décaissements de l'exercice 1996. Voici les informations qui ont été tirées de ces documents:

Cas 5-2
La boutique Vachon enr.
(Objectif 4)

	1995	1996
Encaisse.	4 500 $	14 580 $
Clients.	11 160	13 140
Stock	54 720	51 300
Matériel de magasin (après amortissement)	44 640	37 080
Total de l'actif.	115 020 $	116 100 $
Fournisseurs	16 740 $	14 760 $
Salaires à payer	540	900
Denyse Vachon – Capital	97 740	100 440
Total du passif et de l'avoir de la propriétaire . . .	115 020 $	116 100 $

	Encaissement	**Décaissement**
Recouvrements des clients.	483 120 $	
Règlements de comptes fournisseurs.		299 160 $
Salaires des employés		86 580
Autres charges d'exploitation		33 300
Denyse Vachon – Prélèvements		54 000

Travail à faire

Posez l'hypothèse que la boutique Vachon enr. effectue tous ses achats et toutes ses ventes à crédit, et dressez l'état des résultats de l'exercice clos le 31 décembre 1996 en fournissant les calculs qui ont permis d'établir les comptes Ventes, Achats et Salaires.

Cas 5-3
Les Luminaires Lebœuf enr.
(Objectif 4)

Lorsque la tante de Paul Lebœuf est décédée, elle lui a laissé une petite fortune avec laquelle il a décidé d'ouvrir un magasin de luminaires. Lorsque Paul a inauguré son magasin, le 1er mai 1997, il était certain de réussir puisqu'il n'y avait pas de magasin de ce genre dans sa petite ville.

Il a déposé 64 200 $ dans un compte bancaire au nom de l'entreprise. Il a acquis au comptant du matériel coûtant 14 400 $ dont la durée de vie prévue était de 10 ans et la valeur résiduelle nulle. Il a également acheté au comptant des marchandises coûtant 45 000 $ et a versé 4 320 $ pour le loyer des huit mois à venir. Étant donné que les magasins de ce genre dans les villes environnantes établissent leurs prix de vente en majorant le prix coûtant de 40 %, Paul a décidé de vendre ses marchandises à un prix correspondant à 135 % du prix coûtant afin d'attirer des clients. À ce prix de vente, Paul s'attend à ce que son bénéfice net corresponde à 10 % du chiffre d'affaires.

Le 31 décembre, après huit mois d'exploitation, Paul vous demande de le conseiller. Il affirme que les affaires vont bien et qu'il a remplacé son stock trois fois pendant la période de huit mois. Il a payé tous ses fournisseurs lorsque les factures étaient dues et ne doit que 13 020 $ pour les achats effectués au cours du dernier mois et dont le règlement n'est pas encore dû.

Paul vous informe que son stock et ses comptes clients s'élèvent respectivement à 45 000 $ et à 39 110 $; il ajoute qu'il connaît toutes les personnes de la région de sorte qu'il peut être généreux lorsqu'il accorde du crédit. En plus du loyer, des charges d'exploitation de 17 640 $ ont été payées au comptant.

Paul s'interroge sur la validité de la marge bénéficiaire brute et du bénéfice net étant donné qu'il ne lui reste que 4 000 $ du montant initial de 64 200 $. Il n'a fait aucun prélèvement au cours de cette période.

Travail à faire

Dressez l'état des résultats et l'état de l'avoir du propriétaire pour la période de huit mois terminée le 31 décembre, le bilan à cette date et l'état des encaissements et des décaissements qui explique le solde de clôture de l'encaisse de 4 000 $.

Cas 5-4
Une question d'éthique professionnelle

Relisez la question d'éthique professionnelle qui se trouve à la page 276. Discutez de la nature du problème auquel fait face Martine Lemire, puis soulevez et analysez les différentes solutions qu'elle pourrait envisager.

Éthique

Le chiffrier incomplet de l'entreprise Bérubé enr. pour l'exercice clos le 31 décembre 1996 est présenté ci-dessous:

**Problème 5-1
AR**

BÉRUBÉ ENR.
Chiffrier
pour l'exercice clos le 31 décembre 1996

Compte	Balance de vérification		Régularisation		État des résultats		État de l'avoir du propriétaire et bilan	
	Débit	Crédit	Débit	Crédit	Débit	Crédit	Débit	Crédit
Encaisse	3 780							
Clients							34 600	
TPS à recouvrer	1 752							
TVQ à recouvrer	1 748							
Stock					31 400	26 400		
Assurances payées d'avance	720						480	
Loyers payés d'avance	4 800							
Matériel de bureau							12 000	
Amortissement cumulé – Matériel de bureau		4 500						
Fournisseurs		8 000						
TPS à payer		2 255						
TVQ à payer		2 245						
René Bérubé – Capital		22 000						
René Bérubé – Prélèvements							24 000	
Ventes		300 000				302 400		
Rendus et rabais sur ventes					1 000			
Achats	199 200							
Rendus et rabais sur achats						1 400		
Publicité	1 000							
Fournitures utilisées	1 800							
Salaires	23 200							
Électricité	1 800							
Assurances								
Loyers					3 600			
Amortissement – Matériel de bureau					1 500			
Salaires à payer								660

Travail à faire

Complétez le chiffrier relatif à l'exercice clos le 31 décembre 1996.

Problème 5-2
AR

Voici certaines données concernant l'entreprise Allain enr. relatives à l'exercice clos le 31 décembre 1996:

1. Écritures de clôture:

Sommaire des résultats.	273 000	
Rendus et rabais sur achats.	2 300	
Achats.		180 000
Frais de transport à l'achat		4 000
Salaires des vendeurs		40 000
Publicité		10 000
Loyers du bureau		8 000
Frais de livraison à l'achat		4 800
Salaires du personnel de bureau		26 000
Amortissement – Matériel de bureau		2 000
Charges diverses.		500

Pour fermer les comptes de charges et les autres comptes de résultats.

Roger Allain – Capital	30 000	
Roger Allain – Prélèvements		30 000

Pour fermer le compte Prélèvements.

2. Les prélèvements effectués par Roger Allain représentent 50 % du bénéfice net réalisé par son commerce.

3. Les escomptes sur ventes s'élevaient à 2 000 $ pour l'exercice.

4. Les stocks au 31 décembre 1995 et au 31 décembre 1996 étaient respectivement de 20 000 $ et de 25 000 $.

Travail à faire

1. Calculez le bénéfice net de l'exercice clos le 31 décembre 1996.

2. Calculez le montant des ventes de l'exercice 1996.

3. Dressez un état des résultats en bonne et due forme.

Réponses
aux questions
de révision
en regard
des objectifs
d'apprentissage

Objectif 1 (*e*)   **Objectif 4** (*c*)   **Objectif 6** (*e*)
Objectif 2 (*d*)   **Objectif 5** (*d*)   **Objectif 7** (*b*)
Objectif 3 (*d*)

Les systèmes comptables

Même dans les petites entreprises, le système comptable est appelé à traiter une grande quantité de faits et d'opérations. Par conséquent, il est impérieux qu'il soit conçu pour être très efficace. Dans ce chapitre, nous traiterons de certaines règles qui doivent être prises en considération lors de la conception et de la mise en place d'un système comptable afin qu'il atteigne cet objectif d'efficacité. Nous expliquerons d'abord les principales étapes du traitement de l'information comptable, qui s'appliquent aussi bien à un système comptable manuel qu'à un système informatisé. Nous aborderons ensuite certaines techniques qui permettent de réaliser des économies de temps substantielles dans le traitement des données lorsqu'on utilise un système comptable manuel. On peut ainsi effectuer plus rapidement et plus efficacement le traitement d'opérations comme les ventes à crédit, les encaissements, les achats à crédit et les décaissements.

Objectifs d'apprentissage

Après l'étude du chapitre 6, vous devriez être en mesure:

1. de décrire les cinq éléments d'un système comptable;

2. de décrire les types d'ordinateurs utilisés dans les petits et les grands systèmes comptables, le rôle des logiciels comptables, ainsi que les différentes approches du traitement des données et le réseautage;

3. d'expliquer l'utilisation des journaux auxiliaires et l'économie de temps que ces journaux permettent lors du report dans le grand livre;

4. d'expliquer la relation entre les grands livres auxiliaires et les comptes collectifs, ainsi que la façon d'utiliser un grand livre auxiliaire pour maintenir un compte distinct pour chaque client ou chaque fournisseur;

5. d'expliquer la façon de vérifier l'exactitude du total des comptes des grands livres auxiliaires des clients et des fournisseurs, et la manière d'utiliser leur contenu pour dresser une liste des comptes;

6. de définir et d'expliquer les termes et les expressions de la section Terminologie comptable.

Les éléments d'un système comptable

Objectif 1 Décrire les cinq éléments d'un système comptable.

Tout **système comptable** comprend à la fois des personnes, des formulaires, des procédures et du matériel. Les systèmes doivent être conçus de façon à permettre la saisie des données générées par les opérations, leur traitement et la production d'états financiers ainsi que des différents rapports exigés par les gestionnaires et les administrations fiscales. Malgré certaines similitudes entre le système comptable manuel et le système informatisé, ce dernier comporte des avantages certains dus à sa rapidité de traitement, à son efficacité, à sa grande précision et à sa facilité à traiter un grand nombre de données. Qu'ils soient manuels ou informatisés, les systèmes doivent atteindre les mêmes objectifs et reposent donc sur les cinq mêmes éléments de base:

- les pièces justificatives;
- les dispositifs d'entrée;
- le processeur;
- le stockage des données;
- les dispositifs de sortie.

Le figure 6-1 présente les relations entre ces cinq éléments.

Les pièces justificatives

Nous avons décrit au chapitre 2 certains documents commerciaux utilisés par les entreprises pour attester l'existence d'opérations. Ces documents, appelés pièces justificatives, servent de documents de base à la préparation des écritures comptables. En d'autres termes, ils fournissent les informations qui seront enregistrées puis traitées par le système comptable. Vous avez sans doute déjà vu des documents commerciaux comme des relevés de compte de banque et des chèques émis par des tiers. Les documents commerciaux comprennent aussi les chèques de clients, les factures émises par les fournisseurs et des documents internes comme les rubans de caisse enregistreuse, les factures de vente, les bons de commande, les bons de réception, les feuilles de paie, etc. Dans un système comptable manuel, les documents commerciaux sont toujours sur papier. Dans un système informatisé, les documents sur papier sont encore très nombreux, mais de nouvelles technologies leur permettent de prendre une autre forme. Certaines entreprises transmettent, par exemple, les factures de vente directement de leur ordinateur à l'ordinateur de leurs clients, réduisant ainsi les délais nécessaires au traitement.

Le bon fonctionnement d'un système comptable dépend beaucoup de la précision des informations fournies par les documents commerciaux. Si une information erronée ou incomplète est introduite dans le système comptable, ce dernier ne pourra produire que des rapports erronés ou incomplets. Dans le jargon informatique, on utilise l'expression faux à l'entrée, faux à la sortie (*garbage in, garbage out*) pour signifier que si les informations introduites dans l'ordinateur sont erronées ou mal présentées, le résultat du traitement le sera également.

Les dispositifs d'entrée

Le système comptable peut comprendre un ou plusieurs dispositifs d'entrée permettant d'effectuer des opérations d'entrée. Comme le montre la figure 6-1, ces dispositifs permettent la saisie des informations contenues sur les pièces justificatives afin qu'elles puissent être traitées par le système comptable par la suite. Dans un système comptable informatisé, la saisie des données sous forme écrite implique

---

FIGURE 6-1   *Les éléments d'un système comptable*

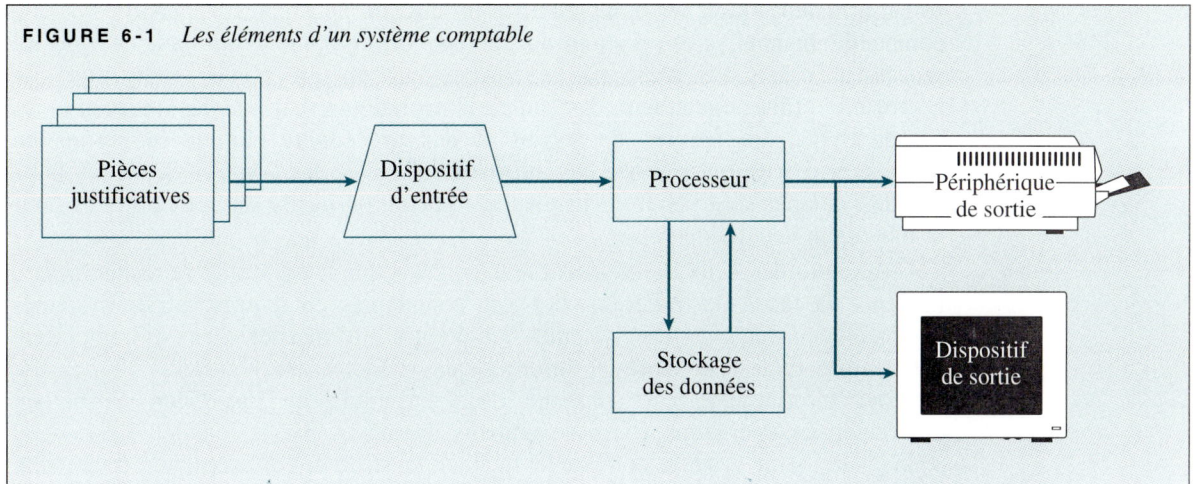

---

leur conversion en signaux numériques. De plus, en informatique, lors de la saisie des données, le dispositif d'entrée appelé **périphérique** d'entrée est aussi utilisé pour faire connaître à l'ordinateur comment devront être traitées les informations provenant des pièces justificatives.

Pour résoudre les exercices et les problèmes des chapitres précédents, vous avez utilisé un dispositif de saisie des données pour inscrire les écritures de journal reflétant l'effet des opérations. Dans un système comptable manuel, le crayon constitue le dispositif de base de saisie des données, alors que dans un système comptable informatisé, c'est le clavier de l'ordinateur qui est le plus couramment utilisé. D'autres dispositifs peuvent servir aux mêmes fins. Dans de nombreux supermarchés et magasins de détail, les caissiers utilisent le lecteur optique, par exemple, pour lire les codes à barres apparaissant sur les articles vendus et transmettre ces informations à l'**ordinateur**. À l'occasion, le scanner (explorateur) s'avère aussi utile pour lire les documents commerciaux et en transmettre le contenu à l'ordinateur. Depuis quelques années, certaines grandes entreprises industrielles et commerciales ont mis en place des systèmes d'échange de documents informatisés avec comme objectif l'élimination de la plupart des pièces justificatives sur papier. Le développement rapide des technologies de l'information nous porte à croire que ces pratiques se multiplieront au cours des prochaines années.

Que l'entreprise utilise un système comptable manuel ou informatisé, elle doit structurer le travail et introduire des procédures de contrôle qui permettent aux employés d'entrer les données de façon répétitive tout en réduisant au minimum le risque d'erreurs. L'entreprise doit aussi instaurer des mesures de contrôle pour que seules les personnes autorisées puissent saisir les données et avoir accès au système comptable.

Les contrôles permettent d'assurer l'intégrité du système comptable, de facilement déterminer la source de toute erreur et, s'il y a lieu, de reconstituer les faits et les circonstances qui y ont conduit.

Le processeur

Le troisième élément d'un système comptable, le **processeur**, interprète, manipule et résume les données qui ont été entrées dans le système de façon à ce qu'elles soient utilisables pour les analyses et la production de rapports. Dans un système comptable manuel, c'est d'abord le cerveau du comptable qui joue le rôle du processeur. Mais ce n'est pas exclusivement un processus intellectuel. Le comptable utilise également des supports techniques comme les journaux, les grands livres, les feuilles de travail et des procédures comme le report qui permettent d'accroître l'utilité des informations tirées des données. Dans les faits, peu de systèmes sont entièrement manuels puisqu'on utilise des calculatrices pour le traitement des données.

Au cours des deux dernières décennies, l'évolution rapide de la technologie a influencé la façon de traiter les données comptables en remplaçant les systèmes comptables manuels par des systèmes comptables informatisés. Ceux-ci comportent deux composantes: le matériel informatique (l'équipement) et les **logiciels**. Le matériel informatique est constitué d'un ensemble de dispositifs permettant d'exécuter les opérations et les traitements demandés par le logiciel. Le logiciel commande tout le système comptable, incluant la saisie des données, leur traitement, leur stockage et la production de rapports, de formulaires et de graphiques.

Le stockage des données

Le stockage des informations traitées est une opération essentielle, autant dans un système manuel que dans un système informatisé. Les données entrées puis traitées par le système doivent être stockées soit pour un traitement subséquent, soit pour la production des états financiers ou des rapports spéciaux exigés par les gestionnaires. Cette base de données comptables servira aux vérificateurs de source première d'informations lorsqu'ils procéderont à la vérification des états financiers de l'entreprise. De plus, les entreprises doivent conserver durant un certain temps les documents commerciaux qui ont alimenté le système comptable. Tout le système comptable doit être conçu de façon à permettre de retracer facilement chacune des opérations, que ce soit à partir des documents commerciaux ou à partir des informations stockées. Ainsi conçu, le système offre aux vérificateurs une piste de vérification qui leur permet d'effectuer leur travail ou de retracer les erreurs qui ont pu être commises. Dans un système comptable manuel, les données comptables sont stockées et conservées sur des feuilles de papier. Au cours des chapitres précédents, nous avons traité plusieurs de ces documents de papier, comme le journal général et le grand livre. Dans un système comptable informatisé, certaines données peuvent être conservées sur des documents en papier. Cependant, la majorité d'entre elles sont stockées sur des supports électroniques comme les disquettes, les disques durs et les bandes magnétiques (pour les gros ordinateurs).

Grâce aux améliorations apportées récemment aux supports de stockage d'informations, le système comptable informatisé peut maintenant mémoriser des quantités phénoménales de données. À titre d'exemple, une disquette peut contenir deux mégaoctets d'informations (un mégaoctet équivaut approximativement à 500 pages à double interligne). Certains disques durs peuvent contenir des milliers de mégaoctets. Il en résulte que les gestionnaires ont maintenant à leur disposition des banques de données imposantes contenant des informations plus détaillées qu'auparavant et portant sur un grand nombre d'années, ce qui leur permet de mieux contrôler et de mieux gérer l'entreprise. Le système comptable informatisé permet un accès direct aux informations, en tout temps, lorsqu'elles sont stockées sur le disque dur de l'ordinateur. On dit alors qu'elles sont en ligne. Par contre, lorsque l'opérateur doit, pour y avoir accès, introduire dans le lecteur de l'ordinateur la disquette ou la bande magnétique sur laquelle elles sont stockées, on dit qu'elles sont hors ligne. Habituellement, les concepts de stockage en ligne ou hors ligne ne sont pas utilisés lorsque l'on fait référence à un système comptable manuel. Par analogie, on pourrait dire que dans un système comptable manuel, les informations que le comptable a mémorisées dans son cerveau sont en ligne alors que celles contenues dans les livres comptables sont hors ligne.

Les dispositifs de sortie

Le cinquième et dernier élément du système comptable, le dispositif de sortie, permet la production des rapports et des formulaires demandés par les gestionnaires pour la prise de décisions. Le système produit, par exemple, les factures de vente, les états de compte de fin de mois, les chèques faits à l'ordre des fournisseurs, les relevés de paie remis aux employés, les formulaires de remise de taxes de vente, les états financiers et une variété d'autres rapports pour utilisation interne.

Les dispositifs de sortie les plus courants des systèmes comptables informatisés (il s'agit alors de périphériques) sont l'écran vidéo et l'imprimante auxquels s'ajoute le modem (modulateur-démodulateur) qui permet de communiquer par ligne téléphonique de l'ordinateur de l'entreprise à celui d'un client ou d'un fournisseur afin de transmettre ou de recevoir des informations (copie de pièces justificatives, rapports, courrier électronique, etc.).

L'opérateur doit donner la commande appropriée à l'ordinateur afin que celui-ci aille chercher dans sa mémoire les informations nécessaires à la production dudit rapport qu'il doit mettre en page, pour finalement transmettre ces informations au périphérique de sortie. Selon la demande de l'opérateur, l'information apparaîtra sur l'écran vidéo de l'ordinateur, sera imprimée sur papier ou communiquée par ligne téléphonique à un autre ordinateur.

Les clients de nombreuses institutions financières peuvent, par exemple, effectuer des opérations, acheter la plupart des produits et services bancaires simplement au moyen d'un appel téléphonique. Pour bénéficier de ce service, ils doivent utiliser un appareil téléphonique à boutons-poussoirs qui sert de périphérique d'entrée et de sortie, puis composer leur numéro d'identification personnel et suivre les instructions du message préenregistré dans la boîte vocale. Ils n'ont ensuite qu'à demander des informations et à commander des opérations. L'ordinateur recherche dans sa base de données les informations demandées, les communique au client et exécute les opérations. Les périphériques de sortie peuvent aussi être utilisés par les entreprises pour effectuer le paiement des salaires de leurs employés sans avoir à émettre de chèques. Il suffit que l'ordinateur de l'entreprise et celui de l'institution financière puissent communiquer entre eux par ligne téléphonique au moyen d'un modem. De plus en plus d'entreprises utilisent ce système. Après le traitement, le périphérique de sortie effectue un transfert électronique de fonds (TEF) du compte de l'entreprise au compte de l'institution de chaque salarié. Certaines entreprises transmettent ce type de données en envoyant à leur institution financière une bande magnétique ou une disquette. L'ordinateur doit aussi souvent produire des documents imprimés au moyen de périphériques de sortie comme les imprimantes au laser, à jet d'encre, à percussion ou à impact. La production de rapports et de documents par les entreprises utilisant un système comptable manuel suppose qu'il faut d'abord rechercher les informations nécessaires dans les différents livres comptables, puis les transcrire sur papier de façon ordonnée.

Les ordinateurs

Objectif 2 Décrire les types d'ordinateurs utilisés dans les petits et les grands systèmes comptables, le rôle des logiciels comptables, ainsi que les différentes approches du traitement des données et le réseautage.

Le monde de l'informatique a connu une évolution rapide depuis que Altair a mis sur le marché le premier micro-ordinateur en 1975. Certains d'entre vous sont déjà très habiles avec ce type d'appareil; la plupart ont certainement eu l'occasion d'utiliser l'un ou l'autre des micro-ordinateurs actuellement sur le marché, aussi appelés ordinateurs personnels, soit ceux construits par IBM (International Business Machine), par un constructeur de clones d'IBM, par Apple Computer Company ou par une autre compagnie. Si vous êtes peu familiers avec ce type d'ordinateur, nous vous donnons ici l'occasion de parfaire vos connaissances sur le sujet.

Bien que les micro-ordinateurs soient devenus très populaires au cours des dernières années, tant auprès des petites que des grandes entreprises, il n'en demeure pas moins que les moyennes et les grandes entreprises utilisent souvent des ordinateurs plus puissants, pouvant desservir de façon centralisée un nombre élevé d'utilisateurs le plus souvent reliés en réseau. Ces appareils peuvent traiter rapidement une énorme quantité de données comptables. De plus, ils peuvent effectuer des opérations très variées, comme le traitement et l'analyse de données provenant d'études de marché, la compilation des informations sur les actionnaires, l'exécution de travaux et de dessins d'ingénierie, l'établissement de calendriers de production, etc. Parmi ces ordinateurs, on retrouve la série AS, construite par IBM, et la famille des ordinateurs VAX, fabriqués par Digital Equipment Corporation (DEC).

Les programmes sur mesure et les programmes standard

Quelle que soit sa taille, un ordinateur ne fait qu'exécuter les instructions des programmes qu'on active. Un programme consiste en une séquence d'instructions spécifiques permettant l'exécution d'une série d'opérations incluant, entre autres, l'enregistrement des données, leur traitement, leur stockage et leur transmission à un dispositif de sortie pour la production d'un rapport.

La figure 6-2 présente l'ordinogramme des opérations qui devront être exécutées par un programme en vue de traiter une pile de commandes de clients. Ordinairement, le programme devrait en premier lieu préparer un bordereau d'expédition indiquant les articles qui devront être expédiés aux clients. Si, par hasard, l'exécution d'une commande a pour effet de réduire le nombre d'articles d'un produit en deçà de son **seuil de réapprovisionnement**, le système informatique prépare immédiatement un bon de commande qui doit être vérifié et approuvé par le responsable des achats. Si, par contre, le nombre d'articles en stock d'un produit est inférieur à la quantité commandée par un client, le système informatique se borne, dans ce cas, à produire un bordereau d'expédition sur lequel est indiqué le nombre d'articles livrés et en souffrance en précisant, le plus souvent, le délai de livraison des articles manquants. Si ces articles n'ont pas encore été commandés, le système informatique prépare un bon de commande pour leur achat. L'ordinateur exécute cette série d'opérations pour chacune des commandes reçues des clients.

En dépit de l'apparente complexité de l'ensemble des instructions de l'ordinogramme de la figure 6-2, celles-ci ne représentent en fait qu'une partie des instructions fonctionnelles du programme. En effet, vous remarquerez qu'il n'y a aucun sous-programme pour le traitement de la facturation, de la comptabilisation des factures, de la mise à jour des comptes clients, etc. De même, il n'y a aucune mention du traitement des escomptes de caisse et des rabais de gros dont peuvent bénéficier les clients.

Au début de l'ère informatique, on utilisait les langages de programmation COBOL ou FORTRAN, et tous les programmes étaient faits sur mesure afin de répondre aux besoins de l'utilisateur. Depuis ce temps, les programmeurs ont mis au point des langages de programmation beaucoup plus souples et plus faciles à utiliser. Malgré tout, la programmation demeure encore aujourd'hui une spécialité maîtrisée par un nombre limité de personnes. Heureusement, le marché offre maintenant à un prix abordable une grande variété de programmes standard, c'est-à-dire prêts à être utilisés parce qu'ils sont conçus de façon à pouvoir effectuer une grande variété d'opérations et répondre ainsi aux besoins de la grande majorité des utilisateurs. Parmi les logiciels standard les plus communs, on retrouve les logiciels de traitement de texte comme Word® de Microsoft et WordPerfect®, les chiffriers électroniques Excel® de Microsoft et Lotus® 1-2-3®, les logiciels de base de données comme dBase®. D'autres logiciels standard comme Accpac®, DacEasy Accounting®, Avantage®, Bedford®, Fortune 1000®, etc. ont été mis au point dans le but de répondre à des besoins particuliers, notamment en comptabilité. Ces logiciels ont l'avantage d'être faciles à utiliser; leurs menus guident les utilisateurs de l'entrée des données à la production des rapports désirés. La majorité de ces logiciels standard permettent une économie de temps et réduisent le risque d'erreurs parce que ce sont des systèmes intégrés d'informations. Dans ce type de système, les données introduites pour les besoins d'une application peuvent également être utilisées dans une autre application, sans qu'il soit nécessaire de les saisir de nouveau. Lorsqu'on entre les données sur les ventes à crédit, par exemple, il suffit d'utiliser une ou deux commandes pour que plusieurs fichiers du système soient automatiquement mis à jour. Le système consigne d'abord dans un fichier les données introduites (comme dans un journal) de façon à pouvoir les consulter ou les réviser au besoin. Ensuite, le système procède à la mise à jour des comptes de grand livre Clients et Ventes. Puis, le système procède à la mise à jour des transactions apparaissant au fichier de chaque client. Enfin, s'il y a un inventaire permanent, le système intégré effectue la mise à jour des fichiers contenant les informations sur les produits vendus et sur les quantités d'articles en stock.

Les ordinateurs et les logiciels comptables intégrés ont contribué à réduire de façon importante le temps consacré à la tenue des livres. Cependant, il ne faudrait pas conclure que les ordinateurs ont éliminé la nécessité d'avoir recours aux services d'un comptable ou encore que les connaissances en comptabilité ne sont plus nécessaires à la bonne gestion d'une entreprise. Les besoins d'informations des gestionnaires rendent la comptabilité et les connaissances en comptabilité indispensables. Ainsi, l'expertise des comptables est encore nécessaire pour déterminer la forme des rapports à produire, les informations qui devront y être incluses et pour trouver les données demandées. On a aussi besoin des comptables pour analyser et interpréter les rapports produits. Par ailleurs, on confie aux comptables la tâche de concevoir ou de revoir les systèmes comptables afin que ces derniers répondent bien aux besoins d'informations.

En conclusion, bien que l'ordinateur soit un outil formidable qui accélère considérablement l'exécution des opérations répétitives de tenue de livres, il n'en demeure pas moins que les connaissances en comptabilité sont toujours essentielles pour comprendre les conséquences, parfois multiples, d'une opération sur la situation financière d'une entreprise et pour savoir comment on doit en divulguer les effets dans les états financiers et dans les rapports à la direction.

FIGURE 6-2   *L'ordinogramme des opérations de préparation d'une commande de vente*

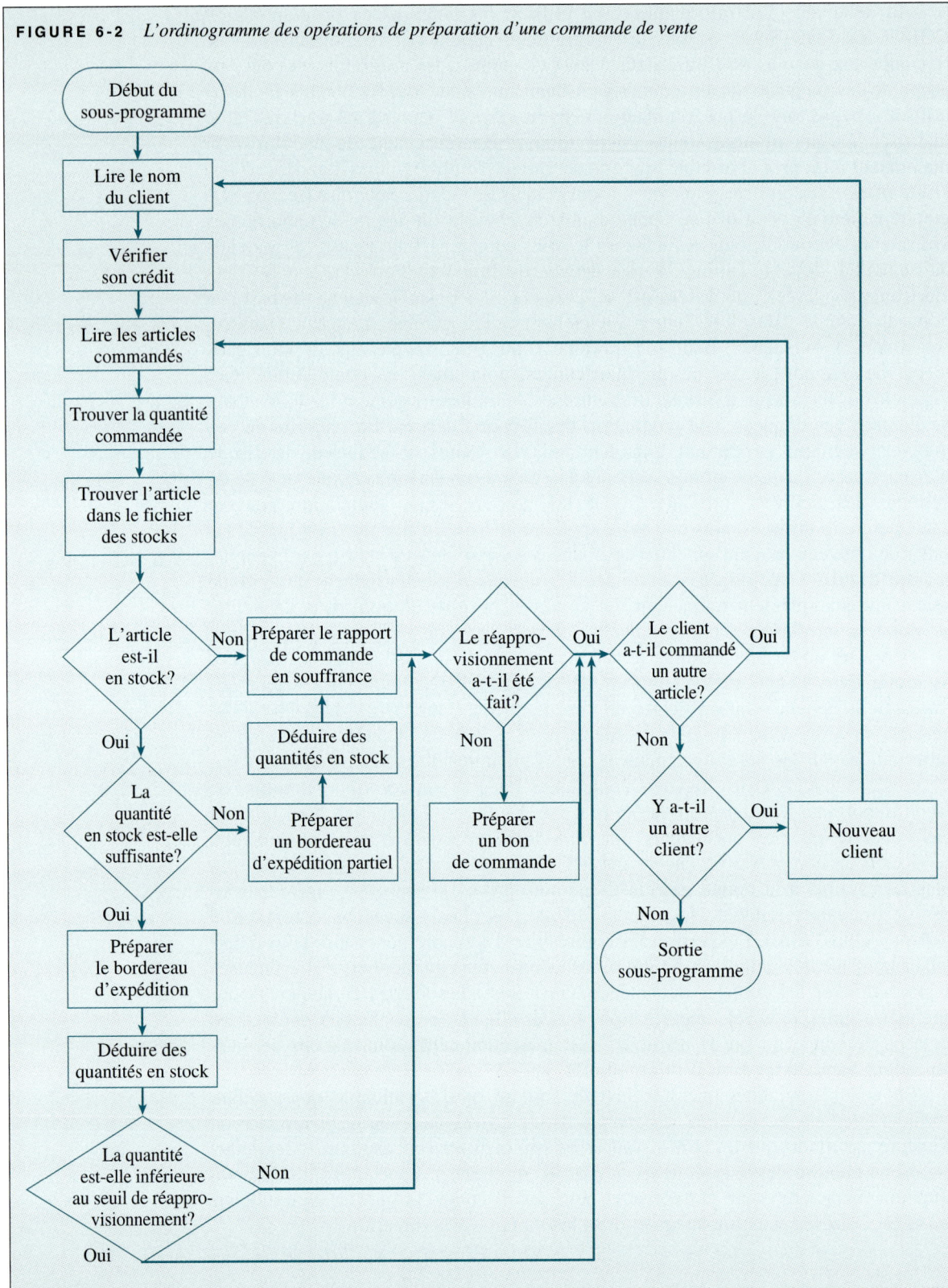

Les systèmes comptables diffèrent aussi dans leur façon de saisir et de traiter les données. Ainsi, dans un système fonctionnant en mode de **traitement par lots**, l'opérateur accumule les données pendant un certain temps, puis les entre et les traite les unes à la suite des autres en une seule fois, à un moment bien précis de la journée, de la semaine ou du mois. Quant au système fonctionnant en mode de **traitement en direct**, il permet l'entrée et le traitement des données dès qu'elles sont disponibles. Par conséquent, les fichiers sont immédiatement mis à jour, ce qui n'est pas possible dans un système de traitement par lots pendant la période au cours de laquelle les données sont accumulées. Cependant, cela ne pose pas de problème, puisque dans de nombreuses entreprises, les fichiers ne doivent être mis à jour que périodiquement. Ainsi, les fichiers rassemblant les données nécessaires à l'établissement des relevés de compte mensuels des clients n'ont besoin d'être mis à jour qu'une fois par mois, au moment de l'expédition du relevé au client.

Le traitement en direct a l'avantage de maintenir les fichiers toujours à jour. Cependant, ce système s'avère plus onéreux à utiliser, car il nécessite des logiciels plus sophistiqués et donc un investissement plus important dans le matériel informatique. Ces systèmes sont néanmoins indispensables aux services de réservation des compagnies aériennes, par exemple, à la gestion des cartes de crédit, aux services de vente par correspondance ou à la gestion de la production.

Un **réseau** informatique permet à un ensemble d'ordinateurs d'être reliés entre eux par un réseau de télécommunications, permettant ainsi à l'ensemble des utilisateurs du réseau d'avoir accès aux mêmes données et aux mêmes logiciels, ce qui s'avère souvent très avantageux pour les entreprises. Lorsque le réseau servant à distribuer les informations relie les utilisateurs à l'intérieur d'un même établissement, on l'appelle alors réseau local. Dans ce type de réseau, les ordinateurs sont raccordés entre eux par un câble. Prenons l'exemple d'un laboratoire informatique d'une institution d'enseignement: les ordinateurs sont reliés par câbles à un ordinateur central et forment ainsi un réseau local. Quant aux grands réseaux informatiques, ils relient au moyen de lignes téléphoniques et de modems des ordinateurs qui sont dispersés sur un vaste territoire.

Dans certains cas, les besoins informatiques sont tels que les réseaux deviennent imposants. C'est le cas, par exemple, du réseau informatique qu'utilise la firme de messageries Federal Express pour contrôler l'acheminement à bon port des lettres et des colis que les clients lui ont confiés et pour facturer chaque client lorsque le service est rendu. Pour leur part, les magasins La Baie utilisent un réseau informatique pour surveiller continuellement les stocks des magasins et assurer leur réapprovisionnement au besoin. Ces réseaux regroupent un grand nombre d'ordinateurs de bureau et d'ordinateurs plus puissants; ils nécessitent l'utilisation de lignes téléphoniques, et même de télécommunications par satellite afin de regrouper les informations, de les tenir à jour et de les rendre disponibles à tous les utilisateurs du réseau, où qu'ils se trouvent.

Nous aborderons dans la section suivante les différentes façons d'utiliser le système comptable manuel, qui permettent de réduire de façon substantielle le travail de tenue des livres. Cependant, vous devez vous rappeler qu'il faut d'abord bien maîtriser le système comptable manuel avant de pouvoir utiliser efficacement un système comptable informatisé. Rappelez-vous que les systèmes comptables manuels ou informatisés poursuivent les mêmes objectifs: fournir des informations utiles à la prise de décision.

Le traitement par lots et le traitement en direct

Les réseaux informatiques

Les journaux auxiliaires

Objectif 3 Expliquer l'utilisation des journaux auxiliaires et l'économie de temps que ces journaux permettent lors du report dans le grand livre.

Le journal général utilisé jusqu'à présent est un journal flexible dans lequel il est possible d'enregistrer tout genre d'opération. Toutefois, chaque débit et chaque crédit enregistré dans ce journal doit être reporté individuellement dans le grand livre. L'utilisation d'un journal général pour enregistrer toutes les opérations d'une entreprise occasionne donc un trop grand nombre d'enregistrements et le report des débits et des crédits nécessite beaucoup trop de temps. Une façon de réduire ce travail consiste à grouper les opérations semblables et à organiser un **journal auxiliaire** spécial pour chaque groupe. Les opérations d'une entreprise commerciale peuvent être classifiées en quatre groupes: les ventes à crédit, les achats à crédit, les encaissements et les décaissements.

Les journaux auxiliaires suivants peuvent donc être utilisés:

1. Un journal des ventes pour comptabiliser les ventes à crédit;
2. Un journal des achats pour comptabiliser les achats à crédit;
3. Un journal des encaissements pour comptabiliser les rentrées de fonds;
4. Un journal des décaissements pour comptabiliser les sorties de fonds;
5. Un journal général pour comptabiliser les opérations inhabituelles qui n'ont pas été inscrites dans les autres journaux ainsi que les écritures de correction, de régularisation et de clôture.

Les tableaux qui suivent montrent que les journaux auxiliaires exigent moins de travail pour comptabiliser les opérations que le journal général et facilitent le travail de report puisqu'ils accumulent les débits et les crédits des opérations semblables dans des colonnes distinctes. C'est le total de la colonne qui est reporté plutôt que les montants individuels qui y sont inscrits. Le travail de report est diminué lorsque les ventes à crédit, par exemple, sont comptabilisées dans un journal des ventes semblable à celui illustré au tableau 6-1. À la fin du mois, il suffit de totaliser les différentes colonnes du journal des ventes et de reporter chacun des totaux dans les comptes de grand livre correspondant soit, selon le cas, au débit des comptes Clients et Rendus et rabais sur ventes, soit au crédit des comptes TPS à payer, TVQ à payer et Ventes.

Sept ventes seulement sont inscrites dans le journal des ventes au tableau 6-1. S'il y en avait 700, vous l'apprécieriez davantage car au lieu de faire 700 reports au compte Clients, 700 reports au compte Ventes, 700 reports au compte TPS à payer et 700 reports au compte TVQ à payer, vous effectueriez seulement un report à chaque compte.

Ce journal spécial illustré au tableau 6-1 s'appelle aussi journal à colonnes multiples parce que chaque colonne comporte une information spécifique comme la date, le nom du client, le numéro de la facture, le montant porté au débit du compte Clients, la TPS à payer, la TVQ à payer, le montant de la vente à crédit et, finalement, les rendus et rabais sur vente.

Ce journal auxiliaire est utilisé pour comptabiliser les ventes à crédit. Les renseignements sur chaque vente à crédit y sont inscrits quotidiennement en utilisant une ligne distincte pour chaque opération. Les informations nécessaires sont habituellement inscrites sur l'étiquette de l'article vendu ou sur la facture établie lors de la vente. Cependant, avant de présenter les autres journaux auxiliaires, nous allons expliquer le rôle des grands livres auxiliaires.

UNE QUESTION

d'éthique professionnelle

Un expert-comptable compte parmi ses clients une entreprise qui a connu une expansion impressionnante au cours des dernières années. Son système comptable est maintenant inadéquat, compte tenu du nombre d'opérations à comptabiliser et des besoins d'informations de la direction. Le client confie à l'expert-comptable le mandat d'analyser la situation, de déterminer ses besoins et de dresser un rapport, puis de lui recommander un logiciel comptable adapté à sa situation et à son type d'industrie.

L'expert-comptable a conclu une entente avec une entreprise de logiciels stipulant que cette dernière lui versera une commission de 10 % sur le montant de toutes les ventes dont il est à l'origine. L'analyse des besoins du client a permis à l'expert-comptable de trouver un logiciel qui convient très bien et dont le prix respecte les paramètres fournis par le client, alors que l'autre logiciel qui conviendrait aussi est plus cher. Croyez-vous que la commission offerte par l'entreprise de logiciels peut influencer la recommandation de l'expert-comptable? L'expert-comptable devrait-il aviser son client du fait qu'il a droit à une commission?

Dans les chapitres précédents, lorsque l'on comptabilisait les ventes à crédit, on débitait le compte Clients. Cependant, une entreprise n'a pas qu'un seul client; compte tenu de leur grand nombre, il faut que le compte Clients soit conçu de façon à fournir les informations nécessaires sur chaque client, comme le montant des achats et des paiements ainsi que les sommes qu'il doit encore. Pour obtenir ces informations, l'entreprise doit avoir un compte séparé pour chacun de ses clients.

Pour y arriver, une des possibilités consiste à créer dans le **grand livre** un compte Clients pour chacun d'eux. Cette solution, bien qu'intéressante, ne serait certainement pas pratique puisqu'elle aurait pour effet d'engorger le grand livre. Il est donc préférable de maintenir un seul compte Clients dans le grand livre, dont le solde reflétera le total des sommes dues par les clients et de créer un nouveau livre dans lequel on retrouvera un compte séparé pour chacun des clients. Ce nouveau livre est appelé **grand livre auxiliaire des clients**. Lorsque le système comptable de l'entreprise est informatisé, le grand livre auxiliaire des clients peut être tenu soit sur une disquette, soit sur un disque dur, soit sur une bande magnétique. Dans un système manuel, il prendra la forme d'un livre comptable ou d'une série de cartes individuelles placées dans un coffret. Le grand livre auxiliaire des clients est conservé séparément du compte Clients du grand livre.

Il faut bien comprendre que tous les montants inscrits au débit ou au crédit de la colonne Clients d'un journal auxiliaire devront faire l'objet d'un double report: un premier report dans le grand livre auxiliaire des clients et un deuxième à la fin du mois lorsque le total de la colonne Clients sera reporté dans le compte Clients du grand livre. Le fait de reporter le montant à la fois dans le grand livre auxiliaire des clients et dans le compte Clients du grand livre ne change pas l'égalité des débits et des crédits du grand livre. Le grand livre auxiliaire des clients n'est en fait qu'un registre additionnel dans lequel on retrouve une information détaillée sur chaque client.

La figure 6-3 (voir p. 343) présente la relation qui existe entre le grand livre auxiliaire des clients et le compte Clients du grand livre. Notez que lorsque le report de tous les journaux est effectué dans le grand livre, le solde du compte Clients du grand livre devrait être égal au total du solde de l'ensemble des comptes

Un compte pour chaque client dans le grand livre auxiliaire des clients

Objectif 4 Expliquer la relation entre les grands livres auxiliaires et les comptes collectifs, ainsi que la façon d'utiliser un grand livre auxiliaire pour maintenir un compte distinct pour chaque client ou chaque fournisseur.

TABLEAU 6-1   *Journal des ventes*

Journal des ventes   Page 3

Date		Compte à débiter	N° de la facture	Report	Débit - Clients	Crédit - TPS à payer	Crédit - TVQ à payer	Crédit - Ventes	Débit - Rendus et rabais sur ventes
Févr.	2	Nadine Henri............	307	✓	512,80	31,50	31,30	450,00	
	7	Albert Smith............	308	✓	569,78	35,00	34,78	500,00	
	13	Édith Moore............	309	✓	398,84	24,50	24,34	350,00	
	15	Paul Royer.............	310	✓	227,91	14,00	13,91	200,00	
	22	Nadine Henri...........	311	✓	256,40	15,75	15,65	225,00	
	25	François Boucher.......	312	✓	199,42	12,25	12,17	175,00	
	28	Albert Smith...........	313	✓	284,89	17,50	17,39	250,00	
		Total.............			2 450,04	150,50	149,54	2 150,00	
					106	213	214	413	

> À la fin du mois, ces totaux sont reportés dans le grand livre.

> Tous les jours, ces montants sont reportés séparément dans le grand livre auxiliaire des clients.

Grand livre
Clients   106

Date		Référence	Débit	Crédit	Solde	
Févr.	28	JV-3	2 450,04		Dt	2 450,04

TPS à payer   213

Date		Référence	Débit	Crédit	Solde	
Févr.	28	JV-3		150,50	Ct	150,50

Grand livre auxiliaire des clients
François Boucher

Date		Référence	Débit	Crédit	Solde	
Févr.	25	JV-3	199,42		Dt	199,42

Nadine Henri

Date		Référence	Débit	Crédit	Solde	
Févr.	2	JV-3	512,80		Dt	512,80
Févr.	22	JV-3	256,40		Dt	769,20

TABLEAU 6-1 *(suite)*

Grand livre auxiliaire des clients (suite)

Édith Moore

Date		Référence	Débit	Crédit	Solde	
Févr.	13	JV-3	398,84		Dt	398,84

Paul Royer

Date		Référence	Débit	Crédit	Solde	
Févr.	15	JV-3	227,91		Dt	227,91

Albert Smith

Date		Référence	Débit	Crédit	Solde	
Févr.	7	JV-3	569,78		Dt	569,78
	23	JV-3	284,89		Dt	854,67

Grand livre (suite)

TVQ à payer   **214**

Date		Référence	Débit	Crédit	Solde	
Févr.	28	JV-3		149,54	Ct	149,54

Ventes   **413**

Date		Référence	Débit	Crédit	Solde	
Févr.	28	JV-3		2 150,00	Ct	2 150,00

des clients apparaissant dans le grand livre auxiliaire des clients. Le compte Clients du grand livre permet donc de vérifier l'exactitude du grand livre auxiliaire des clients. C'est pour cette raison que ce compte est appelé **compte collectif**. Une fois le travail de report terminé, si le compte collectif n'est pas égal au total des soldes des comptes du **grand livre auxiliaire**, une erreur a été commise.

Un compte pour chaque fournisseur dans le grand livre auxiliaire des fournisseurs

Le compte Clients et le grand livre auxiliaire des clients ne sont pas les seuls exemples de comptes collectifs et de grand livre auxiliaire. Les notions de compte collectif, de grand livre auxiliaire et de journal auxiliaire, expliquées jusqu'ici pour les comptes clients, s'appliquent également aux comptes fournisseurs. Comme la majorité des entreprises achètent à crédit auprès de nombreux fournisseurs, il devient pertinent pour elles de conserver un compte distinct pour chacun de leurs fournisseurs. Pour ce faire, les entreprises maintiennent le compte collectif Fournisseurs dans le grand livre et un compte distinct pour chaque fournisseur dans le **grand livre auxiliaire des fournisseurs**. L'exactitude des montants qui y sont inscrits se vérifie en comparant les totaux des soldes des comptes au total du solde du compte collectif Fournisseurs du grand livre. Par ailleurs, un journal des achats et un journal des décaissements seront utilisés au lieu du journal des ventes et du journal des encaissements pour enregistrer les opérations qui ont une influence sur le compte Fournisseurs. Nous expliquerons l'utilisation de ces journaux dans les sections suivantes de ce chapitre.

Le grand livre auxiliaire est souvent utilisé par des entreprises pour contrôler les immobilisations, le stock, etc. Ainsi, une entreprise qui possède un important matériel de bureau peut trouver avantageux de maintenir un compte Matériel de bureau dans le grand livre pour contrôler un grand livre auxiliaire du matériel qui comprendra un compte distinct pour chaque article du matériel de bureau.

Le report des totaux du journal des ventes

Objectif 3 Expliquer l'utilisation des journaux auxiliaires et l'économie de temps que ces journaux permettent lors du report dans le grand livre.

Lorsqu'une entreprise utilise un journal des ventes semblable à celui du tableau 6-1, elle doit reporter quotidiennement chacune des ventes dans l'un ou l'autre des comptes du grand livre auxiliaire des clients. Ces reports quotidiens, combinés aux reports quotidiens des recouvrements des clients, permettent de maintenir à jour le solde de chacun des comptes des clients. Le responsable du crédit connaît donc le montant exact dû par les clients et le moment où ceux-ci règlent leur compte, et peut ainsi prendre les bonnes décisions lors de l'étude du crédit.

Remarquez le signe ($\sqrt{}$) dans la colonne Report du journal des ventes. Il indique que le montant de chacune des ventes inscrites dans le journal des ventes a été porté au compte du client du grand livre auxiliaire. Ce signe est utilisé à la place d'un numéro parce qu'il est plus pratique, dans un système comptable manuel, de classer les comptes clients par ordre alphabétique plutôt que numérique dans le grand livre auxiliaire.

À la fin de chaque mois, les montants de chaque colonne du journal des ventes sont additionnés et le total est inscrit au bas de celle-ci. Par la suite, il faut s'assurer que le total des débits est égal au total des crédits; pour ce faire, il suffit d'additionner, d'une part, le total de chacune des colonnes débitrices et, d'autre part, le total des colonnes créditrices et de comparer les totaux obtenus. Ainsi, dans le cas du journal des ventes du tableau 6-1, cette preuve serait effectuée de la façon suivante:

FIGURE 6-3 *Le compte collectif Clients et le grand livre auxiliaire*

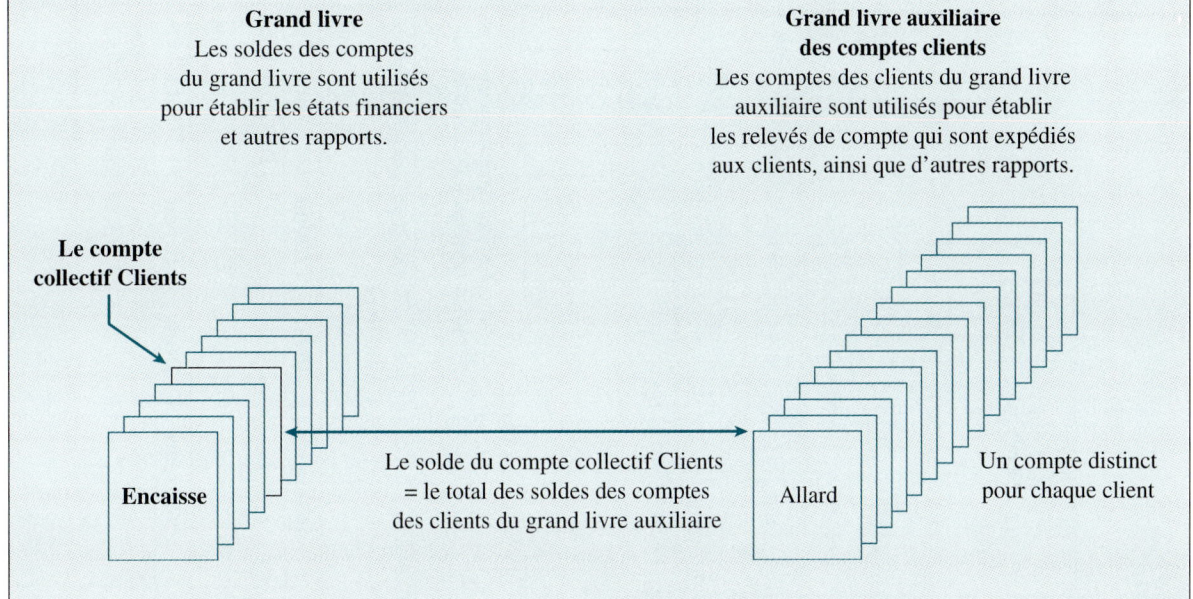

Grand livre
Les soldes des comptes
du grand livre sont utilisés
pour établir les états financiers
et autres rapports.

**Grand livre auxiliaire
des comptes clients**
Les comptes des clients du grand livre
auxiliaire sont utilisés pour établir
les relevés de compte qui sont expédiés
aux clients, ainsi que d'autres rapports.

**Le compte
collectif Clients**

Encaisse

Le solde du compte collectif Clients
= le total des soldes des comptes
des clients du grand livre auxiliaire

Allard

Un compte distinct
pour chaque client

Colonne débitrice		Colonnes créditrices	
Débit - Clients	2 450,04 $	Crédit - TPS à payer	150,50 $
		Crédit - TVQ à payer	149,54
		Crédit - Ventes	2 150,00
	2 450,04 $		2 450,04 $

Lorsque l'égalité est ainsi prouvée, on reporte le total de chaque colonne dans le compte correspondant du grand livre.

Lorsque plusieurs journaux sont reportés dans les comptes du grand livre, il est nécessaire d'indiquer dans la colonne Référence (Réf.) de ce dernier, devant le montant reporté, le journal ainsi que le numéro de la page dont il provient. Dans la colonne Réf. du grand livre, le numéro de la page du journal est précédé de deux lettres. Les lettres habituellement utilisées pour identifier le journal des décaissements, le journal des encaissements, le journal des ventes, le journal des achats et le journal général sont, respectivement: JD, JE, JV, JA et JG.

L'indication de la source des montants reportés

Pour permettre de réduire le plus possible le travail de report, le journal des encaissements doit avoir plusieurs colonnes. Tous les encaissements sont portés au débit du compte Encaisse et au crédit de différents comptes, selon leur nature. En effet, les encaissements d'une entreprise commerciale peuvent provenir de trois sources: 1) du recouvrement des clients, 2) des ventes au comptant et 3) d'autres sources. Le journal des encaissements, illustré au tableau 6-2, comprend sept colonnes dont les cinq premières servent à déterminer les comptes à créditer en fonction de la provenance des encaissements, alors que les deux dernières accumulent les escomptes sur ventes et les rentrées de fonds.

Le journal des encaissements

TABLEAU 6-2   *Journal des encaissements*

Page 2

Journal des encaissements

Date	Compte à créditer	Explication	Report	Crédit- Autres comptes	Crédit- Clients	Crédit- Ventes	Crédit- TPS à payer	Crédit- TVQ à payer	Débit- Escomptes sur ventes	Débit- Encaisse
Févr. 7	Ventes.........	Ventes au comptant				4 450,00	311,50	309,50		5 071,00
12	Nadine Henri ...	Facture du 2 février	√		512,80				9,00*	503,80
14	Ventes.........	Ventes au comptant				3 925,00	274,75	272,98		4 472,73
20	Effets à payer	Emprunt bancaire.......	245	1 000,00						1 000,00
21	Ventes.........	Ventes au comptant				4 700,00	329,00	326,89		5 355,89
23	Édith Moore....	Facture du 13 février ...	√		398,84				7,00	391,84
25	Paul Royer.....	Facture du 15 février ...	√		227,91				4,00	223,91
27	Albert Smith....	Facture du 7 février	√		569,78					569,78
28	Ventes.........	Ventes au comptant				4 225,00	295,75	293,85		4 814,60
	Total.........			1 000,00	1 709,33	17 300,00	1 211,00	1 203,22	20,00	22 403,55
				(√)	(106)	(413)	(213)	(214)	(415)	(101)

Les montants de la colonne Crédit - Autres comptes sont reportés séparément lors de l'inscription.

Ce total n'est pas reporté.

Le total de ces colonnes est reporté à la fin du mois.

Les montants de la colonne Crédit - Clients sont reportés séparément tous les jours dans le grand livre auxiliaire des clients.

Grand livre
Encaisse   101

Date	Référence	Débit	Crédit	Solde
Févr. 28	JE-2	22 403,55		Dt	22 403,55

Clients   106

Date	Référence	Débit	Crédit	Solde
Févr. 28	JV-3	2 450,04		Dt	2 450,04
28	JE-2		1 709,33	Dt	740,71

Grand livre auxiliaire des clients
François Boucher

Date	Référence	Débit	Crédit	Solde
Févr. 25	JV-3	199,42		Dt	199,42

Nadine Henri

Date	Référence	Débit	Crédit	Solde
Févr. 2	JV-3	512,80		Dt	512,80
12	JE-2		512,80	—
22	JV-3	256,40		Dt	256,40

TABLEAU 6-2 *(suite)*

Grand livre (suite)

TPS à payer — 213

Date		Référence	Débit	Crédit	Solde	
Févr.	28	JV-3		150,50	Ct	150,50
	28	JE-2		1 211,00	Ct	1 361,50

TVQ à payer — 214

Date		Référence	Débit	Crédit	Solde	
Févr.	28	JV-3		149,54	Ct	149,54
	28	JE-2		1 203,22	Ct	1 352,76

Emprunt bancaire — 245

Date		Référence	Débit	Crédit	Solde	
Févr.	20	JE-2		1 000,00	Ct	1 000,00

Ventes — 413

Date		Référence	Débit	Crédit	Solde	
Févr.	28	JV-3		2 150,00	Ct	2 150,00
	28	JE-2		17 300,00	Ct	19 450,00

Escomptes sur ventes* — 415

Date		Référence	Débit	Crédit	Solde	
Févr.	28	JE-2	20,00		Dt	20,00

* L'escompte est accordé seulement sur le prix de vente et non sur le prix de vente incluant les deux taxes.

Grand livre auxiliaire des clients (suite)

Édith Moore

Date		Référence	Débit	Crédit	Solde	
Févr.	13	JV-3	398,84		Dt	398,84
	23	JE-2		398,84		—

Paul Royer

Date		Référence	Débit	Crédit	Solde	
Févr.	15	JV-3	227,91		Dt	227,91
	25	JE-2		227,91		—

Albert Smith

Date		Référence	Débit	Crédit	Solde	
Févr.	7	JV-3	569,78		Dt	569,78
	17	JE-2		569,78		—
	28	JV-3	284,89		Dt	284,89

Le recouvrement des comptes clients

Le recouvrement des sommes dues par les clients sera comptabilisé dans un journal des encaissements semblable à celui illustré au tableau 6-2. Le nom du client est inscrit dans la colonne Compte à créditer, le montant du compte réglé par celui-ci doit être inscrit sous la rubrique Crédit - Clients, les débits sont inscrits dans la colonne Débit - Escomptes sur ventes s'il y a lieu et la somme reçue est portée au Débit de la colonne Encaisse.

Un examen de la colonne Crédit - Clients permet de constater, premièrement, qu'elle contient seulement des montants qui seront portés au crédit des comptes clients, deuxièmement, que ces montants seront reportés quotidiennement aux comptes des clients concernés du grand livre auxiliaire des clients et, troisièmement, qu'à la fin du mois, le total de cette colonne devra être reporté au crédit du compte Clients du grand livre. Tel est le procédé habituel de comptabilisation et de report lorsqu'un journal auxiliaire est utilisé avec un grand livre auxiliaire et un compte collectif.

Les ventes au comptant

Une ou plusieurs caisses enregistreuses sont habituellement utilisées pour accumuler les ventes au comptant. À la fin de la journée, le total des opérations accumulées à l'aide de chacune des caisses enregistreuses est inscrit dans les colonnes Débit - Encaisse, Crédit - Ventes, Crédit - TPS à payer et Crédit - TVQ à payer du journal des encaissements, comme dans le tableau 6-2. À la fin du mois, le total de ces colonnes doit être reporté aux comptes du grand livre (bien que les ventes soient généralement inscrites quotidiennement dans le journal des encaissements, nous nous contentons, au tableau 6-2, d'inscrire les ventes hebdomadairement afin d'alléger l'exemple).

Après avoir inscrit les ventes au comptant dans le journal des encaissements, certains comptables mettent un crochet double dans la colonne Report pour indiquer que ces montants ne doivent pas être reportés séparément alors que d'autres préfèrent ne pas mettre de crochet afin de distinguer ces montants de ceux qui sont reportés dans le grand livre auxiliaire des clients. Nous suivons cette deuxième méthode.

Les encaissements divers

Bien que la plupart des encaissements proviennent du recouvrement des comptes clients, il existe cependant des encaissements qui proviennent d'autres sources. Ainsi, une entreprise pourrait, par exemple, vendre un bien dont elle n'a plus besoin ou effectuer un emprunt bancaire. Ces encaissements, peu fréquents, seraient inscrits dans les colonnes Débit - Encaisse, Crédit - Autres comptes, Crédit - TPS à payer et Crédit - TVQ à payer du journal des encaissements.

Dans la plupart des entreprises, les montants passés dans la colonne Crédit - Autres comptes sont si peu nombreux qu'ils ne justifient pas l'inscription dans des colonnes séparées. Il est préférable de reporter ces montants dans le grand livre tous les jours afin d'éviter des oublis.

La colonne Report du journal des encaissements est seulement utilisée pour le report quotidien des colonnes Crédit - Autres comptes et Crédit - Clients. Les numéros de comptes inscrits dans cette colonne indiquent que les montants ont été reportés aux comptes du grand livre identifiés par ces numéros. Un crochet dans la colonne Report indique que ce montant a été reporté dans le grand livre auxiliaire des clients.

Le report des totaux du journal des encaissements

Comme on l'a déjà mentionné, tous les montants inscrits dans la colonne Crédit - Clients du journal des encaissements doivent être reportés au crédit des comptes des clients dans le grand livre auxiliaire. Il faut reporter quotidiennement ces montants afin que les comptes des clients reflètent le solde réel à recouvrer à ce jour.

Le plus souvent, les montants figurant sous la rubrique Crédit - Autres comptes sont peu nombreux et font l'objet d'un report distinct dans le grand livre qu'il vaut mieux effectuer quotidiennement pour ne pas oublier d'éléments. À la fin de chaque mois, il faut additionner les montants de chaque colonne et inscrire le total au bas de celle-ci. Par la suite, il faut s'assurer que le total des montants qui ont été débités dans ce journal auxiliaire soit égal au total de ceux qui y sont crédités. Pour s'en assurer, il suffit d'additionner le total de chacune des colonnes débitrices et le total de chacune des colonnes créditrices et de comparer les sommes obtenues. Ainsi, dans le cas du journal des encaissements du tableau 6-2, cette preuve serait effectuée de la façon suivante:

Colonnes débitrices		Colonnes créditrices	
Débit - Escomptes sur ventes. . .	20,00 $	Crédit - Autres comptes	1 000,00 $
Débit - Encaisse.	22 403,55	Crédit - Clients	1 709,33
		Crédit - Ventes	17 300,00
		Crédit - TPS à payer	1 211,00
		Crédit - TVQ à payer	1 203,22
Total.	22 423,55 $	Total	22 423,55 $

Étant donné que ces deux sommes sont égales, on peut conclure qu'aucune erreur ne s'est glissée dans les écritures passées dans ce journal.

Une fois que l'égalité du total des débits et du total des crédits a été établie par l'addition horizontale, les totaux de toutes les colonnes, sauf celui du Crédit - Autres comptes, sont reportés dans les comptes du grand livre dont le nom est le même que celui de l'en-tête de chaque colonne. Puisque les montants individuels de la colonne Crédit - Autres comptes sont reportés quotidiennement, le total de cette dernière n'a pas à être reporté. Dans le tableau 6-2, remarquez le signe ($\sqrt{}$) sous la colonne Crédit - Autres comptes. Ce signe indique que le total de cette colonne n'a pas été reporté. Le numéro du compte de grand livre où le total de chacune des autres colonnes a été reporté est indiqué entre parenthèses sous chaque colonne.

Le report quotidien des montants de la colonne Crédit - Autres comptes et le report différé de la contrepartie de ces montants dans la colonne Débit - Encaisse entraînent un déséquilibre dans le grand livre au cours du mois. Toutefois, cette situation n'est que temporaire puisque l'encaisse reçue en contrepartie, et comprise dans la colonne Débit - Encaisse, est reportée à la fin du mois; l'égalité des débits et des crédits du grand livre est alors rétablie, permettant ainsi l'établissement de la balance de vérification.

Maintenant que les reports des écritures du journal des ventes et du journal des encaissements dans le grand livre auxiliaire des clients et dans le compte collectif du grand livre ont été illustrés, il est possible d'énoncer clairement une règle relative au report. Cette règle s'applique spécifiquement au report de montants dans

La règle relative au report

le grand livre auxiliaire et au compte collectif du grand livre. Le compte collectif du grand livre doit être débité à la fin du mois d'un montant égal à la somme des montants qui ont été portés quotidiennement au débit des comptes du grand livre auxiliaire; de même, le compte collectif du grand livre doit être crédité à la fin du mois d'un montant égal à la somme des montants qui ont été portés quotidiennement au crédit des comptes du grand livre auxiliaire.

Le journal des achats

Il est habituellement avantageux d'utiliser un journal des achats à multiples colonnes dans lequel les achats à crédit de marchandises et de fournitures peuvent être comptabilisés. Un exemple de journal des achats est illustré au tableau 6-3. Vous remarquerez que la date d'échéance du règlement de la facture peut être déterminée au moyen des informations des colonnes Date de la facture et Condition. Les montants inscrits dans la colonne Crédit - Fournisseurs doivent être reportés quotidiennement dans les comptes concernés du grand livre auxiliaire des fournisseurs JA-1. Après le report, on inscrit une marque de pointage dans la colonne Report du journal des achats pour indiquer que le report a été fait. De plus, dans le grand livre auxiliaire des fournisseurs, on ajoute l'indication JA-1 (Journal des achats, page 1) dans la colonne Réf. de chaque compte fournisseurs qui a été affecté par le report d'un montant afin de faciliter les recherches subséquentes. Notez que la colonne Compte à créditer contient le nom du fournisseur dont le compte apparaissant dans le grand livre auxiliaire des fournisseurs doit être crédité du montant inscrit dans la colonne Crédit - Fournisseurs. Le journal des achats illustré au tableau 6-3 comprend aussi une colonne Autres comptes dans laquelle on inscrira les achats à crédit de matériel, de bâtiments, de terrains ou, comme dans l'exemple, l'achat à crédit de fournitures de magasin. Par contre, le montant de chaque achat de fournitures de bureau sera inscrit dans la colonne portant la rubrique Débit - Fournitures de bureau non utilisées. Habituellement, il est avantageux d'utiliser une colonne distincte par compte particulier chaque fois que le nombre de débits qui l'affectent le justifie. Sinon, le montant est consigné dans la colonne Débit - Autres comptes. Comme nous l'avons mentionné précédemment, il est préférable de reporter quotidiennement les montants de la colonne Débit - Autres comptes afin d'éviter de les oublier.

À la fin du mois, il faut additionner les montants de chaque colonne et inscrire le total au bas de celle-ci. Avant de reporter ces montants dans le grand livre, il faut s'assurer que le total des colonnes débitrices est égal au total des colonnes créditrices. Après quoi, on reporte le total apparaissant au bas de chacune des colonnes dans les comptes du grand livre portant les mêmes intitulés, à l'exception du total de la colonne Débit - Autres comptes dont les montants ont fait l'objet d'un report individuel le jour de leur inscription. À la fin de chaque période, une fois que les reports ont été effectués, il est nécessaire de vérifier si le solde du compte collectif Fournisseurs correspond au solde des comptes du grand livre auxiliaire des fournisseurs.

Le journal des décaissements ou livre des chèques

Le journal des décaissements illustré au tableau 6-4, tout comme le journal des encaissements, est composé de plusieurs colonnes qui permettent d'y inscrire les montants provenant des écritures répétitives, comme les débits aux comptes Fournisseurs, TPS à recouvrer, TVQ à recouvrer et les crédits aux comptes Escomptes sur achats et Encaisse. Comme les achats de marchandises au comptant sont rares dans la plupart des entreprises, le journal des décaissements n'inclut pas de colonne Achats; les éventuels achats au comptant sont plutôt inscrits dans la colonne Débit - Autres comptes, comme l'illustre la deuxième opération inscrite dans le journal des décaissements du tableau 6-4.

Pour accroître le contrôle interne sur l'encaisse, les entreprises effectuent tous les décaissements par chèques. Il est toutefois utile de régler les menues dépenses au moyen du fonds de petite caisse dont les règles d'utilisation seront abordées au chapitre 1 du tome 2. Les chèques, numérotés à l'avance par l'imprimeur, sont inscrits par ordre numérique dans le journal des décaissements. Le numéro du chèque est inscrit dans la colonne Chèque n° de sorte qu'un examen sommaire permet de voir si tous les chèques ont été comptabilisés. Un journal des décaissements qui comprend une colonne pour inscrire les numéros de chèques est souvent appelé le **livre des chèques**.

Considérons maintenant le report des écritures d'un journal des décaissements comme celui illustré au tableau 6-4. Les montants individuels de la colonne Débit - Autres comptes sont reportés quotidiennement au débit du compte du grand livre dont le nom apparaît dans la colonne Compte à débiter du journal des décaissements. Les montants individuels inscrits dans la colonne Débit - Fournisseurs sont reportés quotidiennement au débit du compte du fournisseur concerné du grand livre auxiliaire des fournisseurs. À la fin du mois, une fois qu'on a additionné les montants de chaque colonne et inscrit le total au bas de celles-ci, il faut s'assurer qu'il y a égalité entre le total des colonnes débitrices et le total des colonnes créditrices. Par la suite, le total des colonnes Débit - Fournisseurs, Débit - TPS à recouvrer et Débit - TVQ à recouvrer est reporté au débit des comptes correspondants du grand livre alors que le total des colonnes Crédit - Escomptes sur achats et Crédit - Encaisse est reporté dans le grand livre au crédit de ces comptes. Puisque les comptes de la colonne Débit - Autres comptes ont été reportés individuellement dans le grand livre, le total de cette colonne n'est pas reporté.

La vérification de l'exactitude des grands livres

Le grand livre et les grands livres auxiliaires sont vérifiés périodiquement une fois que tous les reports ont été effectués. Le grand livre est habituellement vérifié en dressant la balance de vérification à la fin du mois. L'égalité du total de la colonne Débit et du total de la colonne Crédit permet de supposer que les comptes du grand livre, y compris les comptes collectifs, sont exacts. Les grands livres auxiliaires des clients et des fournisseurs sont vérifiés en dressant la liste des soldes de leurs comptes.

Puisque le total des encaissements provenant du tableau 6-2 est inscrit dans le compte Encaisse, il est nécessaire de tenir compte des autres soldes de ce tableau pour équilibrer le grand livre du tableau 6-4. Il s'agit des soldes débiteurs de 740,71 $ et de 20,00 $ des comptes Clients et Escomptes sur ventes ainsi que les soldes créditeurs de 19 450,00 $, 1 000,00 $, 1 361,50 $ et 1 352,76 des comptes Ventes, Emprunts bancaires, TPS à payer et TVQ à payer. Dans le tableau 6-3, les soldes débiteurs de 100 $ et de 75, 00 $ des comptes Fournitures de bureau non utilisées et Fournitures de magasin non utilisées sont inscrits dans le compte Fournisseurs et il faut en tenir compte.

Page 1

TABLEAU 6-3 *Journal des achats*

Journal des achats

Date	Compte à créditer	Date de la facture	Condition	Report	Crédit - Fournisseurs	Débit - Achats	Débit - Fournitures de bureau non utilisées	Débit - Autres comptes	Débit - TPS à recouvrer	Débit - TVQ à recouvrer	Crédit - Rendus et rabais sur achats
Févr. 3	Alco ltée	2/02	n/30	√	398,84	275,00	75,00		24,50	24,34	
5	Acme ltée	5/02	2/10, n/60	√	227,91	200,00			14,00	13,91	
13	Royer & Ruel enr.	10/02	2/10, n/30	√	170,93	150,00			10,50	10,43	
20	Apex ltée	19/02	2/10, n/30	√	341,87	300,00			21,00	20,87	
25	Acme ltée	24/02	2/10, n/30	√	113,96	100,00			7,00	6,96	
28	Satco ltée	28/10	n/30	125√	256,39	125,00	25,00	75,00	15,75	15,64	
	Total.				1 509,90	1 150,00	100,00	75,00	92,75	92,15	
					(201)	(505)	(124)	(√)	(113)	(114)	

Ces montants sont reportés tous les jours séparément.

Ces totaux sont reportés à la fin du mois.

Grand livre auxiliaire des fournisseurs
Acme ltée

Date	Référence	Débit	Crédit	Solde
Févr. 5	JA-1		227,91	Ct 227,91
25	JA-1		113,96	Ct 341,87

Satco ltée

Date	Référence	Débit	Crédit	Solde
Févr. 28	JA-1		256,39	Ct 256,39

Grand livre
TPS à recouvrer 113

Date	Référence	Débit	Crédit	Solde
Févr. 28	JA-1	92,75		Dt 92,75

TVQ à recouvrer 114

Date	Référence	Débit	Crédit	Solde
Févr. 28	JA-1	92,15		Dt 92,15

TABLEAU 6-3 *(suite)*

Grand livre (suite)

Fournitures de bureau non utilisées   124

Date		Référence	Débit	Crédit	Solde
Févr.	28	JA-1	100,00		Dt	100,00

Fournitures de magasin non utilisées   125

Date		Référence	Débit	Crédit	Solde
Févr.	28	JA-1	75,00		Dt	75,00

Fournisseurs   201

Date		Référence	Débit	Crédit	Solde
Févr.	28	JA-1		1 509,90	Ct	1 509,90

Achats   505

Date		Référence	Débit	Crédit	Solde
Févr.	28	JA-1	1 150,00		Dt	1 150,00

Grand livre auxiliaire des fournisseurs (suite)

Alco ltée

Date		Référence	Débit	Crédit	Solde
Févr.	3	JA-1		398,84	Ct	398,84

Apex ltée

Date		Référence	Débit	Crédit	Solde
Févr.	20	JA-1		341,87	Ct	341,87

Royer & Ruel enr.

Date		Référence	Débit	Crédit	Solde
Févr.	13	JA-1		170,93	Ct	170,93

TABLEAU 6-4   *Journal des décaissements*

Journal des décaissements   Page 2

Date		Chèque N°	Bénéficiaire	Compte à débiter	Report	Débit - Autres comptes	Débit - Fournisseurs	Débit - TPS à recouvrer	Débit - TVQ à recouvrer	Crédit - Escomptes sur achats	Crédit - Encaisse
Févr.	3	105	Direct Motors.......	Frais de transport à l'achat...........	514	15,00		1,05	1,04		17,09
	12	106	Talbot & Roy enr. ..	Achats............	511	25,00		1,75	1,74		28,49
	15	107	Acme ltée..........	Acme ltée	√		227,91			4,00	223,91
	15	108	Gérard Houle	Salaires...........	611	250,00					250,00
	20	109	Royer & Ruel enr. .	Royer & Ruel enr..	√		170,93			3,00	167,93
	28	110	Apex ltée	Apex ltée	√		341,87			6,00	335,87
			Total.............			290,00	740,71	2,80	2,78	13,00	1 023,29
							(212)	(113)	(114)	(507)	(101)

Les montants des deux premières colonnes sont reportés individuellement tous les jours.

Le total de ces colonnes est reporté à la fin du mois.

Grand livre auxiliaire des fournisseurs

Acme ltée

Date		Référence	Débit	Crédit	Solde	
Févr.	5	JA-1		227,91	Ct	227,91
	15	JD-2	227,91			—
	25	JA-1		113,96	Ct	113,96

Satco ltée

Date		Référence	Débit	Crédit	Solde	
Févr.	28	JA-1		256,39	Ct	256,39

Alco ltée

Date		Référence	Débit	Crédit	Solde	
Févr.	3	JA-1		398,84	Ct	398,84

Grand livre

Encaisse   101

Date		Référence	Débit	Crédit	Solde	
Févr.	28	JE-2	22 403,55		Dt	22 403,55
	28	JD-2		1 023,29	Dt	21 380,26

TPS à recouvrer   113

Date		Référence	Débit	Crédit	Solde	
Févr.	28	JA-1	92,75		Dt	92,75
	28	JD-2	2,80		Dt	95,55

TVQ à recouvrer   114

Date		Référence	Débit	Crédit	Solde	
Févr.	28	JA-1	92,15		Dt	92,15
	28	JD-2	2,78		Dt	94,93

TABLEAU 6-4 *(suite)*

Grand livre (suite)
Fournisseurs
201

Date		Référence	Débit	Crédit		Solde
Févr.	28	JA-1		1 509,90	Ct	1 509,90
	28	JD-2	740,71		Ct	769,19

Achats
505

Date		Référence	Débit	Crédit		Solde
Févr.	12	JD-2	25,00		Dt	25,00
	28	JA-1	1 150,00		Dt	1 175,00

Escomptes sur achats
507

Date		Référence	Débit	Crédit		Solde
Févr.	28	JD-2		13,00	Ct	13,00

Frais de transport à l'achat
508

Date		Référence	Débit	Crédit		Solde
Févr.	3	JD-2	15,00		Dt	15,00

Salaires
622

Date		Référence	Débit	Crédit		Solde
Févr.	15	JD-2	250,00		Dt	250,00

Grand livre auxiliaire des fournisseurs (suite)
Apex ltée

Date		Référence	Débit	Crédit		Solde
Févr.	20	JA-1		341,87	Ct	341,87
	28	JA-2	341,87			—

Royer & Ruel enr.

Date		Référence	Débit	Crédit		Solde
Févr.	13	JA-1		170,93	Ct	170,93
	20	JD-2	170,93			—

FIGURE 6-4   *Liste des comptes fournisseurs au 28 février 1997*

Acme ltée....................	113,96 $
Satco ltée....................	256,39
Alco ltée....................	398,84
Total des comptes fournisseurs	769,19 $

Objectif 5 Expliquer la façon de vérifier l'exactitude du total des comptes des grands livres auxiliaires des clients et des fournisseurs, et la manière d'utiliser leur contenu pour dresser une liste des comptes.

L'établissement de la liste des comptes fournisseurs nécessite, par exemple, que l'on inscrive sur une feuille les noms et les soldes de tous les comptes figurant dans le grand livre auxiliaire des fournisseurs. Par la suite, il faut additionner tous les soldes de cette liste. On peut supposer que les opérations ayant une influence sur le grand livre auxiliaire des fournisseurs ont été comptabilisées correctement lorsque le total des soldes est égal au solde du compte collectif Fournisseurs. La liste des comptes du grand livre auxiliaire des fournisseurs du tableau 6-4 apparaît à la figure 6-4. Notez que le total de la liste est égal au solde du compte collectif Fournisseurs du tableau 6-4. La liste des comptes clients est dressée de la même façon que celle des comptes fournisseurs. Lorsque le total de cette liste est égal au solde du compte collectif Clients, on peut conclure que les opérations qui ont été reportées dans les comptes du grand livre auxiliaire des clients ont été comptabilisées correctement.

L'enregistrement direct des factures de vente

Afin de réduire le travail et de traiter plus rapidement et plus efficacement les ventes, certaines entreprises n'utilisent pas de journal des ventes. Elles reportent plutôt chaque facture de vente directement dans le compte des clients du grand livre auxiliaire des clients. Puisque les factures de vente sont prénumérotées, elles peuvent être conservées par ordre numérique dans un classeur. À la fin du mois, après avoir vérifié l'ordre numérique des factures afin de s'assurer qu'il n'en manque pas, on calcule, à l'aide d'une calculatrice à ruban, le total des ventes, le total de la TPS à payer, le total de la TVQ à payer et le total des comptes clients. Ces totaux sont reportés directement dans les comptes de grand livre sans passer par le journal des ventes. Ainsi, les totaux seront crédités aux comptes de grand livre Ventes, TPS à payer, TVQ à payer et débités au compte collectif Clients. Après leur inscription, les factures de vente sont conservées avec les rubans de calculatrice dans un classeur. L'enregistrement direct des factures d'achat peut aussi remplacer le journal des achats. Cette façon de faire ne convient qu'à de petites entreprises, car la piste de vérification est plus difficile à suivre en cas d'erreur ou de recherche subséquente.

Les rendus et rabais sur ventes

Les entreprises commerciales émettent habituellement une note de crédit lorsqu'un client retourne des marchandises qui lui ont été vendues à crédit et dont il n'est pas satisfait. La comptabilisation de la note de crédit oblige l'entreprise à créditer le compte Clients du montant du rendu et rabais accordé pour ces marchandises. Si le journal des ventes est similaire à celui du tableau 6-1, ces opérations peuvent être comptabilisées en passant au journal des ventes une écriture semblable à celle-ci:

Journal des ventes **Page 3**

Date		Compte	N° de la facture	Report	Débit - Clients	Crédit - TPS à payer	Crédit - TVQ à payer	Crédit - Ventes	Débit - Rendus et rabais sur ventes
Oct.	17	Georges Boulet	415	√	(19,95)	(1,23)	(1,22)		17,50

Les parenthèses apparaissant dans les colonnes Débit - Clients, Crédit - TPS à payer, Crédit - TVQ à payer signifient que le montant est négatif et qu'il faudra en tenir compte lors de l'addition de la colonne. Ainsi, le montant de 19,95 $ créditant le compte Clients sera soustrait lors de l'addition de la colonne des autres montants qui y sont inscrits. Ce montant devra être reporté au crédit du compte du client dans le grand livre auxiliaire des clients. Après ce report, il faudra inscrire une marque de pointage (√) dans la colonne Report du journal des ventes. De même, les montants de 1,23 $ et de 1,22 $ débitent respectivement la colonne Crédit - TPS à payer et Crédit - TVQ à payer et seront soustraits lors de l'addition des autres montants qui y sont inscrits. Si le journal des ventes ne contient pas de colonne Rendus et rabais sur ventes, il faudra comptabiliser les retours de marchandises dans le journal général en effectuant l'écriture suivante:

Oct.	17	Rendus et rabais sur ventes	422	17,50	
		TPS à payer	213	1,23	
		TVQ à payer	214	1,22	
		Clients – Georges Boulet	106/√		19,95
		Note de crédit émise à la suite d'un retour de marchandises.			

Cette deuxième façon de comptabiliser a le désavantage d'augmenter le nombre de reports dans le grand livre de façon significative, surtout s'il y a plusieurs rendus et rabais durant le mois. Remarquez que dans la colonne Compte N° du journal général, on a noté deux inscriptions en face du montant crédité. Ces deux inscriptions, 106 et la marque de pointage (√), indiquent que ce montant a été reporté respectivement au crédit du compte collectif Clients et dans le compte Georges Boulet du grand livre auxiliaire des clients.

Même lorsque les journaux auxiliaires sont employés, le journal général est utilisé pour comptabiliser les écritures de régularisation, de correction, de clôture, ainsi que les opérations qui ne peuvent être comptabilisées dans les journaux auxiliaires, comme l'acquisition d'immobilisations, les rendus et rabais sur ventes ou sur les achats si le journal des ventes et le journal des achats ne comportent pas de colonnes pour inscrire ces opérations.

Les écritures du journal général

Le journal-grand livre

Les petites entreprises qui ont un nombre limité d'opérations et dont le plan comptable comporte peu de comptes utilisent un **journal-grand livre** au lieu des journaux auxiliaires et du grand livre. Ce journal-grand livre à colonnes multiples,

Le journal-grand livre

TABLEAU 6-5 *Journal-grand livre*

Date	Explication	N° Chèque Facture	Encaisse Dt	Encaisse Ct	Clients Dt	Clients Ct	Fournisseurs Dt	Fournisseurs Ct	TPS à recouvrer Dt	TVQ à recouvrer Dt	Achats Dt	Salaires Dt	Charges sociales Dt
1													
2													

Publicité Dt	Téléphone Dt	Électricité Dt	Fournitures de bureau utilisées Dt	Assurances Dt	Intérêts débiteurs Dt	Frais bancaires Dt	Frais d'entretien Dt	Ventes Ct	TPS à payer Ct	TVQ à payer Ct

Rendus et rabais sur achats Ct	Escomptes sur achats Ct	Intérêts créditeurs Ct	Josée Lavoie – Prélèvements Dt	Josée Lavoie – Capital Ct	Autres comptes — Intitulé du compte	N° du compte	Dt	Ct

qu'on appelle aussi livre synoptique, dédie une colonne à chacun des comptes de grand livre les plus fréquemment utilisés. Les opérations sont inscrites selon leur ordre chronologique et les montants sont ventilés dans les colonnes en prenant en considération les comptes de grand livre affectés par chacune des opérations. Les colonnes du journal-grand livre tiennent lieu de comptes du grand livre. À la fin de chaque mois, il suffit de tirer un trait sous la dernière opération du mois, d'additionner les montants figurant dans chaque colonne et d'inscrire le total au bas de celle-ci, sous le trait. Par la suite, il est nécessaire, comme pour les journaux auxiliaires, de vérifier que le total des débits est égal au total des crédits. Afin de connaître l'évolution de chacun des comptes du grand livre, on ajoute au total de chacune des colonnes le total de l'année établi à la fin du mois précédent afin d'obtenir le montant cumulatif à la fin du mois de chacun des comptes du grand livre.

Le journal-grand livre offre l'avantage à la petite entreprise de réduire le travail de comptabilisation des opérations et de transcription des données. Bien qu'il n'y ait pas de grand livre, il est quand même relativement facile d'établir des états financiers à partir des renseignements que l'on retrouve dans le journal-grand livre. Il suffit d'établir un chiffrier et d'inscrire dans les premières colonnes, l'un à la suite des autres, le nom de chacun des comptes du plan comptable, puis, dans les deux colonnes suivantes, en face de chaque compte, le solde de chacun d'eux tiré du bilan de la fin de l'exercice précédent. Il faut ensuite inscrire, dans les deux colonnes suivantes, le montant total des opérations effectuées à ce jour depuis le début de l'exercice, relativement à chacun des comptes du journal-grand livre. Par la suite, il faut calculer les montants cumulatifs des colonnes Bilan de l'exercice précédent et des opérations effectuées depuis le début de l'exercice pour obtenir une balance de vérification fournissant le solde de chacun des comptes du grand livre.

On trouvera au tableau 6-5 un exemple de journal-grand livre à colonnes multiples qui peut répondre aux besoins de comptabilisation des opérations d'un certain nombre de petites entreprises. L'intitulé des comptes doit bien sûr être adapté à la nature des opérations et aux besoins de chaque entreprise.

Objectif 1.   Les cinq éléments d'un système comptable manuel ou informatisé sont les pièces justificatives, les dispositifs d'entrée, le processeur, le stockage des données et les dispositifs de sortie.

Objectif 2.   Les systèmes informatiques, qu'ils soient petits ou imposants, peuvent être implantés de différentes manières. Ils peuvent fonctionner avec des programmes faits sur mesure ou des programmes standard; ils peuvent effectuer le traitement par lots ou le traitement en direct; ils peuvent aussi être constitués en réseau.

Objectif 3.   Les journaux auxiliaires ont été conçus de façon à permettre la comptabilisation des opérations imputables à un même compte de grand livre dans une colonne qui leur est spécialement dédiée. Il en résulte une réduction du nombre de reports dans le grand livre puisque le montant des opérations répétitives est reporté en bloc plutôt qu'individuellement.

Les entreprises qui utilisent les journaux auxiliaires comptabilisent les ventes à crédit dans le journal des ventes, les achats à crédit dans le journal des achats, les encaissements dans le journal des encaissements et tous les paiements par chèque

**Résumé
en regard
des objectifs
d'apprentissage**

dans le journal des décaissements. Les opérations qui ne peuvent être comptabilisées dans les journaux auxiliaires le sont dans le journal général.

Le report des montants des journaux auxiliaires dans les comptes des grands livres auxiliaires des clients et des fournisseurs doit être fait quotidiennement. Les montants inscrits dans les colonnes Autres comptes sont habituellement reportés, eux aussi, chaque jour. En temps normal, dans chacun des journaux auxiliaires, on additionne les chiffres de chaque colonne et on s'assure de l'égalité entre les totaux des colonnes débitrices et créditrices. Finalement, on reporte ces totaux dans les comptes respectifs du grand livre.

Objectif 4.   La nécessité de détailler le contenu de certains comptes collectifs, comme les comptes Clients ou Fournisseurs, a suscité la création de grands livres auxiliaires. Chacun des comptes que l'on retrouve dans un grand livre auxiliaire constitue le détail du compte collectif du grand livre. Le solde du compte collectif du grand livre doit égaler la somme des soldes de chacun des comptes du grand livre auxiliaire une fois que tous les reports des montants des journaux auxiliaires ont été effectués.

Objectif 5.   Pour vérifier l'exactitude des grands livres auxiliaires après y avoir effectué tous les reports, on dresse une liste des soldes des comptes qui constituent chacun des grands livres auxiliaires et on compare le total de ces soldes au solde du compte collectif correspondant. Toute différence indique qu'une erreur a été commise; une égalité laisse supposer que les reports ont été bien effectués.

Terminologie comptable[2]

Compte collectif   Compte dont le solde égale le total des soldes des comptes d'un grand livre auxiliaire et dans lequel on retrouve généralement un sommaire des opérations enregistrées en détail dans les comptes du grand livre auxiliaire.

Grand livre   Livre comptable qui contient tous les comptes d'actif, de passif, de capitaux propres, de produits et de charges de l'entité.

Grand livre auxiliaire   Grand livre dans lequel on tient une série de comptes homogènes (par exemple les comptes Clients) auxquels correspond un compte collectif (ou compte de contrôle) dans le grand livre.

Grand livre auxiliaire des clients   Livre auxiliaire qui renferme les comptes individuels des clients d'une entité et auquel correspond le compte collectif Clients du grand livre.

Grand livre auxiliaire des fournisseurs   Livre auxiliaire qui renferme les comptes individuels des fournisseurs d'une entité et auquel correspond le compte collectif Fournisseurs du grand livre.

Journal auxiliaire   Journal exclusivement consacré à l'enregistrement d'opérations d'une même catégorie.

Cette spécialisation facilite la division des tâches et permet de réduire le temps consacré à la tenue de la comptabilité.

Journal-grand livre   Livre comptable permettant l'enregistrement chronologique des opérations, en termes de débits et de crédits, dans des colonnes tenant lieu de comptes du grand livre.

Livre des chèques   Journal auxiliaire dans lequel sont inscrits les chèques émis.

Logiciel   Ensemble des moyens permettant d'utiliser un ordinateur et composé essentiellement de programmes de diverses natures.

Ordinateur   Machine constituée d'appareils interconnectés, capables d'effectuer automatiquement une série d'opérations de traitement de l'information comprenant des calculs, des classements et diverses modifications de forme des données qui lui sont fournies.

Périphérique   Appareil permettant des opérations d'entrée ou de sortie, relié à l'unité centrale au moyen de câbles spéciaux, par exemple un modem ou une imprimante.

---

[2] Louis Ménard, C.A., *Dictionnaire de la comptabilité et de la gestion financière*, Institut Canadien des Comptables Agréés, Toronto, 1994. Reproduit avec permission.

Processeur Partie de l'ordinateur où s'exécutent les traitements et qui contient des organes de commande et des organes de calcul arithmétique et logique.

Réseau Ensemble du matériel émetteur et récepteur d'information relié par des lignes de communication à distance (lignes téléphoniques, télégraphiques, hertziennes).

Seuil de réapprovisionnement Niveau du stock physique d'un article qui, lorsqu'il est atteint (compte tenu du délai d'obtention et de la quantité minimale requise pendant ce délai), atteint la passation d'une commande de réapprovisionnement.

Système comptable Ensemble des règles, méthodes et pratiques convenant à une entité donnée et se rapportant à l'enregistrement et au contrôle des opérations et autres faits économiques ainsi qu'à la communication des informations à l'égard de ceux-ci.

Traitement en direct Traitement des données transmises directement à l'unité centrale sans transcription intermédiaire sur un support.

Traitement par lots Mode de traitement de l'information suivant lequel les données à traiter sont groupées par lots pour être ensuite traitées les unes à la suite des autres en un seul passage.

Des synonymes

Compte collectif Compte de contrôle.

Documents commerciaux Documents de base; pièces justificatives.

Journal-grand livre Livre synoptique; journal américain.

Révision en regard des objectifs d'apprentissage

Répondez aux questions suivantes en choisissant la réponse qui vous semble la meilleure avant d'aller voir la solution à la fin du chapitre.

Objectif 1 Lorsqu'une entreprise utilise un système comptable informatisé, quels éléments de base du système comptable retrouve-t-on sur le disque dur de l'ordinateur?

a) Les pièces justificatives.

b) Les dispositifs de saisie des données.

c) Le processeur.

d) Le stockage des données.

e) Les dispositifs de sortie.

Objectif 2 Dans un système comptable informatisé:

a) le logiciel comptable doit faire partie d'un système intégré d'information pour être plus efficace;

b) la tenue des livres comptables nécessite plus de temps qu'avec un système comptable manuel;

c) l'inscription des opérations ne peut être faite que par un traitement en direct;

d) l'expert-comptable doit avoir des connaissances en programmation.

e) Aucune de ces réponses ne convient.

Objectif 3 Lorsqu'une entreprise utilise les journaux auxiliaires pour comptabiliser ses opérations:

a) le journal général n'est plus employé;

b) tous les encaissements, à l'exception des ventes de marchandises au comptant, sont comptabilisés dans le journal des encaissements;

c) tous les achats sont comptabilisés dans le journal des achats;

d) toutes les ventes sont comptabilisées dans le journal des ventes.

e) tous les débours effectués au moyen de chèques sont comptabilisés dans le journal des décaissements.

Objectif 4 Lorsqu'une entreprise utilise un compte collectif Clients dans le grand livre ainsi qu'un grand livre auxiliaire des clients:

a) lors du report, la comptabilisation d'une vente à crédit nécessite que deux comptes soient débités;

b) le respect de la règle d'égalité des débits et des crédits n'est plus obligatoire;

c) lors du report, la comptabilisation d'une vente au comptant nécessite que deux comptes soient débités;

d) lors du report, l'encaissement d'un compte client nécessite que deux comptes soient crédités.

e) Les réponses *a* et *d* sont exactes.

Objectif 5 La liste des comptes clients:

a) est utilisée pour mémoriser des informations sur les montants dus par les clients;

b) peut être établie en tout temps au cours d'un exercice afin de vérifier que le total des comptes individuels du grand livre auxiliaire est égal au solde du compte collectif Clients du grand livre;

c) permet de connaître le total des ventes à crédit de la période si ces dernières ont été correctement reportées.

d) permet de vérifier si son total égale le solde du compte collectif Clients du grand livre. Si tel est le cas, on peut en conclure que les opérations reportées dans les comptes du grand livre auxiliaire des clients ont été comptabilisées correctement.

e) Aucune de ces réponses ne convient.

Sujets de discussion en classe

1. Quels sont les avantages du système comptable informatisé par rapport au système manuel?

2. Énumérez les cinq éléments de base d'un système comptable.

3. Décrivez ce que sont les pièces justificatives. Donnez des exemples.

4. À quoi servent les dispositifs de saisie des données? Donnez des exemples de dispositifs de saisie de données.

5. Quelles sont les fonctions exécutées par le processeur?

6. Le processeur d'un système comptable informatisé comporte deux composantes; nommez-les.

7. À quoi servent les données emmagasinées par le système comptable?

8. Qu'est-ce qu'un logiciel?

9. Comment les journaux auxiliaires réduisent-ils le travail de report?

10. Les entreprises qui utilisent les journaux auxiliaires pour enregistrer les opérations doivent regrouper ces dernières en quatre groupes. Énumérez-les.

11. Pourquoi est-il nécessaire d'inscrire quotidiennement les ventes à crédit et les sommes reçues des clients dans les journaux auxiliaires et de les reporter quotidiennement dans le grand livre auxiliaire des clients?

12. Le journal des encaissements illustré au tableau 6-2 comporte deux colonnes Crédits; l'une sert au Crédit - Autres comptes et l'autre au Crédit - Clients. Pourquoi ne pas utiliser une seule colonne afin d'économiser de l'espace?

13. Décrivez la façon de procéder lorsque les factures de vente sont utilisées aussi comme journal des ventes.

14. Lorsque l'on utilise le journal général pour enregistrer les rendus et rabais sur ventes, il faut, lors du report, que deux comptes soient crédités. Est-ce que cela signifie que la balance de vérification sera en déséquilibre? Expliquez pourquoi.

15. Comment est-il possible de déterminer le journal d'où provient un montant reporté dans un compte du grand livre?

Mini-cas

Mini-cas 6-1   Deux étudiants discutent des similitudes et des différences entre le système comptable manuel et le système informatisé. Leurs discussions portent plus particulièrement sur les quatre points suivants:

a) L'utilisation des journaux auxiliaires et autres registres comptables dans la comptabilisation des opérations;

b) Le traitement des données, le report, etc.;

c) La nécessité et l'utilité de la balance de vérification;

d) Le problème relié au repérage des écritures afin de les vérifier et de trouver les erreurs.

Travail à faire

Comparez les deux systèmes de comptabilisation des opérations comptables en mettant l'accent sur les quatre points soulevés par les étudiants.

Note: Les exercices et les problèmes qui suivent tiennent compte de la taxe sur les produits et services (TPS) et de la taxe de vente du Québec (TVQ).

Indiquez dans quel journal chacune des opérations suivantes doit être inscrite lorsque l'entreprise utilise un journal des ventes, un journal des achats, un journal des encaissements, un journal des décaissements et un journal général:

Exercice 6-1
Les journaux auxiliaires
(Objectif 3)

a) L'achat de marchandises à crédit;

b) L'émission d'une note de crédit en faveur d'un client qui a renvoyé des marchandises achetées à crédit;

c) L'achat de matériel de bureau dont le coût est réglé au moyen d'un effet à payer;

d) La vente de marchandises au comptant;

e) Le recouvrement d'un compte client;

f) La vente de marchandises à crédit;

g) L'inscription des écritures de régularisation et de clôture;

h) Le renvoi à un fournisseur de marchandises achetées à crédit;

i) L'achat de fournitures de bureau à crédit;

j) Le règlement d'un fournisseur;

k) L'émission d'un chèque en remboursement de marchandises achetées au comptant par un client et retournées.

L'entreprise Caron enr., qui utilise un journal des ventes, un journal des achats, un journal des encaissements, un journal des décaissements et un journal général, a effectué les opérations suivantes au cours du mois d'avril:

Exercice 6-2
Le journal des ventes
(Objectif 3)

Avril 1er Achat à crédit de marchandises à la société Zoé inc.: 460 $, plus TPS et TVQ.

3 Vente de marchandises au comptant à M. Deschesnes, facture n° 1511: 280 $, plus TPS et TVQ.

6 Vente de marchandises à crédit à Mme Proulx, facture n° 1512, conditions 2/10, n/60: 1 200 $, plus TPS et TVQ.

7 Emprunt d'une somme de 2 500 $ et remise d'un billet à ordre à la banque.

9 Vente de marchandises à crédit à M. Chiasson, facture n° 1513, condition n/30: 810 $, plus TPS et TVQ.

15 Recouvrement du compte de Mme Proulx relatif à la vente du 6 avril: 1 343,46 $.

26 Vente de matériel de magasin usagé au comptant à la société Gubec ltée: 620 $, plus TPS et TVQ.

29 Vente de marchandises à crédit à M. Leblanc, facture n° 1514, condition n/30: 280 $, plus TPS et TVQ.

Travail à faire

Utilisez un journal des ventes semblable à celui du tableau 6-1 et comptabilisez les opérations du mois d'avril qui devraient être inscrites dans ce journal.

L'entreprise Ferron enr., qui utilise un journal des ventes, un journal des achats, un journal des encaissements, un journal des décaissements et un journal général, a effectué les opérations suivantes au cours du mois d'octobre:

Exercice 6-3
Le journal des encaissements
(Objectif 3)

Oct. 2 Investissement au comptant dans l'entreprise par le propriétaire, Nicolas Ferron: 7 000 $.

5 Achat à crédit de marchandises à la société Jean inc. dont la condition de paiement est n/30: 4 300 $, plus TPS et TVQ.

11   Vente de marchandises à crédit à M. Roy: 3 750 $, plus TPS et TVQ. Un escompte sur ventes de 75 $ sera accordé si le règlement de la facture est effectué avant la fin du mois.

14   Emprunt d'une somme de 1 500 $ et remise d'un billet à ordre à la banque.

15   Vente de marchandises au comptant: 240 $, plus TPS et TVQ.

19   Règlement de l'achat effectué le 5 avril: 4 900,07 $.

28   Recouvrement du compte de M. Roy relatif à la vente du 11 octobre: 4 198,31 $.

31   Versement des salaires: 900 $.

Travail à faire

Utilisez un journal des encaissements semblable à celui du tableau 6-2 et comptabilisez les opérations du mois d'octobre qui devraient être inscrites dans ce journal.

Exercice 6-4
Le journal des achats
(Objectif 3)

L'entreprise Breton enr., qui utilise un journal des ventes, un journal des achats, un journal des encaissements, un journal des décaissements et un journal général, a effectué les opérations suivantes au cours du mois de mai:

Mai   2   Investissement au comptant dans l'entreprise par le propriétaire, Simon Breton: 8 000 $.

4   Achat de marchandises à crédit à la société M ltée dont la condition de paiement est n/30: 4 400 $, plus TPS et TVQ.

7   Achat au comptant de fournitures de magasin à la société Ouest ltée: 60 $, plus TPS et TVQ.

9   Vente de marchandises à crédit à S. Dubois: 900 $, plus TPS et TVQ. Un escompte sur ventes de 27 $ sera accordé si le règlement est effectué avant la fin du mois.

12   Achat à crédit de fournitures de bureau coûtant 90 $ à la société C ltée ainsi que de fournitures de magasin coûtant 175 $, plus TPS et TVQ, dont la condition de paicment cst n/30.

19   Vente de marchandises au comptant: 650 $, plus TPS et TVQ.

31   Règlement de l'achat effectué le 4 mai: 5 014,02 $

Travail à faire

Utilisez un journal des achats semblable à celui du tableau 6-3 et comptabilisez les opérations du mois de mai qui devraient être inscrites dans ce journal.

Exercice 6-5
**Le journal
des décaissements**
(Objectif 3)

L'entreprise Biron enr., qui utilise un journal des ventes, un journal des achats, un journal des encaissements, un journal des décaissements et un journal général, a effectué les opérations suivantes au cours du mois d'août:

Août   2   Achat à crédit de marchandises à la société Maurice inc., conditions 2/10, n/30: 1 100 $ plus TPS et TVQ.

4   Achat de marchandises à crédit à la société Mirex ltée aux conditions 2/15, n/60: 3 300 $, plus TPS et TVQ.

7   Achat au comptant de fournitures de magasin à la société Quéteck inc.: 88 $, plus TPS et TVQ, chèque n° 57: 100,28 $.

17   Vente de marchandises à crédit à F. Hallé, à la condition n/30: 390 $, plus TPS et TVQ.

18   Remboursement d'un billet à payer à la banque, chèque n° 58: 270 $.

19   Règlement de l'achat effectué le 4 août, moins l'escompte, chèque n° 59: 3 694,52 $.

31   Règlement de l'achat effectué le 2 août, chèque n° 60: 1 253,51 $.

31   Versement du salaire, chèque n° 61: 1 000 $.

Travail à faire

Utilisez un journal des décaissements semblable à celui du tableau 6-4 et comptabilisez les opérations du mois d'août qui devraient être inscrites dans ce journal.

L'entreprise Chiasson enr., qui utilise un journal des ventes, un journal des achats, un journal des encaissements, un journal des décaissements et un journal général, a effectué les opérations suivantes au cours du mois de janvier:

Janv.   1er Investissement au comptant dans l'entreprise par la propriétaire, Sylvie Chiasson: 12 000 $.

   4   Achat à crédit de marchandises à la société G ltée aux conditions de paiement 2/10, n/30: 7 600 $, plus TPS et TVQ.

   9   Investissement par Sylvie Chiasson d'une automobile d'une juste valeur marchande de 16 000 $.

   11   Émission du chèque n° 141 à la société A ltée pour l'achat de fournitures de magasin: 157 $ plus TPS et TVQ.

   14   Vente de marchandises à crédit à H. Frigot à la condition de paiement n/30: 840 $, plus TPS et TVQ.

   16   Renvoi de marchandises défectueuses coûtant 250 $, plus TPS et TVQ, achetées à la société G ltée le 4 janvier.

   22   Émission du chèque n° 142 à la société K ltée en règlement d'un achat effectué le 20 décembre: 905 $.

   25   H. Frigot retourne de la marchandise défectueuse coûtant 85 $, vendue le 14 janvier.

   31   Versement des salaires: 750 $.

Travail à faire

Comptabilisez les opérations du mois de janvier qui devraient être inscrites dans le journal général.

Exercice 6-6
Le journal général
(Objectif 3)

Une entreprise utilise les journaux suivants: journal des ventes, journal des achats, journal des encaissements, journal des décaissements et journal général. Le 10 février, elle a acheté des marchandises à crédit au coût de 22 700 $, plus TPS et TVQ, aux conditions 2/10, n/30. Le 20 février, l'entreprise paie un montant de 25 867,79 $ au fournisseur, moins l'escompte de caisse. Le teneur de livres a inscrit 25 867,79 $ au débit du compte Fournisseurs et le montant payé au crédit du compte Encaisse. Il a oublié d'inscrire l'escompte sur achats.

Travail à faire

Indiquez dans quel journal les opérations du 10 février et du 20 février ont été inscrites. Précisez la procédure qui permettra au teneur de livres de découvrir l'erreur d'inscription du 20 février qu'il a commise.

Exercice 6-7
Les journaux auxiliaires
(Objectif 3)

Les opérations relatives aux ventes du mois de juin de l'entreprise Charles enr. ont été inscrites dans le journal des ventes de la façon indiquée ci-dessous:

Exercice 6-8
Le grand livre auxiliaire
(Objectifs 3, 4, 5)

Journal des ventes

Date		Compte à débiter	N° de la facture	Report	Débit - Clients	Crédit - TPS à payer	Crédit - TVQ à payer	Crédit - Ventes	Débit - Rendus et rabais sur ventes
Juin	3	Josée Marceau	604	√	962,92	59,15	58,77	845,00	
	12	Gérard David	605	√	717,92	44,10	43,82	630,00	
	15	Gérard David	Note de crédit	√	(159,54)	(9,80)	(9,74)		140,00
	18	Gustave Boulet.	606	√	1 458,62	89,60	89,02	1 280,00	
	23	Gustave Boulet.	607	√	524,19	32,20	31,99	460,00	
					3 504,11	215,25	213,86	3 215,00	140,00

Travail à faire

1. Ouvrez des comptes en T pour représenter les comptes du grand livre auxiliaire des clients et reportez-y les montants passés dans le journal ci-dessus.

2. Ouvrez maintenant des comptes en T pour chacun des comptes de grand livre suivants: Clients, TPS à payer, TVQ à payer, Ventes et Rendus et rabais sur ventes et reportez-y les montants du journal des ventes.

3. Vérifiez l'exactitude de vos reports en dressant la liste des comptes clients pour montrer que le total des comptes du grand livre auxiliaire des clients est égal au solde du compte collectif Clients.

Exercice 6-9
Le grand livre auxiliaire des clients
(Objectifs 4, 5, 6)

L'entreprise Sierra enr. a effectué les ventes à crédit suivantes au cours du mois de novembre:

			Ventes	TPS à payer	TVQ à payer	Total
Nov.	7	Nicole Landry	4 900,00 $	343,00 $		5 583,80 $
	9	Jessica Ferland.........	8 100,00	567,00	563,36	9 230,36
	13	Thierry Gauthier	17 900,00	1 253,00	1 244,95	20 397,95
	21	Jessica Ferland.........	27 300,00	1 911,00	1 898,72	31 109,72
	26	Thierry Gauthier	15 000,00	1 050,00	1 043,25	17 093,25
	30	Nicole Landry	9 800,00	686,00	681,59	11 167,59
		Total.................	83 000,00 $	5 810,00 $	5 772,67 $	94 582,67 $

Travail à faire

1. Ouvrez des comptes en T pour représenter les comptes du grand livre auxiliaire des clients et reportez-y les ventes effectuées en novembre.

2. Reportez les montants dans des comptes en T du grand livre qui sont concernés par ces opérations.

3. Vérifiez l'exactitude de vos reports en dressant la liste des comptes clients pour montrer que le total des comptes du grand livre auxiliaire des clients est égal au solde du compte collectif Clients.

Exercice 6-10
Le report des journaux auxiliaires au grand livre
(Objectif 3)

Les écritures suivantes sont effectuées dans les journaux auxiliaires pour comptabiliser les opérations de l'entreprise François enr.:

Journal des ventes   page 1

Date		Compte à débiter	N° de la facture	Report	Débit - Clients	Crédit - TPS à payer	Crédit - TVQ à payer	Crédit - Ventes	Débit - Rendus et rabais sur ventes
Mars	1	A. Anger	01		8 717,56	535,50	532,06	7 650,00	
	2	B. Bienvenu............	02		2 336,08	143,50	142,58	2 050,00	
	5	B. Bienvenu............	Note de crédit		(284,89)	(17,50)	(17,39)		250,00
	23	C. Cartier..............	03		12 762,96	784,00	778,96	11 200,00	
					23 531,71	1 445,50	1 436,21	20 900,00	250,00

Journal des achats page 1

Date		Compte à créditer	Condition	Report	Crédit - Fournisseurs	Débit - Achats	Débit - TPS à recouvrer	Débit - TVQ à recouvrer	Crédit - Rendus et rabais sur achats
Mars	2	A ltée	n/30		4 786,11	4 200,00	294,00	292,11	
	10	B ltée	2/10, n/30		10 939,68	9 600,00	672,00	667,68	
	12	B ltée	Note de crédit		(1 367,46)		(84,00)	(83,46)	1 200,00
	20	C ltée	2/10, n/30		4 546,80	3 990,00	279,30	277,50	
					18 905,13	17 790,00	1 161,30	1 153,83	1 200,00

Journal des encaissements page 1

Date		Compte à créditer	Explication	Report	Crédit - Autres comptes	Crédit - Clients	Crédit - Ventes	Crédit - TPS à payer	Crédit - TVQ à payer	Débit - Escomptes sur ventes	Débit - Encaisse
Mars	11	B. Bienvenu	Facture du 2 mars			2 051,19				36,00	2 015,19
	14	Ventes.	Ventes au comptant				8 080,00	565,60	561,96		9 207,56
	15	Effets à payer	Emprunt bancaire		8 000,00						8 000,00
	28	Ventes.	Ventes au comptant				9 475,00	663,25	658,99		10 797,24
	30	C. Cartier	Facture du 23 mars			12 762,96				224,00	12 538,96
	30	Matériel de magasin . .	Vente		990,00			69,30	68,85		1 128,15
					8 990,00	14 814,15	17 555,00	1 298,15	1 289,80	260,00	43 687,10

Journal des décaissements page 1

Date		Chèque N°	Bénéficiaire	Compte à débiter	Report	Débit - Autres comptes	Débit - Fournisseurs	Débit - TPS à recouvrer	Débit - TVQ à recouvrer	Crédit - Escomptes sur achats	Crédit - Encaisse
Mars	3	1	Garage L.P. inc. . .	Entretien et rép.		720,00		50,40	50,08		820,48
	12	2	A ltée	Facture du 2 mars			4 786,11			84,00	4 702,11
	20	3	B ltée	Facture du 10 mars			9 572,22			168,00	9 404,22
	30	4	Papetier inc.	Matériel de magasin . .		3 850,00		269,50	267,77		4 387,27
						4 570,00	14 358,33	319,90	317,85	252,00	19 314,08

Les comptes suivants apparaissent dans le grand livre et les grands livres auxiliaires:

Grand livre

Encaisse
Clients
TPS à recouvrer
TVQ à recouvrer
Assurances payées d'avance
Matériel de magasin
Fournisseurs
TPS à payer
TVQ à payer
Effets à payer
Ventes
Escomptes sur ventes
Achats
Rendus et rabais sur achats
Escomptes sur achats

Grand livre auxiliaire des clients

A. Anger
B. Bienvenu
C. Cartier

Grand livre auxiliaire des fournisseurs

A ltée
B ltée
C ltée

Travail à faire

Utilisez les comptes en T pour représenter les comptes du grand livre et des grands livres auxiliaires, et reportez-y les montants comptabilisés ci-dessus.

Exercice 6-11
Les erreurs commises lors de la comptabilisation des opérations relatives aux ventes
(Objectifs 3, 4, 5)

Le teneur de livres de la société Ipec ltée, qui comptabilise les achats à crédit et les rendus et rabais sur achats dans le journal des achats, a commis les erreurs suivantes lors de l'inscription des opérations du mois d'octobre:

a) Une erreur s'est produite lors de l'addition de la colonne Fournisseurs dans le journal des achats;

b) Un retour de marchandises a été inscrit dans le journal des achats, mais il a oublié, à la fin du mois, de reporter le total des rendus et rabais sur achats dans le grand livre;

c) Un retour de marchandises a été inscrit dans le journal des achats; les comptes Rendus et rabais sur achats, TPS à recouvrer, TVQ à recouvrer ont été crédités alors que le débit a été porté au compte Fournisseurs. Ces montants ont été reportés dans les comptes respectifs du grand livre, mais non dans le grand livre auxiliaire des fournisseurs;

d) Un achat à crédit de 2 500 $ incluant les taxes a été inscrit au crédit de la colonne Fournisseurs du journal des achats, mais un montant de 250 $ a été reporté au crédit du compte du fournisseur du grand livre auxiliaire des fournisseurs;

e) Une erreur d'addition a faussé le solde d'un des comptes Fournisseurs du grand livre auxiliaire.

Travail à faire

Indiquez, en accompagnant vos réponses de la lettre qui précède chacune des erreurs, à quel moment ces erreurs seront découvertes.

Problèmes

Problème 6-1
Les journaux auxiliaires et les grands livres auxiliaires
(Objectifs 3, 4, 5)

L'entreprise Grégoire enr., qui offre à ses clients les conditions de paiement 2/10, n/30 sur toutes les ventes à crédit, a effectué les opérations suivantes au cours du mois de novembre:

Nov. 1er Achat à crédit de marchandises à la société Boudreau ltée: 10 700 $, plus TPS et TVQ. La facture est datée du 1er novembre et les conditions de paiement sont 2/10, n/60.

2 Émission du chèque n° 237 à l'ordre du journal *Le Soleil* pour payer des frais de publicité de 650 $, plus TPS et TVQ.

3 Vente de marchandises à crédit à Janice Aubé: 1 600 $, plus TPS et TVQ.
Le numéro de la facture est 530.

3 Achat à crédit à la société Masson ltée de fournitures de bureau coûtant 1 110 $, plus TPS et TVQ. La facture est datée du 2 novembre et la condition de paiement est n/10 FDM.

5 Réception d'une note de crédit de la société Masson ltée pour des fournitures défectueuses reçues le 3 novembre et retournées au fournisseur: 680 $, plus TPS et TVQ.

5 Vente de marchandises à crédit à Sylvie Gauvin: 4 850 $, plus TPS et TVQ.
Le numéro de la facture est 531.

7 Achat à crédit de matériel de magasin à la société Caissie ltée: 8 900 $, plus TPS et TVQ. La facture est datée du 7 novembre et la condition de paiement est n/10 FDM.

11 Émission du chèque n° 238 à l'ordre de la société Boudreau ltée en règlement de la facture datée du 1er novembre, moins l'escompte.

11 Vente de marchandises à crédit à Daniel Trudel: 7 600 $, plus TPS et TVQ. Le numéro de la facture est 532.

13 Recouvrement du compte de Janice Aubé relatif à la vente effectuée le 3 novembre, moins l'escompte.

15 Vente de marchandises à crédit à Janice Aubé: 3 250 $, plus TPS et TVQ. Le numéro de la facture est 533.

15 Émission du chèque n° 239 à l'ordre de Banque Salaires pour payer aux vendeurs les salaires de la première moitié du mois: 7 800 $.

15 Ventes au comptant au cours de la première partie du mois: 40 670 $, plus TPS et TVQ. (En pratique, les ventes au comptant sont habituellement comptabilisées quotidiennement mais, dans ce problème, elles ne seront enregistrées que deux fois par mois afin de réduire le nombre d'opérations répétitives.)

15 Recouvrement du compte de Sylvie Gauvin relatif à la vente effectuée le 5 novembre, moins l'escompte.

17 Achat à crédit de marchandises coûtant 10 200 $, plus TPS et TVQ, à la société Livain ltée. La facture est datée du 16 novembre et les conditions de paiement sont 2/10, n/30.

18 Emprunt de 32 000 $ à la banque en échange d'un billet à payer.

21 Recouvrement du compte de Daniel Trudel relatif à la vente effectuée le 11 novembre, moins l'escompte.

21 Achat à crédit à la société Caissie ltée de fournitures de magasin coûtant 585 $, plus TPS et TVQ. La facture est datée du 20 novembre et la condition de paiement est n/10 FDM.

25 Recouvrement du compte de Janice Aubé relatif à la vente effectuée le 15 novembre, moins l'escompte.

25 Achat à crédit à la société Boudreau ltée de marchandises coûtant 8 300 $, plus TPS et TVQ. La facture est datée du 24 novembre et les conditions de paiement sont 2/10, n/60.

25 Réception d'une note de crédit de 350 $, plus TPS et TVQ, de la société Livain ltée pour des marchandises défectueuses achetées le 17 novembre et retournées au fournisseur.

26 Émission du chèque n° 240 à l'ordre de la société Livain ltée en règlement de la facture du 16 novembre, compte tenu des marchandises retournées et de l'escompte.

27 Vente de marchandises à crédit à Sylvie Gauvin: 2 460 $, plus TPS et TVQ. Le numéro de la facture est 534.

28 Vente de marchandises à crédit à Daniel Trudel: 4 620 $, plus TPS et TVQ. Le numéro de la facture est 535.

30 Émission du chèque n° 241 à l'ordre de Banque Salaires pour payer les salaires des vendeurs de la dernière moitié du mois: 7 800 $.

30 Ventes au comptant réalisées au cours de la dernière partie du mois: 56 780 $, plus TPS et TVQ.

Travail à faire

1. Établissez un journal des ventes et un journal des encaissements semblables à ceux utilisés dans le présent chapitre et inscrivez-y les opérations qui doivent l'être, sans tenir compte des opérations qui devraient être enregistrées dans les autres journaux.

2. Équilibrez les journaux auxiliaires et effectuez les reports en utilisant les comptes suivants du grand livre: Encaisse, Clients, TPS à payer, TVQ à payer, Effets à payer, Ventes et Escomptes sur ventes, et les comptes du grand livre auxiliaire des clients suivants: Janice Aubé, Sylvie Gauvin et Daniel Trudel.

3. Dressez la balance de vérification du grand livre et vérifiez l'exactitude du grand livre auxiliaire des clients en comparant le total de la liste des comptes clients au solde du compte collectif Clients.

Problème 6-2
Les journaux auxiliaires, les grands livres auxiliaires et la liste des comptes fournisseurs
(Objectifs 3, 4, 5)

Supposez que le solde de chacun des comptes Encaisse et Effets à payer de l'entreprise Grégoire enr., dont il est question au problème 6-1, soit de 134 000 $ le 31 octobre.

Travail à faire

1. Établissez un journal des achats et un journal des décaissements semblables à ceux utilisés dans le présent chapitre et inscrivez les opérations du problème 6-1 qui doivent l'être, sans tenir compte des opérations qui devraient être enregistrées dans les autres journaux.

2. Équilibrez les journaux auxiliaires et effectuez les reports en utilisant les comptes suivants du grand livre: Encaisse, TPS à recouvrer et TVQ à recouvrer, Fournitures de magasin non utilisées, Fournitures de bureau non utilisées, Matériel de magasin, Effets à payer, Fournisseurs, Achats, Rendus et rabais sur achats, Escomptes sur achats, Salaires des vendeurs et Publicité; ouvrez aussi les comptes suivants du grand livre auxiliaire des fournisseurs: Boudreau ltée, Caissie ltée, Livain ltée et Masson ltée. Inscrivez le solde de 134 000 $ du 31 octobre dans les comptes Encaisse et Effets à payer.

3. Dressez la balance de vérification et vérifiez l'exactitude du grand livre auxiliaire des fournisseurs en comparant le total de la liste des comptes fournisseurs au solde du compte collectif Fournisseurs.

Problème 6-3
Les journaux auxiliaires, les grands livres auxiliaires et la balance de vérification
(Objectifs 3, 4, 5)

(Ne faites pas ce problème si les feuilles de travail qui accompagnent ce manuel ne sont pas utilisées.)

Supposez que l'entreprise Ouest enr., dont l'exercice se termine le 31 décembre, vous offre le poste de commis aux écritures. De plus, supposez que votre prédécesseur ait comptabilisé les opérations de l'entreprise jusqu'au 16 décembre, qu'il ait reporté séparément les montants figurant dans les grands livres auxiliaires et que son travail ait été effectué correctement. L'entreprise Ouest enr. offre à ses clients les conditions de paiement 2/10, n/30 sur toutes les ventes à crédit.

Les opérations suivantes ont été effectuées à partir du 16 décembre:

Déc. 16 Achat à crédit à la société Reed ltée de fournitures de bureau coûtant 685 $, plus TPS et TVQ. La facture est datée du 15 décembre et la condition de paiement est n/10 FDM.

17 Réception d'une note de crédit de Lejeune inc. pour des marchandises avariées reçues le 15 décembre et retournées le lendemain: 1 135 $, plus TPS et TVQ.

18 Réception d'une note de crédit de Reed ltée pour des fournitures de bureau avariées reçues le 16 décembre et retournées: 45 $, plus TPS et TVQ.

19 Vente de marchandises à crédit à Brenda Simon: 8 600 $, plus TPS et TVQ; n° de la facture: 306.

20 Émission d'une note de crédit à Samuel Tremblay pour des marchandises avariées vendues le 15 décembre: 545 $, plus TPS et TVQ.

21 Achat à crédit de matériel de magasin coûtant 7 500 $, plus TPS et TVQ, à Reed ltée. La facture est datée du 21 décembre et la condition de paiement est n/10 FDM.

22 Émission du chèque n° 543 à l'ordre de Lejeune inc. en règlement de la facture du 15 décembre, moins les rendus et rabais sur achats et l'escompte.

22 Recouvrement du compte de Brenda Simon relatif à la vente du 12 décembre, moins l'escompte sur vente.

23 Émission du chèque n° 544 à l'ordre de la société Vax inc. en règlement de la facture du 15 décembre, moins l'escompte de 2 %.

24 Vente de marchandises à crédit à François Larouche: 1 400 $, plus TPS et TVQ; n° de la facture: 307.

24 Vente de fournitures de bureau au comptant à un autre commerçant: 56 $, plus TPS et TVQ.

25 Recouvrement du compte de Samuel Tremblay relatif à la vente du 15 décembre, moins les rendus et rabais sur ventes et l'escompte.

26 Achat à crédit de marchandises à la société Vax inc.: 8 900 $, plus TPS et TVQ. La facture est datée du 25 décembre et les conditions de paiement sont 2/10, n/60.

30 Prélèvement de 2 800 $ par la propriétaire, Suzanne Lavoie, à des fins personnelles; n° du chèque: 545.

31 Émission du chèque n° 546 à l'ordre de Maxime David en paiement de son salaire des deux dernières semaines du mois de décembre: 1 800 $.

31 Émission du chèque n° 547 à l'ordre de Hydro-Québec en règlement de la facture d'électricité du mois de décembre: 565 $, plus TPS et TVQ.

31 Ventes au comptant des deux dernières semaines du mois: 32 890 $, plus TPS et TVQ. (En pratique, ces ventes sont comptabilisées quotidiennement mais, dans ce problème, elles ne sont inscrites que deux fois par mois afin de réduire le nombre d'opérations répétitives.)

Travail à faire

1. Comptabilisez les opérations précédentes dans les journaux auxiliaires appropriés. Équilibrez les journaux auxiliaires et reportez les montants dans les grands livres auxiliaires des clients et des fournisseurs, ainsi que dans le grand livre lorsqu'il y a lieu.

2. Dressez la balance de vérification au 31 décembre ainsi que la liste des comptes clients et celle des comptes fournisseurs.

L'entreprise Marceau enr., qui offre à ses clients les conditions de paiement 2/10, n/30 sur toutes les ventes à crédit, a effectué les opérations suivantes au cours du mois de juillet:

**Problème 6-4
Les journaux auxiliaires et la balance de vérification**
(Objectifs 3, 4, 5)

Juill. 1er Réception de marchandises de la société Globe ltée: 21 300 $, plus TPS et TVQ. Les conditions de paiement sont 2/10, n/30 et la facture est datée du 30 juin.

2 Vente à crédit de marchandises à l'entreprise Talbot et Vanasse enr.: 7 900 $, plus TPS et TVQ; n° de la facture: 324.

3 Achat à crédit à la société Abeille inc. de fournitures de bureau coûtant 560 $, plus TPS et TVQ. La condition de paiement est n/10 FDM et la facture est datée du 3 juillet.

3 Vente de marchandises à crédit à Bernard Savard: 4 600 $, plus TPS et TVQ; n° de la facture: 325.

6 Emprunt de 18 000 $ à la Banque Nationale du Canada contre un billet à payer dans 2 ans.

9 Réception du matériel de bureau acheté à l'entreprise Équipement Renaud enr.: 10 400 $, plus TPS et TVQ. La condition de paiement est n/10 FDM et la facture est datée du 9 juillet.

10 Émission du chèque n° 876 à l'ordre de la société Globe ltée en règlement de la facture du 30 juin, moins l'escompte sur achats.

10 Vente à crédit de marchandises à l'entreprise Rivard enr.: 2 300 $, plus TPS et TVQ; n° de la facture: 326.

12 Recouvrement du compte de l'entreprise Talbot et Vanasse enr. relatif à la vente effectuée le 2 juillet, moins l'escompte sur ventes.

13 Recouvrement du compte de Bernard Savard relatif à la vente effectuée le 3 juillet, moins l'escompte sur ventes.

14 Réception de marchandises de Thomas ltée: 15 825 $, plus TPS et TVQ. Les conditions de paiement sont 2/10, n/30 et la facture est datée du 13 juillet.

15 Émission du chèque n° 877 à l'ordre de Banque Salaires pour payer les salaires de la moitié du mois: 7 950 $.

15 Vente de marchandises au comptant au cours de la période du 1er au 15 juillet: 67 340 $, plus TPS et TVQ.

16 Achat à crédit à la société Abeille inc. de fournitures de magasin coûtant 840 $, plus TPS et TVQ. La condition de paiement est n/10 FDM et la facture est datée du 16 juillet.

17 Réception d'une note de crédit de Thomas ltée pour des marchandises avariées reçues le 14 juillet et retournées: 1 225 $, plus TPS et TVQ.

19 Réception d'une note de crédit d'Équipement Renaud enr. pour du matériel de bureau reçu le 9 juillet et retourné: 300 $, plus TPS et TVQ.

20 Recouvrement du compte de l'entreprise Rivard enr. relatif à la vente effectuée le 10 juillet, moins l'escompte sur ventes.

23 Émission du chèque n° 878 à l'ordre de Thomas ltée en règlement de la facture du 13 juillet, moins les rendus et rabais sur achats et l'escompte sur achats.

27 Vente à crédit de marchandises à l'entreprise Rivard enr.: 6 540 $, plus TPS et TVQ; n° de la facture est 327.

28 Vente de marchandises à crédit à Bernard Savard: 2 650 $, plus TPS et TVQ; n° de la facture: 328.

31 Émission du chèque n° 879 à l'ordre de Banque Salaires pour payer les salaires de la seconde moitié du mois: 7 950 $.

31 Vente de marchandises au comptant au cours de la période du 16 juillet au 31 juillet: 72 345 $, plus TPS et TVQ.

Travail à faire

1. Ouvrez les comptes suivants du grand livre: Encaisse, Clients, TPS à recouvrer, TVQ à recouvrer, Fournitures de bureau non utilisées, Fournitures de magasin non utilisées, Matériel de magasin, Fournisseurs, TPS à payer, TVQ à payer, Effets à payer, Ventes, Rendus et rabais sur ventes, Escomptes sur ventes, Achats, Rendus et rabais sur achats, Escomptes sur achats et Salaires; ouvrez aussi les comptes du grand livre auxiliaire des clients suivants: Bernard Savard, Rivard enr. et Talbot et Vanasse enr., ainsi que les comptes du grand livre auxiliaire des fournisseurs suivants: Globe ltée, Équipement Renaud enr., Société Abeille inc. et Thomas ltée.

2. Établissez un journal des ventes, un journal des achats, un journal des encaissements et un journal des décaissements semblables à ceux utilisés dans le présent chapitre. Comptabilisez les opérations décrites ci-dessus, équilibrez les journaux auxiliaires et reportez les montants.

3. Dressez la balance de vérification ainsi que la liste des comptes clients et celle des comptes fournisseurs.

Problème 6-5
Les journaux auxiliaires, les grands livres auxiliaires et la balance de vérification
(Objectifs 3, 4, 5)

L'entreprise Bussière enr., qui offre des conditions de paiement de 2/10, n/30 sur toutes ses ventes à crédit, a effectué les opérations suivantes au cours du mois de juin:

Juin 1er Réception de marchandises achetées à crédit à la société David ltée: 47 800 $, plus TPS et TVQ. Les conditions de paiement sont 2/10, n/60 et la facture est datée du 31 mai.

2 Achat à crédit de matériel de magasin à la société Ouest ltée: 14 625 $, plus TPS et TVQ. La condition de paiement est n/10 FDM et la facture est datée du 2 juin.

3 Vente de marchandises à crédit à Thomas Léger: 22 300 $, plus TPS et TVQ; n° de la facture: 902.

5 Vente de marchandises à crédit à Georges Nadeau: 31 700 $, plus TPS et TVQ; n° de la facture: 903.

8 Ventes au comptant au cours de la semaine terminée le 8 juin: 38 950 $, plus TPS et TVQ.

8 Émission du chèque n° 548 à l'ordre de Le Soleil ltée en règlement d'annonces parues dans le journal: 275 $, plus TPS et TVQ.

9 Vente de marchandises à crédit à Caroline Doucet: 12 400 $, plus TPS et TVQ; n° de la facture: 904.

10 Émission du chèque n° 549 à l'ordre de la société David ltée en règlement de la facture du 31 mai, moins l'escompte sur achats.

10 Achat à crédit de marchandises à la société Savard ltée: 5 870 $, plus TPS et TVQ, et de fournitures de bureau coûtant 570 $, plus TPS et TVQ. La condition de paiement est n/10 FDM et la facture est datée du 10 juin.

11 Vente au comptant de matériel de magasin inutilisé: 940 $, plus TPS et TVQ.

13 Recouvrement du compte de Thomas Léger relatif à la vente effectuée le 3 juin, moins l'escompte sur ventes.

15 Ventes au comptant au cours de la semaine terminée le 15 juin: 23 620 $, plus TPS et TVQ.

15 Émission du chèque n° 550 à l'ordre de Banque Salaires pour payer les salaires de la première moitié du mois: 16 280 $.

15 Recouvrement du compte de Georges Nadeau relatif à la vente effectuée le 5 juin, moins l'escompte sur ventes.

16 Vente de marchandises à crédit à Caroline Doucet: 9 735 $, plus TPS et TVQ; n° de la facture n° 905.

19 Vente de marchandises à crédit à Thomas Léger: 6 430 $, plus TPS et TVQ; n° de la facture: 906.

19 Recouvrement du compte de Caroline Doucet relatif à la vente effectuée le 9 juin, moins l'escompte sur ventes.

20 Réception de marchandises achetées à crédit à Moteurtech ltée: 17 500 $ plus TPS et TVQ. Les conditions de paiement sont 2/10, n/60 et la facture est datée du 18 juin.

21 Émission d'une note de crédit à Caroline Doucet pour des marchandises vendues le 16 juin et retournées: 1 835 $, plus TPS et TVQ.

22 Ventes au comptant au cours de la semaine terminée le 22 juin: 28 150 $, plus TPS et TVQ.

24 Réception d'une note de crédit de Moteurtech ltée pour des marchandises reçues le 20 juin et retournées: 1 700 $, plus TPS et TVQ.

25 Achat à crédit de marchandises à la société Savard ltée: 22 390 $, plus TPS et TVQ, et de fournitures de magasin coûtant 2 825 $, plus TPS et TVQ. La condition de paiement est n/10 FDM et la facture est datée du 25 juin.

25 Réception de marchandises de la société David ltée: 35 860 $, plus TPS et TVQ. Les conditions de paiement sont 2/10, n/60 et la facture est datée du 25 juin.

26 Recouvrement du compte de Caroline Doucet relatif à la vente effectuée le 16 juin, moins les rendus et rabais sur ventes et l'escompte sur ventes.

26 Vente de marchandises à crédit à Georges Nadeau: 22 540 $, plus TPS et TVQ; n° de la facture: 907.

28 Émission du chèque n° 551 à l'ordre de Moteurtech ltée en règlement de la facture du 18 juin, moins les rendus et rabais sur achats et l'escompte sur achats.

30 Émission du chèque n° 552 à l'ordre de Banque Salaires pour payer les salaires de la dernière moitié du mois: 16 280 $.

30 Ventes au comptant au cours de la semaine terminée le 30 juin: 31 230 $, plus TPS et TVQ.

Travail à faire

1. Ouvrez les comptes suivants du grand livre: Encaisse, Clients, TPS à recouvrer, TVQ à recouvrer, Fournitures de bureau non utilisées, Fournitures de magasin non utilisées, Matériel de magasin, Fournisseurs, TPS à payer, TVQ à payer, Ventes, Rendus et rabais sur ventes, Escomptes sur ventes, Achats, Rendus et rabais sur achats, Escomptes sur achats, Salaires et Publicité; ouvrez aussi les comptes du grand livre auxiliaire des clients suivants: Thomas Léger, Georges Nadeau et Caroline Doucet, ainsi que les comptes du grand livre auxiliaire des fournisseurs suivants: David ltée, Savard ltée, Ouest ltée et Moteurtech ltée.

2. Établissez un journal des ventes, un journal des achats, un journal des encaissements, un journal des décaissements et un journal général semblables à ceux utilisés dans le présent chapitre. Comptabilisez les opérations qui précèdent, équilibrez les journaux auxiliaires et reportez les montants dans les grands livres.

3. Dressez la balance de vérification ainsi que la liste des comptes clients et celle des comptes fournisseurs.

Problème 6-6
Essai analytique
(Objectif 3)

L'entreprise Les produits Lyne enr. utilise un journal des encaissements similaire à celui du tableau 6-2. À la fin du mois, le comptable de l'entreprise a additionné les montants de chaque colonne et a inscrit le total au bas de celle-ci. Finalement, afin de vérifier l'égalité des montants inscrits dans le journal des encaissements, il a fait la somme des montants débiteurs et créditeurs de la ligne Total du journal pour en vérifier l'égalité. À sa grande surprise, ceux-ci ne sont pas égaux.

Travail à faire

Décrivez les procédures que vous devez entreprendre pour découvrir l'erreur qui cause l'inégalité du total des débits et celui des crédits.

Problème 6-7
Essai analytique
(Objectif 5)

L'entreprise commerciale Grelot enr. utilise des journaux similaires à ceux présentés dans ce chapitre. À la fin du mois, le comptable de l'entreprise a équilibré les différents journaux et a reporté les totaux apparaissant au bas de chaque colonne. Il a ensuite soigneusement reporté des montants inscrits dans les colonnes Autres comptes de chacun des journaux dans le grand livre. Il a inscrit chacun des montants des colonnes Clients et Fournisseurs de chacun des journaux dans les grands livres auxiliaires appropriés. Par la suite, il a établi la balance de vérification, la liste des clients et celle des fournisseurs. La balance de vérification est en équilibre et le solde de la liste des fournisseurs égale le solde du compte Fournisseurs du grand livre. Cependant, le total de la liste des clients diffère du montant apparaissant dans le compte Clients du grand livre.

Travail à faire

Décrivez les procédures que vous devez entreprendre pour découvrir la raison de l'inégalité du total de la liste des comptes clients et du solde du compte collectif Clients du grand livre.

Problèmes additionnels

Problème 6-1A
Les journaux auxiliaires et les grands livres auxiliaires
(Objectifs 3, 4, 5)

L'entreprise Hamel enr., qui offre à ses clients les conditions de paiement 2/10, n/30 sur toutes les ventes à crédit, a effectué les opérations suivantes au cours du mois d'octobre:

Oct. 1er Émission du chèque n° 640 à l'ordre du journal *Le Quotidien* pour acquitter des frais de publicité: 980 $, plus TPS et TVQ.

1er Achat à crédit de marchandises à la société Roch ltée: 3 500 $, plus TPS et TVQ. Les conditions de paiement sont 2/10, n/30 et la facture est datée du 30 septembre.

5   Vente de marchandises à crédit à Valérie Bourque: 10 200 $, plus TPS et TVQ; n° de la facture: 768.

5   Achat à crédit à la société Nolet ltée de fournitures de magasin coûtant 740 $, plus TPS et TVQ. La facture est datée du 5 octobre et la condition de paiement est n/10 FDM.

6   Vente de marchandises à crédit à Johanne Imbeau: 4 700 $, plus TPS et TVQ; n° de la facture: 769.

8   Réception d'une note de crédit de 80 $, plus TPS et TVQ, de la société Nolet ltée pour des fournitures de qualité non satisfaisante reçues le 5 octobre et retournées.

9   Achat à crédit de matériel de magasin à la société Babin ltée: 20 950 $, plus TPS et TVQ. La facture est datée du 8 octobre et la condition de paiement est n/10 FDM.

10   Émission du chèque n° 641 à l'ordre de la société Roch ltée en règlement de la facture datée du 30 septembre, moins l'escompte sur achats.

13   Vente de marchandises à crédit à Paul Tardif: 4 650 $, plus TPS et TVQ; n° de la facture: 770.

15   Recouvrement du compte de Valérie Bourque relatif à la vente effectuée le 5 octobre, moins l'escompte sur ventes.

15   Émission du chèque n° 642 à l'ordre de Banque Salaires pour payer aux vendeurs les salaires de la première partie du mois: 15 900 $.

15   Vente de marchandises à crédit à Valérie Bourque: 2 300 $, plus TPS et TVQ; n° de la facture: 771.

15   Ventes au comptant réalisées au cours de la première moitié du mois: 56 320 $, plus TPS et TVQ.

16   Recouvrement du compte de Johanne Imbeau relatif à la vente effectuée le 6 octobre, moins l'escompte sur ventes.

17   Achat à crédit de marchandises à la société Lemieux ltée: 4 600 $, plus TPS et TVQ. La facture est datée du 17 octobre et les conditions de paiement sont 2/10, n/30.

21   Emprunt de 8 500 $ à la Banque de Montréal en échange d'un billet à payer.

23   Recouvrement du compte de Paul Tardif relatif à la vente effectuée le 13 octobre, moins l'escompte sur ventes.

24   Réception d'une note de crédit de 1 300 $, plus TPS et TVQ, de la société Lemieux ltée pour des marchandises défectueuses reçues le 17 octobre et retournées.

25   Achat à crédit à la société Babin ltée de fournitures de bureau coûtant 420 $, plus TPS et TVQ. La facture est datée du 24 octobre et la condition de paiement est n/10 FDM.

25   Recouvrement du compte de Valérie Bourque relatif à la vente effectuée le 15 octobre, moins l'escompte sur ventes.

26   Achat à crédit de marchandises à la société Roch ltée: 5 430 $, plus TPS et TVQ. La facture est datée du 26 octobre et les conditions de paiement sont 2/10, n/30.

27   Émission du chèque n° 643 à l'ordre de la société Lemieux ltée en règlement de la facture du 17 octobre, compte tenu des marchandises retournées et de l'escompte sur achats.

29   Vente de marchandises à crédit à Johanne Imbeau: 15 600 $, plus TPS et TVQ; n° de la facture: 772.

30   Vente de marchandises à crédit à Paul Tardif: 8 750 $, plus TPS et TVQ; n° de la facture: 773.

31   Émission du chèque n° 644 à l'ordre de Banque Salaires pour payer aux vendeurs les salaires de la dernière moitié du mois: 15 900 $.

31   Ventes au comptant réalisées au cours de la deuxième moitié du mois: 43 900 $, plus TPS et TVQ.

Travail à faire

1. Établissez un journal des ventes et un journal des encaissements semblables à ceux utilisés dans le présent chapitre. Comptabilisez les opérations qui doivent y être enregistrées, sans tenir compte de celles qui devraient être enregistrées dans les autres journaux.

2. Équilibrez les journaux auxiliaires et effectuez les reports en utilisant les comptes suivants du grand livre: Encaisse, Clients, TPS à payer, TVQ à payer, Effets à payer, Ventes et Escomptes sur ventes, ainsi que les comptes du grand livre auxiliaire des clients suivants: Valérie Bourque, Johanne Imbeau et Paul Tardif.

3. Dressez la balance de vérification du grand livre et vérifiez l'exactitude du grand livre auxiliaire des clients en comparant le total de la liste des comptes clients au solde du compte collectif Clients.

Problème 6-2A
Les journaux auxiliaires, les grands livres auxiliaires et la liste des comptes fournisseurs
(Objectifs 3, 4, 5)

Supposez que le 30 septembre, le solde de chacun des comptes Encaisse et Effets à payer de l'entreprise Hamel enr., dont il est question au problème 6-1A, soit de 92 000 $.

Travail à faire

1. Établissez un journal des achats et un journal des décaissements semblables à ceux utilisés dans le présent chapitre et comptabilisez les opérations du problème 6-1A qui doivent y être enregistrées, sans tenir compte des opérations qui devraient être enregistrées dans le journal des ventes ou le journal des encaissements.

2. Équilibrez les journaux auxiliaires et effectuez les reports en utilisant les comptes suivants du grand livre: Encaisse, TPS à recouvrer et TVQ à recouvrer, Fournitures de magasin non utilisées, Fournitures de bureau non utilisées, Matériel de magasin, Effets à payer, Fournisseurs, Achats, Rendus et rabais sur achats, Escomptes sur achats, Salaires des vendeurs et Publicité; ouvrez aussi les comptes du grand livre auxiliaire des fournisseurs suivants: Babin ltée, Lemieux ltée, Nolet ltée et Roch ltée. Inscrivez les soldes du 31 octobre dans les comptes Encaisse et Effets à payer.

3. Dressez la balance de vérification et vérifiez l'exactitude du grand livre auxiliaire des fournisseurs en comparant le total de la liste des comptes fournisseurs au solde du compte collectif Fournisseurs.

Problème 6-3A
Les journaux auxiliaires, les grands livres auxiliaires et la balance de vérification
(Objectifs 3, 4, 5)

(Ne faites pas ce problème si les feuilles de travail qui accompagnent ce manuel ne sont pas utilisées.)

Supposez que l'entreprise Bella enr., dont l'exercice se termine le 31 décembre, vous offre le poste de commis aux écritures. Supposez aussi que votre prédécesseur ait comptabilisé les opérations de l'entreprise jusqu'au 16 décembre, qu'il ait reporté séparément les montants figurant dans les grands livres auxiliaires et que son travail ait été effectué correctement. L'entreprise Bella enr., qui offre à ses clients les conditions de paiement 2/10, n/30 sur toutes les ventes à crédit, a effectué les opérations suivantes au cours de la deuxième moitié du mois de décembre:

Déc. 16   Vente de marchandises à crédit à Brenda Simon: 3 500 $, plus TPS et TVQ; n° de la facture: 306.

17   Réception d'une note de crédit de la société Lejeune inc. pour des marchandises avariées reçues le 15 décembre et renvoyées: 435 $, plus TPS et TVQ.

17   Achat à crédit à la société Reed ltée de fournitures de bureau coûtant 850 $, plus TPS et TVQ. La facture est datée du 17 décembre et la condition de paiement est n/10 FDM.

19 Émission d'une note de crédit à Samuel inc. pour des marchandises avariées vendues le 15 décembre et retournées: 145 $, plus TPS et TVQ.

20 Réception d'une note de crédit de Reed ltée pour des fournitures de bureau avariées reçues le 17 décembre et retournées: 270 $, plus TPS et TVQ.

20 Achat à crédit de matériel de magasin à la société Reed ltée: 8 300 $, plus TPS et TVQ. La facture est datée du 19 décembre et la condition de paiement est n/10 FDM.

21 Vente de marchandises à crédit à François Larouche: 4 600 $, plus TPS et TVQ; n° de la facture: 307.

22 Recouvrement du compte de Brenda Simon relatif à la vente du 12 décembre, moins l'escompte sur ventes.

24 Recouvrement du compte de Samuel inc. relatif à la vente du 15 décembre, moins les rendus et rabais sur ventes et l'escompte sur ventes.

25 Émission du chèque n° 543 à l'ordre de Lejeune inc. en règlement de la facture du 15 décembre, moins les rendus et rabais sur achats et l'escompte sur achats.

25 Émission du chèque n° 544 à l'ordre de la société Vax inc. en règlement de la facture du 15 décembre, moins l'escompte sur achats.

28 Achat à crédit de marchandises à la société Vax inc.: 6 700 $, plus TPS et TVQ. La facture est datée du 28 décembre et les conditions de paiement sont 2/10, n/60.

28 Vente de fournitures de magasin au comptant à un autre commerçant: 60 $, plus TPS et TVQ.

29 Prélèvement de 6 900 $ par la propriétaire, Suzanne Lavoie, à des fins personnelles; n° du chèque: 545.

31 Émission du chèque n° 546 à l'ordre de Hydro-Québec en règlement de la facture d'électricité du mois de décembre: 980 $, plus TPS et TVQ.

31 Émission du chèque n° 547 à l'ordre de Max David en paiement de son salaire des deux dernières semaines du mois de décembre: 1 800 $.

31 Ventes au comptant réalisées au cours des deux dernières semaines du mois: 46 750 $, plus TPS et TVQ. (En pratique, ces ventes sont comptabilisées quotidiennement mais, dans ce problème, elles ne sont inscrites que deux fois par mois afin de réduire le nombre d'opérations répétitives.)

Travail à faire

1. Comptabilisez les opérations précédentes dans les journaux auxiliaires appropriés. Équilibrez les journaux auxiliaires et reportez les montants dans les grands livres auxiliaires des clients et des fournisseurs et dans le grand livre, s'il y a lieu.

2. Dressez la balance de vérification au 31 décembre ainsi que la liste des comptes clients et celle des comptes fournisseurs.

L'entreprise Nortech enr. a effectué les opérations suivantes au cours du mois d'août:

Août 1er Emprunt de 75 000 $ à la Banque Nationale du Canada contre un billet à payer dans deux ans.

4 Réception de marchandises achetées à crédit à la société Globe ltée: 15 200 $, plus TPS et TVQ. Les conditions de paiement sont 2/10, n/30 et la facture est datée du 3 août.

5 Achat à crédit à la société Abeille inc. de fournitures de magasin coûtant 1 360 $, plus TPS et TVQ. La condition de paiement est n/10 FDM et la facture est datée du 5 août.

Problème 6-4A
Les journaux auxiliaires et la balance de vérification
(Objectifs 3, 4, 5)

6   Vente à crédit de marchandises à l'entreprise Talbot et Vanasse enr.: 8 500 $, plus TPS et TVQ. Le numéro de la facture est 789. (Toutes les ventes à crédit de l'entreprise se font aux conditions de paiement 2/10, n/30.)

7   Réception du matériel acheté à l'entreprise Équipement Renaud enr.: 6 750 $, plus TPS et TVQ. La condition de paiement est n/10 FDM et la facture est datée du 6 août.

10   Vente de marchandises à crédit à Bernard Savard: 16 700 $, plus TPS et TVQ; n° de la facture: 790.

13   Émission du chèque n° 423 à l'ordre de la société Globe ltée en règlement de la facture du 3 août, moins l'escompte sur achats.

13   Réception de marchandises achetées à crédit de Thomas ltée: 3 850 $, plus TPS et TVQ. Les conditions de paiement sont 2/10, n/30 et la facture est datée du 13 août.

15   Émission du chèque n° 424 à l'ordre de Banque Salaires pour payer les salaires de la moitié du mois: 11 250 $.

15   Vente de marchandises au comptant au cours de la période du 1er au 15 août: 22 760 $, plus TPS et TVQ.

15   Vente à crédit de marchandises à l'entreprise Rivard enr.: 5 700 $, plus TPS et TVQ; n° de la facture: 791.

16   Recouvrement du compte de l'entreprise Talbot et Vanasse enr. relatif à la vente effectuée le 6 août, moins l'escompte sur ventes.

16   Achat à crédit à la société Abeille inc. de fournitures de bureau coûtant 745 $, plus TPS et TVQ. La condition de paiement est n/10 FDM et la facture est datée du 16 août.

20   Recouvrement du compte de Bernard Savard relatif à la vente effectuée le 10 août, moins l'escompte sur ventes.

20   Réception d'une note de crédit de Thomas ltée pour des marchandises avariées reçues le 13 août et retournées: 650 $, plus TPS et TVQ.

23   Émission du chèque n° 425 à l'ordre de Thomas ltée en règlement de la facture du 13 août, moins les rendus et rabais sur achats et l'escompte sur achats.

24   Vente à crédit de marchandises à l'entreprise Rivard enr.: 4 330 $, plus TPS et TVQ; n° de la facture: 792.

25   Recouvrement du compte de l'entreprise Rivard enr. relatif à la vente effectuée le 15 août, moins l'escompte sur ventes.

26   Réception d'une note de crédit d'Équipement Renaud enr. pour du matériel de bureau reçu le 7 août et retourné: 1 230 $, plus TPS et TVQ.

27   Vente de marchandises à crédit à Bernard Savard: 3 460 $, plus TPS et TVQ; n° de la facture: 793.

31   Émission du chèque n° 426 à l'ordre de Banque Salaires pour payer les salaires de la seconde moitié du mois: 11 250 $.

31   Vente de marchandises au comptant au cours de la période du 16 août au 31 août: 34 270 $, plus TPS et TVQ.

Travail à faire

1. Ouvrez les comptes suivants du grand livre: Encaisse, Clients, TPS à recouvrer, TVQ à recouvrer, Fournitures de bureau non utilisées, Fournitures de magasin non utilisées, Matériel de bureau, Fournisseurs, TPS à payer, TVQ à payer, Effets à payer, Ventes, Escomptes sur ventes, Achats, Rendus et rabais sur achats, Escomptes sur achats et Salaires; ouvrez les comptes du grand livre auxiliaire des clients suivants: Bernard Savard, Rivard enr. et Talbot et Vanasse enr.; ouvrez aussi les comptes du grand livre

auxiliaire des fournisseurs suivants: Globe ltée, Équipement Renaud enr., Société Abeille inc. et Thomas ltée.

2. Établissez un journal des ventes, un journal des achats, un journal des encaissements et un journal des décaissements semblables à ceux utilisés dans le présent chapitre. Comptabilisez les opérations précédentes, équilibrez les journaux auxiliaires et reportez les montants.

3. Dressez la balance de vérification ainsi que la liste des comptes clients et celle des comptes fournisseurs.

L'entreprise Jocelyne enr., qui offre à ses clients les conditions de paiement 2/10, n/30 sur toutes les ventes à crédit, a effectué les opérations suivantes au cours du mois d'avril:

Problème 6-5A
Les journaux auxiliaires, les grands livres auxiliaires et la balance de vérification
(Objectifs 3, 4, 5)

Avril 1er Réception de marchandises achetées à crédit à la société David ltée: 5 400 $, plus TPS et TVQ. Les conditions de paiement sont 2/10, n/30 et la facture est datée du 1er avril.

1er Vente de marchandises à crédit à Thomas Léger: 1 600 $, plus TPS et TVQ; n° de la facture: 234.

3 Émission du chèque n° 722 à l'ordre du *Journal de Montréal* en règlement d'annonces parues dans le journal: 545 $, plus TPS et TVQ.

3 Achat à crédit de matériel de bureau à la société Ouest ltée: 3 790 $, plus TPS et TVQ. La condition de paiement est n/10 FDM et la facture est datée du 2 avril.

5 Vente de marchandises à crédit à Georges Nadeau: 4 300 $, plus TPS et TVQ; n° de la facture: 235.

8 Vente de marchandises au comptant au cours de la semaine terminée le 8 avril: 15 870 $, plus TPS et TVQ.

8 Vente de marchandises à crédit à Caroline Doucet: 2 400 $, plus TPS et TVQ; n° de la facture: 236.

9 Réception d'une note de crédit de Ouest ltée pour du matériel de bureau acheté le 3 avril et retourné: 390 $, plus TPS et TVQ.

11 Émission du chèque n° 723 à l'ordre de la société David ltée en règlement de la facture du 1er avril, moins l'escompte sur achats.

11 Vente au comptant de matériel de bureau inutilisé: 550 $, plus TPS et TVQ.

11 Recouvrement du compte de Thomas Léger relatif à la vente effectuée le 1er avril, moins l'escompte sur ventes.

15 Ventes de marchandises au comptant au cours de la semaine terminée le 15 avril: 12 340 $, plus TPS et TVQ.

15 Émission du chèque n° 724 à l'ordre de Banque Salaires pour payer les salaires de la première moitié du mois: 3 860 $.

15 Recouvrement du compte de Georges Nadeau relatif à la vente du 5 avril, moins l'escompte sur ventes.

17 Achat à crédit de marchandises à la société Savard ltée: 6 820 $, plus TPS et TVQ, et de fournitures de magasin coûtant 540 $, plus TPS et TVQ. La condition de paiement est n/10 FDM et la facture est datée du 16 avril.

18 Réception de marchandises achetées à crédit à Moteurtech ltée: 4 740 $, plus TPS et TVQ. Les conditions de paiement sont 2/10, n/60 et la facture est datée du 18 avril.

18 Vente de marchandises à crédit à Caroline Doucet: 3 630 $, plus TPS et TVQ; n° de la facture: 237.

18 Vente de marchandises à crédit à Thomas Léger: 5 700 $, plus TPS et TVQ; n° de la facture: 238.

18 Recouvrement du compte de Caroline Doucet relatif à la vente effectuée le 8 avril, moins l'escompte sur ventes.

22 Émission d'une note de crédit à Caroline Doucet pour des marchandises vendues le 18 avril et retournées: 230 $, plus TPS et TVQ.

22 Vente de marchandises au comptant au cours de la semaine terminée le 22 avril: 17 220 $, plus TPS et TVQ.

23 Réception d'une note de crédit de Moteurtech ltée pour des marchandises défectueuses reçues le 18 avril et retournées: 1 140 $, plus TPS et TVQ.

24 Achat à crédit de marchandises à la société Savard ltée: 9 780 $, plus TPS et TVQ, et de fournitures de magasin coûtant 765 $, plus TPS et TVQ. Les conditions de paiement sont 2/10 FDM et la facture est datée du 23 avril.

25 Réception de marchandises achetées à crédit à la société David ltée: 7 540 $, plus TPS et TVQ. Les conditions de paiement sont 2/10, n/30 et la facture est datée du 25 avril.

28 Recouvrement du compte de Caroline Doucet relatif à la vente du 18 avril, moins les rendus et rabais sur ventes et l'escompte sur ventes.

28 Émission du chèque n° 725 à l'ordre de Moteurtech ltée en règlement de la facture du 18 avril, moins les rendus et rabais sur achats et l'escompte sur achats.

29 Vente de marchandises à crédit à Georges Nadeau: 2 970 $, plus TPS et TVQ; n° de la facture: 239.

30 Émission du chèque n° 726 à l'ordre de Banque Salaires pour payer les salaires de la deuxième moitié du mois: 3 860 $.

30 Vente de marchandises au comptant au cours de la semaine terminée le 30 avril: 9 520 $, plus TPS et TVQ.

Travail à faire

1. Ouvrez les comptes suivants du grand livre: Encaisse, Clients, TPS à recouvrer, TVQ à recouvrer, Fournitures de bureau non utilisées, Fournitures de magasin non utilisées, Matériel de magasin, Fournisseurs, TPS à payer, TVQ à payer, Ventes, Rendus et rabais sur ventes, Escomptes sur ventes, Achats, Rendus et rabais sur achats, Escomptes sur achats, Publicité et Salaires; ouvrez aussi les comptes du grand livre auxiliaire des clients suivants: Thomas Léger, Georges Nadeau et Caroline Doucet, ainsi que les comptes du grand livre auxiliaire des fournisseurs suivants: David ltée, Savard ltée, Ouest ltée et Moteurtech ltée.

2. Établissez un journal des ventes, un journal des achats, un journal des encaissements et un journal des décaissements semblables à ceux utilisés dans le présent chapitre. Comptabilisez les opérations du mois d'avril, équilibrez les journaux auxiliaires et reportez les montants dans les grands livres.

3. Dressez la balance de vérification ainsi que la liste des comptes clients et celle des comptes fournisseurs.

Problème 6-6A
Essai analytique
(Objectif 3)

L'entreprise Russell et Rinfret enr. utilise un journal des décaissements similaire à celui du tableau 6-4. À la fin du mois, le comptable de l'entreprise a additionné les montants apparaissant dans chaque colonne et a inscrit le total au bas de celle-ci. Finalement, afin de vérifier l'équilibre des montants inscrits dans le journal des décaissements, il fait la somme des montants débiteurs et créditeurs de la ligne Total du journal pour en vérifier l'égalité. À sa grande surprise, ceux-ci ne sont pas égaux.

Travail à faire

Décrivez les procédures que vous devez entreprendre pour découvrir l'erreur qui cause l'inégalité du total des débits et du total des crédits.

L'entreprise commerciale Pièces d'auto Frenette enr. utilise des journaux similaires à ceux présentés dans ce chapitre. À la fin du mois, le comptable de l'entreprise a équilibré les différents journaux et a reporté les totaux apparaissant au bas de chaque colonne. Il a ensuite soigneusement reporté chacun des montants inscrits dans les colonnes Autres comptes de chacun des journaux dans le grand livre. Il a ensuite inscrit chacun des montants des colonnes Clients et Fournisseurs de chacun des journaux dans les grands livres auxiliaires appropriés. Par la suite, il a établi la balance de vérification, la liste des clients et celle des fournisseurs. La balance de vérification est en équilibre et le solde de la liste des clients égale le solde du compte Clients du grand livre. Cependant, le total de la liste des fournisseurs diffère du montant apparaissant au compte Fournisseurs du grand livre.

Problème 6-7A
Essai analytique
(Objectif 5)

Travail à faire

Décrivez les procédures que vous devez entreprendre pour découvrir la raison de l'inégalité du total de la liste des fournisseurs et du solde du compte collectif Fournisseurs dans le grand livre.

Problème d'analyse et de révision

Le problème suivant vous permettra de vérifier votre compréhension de l'utilisation des journaux auxiliaires et des grands livres auxiliaires. Les journaux auxiliaires de la société Les Grands Magasins ltée sont reproduits ci-dessous et chacune des colonnes a été numérotée afin de réduire le travail d'écriture nécessaire à l'inscription des opérations:

Problème 6-1
AR

Clients - Débit	Ventes - Crédit						TPS à payer - Crédit	TVQ à payer - Crédit
	Vêtements pour hommes	Vêtements pour femmes	Appareils électro-ménagers	Mobilier	Articles en solde	Autres rayons		
1	2	3	4	5	6	7	8	9

Encaisse - Débit	Escomptes sur ventes - Débit	Ventes - Crédit						Clients - Crédit	Autres comptes - Crédit	TPS à payer - Crédit	TVQ à payer - Crédit
		Vêtements pour hommes	Vêtements pour femmes	Appareils électro-ménagers	Mobilier	Articles en solde	Autres rayons				
10	11	12	13	14	15	16	17	18	19	20	21

Achats - Débit						TPS à recouvrer - Débit	TVQ à recouvrer - Débit	Fournisseurs - Crédit
Vêtements pour hommes	Vêtements pour femmes	Appareils électro-ménagers	Mobilier	Articles en solde	Autres rayons			
22	23	24	25	26	27	28	29	30

TPS à recouvrer - Débit	TVQ à recouvrer - Débit	Fournisseurs - Débit	Fournitures de magasin non utilisées - Débit	Autres comptes - Débit	Encaisse - Crédit
31	32	33	34	35	36

Débit	Crédit
37	38

	Débit	Crédit

a) Achat à crédit d'appareils électroménagers à la société E.G. inc.: 8 200 $, plus TPS et TVQ.

b) Vente à crédit de mobilier à Mélissa Lebrun: 1 400 $, plus TPS et TVQ.

c) Vente au comptant d'appareils électroménagers à un marchand, 1 000 $, moins un escompte de 5 %, plus TPS et TVQ.

d) Recouvrement du compte de Louis Raboin: 600 $.

e) Émission d'un chèque à l'ordre de la société Pantalon inc. en règlement de son compte: 4 200 $.

f) Emprunt à la caisse populaire d'une somme de 25 000 $ et signature d'un billet à payer.

g) Vente à crédit de vêtements pour hommes à J.C. Roy: 300 $, plus TPS et TVQ.

h) Vente au comptant de marchandises diverses: 10 $, plus TPS et TVQ.

i) Achat à crédit de marchandises à C.L. inc. destinées au rayon des soldes: 7 500 $, plus TPS et TVQ.

j) Retour d'un chandail par J.C. Roy: 40 $, plus TPS et TVQ.

Travail à faire

1. Énumérez les différents journaux utilisés par l'entreprise.

2. Indiquez les journaux auxiliaires qui seront affectés par les opérations décrites ci-dessus. Inscrivez dans chacune des colonnes apparaissant à la droite de chacune des opérations le(s) numéro(s) correspondant(s) à celui permettant de déterminer la colonne concernée du journal:

	Débit	Crédit
Exemple: Achat au comptant de fournitures de magasin	31-32-34	36

3. Dites comment les données des différents journaux auxiliaires seront reportées dans les comptes du grand livre ou dans le grand livre auxiliaire. Utilisez la lettre précédant les choix suivants pour déterminer les caractéristiques du report dont fera l'objet chacun des éléments apparaissant dans le tableau de la page suivante:

a) Report au débit d'un compte du grand livre;

b) Report au débit d'un compte d'un grand livre auxiliaire;

c) Report au crédit d'un compte du grand livre;

d) Report au crédit d'un compte d'un grand livre auxiliaire;

e) Aucun report.

Remarque: Le chiffre entre parenthèses fait référence au numéro de la colonne du journal auxiliaire. Exemple: (36) Encaisse - Crédit.

Report
c

Exemple: Le total de la colonne (12):

a) Le total de la colonne (1):

b) Chacun des montants apparaissant dans la colonne (3):

c) Chacun des montants apparaissant dans la colonne (8):

d) Le total de la colonne (9):

e) Chacun des montants apparaissant dans la colonne (19):

f) Le total de la colonne (20):

g) Le total de la colonne (26):

h) Chacun des montants apparaissant dans la colonne (27):

i) Chacun des montants apparaissant dans la colonne (35):

j) Chacun des montants apparaissant dans la colonne (1):

k) Le total de la colonne (19):

l) Chacun des montants apparaissant dans la colonne (18):

m) Le total de la colonne (30):

n) Le total de la colonne (5):

o) Chacun des montants apparaissant dans la colonne (10):

p) Chacun des montants apparaissant dans la colonne (21):

Réponses aux questions de révision en regard des objectifs d'apprentissage

Objectif 1 (*d*)   **Objectif 3** (*e*)   **Objectif 5** (*d*)

Objectif 2 (*a*)   **Objectif 4** (*e*)

Problème récapitulatif

Sigma enr. (Révision des chapitres 1 à 6)

Supposez que vous venez d'être embauché comme comptable de l'entreprise Sigma enr. qui offre à ses clients les conditions de paiement 2/10, n/30 sur toutes les ventes à crédit. La comptabilité a été effectuée correctement jusqu'à la fin du mois d'avril et toutes les opérations comptables relatives à ce mois ont été effectuées. L'entreprise a réalisé les opérations suivantes au cours du mois qui débute le lundi 3 mai:

Mai   3   Achat à crédit à la société Fournisseurs ltée de marchandises coûtant 19 650 $, de fournitures de magasin coûtant 340 $ et de fournitures de bureau coûtant 80 $, plus TPS et TVQ. La facture est datée du 3 mai et la condition de paiement est n/10 FDM.

4   Vente à crédit de marchandises à Roger enr.: 6 500 $, plus TPS et TVQ; n° de la facture: 622.

5   Émission du chèque n° 817 à l'ordre de la société Immeubles ltée pour payer le loyer du mois de mai: 4 150 $, plus TPS et TVQ. (Utilisez deux lignes pour enregistrer l'opération étant donné que 80 % du montant sert à payer le loyer du magasin et 20 %, le loyer du bureau.)

6   Réception d'une note de crédit de 390 $, plus TPS et TVQ, de la société Bonasse ltée pour des marchandises reçues le 28 avril et retournées.

6   Émission d'une note de crédit de 350 $, plus TPS et TVQ, à la société Baril ltée pour des marchandises vendues le 30 avril et retournées. Le prix de vente de ces marchandises était de 2 750 $, plus TPS et TVQ.

7   Achat à crédit de matériel de bureau à la société Fournisseurs ltée: 4 740 $, plus TPS et TVQ. La facture est datée du 5 mai et la condition de paiement est n/10 FDM.

8   Vente au comptant de fournitures de magasin au prix coûtant de 30 $, plus TPS et TVQ, à un marchand du même quartier.

9   Émission du chèque n° 818 à l'ordre de la société Bonasse ltée en règlement du compte relatif aux marchandises d'une valeur de 2 790 $, plus TPS et TVQ, reçues le 28 avril, compte tenu des marchandises retournées et des conditions de paiement qui sont 2/10, n/30.

10 Recouvrement du compte de la société Baril ltée relatif à la vente effectuée le 30 avril, compte tenu des marchandises retournées et de l'escompte sur ventes.

13 Réception de marchandises de la société Fiable ltée: 8 000 $, plus TPS et TVQ. La facture est datée du 11 mai et les conditions de paiement sont 2/10, n/30.

13 Réception d'une note de crédit de 180 $, plus TPS et TVQ, de la société Fournisseurs ltée pour du matériel de bureau reçu le 7 mai et retourné.

14 Recouvrement du compte de l'entreprise Roger enr. relatif à la vente effectuée le 4 mai, moins l'escompte sur ventes.

15 Émission du chèque n° 819 à l'ordre de Banque Salaires pour payer les salaires des vendeurs et du personnel de bureau: 2 200 $ et 1 340 $ respectivement.

15 Ventes au comptant réalisées au cours de la première moitié du mois: 28 285 $, plus TPS et TVQ. (En pratique, les ventes au comptant sont comptabilisées quotidiennement mais, dans ce problème, elles ne sont comptabilisées que deux fois par mois, afin de réduire le nombre d'opérations répétitives.)

17 Réception de marchandises achetées à crédit à la société Vite ltée: 12 950 $, plus TPS et TVQ. La facture est datée du 16 mai et les conditions de paiement sont 2/10, n/60.

19 Vente à crédit de marchandises à la société Électrique ltée: 7 400 $, plus TPS et TVQ; n° de la facture: 623.

20 Émission du chèque n° 820 à l'ordre de la société Fiable ltée en règlement de la facture du 11 mai, moins l'escompte sur achats.

21 Vente à crédit de marchandises à la société Baril ltée: 1 900 $, plus TPS et TVQ; n° de facture: 624.

22 Achat à crédit à la société Fournisseurs ltée de marchandises coûtant 3 060 $, de fournitures de magasin coûtant 140 $ et de fournitures de bureau coûtant 100 $, plus TPS et TVQ sur chacun de ces achats. La facture est datée du 22 mai et la condition de paiement est n/10 FDM.

25 Vente à crédit de marchandises à la société Édouard ltée: 11 100 $, plus TPS et TVQ; n° de la facture: 625.

25 Émission du chèque n° 821 à l'ordre de la société Vite ltée en règlement de la facture du 16 mai, moins l'escompte sur achats.

27 Réception de marchandises achetées à crédit à la société Fiable ltée: 1 900 $, plus TPS et TVQ. La facture est datée du 26 mai et les conditions de paiement sont 2/10, n/30.

28 Recouvrement du compte de la société Électrique ltée relatif à la vente effectuée le 19 mai, moins l'escompte sur ventes.

28 Prélèvement de 3 000 $ par la propriétaire Myriam Lebrun, à des fins personnelles; chèque n° 822.

30 Émission du chèque n° 823 à l'ordre de Banque Salaires pour payer les salaires des vendeurs et du personnel de bureau: 2 200 $ et 1 340 $ respectivement.

30 Émission du chèque n° 824 à l'ordre d'Hydro-Québec, en règlement de la facture d'électricité du mois de mai: 1 280 $, plus TPS et TVQ.

30 Ventes au comptant au cours des deux dernières semaines du mois: 21 960 $, plus TPS et TVQ.

Travail à faire

1. Inscrivez ces opérations dans les journaux appropriés et reportez les montants s'il y a lieu.

2. Dressez la balance de vérification dans le chiffrier fourni sur les feuilles de travail et complétez-le en tenant compte des informations suivantes relatives à la fin du mois:

   a) Stock de clôture: 189 430 $;

   b) Assurances absorbées: 280 $;

   c) Fournitures de magasin non utilisées: 730 $; fournitures de bureau non utilisées: 270 $;

   d) Amortissement du matériel de magasin: 550 $; amortissement du matériel de bureau: 170 $.

3. Passez les écritures de régularisation et de clôture et reportez les montants dans le grand livre. (En pratique, les écritures de clôture ne sont effectuées qu'à la fin de l'exercice.)

4. Dressez l'état des résultats à groupements multiples pour le mois de mai et le bilan ordonné au 31 mai.

5. Dressez la balance de vérification après clôture ainsi que la liste des comptes clients et celle des comptes fournisseurs. Vérifiez le total de ces listes en le comparant au solde des comptes collectifs respectifs.

Les salaires

Pour la majorité des entreprises, les salaires constituent une part importante des dépenses d'exploitation. La comptabilisation de la paie ne se limite pas à l'inscription d'un passif et au paiement de l'employé. Il faut aussi tenir compte: 1) des retenues sur le salaire, 2) des charges sociales et 3) des avantages sociaux payés par l'employeur. Ce chapitre vous permettra de vous familiariser avec les différentes tâches relatives au traitement de la paie.

Objectifs d'apprentissage

Après l'étude du chapitre 7, vous devriez être en mesure:

1. de déterminer les différentes retenues sur le salaire;
2. de calculer les montants à inscrire dans le journal des salaires, d'y faire les inscriptions et de passer les écritures pour comptabiliser les salaires à payer;
3. d'inscrire le paiement des salaires et d'expliquer le fonctionnement d'un compte bancaire spécial pour la paie;
4. de calculer les charges sociales, d'en effectuer l'inscription à titre de charges à payer et d'inscrire leur règlement;
5. de calculer et d'inscrire les avantages sociaux, et d'en faire ressortir l'importance par rapport à la masse salariale totale;
6. de définir et d'expliquer les termes et les expressions de la section Terminologie comptable.

La comptabilité de la paie nécessite une certaine connaissance des lois et des programmes gouvernementaux qui influent sur le calcul des salaires, ainsi qu'une bonne compréhension des différents registres nécessaires à l'enregistrement des salaires et à l'accumulation des informations exigées par ces lois. Beaucoup de ces lois et de ces programmes imposent à l'employeur d'effectuer des **retenues sur le salaire**[1]. À cause de leur importance pour les employeurs, nous commençons

Les retenues sur le salaire

Objectif 1 Déterminer les différentes retenues sur le salaire.

---

[1] Ces retenues sont établies en utilisant les données fiscales en vigueur en 1996.

ce chapitre par un examen des principales lois et programmes gouvernementaux. Nous poursuivrons par la suite avec le traitement et la comptabilisation de la paie.

L'assurance-emploi (assurance-chômage)

Afin d'amoindrir les conséquences financières d'une perte d'emploi, le gouvernement fédéral, avec la collaboration des gouvernements provinciaux, a mis sur pied, en 1940, un programme d'aide aux personnes sans emploi financé à la fois par les salariés, les employeurs et le gouvernement fédéral. En 1940, la Loi sur l'assurance-chômage créa la Commission d'assurance-chômage et lui confia son application. Selon cette loi, la majorité des emplois au Canada étaient assurables et assujettis aux cotisations des employés et aux cotisations patronales; les quelques exemptions prévues touchaient entre autres les membres des forces armées, les enseignants, les fermiers et les domestiques. Une nouvelle version de la Loi sur l'assurance-chômage a été adoptée en 1971. Elle assujettissait tous les travailleurs au Canada sauf les **travailleurs indépendants** ou autonomes. Le 1er janvier 1996, plus de douze millions de travailleurs canadiens étaient couverts par le régime.

De 1940 au 1er avril 1966, la Loi sur l'assurance-chômage poursuivait les deux objectifs suivants:

1. Verser des prestations d'**assurance-chômage** pendant un certain temps aux personnes sans emploi qui y ont droit;
2. Aider les personnes en chômage à trouver un emploi et procurer aux employeurs la main-d'œuvre dont ils ont besoin.

Le 1er avril 1966, la responsabilité d'aider les personnes en chômage à se trouver un emploi a été transférée au ministère de la Main-d'œuvre et de l'Immigration (maintenant appelé ministère du Développement des ressources humaines Canada) alors que la Commission d'assurance-chômage conservait la responsabilité: 1) de percevoir les cotisations et d'effectuer les contrôles nécessaires, et 2) d'administrer les demandes de prestation et de les verser. L'application des dispositions de la Loi sur l'assurance-chômage relatives à l'assujettissement et à la perception des cotisations a été confiée, le 1er juillet 1971, à Revenu Canada-Impôt.

En décembre 1995, de nouvelles mesures législatives ont été déposées à la Chambre des communes afin de remplacer la Loi sur l'assurance-chômage et la Loi nationale sur la formation par la nouvelle Loi sur l'assurance-emploi. Par ce nouveau régime d'assurance-emploi, le gouvernement fédéral veut moderniser la façon d'aborder le problème du chômage. Cette nouvelle loi, qui représente une évolution et une approche plus dynamique, offre:

- des prestations de soutien du revenu qui seront plus étroitement liées à l'effort de travail;
- des prestations d'emploi qui assureront aux chômeurs une aide plus directe pour trouver un emploi.

La mise en œuvre des nouvelles mesures législatives s'est faite progressivement depuis juillet 1996. Dans le présent chapitre, nous utilisons le terme assurance-emploi en remplacement du terme assurance-chômage. Seules les tables de retenues sur la paie font encore mention de cotisations à l'assurance-chômage.

Aujourd'hui, les prestations d'assurance-emploi versées proviennent de la caisse d'assurance-emploi qui est financée exclusivement par les salariés et par les employeurs. La loi de 1940 prévoyait des cotisations identiques pour les employés et les employeurs. En vertu des lois de 1971 et de 1995, l'employeur est obligé de retenir sur le salaire de ses employés le montant prescrit, lequel fait l'objet d'une révision annuelle. Pour l'année 1996, l'employeur doit retenir 2,95 % du **salaire brut** hebdomadaire de tout employé qui a travaillé un minimum de 15 heures ou dont le revenu représente au moins 20 % du maximum des gains assurables par semaine, soit 150 $ (750 $ × 20 %). Comme le maximum de la rémunération hebdomadaire assurable est fixé à 750 $, la cotisation maximale des employés est donc de 22,13 $ par semaine (750 $ × 2,95 %). La prime maximale d'assurance-emploi pour l'année 1996 est de 1 150,76 $ (22,13 $ × 52 semaines) et la rémunération annuelle assurable maximale est de 39 000 $ (750 $ × 52 semaines). La cotisation de l'employeur correspond à 1,4 fois le montant de la cotisation des employés.

Toujours pour l'année 1996, aucune retenue n'est effectuée sur la partie du salaire excédant la rémunération hebdomadaire maximale de 750 $. C'est donc dire qu'en 1996, les primes d'assurance-emploi ont été calculées sur les salaires bruts hebdomadaires compris entre un minimum de 150 $ ou le salaire de plus de 15 heures et 750 $. Ces limites de salaires assurables sont ajustées en fonction des périodes de versement, soit toutes les deux semaines, bimensuellement ou mensuellement.

En plus de fixer le taux de la cotisation, la Loi sur l'assurance-emploi oblige l'employeur à:

1. retenir à la source les cotisations d'assurance-emploi sur les salaires, les traitements et les autres rémunérations selon le taux prescrit;
2. verser une cotisation égale à 1,4 fois le montant de la cotisation des employés;
3. remettre périodiquement les cotisations retenues à la source et la part de l'employeur au Receveur général du Canada (les modalités du versement des cotisations retenues à la source sont abordées plus loin dans ce chapitre);
4. remplir et remettre un relevé d'emploi chaque fois qu'un employé connaît un arrêt de rémunération par suite d'une cessation d'emploi ou en raison d'une maladie, d'une blessure ou d'une grossesse;
5. tenir, pour chaque employé, un dossier dans lequel sont indiquées la rémunération assurable et les cotisations d'assurance-emploi retenues à la source (la loi ne précise pas la forme que doivent prendre ces dossiers, mais la majorité des employeurs maintiennent des registres similaires à ceux illustrés un peu plus loin dans ce chapitre).

Les prestations versées par l'assurance-emploi

La prestation hebdomadaire d'assurance-emploi versée à un employé éligible qui cesse d'occuper un emploi assurable est basée sur la moyenne des salaires hebdomadaires assurables de cet employé. Le nombre minimal de semaines requis pour être admissible à l'assurance-emploi et le nombre de semaines pendant lesquelles une personne pourra recevoir des prestations varient selon le taux de chômage de la région où celle-ci demeure au moment où elle dépose sa demande.

Le gouvernement fédéral et le gouvernement du Québec perçoivent un impôt sur le revenu des employés, et la loi oblige les employeurs à déduire ces impôts du salaire de leur personnel et à les remettre à l'État. L'impôt fédéral est remis au Receveur général du Canada et l'impôt provincial au ministre du Revenu du Québec.

Les impôts sur le revenu fédéral et provincial

La première loi relative à l'impôt a été adoptée en 1917 par le gouvernement fédéral. Cet impôt, qui devait être une mesure temporaire, ne s'appliquait qu'à un petit nombre de citoyens gagnant des revenus élevés. Ce n'est qu'au moment de la Deuxième Guerre mondiale que l'impôt sur le revenu s'est généralisé, s'appliquant à presque tous les particuliers ayant un revenu. Comme le gouvernement prévoyait qu'il serait difficile pour la majorité des salariés d'épargner au cours de l'année une somme suffisante pour régler l'impôt dû à la fin de l'année, la loi obligeait les employeurs à retenir ces impôts à la source. Dans les faits, l'employeur devint l'agent de perception du gouvernement.

Les impôts à déduire du salaire des employés dépendent de leur salaire et des **crédits d'impôt personnels** non remboursables auxquels ils ont droit. Les principaux crédits d'impôt personnel (remplacent, depuis 1988, les **exemptions personnelles**) accordés aux contribuables canadiens et québécois pour l'année 1996 sont les suivants:

	1996	
	Ottawa	**Québec**
Crédits d'impôt non remboursables		
1. Montant personnel de base	6 456 $	5 900 $
2. Montant pour conjoint ou équivalent du montant pour conjoint		
Ottawa:		
Si le revenu du conjoint est inférieur à 538 $	5 380	
Si le revenu du conjoint excède 538 $ (5 918 $ moins le revenu du conjoint)		
Québec:		
Montant maximal qui doit être déduit du revenu net du conjoint		5 900
3. Montant pour chaque enfant entièrement à charge		
Ottawa[2]:	—	
Québec:		
1er enfant (moins le montant de son revenu)		2 600
2e enfant et chaque enfant additionnel (moins le montant de leur revenu respectif)		2 400
(Au Québec, un enfant qui poursuit des études postsecondaires jouit d'un crédit additionnel de 1 650 $ par trimestre avec un maximum de deux trimestres.)		1 650
4. Crédits additionnels		
• Montant accordé pour une personne âgée d'au moins 65 ans	3 482	2 200
• Montant accordé pour une personne atteinte d'une déficience physique ou mentale	4 233	2 200
• Montant accordé pour une personne à charge d'au moins 19 ans atteinte d'une déficience physique ou mentale	1 583	3 500
• Montant accordé à une personne qui est le soutien d'une famille monoparentale		1 300

Le crédit d'impôt non remboursable de base permet au contribuable d'être exonéré d'impôt sur cette première tranche de son salaire annuel. À titre d'exemple, un employé célibataire recevant un salaire hebdomadaire de 500 $ brut bénéficiera d'un crédit annuel de 6 456 $ au fédéral (code de retenue 1 selon la TD1 de 1996) et de 5 900 $ au Québec (code A selon la MR-19 de 1996). L'impôt fédéral et l'impôt du Québec que l'employeur devra retenir à la source pour cet employé seront respectivement de 51,45 $ et de 67,26 $. Ces montants proviennent des tables de retenues à la source fournies par les deux ministères du Revenu, au

---

[2] Le crédit d'impôt pour enfants a été remplacé en 1993 par une prestation fiscale pour enfants.

début de chaque année, à tous les employeurs. À l'annexe 7-A, les tableaux 7-A1 et 7-A2 présentent chacun un modèle de ces tables des retenues à la source de l'impôt fédéral (pages 412 à 414) et provincial (pages 415 à 417) sur le revenu de 1996 pour un salarié rémunéré à la semaine.

Prenons maintenant le cas d'un employé recevant aussi un salaire hebdomadaire brut de 500 $ dont la conjointe et les deux enfants n'ont aucun revenu. Aux fins du calcul des retenues à la source, cet employé aura droit à des crédits d'impôt de 11 836 $ (6 456 $ + 5 380 $) du gouvernement fédéral (code 5) et à des crédits de 16 800 $ (5 900 $ + 5 900 $ + 2 600 $ + 2 400 $) du gouvernement provincial (code K). En vous référant aux tableaux 7-A1 et 7-A2, vous verrez que les montants des retenues à la source par les gouvernements fédéral et provincial seront respectivement de 35,80 $ et de 24,49 $.

Un contribuable a également droit à des crédits d'impôt additionnels s'il a d'autres personnes à charge, comme son père, sa mère, ses grands-parents, des frères ou des sœurs. Pour cette raison, chaque employé doit remplir et remettre une déclaration intitulée Déclaration des crédits d'impôt personnels au fédéral et une autre intitulée Déclaration aux fins de retenue à la source au Québec. Ces déclarations, connues sous le nom de TD1 au fédéral et de MR-19 au provincial, fournissent la liste des crédits d'impôt non remboursables auxquels l'employé a droit. La loi oblige les employés à remplir un nouveau formulaire chaque fois que leur situation change. Une copie des formules TD1 et MR-19 est présentée aux figures 7-A1 et 7-A2 des pages 418 et 420.

L'employeur détermine les impôts qu'il doit déduire du salaire de ses employés au moyen de tables de retenues d'impôts publiées par Revenu Canada-Impôt et par le ministère du Revenu du Québec. Ces tables tiennent compte des crédits d'impôt auxquels le contribuable a droit et indiquent les retenues correspondant aux diverses périodes de paie: hebdomadaire, bimensuelle, mensuelle, etc. Les retenues d'impôts que donnent les tables publiées par Revenu Canada-Impôt comprennent l'impôt fédéral, l'assurance-emploi et l'impôt provincial, sauf au Québec où les tables ne contiennent que l'impôt fédéral et l'assurance-emploi puisque le Québec perçoit directement un impôt sur le revenu gagné dans cette province. Au Québec, les employeurs doivent remettre séparément les impôts retenus au Receveur général du Canada et au ministre du Revenu du Québec.

En plus de déterminer et de retenir les impôts sur les salaires de chacun de leurs employés, les employeurs ont les obligations suivantes:

1. Remettre les impôts prélevés au Receveur général du Canada et au ministre du Revenu du Québec aux dates et selon les fréquences arrêtées par les ministères concernés (pour plus d'information, lire le paragraphe La remise des retenues et des charges sociales à la page 403);

2. Remettre à chacun de leurs employés, au plus tard le 28 février de l'année suivante, les formulaires T4 supplémentaire (fédéral) et Relevé 1 (Québec) sur lesquels sont indiqués les détails suivants: *a)* le salaire de la dernière année, *b)* les avantages imposables accordés par l'employeur, *c)* les impôts retenus sur le salaire, *d)* les cotisations à un régime de retraite, *e)* les cotisations au Régime de pensions du Canada ou au Régime de rentes du Québec et *f)* les cotisations d'assurance-emploi;

3. Envoyer au Bureau d'impôt, au plus tard le dernier jour du mois de février ou auparavant, une copie des formulaires T4 supplémentaire et Relevé 1 remis aux employés accompagnés d'un sommaire des informations fournies.

Le Régime de rentes du Québec (RRQ)

Au Québec, tous les travailleurs qui ont entre 18 et 70 ans, y compris les travailleurs indépendants, doivent contribuer au Régime de rentes du Québec. Celui-ci donne droit aux prestations suivantes: la rente de retraite, la rente de veuve, la rente de veuf invalide, la rente d'orphelin, la prestation de décès, la rente d'invalidité et la rente d'enfant d'un cotisant invalide. Les cotisations des employés sont déduites de leur salaire et l'employeur doit payer une cotisation égale à celle versée par l'employé. Les travailleurs des autres provinces du Canada doivent contribuer, quant à eux, au Régime de pensions du Canada.

Les **cotisations salariales** des employés au Régime de rentes du Québec sont basées sur la rémunération annuelle. Ainsi, en 1996, le taux de contribution a été fixé à 2,8 % des gains admissibles (le salaire annuel) qui se situent entre 3 500 $, l'exemption générale, et 35 400 $, le maximum des gains admissibles. La contribution maximale d'un salarié se situe donc, pour 1996, à 893,20 $ (35 400 $ − 3 500 $ = 31 900 × 2,8 %). Dans le cas d'une paie hebdomadaire, la retenue est calculée en déduisant 67,31 $ (l'exemption générale de 3 500 $ ÷ 52 semaines) du salaire brut de l'employé et en multipliant la différence par 2,8 %. Puisque la loi prévoit que l'employeur doit verser un montant égal à celui de ses employés, le taux de contribution total est donc de 5,6 % des rémunérations assujetties au Régime de rentes du Québec.

Les employeurs ont la responsabilité de déduire des salaires des employés leurs contributions au régime et de les remettre une fois par mois, avec leur propre contribution, au ministre du Revenu du Québec.

En 1996, les travailleurs autonomes, pour leur part, doivent verser au régime une contribution égale à 5,6 % de leur revenu annuel qui se situe entre 3 500 $ et 35 400 $.

La plupart des employeurs utilisent des tables de retenues semblables à celles reproduites aux tableaux 7-A3 (pages 424 et suivantes) et 7-A4 (pages 434 et suivantes). Ces tables tiennent compte de différentes **fourchettes d'imposition** pour déterminer les retenues relatives à l'assurance-emploi et au Régime de rentes du Québec sur les rémunérations brutes des employés. Il est important de mentionner que les tables des cotisations au Régime de rentes du Québec tiennent compte de l'exemption générale applicable à chaque période de paie. Les tables illustrées correspondent à une période de paie hebdomadaire; d'autres tables correspondent à des périodes de paie différentes.

L'utilisation de ces tables facilite le calcul des retenues à la source qui devront être déduites du salaire brut de chaque employé. Il suffit de localiser la fourchette de rémunération de l'employé; le montant de la retenue est indiqué juste à côté.

Le Régime de pensions du Canada (RPC)

Le Régime de pensions du Canada s'applique à presque tous les employés, sauf au Québec. Tous les travailleurs qui ont entre 18 et 70 ans, y compris les travailleurs indépendants, doivent verser au Régime de pensions du Canada une cotisation prédéterminée. Les cotisations des employés sont déduites de leur salaire et l'employeur doit payer une cotisation égale à ce montant.

Le Régime de pensions du Canada fonctionne selon les mêmes modalités que le Régime de rentes du Québec. Il est basé sur la rémunération annuelle, à l'exception de la première tranche qui s'élève aussi à 3 500 $. En 1996, la contribution de l'employé est égale à 2,8 % de la rémunération comprise entre 3 500 $ et 35 400 $. Additionnée à celle de l'employeur, la contribution totale est égale à 5,6 % des rémunérations assujetties au Régime de pensions du Canada.

La Loi sur la Régie de l'assurance-maladie du Québec constitue un régime universel d'assurance-maladie qui protège tous les citoyens du Québec. Lorsqu'il fut adopté, en 1970, ce régime était financé en partie par les employés et en partie par les employeurs. Depuis 1978, seul l'employeur contribue à ce programme, la part de l'employé étant maintenant intégrée à la retenue d'impôt à la source du Québec. L'appellation «Régime d'assurance-maladie du Québec a été remplacée par «Fonds des services de santé» lorsqu'on fait référence aux cotisations versées par l'employeur en vertu de la Loi sur la Régie de l'assurance-maladie du Québec. En 1996, la contribution de l'employeur a été établie à 4,26 % du total des salaires bruts versés aux employés.

Le Fonds des services de santé [Régime d'assurance-maladie du Québec (RAMQ)]

La loi favorisant le développement de la formation de la main-d'œuvre a été sanctionnée le 22 juin 1995. Cette loi entrée en vigueur le 1er janvier 1996 assujettit tout employeur dont la masse salariale excède un million de dollars en 1996 à participer au développement de la main-d'œuvre en consacrant à des dépenses de formation de la main-d'œuvre un montant représentant au moins 1 % de sa masse salariale. Un employeur dont les dépenses de formation de la main-d'œuvre sont inférieures à la participation minimale prévue par la loi doit verser au Fonds national de formation de la main-d'œuvre une cotisation égale à la différence entre ces montants. Le paiement de la cotisation d'une année civile doit être effectué au plus tard le dernier jour de février de l'année suivante, à l'aide du formulaire Sommaire des retenues et des cotisations de l'employeur (RLZ-1.S).

À compter de 1997, la participation minimale de 1 % s'appliquera aux employeurs dont la masse salariale annuelle excédera 500 000 $. En 1998, elle s'appliquera à tout employeur dont la masse salariale annuelle sera supérieure à 250 000 $.

Le Fonds national de formation de la main-d'œuvre

Chaque province a adopté une loi dont l'objet est d'accorder des avantages aux employés victimes d'accidents du travail. En vertu de ces lois, les employeurs doivent assurer leurs employés contre le risque de blessures au travail. Au Québec, c'est la Commission de la santé et de la sécurité du travail qui a reçu le mandat du gouvernement du Québec d'administrer, entre autres, la Loi sur la santé et la sécurité du travail et la Loi sur les accidents du travail et les maladies professionnelles. La CSST a remplacé, en 1980, la Commission des accidents du travail; elle remplit le rôle d'agent de prévention afin de réduire le nombre et la gravité des lésions d'ordre professionnel et elle intervient comme assureur public. À cette fin, elle perçoit auprès des employeurs les sommes nécessaires à l'indemnisation et à la réadaptation des travailleurs accidentés. Le mode de tarification tient compte de cette double responsabilité: instaurer un régime d'assurance équitable et inciter les employeurs à la prévention. Ainsi, le taux de cotisation qui s'applique à un employeur est établi en fonction d'un certain nombre de facteurs, dont le risque inhérent au secteur d'activités de l'entreprise et les mesures de prévention des accidents qu'elle a prises.

La Commission de la santé et de la sécurité du travail du Québec (CSST)

Voici les étapes importantes du programme auxquelles sont soumis les employeurs:

1. Avant le 1er mars de chaque année, l'employeur doit faire connaître à la CSST les salaires définitifs de l'année précédente et une juste estimation de ceux de l'année en cours;

2. Généralement, l'employeur doit acquitter sa cotisation de l'année courante en effectuant un certain nombre de versements;

3. Habituellement, c'est en septembre que la CSST informe l'employeur de son taux de cotisation pour l'année suivante.

En 1995, le taux moyen de cotisation était de 2,60 $ par tranche de 100 $ de masse salariale cotisable et le salaire maximal annuel assurable était de 48 000 $.

La Commission des normes du travail (CNT)

Toutes les provinces ont adopté des lois pour fixer le nombre maximal d'heures de travail par semaine et le salaire horaire minimal. Au Québec, ce rôle a été confié à la Commission des normes du travail (CNT). Cette commission, qui a remplacé la Commission du salaire minimum en 1980, est l'organisme de surveillance institué par la Loi sur les normes du travail. Celle-ci fixe un cadre général de conditions de travail pour l'ensemble des salariés.

La Commission a donc pour mandat de surveiller la mise en œuvre et l'application des conditions de travail. Elle exerce particulièrement les fonctions suivantes:

a) Informer et renseigner la population sur les normes du travail;

b) Surveiller l'application de ces normes;

c) Recevoir les plaintes des salariés et faire enquête.

Le 28 février de chaque année, les employeurs doivent remettre à la Commission un rapport faisant état des salaires bruts versés aux employés au cours de l'année civile qui s'est terminée le 31 décembre précédent. À ce rapport, les employeurs doivent joindre le paiement de la cotisation exigée, soit 0,08 % des salaires bruts assujettis; les salaires bruts assujettis sont les salaires du personnel non régi par une convention collective ou un décret; il faut aussi qu'ils tiennent compte du salaire maximal assujetti.

La Loi sur les normes du travail prévoit que la semaine normale de travail est de 44 heures, sauf pour quelques exceptions prévues par la Loi, et que tout travail effectué en plus des heures normales de travail sera payé en majorant de 50 % le salaire horaire habituel. De plus, cette loi prévoit la durée des vacances annuelles et le montant des indemnités à verser pour le travail effectué durant les jours fériés et chômés. Les salariés régis par une convention collective ou par un décret bénéficient de conditions de travail plus avantageuses que celles prévues par la Loi sur les normes du travail et leur convention collective ou le décret auquel ils sont soumis a préséance sur la Loi. De plus, la Loi oblige l'employeur à retenir à la source les cotisations syndicales et à les verser mensuellement au syndicat (Formule Rand).

Autres retenues

En plus des retenues mentionnées précédemment, il existe d'autres retenues facultatives autorisées par les employés:

1. Les retenues destinées à accumuler des fonds pour l'acquisition d'obligations d'épargne;

2. Les retenues ayant pour objet d'acquitter les primes d'assurance-vie et d'assurance-maladie supplémentaires, comme celles de la Croix bleue, de la Laurentienne, de l'Industrielle, etc.;

3. Les retenues effectuées en vue de rembourser un prêt de l'employeur ou d'une caisse d'épargne;

4. Les retenues ayant pour objet de régler le coût de marchandises achetées par les employés;

5. Les retenues représentant des dons à des œuvres de charité.

**Le calcul
du nombre
d'heures
travaillées**

Le mode de rémunération du personnel à l'heure oblige l'employeur à tenir le compte des heures travaillées. La façon d'accumuler ces heures peut varier selon la nature de l'entreprise et le nombre d'employés. Une petite entreprise se contentera souvent de noter quotidiennement dans un registre les heures de travail de chaque employé. Lorsque le personnel est plus nombreux, un **horodateur** placé près de la porte d'entrée est utilisé pour imprimer automatiquement sur une **carte de pointage** l'heure où l'employé commence son travail et celle où il finit.

De nouvelles cartes de pointage, qui pourraient ressembler à celle de la figure 7-1, sont placées dans le casier au début de chaque période de paie. À son arrivée au travail, l'employé insère sa carte dans l'horodateur qui imprime automatiquement la date et l'heure de son arrivée. Il remet alors la carte dans le casier et commence son travail. Avant de quitter les lieux, le midi ou le soir, l'employé procède de la même façon pour imprimer l'heure de son départ sur sa carte. De cette façon, le nombre d'heures de travail de l'employé est rigoureusement comptabilisé sur sa carte de pointage.

**Le journal
des salaires**

Les cartes de pointage indiquent le nombre d'heures travaillées par les employés rémunérés à l'heure. Ces informations relatives à chaque employé sont transcrites dans la section du **journal des salaires** prévue à cette fin. La figure 7-2 illustre un exemple de journal des salaires tenu manuellement. Ce journal consacre une ligne par employé pour le traitement des données relatives à son salaire.

À la figure 7-2, remarquez que les colonnes sous la rubrique Heures de travail servent à inscrire quotidiennement le nombre d'heures de travail de chaque employé. Les heures travaillées en plus des heures normales (le plus souvent établies à 35 ou 40 heures par semaine) sont inscrites dans la colonne Heures de travail supplémentaires.

Le montant de la paie normale de chaque employé est établi en multipliant le nombre total d'heures normales par le taux normal. La paie supplémentaire est déterminée en multipliant le nombre d'heures supplémentaires par la **majoration pour travail supplémentaire** (dans le présent exemple, la majoration est de 50 % du taux horaire normal).

Les différentes retenues à la source qui sont déduites du salaire brut de l'employé sont inscrites dans la section Retenues du journal des salaires. La table de retenues d'impôt fédéral à la source, par exemple, servira à établir le montant de l'impôt fédéral à déduire du salaire brut de chaque employé. L'utilisation des tables de déduction facilite le calcul de la retenue; il suffit de trouver dans la table la tranche de revenu correspondant au salaire brut de l'employé pour déterminer le montant de la déduction suivant les crédits d'impôt personnels auxquels il a droit (codes de demande et code des retenues).

Afin d'illustrer ce qui précède, prenons le cas de Robert Aubé, un employé dont le nom apparaît à la première ligne du journal des salaires de la figure 7-2. Supposons que Robert Aubé est marié et père d'un enfant en bas âge. Son épouse et son enfant sont à sa charge puisqu'ils n'ont aucun revenu. De plus, supposons que M. Aubé n'a pas encore atteint la contribution maximale au Régime de rentes du Québec (893,20 $). Pour 1996, le calcul du montant des contributions est relativement peu complexe. Ainsi, le montant des cotisations à l'assurance-emploi peut être établi en utilisant l'une des deux méthodes de calcul suivantes:

Objectif 2 Calculer les montants à inscrire dans le journal des salaires, y faire les inscriptions et passer les écritures pour comptabiliser les salaires à payer.

FIGURE 7-1   *Une carte de pointage*

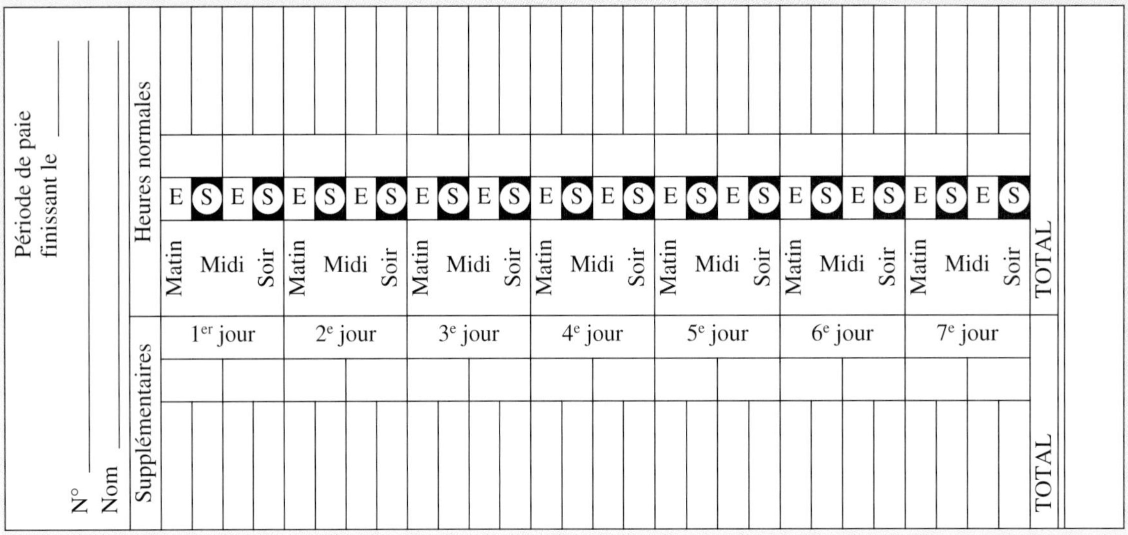

1. En se référant à la table des cotisations à l'assurance-chômage (tableau 7-A3 aux pages 424 et suivantes) que Revenu Canada-Impôt met à la disposition des employeurs, trouver le montant des cotisations correspondant à la rémunération de l'employé pour une période de paie donnée. Comme le salaire de Robert Aubé correspondant à la semaine terminée le 24 février 1996 est de 560 $, sa cotisation à l'assurance-emploi sera de 16,52 $ puisque le salaire brut de 560 $ se situe dans la fourchette de rémunération allant de 559,84 $ à 560,16 $;

2. Calculer la cotisation à l'assurance-emploi en multipliant le salaire brut de l'employé, 560 $, par le taux de cotisation à l'assurance-emploi établi à 2,95 % pour l'année 1996. La cotisation sera égale à 16,52 $ (560 $ × 2,95 %).

De même, le montant des cotisations au Régime de rentes du Québec peut être établi en utilisant l'une des deux méthodes de calcul suivantes:

1. Il suffit de trouver dans la table des cotisations au Régime de rentes du Québec (tableau 7-A4 aux pages 434 et suivantes) la fourchette de rémunération qui correspond au salaire de M. Aubé, soit un salaire hebdomadaire de 560 $. La retenue est fixée à 13,80 $ puisque la rémunération se trouve dans la fourchette de 559,99 $ à 560,34 $. Rappelons que les tables des cotisations au Régime de rentes du Québec tiennent compte de l'exemption générale applicable à chaque période de paie;

2. Il est aussi possible d'établir la cotisation en soustrayant du salaire brut hebdomadaire de 560 $ l'exemption générale de 67,31 $ (3 500 $ ÷ 52 semaines) et en multipliant la différence 492,69 $ (560 $ − 67,31 $) par le taux de contribution de 2,8 % en vigueur en 1996.

Par contre, les opérations qui permettent d'établir les montants d'impôt dus au fédéral et au Québec sont un peu plus complexes. Il est donc nécessaire de suivre à la lettre toutes les étapes suivantes:

FIGURE 7-2   *Un journal des salaires*

Journal des salaires pour la semaine terminée le 24 février 1996

| Employé | N° de la carte de pointage | Heures de travail | | | | | | | Nombre d'heures total | Heures de travail suppl. | Salaire brut | | | |
		L	M	M	J	V	S	D			Taux normal	Paie normale	Paie suppl.	Total
Aubé, Robert	114	8	8	8	8	8			40		14,00	560,00		560,00
Cantin, Mélanie	102	8	8	8	8	8			40		20,00	800,00		800,00
Côté, Myriam	108	0	8	8	8	8	8		40		18,00	720,00		720,00
Huard, Stéphane	109	8	8	8	8	8	8		48	8	14,00	672,00	56,00	728,00
Miller, Éric	112	8	8	8	8	0			32		16,00	512,00		512,00
Soucy, David	103	8	8	8	8	8	4		44	4	14,00	616,00	28,00	644,00
Total												3 880,00	84,00	3 964,00

| Employé | Retenues | | | | | | Salaire net | | Ventilation du salaire | | |
	Assurance-emploi	Impôt fédéral	Impôt du Québec	Assurance collective	RRQ ou RPC	Total des retenues	Montant	N° du chèque	Salaire d'administration	Salaire de vente	
Aubé, Robert	16,52	43,55	46,49	50,00	13,80	170,36	389,64	893	560,00		
Cantin, Mélanie	22,13	110,90	136,78	30,00	20,66	320,47	479,53	894	800,00		
Côté, Myriam	21,24	90,85	113,29	50,00	18,42	293,80	426,20	895		720,00	
Huard, Stéphane	21,48	79,15	65,52	50,00	18,42	234,57	493,43	896		728,00	
Miller, Éric	15,10	52,55	69,48	30,00	12,45	179,58	332,42	897	512,00		
Soucy, David	19,00	77,35	98,65	30,00	16,15	241,15	402,85	898		644,00	
Total	115,47	454,35	530,21	240,00	99,90	1 439,93	2 524,07		1 872,00	2 092,00	

1. Dans un premier temps, il faut établir le montant de crédits d'impôt auquel a droit l'employé. En vertu des lois de l'impôt sur le revenu, tout particulier est tenu de remettre à son employeur les formulaires de déclaration des crédits d'impôt personnels du fédéral (TD1) (figure 7-A1 à la page 418) et de déclaration aux fins de retenue à la source du Québec (MR-19) (figure 7-A2 à la page 420) dûment remplis. Ces formulaires, qui permettent d'établir les montants de crédit d'impôt auxquels a droit l'employé, doivent être fournis à l'employeur au début de chaque année civile ou à la date d'entrée en fonction de l'employé. Reprenons maintenant l'exemple de Robert Aubé. Son statut de personne mariée avec un enfant à sa charge lui donne droit à des crédits d'impôt de 11 836 $ (6 456 $ + 5 380 $) du gouvernement fédéral et de 14 400 $ (5 900 $ + 5 900 $ + 2 600 $) du gouvernement provincial. Aucun crédit d'impôt n'est accordé pour les enfants par le gouvernement fédéral puisqu'il a été remplacé en 1993 par une prestation fiscale pour enfants qui est versée directement aux parents;

2. La deuxième étape consiste à déterminer le code de demande et le code de retenues. Le code de demande (fédéral) et le code de retenues (Québec) sont nécessaires pour établir les montants d'impôt qui doivent être déduits de chaque paie versée à l'employé. Pour trouver ces codes, il suffit, pour l'impôt fédéral, de se reporter au tableau de codes de demande et d'y trouver le code correspondant aux crédits d'impôt personnels auxquels a droit l'employé. De même, pour l'impôt du Québec, il suffit de trouver dans le tableau de code des retenues le code qui correspond aux exemptions de l'employé. À l'étape précédente, nous avons établi que Robert Aubé avait droit à des crédits d'impôt de 11 836 $ du gouvernement fédéral et de 14 400 $ du gouvernement du Québec. Ces montants de crédits d'impôt sont utilisés pour établir le code de demande et le code des retenues de l'employé. Ainsi, au fédéral, le code de demande de cet employé est 5 puisque les crédits de ce dernier, 11 836 $, correspondent à la fourchette de crédits d'impôt personnels, qui va de 11 202 $ à 12 783 $ (voir le tableau 7-1, codes de demande). Pour l'impôt du Québec, le code des retenues H correspond à son montant de crédits de 14 400 $ (voir le tableau 7-1, code des retenues);

3. Il faut ensuite établir le montant des retenues d'impôt sur chaque paie. Revenu Canada-Impôt ainsi que Revenu Québec mettent à la disposition des employeurs des tables qui facilitent le calcul des impôts à déduire des salaires versés aux employés. Il est important de mentionner ici que le salaire brut n'est pas nécessairement égal au salaire imposable, puisqu'en vertu de la Loi de l'impôt sur le revenu du gouvernement fédéral et de la Loi sur les impôts du Québec, certains montants, comme les cotisations à un régime de pension agréé, les versements à un régime enregistré d'épargne-retraite et les cotisations syndicales, doivent être soustraits du salaire brut pour établir le montant du salaire imposable. De plus, il convient de préciser qu'il ne faut plus soustraire du salaire brut les montants de cotisations à l'assurance-emploi et au Régime de rentes du Québec puisque les tables de retenues à la source tiennent déjà compte de ces cotisations.

Comme Robert Aubé ne verse aucune contribution à un régime de pension agréé ou à un régime enregistré d'épargne-retraite et qu'il ne verse aucune cotisation syndicale, son salaire brut de 560 $ est égal au salaire imposable au fédéral, et la retenue est de 43,55 $, soit le montant apparaissant au croisement de la colonne correspondant au code de demande de M. Aubé (code 5) et de la ligne de rémunération correspondant à son salaire (fourchette de 553 $ à 561 $). Pour l'impôt du Québec, la retenue sera de 46,49 $, soit le montant qu'on retrouve au croisement de la colonne Code des retenues (code H) et de la ligne de la paie assujettie se situant entre 560 $ et 569,99 $.

Nous vous suggérons de vérifier les calculs qui ont servi à établir le salaire brut, les déductions et le **salaire net** de chacun des cinq autres employés de l'entreprise. À cette fin, supposez que Mélanie Cantin, Éric Miller et David Soucy sont célibataires alors que Myriam Côté est mariée, sans enfant, et que le revenu de son époux pour 1996 est estimé à 5 000 $. Supposez aussi que Stéphane Huard est marié et subvient aux besoins de trois enfants en bas âge qui n'ont aucun revenu. Aucun de ces employés ne verse de cotisations syndicales ni ne contribue à un régime de pension agréé ou à un régime enregistré d'épargne-retraite.

Le journal des salaires pourrait comprendre un plus grand nombre de colonnes pour l'inscription d'autres retenues si la fréquence de celles-ci le justifiait. Ainsi, une entreprise qui effectuerait régulièrement des retenues pour le compte d'un certain nombre d'employés qui désirent acheter des obligations d'épargne pourrait inscrire ces retenues dans une colonne spéciale.

Le salaire net de l'employé est obtenu en soustrayant le total des déductions à la source du salaire brut. Le total de la colonne Salaire net représente le débours nécessaire au règlement des salaires de la période. Il faudra inscrire dans la colonne prévue à cette fin le numéro de chacun des chèques émis en règlement du salaire des employés.

Finalement, les salaires bruts des employés sont reportés dans une des colonnes de ventilation des salaires afin d'imputer le coût de la main-d'œuvre aux comptes de charges appropriés. Les montants apparaissant à la ligne Total de cette section sont ceux qui devront être débités aux différents comptes de charges salaires.

Habituellement, le journal des salaires n'est pas considéré comme un journal faisant l'objet d'un report dans le grand livre. Il est donc nécessaire de préparer une écriture dans le journal général afin de comptabiliser les salaires et les retenues à la source qui ont été calculés dans le journal des salaires. À partir des données apparaissant à la figure 7-2, voici l'écriture qu'il faut faire:

La comptabilisation de la paie

Févr.	24	Salaires des vendeurs..............................	2 092,00	
		Salaires du personnel de bureau	1 872,00	
		Assurance-emploi à payer.........................		115,47
		Impôt fédéral retenu à la source à payer		454,35
		Impôt provincial retenu à la source à payer		530,21
		Régime de rentes du Québec à payer		99,90
		Assurance collective à payer......................		240,00
		Salaires à payer................................		2 524,07
		Pour comptabiliser la paie de la semaine terminée		
		le 24 février 1996.		

TABLEAU 7-1   *Codes de demande et code des retenues*

Impôt fédéral

Codes de demande		
Total du montant calculé		**Code de demande**
Nul		0
Minimum	6 456 $	1
6 456,01	– 8 037	2
8 037,01	– 9 619	3
9 619,01	– 11 202	4
11 202,01	– 12 783	5
12 783,01	– 14 364	6
14 364,01	– 15 946	7
15 946,01	– 17 527	8
17 527,01	– 19 109	9
19 109,01	– 20 693	10
20 693,01 $ – et plus Calcul manuel par l'employeur requis		X
Aucune retenue d'impôt requise		E

Impôt du Québec

Code des retenues	
Montant ($)	**Code**
0 – 5 900	A
5 901 – 7 900	B
7 901 – 9 000	C
9 001 – 11 400	D
11 401 – 11 900	E
11 901 – 12 950	F
12 951 – 13 900	G
13 901 – 15 000	H
15 001 – 16 000	I
16 001 – 16 700	J
16 701 – 17 350	K
17 351 – 18 100	L
18 101 – 19 500	M
19 501 – 20 400	N
Exonération	X

Les montants apparaissant au débit de cette écriture sont tirés de la section Ventilation des salaires du journal des salaires. Cette section permet d'imputer les salaires bruts aux comptes appropriés de charges. La partie crédit de cette écriture permet d'inscrire les différentes retenues à la source que l'entreprise doit aux instances concernées. Finalement, le crédit au compte Salaires à payer représente le montant qui sera remis aux employés lors du règlement du salaire.

Le paiement des salaires

Objectif 3 Inscrire le paiement des salaires et expliquer le fonctionnement d'un compte bancaire spécial pour la paie.

La plupart des entreprises paient leurs employés par chèque. Lorsque les employés sont peu nombreux, les chèques de paie sont tirés sur le compte bancaire ordinaire et inscrits dans le journal des décaissements, qui pourrait ressembler à celui illustré à la figure 7-3. La colonne Salaires à payer a été ajoutée au journal des décaissements afin de permettre une économie de temps lors de l'inscription des salaires.

Lors du versement du salaire dû à l'employé, l'employeur remet à celui-ci un chèque ainsi qu'un relevé détaillant les calculs effectués pour établir le salaire net. Il est fréquent que ce relevé fasse partie du chèque de paie remis à l'employé; celui-ci le détache avant d'encaisser le chèque. La figure 7-4 montre un exemple de relevé détachable.

Cette section sur le paiement des salaires serait incomplète si nous n'abordions pas le mode de règlement des salaires par **virement** bancaire. De nos jours, de plus en plus d'entreprises recourent à ce service offert par les institutions bancaires. Ce mode de règlement a pris de l'importance maintenant que les transferts inter-succursales sont informatisés et que les guichets automatiques, qui facilitent l'accès aux comptes bancaires, se sont multipliés un peu partout. Le virement bancaire offre de nombreux avantages sur les chèques, dont une économie de temps, puisqu'il n'y a plus de chèques en circulation, et une économie d'argent, puisque le coût du traitement est inférieur. L'entreprise qui a recours au virement bancaire pour payer les salaires de ses employés n'a plus à émettre de chèques au nom de chacun de ses employés. Elle dresse plutôt une liste de ses employés avec le montant du salaire net auquel chacun a droit et fait parvenir cette liste à son institution bancaire qui se charge de transférer électroniquement ces montants au compte de chacun de ses employés à l'heure et à la date convenues. Pour assurer le bon fonctionnement de ce mode de règlement, l'entreprise doit obtenir de chaque employé les informations suivantes:

– le numéro de son compte bancaire;
– le nom de son institution bancaire et le numéro de la succursale où il fait affaire;
– une acceptation de ce mode de paiement.

Les entreprises colligent généralement ces informations en demandant à chaque employé de lui remettre un chèque indiquant son numéro de succursale bancaire et son numéro de compte. L'employé aura préalablement pris soin, bien sûr, d'indiquer «Annulé» en toutes lettres sur le chèque.

La liste des salaires nets doit fournir à l'institution bancaire de l'employeur le numéro de la succursale de l'institution bancaire de chaque employé avec son numéro de compte bancaire en plus du nom et du salaire net de ce dernier. Cette liste est remise à l'institution bancaire avec un chèque au montant total des salaires nets selon une fréquence modulée sur celle des versements des paies. L'employeur est quand même tenu de remettre à ses employés un relevé indiquant tous les détails concernant le calcul du salaire brut, les retenues à la source et le salaire net.

Le compte bancaire spécial pour la paie

L'entreprise qui compte de nombreux employés à son service utilise généralement un compte bancaire spécial pour le traitement des chèques de paie. Lorsqu'un tel compte est utilisé, il lui suffit de tirer un chèque sur le compte bancaire ordinaire dont le montant correspond au total des salaires nets de la période et de le déposer dans le compte bancaire salaires; des chèques individuels au montant du salaire net de chaque employé sont alors tirés sur ce compte. Son utilisation simplifie le contrôle interne et, plus particulièrement, la conciliation du compte bancaire ordinaire étant donné qu'un seul chèque est tiré sur ce compte pour payer tous les employés. La conciliation du compte bancaire ordinaire peut alors être effectuée sans qu'il soit nécessaire de tenir compte des nombreux chèques de paie encore en circulation. La conciliation du compte bancaire salaires est aussi relativement simple puisque le total de la liste des chèques de paie non encaissés correspond au solde du compte.

Lorsqu'un compte bancaire salaires est utilisé, il faut procéder aux différentes étapes suivantes pour traiter les salaires dus aux employés:

1. En premier lieu, il faut inscrire de la façon habituelle les salaires dans le journal des salaires et, par la suite, passer une écriture dans le journal général pour le total des salaires nets qui sera crédité au compte Salaires à payer. Cette écriture devra aussi porter les retenues à la source au crédit des différents comptes de retenues à la source à payer et débiter les comptes de salaires d'un montant égal aux salaires bruts;

FIGURE 7-3 *Journal des décaissements*

Journal des décaissements

Date		N° du chèque	Bénéficiaire	Compte à débiter	Compte N°	Débit - Comptes divers	Débit - Fournisseurs	Débit - Salaires à payer	Crédit - Esc. sur achats	Crédit - Encaisse
Févr.	24	893	Robert Aubé	Salaires à payer				389,64		389,64
	24	894	Mélanie Cantin	—				479,53		479,53
	24	895	Myriam Côté	—				426,20		426,20
	24	896	Stéphane Huard	—				493,43		493,43
	24	897	Éric Miller	—				332,42		332,42
	24	898	David Soucy	—				402,85		402,85

FIGURE 7-4 *Un bulletin de paie*

Robert Aubé

Heures normales	Heures suppl.	Taux normal	Paie normale	Paie suppl.	Salaire brut	Ass.-emploi	Impôt féd.	Impôt Qué.	Ass. coll.	RRQ	Total des retenues	Salaire net
40		14,00	560,00	—	560,00	16,52	43,55	46,49	50,00	13,80	170,36	389,64

Employé

ÉTAT DU SALAIRE ET DES RETENUES

N° **893**

DATE _____ 24 février 1996

PAYEZ À L'ORDRE DE _____ Robert Aubé

389,64 $

Trois cent quatre-vingt-neuf _____ 64/100 dollars

LA SOCIÉTÉ DE FABRICATION EUGÈNE LTÉE

Ginette Gratton

Banque de Montréal
Rimouski (Québec)

2. Par la suite, il faut tirer sur le compte bancaire ordinaire un chèque à l'ordre du compte bancaire salaires dont le montant est égal aux salaires à payer. Le montant de ce chèque est passé au débit du compte Salaires à payer dans le journal des décaissements. Cette écriture annule le crédit passé dans le journal général lors de la comptabilisation de la paie pour que le solde de ce compte soit nul;

3. Ce chèque est ensuite déposé dans le compte bancaire salaires; cette opération permet de transférer du compte bancaire ordinaire au compte bancaire salaires des fonds équivalents au total des salaires nets;

4. Finalement, l'entreprise remet à chaque employé un chèque fait à son ordre et tiré sur le compte bancaire salaires, au montant du salaire net qui lui est dû. Au fur et à mesure que les chèques de salaire sont encaissés par la banque, le solde du compte bancaire salaires diminue jusqu'à épuisement des fonds. Habituellement, à la suite d'une entente entre l'entreprise et l'institution bancaire, les frais reliés à la gestion du compte bancaire salaires sont imputés au compte bancaire ordinaire.

La fiche individuelle de paie

La loi prévoit que chaque employeur doit tenir une **fiche de paie** pour chacun de ses employés. La figure 7-5 montre un exemple de cette fiche. Celle-ci, qui contient un relevé des heures de travail, des salaires bruts, des retenues effectuées et des salaires nets qui ont été versés au cours de l'année, sert à accumuler les renseignements dont l'employeur a besoin pour:

1. remplir les déclarations relatives à la paie;

2. connaître le moment où la contribution de l'employé au Régime de rentes du Québec a atteint le maximum qu'il est appelé à verser;

3. remplir les feuillets de renseignements T4 supplémentaire (figure 7-A3, à la page 438) et Relevé 1 (figure 7-A4, à la page 439) sur le revenu gagné par l'employé au cours de l'année et produire les formulaires T4 sommaire au fédéral (figure 7-A5, page 440) et au Québec le Sommaire des retenues et des cotisations de l'employeur RLZ-1.S (figure 7-A6, page 441).

Étant donné que les renseignements que renferment les fiches individuelles de paie proviennent du journal des salaires, les principales rubriques de la fiche sont disposées dans le même ordre que dans le journal des salaires afin de faciliter la transcription des données. Le salaire brut cumulatif est ajouté afin de signaler à l'employeur que l'employé a atteint le plafond des cotisations à verser.

Les charges sociales

Objectif 4 Calculer les charges sociales, en effectuer l'inscription à titre de charges à payer et inscrire leur règlement.

De nombreux employeurs comptabilisent les **charges sociales**, c'est-à-dire leur participation aux programmes sociaux, comme les cotisations au Régime de rentes du Québec ou au Régime de pensions du Canada, les cotisations à l'assurance-emploi et les cotisations au Fonds des services de santé au moment de la comptabilisation de la paie. Si nous reprenons les données apparaissant dans le journal des salaires illustré à la figure 7-2, nous voyons que les charges sociales de la semaine du 24 février seront établies de la façon suivante:

FIGURE 7-5   *Une fiche individuelle de paie*

Adresse _____ 111, rue Pommard _____

Engagé le _____ 1980-07-06 _____

Date de
naissance _____ 1962-06-06 _____ Aura 65 ans le _____ 2027-06-06 _____

Poste _____ Commis _____

N° d'ass. soc. _____ 307-003-195 _____

Personne à contacter
en cas d'urgence _____ Marie Aubé _____

A quitté son emploi le _____

Homme (X)   Marié (X)
Femme ( )   Célibataire (X)

Endroit _____

Employé n° _____ 114 _____

Tél. _____ 964-9834 _____

Raison _____

Code des   Féd. __5__
retenues   Qué. __H__   Salaire
                              horaire _____ 14,00 $

Bureau _____

Robert Aubé

Date		Temps perdu		Heures de travail												
Fin de la pér. de paie	Date de paiement	Heures	Raison	Total suppl.	Paie normale	Paie suppl.	Sal. brut	Ass.-emploi	Impôt fédéral	Impôt du Québec	Ass. coll.	RRQ ou RPC	Total des retenues	Sal. net	N° du chèque	Salaire brut cumulatif
6 janv.	6 janv.			40	560,00		560,00	15,52	43,55	46,49	50,00	13,80	170,36	389,64	673	560,00
13 janv.	13 janv.			40	560,00		560,00	15,52	43,55	46,49	50,00	13,80	170,36	389,64	701	1 120,00
20 janv.	20 janv.			40	560,00		560,00	15,52	43,55	46,49	50,00	13,80	170,36	389,64	743	1 680,00
27 janv.	27 janv.	4	Maladie	36	504,00		504,00	14,87	35,80	33,12	50,00	12,23	146,02	357,98	795	2 184,00
3 févr.	3 févr.			40	560,00		560,00	15,52	43,55	46,49	50,00	13,80	170,36	389,64	839	2 744,00
10 févr.	10 févr.			40	560,00		560,00	15,52	43,55	46,49	50,00	13,80	170,36	389,64	854	3 304,00
17 févr.	17 févr.			40	560,00		560,00	15,52	43,55	46,49	50,00	13,80	170,36	389,64	893	3 864,00
24 févr.	24 févr.			40	560,00		560,00	15,52	43,55	46,49	50,00	13,80	170,36	389,64	937	4 424,00

Cotisations au Régime de rentes du Québec (contribution de l'employeur identique à celle des employés) . . . . 99,90 $

Cotisations à l'assurance-emploi
1,4 fois les contributions des employés: 115,47 $ × 1,4 161,66

Cotisations au Fonds des services de santé
4,26 % du total des salaires bruts: 3 964,00 $ × 4,26 % 168,87

Total des charges sociales . . . . 430,43 $

Ces charges sociales seraient comptabilisées en passant l'écriture suivante au journal général:

Févr.	24	Charges sociales	430,43	
		Régime de rentes du Québec à payer		99,90
		Assurance-emploi à payer		161,66
		Fonds des services de santé à payer		168,87
		Pour comptabiliser les cotisations de l'employeur.		

L'employeur pourrait choisir de comptabiliser les charges sociales une fois à la fin du mois plutôt que de les inscrire après chaque paie, comme dans le présent exemple.

La remise des retenues et des charges sociales

Les retenues salariales prélevées sur le salaire des employés et les **cotisations patronales** de l'employeur dont il a été question dans la section précédente font partie du passif à court terme tant qu'elles n'ont pas été remises au ministère du Revenu du Québec ou au Receveur général du Canada. Le paiement des cotisations des employés et des contributions de l'employeur peut être fait soit en émettant un chèque à l'ordre du Receveur général du Canada ou du ministre du Revenu du Québec, soit en effectuant un versement directement dans un établissement financier autorisé. Lors du paiement, l'employeur doit remplir le formulaire de versement de retenues à la source courantes (PD7A) au fédéral (figure 7-A7, à la page 442) et le formulaire TPZ-1015.R.14.1 au Québec intitulé Bordereau de paiement des retenues et des cotisations de l'employeur (figure 7-A8, à la page 443). Les employeurs sont tenus de remettre ces sommes au plus tard le 15 du mois qui suit celui où les employés ont touché leur salaire. Toutefois, les employeurs dont les remises mensuelles moyennes sont comprises entre 15 000 $ et 50 000 $ doivent remettre les sommes retenues deux fois par mois. Dans ce cas, les sommes déduites de la rémunération versée entre le 1er et le 15e jour du mois devront être remises au plus tard le 25 du même mois, alors que celles déduites entre le 16e et le dernier jour du mois devront être remises au plus tard le 10e jour du mois suivant. Quant aux employeurs dont les remises mensuelles moyennes excèdent 50 000 $, ils doivent remettre les retenues et la contribution de l'employeur à l'égard des rémunérations versées au cours d'une des périodes suivantes dans les trois jours ouvrables qui suivent la fin de chacune de ces périodes:

Du 1er au 7e jour du mois inclusivement;

Du 8e au 14e jour du mois inclusivement;

Du 15e au 21e jour du mois inclusivement;

Du 22e au dernier jour du mois inclusivement.

La comptabilisation du règlement de ces dettes s'effectue de la même façon que celle de toute autre dette. Elle nécessite deux écritures de journal général, une pour inscrire le versement au ministère du Revenu du Québec des retenues à la source de l'impôt et des contributions au Régime de rentes du Québec des employés ainsi que la part de l'employeur au Régime de rentes et au Fonds des services de santé, la seconde pour inscrire le versement au Receveur général du Canada des retenues à la source de l'impôt fédéral et de l'assurance-emploi, incluant la part de l'employeur.

Les salaires à payer à la fin d'un exercice

Les retenues à la source ne sont déduites des salaires qu'au moment de la distribution de la paie. Ainsi, les salaires à payer à la fin d'un exercice ne seront assujettis aux déductions à la source que lorsqu'ils seront versés aux employés. Habituellement, afin de suivre le principe du rapprochement des produits et des charges, les entreprises passent une écriture de régularisation pour comptabiliser les salaires bruts dus aux employés à la fin d'un exercice ainsi que les charges sociales qui s'y rapportent. Cependant, il est fréquent que les entreprises ne tiennent pas compte des charges sociales se rapportant à ces salaires puisque les montants en cause sont peu importants.

Les avantages sociaux

Objectif 5 Calculer et inscrire les avantages sociaux, et en faire ressortir l'importance par rapport à la masse salariale totale.

En plus de verser un salaire à leurs employés et de payer les charges sociales afférentes, de nombreuses entreprises leur offrent d'autres avantages. Puisque leur coût est assumé par l'employeur et qu'ils augmentent la rémunération de l'employé, ces bénéfices sont appelés **avantages sociaux** et peuvent comporter, par exemple, une assurance-santé, une assurance-vie, une assurance-invalidité et un **régime de retraite**. **L'indemnité de vacances** et l'indemnité de congés font aussi partie des avantages sociaux dont bénéficient les employés.

Les contributions d'un employeur à une assurance collective et à un régime de pension agréé

Les écritures de comptabilisation des avantages sociaux sont le plus souvent simples; elles sont semblables à celles utilisées pour les charges sociales. Cependant, il arrive que le traitement comptable de certains régimes de retraite soit plus complexe alors que dans d'autres cas, il suffit de comptabiliser le versement effectué par l'employeur à la caisse de retraite de l'employé. D'autres avantages sociaux, comme l'assurance collective, exigent que l'employeur verse périodiquement la prime, qui comprend à la fois la contribution des employés et la part de l'employeur.

Supposons, par exemple, qu'un employeur ayant cinq employés à son service convienne de contribuer à la police d'assurance-santé de ses employés à raison de 40 $ par mois par employé. De plus, l'employeur verse au régime de retraite des employés un montant égal à 10 % du salaire brut mensuel. Si les cinq employés reçoivent chacun un salaire mensuel de 1 500 $, il suffirait de passer l'écriture suivante pour comptabiliser les avantages sociaux:

Nov.	30	Avantages sociaux.................................	950,00	
		Assurance collective à payer.....................		200,00
		Régime de retraite à payer.......................		750,00
		Pour comptabiliser les avantages sociaux.		
		1 500 $ × 5 = 7 500 $ × 10 % = 750 $		
		40 $ × 5 = 200 $		

L'indemnité de vacances

Les indemnités de vacances que doivent verser les employeurs font partie des avantages sociaux que la loi accorde aux employés. Ainsi, selon la Loi sur les normes du travail, un employé qui a travaillé 50 semaines au cours d'une année a droit à deux semaines de vacances payées. L'indemnité versée pour ces deux semaines de vacances contribue à augmenter de 4 % la charge salariale de l'année (2 semaines ÷ 50 semaines = 0,04). Cette indemnité s'accumule progressivement au cours de l'année à raison de 4 % du salaire brut gagné. L'employé qui donne sa démission avant d'avoir terminé une année de service au sein de l'entreprise recevra à son départ une indemnité de vacances équivalente à 4 % du salaire brut gagné depuis son entrée au service de l'entreprise.

L'avantage social relié à l'indemnité de vacances devrait être comptabilisé par les employeurs au moment de l'inscription de la paie ou, au moins, à la fin de chaque mois. Supposons, par exemple, une entreprise dont la paie hebdomadaire brute s'élève à 20 000 $; ses employés ont droit à une indemnité de vacances de 4 % ou de deux semaines lorsque l'employé a accompli 50 semaines de travail. Voici l'écriture qu'il faudrait passer dans les livres, chaque semaine, afin d'inscrire l'avantage social relié à l'indemnité de vacances:

Date	Avantages sociaux....................................	800,00	
	Dette relative aux indemnités de vacances		800,00
	Pour comptabiliser l'indemnité de vacances.		
	20 000 $ × 4 % = 800 $		

L'employeur versera à l'employé l'indemnité de vacances à laquelle il a droit au moment où ce dernier prendra ses vacances annuelles ou encore lorsqu'il cessera d'être au service de l'entreprise. La paie de vacances sera comptabilisée de la façon suivante:

Date	Dette relative aux indemnités de vacances	xxx	
	Assurance-emploi à payer...........................		xxx
	Impôt fédéral retenu à la source à payer		xxx
	Impôt provincial retenu à la source à payer		xxx
	Régime de rentes du Québec à payer		xxx
	Assurance collective à payer.........................		xxx
	Salaires à payer		xxx
	Pour comptabiliser la paie de vacances.		

Il est à noter qu'en pratique, les entreprises ne tiennent compte de la charge ainsi que de la dette relative aux indemnités de vacances qu'en fin d'exercice plutôt qu'au moment de la comptabilisation de chaque paie, comme nous l'avons mentionné précédemment.

Pour plusieurs employeurs, les avantages sociaux constituent une charge importante qui peut, dans certains cas, atteindre 25 % du total des salaires bruts.

L'utilisation de l'ordinateur pour le traitement de la paie

Quelques petites entreprises établissent leur paie manuellement en utilisant des registres semblables à ceux illustrés dans ce chapitre. Cependant, les entreprises qui ont de nombreux employés établissent généralement la paie au moyen d'un ordinateur dont le programme prévoit l'inscription des données relatives à chaque employé dans le journal des salaires, sur sa fiche individuelle et sur son bulletin de paie à chaque période de paie. Lorsque le traitement de la paie est informatisé, l'ordinateur imprime et conserve toutes les informations relatives à la paie.

Résumé en regard des objectifs d'apprentissage

Objectif 1. Les retenues sur le salaire qui devront être retranchées des rémunérations brutes versées aux salariés comprennent l'impôt fédéral sur le revenu, l'impôt du Québec sur le revenu, les cotisations à l'assurance-emploi et au Régime de rentes du Québec ou au Régime de pensions du Canada pour les travailleurs des autres provinces. Les employeurs, quant à eux, doivent contribuer à l'assurance-emploi, au Régime de rentes du Québec (ou au Régime de pensions du Canada) et au Fonds des services de santé.

Le salaire brut se calcule en multipliant le nombre d'heures travaillées par le taux horaire normal auquel s'ajoute, s'il y a lieu, le résultat obtenu en multipliant le nombre d'heures supplémentaires par la prime prescrite pour le temps supplémentaire. Par contre, certains employés reçoivent un salaire périodique dont le montant est fixe. En déduisant du salaire brut les retenues à la source ainsi que d'autres contributions comme les cotisations syndicales, l'assurance collective et autres, on obtient le salaire net.

Objectif 2. On retrouve dans le journal des salaires un sommaire des principales données relatives au salaire de tous les employés, notamment les heures travaillées en temps normal et en temps supplémentaire, les retenues salariales, les salaires nets et la répartition du salaire brut aux différents comptes de charges. Le Journal des salaires fournit aussi les informations nécessaires au paiement des salaires et à l'établissement de l'écriture de journal général servant à comptabiliser la paie.

Objectif 3. Le compte bancaire spécial pour la paie est utilisé exclusivement pour le traitement des chèques de salaire. Ainsi, à chaque période de paie, un montant égal au total des salaires nets des employés est transféré du compte bancaire ordinaire au compte bancaire salaires. Les salaires nets des employés sont alors réglés au moyen de chèques individuels tirés sur le compte bancaire salaires.

Objectif 4. L'écriture de journal effectuée après chaque période de paie permet d'imputer la charge salariale au débit des comptes de charges appropriés et de créditer les comptes de passif des différents montants à payer.

Objectif 5. Les avantages sociaux sont comptabilisés au moyen d'une écriture de journal qui tiendra compte de la charge et des sommes à payer. La comptabilisation des indemnités de vacances devra s'effectuer après chaque paie, une fois par mois ou à la fin de l'exercice pour un montant égal aux sommes dues à ce moment-là.

Les indemnités de vacances sont portées au débit du compte de charges Avantages sociaux et au crédit du compte de passif Dette relative aux indemnités de vacances. Les sommes versées à titre de paie de vacances viennent réduire la dette relative aux indemnités de vacances.

Exemple récapitulatif

La société Ismada ltée a trois employés à son service. Les données sommaires de la paie de la semaine se terminant le 26 octobre 1996 sont les suivantes:

	Fiset	Proulx	Lepage
Taux de salaire horaire	10 $	30 $	16 $
Majoration pour heures supplémentaires	50 %	50 %	50 %
Vacances annuelles.	2 sem.	4 sem.	2 sem.
Salaire cumulatif au 1996-10-19.	17 500 $	49 200 $	5 200 $

Pour la semaine de travail se terminant le 26 octobre 1996

	Fiset	Proulx	Lepage
Heures travaillées	46	40	50
Assurance collective			
Contribution de l'employeur.	25,00 $	25,00 $	25,00 $
Contribution de l'employé	15,00	15,00	15,00
Cotisations syndicales.	40,00	60,00	40,00
Impôt fédéral sur le revenu	53,90	132,00	96,80
Impôt du Québec sur le revenu	63,70	156,00	114,40
Régime de rentes du Québec.	11,84	—	22,76
Assurance-emploi	14,46	22,13	22,13

Taux de cotisation

Impôt fédéral sur le revenu	Supposez que le taux d'imposition moyen est de 11 %.
Impôt du Québec sur le revenu	Supposez que le taux d'imposition moyen est de 13 %.
Assurance-emploi	2,95 % des salaires bruts; maximum, 22,13 $ par semaine.
Régime de rentes du Québec	2,8 %, moins l'exemption annuelle de 3 500 $; contribution annuelle maximale, 893,20 $.
Fonds des services de santé.	4,26 % des salaires bruts. Seul l'employeur contribue.

Travail à faire

1. Dressez des tableaux faisant ressortir les calculs suivants par employé et pour l'ensemble des employés (arrondissez les chiffres au dollar près):

   a) Le salaire normal, en supposant que la semaine normale de travail est de 40 heures, le salaire pour le temps supplémentaire et le salaire brut;

   b) L'indemnité de vacances afférente à cette semaine;

   c) Les retenues sur le salaire qui seront déduites des salaires bruts;

   d) La cotisation de l'employeur relative aux programmes sociaux;

   e) Les salaires nets qui seront versés aux employés;

   f) Le total des coûts reliés à la paie du 26 octobre 1996.

2. Établissez les écritures de journal afin de comptabiliser:

   a) la paie du 26 octobre 1996;

   b) les charges sociales et les avantages sociaux.

Solution de l'exemple récapitulatif

1. *a)* Salaire brut de la semaine du 26 octobre 1996:

	Fiset	Proulx	Lepage	Total
Taux horaire normal	10 $	30 $	16 $	
Heures normales travaillées	× 40	× 40	× 40	
Salaire brut normal	400	1 200	640	2 240 $
Taux horaire – Temps supplémentaire	15	45	24	
Heures travaillées en temps supplémentaire	× 6	× —	× 10	
Salaire brut – Temps supplémentaire	90	—	240	330
Salaire brut de la semaine	490 $	1 200 $	880 $	2 570 $

b) Indemnité de vacances afférente à cette semaine:

	Fiset	Proulx	Lepage	Total
Vacances annuelles.....................	2 sem.	4 sem.	2 sem.	
Semaines travaillées au cours de l'année	50 sem.	48 sem.	50 sem.	
% de l'indemnité de vacances.............	4 %	8,33 %	4 %	
Salaire brut normal	× 400 $	× 1 200 $	× 640 $	
Indemnité de vacances	16 $	100 $	26 $	142 $

Les informations suivantes sont nécessaires pour faire les calculs des points *c* et *d*:

Employé	Salaires cumulatifs au 1996-10-19	Salaire de la semaine du 1996-10-26	Salaire assujetti	
			au RRQ	à l'assurance-emploi
Fiset	17 500 $	490 $	422,69 $ (1)	490,00 $
Proulx................	49 200	1 200	— (2)	750,00 (3)
Lepage	5 200	880	812,69 (1)	750,00 (3)
Total		2 570 $	1 235,38 $	1 990,00 $

(1) Le salaire brut moins l'exemption générale applicable à la période de paie: 3 500 $ ÷ 52 semaines = 67,31 $.
(2) Le maximum des gains admissibles, soit 35 400 $, est atteint.
(3) Le maximum de la rémunération hebdomadaire assurable est de 750 $.

c) Retenues salariales déduites des salaires bruts:

	Fiset	Proulx	Lepage	Total
Impôt fédéral sur le revenu (11 %)........	53,90 $	132,00 $	96,80 $	282,70 $
Impôt du Québec sur le revenu (13 %)......	63,70	156,00	114,40	334,10
Assurance-emploi.....................	14,46	22,13	22,13	58,72
Régime de rentes du Québec.............	11,84	—	22,76	34,60
	143,90 $	310,13 $	256,09 $	710,12 $

d) Cotisation de l'employeur aux programmes sociaux:

	Fiset	Proulx	Lepage	Total
Assurance-emploi (1,4)................	20,24 $	30,98 $	30,98 $	82,20 $
Régime de rentes du Québec.............	11,84	—	22,76	34,60
Fonds des services de santé (4,26 % du salaire brut)................	20,87	51,12	37,49	109,48
	52,95 $	82,10 $	91,23 $	226,28 $

e) Salaires nets versés aux employés:

	Fiset	**Proulx**	**Lepage**	**Total**
Salaire brut normal...............	400,00 $	1 200,00 $	640,00 $	2 240,00 $
Salaire brut – Temps supplémentaire..	90,00	—	240,00	330,00
Salaire brut.....................	490,00	1 200,00	880,00	2 570,00
Retenues salariales				
Impôt fédéral sur le revenu........	53,90	132,00	96,80	282,70
Impôt du Québec sur le revenu	63,70	156,00	114,40	334,10
Assurance-emploi..............	14,46	22,13	22,13	58,72
Régime de rentes du Québec	11,84	—	22,76	34,60
Assurance collective............	15,00	15,00	15,00	45,00
Cotisations syndicales	40,00	60,00	40,00	140,00
Total des retenues salariales.......	198,90	385,13	311,09	895,12
Salaire net.....................	291,10 $	814,87 $	568,91 $	1 674,88 $

f) Total des coûts reliés à la paie du 26 octobre 1996:

	Fiset	**Proulx**	**Lepage**	**Total**
Salaire brut normal...............	400,00 $	1 200,00 $	640,00 $	2 240,00 $
Salaire brut – Temps supplémentaire..	90,00	—	240,00	330,00
Salaire brut.....................	490,00	1 200,00	880,00	2 570,00
Charges sociales et avantages sociaux				
Assurance-emploi..............	20,24	30,98	30,98	82,20
Régime de rentes du Québec	11,84	—	22,76	34,60
Fonds des services de santé	20,87	51,12	37,49	109,48
Assurance collective............	25,00	25,00	25,00	75,00
Indemnité de vacances	16,00	100,00	26,00	142,00
Total des charges sociales et avantages sociaux...........	93,95	207,10	142,23	443,28
Coûts totaux reliés à la paie du 26 octobre 1996..............	583,95 $	1 407,10 $	1 022,23 $	3 013,28 $

2. *a)* Écritures de journal pour comptabiliser la paie du 26 octobre 1996:

1996 Oct.	26	Salaires	2 570,00	
		Impôt fédéral retenu à la source à payer		282,70
		Impôt provincial retenu à la source à payer		334,10
		Assurance-emploi à payer........................		58,72
		Régime de rentes du Québec à payer		34,60
		Assurance collective à payer.....................		45,00
		Cotisations syndicales à payer....................		140,00
		Salaires à payer		1 674,88
		Pour comptabiliser la paie de la semaine terminée le 26 octobre 1996.		

b) Écritures de journal pour comptabiliser les charges sociales et les avantages sociaux:

1996					
Oct.		26	Charges sociales............................	226,28	
			Assurance-emploi à payer		82,20
			Régime de rentes du Québec à payer		34,60
			Fonds des services de santé à payer...............		109,48
			Pour comptabiliser les cotisations de l'employeur		
			aux programmes sociaux.		
		26	Avantages sociaux	217,00	
			Assurance collective à payer		75,00
			Dette relative aux indemnités de vacances		142,00
			Pour comptabiliser les avantages sociaux.		

Formulaires et tables relatives à la paie et fournies par le gouvernement fédéral et le gouvernement du Québec

Liste des formulaires et des tables

TABLEAU 7-A1　*Table de retenues sur la paie – Impôt fédéral sur le revenu*

Québec
Retenues d'impôt
Hebdomadaire (52 périodes de paie par année)

Quebec
Tax Deductions
Weekly (52 pay periods a year)

Rémunération / Pay		Si le code de demande de l'employé selon le formulaire TD1 est / If the employee's claim code from the TD1 form is										
De / From	Moins que / Less than	0	1	2	3	4	5	6	7	8	9	10
							Retenez sur chaque paie / Deduct from each pay					
237.-	241.	33.40	15.15	12.90	8.45	3.95						
241.-	245.	33.95	15.70	13.45	9.00	4.50	.05					
245.-	249.	34.50	16.25	14.00	9.55	5.05	.60					
249.-	253.	35.05	16.80	14.55	10.10	5.60	1.15					
253.-	257.	35.60	17.35	15.15	10.65	6.20	1.70					
257.-	261.	36.15	17.90	15.70	11.20	6.75	2.25					
261.-	265.	36.75	18.45	16.25	11.75	7.30	2.80					
265.-	269.	37.30	19.00	16.80	12.30	7.85	3.35					
269.-	273.	37.85	19.60	17.35	12.85	8.40	3.90					
273.-	277.	38.40	20.15	17.90	13.45	8.95	4.50					
277.-	281.	38.95	20.70	18.45	14.00	9.50	5.05	.55				
281.-	285.	39.50	21.25	19.00	14.55	10.05	5.60	1.10				
285.-	289.	40.05	21.80	19.55	15.10	10.60	6.15	1.65				
289.-	293.	40.60	22.35	20.10	15.65	11.15	6.70	2.20				
293.-	297.	41.15	22.90	20.65	16.20	11.70	7.25	2.80				
297.-	301.	41.70	23.45	21.20	16.75	12.30	7.80	3.35				
301.-	305.	42.25	24.00	21.80	17.30	12.85	8.35	3.90				
305.-	309.	42.85	24.55	22.35	17.85	13.40	8.90	4.45				
309.-	313.	43.40	25.10	22.90	18.40	13.95	9.45	5.00	.50			
313.-	317.	43.95	25.70	23.45	18.95	14.50	10.00	5.55	1.10			
317.-	321.	44.50	26.25	24.00	19.50	15.05	10.60	6.10	1.65			
321.-	325.	45.05	26.80	24.55	20.10	15.60	11.15	6.65	2.20			
325.-	329.	45.60	27.35	25.10	20.65	16.15	11.70	7.20	2.75			
329.-	333.	46.15	27.90	25.65	21.20	16.70	12.25	7.75	3.30			
333.-	337.	46.70	28.45	26.20	21.75	17.25	12.80	8.30	3.85			
337.-	341.	47.25	29.00	26.75	22.30	17.80	13.35	8.90	4.40			
341.-	345.	47.80	29.55	27.30	22.85	18.40	13.90	9.45	4.95	.50		
345.-	349.	48.35	30.10	27.90	23.40	18.95	14.45	10.00	5.50	1.05		
349.-	353.	48.90	30.65	28.45	23.95	19.50	15.00	10.55	6.05	1.60		
353.-	357.	49.50	31.20	29.00	24.50	20.05	15.55	11.10	6.60	2.15		
357.-	361.	50.05	31.80	29.55	25.05	20.60	16.10	11.65	7.20	2.70		
361.-	365.	50.60	32.35	30.10	25.60	21.15	16.65	12.20	7.75	3.25		
365.-	369.	51.15	32.90	30.65	26.20	21.70	17.25	12.75	8.30	3.80		
369.-	373.	51.70	33.45	31.20	26.75	22.25	17.80	13.30	8.85	4.35		
373.-	377.	52.25	34.00	31.75	27.30	22.80	18.35	13.85	9.40	4.90	.45	
377.-	381.	52.80	34.55	32.30	27.85	23.35	18.90	14.40	9.95	5.50	1.00	
381.-	385.	53.35	35.10	32.85	28.40	23.90	19.45	14.95	10.50	6.05	1.55	
385.-	389.	53.90	35.65	33.40	28.95	24.45	20.00	15.55	11.05	6.60	2.10	
389.-	393.	54.45	36.20	34.00	29.50	25.05	20.55	16.10	11.60	7.15	2.65	
393.-	397.	55.00	36.75	34.55	30.05	25.60	21.10	16.65	12.15	7.70	3.20	
397.-	401.	55.60	37.30	35.10	30.60	26.15	21.65	17.20	12.70	8.25	3.80	
401.-	405.	56.15	37.85	35.65	31.15	26.70	22.20	17.75	13.25	8.80	4.35	
405.-	409.	56.70	38.45	36.20	31.70	27.25	22.75	18.30	13.85	9.35	4.90	.40
409.-	413.	57.25	39.00	36.75	32.30	27.80	23.35	18.85	14.40	9.90	5.45	.95
413.-	417.	57.80	39.55	37.30	32.85	28.35	23.90	19.40	14.95	10.45	6.00	1.50
417.-	421.	58.35	40.10	37.85	33.40	28.90	24.45	19.95	15.50	11.00	6.55	2.05
421.-	425.	58.90	40.65	38.40	33.95	29.45	25.00	20.50	16.05	11.55	7.10	2.60
425.-	429.	59.45	41.20	38.95	34.50	30.00	25.55	21.05	16.60	12.15	7.65	3.20
429.-	433.	60.00	41.75	39.50	35.05	30.55	26.10	21.65	17.15	12.70	8.20	3.75
433.-	437.	60.55	42.30	40.05	35.60	31.15	26.65	22.20	17.70	13.25	8.75	4.30
437.-	441.	61.10	42.85	40.65	36.15	31.70	27.20	22.75	18.25	13.80	9.30	4.85
441.-	445.	61.65	43.40	41.20	36.70	32.25	27.75	23.30	18.80	14.35	9.85	5.40
445.-	449.	62.25	43.95	41.75	37.25	32.80	28.30	23.85	19.35	14.90	10.45	5.95
449.-	453.	62.80	44.55	42.30	37.80	33.35	28.85	24.40	19.95	15.45	11.00	6.50
453.-	457.	63.35	45.10	42.85	38.35	33.90	29.40	24.95	20.50	16.00	11.55	7.05

C-2　**Vous pouvez obtenir cette table sur disquette (TSD).**　　**This table is available on diskette (TOD).**

TABLEAU 7-A1 *(suite)*

Québec
Retenues d'impôt
Hebdomadaire (52 périodes de paie par année)

Quebec
Tax Deductions
Weekly (52 pay periods a year)

Rémunération Pay		Si le code de demande de l'employé selon le formulaire TD1 est — If the employee's claim code from the TD1 form is										
		0	1	2	3	4	5	6	7	8	9	10
De From	Moins que Less than		Retenez sur chaque paie — Deduct from each pay									
457.-	465.	64.15	45.90	43.70	39.20	34.75	30.25	25.80	21.30	16.85	12.35	7.90
465.-	473.	65.30	47.00	44.80	40.30	35.85	31.35	26.90	22.40	17.95	13.50	9.00
473.-	481.	66.40	48.15	45.90	41.40	36.95	32.45	28.00	23.55	19.05	14.60	10.10
481.-	489.	67.50	49.25	47.00	42.55	38.05	33.60	29.10	24.65	20.15	15.70	11.20
489.-	497.	68.60	50.35	48.10	43.65	39.15	34.70	30.20	25.75	21.30	16.80	12.35
497.-	505.	69.70	51.45	49.20	44.75	40.25	35.80	31.35	26.85	22.40	17.90	13.45
505.-	513.	70.80	52.55	50.35	45.85	41.40	36.90	32.45	27.95	23.50	19.00	14.55
513.-	521.	71.95	53.65	51.45	46.95	42.50	38.00	33.55	29.05	24.60	20.15	15.65
521.-	529.	73.05	54.80	52.55	48.05	43.60	39.15	34.65	30.20	25.70	21.25	16.75
529.-	537.	74.15	55.90	53.65	49.20	44.70	40.25	35.75	31.30	26.80	22.35	17.85
537.-	545.	75.25	57.00	54.75	50.30	45.80	41.35	36.85	32.40	27.95	23.45	19.00
545.-	553.	76.35	58.10	55.85	51.40	46.95	42.45	38.00	33.50	29.05	24.55	20.10
553.-	561.	77.45	59.20	57.00	52.50	48.05	43.55	39.10	34.60	30.15	25.65	21.20
561.-	569.	78.60	60.35	58.10	53.60	49.15	44.65	40.20	35.75	31.25	26.80	22.30
569.-	577.	80.00	61.75	59.50	55.05	50.55	46.10	41.60	37.15	32.65	28.20	23.70
577.-	585.	81.75	63.50	61.25	56.75	52.30	47.80	43.35	38.90	34.40	29.95	25.45
585.-	593.	83.45	65.20	62.95	58.50	54.05	49.55	45.10	40.60	36.15	31.65	27.20
593.-	601.	85.20	66.95	64.70	60.25	55.75	51.30	46.80	42.35	37.85	33.40	28.90
601.-	609.	86.95	68.65	66.45	61.95	57.50	53.00	48.55	44.05	39.60	35.15	30.65
609.-	617.	88.65	70.40	68.15	63.70	59.20	54.75	50.30	45.80	41.35	36.85	32.40
617.-	625.	90.40	72.15	69.90	65.45	60.95	56.50	52.00	47.55	43.05	38.60	34.10
625.-	633.	92.10	73.85	71.65	67.15	62.70	58.20	53.75	49.25	44.80	40.30	35.85
633.-	641.	93.85	75.60	73.35	68.90	64.40	59.95	55.45	51.00	46.55	42.05	37.60
641.-	649.	95.60	77.35	75.10	70.60	66.15	61.65	57.20	52.75	48.25	43.80	39.30
649.-	657.	97.30	79.05	76.85	72.35	67.90	63.40	58.95	54.45	50.00	45.50	41.05
657.-	665.	99.05	80.80	78.55	74.10	69.60	65.15	60.65	56.20	51.70	47.25	42.75
665.-	673.	100.80	82.50	80.30	75.80	71.35	66.85	62.40	57.90	53.45	49.00	44.50
673.-	681.	102.50	84.25	82.00	77.55	73.05	68.60	64.15	59.65	55.20	50.70	46.25
681.-	689.	104.25	86.00	83.75	79.30	74.80	70.35	65.90	61.40	56.95	52.45	48.00
689.-	697.	106.05	87.75	85.55	81.05	76.60	72.10	67.65	63.15	58.70	54.20	49.75
697.-	705.	107.80	89.55	87.30	82.85	78.35	73.90	69.40	64.95	60.45	56.00	51.50
705.-	713.	109.55	91.30	89.05	84.60	80.10	75.65	71.15	66.70	62.25	57.75	53.30
713.-	721.	111.30	93.05	90.85	86.35	81.90	77.40	72.95	68.45	64.00	59.50	55.05
721.-	729.	113.10	94.85	92.60	88.10	83.65	79.15	74.70	70.25	65.75	61.30	56.80
729.-	737.	114.85	96.60	94.35	89.90	85.40	80.95	76.45	72.00	67.50	63.05	58.55
737.-	745.	116.60	98.35	96.10	91.65	87.15	82.70	78.25	73.75	69.30	64.80	60.35
745.-	753.	118.40	100.10	97.90	93.40	88.95	84.45	80.00	75.50	71.05	66.60	62.10
753.-	761.	120.15	101.90	99.70	95.20	90.75	86.25	81.80	77.30	72.85	68.35	63.90
761.-	769.	121.95	103.70	101.50	97.00	92.55	88.05	83.60	79.10	74.65	70.15	65.70
769.-	777.	123.75	105.50	103.30	98.80	94.35	89.85	85.40	80.90	76.45	71.95	67.50
777.-	785.	125.55	107.30	105.10	100.60	96.15	91.65	87.20	82.70	78.25	73.75	69.30
785.-	793.	127.35	109.10	106.90	102.40	97.95	93.45	89.00	84.50	80.05	75.55	71.10
793.-	801.	129.15	110.90	108.65	104.20	99.75	95.25	90.80	86.30	81.85	77.35	72.90
801.-	809.	130.95	112.70	110.45	106.00	101.55	97.05	92.60	88.10	83.65	79.15	74.70
809.-	817.	132.75	114.50	112.25	107.80	103.35	98.85	94.40	89.90	85.45	80.95	76.50
817.-	825.	134.55	116.30	114.05	109.60	105.15	100.65	96.20	91.70	87.25	82.75	78.30
825.-	833.	136.35	118.10	115.85	111.40	106.90	102.45	98.00	93.50	89.05	84.55	80.10
833.-	841.	138.15	119.90	117.65	113.20	108.70	104.25	99.80	95.30	90.85	86.35	81.90
841.-	849.	139.95	121.70	119.45	115.00	110.50	106.05	101.60	97.10	92.65	88.15	83.70
849.-	857.	141.75	123.50	121.25	116.80	112.30	107.85	103.40	98.90	94.45	89.95	85.50
857.-	865.	143.55	125.30	123.05	118.60	114.10	109.65	105.20	100.70	96.25	91.75	87.30
865.-	873.	145.35	127.10	124.85	120.40	115.90	111.45	107.00	102.50	98.05	93.55	89.10
873.-	881.	147.15	128.90	126.65	122.20	117.70	113.25	108.75	104.30	99.85	95.35	90.90
881.-	889.	148.95	130.70	128.45	124.00	119.50	115.05	110.55	106.10	101.65	97.15	92.70
889.-	897.	150.75	132.50	130.25	125.80	121.30	116.85	112.35	107.90	103.45	98.95	94.50

Vous pouvez obtenir cette table sur disquette (TSD).   This table is available on diskette (TOD).   C-3

TABLEAU 7-A1   *(suite)*

Québec
Retenues d'impôt
Hebdomadaire (52 périodes de paie par année)

Quebec
Tax Deductions
Weekly (52 pay periods a year)

Rémunération Pay		Si le code de demande de l'employé selon le formulaire TD1 est If the employee's claim code from the TD1 form is										
De From	Moins que Less than	0	1	2	3	4	5	6	7	8	9	10
						Retenez sur chaque paie Deduct from each pay							
897.-	909.	153.00	134.75	132.50	128.05	123.55	119.10	114.60	110.15	105.70	101.20	96.75
909.-	921.	155.70	137.45	135.20	130.75	126.25	121.80	117.30	112.85	108.40	103.90	99.45
921.-	933.	158.40	140.15	137.90	133.45	128.95	124.50	120.00	115.55	111.10	106.60	102.15
933.-	945.	161.10	142.85	140.60	136.15	131.65	127.20	122.70	118.25	113.75	109.30	104.85
945.-	957.	163.80	145.55	143.30	138.85	134.35	129.90	125.40	120.95	116.45	112.00	107.50
957.-	969.	166.50	148.25	146.00	141.55	137.05	132.60	128.10	123.65	119.15	114.70	110.20
969.-	981.	169.20	150.95	148.70	144.25	139.75	135.30	130.80	126.35	121.85	117.40	112.90
981.-	993.	171.90	153.65	151.40	146.95	142.45	138.00	133.50	129.05	124.55	120.10	115.60
993.-	1005.	174.60	156.35	154.10	149.65	145.15	140.70	136.20	131.75	127.25	122.80	118.30
1005.-	1017.	177.30	159.05	156.80	152.35	147.85	143.40	138.90	134.45	129.95	125.50	121.00
1017.-	1029.	180.00	161.75	159.50	155.05	150.55	146.10	141.60	137.15	132.65	128.20	123.70
1029.-	1041.	182.70	164.45	162.20	157.75	153.25	148.80	144.30	139.85	135.35	130.90	126.40
1041.-	1053.	185.40	167.15	164.90	160.45	155.95	151.50	147.00	142.55	138.05	133.60	129.10
1053.-	1065.	188.10	169.85	167.60	163.15	158.65	154.20	149.70	145.25	140.75	136.30	131.80
1065.-	1077.	190.80	172.55	170.30	165.85	161.35	156.90	152.40	147.95	143.45	139.00	134.50
1077.-	1089.	193.50	175.25	173.00	168.50	164.05	159.60	155.10	150.65	146.15	141.70	137.20
1089.-	1101.	196.20	177.95	175.70	171.20	166.75	162.25	157.80	153.35	148.85	144.40	139.90
1101.-	1113.	198.90	180.65	178.40	173.90	169.45	164.95	160.50	156.05	151.55	147.10	142.60
1113.-	1125.	201.60	183.35	181.10	176.60	172.15	167.65	163.20	158.75	154.25	149.80	145.30
1125.-	1137.	204.30	186.05	183.80	179.30	174.85	170.35	165.90	161.45	156.95	152.50	148.00
1137.-	1149.	207.10	188.85	186.60	182.15	177.70	173.20	168.75	164.25	159.80	155.30	150.85
1149.-	1161.	210.25	191.85	189.65	185.15	180.70	176.20	171.75	167.25	162.80	158.35	153.85
1161.-	1173.	213.45	194.90	192.65	188.15	183.70	179.20	174.75	170.30	165.80	161.35	156.85
1173.-	1185.	216.60	197.90	195.65	191.20	186.70	182.25	177.75	173.30	168.80	164.35	159.85
1185.-	1197.	219.80	200.90	198.65	194.20	189.70	185.25	180.75	176.30	171.85	167.35	162.90
1197.-	1209.	223.00	203.90	201.70	197.20	192.75	188.25	183.80	179.30	174.85	170.35	165.90
1209.-	1221.	226.20	206.90	204.70	200.20	195.75	191.25	186.80	182.30	177.85	173.40	168.90
1221.-	1233.	229.35	210.05	207.70	203.20	198.75	194.30	189.80	185.35	180.85	176.40	171.90
1233.-	1245.	232.55	213.25	210.85	206.25	201.75	197.30	192.80	188.35	183.85	179.40	174.90
1245.-	1257.	235.75	216.40	214.05	209.30	204.75	200.30	195.80	191.35	186.90	182.45	177.95
1257.-	1269.	238.90	219.60	217.25	212.50	207.80	203.30	198.85	194.35	189.90	185.40	180.95
1269.-	1281.	242.10	222.80	220.40	215.70	210.95	206.30	201.85	197.35	192.90	188.45	183.95
1281.-	1293.	245.30	225.95	223.60	218.85	214.15	209.40	204.85	200.40	195.90	191.45	186.95
1293.-	1305.	248.45	229.15	226.80	222.05	217.30	212.60	207.85	203.40	198.90	194.45	189.95
1305.-	1317.	251.65	232.35	229.95	225.25	220.50	215.75	211.05	206.40	201.95	197.45	193.00
1317.-	1329.	254.85	235.50	233.15	228.45	223.70	218.95	214.25	209.50	204.95	200.45	196.00
1329.-	1341.	258.00	238.70	236.35	231.60	226.90	222.15	217.40	212.70	207.95	203.50	199.00
1341.-	1353.	261.20	241.90	239.50	234.80	230.05	225.35	220.60	215.85	211.15	206.50	202.00
1353.-	1365.	264.40	245.05	242.70	238.00	233.25	228.50	223.80	219.05	214.30	209.60	205.00
1365.-	1377.	267.55	248.25	245.90	241.15	236.45	231.70	226.95	222.25	217.50	212.75	208.05
1377.-	1389.	270.75	251.45	249.10	244.35	239.60	234.90	230.15	225.40	220.70	215.95	211.20
1389.-	1401.	273.95	254.65	252.25	247.55	242.80	238.05	233.35	228.60	223.85	219.15	214.40
1401.-	1413.	277.10	257.80	255.45	250.70	246.00	241.25	236.50	231.80	227.05	222.35	217.60
1413.-	1425.	280.30	261.00	258.65	253.90	249.15	244.45	239.70	234.95	230.25	225.50	220.80
1425.-	1437.	283.50	264.20	261.80	257.10	252.35	247.60	242.90	238.15	233.45	228.70	223.95
1437.-	1449.	286.65	267.35	265.00	260.25	255.55	250.80	246.05	241.35	236.60	231.90	227.15
1449.-	1461.	289.85	270.55	268.20	263.45	258.70	254.00	249.25	244.55	239.80	235.05	230.35
1461.-	1473.	293.05	273.75	271.35	266.65	261.90	257.15	252.45	247.70	243.00	238.25	233.50
1473.-	1485.	296.25	276.90	274.55	269.80	265.10	260.35	255.60	250.90	246.15	241.45	236.70
1485.-	1497.	299.40	280.10	277.75	273.00	268.25	263.55	258.80	254.10	249.35	244.60	239.90
1497.-	1509.	302.60	283.30	280.90	276.20	271.45	266.70	262.00	257.25	252.55	247.80	243.05
1509.-	1521.	305.80	286.45	284.10	279.35	274.65	269.90	265.20	260.45	255.70	251.00	246.25
1521.-	1533.	308.95	289.65	287.30	282.55	277.80	273.10	268.35	263.65	258.90	254.15	249.45
1533.-	1545.	312.15	292.85	290.45	285.75	281.00	276.25	271.55	266.80	262.10	257.35	252.60
1545.-	1557.	315.35	296.00	293.65	288.95	284.20	279.45	274.75	270.00	265.25	260.55	255.80

C-4   Vous pouvez obtenir cette table sur disquette (TSD).   This table is available on diskette (TOD).

TABLEAU 7-A2 *Table des retenues à la source – Impôt du Québec sur le revenu*

IMPÔT DU QUÉBEC – Table 30 (annexe A)

52 périodes de paye par année

Retenez sur chaque paye le montant de la colonne appropriée, selon le code inscrit sur le formulaire MR-19 de l'employé.

Paye assujettie à la retenue (utilisez la tranche appropriée)		O	A	B	C	D	E	F	G	H	I	J	K	L	M	N	R	S	Z*
230,00	234,99	34,99	11,58	7,46	1,38												0,94	1,42	
235,00	239,99	35,64	12,49	8,37	2,29												0,97	1,45	
240,00	244,99	36,55	13,40	9,28	3,20												1,00	1,48	
245,00	249,99	37,46	14,31	10,19	4,11												1,03	1,51	
250,00	254,99	38,37	15,22	11,10	5,02												1,06	1,55	
255,00	259,99	39,28	16,13	12,01	5,93												1,09	1,58	
260,00	264,99	40,19	17,04	12,92	6,84												1,11	1,61	
265,00	269,99	41,10	17,95	13,83	7,75												1,14	1,64	
270,00	274,99	42,07	18,93	14,81	8,73												1,17	1,67	
275,00	279,99	43,08	19,94	15,82	9,74	0,91											1,20	1,70	
280,00	284,99	44,10	20,95	16,83	10,75	1,92											1,23	1,73	
285,00	289,99	45,11	21,96	17,84	11,76	2,93											1,26	1,76	
290,00	294,99	46,12	22,97	18,85	12,77	3,95											1,29	1,79	
295,00	299,99	47,13	23,99	19,87	13,79	4,96	0,84										1,31	1,82	
300,00	304,99	48,14	25,00	20,88	14,80	5,97	1,85										1,34	1,85	
305,00	309,99	49,15	26,01	21,89	15,81	6,98	2,86	0,12									1,37	1,88	
310,00	314,99	50,17	27,02	22,90	16,82	7,99	3,87	1,13									1,40	1,91	
315,00	319,99	51,18	28,03	23,91	17,83	9,01	4,89	2,14									1,43	1,94	
320,00	324,99	52,19	29,04	24,93	18,84	10,02	5,90	3,15	0,21								1,46	1,97	
325,00	329,99	53,20	30,06	25,94	19,86	11,03	6,91	4,16	1,22								1,49	2,00	
330,00	334,99	54,21	31,07	26,95	20,87	12,04	7,92	5,18	2,23								1,51	2,03	
335,00	339,99	55,23	32,08	27,96	21,88	13,05	8,93	6,19	3,25								1,54	2,07	
340,00	344,99	56,24	33,09	28,97	22,89	14,06	9,95	7,20	4,26								1,57	2,10	
345,00	349,99	57,25	34,10	29,98	23,90	15,08	10,96	8,21	5,27								1,60	2,13	
350,00	354,99	58,26	35,12	31,00	24,92	16,09	11,97	9,22	6,28	0,98							1,63	2,16	
355,00	359,99	59,27	36,13	32,01	25,93	17,10	12,98	10,23	7,29	2,00							1,66	2,19	
360,00	364,99	60,29	37,14	33,02	26,94	18,11	13,99	11,25	8,30	3,01							1,69	2,22	
365,00	369,99	61,30	38,15	34,03	27,95	19,12	15,00	12,26	9,32	4,02	0,20						1,71	2,25	
370,00	374,99	62,31	39,16	35,04	28,96	20,14	16,02	13,27	10,33	5,03	1,21						1,74	2,28	
375,00	379,99	63,32	40,17	36,06	29,97	21,15	17,03	14,28	11,34	6,04	2,22						1,77	2,31	
380,00	384,99	64,33	41,19	37,07	30,99	22,16	18,04	15,29	12,35	7,06	3,23						1,80	2,34	
385,00	389,99	65,34	42,20	38,08	32,00	23,17	19,05	16,31	13,36	8,07	4,24	1,01					1,83	2,37	
390,00	394,99	66,36	43,21	39,09	33,01	24,18	20,06	17,32	14,38	9,08	5,25	2,02	0,45				1,86	2,40	
395,00	399,99	67,37	44,22	40,10	34,02	25,19	21,08	18,33	15,39	10,09	6,27	3,03	1,46				1,89	2,43	
400,00	404,99	68,38	45,23	41,11	35,03	26,21	22,09	19,34	16,40	11,10	7,28	4,04	2,47				1,91	2,46	
405,00	409,99	69,39	46,25	42,13	36,05	27,22	23,10	20,35	17,41	12,11	8,29	5,05	3,48				1,94	2,49	
410,00	414,99	70,40	47,26	43,14	37,06	28,23	24,11	21,37	18,42	13,13	9,30	6,07	4,50	0,18			1,97	2,52	
415,00	419,99	71,42	48,27	44,15	38,07	29,24	25,12	22,38	19,43	14,14	10,31	7,08	5,51	1,19			2,00	2,56	
420,00	424,99	72,43	49,28	45,16	39,08	30,25	26,13	23,39	20,45	15,15	11,33	8,09	6,52	2,20			2,03	2,59	
425,00	429,99	73,44	50,29	46,17	40,09	31,27	27,15	24,40	21,46	16,16	12,34	9,10	7,53	3,22			2,06	2,62	

* Si le montant inscrit à la ligne 12 du formulaire MR-19 dépasse 20 400 $, vous devez, pour chaque tranche (ou partie de tranche) supplémentaire de 500 $, soustraire du montant obtenu à la colonne N le montant figurant à la colonne Z.

TABLEAU 7-A2 *(suite)*

IMPÔT DU QUÉBEC – Table 30 (annexe A)

52 périodes de paye par année

Retenez sur chaque paye le montant de la colonne appropriée, selon le code inscrit sur le formulaire MR-19 de l'employé.

Paye assujettie à la retenue (utilisez la tranche appropriée)	0	A	B	C	D	E	F	G	H	I	J	K	L	M	N	R	S	Z*
430,00 – 439,99	74,96	51,81	47,69	41,61	32,78	28,66	25,92	22,98	17,68	13,85	10,62	9,05	4,73	0,81				
440,00 – 449,99	77,04	53,89	49,77	43,69	34,86	30,74	28,00	25,05	19,76	15,93	12,70	11,13	6,81	2,89				0,41
450,00 – 459,99	79,26	56,12	52,00	45,92	37,09	32,97	30,22	27,28	21,99	18,16	14,92	13,36	9,04	5,12	0,41			1,95
460,00 – 469,99	81,49	58,34	54,23	48,14	39,32	35,20	32,45	29,51	24,21	20,39	17,15	15,58	11,27	7,34	2,64			1,95
470,00 – 479,99	83,72	60,57	56,45	50,37	41,55	37,43	34,68	31,74	26,44	22,62	19,38	17,81	13,50	9,57	4,86			1,95
480,00 – 489,99	85,95	62,80	58,68	52,60	43,77	39,65	36,91	33,97	28,67	24,84	21,61	20,04	15,72	11,80	7,09	2,39	2,97	1,95
490,00 – 499,99	88,17	65,03	60,91	54,83	46,00	41,88	39,14	36,19	30,90	27,07	23,84	22,27	17,95	14,03	9,32	2,44	3,03	1,95
500,00 – 509,99	90,40	67,26	63,14	57,06	48,23	44,11	41,36	38,42	33,12	29,30	26,06	24,49	20,18	16,26	11,55	2,50	3,09	1,95
510,00 – 519,99	92,63	69,48	65,36	59,28	50,46	46,34	43,59	40,65	35,35	31,53	28,29	26,72	22,41	18,48	13,78	2,56	3,15	1,95
520,00 – 529,99	94,89	71,71	67,59	61,51	52,68	48,56	45,82	42,88	37,58	33,75	30,52	28,95	24,63	20,71	16,00	2,61	3,21	1,95
530,00 – 539,99	97,22	73,94	69,82	63,74	54,91	50,79	48,05	45,10	39,81	35,98	32,75	31,18	26,86	22,94	18,23	2,67	3,27	1,95
540,00 – 549,99	99,56	76,17	72,05	65,97	57,14	53,02	50,27	47,33	42,04	38,21	34,97	33,40	29,09	25,17	20,46	2,73	3,34	1,95
550,00 – 559,99	101,90	78,39	74,27	68,19	59,37	55,25	52,50	49,56	44,26	40,44	37,20	35,63	31,32	27,39	22,69	2,79	3,40	1,95
560,00 – 569,99	104,24	80,62	76,50	70,42	61,59	57,48	54,73	51,79	46,49	42,67	39,43	37,86	33,54	29,62	24,91	2,84	3,46	1,95
570,00 – 579,99	106,57	82,85	78,73	72,65	63,82	59,70	56,96	54,01	48,72	44,89	41,66	40,09	35,77	31,85	27,14	2,90	3,52	1,95
580,00 – 589,99	108,91	85,08	80,96	74,88	66,05	61,93	59,18	56,24	50,95	47,12	43,88	42,32	38,00	34,08	29,37	2,96	3,58	1,95
590,00 – 599,99	111,25	87,30	83,19	77,10	68,28	64,16	61,41	58,47	53,17	49,35	46,11	44,54	40,23	36,30	31,60	3,01	3,64	1,95
600,00 – 609,99	113,58	89,53	85,41	79,33	70,51	66,39	63,64	60,70	55,40	51,58	48,34	46,77	42,46	38,53	33,82	3,07	3,70	1,95
610,00 – 619,99	115,92	91,76	87,64	81,56	72,73	68,61	65,87	62,93	57,63	53,80	50,57	49,00	44,68	40,76	36,05	3,16	3,83	1,95
620,00 – 629,99	118,26	93,99	89,87	83,79	74,96	70,84	68,10	65,15	59,86	56,03	52,80	51,23	46,91	42,99	38,28	3,33	4,00	1,95
630,00 – 639,99	120,59	96,31	92,10	86,02	77,19	73,07	70,32	67,38	62,08	58,26	55,02	53,45	49,14	45,22	40,51	3,40	4,08	1,95
640,00 – 649,99	122,93	98,65	94,33	88,24	79,42	75,30	72,55	69,61	64,31	60,49	57,25	55,68	51,37	47,44	42,74	3,46	4,14	1,95
650,00 – 659,99	125,27	100,99	96,67	90,47	81,64	77,52	74,78	71,84	66,54	62,71	59,48	57,91	53,59	49,67	44,96	3,52	4,21	1,95
660,00 – 669,99	127,60	103,32	99,00	92,70	83,87	79,75	77,01	74,06	68,77	64,94	61,71	60,14	55,82	51,90	47,19	3,58	4,27	1,95
670,00 – 679,99	129,94	105,66	101,34	94,96	86,10	81,98	79,23	76,29	71,00	67,17	63,93	62,36	58,05	54,13	49,42	3,64	4,33	1,95
680,00 – 689,99	132,30	108,02	103,70	97,32	88,35	84,23	81,49	78,54	73,25	69,42	66,19	64,62	60,30	56,38	51,67	3,68	4,40	1,95
690,00 – 699,99	134,70	110,42	106,10	99,72	90,64	86,52	83,77	80,83	75,53	71,71	68,47	66,90	62,59	58,66	53,95	3,68	4,46	1,95
700,00 – 709,99	137,10	112,82	108,49	102,12	92,92	88,80	86,06	83,11	77,82	73,99	70,76	69,19	64,87	60,95	56,24	3,68	4,53	1,95
710,00 – 719,99	139,49	115,21	110,89	104,51	95,25	91,09	88,34	85,40	80,10	76,28	73,04	71,47	67,16	63,23	58,52	3,68	4,59	1,95
720,00 – 729,99	141,89	117,61	113,29	106,91	97,65	93,37	90,62	87,68	82,39	78,56	75,32	73,76	69,44	65,52	60,81	3,68	4,65	1,95
730,00 – 739,99	144,29	120,01	115,69	109,31	100,05	95,73	92,91	89,97	84,67	80,85	77,61	76,04	71,72	67,80	63,09	3,68	4,72	1,95
740,00 – 749,99	146,68	122,40	118,08	111,70	102,44	98,12	95,24	92,25	86,96	83,13	79,89	78,33	74,01	70,09	65,38	3,68	4,78	1,95
750,00 – 759,99	149,08	124,80	120,48	114,10	104,84	100,52	97,64	94,55	89,24	85,42	82,18	80,61	76,29	72,37	67,66	3,68	4,85	1,95
760,00 – 769,99	151,48	127,20	122,88	116,50	107,24	102,92	100,04	96,95	91,53	87,70	84,46	82,89	78,58	74,66	69,95	3,68	4,91	1,95
770,00 – 779,99	153,87	129,59	125,27	118,89	109,63	105,31	102,43	99,35	93,81	89,99	86,75	85,18	80,86	76,94	72,23	3,68	4,98	1,95
780,00 – 789,99	156,27	131,99	127,67	121,29	112,03	107,71	104,83	101,74	96,19	92,27	89,03	87,46	83,15	79,23	74,52	3,68	5,04	1,95
790,00 – 799,99	158,67	134,39	130,07	123,69	114,43	110,11	107,23	104,14	98,58	94,57	91,32	89,75	85,43	81,51	76,80	3,68	5,10	1,95
800,00 – 809,99	161,06	136,78	132,46	126,08	116,82	112,50	109,62	106,54	100,98	96,97	93,60	92,03	87,72	83,80	79,09	3,68	5,17	1,95
810,00 – 819,99	163,46	139,18	134,86	128,48	119,22	114,90	112,02	108,93	103,38	99,36	95,97	94,32	90,00	86,08	81,37	3,68	5,23	1,95
820,00 – 829,99	165,92	141,64	137,32	130,94	121,68	117,36	114,48	111,39	105,84	101,83	98,43	96,78	92,35	88,43	83,72	3,68	5,23	1,95

* Si le montant inscrit à la ligne 12 du formulaire MR-19 dépasse 20 400 $, vous devez, pour chaque tranche (ou partie de tranche) supplémentaire de 500 $, soustraire du montant obtenu à la colonne N le montant figurant à la colonne Z.

TABLEAU 7-A2 *(suite)*

IMPÔT DU QUÉBEC – Table 30 (annexe A)

52 périodes de paye par année

Retenez sur chaque paye le montant de la colonne appropriée, selon le code inscrit sur le formulaire MR-19 de l'employé.

Paye assujettie à la retenue (utilisez la tranche appropriée)		O	A	B	C	D	E	F	G	H	I	J	K	L	M	N	R	S	Z*
830,00	839,99	168,38	144,10	139,78	133,40	124,14	119,82	116,94	113,85	108,30	104,29	100,89	99,24	94,72	90,77	86,06	3,68	5,23	1,95
840,00	849,99	170,84	146,56	142,24	135,86	126,60	122,28	119,40	116,32	110,76	106,75	103,35	101,71	97,18	93,12	88,41	3,68	5,23	1,95
850,00	859,99	173,31	149,02	144,70	138,32	129,07	124,74	121,86	118,78	113,22	109,21	105,81	104,17	99,64	95,52	90,76	3,68	5,23	1,95
860,00	869,99	175,77	151,49	147,16	140,79	131,53	127,20	124,32	121,24	115,68	111,67	108,27	106,63	102,10	97,99	93,10	3,68	5,23	1,95
870,00	879,99	178,23	153,95	149,63	143,25	133,99	129,67	126,79	123,70	118,14	114,13	110,74	109,09	104,56	100,45	95,51	3,68	5,23	1,95
880,00	889,99	180,69	156,41	152,09	145,71	136,45	132,13	129,25	126,16	120,60	116,59	113,20	111,55	107,02	102,91	97,97	3,68	5,23	1,95
890,00	899,99	183,15	158,87	154,55	148,17	138,91	134,59	131,71	128,62	123,06	119,05	115,66	114,01	109,48	105,37	100,43	3,68	5,23	1,95
900,00	909,99	185,61	161,33	157,01	150,63	141,37	137,05	134,17	131,08	125,53	121,51	118,12	116,47	111,95	107,83	102,89	3,68	5,23	1,95
910,00	919,99	188,07	163,79	159,47	153,09	143,83	139,51	136,63	133,54	127,99	123,97	120,58	118,93	114,41	110,29	105,35	3,68	5,23	1,95
920,00	929,99	190,53	166,25	161,93	155,55	146,29	141,97	139,09	136,00	130,45	126,44	123,04	121,39	116,87	112,75	107,81	3,68	5,23	1,95
930,00	939,99	192,99	168,71	164,39	158,01	148,75	144,43	141,55	138,46	132,91	128,90	125,50	123,85	119,33	115,21	110,27	3,68	5,23	1,95
940,00	949,99	195,45	171,17	166,85	160,47	151,21	146,89	144,01	140,93	135,37	131,36	127,96	126,32	121,79	117,67	112,74	3,68	5,23	1,95
950,00	959,99	197,94	173,63	169,31	162,93	153,68	149,35	146,47	143,39	137,83	133,82	130,42	128,78	124,25	120,13	115,20	3,68	5,23	1,95
960,00	969,99	200,51	176,13	171,81	165,43	156,17	151,85	148,97	145,88	140,33	136,32	132,92	131,27	126,75	122,63	117,69	3,68	5,23	1,95
970,00	979,99	203,15	178,70	174,38	168,00	158,74	154,42	151,54	148,45	142,90	138,88	135,49	133,84	129,32	125,20	120,26	3,68	5,23	1,95
980,00	989,99	205,79	181,27	176,95	170,57	161,31	156,99	154,11	151,02	145,46	141,45	138,06	136,41	131,88	127,77	122,83	3,68	5,23	1,95
990,00	999,99	208,43	183,84	179,52	173,14	163,88	159,56	156,68	153,59	148,03	144,02	140,63	138,98	134,45	130,34	125,40	3,68	5,23	1,95
1 000,00	1 009,99	211,07	186,40	182,08	175,70	166,45	162,12	159,24	156,16	150,60	146,59	143,19	141,55	137,02	132,90	127,97	3,68	5,23	1,95
1 010,00	1 019,99	213,71	188,97	184,65	178,27	169,01	164,69	161,81	158,72	153,17	149,16	145,76	144,11	139,59	135,47	130,53	3,68	5,23	1,95
1 020,00	1 029,99	216,35	191,54	187,22	180,84	171,58	167,26	164,38	161,29	155,74	151,72	148,33	146,68	142,16	138,04	133,10	3,68	5,23	1,95
1 030,00	1 039,99	218,99	194,11	189,79	183,41	174,15	169,83	166,95	163,86	158,30	154,29	150,90	149,25	144,72	140,61	135,67	3,69	5,29	1,95
1 040,00	1 049,99	221,63	196,68	192,36	185,98	176,72	172,40	169,52	166,43	160,87	156,86	153,47	151,82	147,29	143,18	138,24	3,77	5,37	1,95
1 050,00	1 059,99	224,27	199,30	194,92	188,54	179,29	174,96	172,08	169,00	163,44	159,43	156,03	154,39	149,86	145,74	140,81	3,78	5,38	1,95
1 060,00	1 069,99	226,91	201,94	197,50	191,11	181,85	177,53	174,65	171,56	166,01	162,00	158,60	156,95	152,43	148,31	143,37	3,78	5,38	1,95
1 070,00	1 079,99	229,55	204,58	200,14	193,68	184,42	180,10	177,22	174,13	168,58	164,56	161,17	159,52	155,00	150,88	145,94	3,78	5,38	1,95
1 080,00	1 089,99	232,19	207,22	202,78	196,25	186,99	182,67	179,79	176,70	171,14	167,13	163,74	162,09	157,56	153,45	148,51	3,78	5,38	1,95
1 090,00	1 099,99	234,83	209,86	205,42	198,86	189,56	185,24	182,36	179,27	173,71	169,70	166,31	164,66	160,13	156,02	151,08	3,78	5,38	1,95
1 100,00	1 109,99	237,47	212,50	208,06	201,50	192,13	187,80	184,92	181,84	176,28	172,27	168,87	167,23	162,70	158,58	153,65	3,78	5,38	1,95
1 110,00	1 119,99	240,11	215,14	210,70	204,14	194,69	190,37	187,49	184,40	178,85	174,84	171,44	169,79	165,27	161,15	156,21	3,78	5,38	1,95
1 120,00	1 129,99	242,75	217,78	213,34	206,78	197,27	192,94	190,06	186,97	181,42	177,40	174,01	172,36	167,84	163,72	158,78	3,78	5,38	1,95
1 130,00	1 139,99	245,39	220,42	215,98	209,42	199,91	195,51	192,63	189,54	183,98	179,97	176,58	174,93	170,40	166,29	161,35	3,78	5,38	1,95
1 140,00	1 149,99	248,03	223,06	218,62	212,06	202,55	198,10	195,20	192,11	186,55	182,54	179,15	177,50	172,97	168,86	163,92	3,78	5,38	1,95
1 150,00	1 159,99	250,67	225,70	221,26	214,70	205,19	200,74	197,78	194,68	189,12	185,11	181,71	180,07	175,54	171,42	166,49	3,78	5,38	1,95
1 160,00	1 169,99	253,31	228,34	223,90	217,34	207,83	203,38	200,42	197,25	191,69	187,68	184,28	182,63	178,11	173,99	169,05	3,78	5,38	1,95
1 170,00	1 179,99	255,95	230,98	226,54	219,98	210,47	206,02	203,06	199,89	194,26	190,24	186,85	185,20	180,68	176,56	171,62	3,78	5,38	1,95
1 180,00	1 189,99	258,59	233,62	229,18	222,62	213,11	208,66	205,70	202,53	196,82	192,81	189,42	187,77	183,24	179,13	174,19	3,78	5,38	1,95
1 190,00	1 199,99	261,23	236,26	231,82	225,26	215,75	211,30	208,34	205,17	199,46	195,38	191,99	190,34	185,81	181,70	176,76	3,78	5,38	1,95
1 200,00	1 209,99	263,87	238,90	234,46	227,90	218,39	213,94	210,98	207,81	202,10	197,97	194,55	192,91	188,38	184,26	179,33	3,78	5,38	1,95
1 210,00	1 219,99	266,51	241,54	237,10	230,54	221,03	216,58	213,62	210,45	204,74	200,61	197,12	195,47	190,95	186,83	181,89	3,78	5,38	1,95
1 220,00	1 229,99	269,15	244,18	239,74	233,18	223,67	219,22	216,26	213,09	207,38	203,25	199,76	198,07	193,52	189,40	184,46	3,78	5,38	1,95

* Si le montant inscrit à la ligne 12 du formulaire MR-19 dépasse 20 400 $, vous devez, pour chaque tranche (ou partie de tranche) supplémentaire de 500 $, soustraire du montant obtenu à la colonne N le montant figurant à la colonne Z.

FIGURE 7-A1   *Déclaration des crédits d'impôt personnels (TD1)*

Revenu Canada / Revenue Canada   TD1(F) Rév. 96

DÉCLARATION DES CRÉDITS D'IMPÔT PERSONNELS

Instructions

Vous devez remplir ce formulaire si vous avez un nouvel employeur ou payeur et que vous recevez un ou plusieurs des revenus suivants :

- un traitement, un salaire, une pension, des commissions ou toute autre rémunération;
- des prestations d'assurance-chômage, y compris des allocations de formation.

Vous n'êtes **pas** tenu de remplir une nouvelle déclaration chaque année, à moins que votre situation familiale change ou que vous désiriez modifier vos crédits d'impôt personnels. Vous devez remplir une nouvelle déclaration dans les sept jours suivant tout changement. Le fait de faire une fausse déclaration constitue une infraction.

Vous pouvez faire réduire vos retenues d'impôt si vous versez périodiquement une pension alimentaire, des paiements d'entretien ou des cotisations à un régime enregistré d'épargne-retraite (REER). Pour ce faire, écrivez à votre bureau des services fiscaux pour obtenir une lettre d'autorisation. Une lettre d'autorisation n'est pas exigée dans l'une ou l'autre des situations suivantes :

- votre employeur retient des cotisations à un REER sur votre salaire;
- votre employeur retient des montants pour pension alimentaire ou allocation d'entretien sur votre salaire par suite d'une ordonnance de la cour.

Si vos revenus ne proviennent pas d'un emploi, comme une pension ou des prestations de sécurité de la vieillesse, et que vous désirez que de l'impôt soit prélevé sur ces revenus, vous pouvez remplir le formulaire TD3, *Demande de retenue d'impôt sur le revenu qui ne provient pas d'un emploi*.

Si vous avez besoin d'aide, adressez-vous à votre employeur ou payeur, ou appelez votre bureau des services fiscaux ou centre fiscal. Vous trouverez les numéros de téléphone de ces bureaux dans l'annuaire téléphonique, sous la rubrique «Revenu Canada», dans la section réservée au gouvernement du Canada.

---- ✂ ---- Calculs confidentiels au verso - Copie de l'employé ----

Copie de l'employeur ou payeur

Revenu Canada / Revenue Canada   TD1(F) Rév. 96

DÉCLARATION DES CRÉDITS D'IMPÔT PERSONNELS

Veuillez remettre ce formulaire à votre employeur ou payeur après l'avoir rempli.

Nom de famille (en lettres majuscules)	Prénom usuel et initiales	Numéro d'employé

Adresse	Réservé aux non-résidents Pays de résidence	Numéro d'assurance sociale

	Code postal	Date de naissance — Année / Mois / Jour

1. Montant personnel de base

Toute personne peut déduire **6 456 $** comme montant personnel de base.
- Si vous choisissez de déduire le montant de base, **inscrivez 6 456 $**.
- Si vous choisissez de ne pas déduire le montant de base (p.ex., lorsque vous avez plus d'un employeur ou payeur et que vous avez déjà demandé le montant de base), **inscrivez le code 0** à la case ▇ au verso de ce formulaire et ne remplissez pas les sections 2 à 8. Remplissez les sections 9 à 11 si vous le désirez.
- Si vous êtes un non-résident et que vous incluez 90 % ou plus de votre revenu annuel de toutes provenances dans le calcul de votre revenu imposable au Canada, vous pouvez déduire certains montants personnels. Si vous incluez moins de 90 % de votre revenu annuel de toutes provenances, **inscrivez le code 0** à la case ▇ au verso de ce formulaire. Si vous désirez obtenir plus de renseignements ou si vous n'êtes pas certain d'être un non-résident, communiquez avec votre bureau des services fiscaux ou centre fiscal.   **Crédit demandé :** _____ $

2. Montant pour conjoint ou équivalent du montant pour conjoint

Vous pouvez déduire un montant pour avoir subvenu aux besoins de votre conjoint si vous êtes **marié ou si vous avez un conjoint de fait**.

Habituellement, un conjoint de fait est une personne de sexe opposé avec qui vous vivez en union de fait depuis au moins 12 mois consécutifs, incluant une période où vous avez vécu séparément (en raison de la rupture de votre union) pendant moins de 90 jours, ou encore avec qui vous vivez en union de fait et qui est le parent naturel ou adoptif de votre enfant. Si vous avez des questions sur votre état civil ou que vous désirez plus de renseignements, adressez-vous à votre bureau des services fiscaux ou centre fiscal.

Vous pouvez déduire l'équivalent du montant pour conjoint si vous êtes **célibataire, divorcé, séparé ou veuf** et que vous subvenez aux besoins d'un membre de votre parenté qui remplit les conditions suivantes :
- il a moins de 18 ans, (sauf s'il s'agit d'un de vos parents ou grand-parents, ou d'une personne qui a une déficience physique ou mentale);
- il vous est lié par le sang, le mariage ou l'adoption;
- il réside avec vous dans un logement que vous maintenez;
- il réside au Canada (dans le cas de votre enfant, il n'est pas nécessaire que celui-ci réside au Canada).

Calcul du montant pour conjoint ou équivalent du montant pour conjoint
Si vous vous mariez durant l'année, le revenu net de votre conjoint comprend les revenus gagnés avant et pendant le mariage. Si le revenu net de votre conjoint ou du membre de votre parenté à votre charge pour l'année en cours est de :
- plus de 5 918 $, **inscrivez 0**;
- 538 $ ou moins, **inscrivez 5 380 $**;
- plus de 538 $, faites le calcul n° 2 au verso de ce formulaire et **inscrivez** le résultat ci-contre.   **Crédit demandé :** _____ $

Si vous déduisez un montant à la section 2, vous ne pouvez pas déduire un montant pour la même personne à la section 3.

3. Montant pour autres personnes à charge ayant une déficience physique ou mentale

Vous pouvez déduire un montant pour personne à charge s'il s'agit d'une des personnes suivantes :
- votre enfant ou petit-enfant (ou celui de votre conjoint) qui a 18 ans ou plus et qui a une déficience physique ou mentale;
- votre père, votre mère, un grand-père, une grand-mère, un frère, une soeur, un oncle, une tante, un neveu, ou celui ou celle de votre conjoint, qui est âgé de 18 ans ou plus, a une déficience physique ou mentale **et** demeure au Canada.

Calcul du montant pour autres personnes à charge
Si le revenu net de la personne à votre charge pour l'année en cours est de :
- 2 690 $ ou moins, **inscrivez 1 583 $**;
- plus de 2 690 $, faites le calcul n° 3 au verso de ce forrmulaire et **inscrivez** le résultat ci-contre.   **Crédit demandé :** _____ $

Vous pouvez déduire un montant pour chaque personne qui est à votre charge et a une déficience.

4. Montant pour un revenu de pension admissible

Le revenu de pension admissible comprend les prestations de pension reçues d'un régime de pension ou d'une caisse de retraite à titre de rente viagère ainsi que les prestations de pension de source étrangère. Il ne comprend pas les prestations du Régime de pensions du Canada ou du Régime de rentes du Québec, la pension de sécurité de la vieillesse, le supplément de revenu garanti, ni les retraits forfaitaires d'une caisse de retraite.

Si vous recevez un revenu de pension admissible, vous pouvez inscrire le moins élevé des deux montants suivants : le revenu de pension admissible ou 1 000 $.   **Crédit demandé :** _____ $

5. Montant en raison de l'âge

Si vous avez 65 ans ou plus à la fin de l'année et que votre revenu net de toutes provenances estimé pour l'année est :
- égal ou inférieur à 25 921 $, **inscrivez 3 482 $**;
- supérieur à 25 921 $ sans dépasser 49 134,33 $, faites le calcul n° 5 au verso de ce formulaire et inscrivez le résultat ci-contre;
- supérieur à 49 134,33 $, **inscrivez 0**.   **Crédit demandé :** _____ $

This form is available in English.

FIGURE 7-A1 *(suite)*

Calcul n° 2 : plus de 538 $, faites le calcul suivant : . . . . **5 918 $**
Moins le revenu net du conjoint ou membre de votre parenté . . . . ————
 Total : . . . . ════
Reportez le résultat dans la section 2 comme crédit demandé

Calcul n° 3 : plus de 2 690 $, faites le calcul suivant : . . . . **4 273 $**
Moins le revenu net de la personne à charge . . . . ————
 Total : . . . . ════
Reportez le résultat dans la section 3 comme crédit demandé

Calcul n° 5 : supérieur à 25 921 $ sans dépasser 49 134,33 $,
 faites le calcul suivant :

Montant en raison de l'âge . . . . **3 482 $** A

Réduit de :
1. Votre revenu net estimé pour l'année _____ $
2. Moins . . . . − 25 921 $
3. Ligne 1 moins ligne 2 . . . . _____ $
4. Ligne 3 _____ multipliée par 15 % . . . . ————$ B

Montant A moins montant B. Si le montant est
négatif, inscrivez 0 . . . . _____ $
Reportez le résultat dans la section 5 comme crédit demandé

Codes de demande	
Total du montant calculé	**Code de demande**
Nul	0
Minimum 6 456 $	1
6 456,01 - 8 037	2
8 037,01 - 9 619	3
9 619,01 - 11 202	4
11 202,01 - 12 783	5
12 783,01 - 14 364	6
14 364,01 - 15 946	7
15 946,01 - 17 527	8
17 527,01 - 19 109	9
19 109,01 - 20 693	10
20 693,01 $ - et plus Calcul manuel par l'employeur requis	X
Aucune retenue d'impôt requise	E

------------------ ✂ ------------------

6. Montant pour frais de scolarité et montant relatif aux études

Inscrivez, pour l'année visée par cette déclaration, vos frais de scolarité pour des cours que vous suivrez dans une université, un collège ou un établissement reconnu par le ministre du Développement des ressources humaines. . . . . ————

Ajoutez 80 $ pour chaque mois de l'année pendant lequel vous serez inscrit à plein temps à un programme d'enseignement admissible dans une université, un collège ou un établissement offrant des cours de recyclage professionnel ou des cours par correspondance. ————
Total partiel . . . . ————

Soustrayez les bourses d'études, de perfectionnement ou d'entretien que vous recevrez pendant cette même année. (Ne déclarez pas les premiers 500 $.) ————

Inscrivez le montant demandé. Si le montant est négatif, inscrivez 0. . . . . **Crédit demandé :** _____ $

7. Montant pour personnes handicapées
Inscrivez 4 233 $ pour une personne qui, dans l'année, a une déficience physique ou mentale grave et pour laquelle vous demandez le montant pour personnes handicapées au moyen du formulaire T2201, *Certificat pour le crédit d'impôt pour personnes handicapées*. La déficience doit considérablement restreindre la personne dans ses activités quotidiennes et doit durer, ou devrait durer, au moins 12 mois consécutifs.
Inscrivez le montant total demandé . . . . **Crédit demandé :** _____ $

8. Montant transféré de votre conjoint, d'un membre de votre parenté ou d'une personne à charge
Vous pouvez déduire une partie des montants ci-dessous que votre conjoint, un membre de votre parenté ou une personne à votre charge n'a pas utilisés pour réduire son impôt fédéral à zéro.
Montant en raison de l'âge : Si votre conjoint a 65 ans ou plus dans l'année visée par cette déclaration, vous pouvez déduire la partie inutilisée de son montant en raison de l'âge, jusqu'à concurrence de **3 482 $** . . . .

Montant pour revenus de pension : Si votre conjoint reçoit un revenu de pension admissible, vous pouvez déduire la partie inutilisée de son montant admissible, jusqu'à concurrence de **1 000 $** . . . .

Montant pour personnes handicapées : Si votre conjoint, un membre de votre parenté ou une personne à votre charge ont une déficience, vous pouvez déduire la partie inutilisée de leur montant pour personnes handicapées, jusqu'à concurrence de **4 233 $** pour chaque personne. . . . .

Montant pour frais de scolarité et montant relatif aux études : Si des personnes à votre charge (conjoint, membre de votre parenté ou autre personne à charge) fréquentent l'université, un collège ou un autre établissement d'enseignement agréé, vous pouvez déduire la partie inutilisée de leurs frais de scolarité ou de leur montant relatif aux études, jusqu'à concurrence de **4 000 $** pour chaque personne. . . . .

Inscrivez le montant total calculé . . . . **Crédit demandé :** _____ $

_____ $

Additionnez tous vos crédits d'impôt personnels des sections 1 à 8 inclusivement. **Total des crédits :** _____ $

Reportez-vous à la liste ci-dessus pour déterminer votre code de demande et inscrivez-le dans la case [A] ci-contre. **Si** le total de vos crédits d'impôt personnels dépasse votre revenu d'emploi pour l'année, votre code de demande est **«E».**

[____] **A**

Renseignements supplémentaires

9. Impôt additionnel à retenir
Si vous recevez des revenus supplémentaires, vous pourriez trouver plus pratique de faire augmenter les retenues d'impôt. Vous éviterez ainsi d'avoir à payer de l'impôt additionnel lorsque vous soumettrez votre déclaration de revenus. Indiquez le montant supplémentaire d'impôt que vous voulez que l'on retienne sur chaque paiement. Si vous désirez modifier cette retenue par la suite, vous devrez remplir un nouveau formulaire TD1. _____ $

10. Déduction pour les habitants de régions désignées (p. ex. , le Territoire du Yukon et les Territoires du Nord-Ouest)
Si vous habitez le Territoire du Yukon, les Territoires du Nord-Ouest ou une autre région désignée pendant une période de plus de six mois consécutifs commençant ou finissant dans l'année visée par cette déclaration, vous pouvez demander l'une des déductions suivantes :
• 7,50 $ par jour, pour chaque jour pendant lequel vous vivez dans une région désignée;
• 15,00 $ par jour, pour chaque jour pendant lequel vous vivez dans une région désignée, si durant cette période vous tenez et occupez une habitation dans la région désignée et que vous êtes la seule personne de cette habitation qui demande une déduction à cet égard. Pour obtenir plus de renseignements et une liste des régions désignées, consultez le guide d'impôt intitulé *Déductions pour les habitants de régions éloignées*, que vous pouvez vous procurer dans tous les bureaux des services fiscaux ou centre fiscaux. _____ $

11. Si vous demeurez en **Ontario**, au **Manitoba**, en **Saskatchewan** ou en **Colombie-Britannique**, inscrivez le nombre de personnes à votre charge qui auront moins de 18 ans à la fin de l'année visée par cette déclaration.
Pour les résidents de l'**Ontario**, du **Manitoba** et de la **Saskatchewan**, seul le conjoint ayant le revenu net le plus élevé peut inscrire un montant. Si vous êtes un résident de l'**Ontario**, du **Manitoba** ou de la **Colombie-Britannique**, le nombre d'enfants ne doit pas inclure l'enfant pour lequel vous avez demandé l'équivalent du montant pour conjoint. [____]

J'atteste que les renseignements fournis dans ce formulaire sont, à ma connaissance, exacts et complets.

Signature _____ Date _____

FIGURE 7-A2   *Déclaration aux fins de retenue à la source (MR-19)*

1996 DÉCLARATION AUX FINS DE RETENUE À LA SOURCE

Gouvernement du Québec
Ministère du Revenu

I- IDENTIFICATION DE L'EMPLOYÉ OU DU BÉNÉFICIAIRE

Nom légal				Prénom		

Numéro de l'employé ou du bénéficiaire	Date de naissance	année	mois	jour	Numéro d'assurance sociale

IMPORTANT : *Si vous n'êtes pas résident du Canada et que vous séjournez au Québec pour une ou des périodes qui n'excéderont pas 182 jours en 1996, ou si vous n'y résidez qu'une partie de l'année, communiquez avec le ministère du Revenu pour établir les montants énumérés ci-dessous auxquels vous avez droit.*

II- CALCUL DES MONTANTS PERMETTANT DE DÉTERMINER LE CODE DES RETENUES

Montant de base. Inscrivez 5 900 $, si vous déduisez le montant de base. Toutefois, vous ne pouvez pas déduire ce montant, par exemple, lorsque vous avez plus d'un employeur ou payeur et que vous avez déjà demandé 5 900 $. Dans ce cas, inscrivez le code 0 à la ligne 13 et ne remplissez pas les lignes 2 à 12. Vous pouvez cependant remplir les lignes 18 à 23. ▶   1

Si vous subvenez aux besoins de votre conjoint (voyez la note ci-dessous), effectuez le calcul suivant :

Montant maximal pour conjoint   **5 900 $**

Moins : Revenu net estimé de votre conjoint pour 1996   –

Montant pour conjoint. Si le résultat est négatif, inscrivez 0.   = ▶   2

Note : *Le terme **conjoint** utilisé dans ce formulaire désigne la personne avec qui vous êtes ou étiez marié en 1996 ou votre conjoint de fait.*

*L'expression **conjoint de fait** désigne une personne de sexe opposé qui, à un moment de l'année 1996, vit maritalement avec vous et dans l'une des situations suivantes :*
- *elle est le père ou la mère (biologique ou adoptif, que ce soit légalement ou de fait) d'au moins un de vos enfants ;*
- *elle vit maritalement avec vous depuis au moins 12 mois consécutifs ou a déjà vécu maritalement avec vous pendant une telle période (la période de vie maritale est considérée interrompue uniquement si vous et cette personne avez vécu séparément pendant une période d'au moins 90 jours en raison de la rupture de votre union).*

Si vous avez des enfants à charge qui sont nés après le 31 décembre 1977, ou avant le 1er janvier 1978 s'ils poursuivent des études à temps plein, remplissez le tableau 1 à la page 2. Ces enfants doivent habiter ordinairement avec vous, sauf s'ils sont à votre charge en raison d'une infirmité physique ou mentale, et vous devez subvenir à leurs besoins. ▶   3

Si vous avez d'autres personnes à votre charge qui sont nées avant le 1er janvier 1978 et unies à vous par les liens du sang, du mariage ou de l'adoption, remplissez le tableau 2 à la page 2. Ces personnes doivent habiter ordinairement avec vous, sauf si elles sont à votre charge en raison d'une infirmité physique ou mentale. ▶   4

Si, pendant toute l'année, vous habitez ordinairement et maintenez un établissement domestique autonome où vous vivez seul ou uniquement avec un ou des enfants à charge (ceux dont il est question à la ligne 3), inscrivez 1 050 $. ▶   5

Si vous êtes né avant le 1er janvier 1932, inscrivez 2 200 $. ▶   6

Si vous avez une déficience physique ou mentale grave et prolongée, inscrivez 2 200 $. ▶   7

Si vous êtes membre d'un ordre religieux et que vous avez fait voeu de pauvreté perpétuelle, inscrivez 3 960 $. ▶   8

Si vous prévoyez recevoir des revenus de retraite donnant droit à un crédit d'impôt en 1996, inscrivez le moins élevé des montants suivants : 1 000 $ ou le montant estimé de vos revenus de retraite. La pension de sécurité de la vieillesse, le supplément de revenu garanti, l'allocation au conjoint et les prestations versées en vertu du RRQ ou du RPC ne donnent pas droit à un crédit d'impôt. ▶   9

Si vous ou votre conjoint avez au moins un enfant à charge, vous pouvez avoir droit à la réduction d'impôt à l'égard de la famille. Voyez la partie qui traite de ce sujet à la page 3 et remplissez le tableau 3, s'il y a lieu. ▶   10

Si vous prévoyez transférer la totalité ou une partie des montants : 1) que votre conjoint ne peut utiliser à titre de montant pour revenus de retraite, pour déficience physique ou mentale grave et prolongée ou en raison de l'âge, ou 2) qu'une personne à votre charge autre que votre conjoint ne peut utiliser à titre de montant accordé pour déficience physique ou mentale grave et prolongée, inscrivez le total de ces montants. ▶   11

Additionnez les montants inscrits aux lignes 1 à 11. ▶   12

Code des retenues. Consultez le tableau 4 à la page 4, et inscrivez dans la case 13 la lettre correspondant au code des retenues qui comprend le montant indiqué à la ligne 12. **Si le montant est supérieur à 20 400 $, inscrivez plutôt ce montant.** ▶   13

MR-19 (96-01)

Suite au verso →

FIGURE 7-A2 *(suite)*

Page 2

Si vous désirez augmenter le montant d'impôt qui sera retenu sur votre rémunération, inscrivez le montant supplémentaire que vous désirez faire retenir par période de paye. Votre employeur ou payeur ajoutera à la retenue d'impôt déterminée dans les *Tables des retenues à la source*, le montant supplémentaire que vous désirez faire retenir, ce qui pourra vous éviter d'avoir un solde d'impôt à payer lors de la production de votre déclaration de revenus. Ce montant (en dollars) doit être un multiple de 5.

17

Autres déductions ou crédits dont l'employeur (ou le payeur) doit tenir compte (voyez les explications et le tableau 5 à la page 4)

Résidents d'une région éloignée reconnue		18
Frais de scolarité ou frais d'examen	+	19
Frais de garde d'enfants		20
Facteur de redressement	x	21
Montant de la ligne 20 multiplié par celui de la ligne 21	= ▶ +	22
Additionnez les montants des lignes 18, 19 et 22.	**Total** =	23

EXONÉRATION. Si vous prévoyez que le total de vos revenus sera inférieur au total des montants inscrits aux lignes 12 et 23, vous pouvez demander une exonération de la retenue à la source. Inscrivez la lettre X. Cette demande n'est valide que pour l'année civile 1996.

24

III- SIGNATURE

Je déclare que les renseignements fournis dans la présente déclaration sont exacts et complets.

Signature	Date

MONTANT POUR ENFANTS À CHARGE (ligne 3)

TABLEAU 1 – Déterminez, pour chaque enfant à charge (voyez la note ci-dessous), le montant pour enfants à charge et faites-en le total.

1	Montant de base 2	Plus : 1 650 $ par session (maximum : 2 sessions) par enfant qui poursuit des études postsecondaires 3	Plus : 1 300 $ si vous êtes le soutien d'une famille monoparentale (voyez les conditions à la page 3) 4	TOTAL 5	Moins : Revenu net estimé de l'enfant à charge pour 1996 6	Montant pour enfants à charge : col. 5 – col. 6. Si le résultat est négatif, inscrivez 0. 7
1er enfant	**2 600 $**					
2e enfant	**2 400 $**					
3e enfant	**2 400 $**					

Pour les autres enfants, effectuez le même calcul que pour le 3e enfant et annexez une liste.

Inscrivez le résultat et reportez-le à la ligne 3 de la page 1.   **Total** =

Note : L'expression **enfant à charge** désigne une personne à votre charge, si cette personne est soit votre enfant, votre petit-fils, votre petite-fille, votre neveu, votre nièce, votre frère, votre sœur ou ceux et celles de votre conjoint, soit le conjoint ou le conjoint de fait de votre frère ou de votre sœur ou de celui ou celle de votre conjoint.

MONTANT POUR AUTRES PERSONNES À CHARGE (ligne 4)

TABLEAU 2 – Déterminez, pour chaque personne à charge (voyez la note ci-dessous), le montant pour autres personnes à charge et faites-en le total.

1	Montant de base 2	Plus : 3 500 $ si la personne a une infirmité physique ou mentale 3	TOTAL 4	Moins : Revenu net estimé de la personne à charge pour 1996 5	Montant pour autres personnes à charge : col. 4 – col. 5. Si le résultat est négatif, inscrivez 0. 6
1re personne à charge	**2 400 $**				
2e personne à charge	**2 400 $**				

Pour les autres personnes à charge, effectuez le même calcul et annexez une liste.

Inscrivez le résultat et reportez-le à la ligne 4 de la page 1.   **Total** =

Note : L'expression **autre personne à charge** désigne une personne autre que votre conjoint, qui est à votre charge et qui est soit votre père, votre mère, votre grand-père, votre grand-mère, votre oncle ou votre tante, ou ceux et celles de votre conjoint. Il peut s'agir également d'un enfant à charge pour lequel vous ne pouvez pas inscrire un montant à la ligne 3 parce qu'il ne fréquente pas l'école ou l'université à temps plein en 1996.

COPIE DE L'EMPLOYEUR OU DU PAYEUR
Formulaire prescrit par le sous-ministre du Revenu

FIGURE 7-A2 *(suite)*

RENSEIGNEMENTS À L'INTENTION DE L'EMPLOYÉ (OU DU BÉNÉFICIAIRE)

Si vous n'indiquez que le montant de base (ligne 1), inscrivez la lettre A à la case 13 (page 1).

- Vous devez remplir ce formulaire pour que votre employeur (ou votre payeur)
  – tienne compte des déductions et des crédits d'impôt personnels auxquels vous avez droit ;
  – retienne à la source un montant supplémentaire d'impôt du Québec, si vous le demandez à la ligne 17 (page 2) ;
  – ou ne retienne pas d'impôt du Québec de vos revenus, si vous demandez l'exonération de la retenue à la source à la ligne 24 (page 2).
- Vous devez remplir à nouveau ce formulaire dans les sept jours qui suivent tout changement à votre demande.
- Vous devez remettre le formulaire MR-19, dûment rempli, à votre employeur ou à votre payeur.

Conditions à respecter pour avoir droit au montant pour une famille monoparentale

- Inscrivez 1 300 $ à la colonne 4 du tableau 1 (page 2) si, à un moment de l'année 1996, vous maintenez, seul ou avec une autre personne, un établissement domestique autonome dans lequel vous habitez ordinairement avec au moins un enfant à charge et si, à ce même moment, vous respectez l'une des conditions suivantes :
  – vous n'êtes pas marié et ne vivez pas maritalement avec une autre personne ;
  – ou vous êtes marié, mais ne vivez pas avec votre conjoint, ne subvenez pas à ses besoins et n'êtes pas à sa charge, et vous ne vivez pas maritalement avec une autre personne.
- Vous ne pouvez inscrire 1 300 $ pour un enfant à charge (colonne 4 du tableau 1) si vous avez inscrit un montant à la ligne 2 (page 1) ou auriez pu inscrire un montant, n'eût été le revenu de votre conjoint.
- Un seul enfant à charge par établissement domestique autonome peut donner droit à ce montant.

Réduction d'impôt à l'égard de la famille (ligne 10)

- Aux fins de cette réduction, le revenu total comprend notamment vos revenus nets d'emploi, d'entreprise et de location, vos revenus de pension, d'intérêts et de dividendes, la pension alimentaire reçue ainsi que les prestations d'assurance-chômage, les prestations de sécurité du revenu (aide sociale), les indemnités pour les accidents du travail (CSST) et les indemnités de la Société de l'assurance automobile du Québec (SAAQ), ainsi que les revenus de votre conjoint. La déduction pour résidents d'une région éloignée reconnue que vous avez inscrite à la ligne 18 doit être soustraite du **revenu total** (ligne 111).
- Le terme *conjoint* est défini à la page 1.
- Cette réduction n'est accordée qu'à l'égard d'une famille **ayant au moins un enfant à charge.**

Cochez la case qui correspond à votre situation familiale en 1996 et suivez les indications. Il est possible toutefois que vous n'ayez droit à aucune réduction.

1 ☐ **Je vis avec mon conjoint.**
  - Si la somme de votre revenu total et de celui de votre conjoint est égale ou inférieure à 22 990 $, inscrivez 7 500 $ à la ligne 10 (page 1).
  - Si elle est supérieure à 22 990 $, remplissez le tableau 3.

2 ☐ **Je n'ai pas de conjoint et j'ai inscrit un montant à la colonne 4 du tableau 1 (page 2) et à la ligne 5 (page 1).**
  - Si votre revenu total est égal ou inférieur à 18 295 $, inscrivez 5 975 $ à la ligne 10 (page 1).
  - S'il est supérieur à 18 295 $, remplissez le tableau 3.

3 ☐ **Je n'ai pas de conjoint et je n'ai inscrit aucun montant à la ligne 5 (page 1).**
  - Si vous n'avez pas non plus inscrit un montant à la colonne 4 du tableau 1 (page 2) et que votre revenu total est égal ou inférieur à 14 910 $, inscrivez 4 850 $ à la ligne 10 (page 1). S'il est supérieur à 14 910 $, remplissez le tableau 3.
  - Si, par ailleurs, vous avez inscrit un montant à la colonne 4 du tableau 1 (page 2) et que votre revenu total est égal ou inférieur à 16 210 $, inscrivez 4 850 $ à la ligne 10 (page 1). S'il est supérieur à 16 210 $, remplissez le tableau 3.

Réduction d'impôt à l'égard de la famille (ligne 10)

TABLEAU 3

Revenu total estimé pour vous et votre conjoint, s'il y a lieu, pour toute l'année 1996		110
Déduction pour résidents d'une région éloignée reconnue (ligne 18)	−	111
Montant de la ligne 110 moins celui de la ligne 111	=	112
Montant de base. Si vous avez un conjoint, inscrivez 11 800 $; **sinon**, inscrivez 5 900 $.		113
Inscrivez le total des montants déclarés par vous et votre conjoint, s'il y a lieu, aux lignes 3, 4 et 5 (page 1).	+	114
Additionnez les montants des lignes 113 et 114.	= ▶	115
Montant de la ligne 112 moins celui de la ligne 115 **Revenu du ménage**	=	116
Si vous êtes né avant le 1er janvier 1932, inscrivez 10 000 $.		117
Si votre conjoint est né avant le 1er janvier 1932, inscrivez 10 000 $.	+	118
Inscrivez 8 590 $ si vous avez coché la case 1 ci-dessus ; 7 445 $ si vous avez coché la case 2 ci-dessus ; 6 410 $ si vous avez coché la case 3 ci-dessus.	+	119
Additionnez les montants des lignes 117 à 119.	= ▶	120
Montant de la ligne 116 moins celui de la ligne 120. Si le résultat est négatif, inscrivez 0.	=	121
Inscrivez 1 500 $ si vous avez coché la case 1 ci-dessus ; 1 195 $ si vous avez coché la case 2 ci-dessus ; 970 $ si vous avez coché la case 3 ci-dessus.		122
Montant de la ligne 121 : _____ $ x 4 %		123
Montant de la ligne 122 moins celui de la ligne 123. Si le résultat est négatif, inscrivez 0.	=	124
Montant de la ligne 124 : _____ $ x 5 **Montant à inscrire à la ligne 10 (page 1)**		125

FIGURE 7-A2   *(suite)*

Autres déductions ou crédits

Résidents d'une région éloignée reconnue (ligne 18)

Si vous habitez une ou plusieurs **zones nordiques** visées par règlement pendant une période d'au moins six mois consécutifs commençant ou se terminant dans l'année, vous pouvez inscrire le moins élevé des montants suivants :

- 20 % du revenu net ;
- l'un des deux montants suivants :
  - si aucune personne habitant le même établissement que vous ne demande cette déduction : 15 $ x le nombre de jours de résidence dans un tel endroit ;
  - dans tous les autres cas :
    7,50 $ x le nombre de jours de résidence dans un tel endroit.

Inscrivez le résultat à la ligne 18 (page 2).

Si vous n'êtes pas visé dans le premier paragraphe mais que vous habitez en 1996, dans les mêmes circonstances, une **zone intermédiaire** visée par règlement, indiquez 50 % du résultat obtenu au paragraphe précédent.

Pour plus d'informations, *communiquez avec le ministère du Revenu.*

Frais de scolarité ou frais d'examen (ligne 19)

Si vous êtes étudiant, inscrivez vos frais de scolarité ou vos frais d'examen à la ligne 19 (page 2), s'ils sont supérieurs à 100 $. Par contre, si vous prévoyez recevoir en 1996 une bourse d'études ou une aide financière semblable, vous devez déduire de vos frais de scolarité ou de vos frais d'examen la partie de la bourse ou de l'aide qui dépasse 500 $.

Frais de garde d'enfants (ligne 20)

Les frais de garde d'enfants payés pour l'année 1996 peuvent donner droit à un crédit d'impôt remboursable. Les frais qui peuvent ouvrir droit à ce crédit sont limités au moins élevé des montants suivants :

- les frais de garde qui seront payés pour l'année 1996 ;
- le total des montants suivants :
  - 5 000 $ par enfant admissible âgé de moins de 7 ans au 31 décembre 1996, ou quel que soit son âge s'il a une déficience physique ou mentale grave et prolongée ;
  - et 3 000 $ par enfant admissible âgé de 7 à 14 ans au 31 décembre 1996, ou âgé de plus de 14 ans et ayant une infirmité physique ou mentale.

Pour estimer la valeur de ce crédit, vous devez déterminer le facteur de redressement applicable en fonction du revenu du ménage et du revenu total du demandeur d'après le tableau suivant et reporter ce facteur à la ligne 21 (page 2).

TABLEAU 4

Code des retenues (ligne 13)

MONTANT $		CODE
	Néant	0
Minimum –	5 900	A
5 901 –	7 900	B
7 901 –	9 000	C
9 001 –	11 400	D
11 401 –	11 900	E
11 901 –	12 950	F
12 951 –	13 900	G
13 901 –	15 000	H
15 001 –	16 000	I
16 001 –	16 700	J
16 701 –	17 350	K
17 351 –	18 100	L
18 101 –	19 500	M
19 501 –	20 400	N
EXONÉRATION		**X**

TABLEAU 5

Facteur de redressement du crédit d'impôt remboursable pour frais de garde d'enfants

Revenu du ménage (ligne 116)	Revenu total du demandeur inclus dans le montant de la ligne 110		
	Moins de 10 000 $	de 10 000 à 13 999 $	14 000 $ et plus
Moins de 10 000 $	2,25	2,00	1,75
10 000 – 34 999 $	2,00	1,75	1,50
35 000 – 39 999 $	1,75	1,50	1,25
40 000 – 44 999 $	1,50	1,25	1,00
45 000 $ et plus	1,25	1,25	1,00

TABLEAU 7-A3   *Table des cotisations à l'assurance-chômage*

Cotisations d'assurance-chômage   Unemployment Insurance Premiums

Rémunération / Pay De - From	À - To	Cotisation d'A-C UI premium	Rémunération / Pay De - From	À - To	Cotisation d'A-C UI premium	Rémunération / Pay De - From	À - To	Cotisation d'A-C UI premium	Rémunération / Pay De - From	À - To	Cotisation d'A-C UI premium
293.06	293.38	8.65	317.46	317.79	9.37	341.87	342.20	10.09	366.28	366.61	10.81
293.39	293.72	8.66	317.80	318.13	9.38	342.21	342.54	10.10	366.62	366.94	10.82
293.73	294.06	8.67	318.14	318.47	9.39	342.55	342.88	10.11	366.95	367.28	10.83
294.07	294.40	8.68	318.48	318.81	9.40	342.89	343.22	10.12	367.29	367.62	10.84
294.41	294.74	8.69	318.82	319.15	9.41	343.23	343.55	10.13	367.63	367.96	10.85
294.75	295.08	8.70	319.16	319.49	9.42	343.56	343.89	10.14	367.97	368.30	10.86
295.09	295.42	8.71	319.50	319.83	9.43	343.90	344.23	10.15	368.31	368.64	10.87
295.43	295.76	8.72	319.84	320.16	9.44	344.24	344.57	10.16	368.65	368.98	10.88
295.77	296.10	8.73	320.17	320.50	9.45	344.58	344.91	10.17	368.99	369.32	10.89
296.11	296.44	8.74	320.51	320.84	9.46	344.92	345.25	10.18	369.33	369.66	10.90
296.45	296.77	8.75	320.85	321.18	9.47	345.26	345.59	10.19	369.67	369.99	10.91
296.78	297.11	8.76	321.19	321.52	9.48	345.60	345.93	10.20	370.00	370.33	10.92
297.12	297.45	8.77	321.53	321.86	9.49	345.94	346.27	10.21	370.34	370.67	10.93
297.46	297.79	8.78	321.87	322.20	9.50	346.28	346.61	10.22	370.68	371.01	10.94
297.80	298.13	8.79	322.21	322.54	9.51	346.62	346.94	10.23	371.02	371.35	10.95
298.14	298.47	8.80	322.55	322.88	9.52	346.95	347.28	10.24	371.36	371.69	10.96
298.48	298.81	8.81	322.89	323.22	9.53	347.29	347.62	10.25	371.70	372.03	10.97
298.82	299.15	8.82	323.23	323.55	9.54	347.63	347.96	10.26	372.04	372.37	10.98
299.16	299.49	8.83	323.56	323.89	9.55	347.97	348.30	10.27	372.38	372.71	10.99
299.50	299.83	8.84	323.90	324.23	9.56	348.31	348.64	10.28	372.72	373.05	11.00
299.84	300.16	8.85	324.24	324.57	9.57	348.65	348.98	10.29	373.06	373.38	11.01
300.17	300.50	8.86	324.58	324.91	9.58	348.99	349.32	10.30	373.39	373.72	11.02
300.51	300.84	8.87	324.92	325.25	9.59	349.33	349.66	10.31	373.73	374.06	11.03
300.85	301.18	8.88	325.26	325.59	9.60	349.67	349.99	10.32	374.07	374.40	11.04
301.19	301.52	8.89	325.60	325.93	9.61	350.00	350.33	10.33	374.41	374.74	11.05
301.53	301.86	8.90	325.94	326.27	9.62	350.34	350.67	10.34	374.75	375.08	11.06
301.87	302.20	8.91	326.28	326.61	9.63	350.68	351.01	10.35	375.09	375.42	11.07
302.21	302.54	8.92	326.62	326.94	9.64	351.02	351.35	10.36	375.43	375.76	11.08
302.55	302.88	8.93	326.95	327.28	9.65	351.36	351.69	10.37	375.77	376.10	11.09
302.89	303.22	8.94	327.29	327.62	9.66	351.70	352.03	10.38	376.11	376.44	11.10
303.23	303.55	8.95	327.63	327.96	9.67	352.04	352.37	10.39	376.45	376.77	11.11
303.56	303.89	8.96	327.97	328.30	9.68	352.38	352.71	10.40	376.78	377.11	11.12
303.90	304.23	8.97	328.31	328.64	9.69	352.72	353.05	10.41	377.12	377.45	11.13
304.24	304.57	8.98	328.65	328.98	9.70	353.06	353.38	10.42	377.46	377.79	11.14
304.58	304.91	8.99	328.99	329.32	9.71	353.39	353.72	10.43	377.80	378.13	11.15
304.92	305.25	9.00	329.33	329.66	9.72	353.73	354.06	10.44	378.14	378.47	11.16
305.26	305.59	9.01	329.67	329.99	9.73	354.07	354.40	10.45	378.48	378.81	11.17
305.60	305.93	9.02	330.00	330.33	9.74	354.41	354.74	10.46	378.82	379.15	11.18
305.94	306.27	9.03	330.34	330.67	9.75	354.75	355.08	10.47	379.16	379.49	11.19
306.28	306.61	9.04	330.68	331.01	9.76	355.09	355.42	10.48	379.50	379.83	11.20
306.62	306.94	9.05	331.02	331.35	9.77	355.43	355.76	10.49	379.84	380.16	11.21
306.95	307.28	9.06	331.36	331.69	9.78	355.77	356.10	10.50	380.17	380.50	11.22
307.29	307.62	9.07	331.70	332.03	9.79	356.11	356.44	10.51	380.51	380.84	11.23
307.63	307.96	9.08	332.04	332.37	9.80	356.45	356.77	10.52	380.85	381.18	11.24
307.97	308.30	9.09	332.38	332.71	9.81	356.78	357.11	10.53	381.19	381.52	11.25
308.31	308.64	9.10	332.72	333.05	9.82	357.12	357.45	10.54	381.53	381.86	11.26
308.65	308.98	9.11	333.06	333.38	9.83	357.46	357.79	10.55	381.87	382.20	11.27
308.99	309.32	9.12	333.39	333.72	9.84	357.80	358.13	10.56	382.21	382.54	11.28
309.33	309.66	9.13	333.73	334.06	9.85	358.14	358.47	10.57	382.55	382.88	11.29
309.67	309.99	9.14	334.07	334.40	9.86	358.48	358.81	10.58	382.89	383.22	11.30
310.00	310.33	9.15	334.41	334.74	9.87	358.82	359.15	10.59	383.23	383.55	11.31
310.34	310.67	9.16	334.75	335.08	9.88	359.16	359.49	10.60	383.56	383.89	11.32
310.68	311.01	9.17	335.09	335.42	9.89	359.50	359.83	10.61	383.90	384.23	11.33
311.02	311.35	9.18	335.43	335.76	9.90	359.84	360.16	10.62	384.24	384.57	11.34
311.36	311.69	9.19	335.77	336.10	9.91	360.17	360.50	10.63	384.58	384.91	11.35
311.70	312.03	9.20	336.11	336.44	9.92	360.51	360.84	10.64	384.92	385.25	11.36
312.04	312.37	9.21	336.45	336.77	9.93	360.85	361.18	10.65	385.26	385.59	11.37
312.38	312.71	9.22	336.78	337.11	9.94	361.19	361.52	10.66	385.60	385.93	11.38
312.72	313.05	9.23	337.12	337.45	9.95	361.53	361.86	10.67	385.94	386.27	11.39
313.06	313.38	9.24	337.46	337.79	9.96	361.87	362.20	10.68	386.28	386.61	11.40
313.39	313.72	9.25	337.80	338.13	9.97	362.21	362.54	10.69	386.62	386.94	11.41
313.73	314.06	9.26	338.14	338.47	9.98	362.55	362.88	10.70	386.95	387.28	11.42
314.07	314.40	9.27	338.48	338.81	9.99	362.89	363.22	10.71	387.29	387.62	11.43
314.41	314.74	9.28	338.82	339.15	10.00	363.23	363.55	10.72	387.63	387.96	11.44
314.75	315.08	9.29	339.16	339.49	10.01	363.56	363.89	10.73	387.97	388.30	11.45
315.09	315.42	9.30	339.50	339.83	10.02	363.90	364.23	10.74	388.31	388.64	11.46
315.43	315.76	9.31	339.84	340.16	10.03	364.24	364.57	10.75	388.65	388.98	11.47
315.77	316.10	9.32	340.17	340.50	10.04	364.58	364.91	10.76	388.99	389.32	11.48
316.11	316.44	9.33	340.51	340.84	10.05	364.92	365.25	10.77	389.33	389.66	11.49
316.45	316.77	9.34	340.85	341.18	10.06	365.26	365.59	10.78	389.67	389.99	11.50
316.78	317.11	9.35	341.19	341.52	10.07	365.60	365.93	10.79	390.00	390.33	11.51
317.12	317.45	9.36	341.53	341.86	10.08	365.94	366.27	10.80	390.34	390.67	11.52

Remarque: Vous trouverez ci-dessous la cotisation maximale que vous pouvez retenir pour chaque période de paie.
Note: The following are the maximum amounts you can deduct for each pay period.

Hebdomadaire	Weekly	22.13	10 périodes de paie par année	10 pay periods a year	115.05
Aux deux semaines	Biweekly	44.25	13 périodes de paie par année	13 pay periods a year	88.50
Bimensuel	Semimonthly	47.94	22 périodes de paie par année	22 pay periods a year	52.30
Mensuel	Monthly	95.88			

TABLEAU 7-A3 *(suite)*

Cotisations d'assurance-chômage   Unemployment Insurance Premiums

Rémunération Pay De - From	À - To	Cotisation d'A-C UI premium	Rémunération Pay De - From	À - To	Cotisation d'A-C UI premium	Rémunération Pay De - From	À - To	Cotisation d'A-C UI premium	Rémunération Pay De - From	À - To	Cotisation d'A-C UI premium
390.68	391.01	11.53	415.09	415.42	12.25	439.50	439.83	12.97	463.90	464.23	13.69
391.02	391.35	11.54	415.43	415.76	12.26	439.84	440.16	12.98	464.24	464.57	13.70
391.36	391.69	11.55	415.77	416.10	12.27	440.17	440.50	12.99	464.58	464.91	13.71
391.70	392.03	11.56	416.11	416.44	12.28	440.51	440.84	13.00	464.92	465.25	13.72
392.04	392.37	11.57	416.45	416.77	12.29	440.85	441.18	13.01	465.26	465.59	13.73
392.38	392.71	11.58	416.78	417.11	12.30	441.19	441.52	13.02	465.60	465.93	13.74
392.72	393.05	11.59	417.12	417.45	12.31	441.53	441.86	13.03	465.94	466.27	13.75
393.06	393.38	11.60	417.46	417.79	12.32	441.87	442.20	13.04	466.28	466.61	13.76
393.39	393.72	11.61	417.80	418.13	12.33	442.21	442.54	13.05	466.62	466.94	13.77
393.73	394.06	11.62	418.14	418.47	12.34	442.55	442.88	13.06	466.95	467.28	13.78
394.07	394.40	11.63	418.48	418.81	12.35	442.89	443.22	13.07	467.29	467.62	13.79
394.41	394.74	11.64	418.82	419.15	12.36	443.23	443.55	13.08	467.63	467.96	13.80
394.75	395.08	11.65	419.16	419.49	12.37	443.56	443.89	13.09	467.97	468.30	13.81
395.09	395.42	11.66	419.50	419.83	12.38	443.90	444.23	13.10	468.31	468.64	13.82
395.43	395.76	11.67	419.84	420.16	12.39	444.24	444.57	13.11	468.65	468.98	13.83
395.77	396.10	11.68	420.17	420.50	12.40	444.58	444.91	13.12	468.99	469.32	13.84
396.11	396.44	11.69	420.51	420.84	12.41	444.92	445.25	13.13	469.33	469.66	13.85
396.45	396.77	11.70	420.85	421.18	12.42	445.26	445.59	13.14	469.67	469.99	13.86
396.78	397.11	11.71	421.19	421.52	12.43	445.60	445.93	13.15	470.00	470.33	13.87
397.12	397.45	11.72	421.53	421.86	12.44	445.94	446.27	13.16	470.34	470.67	13.88
397.46	397.79	11.73	421.87	422.20	12.45	446.28	446.61	13.17	470.68	471.01	13.89
397.80	398.13	11.74	422.21	422.54	12.46	446.62	446.94	13.18	471.02	471.35	13.90
398.14	398.47	11.75	422.55	422.88	12.47	446.95	447.28	13.19	471.36	471.69	13.91
398.48	398.81	11.76	422.89	423.22	12.48	447.29	447.62	13.20	471.70	472.03	13.92
398.82	399.15	11.77	423.23	423.55	12.49	447.63	447.96	13.21	472.04	472.37	13.93
399.16	399.49	11.78	423.56	423.89	12.50	447.97	448.30	13.22	472.38	472.71	13.94
399.50	399.83	11.79	423.90	424.23	12.51	448.31	448.64	13.23	472.72	473.05	13.95
399.84	400.16	11.80	424.24	424.57	12.52	448.65	448.98	13.24	473.06	473.38	13.96
400.17	400.50	11.81	424.58	424.91	12.53	448.99	449.32	13.25	473.39	473.72	13.97
400.51	400.84	11.82	424.92	425.25	12.54	449.33	449.66	13.26	473.73	474.06	13.98
400.85	401.18	11.83	425.26	425.59	12.55	449.67	449.99	13.27	474.07	474.40	13.99
401.19	401.52	11.84	425.60	425.93	12.56	450.00	450.33	13.28	474.41	474.74	14.00
401.53	401.86	11.85	425.94	426.27	12.57	450.34	450.67	13.29	474.75	475.08	14.01
401.87	402.20	11.86	426.28	426.61	12.58	450.68	451.01	13.30	475.09	475.42	14.02
402.21	402.54	11.87	426.62	426.94	12.59	451.02	451.35	13.31	475.43	475.76	14.03
402.55	402.88	11.88	426.95	427.28	12.60	451.36	451.69	13.32	475.77	476.10	14.04
402.89	403.22	11.89	427.29	427.62	12.61	451.70	452.03	13.33	476.11	476.44	14.05
403.23	403.55	11.90	427.63	427.96	12.62	452.04	452.37	13.34	476.45	476.77	14.06
403.56	403.89	11.91	427.97	428.30	12.63	452.38	452.71	13.35	476.78	477.11	14.07
403.90	404.23	11.92	428.31	428.64	12.64	452.72	453.05	13.36	477.12	477.45	14.08
404.24	404.57	11.93	428.65	428.98	12.65	453.06	453.38	13.37	477.46	477.79	14.09
404.58	404.91	11.94	428.99	429.32	12.66	453.39	453.72	13.38	477.80	478.13	14.10
404.92	405.25	11.95	429.33	429.66	12.67	453.73	454.06	13.39	478.14	478.47	14.11
405.26	405.59	11.96	429.67	429.99	12.68	454.07	454.40	13.40	478.48	478.81	14.12
405.60	405.93	11.97	430.00	430.33	12.69	454.41	454.74	13.41	478.82	479.15	14.13
405.94	406.27	11.98	430.34	430.67	12.70	454.75	455.08	13.42	479.16	479.49	14.14
406.28	406.61	11.99	430.68	431.01	12.71	455.09	455.42	13.43	479.50	479.83	14.15
406.62	406.94	12.00	431.02	431.35	12.72	455.43	455.76	13.44	479.84	480.16	14.16
406.95	407.28	12.01	431.36	431.69	12.73	455.77	456.10	13.45	480.17	480.50	14.17
407.29	407.62	12.02	431.70	432.03	12.74	456.11	456.44	13.46	480.51	480.84	14.18
407.63	407.96	12.03	432.04	432.37	12.75	456.45	456.77	13.47	480.85	481.18	14.19
407.97	408.30	12.04	432.38	432.71	12.76	456.78	457.11	13.48	481.19	481.52	14.20
408.31	408.64	12.05	432.72	433.05	12.77	457.12	457.45	13.49	481.53	481.86	14.21
408.65	408.98	12.06	433.06	433.38	12.78	457.46	457.79	13.50	481.87	482.20	14.22
408.99	409.32	12.07	433.39	433.72	12.79	457.80	458.13	13.51	482.21	482.54	14.23
409.33	409.66	12.08	433.73	434.06	12.80	458.14	458.47	13.52	482.55	482.88	14.24
409.67	409.99	12.09	434.07	434.40	12.81	458.48	458.81	13.53	482.89	483.22	14.25
410.00	410.33	12.10	434.41	434.74	12.82	458.82	459.15	13.54	483.23	483.55	14.26
410.34	410.67	12.11	434.75	435.08	12.83	459.16	459.49	13.55	483.56	483.89	14.27
410.68	411.01	12.12	435.09	435.42	12.84	459.50	459.83	13.56	483.90	484.23	14.28
411.02	411.35	12.13	435.43	435.76	12.85	459.84	460.16	13.57	484.24	484.57	14.29
411.36	411.69	12.14	435.77	436.10	12.86	460.17	460.50	13.58	484.58	484.91	14.30
411.70	412.03	12.15	436.11	436.44	12.87	460.51	460.84	13.59	484.92	485.25	14.31
412.04	412.37	12.16	436.45	436.77	12.88	460.85	461.18	13.60	485.26	485.59	14.32
412.38	412.71	12.17	436.78	437.11	12.89	461.19	461.52	13.61	485.60	485.93	14.33
412.72	413.05	12.18	437.12	437.45	12.90	461.53	461.86	13.62	485.94	486.27	14.34
413.06	413.38	12.19	437.46	437.79	12.91	461.87	462.20	13.63	486.28	486.61	14.35
413.39	413.72	12.20	437.80	438.13	12.92	462.21	462.54	13.64	486.62	486.94	14.36
413.73	414.06	12.21	438.14	438.47	12.93	462.55	462.88	13.65	486.95	487.28	14.37
414.07	414.40	12.22	438.48	438.81	12.94	462.89	463.22	13.66	487.29	487.62	14.38
414.41	414.74	12.23	438.82	439.15	12.95	463.23	463.55	13.67	487.63	487.96	14.39
414.75	415.08	12.24	439.16	439.49	12.96	463.56	463.89	13.68	487.97	488.30	14.40

Remarque: Vous trouverez ci-dessous la cotisation maximale que vous pouvez retenir pour chaque période de paie.
Note: The following are the maximum amounts you can deduct for each pay period.

Hebdomadaire	Weekly	22.13	10 périodes de paie par année	10 pay periods a year	115.05
Aux deux semaines	Biweekly	44.25	13 périodes de paie par année	13 pay periods a year	88.50
Bimensuel	Semimonthly	47.94	22 périodes de paie par année	22 pay periods a year	52.30
Mensuel	Monthly	95.88			

B-5

TABLEAU 7-A3 *(suite)*

Cotisations d'assurance-chômage　　　Unemployment Insurance Premiums

Rémunération Pay De - From	À - To	Cotisation d'A-C UI premium	Rémunération Pay De - From	À - To	Cotisation d'A-C UI premium	Rémunération Pay De - From	À - To	Cotisation d'A-C UI premium	Rémunération Pay De - From	À - To	Cotisation d'A-C UI premium
488.31	488.64	14.41	512.72	513.05	15.13	537.12	537.45	15.85	561.53	561.86	16.57
488.65	488.98	14.42	513.06	513.38	15.14	537.46	537.79	15.86	561.87	562.20	16.58
488.99	489.32	14.43	513.39	513.72	15.15	537.80	538.13	15.87	562.21	562.54	16.59
489.33	489.66	14.44	513.73	514.06	15.16	538.14	538.47	15.88	562.55	562.88	16.60
489.67	489.99	14.45	514.07	514.40	15.17	538.48	538.81	15.89	562.89	563.22	16.61
490.00	490.33	14.46	514.41	514.74	15.18	538.82	539.15	15.90	563.23	563.55	16.62
490.34	490.67	14.47	514.75	515.08	15.19	539.16	539.49	15.91	563.56	563.89	16.63
490.68	491.01	14.48	515.09	515.42	15.20	539.50	539.83	15.92	563.90	564.23	16.64
491.02	491.35	14.49	515.43	515.76	15.21	539.84	540.16	15.93	564.24	564.57	16.65
491.36	491.69	14.50	515.77	516.10	15.22	540.17	540.50	15.94	564.58	564.91	16.66
491.70	492.03	14.51	516.11	516.44	15.23	540.51	540.84	15.95	564.92	565.25	16.67
492.04	492.37	14.52	516.45	516.77	15.24	540.85	541.18	15.96	565.26	565.59	16.68
492.38	492.71	14.53	516.78	517.11	15.25	541.19	541.52	15.97	565.60	565.93	16.69
492.72	493.05	14.54	517.12	517.45	15.26	541.53	541.86	15.98	565.94	566.27	16.70
493.06	493.38	14.55	517.46	517.79	15.27	541.87	542.20	15.99	566.28	566.61	16.71
493.39	493.72	14.56	517.80	518.13	15.28	542.21	542.54	16.00	566.62	566.94	16.72
493.73	494.06	14.57	518.14	518.47	15.29	542.55	542.88	16.01	566.95	567.28	16.73
494.07	494.40	14.58	518.48	518.81	15.30	542.89	543.22	16.02	567.29	567.62	16.74
494.41	494.74	14.59	518.82	519.15	15.31	543.23	543.55	16.03	567.63	567.96	16.75
494.75	495.08	14.60	519.16	519.49	15.32	543.56	543.89	16.04	567.97	568.30	16.76
495.09	495.42	14.61	519.50	519.83	15.33	543.90	544.23	16.05	568.31	568.64	16.77
495.43	495.76	14.62	519.84	520.16	15.34	544.24	544.57	16.06	568.65	568.98	16.78
495.77	496.10	14.63	520.17	520.50	15.35	544.58	544.91	16.07	568.99	569.32	16.79
496.11	496.44	14.64	520.51	520.84	15.36	544.92	545.25	16.08	569.33	569.66	16.80
496.45	496.77	14.65	520.85	521.18	15.37	545.26	545.59	16.09	569.67	569.99	16.81
496.78	497.11	14.66	521.19	521.52	15.38	545.60	545.93	16.10	570.00	570.33	16.82
497.12	497.45	14.67	521.53	521.86	15.39	545.94	546.27	16.11	570.34	570.67	16.83
497.46	497.79	14.68	521.87	522.20	15.40	546.28	546.61	16.12	570.68	571.01	16.84
497.80	498.13	14.69	522.21	522.54	15.41	546.62	546.94	16.13	571.02	571.35	16.85
498.14	498.47	14.70	522.55	522.88	15.42	546.95	547.28	16.14	571.36	571.69	16.86
498.48	498.81	14.71	522.89	523.22	15.43	547.29	547.62	16.15	571.70	572.03	16.87
498.82	499.15	14.72	523.23	523.55	15.44	547.63	547.96	16.16	572.04	572.37	16.88
499.16	499.49	14.73	523.56	523.89	15.45	547.97	548.30	16.17	572.38	572.71	16.89
499.50	499.83	14.74	523.90	524.23	15.46	548.31	548.64	16.18	572.72	573.05	16.90
499.84	500.16	14.75	524.24	524.57	15.47	548.65	548.98	16.19	573.06	573.38	16.91
500.17	500.50	14.76	524.58	524.91	15.48	548.99	549.32	16.20	573.39	573.72	16.92
500.51	500.84	14.77	524.92	525.25	15.49	549.33	549.66	16.21	573.73	574.06	16.93
500.85	501.18	14.78	525.26	525.59	15.50	549.67	549.99	16.22	574.07	574.40	16.94
501.19	501.52	14.79	525.60	525.93	15.51	550.00	550.33	16.23	574.41	574.74	16.95
501.53	501.86	14.80	525.94	526.27	15.52	550.34	550.67	16.24	574.75	575.08	16.96
501.87	502.20	14.81	526.28	526.61	15.53	550.68	551.01	16.25	575.09	575.42	16.97
502.21	502.54	14.82	526.62	526.94	15.54	551.02	551.35	16.26	575.43	575.76	16.98
502.55	502.88	14.83	526.95	527.28	15.55	551.36	551.69	16.27	575.77	576.10	16.99
502.89	503.22	14.84	527.29	527.62	15.56	551.70	552.03	16.28	576.11	576.44	17.00
503.23	503.55	14.85	527.63	527.96	15.57	552.04	552.37	16.29	576.45	576.77	17.01
503.56	503.89	14.86	527.97	528.30	15.58	552.38	552.71	16.30	576.78	577.11	17.02
503.90	504.23	14.87	528.31	528.64	15.59	552.72	553.05	16.31	577.12	577.45	17.03
504.24	504.57	14.88	528.65	528.98	15.60	553.06	553.38	16.32	577.46	577.79	17.04
504.58	504.91	14.89	528.99	529.32	15.61	553.39	553.72	16.33	577.80	578.13	17.05
504.92	505.25	14.90	529.33	529.66	15.62	553.73	554.06	16.34	578.14	578.47	17.06
505.26	505.59	14.91	529.67	529.99	15.63	554.07	554.40	16.35	578.48	578.81	17.07
505.60	505.93	14.92	530.00	530.33	15.64	554.41	554.74	16.36	578.82	579.15	17.08
505.94	506.27	14.93	530.34	530.67	15.65	554.75	555.08	16.37	579.16	579.49	17.09
506.28	506.61	14.94	530.68	531.01	15.66	555.09	555.42	16.38	579.50	579.83	17.10
506.62	506.94	14.95	531.02	531.35	15.67	555.43	555.76	16.39	579.84	580.16	17.11
506.95	507.28	14.96	531.36	531.69	15.68	555.77	556.10	16.40	580.17	580.50	17.12
507.29	507.62	14.97	531.70	532.03	15.69	556.11	556.44	16.41	580.51	580.84	17.13
507.63	507.96	14.98	532.04	532.37	15.70	556.45	556.77	16.42	580.85	581.18	17.14
507.97	508.30	14.99	532.38	532.71	15.71	556.78	557.11	16.43	581.19	581.52	17.15
508.31	508.64	15.00	532.72	533.05	15.72	557.12	557.45	16.44	581.53	581.86	17.16
508.65	508.98	15.01	533.06	533.38	15.73	557.46	557.79	16.45	581.87	582.20	17.17
508.99	509.32	15.02	533.39	533.72	15.74	557.80	558.13	16.46	582.21	582.54	17.18
509.33	509.66	15.03	533.73	534.06	15.75	558.14	558.47	16.47	582.55	582.88	17.19
509.67	509.99	15.04	534.07	534.40	15.76	558.48	558.81	16.48	582.89	583.22	17.20
510.00	510.33	15.05	534.41	534.74	15.77	558.82	559.15	16.49	583.23	583.55	17.21
510.34	510.67	15.06	534.75	535.08	15.78	559.16	559.49	16.50	583.56	583.89	17.22
510.68	511.01	15.07	535.09	535.42	15.79	559.50	559.83	16.51	583.90	584.23	17.23
511.02	511.35	15.08	535.43	535.76	15.80	559.84	560.16	16.52	584.24	584.57	17.24
511.36	511.69	15.09	535.77	536.10	15.81	560.17	560.50	16.53	584.58	584.91	17.25
511.70	512.03	15.10	536.11	536.44	15.82	560.51	560.84	16.54	584.92	585.25	17.26
512.04	512.37	15.11	536.45	536.77	15.83	560.85	561.18	16.55	585.26	585.59	17.27
512.38	512.71	15.12	536.78	537.11	15.84	561.19	561.52	16.56	585.60	585.93	17.28

Remarque: Vous trouverez ci-dessous la cotisation maximale que vous pouvez retenir pour chaque période de paie.
Note: The following are the maximum amounts you can deduct for each pay period.

Hebdomadaire	Weekly	22.13	10 périodes de paie par année	10 pay periods a year	115.05
Aux deux semaines	Biweekly	44.25	13 périodes de paie par année	13 pay periods a year	88.50
Bimensuel	Semimonthly	47.94	22 périodes de paie par année	22 pay periods a year	52.30
Mensuel	Monthly	95.88			

TABLEAU 7-A3 *(suite)*

Cotisations d'assurance-chômage   Unemployment Insurance Premiums

Rémunération Pay De - From	À - To	Cotisation d'A-C UI premium	Rémunération Pay De - From	À - To	Cotisation d'A-C UI premium	Rémunération Pay De - From	À - To	Cotisation d'A-C UI premium	Rémunération Pay De - From	À - To	Cotisation d'A-C UI premium
585.94	586.27	17.29	610.34	610.67	18.01	634.75	635.08	18.73	659.16	659.49	19.45
586.28	586.61	17.30	610.68	611.01	18.02	635.09	635.42	18.74	659.50	659.83	19.46
586.62	586.94	17.31	611.02	611.35	18.03	635.43	635.76	18.75	659.84	660.16	19.47
586.95	587.28	17.32	611.36	611.69	18.04	635.77	636.10	18.76	660.17	660.50	19.48
587.29	587.62	17.33	611.70	612.03	18.05	636.11	636.44	18.77	660.51	660.84	19.49
587.63	587.96	17.34	612.04	612.37	18.06	636.45	636.77	18.78	660.85	661.18	19.50
587.97	588.30	17.35	612.38	612.71	18.07	636.78	637.11	18.79	661.19	661.52	19.51
588.31	588.64	17.36	612.72	613.05	18.08	637.12	637.45	18.80	661.53	661.86	19.52
588.65	588.98	17.37	613.06	613.38	18.09	637.46	637.79	18.81	661.87	662.20	19.53
588.99	589.32	17.38	613.39	613.72	18.10	637.80	638.13	18.82	662.21	662.54	19.54
589.33	589.66	17.39	613.73	614.06	18.11	638.14	638.47	18.83	662.55	662.88	19.55
589.67	589.99	17.40	614.07	614.40	18.12	638.48	638.81	18.84	662.89	663.22	19.56
590.00	590.33	17.41	614.41	614.74	18.13	638.82	639.15	18.85	663.23	663.55	19.57
590.34	590.67	17.42	614.75	615.08	18.14	639.16	639.49	18.86	663.56	663.89	19.58
590.68	591.01	17.43	615.09	615.42	18.15	639.50	639.83	18.87	663.90	664.23	19.59
591.02	591.35	17.44	615.43	615.76	18.16	639.84	640.16	18.88	664.24	664.57	19.60
591.36	591.69	17.45	615.77	616.10	18.17	640.17	640.50	18.89	664.58	664.91	19.61
591.70	592.03	17.46	616.11	616.44	18.18	640.51	640.84	18.90	664.92	665.25	19.62
592.04	592.37	17.47	616.45	616.77	18.19	640.85	641.18	18.91	665.26	665.59	19.63
592.38	592.71	17.48	616.78	617.11	18.20	641.19	641.52	18.92	665.60	665.93	19.64
592.72	593.05	17.49	617.12	617.45	18.21	641.53	641.86	18.93	665.94	666.27	19.65
593.06	593.38	17.50	617.46	617.79	18.22	641.87	642.20	18.94	666.28	666.61	19.66
593.39	593.72	17.51	617.80	618.13	18.23	642.21	642.54	18.95	666.62	666.94	19.67
593.73	594.06	17.52	618.14	618.47	18.24	642.55	642.88	18.96	666.95	667.28	19.68
594.07	594.40	17.53	618.48	618.81	18.25	642.89	643.22	18.97	667.29	667.62	19.69
594.41	594.74	17.54	618.82	619.15	18.26	643.23	643.55	18.98	667.63	667.96	19.70
594.75	595.08	17.55	619.16	619.49	18.27	643.56	643.89	18.99	667.97	668.30	19.71
595.09	595.42	17.56	619.50	619.83	18.28	643.90	644.23	19.00	668.31	668.64	19.72
595.43	595.76	17.57	619.84	620.16	18.29	644.24	644.57	19.01	668.65	668.98	19.73
595.77	596.10	17.58	620.17	620.50	18.30	644.58	644.91	19.02	668.99	669.32	19.74
596.11	596.44	17.59	620.51	620.84	18.31	644.92	645.25	19.03	669.33	669.66	19.75
596.45	596.77	17.60	620.85	621.18	18.32	645.26	645.59	19.04	669.67	669.99	19.76
596.78	597.11	17.61	621.19	621.52	18.33	645.60	645.93	19.05	670.00	670.33	19.77
597.12	597.45	17.62	621.53	621.86	18.34	645.94	646.27	19.06	670.34	670.67	19.78
597.46	597.79	17.63	621.87	622.20	18.35	646.28	646.61	19.07	670.68	671.01	19.79
597.80	598.13	17.64	622.21	622.54	18.36	646.62	646.94	19.08	671.02	671.35	19.80
598.14	598.47	17.65	622.55	622.88	18.37	646.95	647.28	19.09	671.36	671.69	19.81
598.48	598.81	17.66	622.89	623.22	18.38	647.29	647.62	19.10	671.70	672.03	19.82
598.82	599.15	17.67	623.23	623.55	18.39	647.63	647.96	19.11	672.04	672.37	19.83
599.16	599.49	17.68	623.56	623.89	18.40	647.97	648.30	19.12	672.38	672.71	19.84
599.50	599.83	17.69	623.90	624.23	18.41	648.31	648.64	19.13	672.72	673.05	19.85
599.84	600.16	17.70	624.24	624.57	18.42	648.65	648.98	19.14	673.06	673.38	19.86
600.17	600.50	17.71	624.58	624.91	18.43	648.99	649.32	19.15	673.39	673.72	19.87
600.51	600.84	17.72	624.92	625.25	18.44	649.33	649.66	19.16	673.73	674.06	19.88
600.85	601.18	17.73	625.26	625.59	18.45	649.67	649.99	19.17	674.07	674.40	19.89
601.19	601.52	17.74	625.60	625.93	18.46	650.00	650.33	19.18	674.41	674.74	19.90
601.53	601.86	17.75	625.94	626.27	18.47	650.34	650.67	19.19	674.75	675.08	19.91
601.87	602.20	17.76	626.28	626.61	18.48	650.68	651.01	19.20	675.09	675.42	19.92
602.21	602.54	17.77	626.62	626.94	18.49	651.02	651.35	19.21	675.43	675.76	19.93
602.55	602.88	17.78	626.95	627.28	18.50	651.36	651.69	19.22	675.77	676.10	19.94
602.89	603.22	17.79	627.29	627.62	18.51	651.70	652.03	19.23	676.11	676.44	19.95
603.23	603.55	17.80	627.63	627.96	18.52	652.04	652.37	19.24	676.45	676.77	19.96
603.56	603.89	17.81	627.97	628.30	18.53	652.38	652.71	19.25	676.78	677.11	19.97
603.90	604.23	17.82	628.31	628.64	18.54	652.72	653.05	19.26	677.12	677.45	19.98
604.24	604.57	17.83	628.65	628.98	18.55	653.06	653.38	19.27	677.46	677.79	19.99
604.58	604.91	17.84	628.99	629.32	18.56	653.39	653.72	19.28	677.80	678.13	20.00
604.92	605.25	17.85	629.33	629.66	18.57	653.73	654.06	19.29	678.14	678.47	20.01
605.26	605.59	17.86	629.67	629.99	18.58	654.07	654.40	19.30	678.48	678.81	20.02
605.60	605.93	17.87	630.00	630.33	18.59	654.41	654.74	19.31	678.82	679.15	20.03
605.94	606.27	17.88	630.34	630.67	18.60	654.75	655.08	19.32	679.16	679.49	20.04
606.28	606.61	17.89	630.68	631.01	18.61	655.09	655.42	19.33	679.50	679.83	20.05
606.62	606.94	17.90	631.02	631.35	18.62	655.43	655.76	19.34	679.84	680.16	20.06
606.95	607.28	17.91	631.36	631.69	18.63	655.77	656.10	19.35	680.17	680.50	20.07
607.29	607.62	17.92	631.70	632.03	18.64	656.11	656.44	19.36	680.51	680.84	20.08
607.63	607.96	17.93	632.04	632.37	18.65	656.45	656.77	19.37	680.85	681.18	20.09
607.97	608.30	17.94	632.38	632.71	18.66	656.78	657.11	19.38	681.19	681.52	20.10
608.31	608.64	17.95	632.72	633.05	18.67	657.12	657.45	19.39	681.53	681.86	20.11
608.65	608.98	17.96	633.06	633.38	18.68	657.46	657.79	19.40	681.87	682.20	20.12
608.99	609.32	17.97	633.39	633.72	18.69	657.80	658.13	19.41	682.21	682.54	20.13
609.33	609.66	17.98	633.73	634.06	18.70	658.14	658.47	19.42	682.55	682.88	20.14
609.67	609.99	17.99	634.07	634.40	18.71	658.48	658.81	19.43	682.89	683.22	20.15
610.00	610.33	18.00	634.41	634.74	18.72	658.82	659.15	19.44	683.23	683.55	20.16

Remarque: Vous trouverez ci-dessous la cotisation maximale que vous pouvez retenir pour chaque période de paie.
Note: The following are the maximum amounts you can deduct for each pay period.

Hebdomadaire	Weekly	**22.13**	10 périodes de paie par année	10 pay periods a year	**115.05**
Aux deux semaines	Biweekly	**44.25**	13 périodes de paie par année	13 pay periods a year	**88.50**
Bimensuel	Semimonthly	**47.94**	22 périodes de paie par année	22 pay periods a year	**52.30**
Mensuel	Monthly	**95.88**			

TABLEAU 7-A3 (suite)

Cotisations d'assurance-chômage   Unemployment Insurance Premiums

Rémunération / Pay De - From	À - To	Cotisation d'A-C UI premium	Rémunération / Pay De - From	À - To	Cotisation d'A-C UI premium	Rémunération / Pay De - From	À - To	Cotisation d'A-C UI premium	Rémunération / Pay De - From	À - To	Cotisation d'A-C UI premium
683.56	683.89	20.17	707.97	708.30	20.89	732.38	732.71	21.61	756.78	757.11	22.33
683.90	684.23	20.18	708.31	708.64	20.90	732.72	733.05	21.62	757.12	757.45	22.34
684.24	684.57	20.19	708.65	708.98	20.91	733.06	733.38	21.63	757.46	757.79	22.35
684.58	684.91	20.20	708.99	709.32	20.92	733.39	733.72	21.64	757.80	758.13	22.36
684.92	685.25	20.21	709.33	709.66	20.93	733.73	734.06	21.65	758.14	758.47	22.37
685.26	685.59	20.22	709.67	709.99	20.94	734.07	734.40	21.66	758.48	758.81	22.38
685.60	685.93	20.23	710.00	710.33	20.95	734.41	734.74	21.67	758.82	759.15	22.39
685.94	686.27	20.24	710.34	710.67	20.96	734.75	735.08	21.68	759.16	759.49	22.40
686.28	686.61	20.25	710.68	711.01	20.97	735.09	735.42	21.69	759.50	759.83	22.41
686.62	686.94	20.26	711.02	711.35	20.98	735.43	735.76	21.70	759.84	760.16	22.42
686.95	687.28	20.27	711.36	711.69	20.99	735.77	736.10	21.71	760.17	760.50	22.43
687.29	687.62	20.28	711.70	712.03	21.00	736.11	736.44	21.72	760.51	760.84	22.44
687.63	687.96	20.29	712.04	712.37	21.01	736.45	736.77	21.73	760.85	761.18	22.45
687.97	688.30	20.30	712.38	712.71	21.02	736.78	737.11	21.74	761.19	761.52	22.46
688.31	688.64	20.31	712.72	713.05	21.03	737.12	737.45	21.75	761.53	761.86	22.47
688.65	688.98	20.32	713.06	713.38	21.04	737.46	737.79	21.76	761.87	762.20	22.48
688.99	689.32	20.33	713.39	713.72	21.05	737.80	738.13	21.77	762.21	762.54	22.49
689.33	689.66	20.34	713.73	714.06	21.06	738.14	738.47	21.78	762.55	762.88	22.50
689.67	689.99	20.35	714.07	714.40	21.07	738.48	738.81	21.79	762.89	763.22	22.51
690.00	690.33	20.36	714.41	714.74	21.08	738.82	739.15	21.80	763.23	763.55	22.52
690.34	690.67	20.37	714.75	715.08	21.09	739.16	739.49	21.81	763.56	763.89	22.53
690.68	691.01	20.38	715.09	715.42	21.10	739.50	739.83	21.82	763.90	764.23	22.54
691.02	691.35	20.39	715.43	715.76	21.11	739.84	740.16	21.83	764.24	764.57	22.55
691.36	691.69	20.40	715.77	716.10	21.12	740.17	740.50	21.84	764.58	764.91	22.56
691.70	692.03	20.41	716.11	716.44	21.13	740.51	740.84	21.85	764.92	765.25	22.57
692.04	692.37	20.42	716.45	716.77	21.14	740.85	741.18	21.86	765.26	765.59	22.58
692.38	692.71	20.43	716.78	717.11	21.15	741.19	741.52	21.87	765.60	765.93	22.59
692.72	693.05	20.44	717.12	717.45	21.16	741.53	741.86	21.88	765.94	766.27	22.60
693.06	693.38	20.45	717.46	717.79	21.17	741.87	742.20	21.89	766.28	766.61	22.61
693.39	693.72	20.46	717.80	718.13	21.18	742.21	742.54	21.90	766.62	766.94	22.62
693.73	694.06	20.47	718.14	718.47	21.19	742.55	742.88	21.91	766.95	767.28	22.63
694.07	694.40	20.48	718.48	718.81	21.20	742.89	743.22	21.92	767.29	767.62	22.64
694.41	694.74	20.49	718.82	719.15	21.21	743.23	743.55	21.93	767.63	767.96	22.65
694.75	695.08	20.50	719.16	719.49	21.22	743.56	743.89	21.94	767.97	768.30	22.66
695.09	695.42	20.51	719.50	719.83	21.23	743.90	744.23	21.95	768.31	768.64	22.67
695.43	695.76	20.52	719.84	720.16	21.24	744.24	744.57	21.96	768.65	768.98	22.68
695.77	696.10	20.53	720.17	720.50	21.25	744.58	744.91	21.97	768.99	769.32	22.69
696.11	696.44	20.54	720.51	720.84	21.26	744.92	745.25	21.98	769.33	769.66	22.70
696.45	696.77	20.55	720.85	721.18	21.27	745.26	745.59	21.99	769.67	769.99	22.71
696.78	697.11	20.56	721.19	721.52	21.28	745.60	745.93	22.00	770.00	770.33	22.72
697.12	697.45	20.57	721.53	721.86	21.29	745.94	746.27	22.01	770.34	770.67	22.73
697.46	697.79	20.58	721.87	722.20	21.30	746.28	746.61	22.02	770.68	771.01	22.74
697.80	698.13	20.59	722.21	722.54	21.31	746.62	746.94	22.03	771.02	771.35	22.75
698.14	698.47	20.60	722.55	722.88	21.32	746.95	747.28	22.04	771.36	771.69	22.76
698.48	698.81	20.61	722.89	723.22	21.33	747.29	747.62	22.05	771.70	772.03	22.77
698.82	699.15	20.62	723.23	723.55	21.34	747.63	747.96	22.06	772.04	772.37	22.78
699.16	699.49	20.63	723.56	723.89	21.35	747.97	748.30	22.07	772.38	772.71	22.79
699.50	699.83	20.64	723.90	724.23	21.36	748.31	748.64	22.08	772.72	773.05	22.80
699.84	700.16	20.65	724.24	724.57	21.37	748.65	748.98	22.09	773.06	773.38	22.81
700.17	700.50	20.66	724.58	724.91	21.38	748.99	749.32	22.10	773.39	773.72	22.82
700.51	700.84	20.67	724.92	725.25	21.39	749.33	749.66	22.11	773.73	774.06	22.83
700.85	701.18	20.68	725.26	725.59	21.40	749.67	749.99	22.12	774.07	774.40	22.84
701.19	701.52	20.69	725.60	725.93	21.41	750.00	750.33	22.13*	774.41	774.74	22.85
701.53	701.86	20.70	725.94	726.27	21.42	750.34	750.67	22.14	774.75	775.08	22.86
701.87	702.20	20.71	726.28	726.61	21.43	750.68	751.01	22.15	775.09	775.42	22.87
702.21	702.54	20.72	726.62	726.94	21.44	751.02	751.35	22.16	775.43	775.76	22.88
702.55	702.88	20.73	726.95	727.28	21.45	751.36	751.69	22.17	775.77	776.10	22.89
702.89	703.22	20.74	727.29	727.62	21.46	751.70	752.03	22.18	776.11	776.44	22.90
703.23	703.55	20.75	727.63	727.96	21.47	752.04	752.37	22.19	776.45	776.77	22.91
703.56	703.89	20.76	727.97	728.30	21.48	752.38	752.71	22.20	776.78	777.11	22.92
703.90	704.23	20.77	728.31	728.64	21.49	752.72	753.05	22.21	777.12	777.45	22.93
704.24	704.57	20.78	728.65	728.98	21.50	753.06	753.38	22.22	777.46	777.79	22.94
704.58	704.91	20.79	728.99	729.32	21.51	753.39	753.72	22.23	777.80	778.13	22.95
704.92	705.25	20.80	729.33	729.66	21.52	753.73	754.06	22.24	778.14	778.47	22.96
705.26	705.59	20.81	729.67	729.99	21.53	754.07	754.40	22.25	778.48	778.81	22.97
705.60	705.93	20.82	730.00	730.33	21.54	754.41	754.74	22.26	778.82	779.15	22.98
705.94	706.27	20.83	730.34	730.67	21.55	754.75	755.08	22.27	779.16	779.49	22.99
706.28	706.61	20.84	730.68	731.01	21.56	755.09	755.42	22.28	779.50	779.83	23.00
706.62	706.94	20.85	731.02	731.35	21.57	755.43	755.76	22.29	779.84	780.16	23.01
706.95	707.28	20.86	731.36	731.69	21.58	755.77	756.10	22.30	780.17	780.50	23.02
707.29	707.62	20.87	731.70	732.03	21.59	756.11	756.44	22.31	780.51	780.84	23.03
707.63	707.96	20.88	732.04	732.37	21.60	756.45	756.77	22.32	780.85	781.18	23.04

Remarque: Vous trouverez ci-dessous la cotisation maximale que vous pouvez retenir pour chaque période de paie.
Note: The following are the maximum amounts you can deduct for each pay period.

*Hebdomadaire	Weekly	22.13	10 périodes de paie par année	10 pay periods a year	115.05
Aux deux semaines	Biweekly	44.25	13 périodes de paie par année	13 pay periods a year	88.50
Bimensuel	Semimonthly	47.94	22 périodes de paie par année	22 pay periods a year	52.30
Mensuel	Monthly	95.88			

TABLEAU 7-A3   *(suite)*

Cotisations d'assurance-chômage   Unemployment Insurance Premiums

Rémunération Pay De - From	À - To	Cotisation d'A-C UI premium	Rémunération Pay De - From	À - To	Cotisation d'A-C UI premium	Rémunération Pay De - From	À - To	Cotisation d'A-C UI premium	Rémunération Pay De - From	À - To	Cotisation d'A-C UI premium
781.19 -	781.52	23.05	805.60 -	805.93	23.77	830.00 -	830.33	24.49	854.41 -	854.74	25.21
781.53 -	781.86	23.06	805.94 -	806.27	23.78	830.34 -	830.67	24.50	854.75 -	855.08	25.22
781.87 -	782.20	23.07	806.28 -	806.61	23.79	830.68 -	831.01	24.51	855.09 -	855.42	25.23
782.21 -	782.54	23.08	806.62 -	806.94	23.80	831.02 -	831.35	24.52	855.43 -	855.76	25.24
782.55 -	782.88	23.09	806.95 -	807.28	23.81	831.36 -	831.69	24.53	855.77 -	856.10	25.25
782.89 -	783.22	23.10	807.29 -	807.62	23.82	831.70 -	832.03	24.54	856.11 -	856.44	25.26
783.23 -	783.55	23.11	807.63 -	807.96	23.83	832.04 -	832.37	24.55	856.45 -	856.77	25.27
783.56 -	783.89	23.12	807.97 -	808.30	23.84	832.38 -	832.71	24.56	856.78 -	857.11	25.28
783.90 -	784.23	23.13	808.31 -	808.64	23.85	832.72 -	833.05	24.57	857.12 -	857.45	25.29
784.24 -	784.57	23.14	808.65 -	808.98	23.86	833.06 -	833.38	24.58	857.46 -	857.79	25.30
784.58 -	784.91	23.15	808.99 -	809.32	23.87	833.39 -	833.72	24.59	857.80 -	858.13	25.31
784.92 -	785.25	23.16	809.33 -	809.66	23.88	833.73 -	834.06	24.60	858.14 -	858.47	25.32
785.26 -	785.59	23.17	809.67 -	809.99	23.89	834.07 -	834.40	24.61	858.48 -	858.81	25.33
785.60 -	785.93	23.18	810.00 -	810.33	23.90	834.41 -	834.74	24.62	858.82 -	859.15	25.34
785.94 -	786.27	23.19	810.34 -	810.67	23.91	834.75 -	835.08	24.63	859.16 -	859.49	25.35
786.28 -	786.61	23.20	810.68 -	811.01	23.92	835.09 -	835.42	24.64	859.50 -	859.83	25.36
786.62 -	786.94	23.21	811.02 -	811.35	23.93	835.43 -	835.76	24.65	859.84 -	860.16	25.37
786.95 -	787.28	23.22	811.36 -	811.69	23.94	835.77 -	836.10	24.66	860.17 -	860.50	25.38
787.29 -	787.62	23.23	811.70 -	812.03	23.95	836.11 -	836.44	24.67	860.51 -	860.84	25.39
787.63 -	787.96	23.24	812.04 -	812.37	23.96	836.45 -	836.77	24.68	860.85 -	861.18	25.40
787.97 -	788.30	23.25	812.38 -	812.71	23.97	836.78 -	837.11	24.69	861.19 -	861.52	25.41
788.31 -	788.64	23.26	812.72 -	813.05	23.98	837.12 -	837.45	24.70	861.53 -	861.86	25.42
788.65 -	788.98	23.27	813.06 -	813.38	23.99	837.46 -	837.79	24.71	861.87 -	862.20	25.43
788.99 -	789.32	23.28	813.39 -	813.72	24.00	837.80 -	838.13	24.72	862.21 -	862.54	25.44
789.33 -	789.66	23.29	813.73 -	814.06	24.01	838.14 -	838.47	24.73	862.55 -	862.88	25.45
789.67 -	789.99	23.30	814.07 -	814.40	24.02	838.48 -	838.81	24.74	862.89 -	863.22	25.46
790.00 -	790.33	23.31	814.41 -	814.74	24.03	838.82 -	839.15	24.75	863.23 -	863.55	25.47
790.34 -	790.67	23.32	814.75 -	815.08	24.04	839.16 -	839.49	24.76	863.56 -	863.89	25.48
790.68 -	791.01	23.33	815.09 -	815.42	24.05	839.50 -	839.83	24.77	863.90 -	864.23	25.49
791.02 -	791.35	23.34	815.43 -	815.76	24.06	839.84 -	840.16	24.78	864.24 -	864.57	25.50
791.36 -	791.69	23.35	815.77 -	816.10	24.07	840.17 -	840.50	24.79	864.58 -	864.91	25.51
791.70 -	792.03	23.36	816.11 -	816.44	24.08	840.51 -	840.84	24.80	864.92 -	865.25	25.52
792.04 -	792.37	23.37	816.45 -	816.77	24.09	840.85 -	841.18	24.81	865.26 -	865.59	25.53
792.38 -	792.71	23.38	816.78 -	817.11	24.10	841.19 -	841.52	24.82	865.60 -	865.93	25.54
792.72 -	793.05	23.39	817.12 -	817.45	24.11	841.53 -	841.86	24.83	865.94 -	866.27	25.55
793.06 -	793.38	23.40	817.46 -	817.79	24.12	841.87 -	842.20	24.84	866.28 -	866.61	25.56
793.39 -	793.72	23.41	817.80 -	818.13	24.13	842.21 -	842.54	24.85	866.62 -	866.94	25.57
793.73 -	794.06	23.42	818.14 -	818.47	24.14	842.55 -	842.88	24.86	866.95 -	867.28	25.58
794.07 -	794.40	23.43	818.48 -	818.81	24.15	842.89 -	843.22	24.87	867.29 -	867.62	25.59
794.41 -	794.74	23.44	818.82 -	819.15	24.16	843.23 -	843.55	24.88	867.63 -	867.96	25.60
794.75 -	795.08	23.45	819.16 -	819.49	24.17	843.56 -	843.89	24.89	867.97 -	868.30	25.61
795.09 -	795.42	23.46	819.50 -	819.83	24.18	843.90 -	844.23	24.90	868.31 -	868.64	25.62
795.43 -	795.76	23.47	819.84 -	820.16	24.19	844.24 -	844.57	24.91	868.65 -	868.98	25.63
795.77 -	796.10	23.48	820.17 -	820.50	24.20	844.58 -	844.91	24.92	868.99 -	869.32	25.64
796.11 -	796.44	23.49	820.51 -	820.84	24.21	844.92 -	845.25	24.93	869.33 -	869.66	25.65
796.45 -	796.77	23.50	820.85 -	821.18	24.22	845.26 -	845.59	24.94	869.67 -	869.99	25.66
796.78 -	797.11	23.51	821.19 -	821.52	24.23	845.60 -	845.93	24.95	870.00 -	870.33	25.67
797.12 -	797.45	23.52	821.53 -	821.86	24.24	845.94 -	846.27	24.96	870.34 -	870.67	25.68
797.46 -	797.79	23.53	821.87 -	822.20	24.25	846.28 -	846.61	24.97	870.68 -	871.01	25.69
797.80 -	798.13	23.54	822.21 -	822.54	24.26	846.62 -	846.94	24.98	871.02 -	871.35	25.70
798.14 -	798.47	23.55	822.55 -	822.88	24.27	846.95 -	847.28	24.99	871.36 -	871.69	25.71
798.48 -	798.81	23.56	822.89 -	823.22	24.28	847.29 -	847.62	25.00	871.70 -	872.03	25.72
798.82 -	799.15	23.57	823.23 -	823.55	24.29	847.63 -	847.96	25.01	872.04 -	872.37	25.73
799.16 -	799.49	23.58	823.56 -	823.89	24.30	847.97 -	848.30	25.02	872.38 -	872.71	25.74
799.50 -	799.83	23.59	823.90 -	824.23	24.31	848.31 -	848.64	25.03	872.72 -	873.05	25.75
799.84 -	800.16	23.60	824.24 -	824.57	24.32	848.65 -	848.98	25.04	873.06 -	873.38	25.76
800.17 -	800.50	23.61	824.58 -	824.91	24.33	848.99 -	849.32	25.05	873.39 -	873.72	25.77
800.51 -	800.84	23.62	824.92 -	825.25	24.34	849.33 -	849.66	25.06	873.73 -	874.06	25.78
800.85 -	801.18	23.63	825.26 -	825.59	24.35	849.67 -	849.99	25.07	874.07 -	874.40	25.79
801.19 -	801.52	23.64	825.60 -	825.93	24.36	850.00 -	850.33	25.08	874.41 -	874.74	25.80
801.53 -	801.86	23.65	825.94 -	826.27	24.37	850.34 -	850.67	25.09	874.75 -	875.08	25.81
801.87 -	802.20	23.66	826.28 -	826.61	24.38	850.68 -	851.01	25.10	875.09 -	875.42	25.82
802.21 -	802.54	23.67	826.62 -	826.94	24.39	851.02 -	851.35	25.11	875.43 -	875.76	25.83
802.55 -	802.88	23.68	826.95 -	827.28	24.40	851.36 -	851.69	25.12	875.77 -	876.10	25.84
802.89 -	803.22	23.69	827.29 -	827.62	24.41	851.70 -	852.03	25.13	876.11 -	876.44	25.85
803.23 -	803.55	23.70	827.63 -	827.96	24.42	852.04 -	852.37	25.14	876.45 -	876.77	25.86
803.56 -	803.89	23.71	827.97 -	828.30	24.43	852.38 -	852.71	25.15	876.78 -	877.11	25.87
803.90 -	804.23	23.72	828.31 -	828.64	24.44	852.72 -	853.05	25.16	877.12 -	877.45	25.88
804.24 -	804.57	23.73	828.65 -	828.98	24.45	853.06 -	853.38	25.17	877.46 -	877.79	25.89
804.58 -	804.91	23.74	828.99 -	829.32	24.46	853.39 -	853.72	25.18	877.80 -	878.13	25.90
804.92 -	805.25	23.75	829.33 -	829.66	24.47	853.73 -	854.06	25.19	878.14 -	878.47	25.91
805.26 -	805.59	23.76	829.67 -	829.99	24.48	854.07 -	854.40	25.20	878.48 -	878.81	25.92

Remarque: Vous trouverez ci-dessous la cotisation maximale que vous pouvez retenir pour chaque période de paie.
Note: The following are the maximum amounts you can deduct for each pay period.

Hebdomadaire	Weekly	22.13	10 périodes de paie par année	10 pay periods a year	115.05
Aux deux semaines	Biweekly	44.25	13 périodes de paie par année	13 pay periods a year	88.50
Bimensuel	Semimonthly	47.94	22 périodes de paie par année	22 pay periods a year	52.30
Mensuel	Monthly	95.88			

TABLEAU 7-A3 *(suite)*

Cotisations d'assurance-chômage   Unemployment Insurance Premiums

Rémunération Pay		Cotisation d'A-C UI	Rémunération Pay		Cotisation d'A-C UI	Rémunération Pay		Cotisation d'A-C UI	Rémunération Pay		Cotisation d'A-C UI
De - From	À - To	premium	De - From	À - To	premium	De - From	À - To	premium	De - From	À - To	premium
878.82 -	879.15	25.93	903.23 -	903.55	26.65	927.63 -	927.96	27.37	952.04 -	952.37	28.09
879.16 -	879.49	25.94	903.56 -	903.89	26.66	927.97 -	928.30	27.38	952.38 -	952.71	28.10
879.50 -	879.83	25.95	903.90 -	904.23	26.67	928.31 -	928.64	27.39	952.72 -	953.05	28.11
879.84 -	880.16	25.96	904.24 -	904.57	26.68	928.65 -	928.98	27.40	953.06 -	953.38	28.12
880.17 -	880.50	25.97	904.58 -	904.91	26.69	928.99 -	929.32	27.41	953.39 -	953.72	28.13
880.51 -	880.84	25.98	904.92 -	905.25	26.70	929.33 -	929.66	27.42	953.73 -	954.06	28.14
880.85 -	881.18	25.99	905.26 -	905.59	26.71	929.67 -	929.99	27.43	954.07 -	954.40	28.15
881.19 -	881.52	26.00	905.60 -	905.93	26.72	930.00 -	930.33	27.44	954.41 -	954.74	28.16
881.53 -	881.86	26.01	905.94 -	906.27	26.73	930.34 -	930.67	27.45	954.75 -	955.08	28.17
881.87 -	882.20	26.02	906.28 -	906.61	26.74	930.68 -	931.01	27.46	955.09 -	955.42	28.18
882.21 -	882.54	26.03	906.62 -	906.94	26.75	931.02 -	931.35	27.47	955.43 -	955.76	28.19
882.55 -	882.88	26.04	906.95 -	907.28	26.76	931.36 -	931.69	27.48	955.77 -	956.10	28.20
882.89 -	883.22	26.05	907.29 -	907.62	26.77	931.70 -	932.03	27.49	956.11 -	956.44	28.21
883.23 -	883.55	26.06	907.63 -	907.96	26.78	932.04 -	932.37	27.50	956.45 -	956.77	28.22
883.56 -	883.89	26.07	907.97 -	908.30	26.79	932.38 -	932.71	27.51	956.78 -	957.11	28.23
883.90 -	884.23	26.08	908.31 -	908.64	26.80	932.72 -	933.05	27.52	957.12 -	957.45	28.24
884.24 -	884.57	26.09	908.65 -	908.98	26.81	933.06 -	933.38	27.53	957.46 -	957.79	28.25
884.58 -	884.91	26.10	908.99 -	909.32	26.82	933.39 -	933.72	27.54	957.80 -	958.13	28.26
884.92 -	885.25	26.11	909.33 -	909.66	26.83	933.73 -	934.06	27.55	958.14 -	958.47	28.27
885.26 -	885.59	26.12	909.67 -	909.99	26.84	934.07 -	934.40	27.56	958.48 -	958.81	28.28
885.60 -	885.93	26.13	910.00 -	910.33	26.85	934.41 -	934.74	27.57	958.82 -	959.15	28.29
885.94 -	886.27	26.14	910.34 -	910.67	26.86	934.75 -	935.08	27.58	959.16 -	959.49	28.30
886.28 -	886.61	26.15	910.68 -	911.01	26.87	935.09 -	935.42	27.59	959.50 -	959.83	28.31
886.62 -	886.94	26.16	911.02 -	911.35	26.88	935.43 -	935.76	27.60	959.84 -	960.16	28.32
886.95 -	887.28	26.17	911.36 -	911.69	26.89	935.77 -	936.10	27.61	960.17 -	960.50	28.33
887.29 -	887.62	26.18	911.70 -	912.03	26.90	936.11 -	936.44	27.62	960.51 -	960.84	28.34
887.63 -	887.96	26.19	912.04 -	912.37	26.91	936.45 -	936.77	27.63	960.85 -	961.18	28.35
887.97 -	888.30	26.20	912.38 -	912.71	26.92	936.78 -	937.11	27.64	961.19 -	961.52	28.36
888.31 -	888.64	26.21	912.72 -	913.05	26.93	937.12 -	937.45	27.65	961.53 -	961.86	28.37
888.65 -	888.98	26.22	913.06 -	913.38	26.94	937.46 -	937.79	27.66	961.87 -	962.20	28.38
888.99 -	889.32	26.23	913.39 -	913.72	26.95	937.80 -	938.13	27.67	962.21 -	962.54	28.39
889.33 -	889.66	26.24	913.73 -	914.06	26.96	938.14 -	938.47	27.68	962.55 -	962.88	28.40
889.67 -	889.99	26.25	914.07 -	914.40	26.97	938.48 -	938.81	27.69	962.89 -	963.22	28.41
890.00 -	890.33	26.26	914.41 -	914.74	26.98	938.82 -	939.15	27.70	963.23 -	963.55	28.42
890.34 -	890.67	26.27	914.75 -	915.08	26.99	939.16 -	939.49	27.71	963.56 -	963.89	28.43
890.68 -	891.01	26.28	915.09 -	915.42	27.00	939.50 -	939.83	27.72	963.90 -	964.23	28.44
891.02 -	891.35	26.29	915.43 -	915.76	27.01	939.84 -	940.16	27.73	964.24 -	964.57	28.45
891.36 -	891.69	26.30	915.77 -	916.10	27.02	940.17 -	940.50	27.74	964.58 -	964.91	28.46
891.70 -	892.03	26.31	916.11 -	916.44	27.03	940.51 -	940.84	27.75	964.92 -	965.25	28.47
892.04 -	892.37	26.32	916.45 -	916.77	27.04	940.85 -	941.18	27.76	965.26 -	965.59	28.48
892.38 -	892.71	26.33	916.78 -	917.11	27.05	941.19 -	941.52	27.77	965.60 -	965.93	28.49
892.72 -	893.05	26.34	917.12 -	917.45	27.06	941.53 -	941.86	27.78	965.94 -	966.27	28.50
893.06 -	893.38	26.35	917.46 -	917.79	27.07	941.87 -	942.20	27.79	966.28 -	966.61	28.51
893.39 -	893.72	26.36	917.80 -	918.13	27.08	942.21 -	942.54	27.80	966.62 -	966.94	28.52
893.73 -	894.06	26.37	918.14 -	918.47	27.09	942.55 -	942.88	27.81	966.95 -	967.28	28.53
894.07 -	894.40	26.38	918.48 -	918.81	27.10	942.89 -	943.22	27.82	967.29 -	967.62	28.54
894.41 -	894.74	26.39	918.82 -	919.15	27.11	943.23 -	943.55	27.83	967.63 -	967.96	28.55
894.75 -	895.08	26.40	919.16 -	919.49	27.12	943.56 -	943.89	27.84	967.97 -	968.30	28.56
895.09 -	895.42	26.41	919.50 -	919.83	27.13	943.90 -	944.23	27.85	968.31 -	968.64	28.57
895.43 -	895.76	26.42	919.84 -	920.16	27.14	944.24 -	944.57	27.86	968.65 -	968.98	28.58
895.77 -	896.10	26.43	920.17 -	920.50	27.15	944.58 -	944.91	27.87	968.99 -	969.32	28.59
896.11 -	896.44	26.44	920.51 -	920.84	27.16	944.92 -	945.25	27.88	969.33 -	969.66	28.60
896.45 -	896.77	26.45	920.85 -	921.18	27.17	945.26 -	945.59	27.89	969.67 -	969.99	28.61
896.78 -	897.11	26.46	921.19 -	921.52	27.18	945.60 -	945.93	27.90	970.00 -	970.33	28.62
897.12 -	897.45	26.47	921.53 -	921.86	27.19	945.94 -	946.27	27.91	970.34 -	970.67	28.63
897.46 -	897.79	26.48	921.87 -	922.20	27.20	946.28 -	946.61	27.92	970.68 -	971.01	28.64
897.80 -	898.13	26.49	922.21 -	922.54	27.21	946.62 -	946.94	27.93	971.02 -	971.35	28.65
898.14 -	898.47	26.50	922.55 -	922.88	27.22	946.95 -	947.28	27.94	971.36 -	971.69	28.66
898.48 -	898.81	26.51	922.89 -	923.22	27.23	947.29 -	947.62	27.95	971.70 -	972.03	28.67
898.82 -	899.15	26.52	923.23 -	923.55	27.24	947.63 -	947.96	27.96	972.04 -	972.37	28.68
899.16 -	899.49	26.53	923.56 -	923.89	27.25	947.97 -	948.30	27.97	972.38 -	972.71	28.69
899.50 -	899.83	26.54	923.90 -	924.23	27.26	948.31 -	948.64	27.98	972.72 -	973.05	28.70
899.84 -	900.16	26.55	924.24 -	924.57	27.27	948.65 -	948.98	27.99	973.06 -	973.38	28.71
900.17 -	900.50	26.56	924.58 -	924.91	27.28	948.99 -	949.32	28.00	973.39 -	973.72	28.72
900.51 -	900.84	26.57	924.92 -	925.25	27.29	949.33 -	949.66	28.01	973.73 -	974.06	28.73
900.85 -	901.18	26.58	925.26 -	925.59	27.30	949.67 -	949.99	28.02	974.07 -	974.40	28.74
901.19 -	901.52	26.59	925.60 -	925.93	27.31	950.00 -	950.33	28.03	974.41 -	974.74	28.75
901.53 -	901.86	26.60	925.94 -	926.27	27.32	950.34 -	950.67	28.04	974.75 -	975.08	28.76
901.87 -	902.20	26.61	926.28 -	926.61	27.33	950.68 -	951.01	28.05	975.09 -	975.42	28.77
902.21 -	902.54	26.62	926.62 -	926.94	27.34	951.02 -	951.35	28.06	975.43 -	975.76	28.78
902.55 -	902.88	26.63	926.95 -	927.28	27.35	951.36 -	951.69	28.07	975.77 -	976.10	28.79
902.89 -	903.22	26.64	927.29 -	927.62	27.36	951.70 -	952.03	28.08	976.11 -	976.44	28.80

Remarque: Vous trouverez ci-dessous la cotisation maximale que vous pouvez retenir pour chaque période de paie.
Note: The following are the maximum amounts you can deduct for each pay period.

Hebdomadaire	Weekly	22.13	10 périodes de paie par année	10 pay periods a year	115.05
Aux deux semaines	Biweekly	44.25	13 périodes de paie par année	13 pay periods a year	88.50
Bimensuel	Semimonthly	47.94	22 périodes de paie par année	22 pay periods a year	52.30
Mensuel	Monthly	95.88			

TABLEAU 7-A3 *(suite)*

Cotisations d'assurance-chômage   Unemployment Insurance Premiums

Rémunération Pay De-From	À-To	Cotisation d'A-C UI premium	Rémunération Pay De-From	À-To	Cotisation d'A-C UI premium	Rémunération Pay De-From	À-To	Cotisation d'A-C UI premium	Rémunération Pay De-From	À-To	Cotisation d'A-C UI premium
976.45	976.77	28.81	1000.85	1001.18	29.53	1025.26	1025.59	30.25	1049.67	1049.99	30.97
976.78	977.11	28.82	1001.19	1001.52	29.54	1025.60	1025.93	30.26	1050.00	1050.33	30.98
977.12	977.45	28.83	1001.53	1001.86	29.55	1025.94	1026.27	30.27	1050.34	1050.67	30.99
977.46	977.79	28.84	1001.87	1002.20	29.56	1026.28	1026.61	30.28	1050.68	1051.01	31.00
977.80	978.13	28.85	1002.21	1002.54	29.57	1026.62	1026.94	30.29	1051.02	1051.35	31.01
978.14	978.47	28.86	1002.55	1002.88	29.58	1026.95	1027.28	30.30	1051.36	1051.69	31.02
978.48	978.81	28.87	1002.89	1003.22	29.59	1027.29	1027.62	30.31	1051.70	1052.03	31.03
978.82	979.15	28.88	1003.23	1003.55	29.60	1027.63	1027.96	30.32	1052.04	1052.37	31.04
979.16	979.49	28.89	1003.56	1003.89	29.61	1027.97	1028.30	30.33	1052.38	1052.71	31.05
979.50	979.83	28.90	1003.90	1004.23	29.62	1028.31	1028.64	30.34	1052.72	1053.05	31.06
979.84	980.16	28.91	1004.24	1004.57	29.63	1028.65	1028.98	30.35	1053.06	1053.38	31.07
980.17	980.50	28.92	1004.58	1004.91	29.64	1028.99	1029.32	30.36	1053.39	1053.72	31.08
980.51	980.84	28.93	1004.92	1005.25	29.65	1029.33	1029.66	30.37	1053.73	1054.06	31.09
980.85	981.18	28.94	1005.26	1005.59	29.66	1029.67	1029.99	30.38	1054.07	1054.40	31.10
981.19	981.52	28.95	1005.60	1005.93	29.67	1030.00	1030.33	30.39	1054.41	1054.74	31.11
981.53	981.86	28.96	1005.94	1006.27	29.68	1030.34	1030.67	30.40	1054.75	1055.08	31.12
981.87	982.20	28.97	1006.28	1006.61	29.69	1030.68	1031.01	30.41	1055.09	1055.42	31.13
982.21	982.54	28.98	1006.62	1006.94	29.70	1031.02	1031.35	30.42	1055.43	1055.76	31.14
982.55	982.88	28.99	1006.95	1007.28	29.71	1031.36	1031.69	30.43	1055.77	1056.10	31.15
982.89	983.22	29.00	1007.29	1007.62	29.72	1031.70	1032.03	30.44	1056.11	1056.44	31.16
983.23	983.55	29.01	1007.63	1007.96	29.73	1032.04	1032.37	30.45	1056.45	1056.77	31.17
983.56	983.89	29.02	1007.97	1008.30	29.74	1032.38	1032.71	30.46	1056.78	1057.11	31.18
983.90	984.23	29.03	1008.31	1008.64	29.75	1032.72	1033.05	30.47	1057.12	1057.45	31.19
984.24	984.57	29.04	1008.65	1008.98	29.76	1033.06	1033.38	30.48	1057.46	1057.79	31.20
984.58	984.91	29.05	1008.99	1009.32	29.77	1033.39	1033.72	30.49	1057.80	1058.13	31.21
984.92	985.25	29.06	1009.33	1009.66	29.78	1033.73	1034.06	30.50	1058.14	1058.47	31.22
985.26	985.59	29.07	1009.67	1009.99	29.79	1034.07	1034.40	30.51	1058.48	1058.81	31.23
985.60	985.93	29.08	1010.00	1010.33	29.80	1034.41	1034.74	30.52	1058.82	1059.15	31.24
985.94	986.27	29.09	1010.34	1010.67	29.81	1034.75	1035.08	30.53	1059.16	1059.49	31.25
986.28	986.61	29.10	1010.68	1011.01	29.82	1035.09	1035.42	30.54	1059.50	1059.83	31.26
986.62	986.94	29.11	1011.02	1011.35	29.83	1035.43	1035.76	30.55	1059.84	1060.16	31.27
986.95	987.28	29.12	1011.36	1011.69	29.84	1035.77	1036.10	30.56	1060.17	1060.50	31.28
987.29	987.62	29.13	1011.70	1012.03	29.85	1036.11	1036.44	30.57	1060.51	1060.84	31.29
987.63	987.96	29.14	1012.04	1012.37	29.86	1036.45	1036.77	30.58	1060.85	1061.18	31.30
987.97	988.30	29.15	1012.38	1012.71	29.87	1036.78	1037.11	30.59	1061.19	1061.52	31.31
988.31	988.64	29.16	1012.72	1013.05	29.88	1037.12	1037.45	30.60	1061.53	1061.86	31.32
988.65	988.98	29.17	1013.06	1013.38	29.89	1037.46	1037.79	30.61	1061.87	1062.20	31.33
988.99	989.32	29.18	1013.39	1013.72	29.90	1037.80	1038.13	30.62	1062.21	1062.54	31.34
989.33	989.66	29.19	1013.73	1014.06	29.91	1038.14	1038.47	30.63	1062.55	1062.88	31.35
989.67	989.99	29.20	1014.07	1014.40	29.92	1038.48	1038.81	30.64	1062.89	1063.22	31.36
990.00	990.33	29.21	1014.41	1014.74	29.93	1038.82	1039.15	30.65	1063.23	1063.55	31.37
990.34	990.67	29.22	1014.75	1015.08	29.94	1039.16	1039.49	30.66	1063.56	1063.89	31.38
990.68	991.01	29.23	1015.09	1015.42	29.95	1039.50	1039.83	30.67	1063.90	1064.23	31.39
991.02	991.35	29.24	1015.43	1015.76	29.96	1039.84	1040.16	30.68	1064.24	1064.57	31.40
991.36	991.69	29.25	1015.77	1016.10	29.97	1040.17	1040.50	30.69	1064.58	1064.91	31.41
991.70	992.03	29.26	1016.11	1016.44	29.98	1040.51	1040.84	30.70	1064.92	1065.25	31.42
992.04	992.37	29.27	1016.45	1016.77	29.99	1040.85	1041.18	30.71	1065.26	1065.59	31.43
992.38	992.71	29.28	1016.78	1017.11	30.00	1041.19	1041.52	30.72	1065.60	1065.93	31.44
992.72	993.05	29.29	1017.12	1017.45	30.01	1041.53	1041.86	30.73	1065.94	1066.27	31.45
993.06	993.38	29.30	1017.46	1017.79	30.02	1041.87	1042.20	30.74	1066.28	1066.61	31.46
993.39	993.72	29.31	1017.80	1018.13	30.03	1042.21	1042.54	30.75	1066.62	1066.94	31.47
993.73	994.06	29.32	1018.14	1018.47	30.04	1042.55	1042.88	30.76	1066.95	1067.28	31.48
994.07	994.40	29.33	1018.48	1018.81	30.05	1042.89	1043.22	30.77	1067.29	1067.62	31.49
994.41	994.74	29.34	1018.82	1019.15	30.06	1043.23	1043.55	30.78	1067.63	1067.96	31.50
994.75	995.08	29.35	1019.16	1019.49	30.07	1043.56	1043.89	30.79	1067.97	1068.30	31.51
995.09	995.42	29.36	1019.50	1019.83	30.08	1043.90	1044.23	30.80	1068.31	1068.64	31.52
995.43	995.76	29.37	1019.84	1020.16	30.09	1044.24	1044.57	30.81	1068.65	1068.98	31.53
995.77	996.10	29.38	1020.17	1020.50	30.10	1044.58	1044.91	30.82	1068.99	1069.32	31.54
996.11	996.44	29.39	1020.51	1020.84	30.11	1044.92	1045.25	30.83	1069.33	1069.66	31.55
996.45	996.77	29.40	1020.85	1021.18	30.12	1045.26	1045.59	30.84	1069.67	1069.99	31.56
996.78	997.11	29.41	1021.19	1021.52	30.13	1045.60	1045.93	30.85	1070.00	1070.33	31.57
997.12	997.45	29.42	1021.53	1021.86	30.14	1045.94	1046.27	30.86	1070.34	1070.67	31.58
997.46	997.79	29.43	1021.87	1022.20	30.15	1046.28	1046.61	30.87	1070.68	1071.01	31.59
997.80	998.13	29.44	1022.21	1022.54	30.16	1046.62	1046.94	30.88	1071.02	1071.35	31.60
998.14	998.47	29.45	1022.55	1022.88	30.17	1046.95	1047.28	30.89	1071.36	1071.69	31.61
998.48	998.81	29.46	1022.89	1023.22	30.18	1047.29	1047.62	30.90	1071.70	1072.03	31.62
998.82	999.15	29.47	1023.23	1023.55	30.19	1047.63	1047.96	30.91	1072.04	1072.37	31.63
999.16	999.49	29.48	1023.56	1023.89	30.20	1047.97	1048.30	30.92	1072.38	1072.71	31.64
999.50	999.83	29.49	1023.90	1024.23	30.21	1048.31	1048.64	30.93	1072.72	1073.05	31.65
999.84	1000.16	29.50	1024.24	1024.57	30.22	1048.65	1048.98	30.94	1073.06	1073.38	31.66
1000.17	1000.50	29.51	1024.58	1024.91	30.23	1048.99	1049.32	30.95	1073.39	1073.72	31.67
1000.51	1000.84	29.52	1024.92	1025.25	30.24	1049.33	1049.66	30.96	1073.73	1074.06	31.68

Remarque: Vous trouverez ci-dessous la cotisation maximale que vous pouvez retenir pour chaque période de paie.
Note: The following are the maximum amounts you can deduct for each pay period.

Hebdomadaire	Weekly	22.13	10 périodes de paie par année	10 pay periods a year	115.05
Aux deux semaines	Biweekly	44.25	13 périodes de paie par année	13 pay periods a year	88.50
Bimensuel	Semimonthly	47.94	22 périodes de paie par année	22 pay periods a year	52.30
Mensuel	Monthly	95.88			

B-11

TABLEAU 7-A3   (*suite*)

Cotisations d'assurance-chômage   Unemployment Insurance Premiums

Rémunération Pay De - From	À - To	Cotisation d'A-C UI premium	Rémunération Pay De - From	À - To	Cotisation d'A-C UI premium	Rémunération Pay De - From	À - To	Cotisation d'A-C UI premium	Rémunération Pay De - From	À - To	Cotisation d'A-C UI premium
1074.07	1074.40	31.69	1098.48	1098.81	32.41	1122.89	1123.22	33.13	1147.29	1147.62	33.85
1074.41	1074.74	31.70	1098.82	1099.15	32.42	1123.23	1123.55	33.14	1147.63	1147.96	33.86
1074.75	1075.08	31.71	1099.16	1099.49	32.43	1123.56	1123.89	33.15	1147.97	1148.30	33.87
1075.09	1075.42	31.72	1099.50	1099.83	32.44	1123.90	1124.23	33.16	1148.31	1148.64	33.88
1075.43	1075.76	31.73	1099.84	1100.16	32.45	1124.24	1124.57	33.17	1148.65	1148.98	33.89
1075.77	1076.10	31.74	1100.17	1100.50	32.46	1124.58	1124.91	33.18	1148.99	1149.32	33.90
1076.11	1076.44	31.75	1100.51	1100.84	32.47	1124.92	1125.25	33.19	1149.33	1149.66	33.91
1076.45	1076.77	31.76	1100.85	1101.18	32.48	1125.26	1125.59	33.20	1149.67	1149.99	33.92
1076.78	1077.11	31.77	1101.19	1101.52	32.49	1125.60	1125.93	33.21	1150.00	1150.33	33.93
1077.12	1077.45	31.78	1101.53	1101.86	32.50	1125.94	1126.27	33.22	1150.34	1150.67	33.94
1077.46	1077.79	31.79	1101.87	1102.20	32.51	1126.28	1126.61	33.23	1150.68	1151.01	33.95
1077.80	1078.13	31.80	1102.21	1102.54	32.52	1126.62	1126.94	33.24	1151.02	1151.35	33.96
1078.14	1078.47	31.81	1102.55	1102.88	32.53	1126.95	1127.28	33.25	1151.36	1151.69	33.97
1078.48	1078.81	31.82	1102.89	1103.22	32.54	1127.29	1127.62	33.26	1151.70	1152.03	33.98
1078.82	1079.15	31.83	1103.23	1103.55	32.55	1127.63	1127.96	33.27	1152.04	1152.37	33.99
1079.16	1079.49	31.84	1103.56	1103.89	32.56	1127.97	1128.30	33.28	1152.38	1152.71	34.00
1079.50	1079.83	31.85	1103.90	1104.23	32.57	1128.31	1128.64	33.29	1152.72	1153.05	34.01
1079.84	1080.16	31.86	1104.24	1104.57	32.58	1128.65	1128.98	33.30	1153.06	1153.38	34.02
1080.17	1080.50	31.87	1104.58	1104.91	32.59	1128.99	1129.32	33.31	1153.39	1153.72	34.03
1080.51	1080.84	31.88	1104.92	1105.25	32.60	1129.33	1129.66	33.32	1153.73	1154.06	34.04
1080.85	1081.18	31.89	1105.26	1105.59	32.61	1129.67	1129.99	33.33	1154.07	1154.40	34.05
1081.19	1081.52	31.90	1105.60	1105.93	32.62	1130.00	1130.33	33.34	1154.41	1154.74	34.06
1081.53	1081.86	31.91	1105.94	1106.27	32.63	1130.34	1130.67	33.35	1154.75	1155.08	34.07
1081.87	1082.20	31.92	1106.28	1106.61	32.64	1130.68	1131.01	33.36	1155.09	1155.42	34.08
1082.21	1082.54	31.93	1106.62	1106.94	32.65	1131.02	1131.35	33.37	1155.43	1155.76	34.09
1082.55	1082.88	31.94	1106.95	1107.28	32.66	1131.36	1131.69	33.38	1155.77	1156.10	34.10
1082.89	1083.22	31.95	1107.29	1107.62	32.67	1131.70	1132.03	33.39	1156.11	1156.44	34.11
1083.23	1083.55	31.96	1107.63	1107.96	32.68	1132.04	1132.37	33.40	1156.45	1156.77	34.12
1083.56	1083.89	31.97	1107.97	1108.30	32.69	1132.38	1132.71	33.41	1156.78	1157.11	34.13
1083.90	1084.23	31.98	1108.31	1108.64	32.70	1132.72	1133.05	33.42	1157.12	1157.45	34.14
1084.24	1084.57	31.99	1108.65	1108.98	32.71	1133.06	1133.38	33.43	1157.46	1157.79	34.15
1084.58	1084.91	32.00	1108.99	1109.32	32.72	1133.39	1133.72	33.44	1157.80	1158.13	34.16
1084.92	1085.25	32.01	1109.33	1109.66	32.73	1133.73	1134.06	33.45	1158.14	1158.47	34.17
1085.26	1085.59	32.02	1109.67	1109.99	32.74	1134.07	1134.40	33.46	1158.48	1158.81	34.18
1085.60	1085.93	32.03	1110.00	1110.33	32.75	1134.41	1134.74	33.47	1158.82	1159.15	34.19
1085.94	1086.27	32.04	1110.34	1110.67	32.76	1134.75	1135.08	33.48	1159.16	1159.49	34.20
1086.28	1086.61	32.05	1110.68	1111.01	32.77	1135.09	1135.42	33.49	1159.50	1159.83	34.21
1086.62	1086.94	32.06	1111.02	1111.35	32.78	1135.43	1135.76	33.50	1159.84	1160.16	34.22
1086.95	1087.28	32.07	1111.36	1111.69	32.79	1135.77	1136.10	33.51	1160.17	1160.50	34.23
1087.29	1087.62	32.08	1111.70	1112.03	32.80	1136.11	1136.44	33.52	1160.51	1160.84	34.24
1087.63	1087.96	32.09	1112.04	1112.37	32.81	1136.45	1136.77	33.53	1160.85	1161.18	34.25
1087.97	1088.30	32.10	1112.38	1112.71	32.82	1136.78	1137.11	33.54	1161.19	1161.52	34.26
1088.31	1088.64	32.11	1112.72	1113.05	32.83	1137.12	1137.45	33.55	1161.53	1161.86	34.27
1088.65	1088.98	32.12	1113.06	1113.38	32.84	1137.46	1137.79	33.56	1161.87	1162.20	34.28
1088.99	1089.32	32.13	1113.39	1113.72	32.85	1137.80	1138.13	33.57	1162.21	1162.54	34.29
1089.33	1089.66	32.14	1113.73	1114.06	32.86	1138.14	1138.47	33.58	1162.55	1162.88	34.30
1089.67	1089.99	32.15	1114.07	1114.40	32.87	1138.48	1138.81	33.59	1162.89	1163.22	34.31
1090.00	1090.33	32.16	1114.41	1114.74	32.88	1138.82	1139.15	33.60	1163.23	1163.55	34.32
1090.34	1090.67	32.17	1114.75	1115.08	32.89	1139.16	1139.49	33.61	1163.56	1163.89	34.33
1090.68	1091.01	32.18	1115.09	1115.42	32.90	1139.50	1139.83	33.62	1163.90	1164.23	34.34
1091.02	1091.35	32.19	1115.43	1115.76	32.91	1139.84	1140.16	33.63	1164.24	1164.57	34.35
1091.36	1091.69	32.20	1115.77	1116.10	32.92	1140.17	1140.50	33.64	1164.58	1164.91	34.36
1091.70	1092.03	32.21	1116.11	1116.44	32.93	1140.51	1140.84	33.65	1164.92	1165.25	34.37
1092.04	1092.37	32.22	1116.45	1116.77	32.94	1140.85	1141.18	33.66	1165.26	1165.59	34.38
1092.38	1092.71	32.23	1116.78	1117.11	32.95	1141.19	1141.52	33.67	1165.60	1165.93	34.39
1092.72	1093.05	32.24	1117.12	1117.45	32.96	1141.53	1141.86	33.68	1165.94	1166.27	34.40
1093.06	1093.38	32.25	1117.46	1117.79	32.97	1141.87	1142.20	33.69	1166.28	1166.61	34.41
1093.39	1093.72	32.26	1117.80	1118.13	32.98	1142.21	1142.54	33.70	1166.62	1166.94	34.42
1093.73	1094.06	32.27	1118.14	1118.47	32.99	1142.55	1142.88	33.71	1166.95	1167.28	34.43
1094.07	1094.40	32.28	1118.48	1118.81	33.00	1142.89	1143.22	33.72	1167.29	1167.62	34.44
1094.41	1094.74	32.29	1118.82	1119.15	33.01	1143.23	1143.55	33.73	1167.63	1167.96	34.45
1094.75	1095.08	32.30	1119.16	1119.49	33.02	1143.56	1143.89	33.74	1167.97	1168.30	34.46
1095.09	1095.42	32.31	1119.50	1119.83	33.03	1143.90	1144.23	33.75	1168.31	1168.64	34.47
1095.43	1095.76	32.32	1119.84	1120.16	33.04	1144.24	1144.57	33.76	1168.65	1168.98	34.48
1095.77	1096.10	32.33	1120.17	1120.50	33.05	1144.58	1144.91	33.77	1168.99	1169.32	34.49
1096.11	1096.44	32.34	1120.51	1120.84	33.06	1144.92	1145.25	33.78	1169.33	1169.66	34.50
1096.45	1096.77	32.35	1120.85	1121.18	33.07	1145.26	1145.59	33.79	1169.67	1169.99	34.51
1096.78	1097.11	32.36	1121.19	1121.52	33.08	1145.60	1145.93	33.80	1170.00	1170.33	34.52
1097.12	1097.45	32.37	1121.53	1121.86	33.09	1145.94	1146.27	33.81	1170.34	1170.67	34.53
1097.46	1097.79	32.38	1121.87	1122.20	33.10	1146.28	1146.61	33.82	1170.68	1171.01	34.54
1097.80	1098.13	32.39	1122.21	1122.54	33.11	1146.62	1146.94	33.83	1171.02	1171.35	34.55
1098.14	1098.47	32.40	1122.55	1122.88	33.12	1146.95	1147.28	33.84	1171.36	1171.69	34.56

Remarque: Vous trouverez ci-dessous la cotisation maximale que vous pouvez retenir pour chaque période de paie.
Note: The following are the maximum amounts you can deduct for each pay period.

Hebdomadaire	Weekly	22.13	10 périodes de paie par année	10 pay periods a year	115.05
Aux deux semaines	Biweekly	44.25	13 périodes de paie par année	13 pay periods a year	88.50
Bimensuel	Semimonthly	47.94	22 périodes de paie par année	22 pay periods a year	52.30
Mensuel	Monthly	95.88			

TABLEAU 7-A3 *(suite)*

Cotisations d'assurance-chômage   Unemployment Insurance Premiums

Rémunération Pay		Cotisation d'A-C UI premium	Rémunération Pay		Cotisation d'A-C UI premium	Rémunération Pay		Cotisation d'A-C UI premium	Rémunération Pay		Cotisation d'A-C UI premium
De - From	À - To		De - From	À - To		De - From	À - To		De - From	À - To	
1171.70	- 1172.03	34.57	1196.11	- 1196.44	35.29	1220.51	- 1220.84	36.01	1244.92	- 1245.25	36.73
1172.04	- 1172.37	34.58	1196.45	- 1196.77	35.30	1220.85	- 1221.18	36.02	1245.26	- 1245.59	36.74
1172.38	- 1172.71	34.59	1196.78	- 1197.11	35.31	1221.19	- 1221.52	36.03	1245.60	- 1245.93	36.75
1172.72	- 1173.05	34.60	1197.12	- 1197.45	35.32	1221.53	- 1221.86	36.04	1245.94	- 1246.27	36.76
1173.06	- 1173.38	34.61	1197.46	- 1197.79	35.33	1221.87	- 1222.20	36.05	1246.28	- 1246.61	36.77
1173.39	- 1173.72	34.62	1197.80	- 1198.13	35.34	1222.21	- 1222.54	36.06	1246.62	- 1246.94	36.78
1173.73	- 1174.06	34.63	1198.14	- 1198.47	35.35	1222.55	- 1222.88	36.07	1246.95	- 1247.28	36.79
1174.07	- 1174.40	34.64	1198.48	- 1198.81	35.36	1222.89	- 1223.22	36.08	1247.29	- 1247.62	36.80
1174.41	- 1174.74	34.65	1198.82	- 1199.15	35.37	1223.23	- 1223.55	36.09	1247.63	- 1247.96	36.81
1174.75	- 1175.08	34.66	1199.16	- 1199.49	35.38	1223.56	- 1223.89	36.10	1247.97	- 1248.30	36.82
1175.09	- 1175.42	34.67	1199.50	- 1199.83	35.39	1223.90	- 1224.23	36.11	1248.31	- 1248.64	36.83
1175.43	- 1175.76	34.68	1199.84	- 1200.16	35.40	1224.24	- 1224.57	36.12	1248.65	- 1248.98	36.84
1175.77	- 1176.10	34.69	1200.17	- 1200.50	35.41	1224.58	- 1224.91	36.13	1248.99	- 1249.32	36.85
1176.11	- 1176.44	34.70	1200.51	- 1200.84	35.42	1224.92	- 1225.25	36.14	1249.33	- 1249.66	36.86
1176.45	- 1176.77	34.71	1200.85	- 1201.18	35.43	1225.26	- 1225.59	36.15	1249.67	- 1249.99	36.87
1176.78	- 1177.11	34.72	1201.19	- 1201.52	35.44	1225.60	- 1225.93	36.16	1250.00	- 1250.33	36.88
1177.12	- 1177.45	34.73	1201.53	- 1201.86	35.45	1225.94	- 1226.27	36.17	1250.34	- 1250.67	36.89
1177.46	- 1177.79	34.74	1201.87	- 1202.20	35.46	1226.28	- 1226.61	36.18	1250.68	- 1251.01	36.90
1177.80	- 1178.13	34.75	1202.21	- 1202.54	35.47	1226.62	- 1226.94	36.19	1251.02	- 1251.35	36.91
1178.14	- 1178.47	34.76	1202.55	- 1202.88	35.48	1226.95	- 1227.28	36.20	1251.36	- 1251.69	36.92
1178.48	- 1178.81	34.77	1202.89	- 1203.22	35.49	1227.29	- 1227.62	36.21	1251.70	- 1252.03	36.93
1178.82	- 1179.15	34.78	1203.23	- 1203.55	35.50	1227.63	- 1227.96	36.22	1252.04	- 1252.37	36.94
1179.16	- 1179.49	34.79	1203.56	- 1203.89	35.51	1227.97	- 1228.30	36.23	1252.38	- 1252.71	36.95
1179.50	- 1179.83	34.80	1203.90	- 1204.23	35.52	1228.31	- 1228.64	36.24	1252.72	- 1253.05	36.96
1179.84	- 1180.16	34.81	1204.24	- 1204.57	35.53	1228.65	- 1228.98	36.25	1253.06	- 1253.38	36.97
1180.17	- 1180.50	34.82	1204.58	- 1204.91	35.54	1228.99	- 1229.32	36.26	1253.39	- 1253.72	36.98
1180.51	- 1180.84	34.83	1204.92	- 1205.25	35.55	1229.33	- 1229.66	36.27	1253.73	- 1254.06	36.99
1180.85	- 1181.18	34.84	1205.26	- 1205.59	35.56	1229.67	- 1229.99	36.28	1254.07	- 1254.40	37.00
1181.19	- 1181.52	34.85	1205.60	- 1205.93	35.57	1230.00	- 1230.33	36.29	1254.41	- 1254.74	37.01
1181.53	- 1181.86	34.86	1205.94	- 1206.27	35.58	1230.34	- 1230.67	36.30	1254.75	- 1255.08	37.02
1181.87	- 1182.20	34.87	1206.28	- 1206.61	35.59	1230.68	- 1231.01	36.31	1255.09	- 1255.42	37.03
1182.21	- 1182.54	34.88	1206.62	- 1206.94	35.60	1231.02	- 1231.35	36.32	1255.43	- 1255.76	37.04
1182.55	- 1182.88	34.89	1206.95	- 1207.28	35.61	1231.36	- 1231.69	36.33	1255.77	- 1256.10	37.05
1182.89	- 1183.22	34.90	1207.29	- 1207.62	35.62	1231.70	- 1232.03	36.34	1256.11	- 1256.44	37.06
1183.23	- 1183.55	34.91	1207.63	- 1207.96	35.63	1232.04	- 1232.37	36.35	1256.45	- 1256.77	37.07
1183.56	- 1183.89	34.92	1207.97	- 1208.30	35.64	1232.38	- 1232.71	36.36	1256.78	- 1257.11	37.08
1183.90	- 1184.23	34.93	1208.31	- 1208.64	35.65	1232.72	- 1233.05	36.37	1257.12	- 1257.45	37.09
1184.24	- 1184.57	34.94	1208.65	- 1208.98	35.66	1233.06	- 1233.38	36.38	1257.46	- 1257.79	37.10
1184.58	- 1184.91	34.95	1208.99	- 1209.32	35.67	1233.39	- 1233.72	36.39	1257.80	- 1258.13	37.11
1184.92	- 1185.25	34.96	1209.33	- 1209.66	35.68	1233.73	- 1234.06	36.40	1258.14	- 1258.47	37.12
1185.26	- 1185.59	34.97	1209.67	- 1209.99	35.69	1234.07	- 1234.40	36.41	1258.48	- 1258.81	37.13
1185.60	- 1185.93	34.98	1210.00	- 1210.33	35.70	1234.41	- 1234.74	36.42	1258.82	- 1259.15	37.14
1185.94	- 1186.27	34.99	1210.34	- 1210.67	35.71	1234.75	- 1235.08	36.43	1259.16	- 1259.49	37.15
1186.28	- 1186.61	35.00	1210.68	- 1211.01	35.72	1235.09	- 1235.42	36.44	1259.50	- 1259.83	37.16
1186.62	- 1186.94	35.01	1211.02	- 1211.35	35.73	1235.43	- 1235.76	36.45	1259.84	- 1260.16	37.17
1186.95	- 1187.28	35.02	1211.36	- 1211.69	35.74	1235.77	- 1236.10	36.46	1260.17	- 1260.50	37.18
1187.29	- 1187.62	35.03	1211.70	- 1212.03	35.75	1236.11	- 1236.44	36.47	1260.51	- 1260.84	37.19
1187.63	- 1187.96	35.04	1212.04	- 1212.37	35.76	1236.45	- 1236.77	36.48	1260.85	- 1261.18	37.20
1187.97	- 1188.30	35.05	1212.38	- 1212.71	35.77	1236.78	- 1237.11	36.49	1261.19	- 1261.52	37.21
1188.31	- 1188.64	35.06	1212.72	- 1213.05	35.78	1237.12	- 1237.45	36.50	1261.53	- 1261.86	37.22
1188.65	- 1188.98	35.07	1213.06	- 1213.38	35.79	1237.46	- 1237.79	36.51	1261.87	- 1262.20	37.23
1188.99	- 1189.32	35.08	1213.39	- 1213.72	35.80	1237.80	- 1238.13	36.52	1262.21	- 1262.54	37.24
1189.33	- 1189.66	35.09	1213.73	- 1214.06	35.81	1238.14	- 1238.47	36.53	1262.55	- 1262.88	37.25
1189.67	- 1189.99	35.10	1214.07	- 1214.40	35.82	1238.48	- 1238.81	36.54	1262.89	- 1263.22	37.26
1190.00	- 1190.33	35.11	1214.41	- 1214.74	35.83	1238.82	- 1239.15	36.55	1263.23	- 1263.55	37.27
1190.34	- 1190.67	35.12	1214.75	- 1215.08	35.84	1239.16	- 1239.49	36.56	1263.56	- 1263.89	37.28
1190.68	- 1191.01	35.13	1215.09	- 1215.42	35.85	1239.50	- 1239.83	36.57	1263.90	- 1264.23	37.29
1191.02	- 1191.35	35.14	1215.43	- 1215.76	35.86	1239.84	- 1240.16	36.58	1264.24	- 1264.57	37.30
1191.36	- 1191.69	35.15	1215.77	- 1216.10	35.87	1240.17	- 1240.50	36.59	1264.58	- 1264.91	37.31
1191.70	- 1192.03	35.16	1216.11	- 1216.44	35.88	1240.51	- 1240.84	36.60	1264.92	- 1265.25	37.32
1192.04	- 1192.37	35.17	1216.45	- 1216.77	35.89	1240.85	- 1241.18	36.61	1265.26	- 1265.59	37.33
1192.38	- 1192.71	35.18	1216.78	- 1217.11	35.90	1241.19	- 1241.52	36.62	1265.60	- 1265.93	37.34
1192.72	- 1193.05	35.19	1217.12	- 1217.45	35.91	1241.53	- 1241.86	36.63	1265.94	- 1266.27	37.35
1193.06	- 1193.38	35.20	1217.46	- 1217.79	35.92	1241.87	- 1242.20	36.64	1266.28	- 1266.61	37.36
1193.39	- 1193.72	35.21	1217.80	- 1218.13	35.93	1242.21	- 1242.54	36.65	1266.62	- 1266.94	37.37
1193.73	- 1194.06	35.22	1218.14	- 1218.47	35.94	1242.55	- 1242.88	36.66	1266.95	- 1267.28	37.38
1194.07	- 1194.40	35.23	1218.48	- 1218.81	35.95	1242.89	- 1243.22	36.67	1267.29	- 1267.62	37.39
1194.41	- 1194.74	35.24	1218.82	- 1219.15	35.96	1243.23	- 1243.55	36.68	1267.63	- 1267.96	37.40
1194.75	- 1195.08	35.25	1219.16	- 1219.49	35.97	1243.56	- 1243.89	36.69	1267.97	- 1268.30	37.41
1195.09	- 1195.42	35.26	1219.50	- 1219.83	35.98	1243.90	- 1244.23	36.70	1268.31	- 1268.64	37.42
1195.43	- 1195.76	35.27	1219.84	- 1220.16	35.99	1244.24	- 1244.57	36.71	1268.65	- 1268.98	37.43
1195.77	- 1196.10	35.28	1220.17	- 1220.50	36.00	1244.58	- 1244.91	36.72	1268.99	- 1269.32	37.44

Remarque: Vous trouverez ci-dessous la cotisation maximale que vous pouvez retenir pour chaque période de paie.
Note: The following are the maximum amounts you can deduct for each pay period.

Hebdomadaire	Weekly	22.13	10 périodes de paie par année	10 pay periods a year	115.05
Aux deux semaines	Biweekly	44.25	13 périodes de paie par année	13 pay periods a year	88.50
Bimensuel	Semimonthly	47.94	22 périodes de paie par année	22 pay periods a year	52.30
Mensuel	Monthly	95.88			

TABLEAU 7-A4   *Table des cotisations au Régime de rentes du Québec*

Cotisations au RRQ – Table A : Emploi continu

52 périodes de paye par année

Rémunération	Retenue	Rémunération	Retenue	Rémunération	Retenue	Rémunération	Retenue	Rémunération	Retenue	Rémunération	Retenue
195,71 – 196,05	3,60	217,14 – 217,48	4,20	238,56 – 238,91	4,80	259,99 – 260,34	5,40	281,42 – 281,77	6,00	302,85 – 303,20	6,60
196,06 – 196,41	3,61	217,49 – 217,84	4,21	238,92 – 239,27	4,81	260,35 – 260,70	5,41	281,78 – 282,13	6,01	303,21 – 303,55	6,61
196,42 – 196,77	3,62	217,85 – 218,20	4,22	239,28 – 239,63	4,82	260,71 – 261,05	5,42	282,14 – 282,48	6,02	303,56 – 303,91	6,62
196,78 – 197,13	3,63	218,21 – 218,55	4,23	239,64 – 239,98	4,83	261,06 – 261,41	5,43	282,49 – 282,84	6,03	303,92 – 304,27	6,63
197,14 – 197,48	3,64	218,56 – 218,91	4,24	239,99 – 240,34	4,84	261,42 – 261,77	5,44	282,85 – 283,20	6,04	304,28 – 304,63	6,64
197,49 – 197,84	3,65	218,92 – 219,27	4,25	240,35 – 240,70	4,85	261,78 – 262,13	5,45	283,21 – 283,55	6,05	304,64 – 304,98	6,65
197,85 – 198,20	3,66	219,28 – 219,63	4,26	240,71 – 241,05	4,86	262,14 – 262,48	5,46	283,56 – 283,91	6,06	304,99 – 305,34	6,66
198,21 – 198,55	3,67	219,64 – 219,98	4,27	241,06 – 241,41	4,87	262,49 – 262,84	5,47	283,92 – 284,27	6,07	305,35 – 305,70	6,67
198,56 – 198,91	3,68	219,99 – 220,34	4,28	241,42 – 241,77	4,88	262,85 – 263,20	5,48	284,28 – 284,63	6,08	305,71 – 306,05	6,68
198,92 – 199,27	3,69	220,35 – 220,70	4,29	241,78 – 242,13	4,89	263,21 – 263,55	5,49	284,64 – 284,98	6,09	306,06 – 306,41	6,69
199,28 – 199,63	3,70	220,71 – 221,05	4,30	242,14 – 242,48	4,90	263,56 – 263,91	5,50	284,99 – 285,34	6,10	306,42 – 306,77	6,70
199,64 – 199,98	3,71	221,06 – 221,41	4,31	242,49 – 242,84	4,91	263,92 – 264,27	5,51	285,35 – 285,70	6,11	306,78 – 307,13	6,71
199,99 – 200,34	3,72	221,42 – 221,77	4,32	242,85 – 243,20	4,92	264,28 – 264,63	5,52	285,71 – 286,05	6,12	307,14 – 307,48	6,72
200,35 – 200,70	3,73	221,78 – 222,13	4,33	243,21 – 243,56	4,93	264,64 – 264,98	5,53	286,06 – 286,41	6,13	307,49 – 307,84	6,73
200,71 – 201,05	3,74	222,14 – 222,48	4,34	243,56 – 243,91	4,94	264,99 – 265,34	5,54	286,42 – 286,77	6,14	307,85 – 308,20	6,74
201,06 – 201,41	3,75	222,49 – 222,84	4,35	243,92 – 244,27	4,95	265,35 – 265,70	5,55	286,78 – 287,13	6,15	308,21 – 308,55	6,75
201,42 – 201,77	3,76	222,85 – 223,20	4,36	244,28 – 244,63	4,96	265,71 – 266,05	5,56	287,14 – 287,48	6,16	308,56 – 308,91	6,76
201,78 – 202,13	3,77	223,21 – 223,55	4,37	244,64 – 244,98	4,97	266,06 – 266,41	5,57	287,49 – 287,84	6,17	308,92 – 309,27	6,77
202,14 – 202,48	3,78	223,56 – 223,91	4,38	244,99 – 245,34	4,98	266,42 – 266,77	5,58	287,85 – 288,20	6,18	309,28 – 309,63	6,78
202,49 – 202,84	3,79	223,92 – 224,27	4,39	245,35 – 245,70	4,99	266,78 – 267,13	5,59	288,21 – 288,55	6,19	309,64 – 309,98	6,79
202,85 – 203,20	3,80	224,28 – 224,63	4,40	245,71 – 246,05	5,00	267,14 – 267,48	5,60	288,56 – 288,91	6,20	309,99 – 310,34	6,80
203,21 – 203,55	3,81	224,64 – 224,98	4,41	246,06 – 246,41	5,01	267,49 – 267,85	5,61	288,92 – 289,27	6,21	310,35 – 310,70	6,81
203,56 – 203,91	3,82	224,99 – 225,34	4,42	246,42 – 246,77	5,02	267,85 – 268,20	5,62	289,28 – 289,63	6,22	310,71 – 311,05	6,82
203,92 – 204,27	3,83	225,35 – 225,70	4,43	246,78 – 247,13	5,03	268,21 – 268,55	5,63	289,64 – 289,98	6,23	311,06 – 311,41	6,83
204,28 – 204,63	3,84	225,71 – 226,05	4,44	247,14 – 247,48	5,04	268,56 – 268,91	5,64	289,99 – 290,34	6,24	311,42 – 311,77	6,84
204,64 – 204,98	3,85	226,06 – 226,41	4,45	247,49 – 247,84	5,05	268,92 – 269,27	5,65	290,35 – 290,70	6,25	311,78 – 312,13	6,85
204,99 – 205,34	3,86	226,42 – 226,77	4,46	247,85 – 248,20	5,06	269,28 – 269,63	5,66	290,71 – 291,05	6,26	312,14 – 312,48	6,86
205,35 – 205,70	3,87	226,78 – 227,13	4,47	248,21 – 248,55	5,07	269,64 – 269,98	5,67	291,06 – 291,41	6,27	312,49 – 312,84	6,87
205,71 – 206,05	3,88	227,14 – 227,48	4,48	248,56 – 248,91	5,08	269,99 – 270,34	5,68	291,42 – 291,77	6,28	312,85 – 313,20	6,88
206,06 – 206,41	3,89	227,49 – 227,84	4,49	248,92 – 249,27	5,09	270,35 – 270,70	5,69	291,78 – 292,13	6,29	313,21 – 313,55	6,89
206,42 – 206,77	3,90	227,85 – 228,20	4,50	249,28 – 249,63	5,10	270,71 – 271,05	5,70	292,14 – 292,48	6,30	313,56 – 313,91	6,90
206,78 – 207,13	3,91	228,21 – 228,55	4,51	249,64 – 249,98	5,11	271,06 – 271,41	5,71	292,49 – 292,84	6,31	313,92 – 314,27	6,91
207,14 – 207,48	3,92	228,56 – 228,91	4,52	249,99 – 250,34	5,12	271,42 – 271,77	5,72	292,85 – 293,20	6,32	314,28 – 314,63	6,92
207,49 – 207,84	3,93	228,92 – 229,27	4,53	250,35 – 250,70	5,13	271,78 – 272,13	5,73	293,21 – 293,55	6,33	314,64 – 314,98	6,93
207,85 – 208,20	3,94	229,28 – 229,63	4,54	250,71 – 251,05	5,14	272,14 – 272,48	5,74	293,56 – 293,91	6,34	314,99 – 315,34	6,94
208,21 – 208,55	3,95	229,64 – 229,98	4,55	251,06 – 251,41	5,15	272,49 – 272,84	5,75	293,92 – 294,27	6,35	315,35 – 315,70	6,95
208,56 – 208,91	3,96	229,99 – 230,34	4,56	251,42 – 251,77	5,16	272,85 – 273,20	5,76	294,28 – 294,63	6,36	315,71 – 316,05	6,96
208,92 – 209,27	3,97	230,35 – 230,70	4,57	251,78 – 252,13	5,17	273,21 – 273,55	5,77	294,64 – 294,98	6,37	316,06 – 316,41	6,97
209,28 – 209,63	3,98	230,71 – 231,05	4,58	252,14 – 252,48	5,18	273,56 – 273,91	5,78	294,99 – 295,34	6,38	316,42 – 316,77	6,98
209,64 – 209,98	3,99	231,06 – 231,41	4,59	252,49 – 252,84	5,19	273,92 – 274,27	5,79	295,35 – 295,70	6,39	316,78 – 317,13	6,99
209,99 – 210,34	4,00	231,42 – 231,77	4,60	252,85 – 253,20	5,20	274,28 – 274,63	5,80	295,71 – 296,05	6,40	317,14 – 317,48	7,00
210,35 – 210,70	4,01	231,78 – 232,13	4,61	253,21 – 253,55	5,21	274,64 – 274,98	5,81	296,06 – 296,41	6,41	317,49 – 317,84	7,01
210,71 – 211,05	4,02	232,14 – 232,48	4,62	253,56 – 253,91	5,22	274,99 – 275,34	5,82	296,42 – 296,77	6,42	317,85 – 318,20	7,02
211,06 – 211,41	4,03	232,49 – 232,84	4,63	253,92 – 254,27	5,23	275,35 – 275,70	5,83	296,78 – 297,13	6,43	318,21 – 318,55	7,03
211,42 – 211,77	4,04	232,85 – 233,20	4,64	254,28 – 254,63	5,24	275,71 – 276,05	5,84	297,14 – 297,48	6,44	318,56 – 318,91	7,04
211,78 – 212,13	4,05	233,21 – 233,55	4,65	254,64 – 254,98	5,25	276,06 – 276,41	5,85	297,49 – 297,84	6,45	318,92 – 319,27	7,05
212,14 – 212,48	4,06	233,56 – 233,91	4,66	254,99 – 255,34	5,26	276,42 – 276,77	5,86	297,85 – 298,20	6,46	319,28 – 319,63	7,06
212,49 – 212,84	4,07	233,92 – 234,27	4,67	255,35 – 255,70	5,27	276,78 – 277,13	5,87	298,21 – 298,55	6,47	319,64 – 319,98	7,07
212,85 – 213,20	4,08	234,28 – 234,63	4,68	255,71 – 256,05	5,28	277,14 – 277,48	5,88	298,56 – 298,91	6,48	319,99 – 320,34	7,08
213,21 – 213,55	4,09	234,64 – 234,98	4,69	256,06 – 256,41	5,29	277,49 – 277,84	5,89	298,92 – 299,27	6,49	320,35 – 320,70	7,09
213,56 – 213,91	4,10	234,99 – 235,34	4,70	256,42 – 256,77	5,30	277,85 – 278,20	5,90	299,28 – 299,63	6,50	320,71 – 321,05	7,10
213,92 – 214,27	4,11	235,35 – 235,71	4,71	256,78 – 257,13	5,31	278,21 – 278,55	5,91	299,64 – 299,99	6,51	321,06 – 321,41	7,11
214,28 – 214,63	4,12	235,71 – 236,05	4,72	257,14 – 257,48	5,32	278,56 – 278,91	5,92	299,99 – 300,34	6,52	321,42 – 321,77	7,12
214,64 – 214,98	4,13	236,06 – 236,42	4,73	257,49 – 257,84	5,33	278,92 – 279,27	5,93	300,34 – 300,71	6,53	321,78 – 322,13	7,13
214,99 – 215,34	4,14	236,42 – 236,77	4,74	257,85 – 258,20	5,34	279,28 – 279,63	5,94	300,71 – 301,05	6,54	322,14 – 322,48	7,14
215,35 – 215,70	4,15	236,78 – 237,13	4,75	258,21 – 258,55	5,35	279,64 – 279,99	5,95	301,06 – 301,41	6,55	322,49 – 322,84	7,15
215,71 – 216,05	4,16	237,14 – 237,48	4,76	258,56 – 258,91	5,36	279,99 – 280,34	5,96	301,42 – 301,77	6,56	322,85 – 323,20	7,16
216,06 – 216,41	4,17	237,49 – 237,84	4,77	258,92 – 259,27	5,37	280,34 – 280,70	5,97	301,78 – 302,13	6,57	323,21 – 323,55	7,17
216,42 – 216,77	4,18	237,85 – 238,20	4,78	259,28 – 259,63	5,38	280,70 – 281,05	5,98	302,14 – 302,48	6,58	323,56 – 323,91	7,18
216,78 – 217,13	4,19	238,21 – 238,55	4,79	259,64 – 259,98	5,39	281,06 – 281,41	5,99	302,49 – 302,84	6,59	323,92 – 324,27	7,19

TABLEAU 7-A4 *(suite)*

Cotisations au RRQ – Table A : Emploi continu

52 périodes de paye par année

Rémunération	Retenue	Rémunération	Retenue	Rémunération	Retenue	Rémunération	Retenue	Rémunération	Retenue	Rémunération	Retenue
324,28 – 324,63	7,20	345,71 – 346,05	7,80	367,14 – 367,48	8,40	388,56 – 388,91	9,00	409,99 – 410,34	9,60	431,42 – 431,77	10,20
324,64 – 324,98	7,21	346,06 – 346,41	7,81	367,49 – 367,84	8,41	388,92 – 389,27	9,01	410,35 – 410,70	9,61	431,78 – 432,13	10,21
324,99 – 325,34	7,22	346,42 – 346,77	7,82	367,85 – 368,20	8,42	389,28 – 389,63	9,02	410,71 – 411,05	9,62	432,14 – 432,48	10,22
325,35 – 325,70	7,23	346,78 – 347,13	7,83	368,21 – 368,55	8,43	389,64 – 389,98	9,03	411,06 – 411,41	9,63	432,49 – 432,84	10,23
325,71 – 326,05	7,24	347,14 – 347,48	7,84	368,56 – 368,91	8,44	389,99 – 390,34	9,04	411,42 – 411,77	9,64	432,85 – 433,20	10,24
326,06 – 326,41	7,25	347,49 – 347,84	7,85	368,92 – 369,27	8,45	390,35 – 390,70	9,05	411,78 – 412,13	9,65	433,21 – 433,55	10,25
326,42 – 326,77	7,26	347,85 – 348,20	7,86	369,28 – 369,63	8,46	390,71 – 391,05	9,06	412,14 – 412,48	9,66	433,56 – 433,91	10,26
326,78 – 327,13	7,27	348,21 – 348,55	7,87	369,64 – 369,98	8,47	391,06 – 391,41	9,07	412,49 – 412,84	9,67	433,92 – 434,27	10,27
327,14 – 327,48	7,28	348,56 – 348,91	7,88	369,99 – 370,34	8,48	391,42 – 391,77	9,08	412,85 – 413,20	9,68	434,28 – 434,63	10,28
327,49 – 327,84	7,29	348,92 – 349,27	7,89	370,35 – 370,70	8,49	391,78 – 392,13	9,09	413,21 – 413,55	9,69	434,64 – 434,98	10,29
327,85 – 328,20	7,30	349,28 – 349,63	7,90	370,71 – 371,05	8,50	392,14 – 392,48	9,10	413,56 – 413,91	9,70	434,99 – 435,34	10,30
328,21 – 328,55	7,31	349,64 – 349,98	7,91	371,06 – 371,41	8,51	392,49 – 392,84	9,11	413,92 – 414,27	9,71	435,35 – 435,70	10,31
328,56 – 328,91	7,32	349,99 – 350,34	7,92	371,42 – 371,77	8,52	392,85 – 393,20	9,12	414,28 – 414,63	9,72	435,71 – 436,05	10,32
328,92 – 329,27	7,33	350,35 – 350,70	7,93	371,78 – 372,13	8,53	393,21 – 393,55	9,13	414,64 – 414,98	9,73	436,06 – 436,41	10,33
329,28 – 329,63	7,34	350,71 – 351,05	7,94	372,14 – 372,48	8,54	393,56 – 393,91	9,14	414,99 – 415,34	9,74	436,42 – 436,77	10,34
329,64 – 329,98	7,35	351,06 – 351,41	7,95	372,49 – 372,84	8,55	393,92 – 394,27	9,15	415,35 – 415,70	9,75	436,78 – 437,13	10,35
329,99 – 330,34	7,36	351,42 – 351,77	7,96	372,85 – 373,20	8,56	394,28 – 394,63	9,16	415,71 – 416,05	9,76	437,14 – 437,48	10,36
330,35 – 330,70	7,37	351,78 – 352,13	7,97	373,21 – 373,55	8,57	394,64 – 394,98	9,17	416,06 – 416,41	9,77	437,49 – 437,84	10,37
330,71 – 331,05	7,38	352,14 – 352,48	7,98	373,56 – 373,91	8,58	394,99 – 395,34	9,18	416,42 – 416,77	9,78	437,85 – 438,20	10,38
331,06 – 331,41	7,39	352,49 – 352,84	7,99	373,92 – 374,27	8,59	395,35 – 395,70	9,19	416,78 – 417,13	9,79	438,21 – 438,55	10,39
331,42 – 331,77	7,40	352,85 – 353,20	8,00	374,28 – 374,63	8,60	395,71 – 396,05	9,20	417,14 – 417,48	9,80	438,56 – 438,91	10,40
331,78 – 332,13	7,41	353,21 – 353,55	8,01	374,64 – 374,98	8,61	396,06 – 396,41	9,21	417,49 – 417,84	9,81	438,92 – 439,27	10,41
332,14 – 332,48	7,42	353,56 – 353,91	8,02	374,99 – 375,34	8,62	396,42 – 396,77	9,22	417,85 – 418,20	9,82	439,28 – 439,63	10,42
332,49 – 332,84	7,43	353,92 – 354,27	8,03	375,35 – 375,70	8,63	396,78 – 397,13	9,23	418,21 – 418,55	9,83	439,64 – 439,98	10,43
332,85 – 333,20	7,44	354,28 – 354,63	8,04	375,71 – 376,05	8,64	397,14 – 397,48	9,24	418,56 – 418,91	9,84	439,99 – 440,34	10,44
333,21 – 333,55	7,45	354,64 – 354,98	8,05	376,06 – 376,41	8,65	397,49 – 397,84	9,25	418,92 – 419,27	9,85	440,35 – 440,70	10,45
333,56 – 333,91	7,46	354,99 – 355,34	8,06	376,42 – 376,77	8,66	397,85 – 398,20	9,26	419,28 – 419,63	9,86	440,71 – 441,05	10,46
333,92 – 334,27	7,47	355,35 – 355,70	8,07	376,78 – 377,13	8,67	398,21 – 398,55	9,27	419,64 – 419,98	9,87	441,06 – 441,41	10,47
334,28 – 334,63	7,48	355,71 – 356,05	8,08	377,14 – 377,48	8,68	398,56 – 398,91	9,28	419,99 – 420,34	9,88	441,42 – 441,77	10,48
334,64 – 334,98	7,49	356,06 – 356,41	8,09	377,49 – 377,84	8,69	398,92 – 399,27	9,29	420,35 – 420,70	9,89	441,78 – 442,13	10,49
334,99 – 335,34	7,50	356,42 – 356,77	8,10	377,85 – 378,20	8,70	399,28 – 399,63	9,30	420,71 – 421,05	9,90	442,14 – 442,48	10,50
335,35 – 335,70	7,51	356,78 – 357,13	8,11	378,21 – 378,55	8,71	399,64 – 399,98	9,31	421,06 – 421,41	9,91	442,49 – 442,84	10,51
335,71 – 336,05	7,52	357,14 – 357,48	8,12	378,56 – 378,91	8,72	399,99 – 400,34	9,32	421,42 – 421,77	9,92	442,85 – 443,20	10,52
336,06 – 336,41	7,53	357,49 – 357,84	8,13	378,92 – 379,27	8,73	400,35 – 400,70	9,33	421,78 – 422,13	9,93	443,21 – 443,55	10,53
336,42 – 336,77	7,54	357,85 – 358,20	8,14	379,28 – 379,63	8,74	400,71 – 401,05	9,34	422,14 – 422,48	9,94	443,56 – 443,91	10,54
336,78 – 337,13	7,55	358,21 – 358,55	8,15	379,64 – 379,98	8,75	401,06 – 401,41	9,35	422,49 – 422,84	9,95	443,92 – 444,27	10,55
337,14 – 337,48	7,56	358,56 – 358,91	8,16	379,99 – 380,34	8,76	401,42 – 401,77	9,36	422,85 – 423,20	9,96	444,28 – 444,63	10,56
337,49 – 337,84	7,57	358,92 – 359,27	8,17	380,35 – 380,70	8,77	401,78 – 402,13	9,37	423,21 – 423,55	9,97	444,64 – 444,98	10,57
337,85 – 338,20	7,58	359,28 – 359,63	8,18	380,71 – 381,05	8,78	402,14 – 402,48	9,38	423,56 – 423,91	9,98	444,99 – 445,34	10,58
338,21 – 338,55	7,59	359,64 – 359,98	8,19	381,06 – 381,41	8,79	402,49 – 402,84	9,39	423,92 – 424,27	9,99	445,35 – 445,70	10,59
338,56 – 338,91	7,60	359,99 – 360,34	8,20	381,42 – 381,77	8,80	402,85 – 403,20	9,40	424,28 – 424,63	10,00	445,71 – 446,05	10,60
338,92 – 339,27	7,61	360,35 – 360,70	8,21	381,78 – 382,13	8,81	403,21 – 403,55	9,41	424,64 – 424,98	10,01	446,06 – 446,41	10,61
339,28 – 339,63	7,62	360,71 – 361,05	8,22	382,14 – 382,48	8,82	403,56 – 403,91	9,42	424,99 – 425,34	10,02	446,42 – 446,77	10,62
339,64 – 339,98	7,63	361,06 – 361,41	8,23	382,49 – 382,84	8,83	403,92 – 404,27	9,43	425,35 – 425,70	10,03	446,78 – 447,13	10,63
339,99 – 340,34	7,64	361,42 – 361,77	8,24	382,85 – 383,20	8,84	404,28 – 404,63	9,44	425,71 – 426,05	10,04	447,14 – 447,48	10,64
340,35 – 340,70	7,65	361,78 – 362,13	8,25	383,21 – 383,55	8,85	404,64 – 404,98	9,45	426,06 – 426,41	10,05	447,49 – 447,84	10,65
340,71 – 341,05	7,66	362,14 – 362,48	8,26	383,56 – 383,91	8,86	404,99 – 405,34	9,46	426,42 – 426,77	10,06	447,85 – 448,20	10,66
341,06 – 341,41	7,67	362,49 – 362,84	8,27	383,92 – 384,27	8,87	405,35 – 405,70	9,47	426,78 – 427,13	10,07	448,21 – 448,55	10,67
341,42 – 341,77	7,68	362,85 – 363,20	8,28	384,28 – 384,63	8,88	405,71 – 406,05	9,48	427,14 – 427,48	10,08	448,56 – 448,91	10,68
341,78 – 342,13	7,69	363,21 – 363,55	8,29	384,64 – 384,98	8,89	406,06 – 406,41	9,49	427,49 – 427,84	10,09	448,92 – 449,27	10,69
342,14 – 342,48	7,70	363,56 – 363,91	8,30	384,99 – 385,34	8,90	406,42 – 406,77	9,50	427,85 – 428,20	10,10	449,28 – 449,63	10,70
342,49 – 342,84	7,71	363,92 – 364,27	8,31	385,35 – 385,70	8,91	406,78 – 407,13	9,51	428,21 – 428,55	10,11	449,64 – 449,98	10,71
342,85 – 343,20	7,72	364,28 – 364,63	8,32	385,71 – 386,05	8,92	407,14 – 407,48	9,52	428,56 – 428,91	10,12	449,99 – 450,34	10,72
343,21 – 343,55	7,73	364,64 – 364,98	8,33	386,06 – 386,41	8,93	407,49 – 407,84	9,53	428,92 – 429,27	10,13	450,35 – 450,70	10,73
343,56 – 343,91	7,74	364,99 – 365,34	8,34	386,42 – 386,77	8,94	407,85 – 408,20	9,54	429,28 – 429,63	10,14	450,71 – 451,05	10,74
343,92 – 344,27	7,75	365,35 – 365,70	8,35	386,78 – 387,13	8,95	408,21 – 408,55	9,55	429,64 – 429,98	10,15	451,06 – 451,41	10,75
344,28 – 344,63	7,76	365,71 – 366,05	8,36	387,14 – 387,48	8,96	408,56 – 408,91	9,56	429,99 – 430,34	10,16	451,42 – 451,77	10,76
344,64 – 344,98	7,77	366,06 – 366,41	8,37	387,49 – 387,84	8,97	408,92 – 409,27	9,57	430,35 – 430,70	10,17	451,78 – 452,13	10,77
344,99 – 345,34	7,78	366,42 – 366,77	8,38	387,85 – 388,20	8,98	409,28 – 409,63	9,58	430,71 – 431,05	10,18	452,14 – 452,48	10,78
345,35 – 345,70	7,79	366,78 – 367,13	8,39	388,21 – 388,55	8,99	409,64 – 409,98	9,59	431,06 – 431,41	10,19	452,49 – 452,84	10,79

TABLEAU 7-A4 *(suite)*

Cotisations au RRQ – Table A : Emploi continu — **52** périodes de paye par année

Rémunération	Retenue	Rémunération	Retenue	Rémunération	Retenue	Rémunération	Retenue	Rémunération	Retenue	Rémunération	Retenue
452,85 – 453,20	10,80	474,28 – 474,63	11,40	495,71 – 496,05	12,00	517,14 – 517,48	12,60	538,56 – 538,91	13,20	559,99 – 560,34	13,80
453,21 – 453,55	10,81	474,64 – 474,98	11,41	496,06 – 496,41	12,01	517,49 – 517,84	12,61	538,92 – 539,27	13,21	560,35 – 560,70	13,81
453,56 – 453,91	10,82	474,99 – 475,34	11,42	496,42 – 496,77	12,02	517,85 – 518,20	12,62	539,28 – 539,63	13,22	560,71 – 561,05	13,82
453,92 – 454,27	10,83	475,35 – 475,70	11,43	496,78 – 497,13	12,03	518,21 – 518,55	12,63	539,64 – 539,98	13,23	561,06 – 561,41	13,83
454,28 – 454,63	10,84	475,71 – 476,05	11,44	497,14 – 497,48	12,04	518,56 – 518,91	12,64	539,99 – 540,34	13,24	561,42 – 561,77	13,84
454,64 – 454,98	10,85	476,06 – 476,41	11,45	497,49 – 497,84	12,05	518,92 – 519,27	12,65	540,35 – 540,70	13,25	561,78 – 562,13	13,85
454,99 – 455,34	10,86	476,42 – 476,77	11,46	497,85 – 498,20	12,06	519,28 – 519,63	12,66	540,71 – 541,05	13,26	562,14 – 562,49	13,86
455,35 – 455,70	10,87	476,78 – 477,13	11,47	498,21 – 498,55	12,07	519,64 – 519,98	12,67	541,06 – 541,41	13,27	562,49 – 562,84	13,87
455,71 – 456,05	10,88	477,14 – 477,48	11,48	498,56 – 498,91	12,08	519,99 – 520,34	12,68	541,42 – 541,77	13,28	562,85 – 563,20	13,88
456,06 – 456,41	10,89	477,49 – 477,84	11,49	498,92 – 499,27	12,09	520,35 – 520,70	12,69	541,78 – 542,13	13,29	563,21 – 563,55	13,89
456,42 – 456,77	10,90	477,85 – 478,20	11,50	499,28 – 499,63	12,10	520,71 – 521,05	12,70	542,14 – 542,48	13,30	563,56 – 563,91	13,90
456,78 – 457,13	10,91	478,21 – 478,55	11,51	499,64 – 499,98	12,11	521,06 – 521,41	12,71	542,49 – 542,84	13,31	563,92 – 564,27	13,91
457,14 – 457,49	10,92	478,56 – 478,91	11,52	499,99 – 500,34	12,12	521,42 – 521,77	12,72	542,85 – 543,20	13,32	564,28 – 564,63	13,92
457,49 – 457,84	10,93	478,92 – 479,27	11,53	500,35 – 500,70	12,13	521,78 – 522,13	12,73	543,21 – 543,55	13,33	564,64 – 564,99	13,93
457,85 – 458,20	10,94	479,28 – 479,63	11,54	500,71 – 501,05	12,14	522,14 – 522,48	12,74	543,56 – 543,91	13,34	564,99 – 565,34	13,94
458,21 – 458,55	10,95	479,64 – 479,98	11,55	501,06 – 501,41	12,15	522,49 – 522,84	12,75	543,92 – 544,27	13,35	565,35 – 565,70	13,95
458,56 – 458,91	10,96	479,99 – 480,34	11,56	501,42 – 501,77	12,16	522,85 – 523,20	12,76	544,28 – 544,63	13,36	565,71 – 566,05	13,96
458,92 – 459,27	10,97	480,35 – 480,70	11,57	501,78 – 502,13	12,17	523,21 – 523,55	12,77	544,64 – 544,98	13,37	566,06 – 566,41	13,97
459,28 – 459,63	10,98	480,71 – 481,05	11,58	502,14 – 502,48	12,18	523,56 – 523,91	12,78	544,99 – 545,34	13,38	566,42 – 566,77	13,98
459,64 – 459,98	10,99	481,06 – 481,41	11,59	502,49 – 502,84	12,19	523,92 – 524,27	12,79	545,35 – 545,70	13,39	566,78 – 567,13	13,99
459,99 – 460,34	11,00	481,42 – 481,77	11,60	502,85 – 503,20	12,20	524,28 – 524,63	12,80	545,71 – 546,06	13,40	567,14 – 567,48	14,00
460,35 – 460,70	11,01	481,78 – 482,13	11,61	503,21 – 503,55	12,21	524,64 – 524,98	12,81	546,06 – 546,41	13,41	567,49 – 567,84	14,01
460,71 – 461,05	11,02	482,14 – 482,48	11,62	503,56 – 503,91	12,22	524,99 – 525,34	12,82	546,42 – 546,77	13,42	567,85 – 568,21	14,02
461,06 – 461,41	11,03	482,49 – 482,84	11,63	503,91 – 504,27	12,23	525,35 – 525,70	12,83	546,77 – 547,13	13,43	568,21 – 568,55	14,03
461,42 – 461,77	11,04	482,85 – 483,20	11,64	504,28 – 504,63	12,24	525,71 – 526,05	12,84	547,14 – 547,48	13,44	568,56 – 568,91	14,04
461,78 – 462,13	11,05	483,21 – 483,55	11,65	504,64 – 504,98	12,25	526,06 – 526,41	12,85	547,49 – 547,84	13,45	568,92 – 569,27	14,05
462,14 – 462,48	11,06	483,56 – 483,92	11,66	504,99 – 505,34	12,26	526,42 – 526,77	12,86	547,85 – 548,20	13,46	569,28 – 569,63	14,06
462,49 – 462,84	11,07	483,92 – 484,27	11,67	505,35 – 505,70	12,27	526,78 – 527,13	12,87	548,21 – 548,55	13,47	569,64 – 569,98	14,07
462,85 – 463,20	11,08	484,28 – 484,63	11,68	505,71 – 506,05	12,28	527,14 – 527,48	12,88	548,56 – 548,91	13,48	569,99 – 570,34	14,08
463,21 – 463,55	11,09	484,64 – 484,98	11,69	506,06 – 506,41	12,29	527,49 – 527,84	12,89	548,92 – 549,27	13,49	570,35 – 570,70	14,09
463,56 – 463,91	11,10	484,99 – 485,34	11,70	506,42 – 506,77	12,30	527,85 – 528,20	12,90	549,28 – 549,63	13,50	570,71 – 571,05	14,10
463,92 – 464,27	11,11	485,35 – 485,70	11,71	506,78 – 507,13	12,31	528,21 – 528,55	12,91	549,64 – 549,98	13,51	571,06 – 571,41	14,11
464,28 – 464,63	11,12	485,70 – 486,05	11,72	507,13 – 507,48	12,32	528,56 – 528,91	12,92	549,99 – 550,34	13,52	571,42 – 571,77	14,12
464,64 – 464,98	11,13	486,06 – 486,41	11,73	507,49 – 507,84	12,33	528,92 – 529,27	12,93	550,35 – 550,70	13,53	571,78 – 572,13	14,13
464,99 – 465,34	11,14	486,42 – 486,77	11,74	507,85 – 508,20	12,34	529,28 – 529,63	12,94	550,71 – 551,05	13,54	572,14 – 572,48	14,14
465,35 – 465,70	11,15	486,78 – 487,13	11,75	508,21 – 508,55	12,35	529,64 – 529,98	12,95	551,06 – 551,41	13,55	572,49 – 572,84	14,15
465,71 – 466,05	11,16	487,14 – 487,48	11,76	508,56 – 508,91	12,36	529,99 – 530,34	12,96	551,42 – 551,77	13,56	572,85 – 573,20	14,16
466,06 – 466,41	11,17	487,49 – 487,84	11,77	508,92 – 509,27	12,37	530,35 – 530,70	12,97	551,78 – 552,13	13,57	573,21 – 573,55	14,17
466,42 – 466,77	11,18	487,85 – 488,20	11,78	509,28 – 509,63	12,38	530,71 – 531,05	12,98	552,14 – 552,48	13,58	573,56 – 573,91	14,18
466,78 – 467,13	11,19	488,20 – 488,55	11,79	509,64 – 509,98	12,39	531,06 – 531,41	12,99	552,49 – 552,84	13,59	573,92 – 574,27	14,19
467,14 – 467,48	11,20	488,56 – 488,91	11,80	509,99 – 510,34	12,40	531,42 – 531,77	13,00	552,85 – 553,20	13,60	574,28 – 574,63	14,20
467,49 – 467,84	11,21	488,92 – 489,27	11,81	510,35 – 510,70	12,41	531,78 – 532,13	13,01	553,21 – 553,55	13,61	574,64 – 574,98	14,21
467,85 – 468,20	11,22	489,28 – 489,62	11,82	510,71 – 511,05	12,42	532,14 – 532,48	13,02	553,56 – 553,91	13,62	574,99 – 575,34	14,22
468,21 – 468,55	11,23	489,63 – 489,98	11,83	511,06 – 511,41	12,43	532,49 – 532,84	13,03	553,92 – 554,27	13,63	575,34 – 575,70	14,23
468,56 – 468,91	11,24	489,99 – 490,34	11,84	511,42 – 511,77	12,44	532,85 – 533,20	13,04	554,28 – 554,63	13,64	575,71 – 576,05	14,24
468,92 – 469,27	11,25	490,35 – 490,70	11,85	511,78 – 512,13	12,45	533,21 – 533,55	13,05	554,64 – 554,98	13,65	576,06 – 576,41	14,25
469,28 – 469,63	11,26	490,70 – 491,05	11,86	512,13 – 512,48	12,46	533,56 – 533,92	13,06	554,99 – 555,34	13,66	576,42 – 576,77	14,26
469,64 – 469,98	11,27	491,06 – 491,41	11,87	512,49 – 512,84	12,47	533,92 – 534,27	13,07	555,35 – 555,70	13,67	576,78 – 577,13	14,27
469,99 – 470,34	11,28	491,41 – 491,77	11,88	512,84 – 513,20	12,48	534,28 – 534,63	13,08	555,71 – 556,05	13,68	577,14 – 577,49	14,28
470,35 – 470,70	11,29	491,78 – 492,13	11,89	513,21 – 513,55	12,49	534,64 – 534,98	13,09	556,06 – 556,41	13,69	577,49 – 577,84	14,29
470,71 – 471,05	11,30	492,14 – 492,48	11,90	513,56 – 513,91	12,50	534,99 – 535,34	13,10	556,42 – 556,77	13,70	577,85 – 578,20	14,30
471,06 – 471,41	11,31	492,49 – 492,84	11,91	513,92 – 514,27	12,51	535,35 – 535,70	13,11	556,78 – 557,13	13,71	578,21 – 578,55	14,31
471,42 – 471,77	11,32	492,85 – 493,20	11,92	514,27 – 514,63	12,52	535,71 – 536,05	13,12	557,14 – 557,48	13,72	578,56 – 578,92	14,32
471,78 – 472,13	11,33	493,21 – 493,55	11,93	514,63 – 514,98	12,53	536,06 – 536,41	13,13	557,49 – 557,84	13,73	578,92 – 579,27	14,33
472,14 – 472,48	11,34	493,56 – 493,92	11,94	514,98 – 515,34	12,54	536,42 – 536,78	13,14	557,85 – 558,20	13,74	579,28 – 579,63	14,34
472,49 – 472,84	11,35	493,92 – 494,27	11,95	515,35 – 515,70	12,55	536,78 – 537,14	13,15	558,21 – 558,55	13,75	579,64 – 579,98	14,35
472,85 – 473,20	11,36	494,28 – 494,63	11,96	515,71 – 516,05	12,56	537,14 – 537,48	13,16	558,56 – 558,91	13,76	579,99 – 580,34	14,36
473,21 – 473,55	11,37	494,64 – 494,98	11,97	516,06 – 516,41	12,57	537,49 – 537,84	13,17	558,92 – 559,27	13,77	580,35 – 580,70	14,37
473,56 – 473,91	11,38	494,99 – 495,34	11,98	516,42 – 516,77	12,58	537,85 – 538,20	13,18	559,28 – 559,63	13,78	580,71 – 581,05	14,38
473,92 – 474,27	11,39	495,35 – 495,70	11,99	516,78 – 517,13	12,59	538,21 – 538,55	13,19	559,64 – 559,98	13,79	581,06 – 581,41	14,39

TABLEAU 7-A4 *(suite)*

Cotisations au RRQ – Table A : Emploi continu

52 périodes de paye par année

Rémunération	Retenue	Rémunération	Retenue	Rémunération	Retenue	Rémunération	Retenue	Rémunération	Retenue	Rémunération	Retenue
581,42 - 581,77	14,40	602,85 - 603,20	15,00	624,28 - 624,63	15,60	645,71 - 646,05	16,20	667,14 - 667,48	16,80	890,00 - 899,99	23,18
581,78 - 582,13	14,41	603,21 - 603,55	15,01	624,64 - 624,98	15,61	646,06 - 646,41	16,21	667,49 - 667,84	16,81	900,00 - 909,99	23,46
582,14 - 582,48	14,42	603,56 - 603,91	15,02	624,99 - 625,34	15,62	646,42 - 646,77	16,22	667,85 - 668,20	16,82	910,00 - 919,99	23,74
582,49 - 582,84	14,43	603,92 - 604,27	15,03	625,35 - 625,70	15,63	646,78 - 647,13	16,23	668,21 - 668,55	16,83	920,00 - 929,99	24,02
582,85 - 583,20	14,44	604,28 - 604,63	15,04	625,71 - 626,05	15,64	647,14 - 647,48	16,24	668,56 - 668,91	16,84	930,00 - 939,99	24,30
583,21 - 583,55	14,45	604,64 - 604,98	15,05	626,06 - 626,41	15,65	647,49 - 647,84	16,25	668,92 - 669,27	16,85	940,00 - 949,99	24,58
583,56 - 583,91	14,46	604,99 - 605,34	15,06	626,42 - 626,77	15,66	647,85 - 648,20	16,26	669,28 - 669,63	16,86	950,00 - 959,99	24,86
583,92 - 584,27	14,47	605,35 - 605,70	15,07	626,78 - 627,13	15,67	648,21 - 648,55	16,27	669,64 - 669,98	16,87	960,00 - 969,99	25,14
584,28 - 584,63	14,48	605,71 - 606,05	15,08	627,14 - 627,48	15,68	648,56 - 648,91	16,28	669,99 - 670,34	16,88	970,00 - 979,99	25,42
584,64 - 584,98	14,49	606,06 - 606,41	15,09	627,49 - 627,84	15,69	648,92 - 649,27	16,29	670,35 - 670,70	16,89	980,00 - 989,99	25,70
584,99 - 585,34	14,50	606,42 - 606,77	15,10	627,85 - 628,20	15,70	649,28 - 649,63	16,30	670,71 - 671,05	16,90	990,00 - 999,99	25,98
585,35 - 585,70	14,51	606,78 - 607,13	15,11	628,21 - 628,55	15,71	649,64 - 649,98	16,31	671,06 - 671,41	16,91	1 000,00 - 1 009,99	26,26
585,71 - 586,05	14,52	607,14 - 607,48	15,12	628,56 - 628,91	15,72	649,99 - 650,34	16,32	671,42 - 671,77	16,92	1 010,00 - 1 019,99	26,54
586,06 - 586,41	14,53	607,49 - 607,84	15,13	628,92 - 629,27	15,73	650,35 - 650,70	16,33	671,78 - 672,13	16,93	1 020,00 - 1 029,99	26,82
586,42 - 586,77	14,54	607,85 - 608,20	15,14	629,28 - 629,63	15,74	650,71 - 651,05	16,34	672,14 - 672,48	16,94	1 030,00 - 1 039,99	27,10
586,78 - 587,13	14,55	608,21 - 608,55	15,15	629,64 - 629,98	15,75	651,06 - 651,41	16,35	672,49 - 672,84	16,95	1 040,00 - 1 049,99	27,38
587,14 - 587,48	14,56	608,56 - 608,91	15,16	629,99 - 630,34	15,76	651,42 - 651,77	16,36	672,85 - 673,20	16,96	1 050,00 - 1 059,99	27,66
587,49 - 587,84	14,57	608,92 - 609,27	15,17	630,35 - 630,70	15,77	651,78 - 652,13	16,37	673,21 - 673,55	16,97	1 060,00 - 1 069,99	27,94
587,85 - 588,20	14,58	609,28 - 609,63	15,18	630,71 - 631,05	15,78	652,14 - 652,48	16,38	673,56 - 673,91	16,98	1 070,00 - 1 079,99	28,22
588,21 - 588,55	14,59	609,64 - 609,98	15,19	631,06 - 631,41	15,79	652,49 - 652,84	16,39	673,92 - 674,27	16,99	1 080,00 - 1 089,99	28,50
588,56 - 588,91	14,60	609,99 - 610,34	15,20	631,42 - 631,77	15,80	652,85 - 653,20	16,40	674,28 - 674,63	17,00	1 090,00 - 1 099,99	28,78
588,92 - 589,27	14,61	610,35 - 610,70	15,21	631,78 - 632,13	15,81	653,21 - 653,55	16,41	674,64 - 674,98	17,01	1 100,00 - 1 109,99	29,06
589,28 - 589,63	14,62	610,71 - 611,05	15,22	632,14 - 632,48	15,82	653,56 - 653,91	16,42	674,99 - 675,34	17,02	1 110,00 - 1 119,99	29,34
589,64 - 589,98	14,63	611,06 - 611,41	15,23	632,49 - 632,84	15,83	653,92 - 654,27	16,43	675,35 - 675,70	17,03	1 120,00 - 1 129,99	29,62
589,99 - 590,34	14,64	611,42 - 611,77	15,24	632,85 - 633,20	15,84	654,28 - 654,63	16,44	675,71 - 676,05	17,04	1 130,00 - 1 139,99	29,90
590,35 - 590,70	14,65	611,78 - 612,13	15,25	633,21 - 633,55	15,85	654,64 - 654,98	16,45	676,06 - 676,41	17,05	1 140,00 - 1 149,99	30,18
590,71 - 591,05	14,66	612,14 - 612,48	15,26	633,56 - 633,91	15,86	654,99 - 655,34	16,46	676,42 - 676,77	17,06	1 150,00 - 1 159,99	30,46
591,06 - 591,41	14,67	612,49 - 612,84	15,27	633,92 - 634,27	15,87	655,35 - 655,70	16,47	676,78 - 677,13	17,07	1 160,00 - 1 169,99	30,74
591,42 - 591,77	14,68	612,85 - 613,20	15,28	634,28 - 634,63	15,88	655,71 - 656,05	16,48	677,14 - 677,48	17,08	1 170,00 - 1 179,99	31,02
591,78 - 592,13	14,69	613,21 - 613,55	15,29	634,64 - 634,98	15,89	656,06 - 656,41	16,49	677,49 - 677,84	17,09	1 180,00 - 1 189,99	31,30
592,14 - 592,49	14,70	613,56 - 613,91	15,30	634,99 - 635,34	15,90	656,42 - 656,77	16,50	677,85 - 678,20	17,10	1 190,00 - 1 199,99	31,58
592,50 - 592,84	14,71	613,92 - 614,27	15,31	635,35 - 635,70	15,91	656,78 - 657,13	16,51	678,21 - 678,55	17,11	1 200,00 - 1 209,99	31,86
592,85 - 593,20	14,72	614,28 - 614,63	15,32	635,71 - 636,05	15,92	657,14 - 657,48	16,52	678,56 - 678,91	17,12	1 210,00 - 1 219,99	32,14
593,21 - 593,55	14,73	614,64 - 614,98	15,33	636,06 - 636,41	15,93	657,49 - 657,84	16,53	678,92 - 679,27	17,13	1 220,00 - 1 229,99	32,42
593,56 - 593,91	14,74	614,99 - 615,34	15,34	636,42 - 636,77	15,94	657,85 - 658,20	16,54	679,28 - 679,63	17,14	1 230,00 - 1 239,99	32,70
593,92 - 594,27	14,75	615,35 - 615,70	15,35	636,78 - 637,13	15,95	658,21 - 658,55	16,55	679,64 - 679,98	17,15	1 240,00 - 1 249,99	32,98
594,28 - 594,63	14,76	615,71 - 616,05	15,36	637,14 - 637,48	15,96	658,56 - 658,91	16,56	679,99 - 680,34	17,16	1 250,00 - 1 259,99	33,26
594,64 - 594,98	14,77	616,06 - 616,41	15,37	637,49 - 637,84	15,97	658,92 - 659,27	16,57	680,35 - 680,70	17,17	1 260,00 - 1 269,99	33,54
594,99 - 595,34	14,78	616,42 - 616,77	15,38	637,85 - 638,20	15,98	659,28 - 659,63	16,58	680,71 - 681,05	17,18	1 270,00 - 1 279,99	33,82
595,35 - 595,70	14,79	616,78 - 617,13	15,39	638,21 - 638,55	15,99	659,64 - 659,98	16,59	681,06 - 689,99	17,31	1 280,00 - 1 289,99	34,10
595,71 - 596,05	14,80	617,14 - 617,48	15,40	638,56 - 638,91	16,00	659,99 - 660,34	16,60	690,00 - 699,99	17,58	1 290,00 - 1 299,99	34,38
596,06 - 596,41	14,81	617,49 - 617,84	15,41	638,92 - 639,27	16,01	660,35 - 660,70	16,61	700,00 - 709,99	17,86	1 300,00 - 1 309,99	34,66
596,42 - 596,77	14,82	617,85 - 618,20	15,42	639,28 - 639,63	16,02	660,71 - 661,05	16,62	710,00 - 719,99	18,14	1 310,00 - 1 319,99	34,94
596,78 - 597,13	14,83	618,21 - 618,55	15,43	639,64 - 639,99	16,03	661,06 - 661,41	16,63	720,00 - 729,99	18,42	1 320,00 - 1 329,99	35,22
597,14 - 597,48	14,84	618,56 - 618,91	15,44	640,00 - 640,34	16,04	661,42 - 661,77	16,64	730,00 - 739,99	18,70	1 330,00 - 1 339,99	35,50
597,49 - 597,84	14,85	618,92 - 619,27	15,45	640,35 - 640,70	16,05	661,78 - 662,13	16,65	740,00 - 749,99	18,98	1 340,00 - 1 349,99	35,78
597,85 - 598,20	14,86	619,28 - 619,63	15,46	640,71 - 641,05	16,06	662,14 - 662,48	16,66	750,00 - 759,99	19,26	1 350,00 - 1 359,99	36,06
598,21 - 598,55	14,87	619,64 - 619,99	15,47	641,06 - 641,41	16,07	662,49 - 662,84	16,67	760,00 - 769,99	19,54	1 360,00 - 1 369,99	36,34
598,56 - 598,91	14,88	620,00 - 620,34	15,48	641,42 - 641,77	16,08	662,85 - 663,20	16,68	770,00 - 779,99	19,82	1 370,00 - 1 379,99	36,62
598,92 - 599,27	14,89	620,35 - 620,70	15,49	641,78 - 642,13	16,09	663,21 - 663,55	16,69	780,00 - 789,99	20,10	1 380,00 - 1 389,99	36,90
599,28 - 599,63	14,90	620,71 - 621,05	15,50	642,14 - 642,48	16,10	663,56 - 663,91	16,70	790,00 - 799,99	20,38	1 390,00 - 1 399,99	37,18
599,64 - 599,98	14,91	621,06 - 621,41	15,51	642,49 - 642,84	16,11	663,92 - 664,27	16,71	800,00 - 809,99	20,66	1 400,00 - 1 409,99	37,46
599,99 - 600,34	14,92	621,42 - 621,77	15,52	642,85 - 643,20	16,12	664,28 - 664,63	16,72	810,00 - 819,99	20,94	1 410,00 - 1 419,99	37,74
600,35 - 600,70	14,93	621,78 - 622,13	15,53	643,21 - 643,55	16,13	664,64 - 664,98	16,73	820,00 - 829,99	21,22	1 420,00 - 1 429,99	38,02
600,71 - 601,05	14,94	622,14 - 622,48	15,54	643,56 - 643,91	16,14	664,99 - 665,34	16,74	830,00 - 839,99	21,50	1 430,00 - 1 439,99	38,30
601,06 - 601,41	14,95	622,49 - 622,84	15,55	643,92 - 644,27	16,15	665,35 - 665,70	16,75	840,00 - 849,99	21,78	1 440,00 - 1 449,99	38,58
601,42 - 601,77	14,96	622,85 - 623,20	15,56	644,28 - 644,63	16,16	665,71 - 666,05	16,76	850,00 - 859,99	22,06	1 450,00 - 1 459,99	38,86
601,78 - 602,13	14,97	623,21 - 623,55	15,57	644,64 - 644,98	16,17	666,06 - 666,41	16,77	860,00 - 869,99	22,34	1 460,00 - 1 469,99	39,14
602,14 - 602,48	14,98	623,56 - 623,91	15,58	644,99 - 645,34	16,18	666,42 - 666,77	16,78	870,00 - 879,99	22,62	1 470,00 - 1 479,99	39,42
602,49 - 602,84	14,99	623,92 - 624,27	15,59	645,35 - 645,70	16,19	666,78 - 667,13	16,79	880,00 - 889,99	22,90	1 480,00 - 1 489,99	39,70

FIGURE 7-A3 *T4 supplémentaire – État de la rémunération payée*

Revenue Canada Revenu Canada

T4 – 1995 Supplementary Supplémentaire

STATEMENT OF REMUNERATION PAID
ÉTAT DE LA RÉMUNÉRATION PAYÉE

16-612-037

14 Employment income before deductions / Revenus d'emploi avant retenues	16 Employee's CPP contributions / Cotisations de l'employé au RPC	17 Employee's QPP contributions / Cotisations de l'employé au RRQ	18 Employee's UI premiums / Cotisations de l'employé à l'AC	20 Registered pension plan contributions / Cotisations à un régime de pension agréé	22 Income tax deducted / Impôt sur le revenu retenu	24 UI insurable earnings / Gains assurables d'AC	26 CPP/QPP pensionable earnings / Gains donnant droit à pension - RPC/RRQ	28 Exempt CPP/QPP UI / RPC/RRQ AC Exemption

Box 14 includes these amounts / La case 14 comprend tous ces montants	30 Housing, board, and lodging / Logement, pension et repas	32 Travel in designated area / Voyage dans une région désignée	34 Personal use of employer's auto / Usage personnel de l'auto de l'employeur	36 Interest-free and low-interest loan / Prêts sans intérêt ou à faible intérêt	38 Stock option benefits / Avantages tirés d'une option d'achat d'actions	40 Other taxable allowances and benefits / Autres allocations et avantages imposables	42 Employment commissions / Commissions d'emploi

44 Union dues / Cotisations syndicales	46 Charitable donations / Dons de bienfaisance		50 Pension plan or DPSP registration number / Numéro d'agrément d'un RPDB ou d'un régime de pension	52 Pension adjustment / Facteur d'équivalence	10 Province of employment / Province d'emploi	12 Social insurance number / Numéro d'assurance sociale	If your SIN is not in box 12, see the back of this slip. / Si votre NAS ne figure pas à la case 12, lisez le verso de ce feuillet.

Employee's name and address - Nom et adresse de l'employé

Surname (in capital letters) / Nom de famille (en lettres majuscules) — First name / Prénom — Initials / Initiales

Employer's name - Nom de l'employeur

56 Employee no. - N° de l'employé — 54 Account no. - N° de compte

Footnotes - Notes

Return with T4 Summary return
À retourner avec la déclaration T4 *Sommaire* **1**

Revenue Canada Revenu Canada

T4 – 1995 Supplementary Supplémentaire

STATEMENT OF REMUNERATION PAID
ÉTAT DE LA RÉMUNÉRATION PAYÉE

16-612-038

14 Employment income before deductions / Revenus d'emploi avant retenues	16 Employee's CPP contributions / Cotisations de l'employé au RPC	17 Employee's QPP contributions / Cotisations de l'employé au RRQ	18 Employee's UI premiums / Cotisations de l'employé à l'AC	20 Registered pension plan contributions / Cotisations à un régime de pension agréé	22 Income tax deducted / Impôt sur le revenu retenu	24 UI insurable earnings / Gains assurables d'AC	26 CPP/QPP pensionable earnings / Gains donnant droit à pension - RPC/RRQ	28 Exempt CPP/QPP UI / RPC/RRQ AC Exemption

Box 14 includes these amounts / La case 14 comprend tous ces montants	30 Housing, board, and lodging / Logement, pension et repas	32 Travel in designated area / Voyage dans une région désignée	34 Personal use of employer's auto / Usage personnel de l'auto de l'employeur	36 Interest-free and low-interest loan / Prêts sans intérêt ou à faible intérêt	38 Stock option benefits / Avantages tirés d'une option d'achat d'actions	40 Other taxable allowances and benefits / Autres allocations et avantages imposables	42 Employment commissions / Commissions d'emploi

44 Union dues / Cotisations syndicales	46 Charitable donations / Dons de bienfaisance		50 Pension plan or DPSP registration number / Numéro d'agrément d'un RPDB ou d'un régime de pension	52 Pension adjustment / Facteur d'équivalence	10 Province of employment / Province d'emploi	12 Social insurance number / Numéro d'assurance sociale	If your SIN is not in box 12, see the back of this slip. / Si votre NAS ne figure pas à la case 12, lisez le verso de ce feuillet.

Employee's name and address - Nom et adresse de l'employé

Surname (in capital letters) / Nom de famille (en lettres majuscules) — First name / Prénom — Initials / Initiales

Employer's name - Nom de l'employeur

56 Employee no. - N° de l'employé — 54 Account no. - N° de compte

Footnotes - Notes :

Return with T4 Summary return
À retourner avec la déclaration T4 *Sommaire* **1**

Revenue Canada Revenu Canada

T4 – 1995 Supplementary Supplémentaire

STATEMENT OF REMUNERATION PAID
ÉTAT DE LA RÉMUNÉRATION PAYÉE

16-612-039

14 Employment income before deductions / Revenus d'emploi avant retenues	16 Employee's CPP contributions / Cotisations de l'employé au RPC	17 Employee's QPP contributions / Cotisations de l'employé au RRQ	18 Employee's UI premiums / Cotisations de l'employé à l'AC	20 Registered pension plan contributions / Cotisations à un régime de pension agréé	22 Income tax deducted / Impôt sur le revenu retenu	24 UI insurable earnings / Gains assurables d'AC	26 CPP/QPP pensionable earnings / Gains donnant droit à pension - RPC/RRQ	28 Exempt CPP/QPP UI / RPC/RRQ AC Exemption

Box 14 includes these amounts / La case 14 comprend tous ces montants	30 Housing, board, and lodging / Logement, pension et repas	32 Travel in designated area / Voyage dans une région désignée	34 Personal use of employer's auto / Usage personnel de l'auto de l'employeur	36 Interest-free and low-interest loan / Prêts sans intérêt ou à faible intérêt	38 Stock option benefits / Avantages tirés d'une option d'achat d'actions	40 Other taxable allowances and benefits / Autres allocations et avantages imposables	42 Employment commissions / Commissions d'emploi

44 Union dues / Cotisations syndicales	46 Charitable donations / Dons de bienfaisance		50 Pension plan or DPSP registration number / Numéro d'agrément d'un RPDB ou d'un régime de pension	52 Pension adjustment / Facteur d'équivalence	10 Province of employment / Province d'emploi	12 Social insurance number / Numéro d'assurance sociale	If your SIN is not in box 12, see the back of this slip. / Si votre NAS ne figure pas à la case 12, lisez le verso de ce feuillet.

Employee's name and address - Nom et adresse de l'employé

Surname (in capital letters) / Nom de famille (en lettres majuscules) — First name / Prénom — Initials / Initiales

Employer's name - Nom de l'employeur

56 Employee no. - N° de l'employé — 54 Account no. - N° de compte

Footnotes - Notes :

Return with T4 Summary return
À retourner avec la déclaration T4 *Sommaire* **1**

FIGURE 7-A4 *Relevé 1 – Revenus d'emploi et revenus divers*

RELEVÉ 1 — **Revenus d'emploi et revenus divers**

19 95 année — 074110002 — RL-1 (95-10)

A- Revenus d'emploi	**B-** Cotisations au RRQ	**C-** Cot. d'ass.-chômage	**D-** Cotisations à un RPA	**E-** Impôt du Québec retenu
F- Cotisations syndicales	**G-** Salaire admissible au RRQ	**H-** Nourriture et logement	**I-** Automobile	**J-** Régime privé d'ass.-maladie
K- Voyages (région éloignée)	**L-** Autres avantages	**M-** Commissions	**N-** Dons de bienfaisance	**O-** Autres revenus imposables
P- Cot. à un régime d'ass. interentreprises	**Q-** Salaires différés			Voyez l'explication des cases au verso.

Nom légal, prénom et adresse complète du particulier

Numéro d'assurance sociale — Numéro de référence

Nom et adresse complète de l'employeur ou du payeur

Gouvernement du Québec
Ministère du Revenu

Formulaire prescrit par le sous-ministre du Revenu

1 : Copie à retourner avec le formulaire RLZ-1.S

RELEVÉ 1 — **Revenus d'emploi et revenus divers**

19 95 année — 074110013 — RL-1 (95-10)

A- Revenus d'emploi	**B-** Cotisations au RRQ	**C-** Cot. d'ass.-chômage	**D-** Cotisations à un RPA	**E-** Impôt du Québec retenu
F- Cotisations syndicales	**G-** Salaire admissible au RRQ	**H-** Nourriture et logement	**I-** Automobile	**J-** Régime privé d'ass.-maladie
K- Voyages (région éloignée)	**L-** Autres avantages	**M-** Commissions	**N-** Dons de bienfaisance	**O-** Autres revenus imposables
P- Cot. à un régime d'ass. interentreprises	**Q-** Salaires différés			Voyez l'explication des cases au verso.

Nom légal, prénom et adresse complète du particulier

Numéro d'assurance sociale — Numéro de référence

Nom et adresse complète de l'employeur ou du payeur

Gouvernement du Québec
Ministère du Revenu

Formulaire prescrit par le sous-ministre du Revenu

1 : Copie à retourner avec le formulaire RLZ-1.S

RELEVÉ 1 — **Revenus d'emploi et revenus divers**

19 95 année — 074110024 — RL-1 (95-10)

A- Revenus d'emploi	**B-** Cotisations au RRQ	**C-** Cot. d'ass.-chômage	**D-** Cotisations à un RPA	**E-** Impôt du Québec retenu
F- Cotisations syndicales	**G-** Salaire admissible au RRQ	**H-** Nourriture et logement	**I-** Automobile	**J-** Régime privé d'ass.-maladie
K- Voyages (région éloignée)	**L-** Autres avantages	**M-** Commissions	**N-** Dons de bienfaisance	**O-** Autres revenus imposables
P- Cot. à un régime d'ass. interentreprises	**Q-** Salaires différés			Voyez l'explication des cases au verso.

Nom légal, prénom et adresse complète du particulier

Numéro d'assurance sociale — Numéro de référence

Nom et adresse complète de l'employeur ou du payeur

Gouvernement du Québec
Ministère du Revenu

Formulaire prescrit par le sous-ministre du Revenu

1 : Copie à retourner avec le formulaire RLZ-1.S

FIGURE 7-A5   *T4 sommaire – Sommaire de la rémunération payée*

| | Revenue Canada | Revenu Canada | | | | **T4** SUMMARY SOMMAIRE | **SUMMARY OF REMUNERATION PAID** (For the year ending December 31, 1995) SOMMAIRE DE LA RÉMUNÉRATION PAYÉE (Pour l'année se terminant le 31 décembre 1995) | 0505   44111 | Copy Copie **1** |

1995

Complete this return using the instructions in the *Employers' Guide to Payroll Deductions - Basic Information.*
Vous devez remplir cette déclaration selon les instructions du *Guide de l'employeur – Retenues sur la paie : Renseignements de base.*

If you file your T4 return on tape or diskette, you do not need to complete this form. For more information see the guide called *Computer Specifications for Data Filed on Magnetic Media.*

Si vous produisez votre déclaration T4 sur disquette ou sur bande, vous n'avez pas à remplir ce formulaire. Pour plus de renseignements, consultez le guide intitulé *Spécifications informatiques pour données produites sur support magnétique.*

Important
Employer's name and account number has to be the same as on your PD7A remittance form. **You have to file the T4 Summary on or before February 29, 1996.**

Le nom et le numéro de compte de l'employeur doivent être les mêmes que ceux qui figurent sur le formulaire de versement PD7A. **Vous devez produire la déclaration T4 *Sommaire* au plus tard le 29 février 1996.**

Account number
Numéro de compte

Name and address of employer
Nom et adresse de l'employeur

Tax centre

Centre fiscal

TSO code

Code du BSF

T4 Supplementary slips totals
For returns with over 300 T4 slips, please see instructions in the *Employers' Guide to Payroll Deductions - Basic Information* about the breakdown of large returns.

Totaux des feuillets T4 *Supplémentaire*
Pour les déclarations renfermant plus de 300 feuillets T4, consultez le *Guide de l'employeur – Retenues sur la paie : Renseignements de base* pour la répartition des déclarations volumineuses.

Total number of T4 slips filed Nombre total de feuillets T4 produits		88			Of the total number at left, indicate how many T4 slips are for employees whose addresses are in the U.S.A. Du total inscrit à gauche, indiquez le nombre de feuillets T4 émis pour des employés dont l'adresse est aux É.-U.
Employment income before deductions	Revenus d'emploi avant retenues	14			
Registered pension plan contributions	Cotisations à un régime de pension agréé	20			
Pension adjustment	Facteur d'équivalence	52			
UI insurable earnings	Gains assurables d'AC	24			
Employee's CPP contributions	Cotisations de l'employé au RPC		16		
Employer's CPP contributions	Cotisations de l'employeur au RPC		27		
Employee's UI premiums	Cotisations de l'employé à l'AC		18		
Employer's UI premiums	Cotisations de l'employeur à l'AC		19		
Income tax deducted	Impôt sur le revenu retenu		22		

Departmental use only

Total deductions reported (16 + 27 + 18 + 19 + 22)
Total des retenues déclarées (16 + 27 + 18 + 19 + 22)   80

Minus: remittances – Moins : versements   82

Difference – Différence

We do not charge or refund a difference of less than $2.
Nous n'exigeons et ne remboursons pas une différence inférieure à 2 $.

Overpayment
Paiement en trop   84

* Balance due
Solde à payer   86

* If you have not paid the total deductions reported, include the balance with this completed return. You may have to pay a penalty for late payment if you have any balance owing.
Si vous n'avez pas payé le montant total des retenues déclarées, veuillez joindre le solde à payer, à cette déclaration. Tout solde à payer est assujetti à une pénalité pour paiement tardif.

Amount enclosed
Somme jointe

Revenue Canada - issued registration number(s) for RPP or DPSP – Numéro(s) d'agrément émis par Revenu Canada pour le ou les RPA ou RPDB

71   72   73

Canadian-controlled private corporations or unincorporated employers: Enter the SIN of the proprietor(s) or principal owner(s).
Sociétés privées sous contrôle canadien ou employeurs non constitués : Inscrivez le NAS du ou des propriétaires.

Réservé au Ministère   74   75

Person to contact about this return – Personne avec qui communiquer au sujet de cette déclaration   76

Telephone number – Numéro de téléphone   78

First name – Prénom   Surname – Nom de famille   Area code – Indicatif régional

Certification - Attestation

I,   , certify that the information given in this T4 return (T4 Summary and related T4 Supplementary slips) is, to the best of my knowledge, correct and complete.

Je,   , atteste que les renseignements fournis dans cette déclaration T4 (la déclaration T4 *Sommaire* et les feuillets T4 *Supplémentaire* connexes) sont, à ma connaissance, exacts et complets.

Name and surname (in capital letters) - Nom et prénom (en lettres majuscules)

Date   Signature of authorized person - Signature de la personne autorisée   Position or office - Titre ou poste

For departmental use only: please do not write in this area - Réservé au Ministère : N'écrivez rien ici

Transfer Transfert	90	1	Last to current Précédente à courante	Pro Forma	91	1	No Non	93		Date	Memo – Note
		2	No action Aucune mesure			2	Yes Oui	94		A	
		3	Other Autre							B	Late-filing penalty Pénalité pour production tardive
											Prepared by - Établi par Date

	Code 2	Correspond.	Inc.	TPC – CCT	Dressed – MAP	Rev. – Rév.	No Accounts – Aucun n°
Initials – Initiales							
Date							

* Keep the working copy of this form for your records.
* Send copies 1 and 2 of this form and copy 1 of the related T4 Supplementary slips to the appropriate tax centre address shown on the back of this form.
Privacy Act personal information bank number RCT/P-PU-005

* Conservez le brouillon de ce formulaire dans vos dossiers.
* Envoyez les copies 1 et 2 de ce formulaire ainsi que la copie 1 des feuillets T4 *Supplémentaire* connexes au centre fiscal approprié, dont l'adresse figure au verso de ce formulaire.
Loi sur la protection des renseignements personnels, fichier numéro RCT/P-PU-005

FIGURE 7-A6 *Sommaire des retenues et des cotisations de l'employeur (RLZ-1.S)*

Gouvernement du Québec
Ministère du Revenu

SOMMAIRE DES RETENUES ET DES COTISATIONS DE L'EMPLOYEUR

RLZ-1.S
95-10

Numéro d'identification

Nº d'impression : **000062**

Date du relevé :
année   mois   jour

Année
1995

RÉSERVÉ AU MINISTÈRE
P   Date

Ancien nom :

Indiquez le nombre de relevés que vous annexez à ce formulaire.

Si vous ou un organisme mandaté par vous avez transmis au Ministère les données des relevés 1, 2 et 16 sur cassettes, bandes magnétiques ou disquettes, cochez cette case :

PARTIE 1 – Relevé mensuel des droits

Mois	Montant des droits payés ou à payer

CALCUL DU SOLDE

Régime de rentes du Québec
Cotisations des employés selon la case B du relevé 1

B   +   Cotisations de l'employeur

▶   1

Impôt du Québec retenu selon les relevés
Relevés 1 et 16 (case E)   Relevés 2 (case J)

E   +   J   ▶ W   2

Fonds des services de santé
Salaires (généralement le total des cases A et Q des relevés 1)
Versés ou réputés versés avant le 10 mai 1995

Z   x **3,75 %**

Versés ou réputés versés après le 9 mai 1995

X   x **4,26 %**   Y   3

Taxe compensatoire (pour une institution financière désignée autre qu'une corporation)
Salaires (généralement le total des cases A et Q des relevés 1)

P   x   **1 %**   ▶ T   4

Commission des normes du travail (CNT)
Rémunérations assujetties, calculées sur le formulaire LE-39.0.2

U   x   **0,08 %**   ▶ V   5

Cochez :
☐ Remboursement demandé
☐ Paiement joint

Total   (additionnez les montants des lignes 1 à 5)   =   6
Moins : Total global obtenu à la section « Relevé mensuel des droits » de la partie 1   –   7
← **Solde :** Montant de la ligne 6 moins celui de la ligne 7. Le montant impayé peut porter intérêt et une pénalité peut vous être imposée.   =   8

Je déclare que les renseignements fournis sur ce formulaire et sur les relevés 1, 2 et 16 sont exacts et complets.

X
Signature   Date   Ind. rég.   Téléphone

Formulaire prescrit par le sous-ministre du Revenu

NE DÉTACHEZ PAS.

Gouvernement du Québec
Ministère du Revenu

BORDEREAU DE PAIEMENT   **1995**

RLZ-1.S (95-10)
Sommaire des retenues et des cotisations de l'employeur

PARTIE 2

- Veuillez nous expédier dans l'enveloppe-réponse **ENV-66**, le présent formulaire et, s'il y a lieu, la copie 1 des relevés 1, 2 et 16 de l'année 1995.
- Si vous avez inscrit des cotisations syndicales sur les relevés 1, annexez un exemplaire dûment rempli du formulaire TP-69, *Déclaration des cotisations syndicales inscrites sur les relevés 1* que vous retrouverez dans le *Guide du relevé 1* (RL-1.G) ou dans le *Guide de l'employeur qui exploite une petite entreprise* (TPF-1015.GP).
- Il est important de conserver les informations contenues sur le présent document. Pour ce faire, vous pouvez photocopier ce document ou encore transcrire les données qu'il contient sur une copie du formulaire RLZ-1.S que vous trouverez dans le *Guide du relevé 1* (RL-1.G) ou dans le *Guide de l'employeur qui exploite une petite entreprise* (TPF-1015.GP).
- Pour des renseignements supplémentaires, consultez l'un des deux guides mentionnés ci-dessus.

TOTAL À REMETTRE $

FIGURE 7-A7 *Formulaire de versement de retenues à la source courantes (PD7A)*

Page 9-1

Revenu Canada Accise, Douanes et Impôt — Revenue Canada Customs, Excise and Taxation

RELEVÉ DE COMPTE

PD7A(F) Rév.93

1 Numéro de compte — Nom de l'employeur

Relevé de compte du	Montant payé pour	Montant cotisé dû	Vous pouvez faire le paiement à votre établissement financier ou au :
Les opérations traitées après cette date figureront sur le prochain relevé	Pour plus de renseignements, contactez :		Centre fiscal

• IMPORTANT - VOIR AU VERSO •

EXPLICATION DES CHANGEMENTS

Date	Description	Montant

Inscrivez dans cette zone les renseignements relatifs au versement, pour vos dossiers

Cotisations au RPC	Cotisations d'ass.-chômage	Retenues d'impôt	Paiement courant	Rémunération brute mensuelle	Nbre d'empl. - dern. pér.

PD7A(F) Rév.93

2 Numéro de compte — Nom de l'employeur

PIERRE GRAVELLE, C.R.
SOUS-MINISTRE, MINISTÈRE DU REVENU NATIONAL, IMPÔT

3 Revenu Canada Accise, Douanes et Impôt — Revenue Canada Customs, Excise and Taxation

FORMULE DE VERSEMENT DE RETENUES À LA SOURCE COURANTES

PD7A(F) Rév.93

6 Numéro de compte — À l'usage de l'impôt

Montant du paiement

Retenues du mois de — Année — Mois

Rémunération brute mensuelle (en dollars seulement) — 0 0

Nombre d'employés pour la dernière période de paie

FIGURE 7-A8 *Bordereau de paiement des retenues et des cotisations de l'employeur (TPZ-1015.R.14.1)*

Gouvernement du Québec
Ministère du Revenu

PAIEMENT DES RETENUES ET DES COTISATIONS DE L'EMPLOYEUR

TPZ-1015.R.14.1
(94-10)

Numéro d'identification   Dossier   **PARTIE 1**

N° d'impression :   **000121**

Date du relevé :   année   mois   jour

NOTES EXPLICATIVES

Total versé $

PAIEMENT : Vous devez remettre au Ministre les retenues à la source et les cotisations de l'employeur à l'égard d'une rémunération que vous avez versée au cours d'un mois, au plus tard le quinzième jour du mois suivant.

Veuillez inscrire sur le bordereau ci-dessous, aux endroits appropriés, les montants des paiements relatifs aux retenues d'impôt, à la taxe compensatoire, aux cotisations au Régime de rentes du Québec et au Régime d'assurance-maladie du Québec et à la cotisation pour le financement de la Commission des normes du travail (CNT) ainsi que le montant total du paiement. Veuillez également signer le formulaire.

IMPORTANT : Le bordereau de paiement doit être produit même si aucune retenue à la source n'a été effectuée pendant cette période.

DATE DE RÉCEPTION D'UN PAIEMENT : La date de réception de tout paiement est la date à laquelle le paiement est parvenu à une institution financière autorisée ou celle qui est estampillée par un fonctionnaire sur le formulaire relatif à ce paiement, qu'il soit effectué par la poste ou en personne, à un bureau du ministère du Revenu du Québec.

PÉNALITÉ ET INTÉRÊTS : Quiconque omet, dans le délai prévu par la loi, de déduire, retenir, payer ou remettre un montant en vertu d'une loi fiscale, encourt une pénalité de 15 % de ce montant. D'autre part, tout montant qui n'a pas été payé dans les délais prévus porte intérêt au taux déterminé par règlement.

Pour obtenir d'autres informations, communiquez avec un représentant du ministère du Revenu du Québec à l'un des numéros suivants :

N'attachez aucun document à la partie 2 ci-dessous. Conservez la partie 1 pour vos dossiers.

Gouvernement du Québec
Ministère du Revenu

BORDEREAU DE PAIEMENT DES RETENUES ET DES COTISATIONS DE L'EMPLOYEUR

TPZ-1015.R.14.1
(94-10)

PARTIE 2

Période visée :

Retenues d'impôt, taxe compensatoire et cotisation pour le financement du la CNT (s'il y a lieu) $

+ Cotisations au RRQ $

+ Cotisation au Régime d'assurance-maladie du Québec $

TOTAL À REMETTRE $

JE CERTIFIE QUE CES RENSEIGNEMENTS SONT EXACTS ET COMPLETS.

Retournez à :

Signature   Date   Ind. rég.   Téléphone

X

Si vous n'avez aucun paiement à effectuer pour la période, cochez ☐, signez et retournez cette partie.

IMPORTANT : Pour tout changement, cochez ☐ et retournez la partie détachable de l'enveloppe-réponse.

Formulaire prescrit par le sous-ministre du Revenu

Terminologie comptable[3]

Assurance-chômage (AC)   Type d'assurance sociale qui a pour objet d'indemniser le travailleur privé de son emploi, en vertu d'un régime de protection dont le financement provient entièrement de cotisations salariales et patronales.

Avantages sociaux   Ensemble des avantages dont bénéficie le salarié en sus du salaire: congés, assurances, régime de retraite, etc.

Carte de pointage   Carte ou fiche sur laquelle le salarié lui-même ou un préposé inscrit, avec une horloge pointeuse, les heures d'entrée et de sortie du lieu de travail.

Charges sociales   Charges obligatoires afférentes aux salaires dont l'entité doit assumer la responsabilité en raison des exigences imposées par la loi en matière de sécurité sociale.

Cotisation patronale   Quote-part versée par l'employeur à un régime de retraite ou autre régime de prévoyance et généralement calculée en fonction des salaires ou de la masse salariale des participants actifs.

Cotisation salariale   Quote-part versée par un salarié participant à un régime de retraite ou autre régime de prévoyance et généralement calculée en fonction de son salaire.

Crédits d'impôt personnels   Sommes que la loi permet au contribuable de déduire dans le calcul de son impôt sur le revenu à payer en raison de sa situation familiale, de son âge, etc.

Exemptions personnelles   Sommes dépendant de la situation familiale du contribuable, de son âge, etc. que la loi lui permet de déduire dans le calcul de son revenu imposable.

Fiche de paie   État de la rémunération et des retenues sur le salaire accompagnant le chèque de paie.

Fourchette d'imposition   Tranche de l'assiette fiscale assujettie à un taux d'imposition déterminé, dans le contexte d'un impôt progressif.

Horodateur   Horloge munie d'un mécanisme permettant d'inscrire sur une carte ou une fiche la date et l'heure, et qui est utilisée pour enregistrer les heures de présence des salariés sur leur lieu de travail.

Indemnité de vacances   Somme versée aux salariés durant leurs vacances.

Journal des salaires   Journal auxiliaire dans lequel sont consignés tous les renseignements relatifs à la rémunération des salariés de l'entité: classe salariale, taux de base, salaires de chaque période, précomptes, saisies, etc.

Majoration pour travail supplémentaire   Supplément de rémunération qui s'ajoute au taux de base pour le travail effectué en sus de l'horaire normal de travail.

Régime de retraite   Entente, habituellement contractuelle, contenant un ensemble de dispositions visant à servir des prestations de retraite à des salariés participants. Le financement du régime est assuré par des cotisations à la charge soit de l'employeur seul, soit de l'employeur et du salarié participant.

Retenues sur le salaire   Ensemble des sommes que l'employeur retranche des rémunérations attribuées à ses salariés à titre obligatoire (cotisations sociales diverses, impôts sur le revenu, cotisations syndicales) ou facultatif (épargne, cotisations à un régime privé d'assurance collective). Les sommes ainsi déduites figurent dans des comptes de passif jusqu'au moment où l'employeur les remet à leur destinataire.

Salaire brut   Rémunération du salarié avant retenues d'impôts et autres précomptes.

Salaire net   Somme d'argent reçue effectivement par un salarié après que son employeur a déduit, de son salaire brut, les retenues ou précomptes.

Travailleur indépendant   Personne qui fait un travail pour son propre compte par opposition à une autre qui est liée à son employeur par un contrat de travail.

Virement   Mode de règlement par lequel les employeurs, les caisses de retraite, les organismes de sécurité sociale et les gestionnaires de portefeuille font passer directement les paies, les pensions, les prestations de sécurité sociale, les intérêts et les dividendes dans les comptes en banque des intéressés.

---

[3] Louis Ménard, C.A., *Dictionnaire de la comptabilité et de la gestion financière,* Institut Canadien des Comptables Agréés, Toronto, 1994. Reproduit avec permission.

Des synonymes

Avantages sociaux   Avantages directs.

Carte de pointage   Fiche de présence.

Charges sociales   Cotisations sociales.

Fiche de paie   Bulletin de paie; bordereau de paie.

Fourchette d'imposition   Tranche d'imposition; palier d'imposition.

Horodateur   Horloge pointeuse; horloge de pointage.

Indemnité de vacances   Indemnité de congés payés.

Journal des salaires   Livre de paie.

Retenues sur le salaire   Retenues à la source; précomptes.

Travailleur indépendant   Personne à son compte.

Régime de retraite   Régime de pension; régime de pension agréé.

Révision en regard des objectifs d'apprentissage

Répondez aux questions suivantes en choisissant la réponse qui vous semble la meilleure.

Objectif 1   Lequel des éléments ci-dessous n'est pas une retenue sur le salaire?

a) Impôt fédéral sur le revenu.

b) Cotisation à la Commission de la santé et de la sécurité du travail du Québec.

c) Cotisation à l'assurance-emploi.

d) Cotisation au Régime de rentes du Québec.

e) Prime d'assurance collective.

Objectif 2   Le journal des salaires contient les renseignements suivants:

a) Le nombre d'heures travaillées chaque jour de la semaine par chacun des employés;

b) Le taux salarial de chaque employé;

c) Le salaire brut de chaque employé;

d) Les retenues qui sont déduites du salaire brut afin d'en arriver à établir le salaire net.

e) Toutes ces réponses conviennent.

Objectif 3   Lorsqu'une entreprise utilise un compte bancaire salaires, elle doit:

a) comptabiliser les données inscrites dans le journal des salaires au moyen d'une écriture dans le journal général;

b) tirer un chèque sur le compte bancaire ordinaire à l'ordre du compte bancaire salaires dont le montant est égal au total du salaire net et inscrire ce chèque dans le journal des décaissements;

c) déposer le chèque, établi au montant du salaire net, dans le compte bancaire salaires;

d) émettre à l'ordre de chaque employé un chèque tiré sur le compte bancaire salaires, au montant du salaire net auquel il a droit.

e) Toutes ces réponses conviennent.

Objectif 4   Si les retenues sur les salaires pour l'assurance-chômage et le Régime de rentes du Québec s'élèvent respectivement à 230 $ et 195 $, la part de l'employeur relativement à ces charges sociales est de:

a)   425 $;

b)   195 $;

c)   850 $;

d)   517 $;

e)   1 034 $.

Objectif 5   La société Datacom ltée emploie quatre personnes. Deux d'entre elles reçoivent chacune un salaire mensuel de 2 310 $ et les deux autres, de 4 180 $ chacune. Chaque employé a droit à un mois de vacances annuelles qui devraient être prises au cours des mois à venir. De plus, Datacom ltée contribue à une assurance-maladie dont la prime mensuelle est de 155 $ par employé et à un régime de retraite dont la contribution est égale à 6 % du salaire brut total. Les écritures qu'il faut passer dans les livres, à la fin du mois de mai, afin de comptabiliser les avantages sociaux sont celles de la page suivante:

a)	Avantages sociaux.	2 579		
	Dette relative aux indemnités de vacances		1 180	
	Assurance collective à payer.		620	
	Régime de retraite à payer		779	
b)	Salaires	12 980		
	Dette relative aux indemnités de vacances		1 180	
	Assurance collective à payer.		620	
	Régime de retraite à payer		779	
	Salaires à payer.		10 401	
c)	Avantages sociaux.	2 481		
	Dette relative aux indemnités de vacances		1 082	
	Assurances collectives à payer		620	
	Régime de retraite à payer		779	
d)	Avantages sociaux.	2 579		
	Caisse		2 579	
e)	Aucune de ces réponses ne convient.			

Sujets de discussion en classe

1. Qui doit verser les cotisations au Régime de rentes du Québec ou au Régime de pensions du Canada?

2. Qui doit payer les cotisations à la Commission de la santé et de la sécurité du travail?

3. Que retirent les employés en chômage en vertu de la Loi sur l'assurance-emploi?

4. Qui doit payer les cotisations d'assurance-emploi? Quel est le taux de ces cotisations?

5. Quels sont les objectifs poursuivis par la Loi sur l'assurance-emploi?

6. Quand et à qui un employeur doit-il remettre les retenues sur les salaires et les charges sociales?

7. Quels facteurs déterminent les impôts sur le revenu à déduire du salaire brut d'un employé?

8. À quoi servent les tables de retenues d'impôt?

9. Comment les cotisations des travailleurs indépendants au Régime de rentes du Québec ou au Régime de pensions du Canada sont-elles déterminées?

10. Comment un horodateur est-il utilisé pour déterminer les heures pendant lesquelles les employés ont travaillé?

11. Comment une entreprise peut-elle utiliser un compte bancaire spécial pour payer ses employés?

12. À la fin d'un mois donné, un compte bancaire salaires a un solde de 562,35 $ parce que deux employés n'ont pas encore encaissé leur chèque. Ce montant devrait-il figurer au bilan? Si oui, dans quelle section?

13. Quels renseignements retrouve-t-on sur la fiche individuelle de paie? Pourquoi une telle fiche est-elle établie et à quoi servent ces renseignements?

14. Quelles charges sociales l'employeur doit-il verser aux différents régimes d'assurance sociale? Quelles retenues doivent être faites sur le salaire des employés?

15. Qu'entend-on par avantages sociaux accordés aux employés? Donnez des exemples.

Mini-cas

Mini-cas 7-1   Vous êtes le comptable d'une entreprise de haute technologie dont la majorité des employés gagnent un salaire annuel supérieur à 43 000 $. Au moment de la révision annuelle des salaires, vous discutez avec le directeur général de l'entreprise du coût réel de toute hausse salariale. Ce dernier affirme qu'il n'y a pas de coût additionnel à la hausse des salaires puisque tous les employés ont dépassé les contributions maximales au Régime de rentes du Québec et à l'assurance-emploi.

Travail à faire

Donnez votre avis sur l'affirmation du directeur général.

Maggie Savoie, une employée de la société Davicom inc., a accumulé 46 heures de travail au cours de la semaine qui se termine le 7 janvier. Son salaire horaire normal est de 18 $ et son salaire est seulement assujetti aux retenues sur le salaire suivantes: l'impôt sur le revenu, l'assurance-emploi et le Régime de rentes du Québec. Tout travail effectué au-delà de 40 heures dans une même semaine est payé au taux normal majoré de 50 %.

Exercice 7-1
L'établissement du salaire brut et du salaire net
(Objectif 1)

Travail à faire

Calculez le salaire brut normal, le salaire brut relatif au temps supplémentaire, le salaire brut total, l'impôt sur le revenu fédéral, l'impôt sur le revenu du Québec, la cotisation d'assurance-emploi, la cotisation au Régime de rentes du Québec, le total des retenues sur le salaire et le salaire net. Pour calculer l'impôt sur le revenu, utilisez les taux de 11 % pour le fédéral et de 13 % pour le Québec.

Les renseignements ci-dessous ont été recueillis en vue d'établir la paie de la semaine se terminant le 12 octobre 1996 de la société Microcom ltée qui emploie trois personnes.

Exercice 7-2
L'établissement du salaire brut et du salaire net à l'aide des tables des retenues
(Objectif 1)

– Josée Dupuis est célibataire, elle reçoit un salaire horaire de 12,50 $; elle a travaillé 42 heures au cours de la semaine se terminant le 12 octobre 1996.

– Guy Fortin est marié et père de deux enfants en bas âge. Sa conjointe et ses enfants sont à sa charge puisqu'ils n'ont aucun revenu. Son salaire hebdomadaire est de 780 $.

– Marie-Hélène Soucy est mariée et mère de deux enfants âgés de 19 et 21 ans. Ses enfants poursuivent des études postsecondaires pendant l'année. Son fils de 19 ans est entièrement à sa charge alors que sa fille de 21 ans gagnera un revenu net de 2 000 $ en 1996. Quant à son conjoint, il retirera un revenu net de 4 200 $ en 1996. Son salaire horaire est de 16 $. Elle a travaillé 43 heures au cours de la semaine.

Travail à faire

1. Calculez les crédits d'impôt personnel auxquels ont droit les employés de la société Microcom ltée et établissez leurs codes des retenues.

2. Calculez le salaire brut normal, le salaire brut relatif au temps supplémentaire et le salaire brut total. La semaine normale de travail est de 40 heures, le temps supplémentaire est rémunéré au taux normal majoré de 50 %.

3. Établissez, à l'aide des tables des retenues présentées à l'annexe 7A, les retenues d'impôt fédéral, d'impôt provincial, les cotisations à l'assurance-emploi et au Régime de rentes du Québec.

4. Calculez le salaire net de chaque employé pour la semaine se terminant le 12 octobre 1996 en prenant en considération que: 1) les employés n'ont pas encore atteint le maximum des gains admissibles au RRQ, 2) tous les employés contribuent à un régime d'assurance collective dont les primes hebdomadaires sont de 12 $ pour un employé célibataire et de 25 $ pour un employé marié.

Le journal des salaires de la Société Ortocom ltée indique, à la fin de la première semaine de janvier 1996, que les salaires des vendeurs et ceux du personnel de bureau s'élèvent respectivement à 3 680 $ et 2 100 $. Les retenues suivantes ont été faites sur ces salaires: impôt fédéral sur le revenu, 450 $; impôt du Québec sur le revenu, 500 $; cotisations à l'assurance-emploi, 171 $; cotisations syndicales, 150 $; assurance collective Croix bleue, 540 $; et cotisations au Régime de rentes du Québec, 154 $.

Exercice 7-3
La comptabilisation de la paie
(Objectif 3)

Travail à faire

Passez dans le journal général l'écriture pour comptabiliser cette paie.

Exercice 7-4
Le calcul des retenues salariales et la comptabilisation de la paie
(Objectif 1)

Les informations suivantes sont tirées du journal des salaires d'une entreprise pour la semaine terminée le 18 mai 1996:

Nom de l'employé	Salaire brut	Salaire brut cumulatif à la fin de la semaine précédente	Impôt fédéral sur le revenu	Impôt du Québec sur le revenu	Assurance collective
Julie Aubé	680,00 $	6 785,00 $	43,00 $	63,00 $	82,00 $
Francis Couture	610,00	6 320,00	36,00	45,00	82,00
Nellie Gilbert	520,00	5 500,00	22,00	30,00	56,50
Patrick Houle	1 600,00	18 200,00	205,00	260,00	42,50
	3 410,00 $		306,00 $	398,00 $	263,00 $

Travail à faire

1. Calculez les cotisations d'assurance-emploi qui doivent être déduites du salaire des employés.

2. Calculez les retenues sur le salaire à effectuer pour le Régime de rentes du Québec.

3. Posez l'hypothèse que tous les employés travaillent au service de la comptabilité et passez dans le journal général l'écriture pour inscrire la paie de la semaine terminée le 18 mai 1996.

Exercice 7-5
Le calcul et la comptabilisation des charges sociales et des avantages sociaux
(Objectif 4)

Utilisez les données de l'exercice 7-4.

Travail à faire

1. Passez dans le journal général l'écriture pour comptabiliser les charges sociales.

2. Passez dans le journal général les écritures pour comptabiliser les avantages sociaux en prenant en considération que: 1) la contribution de l'employeur à l'assurance collective est égale à celle de l'employé, 2) la contribution de l'employeur au régime de retraite est égale à 10 % du salaire brut de chaque employé, et 3) les employés ont droit à deux semaines de vacances payées par année.

Exercice 7-6
L'établissement du coût de la main-d'œuvre
(Objectif 5)

Les employés de la société Bélicom ltée reçoivent un salaire horaire brut de 18 $ et travaillent 40 heures par semaine. La société contribue au régime de retraite des employés à raison de 10 % du salaire brut et paie des primes d'assurance collective de 40 $ par semaine par employé (supposez que les employés n'ont pas encore atteint le maximum des gains admissibles au RRQ, soit 35 400 $).

Travail à faire

Calculez le coût d'une heure de travail effectuée par un employé.

Exercice 7-7
Le calcul du coût des avantages sociaux
(Objectif 5)

Les employés de la société Microcom ltée ont droit à une indemnité de vacances de 4 % du salaire brut ou à deux semaines de vacances payées s'ils ont accumulé 50 semaines de travail. Après avoir passé 10 ans au service de Microcom, un employé a droit à 4 semaines de vacances annuelles. Au cours du mois de janvier 1996, le salaire brut des employés ayant moins de 10 ans de service s'est élevé à 190 000 $; le personnel de plus de 10 ans de service a alors reçu 84 000 $.

Travail à faire

Passez l'écriture de journal afin de comptabiliser l'indemnité de vacances se rapportant au mois de janvier 1996.

Les charges sociales et les avantages sociaux que doit assumer la société Ricom ltée incluent les coûts reliés à la contribution de l'employeur au Régime de rentes du Québec, à l'assurance-emploi et au Fonds des services de santé. De plus, la participation de Ricom au régime de retraite des employés s'élève à 10 % du salaire brut, et elle verse 160 $ par mois par employé à une assurance collective. Finalement, cette société verse à ses employés une indemnité de vacances de 4 % du salaire brut ou de deux semaines de vacances payées s'ils ont accumulé 50 semaines de travail. Voici la liste des employés de l'entreprise ainsi que leur salaire annuel brut:

Exercice 7-8
L'établissement du coût des charges sociales et des avantages sociaux
(Objectifs 4, 5)

Breton.	34 000 $
Duchesne	58 000
Hupé.	62 000
Jobin.	39 000
Martel.	46 000

Travail à faire

Exprimez le coût des charges sociales et des avantages sociaux en pourcentage du salaire brut.

Frédéric Desbiens est un célibataire qui reçoit un salaire brut hebdomadaire de 885 $. À la suite d'une campagne de financement effectuée par la Fondation de l'hôpital de sa ville natale, il autorise son employeur à prélever sur son salaire une contribution égale à 1 % de son salaire net. Les retenues sur le salaire incluent le Régime de rentes du Québec, l'assurance-emploi, l'impôt fédéral sur le revenu au taux de 11 %, et l'impôt du Québec sur le revenu au taux de 13 %.

Exercice 7-9
Autres retenues sur le salaire
(Objectif 1)

Travail à faire

Calculez le montant de la contribution de Frédéric Desbiens à la Fondation de l'hôpital pour la prochaine année.

Problèmes

Le salaire brut des employés de la société Unicom ltée pour la semaine du 6 janvier s'élève à 18 250 $ pour le personnel de vente et à 4 650 $ pour les employés de bureau. Les retenues sur le salaire de cette même semaine sont de 1 360 $ pour l'impôt fédéral sur le revenu, de 1 605 $ pour l'impôt du Québec sur le revenu, de 676 $ pour l'assurance-emploi, de 630 $ pour le Régime de rentes du Québec, de 840 $ pour l'assurance collective et de 275 $ pour les cotisations syndicales.

Problème 7-1
Le journal des salaires et le compte bancaire spécial pour la paie
(Objectifs 1, 3)

Travail à faire

1. Passez dans le journal général l'écriture pour comptabiliser la paie de la semaine terminée le 6 janvier.

2. Passez dans le journal général l'écriture pour comptabiliser les charges sociales.

3. Passez dans le journal des décaissements l'écriture pour comptabiliser le chèque n° 542 tiré sur le compte bancaire ordinaire afin de virer dans le compte bancaire spécial les fonds nécessaires au paiement des salaires des employés.

4. Indiquez, après avoir inscrit le chèque de paie et reporté le montant dans le grand livre, s'il est nécessaire de passer d'autres écritures pour comptabiliser les chèques remis aux employés.

Problème 7-2
Le journal des salaires, le compte bancaire spécial pour la paie et les retenues sur les salaires
(Objectifs 1, 3, 4)

Les données suivantes sont extraites du journal des salaires de la société Boutacom ltée après l'inscription des données de la semaine terminée le 21 décembre 1996:

Nom de l'employé	N° de la carte de pointage	Heures de travail							Taux normal	Impôt fédéral sur le revenu	Impôt du Québec sur le revenu	Assurance collective	Cotisations syndicales	Salaire brut cumulatif à la fin de la semaine précédente
		L	M	M	J	V	S	D						
Nancy Beaulieu	11	8	8	7	7	8	1	0	21,00 $	90,00 $	106,00 $	50,00 $	15,50 $	40 000 $
Martin Cloutier	12	8	7	8	8	8	4	0	17,00	83,00	98,00	50,00	—	48 000
David Doyon	13	8	8	8	8	8	0	0	18,00	79,00	94,00	50,00	15,50	5 300
Guy Mercier	14	8	8	8	8	8	2	0	22,00	104,00	123,00	50,00	15,50	35 600
Francine Pagé	15	8	7	8	8	7	3	0	29,00	134,00	158,00	50,00	15,50	52 800
										490,00 $	579,00 $	250,00 $	62,00 $	

Travail à faire

1. Remplissez le journal des salaires. Supposez que les heures de travail au-delà de 40 heures par semaine sont rémunérées au taux d'une fois et demie le taux normal, que les deux premiers employés sont des vendeurs, que le troisième conduit le camion de livraison et que les deux autres sont des employés de bureau.

2. Passez l'écriture dans le journal général pour inscrire la paie du 21 décembre.

3. Inscrivez dans le journal des décaissements le chèque n° 399 tiré sur le compte bancaire ordinaire pour virer dans un compte bancaire spécial les fonds nécessaires au paiement des salaires. Posez l'hypothèse que le premier chèque de paie porte le n° 530.

4. Passez l'écriture dans le journal général pour comptabiliser les charges sociales.

Problème 7-3
Le journal des salaires, les charges sociales et les avantages sociaux
(Objectifs 1, 4, 5)

Voici les informations que vous retrouvez dans le journal des salaires de la société Hirecom ltée relativement à la semaine de travail terminée le 14 décembre 1996:

Nom de l'employé	N° de la carte de pointage	Heures de travail							Taux normal	Impôt fédéral sur le revenu	Impôt du Québec sur le revenu	Assurance collective	Cotisations syndicales	Salaire brut cumulatif à la fin de la semaine précédente
		L	M	M	J	V	S	D						
Éric Boulanger	31	7	8	8	8	8	3	0	14,00 $	66,00 $	78,00 $	30,00 $	15,00 $	20 000 $
Nathalie Cliche	32	8	6	8	8	8	4	0	17,00	80,00	95,00	35 00	15,00	6 200
Frank Dion	33	8	8	8	8	8	0	0	15,00	66,00	78,00	45,00	15,00	32 200
Julie Nadeau	34	8	9	8	8	9	1	0	16,00	78,00	93,00	45,00	—	5 400

La semaine normale de travail est de 40 heures; le temps supplémentaire est rémunéré au taux normal, majoré de 50 %.

Travail à faire

1. Remplissez le journal des salaires pour la semaine terminée le 14 décembre. Supposez que le premier employé de la liste est un vendeur, que les deux suivants sont des employés de l'atelier et que le dernier travaille au bureau.

2. Passez l'écriture dans le journal général pour comptabiliser la paie du 14 décembre.

3. Inscrivez dans le journal des décaissements le chèque n° 522 tiré sur le compte bancaire ordinaire pour virer dans un compte bancaire spécial les fonds nécessaires au paiement des salaires. Posez l'hypothèse que le premier chèque de paie porte le n° 230 et inscrivez le numéro des chèques de paie dans le journal des salaires.

4. Passez dans le journal général l'écriture pour comptabiliser les charges sociales.

5. Passez dans le journal général l'écriture pour comptabiliser les avantages sociaux. Supposez que la contribution de l'employeur à l'assurance collective est égale à celle de l'employé; de plus, la participation d'Hirecom au régime de retraite des employés s'élève à 10 % du salaire brut et, finalement, les employés de cette société ont droit à une indemnité de vacances de 5 % du salaire brut.

La société Venacom inc. emploie cinq personnes. Voici les renseignements que vous avez recueillis en vue d'établir la paie de la semaine se terminant le 9 mars 1996:

– Francis Bérubé est magasinier et il est à l'emploi de Venacom depuis deux ans. Il est célibataire et il reçoit un salaire horaire de 8 $.

– Brigitte Lafrance est directrice générale et elle est à l'emploi de l'entreprise depuis un an et demi. Elle est mariée et sans enfant. Elle estime que son conjoint retirera un revenu de 3 500 $ au cours de 1996. Son salaire hebdomadaire est de 1 200 $.

– Mathieu Paradis est livreur depuis cinq ans. Il est marié et père de deux enfants en bas âge. Sa conjointe et ses enfants sont à sa charge puisqu'ils n'ont aucun revenu. Son salaire horaire est de 18 $.

– Étienne Laroche est à l'emploi de Venacom depuis seulement six mois. Il occupe le poste de commis comptable. Il est marié et père de trois enfants dont les âges varient de 15 à 19 ans. La plus âgée de ses filles est inscrite au cégep depuis août 1995 alors que les deux plus jeunes sont encore au secondaire. Ses enfants n'ont aucun revenu et celui de sa conjointe excède 5 918 $. Son salaire hebdomadaire est de 700 $.

– Maryse Chénard est représentante de commerce pour Venacom depuis huit ans. Elle est célibataire. Elle reçoit un salaire hebdomadaire de 250 $ auquel s'ajoute une commission de 5 % sur les ventes qu'elle a effectuées au cours de la semaine précédente.

Tous les employés sont assujettis à l'assurance-emploi et au Régime de rentes du Québec. Le 9 mars 1996, aucun employé n'a atteint le maximum de contribution au Régime de rentes du Québec.

La semaine normale de travail est de 40 heures; le temps supplémentaire est rémunéré au taux normal majoré de 50 %. Tous les employés contribuent à un régime d'assurance collective dont les primes hebdomadaires sont de 7 $ pour un célibataire et de 18 $ pour un employé marié. La contribution de l'employeur à ce régime est identique à celle de l'employé.

Voici d'autres informations relatives à la semaine de travail se terminant le 9 mars 1996.

	Bérubé	Paradis	Chénard
Heures travaillées	40	46	
Commission sur les ventes de la semaine terminée le 2 mars			608 $

Travail à faire

1. Calculez les crédits d'impôt personnel auxquels ont droit les employés de la société Venacom inc. et établissez leurs codes des retenues.

2. Calculez le salaire brut normal, le salaire brut relatif au temps supplémentaire et le salaire brut total.

Problème 7-4
L'établissement du salaire brut et du salaire net à l'aide des tables des retenues, le journal des salaires, les charges sociales et les avantages sociaux
(Objectifs 1, 3, 4, 5)

3. Établissez, à l'aide des tables des retenues présentées à l'annexe 7-A, les retenues d'impôt fédéral, d'impôt provincial, d'assurance-emploi et du Régime de rentes du Québec.

4. Calculez le salaire net de chaque employé pour la semaine se terminant le 9 mars 1996.

5. Passez l'écriture dans le journal général pour inscrire la paie de la semaine terminée le 9 mars 1996.

6. Passez dans le journal général l'écriture pour comptabiliser les charges sociales.

7. Passez dans le journal général l'écriture pour comptabiliser les avantages sociaux sachant que les employés ont droit à deux semaines de vacances payées par an (4 %).

Problème 7-5
La comptabilisation de la paie
(Objectif 3)

Les trois employés de la société Multicom ltée travaillent pour l'entreprise depuis le 1er janvier. Chacun d'eux reçoit un salaire mensuel de 2 400 $ le dernier jour de chaque mois. Voici les soldes affichés par quelques comptes du grand livre en date du 1er mars:

a) Impôt fédéral retenu à la source à payer: 560 $ (retenues de février);

b) Impôt provincial retenu à la source à payer: 760 $ (retenues de février);

c) Cotisations à l'assurance-emploi à payer: 510 $ (retenues de février incluant la part de l'employeur);

d) Cotisations au Régime de rentes du Québec à payer: 354 $ (retenues de février incluant la part de l'employeur);

e) Cotisations au Fonds des services de santé à payer: 307 $ (part de l'employeur pour le mois de février);

f) Primes d'assurance collective à payer: 940 $ (retenues de janvier et de février, et part de l'employeur).

Les mois de mars et avril ont donné lieu aux transactions suivantes:

Mars 11   Règlement des retenues à la source relatives à Revenu Canada pour le mois de février. Le chèque n° 320 est émis à l'ordre du Receveur général du Canada (impôt fédéral et cotisations à l'assurance-emploi).

11   Émission du chèque n° 321 à l'ordre du ministre du Revenu du Québec en règlement de l'impôt du Québec et des cotisations au Régime de rentes du Québec retenues à la source ainsi que la contribution de l'employeur au Fonds des services de santé.

31   Comptabilisation des données relatives à la paie du mois de mars et provenant du journal des salaires:

Impôt fédéral sur le revenu	Impôt du Québec sur le revenu	Assurance-emploi	Régime de rentes du Québec	Assurance collective	Total des déductions	Salaire net	Employés de bureau	Employés de l'atelier
560 $	760 $	212 $	177 $	235 $	1 944 $	5 256 $	2 400 $	4 800 $

31   Établissement de l'écriture comptable permettant d'inscrire la part de l'employeur à l'assurance collective. La contribution de l'employeur est égale à celle de l'employé.

31   Inscription dans le journal des décaissements du chèque n° 351 tiré sur le compte bancaire ordinaire pour virer dans le compte bancaire spécial les fonds nécessaires au paiement des salaires de mars.

31   Comptabilisation des charges sociales se rapportant à la paie du mois de mars.

Avril 15   Émission des chèques n°s 375 et 376 faits respectivement à l'ordre du Receveur général du Canada et du ministre du Revenu du Québec pour remettre les retenues sur le salaire des employés ainsi que les charges sociales.

15 Émission du chèque n° 377 pour remettre à la Société québécoise d'assurances les primes d'assurance collective du trimestre.

Travail à faire

Passez dans le journal général les écritures pour comptabiliser ces transactions et enregistrez les chèques de paie dans le journal des décaissements.

Problèmes additionnels

Le 6 janvier, à la fin de la première semaine de paie de l'année, les salaires bruts des employés de bureau, des vendeurs et des préposés à la livraison de la société Gorcom ltée s'élevaient respectivement à 9 700 $, 21 500 $ et 2 800 $. Les retenues sur le salaire relatives à cette même semaine étaient de 2 000 $ en impôt fédéral sur le revenu, de 2 700 $ en impôt du Québec sur le revenu, de 1 003 $ en cotisations d'assurance-emploi, de 858 $ en cotisations au Régime de rentes du Québec, de 1 425 $ en primes d'assurance collective et de 340 $ en cotisations syndicales.

Problème 7-1A
Le journal des salaires et le compte bancaire spécial pour la paie
(Objectifs 1, 3)

Travail à faire

1. Passez dans le journal général l'écriture pour comptabiliser la paie de la semaine terminée le 6 janvier.
2. Passez dans le journal général l'écriture pour comptabiliser les charges sociales.
3. Passez dans le journal des décaissements l'écriture pour comptabiliser le chèque n° 378 tiré sur le compte bancaire ordinaire afin de virer dans le compte bancaire spécial les fonds nécessaires au paiement des salaires des employés.
4. Indiquez, après avoir inscrit le chèque de paie et reporté le montant dans le grand livre, s'il est nécessaire de passer d'autres écritures pour comptabiliser les chèques remis aux employés.

Les données suivantes sont extraites du journal des salaires de la société Infocom ltée après l'inscription des données relatives à la semaine terminée le 21 décembre 1996:

Problème 7-2A
Le journal des salaires, le compte bancaire spécial pour la paie et les retenues sur les salaires
(Objectifs 1, 3, 4)

Nom de l'employé	N° de la carte de pointage	Heures de travail							Taux normal	Impôt fédéral sur le revenu	Impôt du Québec sur le revenu	Assurance collective	Cotisation syndicale	Salaire brut cumulatif à la fin de la semaine précédente
		L	M	M	J	V	S	D						
Annie Achard	41	8	9	8	8	8	4	0	19,00 $	99,00 $	117,00 $	35,00 $	—	42 500 $
Sylvie Hallé	42	7	7	6	8	8	0	0	20,00	79,00	94,00	23,00	20,00 $	55 800
Jean Huot	43	8	8	8	8	8	2	0	22,00	104,00	123,00	46,00	20,00	6 075
David Léger	44	6	7	8	8	7	2	0	18,00	75,00	89,00	56,00	20,00	35 600
Lyne Paré	45	8	8	8	9	8	0	0	21,00	96,00	113,00	30,00	—	49 000
										453,00 $	536,00 $	190,00 $	60,00 $	

Travail à faire

1. Remplissez le journal des salaires. Supposez que les heures de travail au-delà de 40 heures par semaine et celles travaillées le samedi sont rémunérées au taux d'une fois et demie le taux normal. Le salaire de Mme Achard devra être imputé au service des ventes, et ceux des quatre autres employés, à l'usine.

2. Passez dans le journal général l'écriture pour inscrire la paie du 21 décembre.

3. Inscrivez dans le journal des décaissements le chèque n° 484 tiré sur le compte bancaire ordinaire pour virer dans un compte bancaire spécial les fonds nécessaires au paiement des salaires. Posez l'hypothèse que le premier chèque de paie porte le n° 632.

4. Passez dans le journal général l'écriture pour comptabiliser les charges sociales.

Problème 7-3A
Le journal des salaires, les charges sociales et les avantages sociaux
(Objectifs 1, 3, 5)

Voici les informations que vous retrouverez dans le journal des salaires de la société Transcom ltée relativement à la semaine de travail terminée le 7 décembre 1996:

Nom de l'employé	N° de la carte de pointage	Heures de travail							Taux normal	Impôt fédéral sur le revenu	Impôt du Québec sur le revenu	Assurance collective	Cotisations syndicales	Salaire brut cumulatif à la fin de la semaine précédente
		L	M	M	J	V	S	D						
Paul Boulanger	34	7	8	8	7	8	5	0	18,00 $	88,00 $	104,00 $	25,50 $	—	25 600 $
Nathalie Cliche	35	8	8	7	8	8	3	0	15,00	71,00	84,00	18 00	15,00 $	6 100
Denis Dion	36	8	8	8	8	7	1	0	19,00	84,00	99,00	30,50	—	28 200
Julie Nadeau	37	8	7	9	9	7	4	0	17,00	86,00	102,00	22,00	15,00	6 700

La semaine normale de travail est de 40 heures; le temps supplémentaire est rémunéré au taux régulier majoré de 50 %.

Travail à faire

1. Remplissez le journal des salaires pour la semaine terminée le 7 décembre. Supposez que le premier employé de la liste travaille au bureau, que le suivant est un vendeur et que les deux derniers travaillent à l'usine.

2. Passez dans le journal général l'écriture pour comptabiliser la paie du 7 décembre.

3. Inscrivez dans le journal des décaissements le chèque n° 389 tiré sur le compte bancaire ordinaire pour virer dans un compte bancaire spécial les fonds nécessaires au paiement des salaires. Posez l'hypothèse que le premier chèque de paie porte le n° 632 et inscrivez le numéro des chèques de paie dans le journal des salaires.

4. Passez dans le journal général l'écriture pour comptabiliser les charges sociales.

5. Passez dans le journal général l'écriture pour comptabiliser les avantages sociaux. Supposez que la contribution de l'employeur à l'assurance collective est égale à celle de l'employé, que la participation de Transcom ltée au régime de retraite des employés s'élève à 10 % du salaire brut et, finalement, que les employés ont droit à une indemnité de vacances de 7 % du salaire brut.

La boutique Servicom inc. emploie cinq personnes. Voici les renseignements que vous avez recueillis en vue d'établir la paie de la semaine se terminant le 27 avril 1996:

– Roger Paré est commis de magasin. Il est marié et père d'un enfant en bas âge entièrement à sa charge. Sa conjointe travaille à temps partiel et il estime qu'elle retirera un revenu net de 4 500 $ au cours de 1996. Il est rémunéré au taux horaire de 8,50 $.

– Chantale Saucier est commis-comptable. Elle est mariée et sans enfant. Son conjoint travaille à plein temps et retire un salaire annuel de 35 000 $. La boutique verse une rémunération hebdomadaire de 650 $ à Chantale.

– Bernard St-Pierre est le directeur général de la boutique depuis 7 ans. Il est marié et père de trois enfants dont les âges varient de 12 à 19 ans. Le plus âgé de ses enfants commencera son cégep en août 1996 alors que les deux plus jeunes sont encore au secondaire. Il estime le revenu net de son fils de 19 ans à 2 800 $. Sa conjointe et ses deux autres enfants sont entièrement à sa charge. Bernard touche un salaire hebdomadaire de 1 000 $.

– Frédéric Ruest est représentant de commerce. Il est divorcé et il a deux enfants à sa charge qui n'ont aucun revenu. Il reçoit un salaire hebdomadaire de 200 $ auquel s'ajoute une commission de 7 % sur les ventes.

– Louis-David Roy est livreur depuis deux ans. Il est marié et père d'un enfant souffrant d'une déficience physique. Sa conjointe et son enfant sont à sa charge puisqu'ils n'ont aucun revenu. Son salaire horaire est de 15 $.

Tous les employés sont assujettis à l'assurance-emploi et au Régime de rentes du Québec. Le 27 avril 1996, aucun employé n'a atteint le maximum de contribution au Régime de rentes du Québec.

La semaine normale de travail est de 40 heures; le temps supplémentaire est rémunéré au taux normal majoré de 50 %. Tous les employés contribuent à un régime d'assurance collective dont les primes hebdomadaires sont de 9 $ pour un célibataire et de 21 $ pour un employé marié. La contribution de l'employeur à ce régime est identique à celle de l'employé.

Voici d'autres informations relatives à la semaine de travail se terminant le 27 avril 1996:

	Paré	Ruest	Roy
Heures travaillées	45		42
Commission sur les ventes de la semaine terminée le 20 avril		823 $	

Travail à faire

1. Calculez les crédits d'impôt personnels auxquels ont droit les employés de la boutique Servicom ltée et établissez leurs codes des retenues.
2. Calculez le salaire brut normal, le salaire brut relatif au temps supplémentaire et le salaire brut total.
3. Établissez, à l'aide des tables des retenues présentées à l'annexe 7A, les retenues d'impôt fédéral, d'impôt provincial, les cotisations à l'assurance-emploi et au Régime de rentes du Québec.
4. Calculez le salaire net de chaque employé pour la semaine se terminant le 27 avril 1996.
5. Passez l'écriture dans le journal général pour inscrire la paie de la semaine terminée le 27 avril 1996.
6. Passez dans le journal général l'écriture pour comptabiliser les charges sociales.
7. Passez dans le journal général l'écriture pour comptabiliser les avantages sociaux sachant que les employés ont droit à deux semaines de vacances payées par an (6 %).

Problème 7-4A
L'établissement du salaire net et du salaire brut à l'aide des tables des retenues, le journal des salaires, les charges sociales et les avantages sociaux
(Objectifs 1, 3, 4, 5)

Problème 7-5A
La comptabilisation de la paie
(Objectif 3)

Les cinq employés de la société Multicom ltée travaillent pour l'entreprise depuis le 1er janvier. Chacun d'eux reçoit un salaire mensuel de 1 800 $ le dernier jour de chaque mois. Voici les soldes affichés par quelques comptes du grand livre en date du 1er juin:

a) Impôt fédéral retenu à la source à payer: 675 $ (retenues de mai);

b) Impôt provincial retenu à la source à payer: 875 $ (retenues de mai);

c) Cotisations à l'assurance-emploi à payer: 637 $ (retenues de mai incluant la part de l'employeur);

d) Cotisations au Régime de rentes du Québec à payer: 422 $ (retenues de mai incluant la part de l'employeur);

e) Cotisations au Fonds des services de santé à payer: 383 $ (part de l'employeur pour le mois de mai);

f) Primes d'assurance collective à payer: 1 620 $ (retenues d'avril et de mai, et part de l'employeur).

Les mois de juin et de juillet ont donné lieu aux transactions suivantes:

Juin 10 Règlement des retenues à la source relatives à Revenu Canada pour le mois de mai. Le chèque n° 726 est émis à l'ordre du Receveur général du Canada (impôt fédéral et assurance-emploi).

10 Émission du chèque n° 727 à l'ordre du ministre du Revenu du Québec en règlement de l'impôt du Québec et des cotisations au Régime de rentes retenues à la source ainsi que de la contribution de l'employeur au Fonds des services de santé.

30 Comptabilisation des données relatives à la paie du mois de juin et provenant du journal des salaires:

Impôt fédéral sur le revenu	Impôt du Québec sur le revenu	Assurance-emploi	Régime de rentes du Québec	Assurance collective	Total des retenues	Salaire net	Employés de bureau	Employés de l'atelier
825 $	975 $	266 $	211 $	405 $	2 682 $	6 318 $	3 600 $	5 400 $

30 Établissement de l'écriture comptable permettant d'inscrire la part de l'employeur à l'assurance collective. La contribution de l'employeur est égale à celle de l'employé.

30 Inscription dans le journal des décaissements du chèque n° 766 tiré sur le compte bancaire ordinaire pour virer dans le compte bancaire spécial les fonds nécessaires au paiement des salaires de juin.

Juin 30 Comptabilisation des charges sociales se rapportant à la paie du mois de juin.

Juill. 15 Émission des chèques n°s 790 et 791 faits respectivement à l'ordre du Receveur général du Canada et du ministre du Revenu du Québec pour remettre les retenues faites sur le salaire des employés ainsi que les charges sociales.

15 Émission du chèque n° 792 afin de remettre à la Société québécoise d'assurances les primes d'assurance collective du trimestre.

Travail à faire

Passez dans le journal général les écritures pour comptabiliser ces transactions et enregistrez les chèques de paie dans le journal des décaissements.

Récemment, une chaîne de grands magasins a commandé à la société Arcom ltée une quantité importante d'arbalètes afin de pouvoir répondre à la demande d'une clientèle de chasseurs. La direction de l'entreprise est très intéressée par cette commande qui pourrait se répéter annuellement et serait très rentable. La société, qui fournit de l'emploi à 80 personnes, estime qu'elle peut fabriquer les arbalètes et les accessoires sans acquérir du nouveau matériel de production. Elle estime cependant que l'assemblage et l'emballage des arbalètes créeront un surcroît de travail nécessitant l'embauche de 20 personnes qui travailleront 40 heures par semaine pendant 10 semaines.

La société Arcom ltée peut embaucher elle-même le personnel nécessaire ou peut confier l'assemblage et l'emballage en sous-traitance à la société Servicom ltée. Cette dernière lui propose un taux horaire de 12,50 $ pour chaque heure travaillée par chacun des 20 employés qui seront affectés à l'exécution de ce contrat. De plus, cette offre de service précise que les salaires, les charges et les avantages sociaux seront à sa charge. En revanche, si Arcom ltée embauche du personnel surnuméraire, elle devra verser un salaire horaire de 10 $ auquel s'ajouteront les charges sociales et les avantages sociaux, dont un régime d'assurance collective qui lui coûterait 10 $ par semaine par employé.

Travail à faire

Indiquez si la société Arcom ltée devrait recourir aux services de l'agence spécialisée ou embaucher elle-même les employés. Justifiez votre réponse.

La société Astrocom ltée emploie un astronome qu'elle paie 74 400 $ par année. En plus du salaire, Astrocom ltée verse la contribution de l'employeur à l'assurance-emploi, au Régime de rentes du Québec et au Fonds des services de santé. À ces charges sociales s'ajoutent des avantages sociaux comme l'assurance collective, qui lui coûte 85 $ par mois, l'indemnité de vacances établie à 8 % du salaire brut et, à compter du 1er juin, une contribution au régime de retraite établie à 8 % du salaire brut.

Travail à faire

1. Établissez le coût total des services du scientifique pour les mois de janvier, mars, juillet et décembre. Supposez qu'il travaille 180 heures par mois.
2. Calculez le coût horaire des services du scientifique pour le mois de janvier.
3. Calculez le coût total annuel d'une augmentation de 4 000 $ du salaire annuel brut de l'astronome.

Travail à faire

Utilisez les données des tables de retenues à la source de l'année en cours, et reprenez les calculs de la paie apparaissant à la figure 7-2 de ce chapitre. Supposez, pour fins de crédits d'impôt, que tous les employés sont célibataires et que la prime de l'assurance collective demeure inchangée.

**Problème 7-2
AR**

Les données suivantes ont été extraites du journal des salaires de la société Laurecom ltée:

Salaires bruts	25 000 $
Impôt fédéral sur le revenu	2 100
Impôt du Québec sur le revenu	2 400
Cotisations d'assurance-emploi............	614
Cotisations au Régime de rentes du Québec ...	425
Cotisations syndicales	500
Primes d'assurance collective	1 000

La société contribue, pour un montant égal à celui des employés, au régime d'assurance collective et verse un montant égal à 6 % du salaire brut des employés à un régime de retraite, en plus d'effectuer les retenues statutaires.

Travail à faire

Passez dans le journal général les écritures pour comptabiliser la paie, les charges sociales et les avantages sociaux.

**Réponses
aux questions
de révision
en regard
des objectifs
d'apprentissage**

Objectif 1 (*b*)   **Objectif 3** (*e*)   **Objectif 5** (*a*)*

Objectif 2 (*e*)   **Objectif 4** (*d*)

* Calcul de l'indemnité de vacances:
1 mois ÷ 11 mois = 9,09 %
12 980 $ × 9,09 % = 1 180 $

Annexes

Deux annexes ont été ajoutées au tome 1 de l'ouvrage *Initiation à la comptabilité générale*. En voici les titres.

Annexe I Rapport annuel de Les Industries C-MAC Inc.
Annexe II Liste des comptes utilisés dans le livre

Rapport annuel de Les Industries C-MAC Inc.

Les Industries C−MAC Inc.

**États financiers consolidés
aux 31 décembre 1994 et 1993**

Les Industries C–MAC Inc.

**États financiers consolidés
aux 31 décembre 1994 et 1993**

Rapport des vérificateurs

Aux actionnaires de
Les Industries C−MAC Inc.

Nous avons vérifié les bilans consolidés de la société Les Industries C−MAC Inc. aux 31 décembre 1994 et 1993 et les états consolidés des résultats et bénéfices non répartis et des mouvements de la trésorerie des exercices terminés à ces dates. La responsabilité de ces états financiers incombe à la direction de la société. Notre responsabilité consiste à exprimer une opinion sur ces états financiers en nous fondant sur nos vérifications.

Nos vérifications ont été effectuées conformément aux normes de vérification généralement reconnues. Ces normes exigent que la vérification soit planifiée et exécutée de manière à fournir un degré raisonnable de certitude quant à l'absence d'inexactitudes importantes dans les états financiers. La vérification comprend le contrôle par sondages des éléments probants à l'appui des montants et des autres éléments d'information fournis dans les états financiers. Elle comprend également l'évaluation des principes comptables suivis et des estimations importantes faites par la direction, ainsi qu'une appréciation de la présentation d'ensemble des états financiers.

À notre avis, ces états financiers consolidés présentent fidèlement, à tous égards importants, la situation financière de la société aux 31 décembre 1994 et 1993, ainsi que les résultats de son exploitation et l'évolution de sa situation financière pour les exercices terminés à ces dates selon les principes comptables généralement reconnus.

Grant Thornton

Comptables agréés

Sherbrooke (Québec)
Le 17 février 1995

2

Les Industries C—MAC Inc.
Résultats et bénéfices non répartis consolidés
pour les exercices terminés les 31 décembre

(en milliers de dollars sauf pour les montants relatifs au bénéfice par action)

	1994	1993
Revenus	263 007 $	172 640 $
Frais d'exploitation		
Coût des marchandises vendues	194 654	134 247
Frais de vente et d'administration	35 974	13 892
Frais de recherche et développement	11 397	2 866
Crédits d'impôt de recherche et développement	(1 758)	(127)
Amortissement des immobilisations	8 981	3 977
Amortissement des autres éléments d'actif	1 234	470
	250 482	155 325
Bénéfice avant les éléments suivants	12 525	17 315
Frais financiers	2 978	1 508
Amortissement de l'escompte sur la dette à long terme	920	744
	3 898	2 252
Bénéfice avant impôts sur le revenu et part des actionnaires sans contrôle	8 627	15 063
Impôts sur le revenu (note 15)		
Exigibles	2 073	4 917
Reportés	1 044	754
	3 117	5 671
Bénéfice avant part des actionnaires sans contrôle	5 510	9 392
Part des actionnaires sans contrôle	360	
Bénéfice net	5 150	9 392
Bénéfices non répartis au début	14 870	5 478
Bénéfices non répartis à la fin	20 020 $	14 870 $
Bénéfice par action	0,20 $	0,44 $
Nombre moyen pondéré d'actions ordinaires en circulation (en milliers)	25 862	21 222

Les notes complémentaires font partie intégrante des états financiers consolidés.

Les Industries C–MAC Inc.
Mouvements de la trésorerie consolidés
pour les exercices terminés les 31 décembre

(en milliers de dollars)

	1994	1993
EXPLOITATION		
Bénéfice net	5 150 $	9 392 $
Éléments hors caisse		
Part des actionnaires sans contrôle	360	
Amortissements	11 135	5 191
Impôts sur le revenu reportés	1 044	754
Variations d'éléments du fonds de roulement	(283)	(11 100)
Provenance des liquidités	17 406	4 237
FINANCEMENT		
Billet à payer	(2 626)	2 626
Dû à des sociétés affiliées	(382)	182
Emprunts à long terme	27 234	20 404
Remboursements d'emprunts	(20 351)	(15 710)
Émission d'actions		48 103
Rachat d'actions		(500)
Provenance des liquidités	3 875	55 105
INVESTISSEMENT		
Acquisitions d'entreprises (note 4)	(31 825)	(13 426)
Immobilisations	(9 445)	(24 203)
Autres éléments d'actif	550	(2 394)
Utilisation des liquidités	(40 720)	(40 023)
AUTRE		
Effet des variations des écarts de conversion sur la trésorerie	(1 049)	192
Augmentation (diminution) de la trésorerie	(20 488)	19 511
Trésorerie au début	31 490	11 979
Trésorerie à la fin	11 002 $	31 490 $
SITUATION DE TRÉSORERIE		
Quasi–espèces	24 100 $	43 112 $
Dettes bancaires	(13 098)	(11 622)
	11 002 $	31 490 $

Les notes complémentaires font partie intégrante des états financiers consolidés.

Les Industries C—MAC Inc.
Bilans consolidés
aux 31 décembre
(en milliers de dollars)

	1994	1993
ACTIF		
Actif à court terme		
Quasi—espèces	24 100 $	43 112 $
Débiteurs (note 5)	48 106	32 483
Impôts sur le revenu à recevoir	1 889	
Stocks (note 6)	48 417	32 143
Frais payés d'avance	1 256	921
Impôts sur le revenu reportés	547	
	124 315	108 659
Immobilisations (note 7)	67 895	57 764
Autres éléments d'actif (note 8)	25 661	5 064
	217 871 $	171 487 $
PASSIF		
Passif à court terme		
Dettes bancaires (note 9)	13 098 $	11 622 $
Créditeurs (note 10)	40 651	29 416
Impôts sur le revenu à payer		1 162
Versements sur la dette à long terme	11 044	8 525
	64 793	50 725
Dette à long terme (note 11)	29 135	23 529
Impôts sur le revenu reportés	1 542	
Part des actionnaires sans contrôle	17 727	
	113 197	74 254
AVOIR DES ACTIONNAIRES		
Capital—actions (note 12)	81 178	81 178
Bénéfices non répartis	20 020	14 870
Écarts de conversion cumulés	3 476	1 185
	104 674	97 233
	217 871 $	171 487 $

Les notes complémentaires font partie intégrante des états financiers consolidés.

Pour le conseil,

....administrateur

....administrateur

Les Industries C—MAC Inc.
Notes complémentaires
aux 31 décembre 1994 et 1993

(les chiffres dans les tableaux sont en milliers de dollars)

1 — STATUTS

La société est constituée selon la Loi régissant les sociétés par actions de régime fédéral.

2 — CONVENTIONS COMPTABLES

Principes de consolidation

Les états financiers consolidés comprennent les comptes de la société et de ses filiales.

Évaluation des stocks

Les produits finis et les produits en cours sont évalués au moindre du coût et de la valeur de réalisation nette et les matières premières sont évaluées au moindre du coût et de la valeur de remplacement, le coût étant déterminé selon la méthode de l'épuisement successif.

Amortissements

Les immobilisations, à l'exception de la licence, sont amorties en fonction de leur durée probable d'utilisation selon la méthode de l'amortissement linéaire sur les périodes suivantes :

Bâtiments	20 et 39 ans
Matériel, outillage, mobilier et agencements	3 à 10 ans

La licence est amortie selon la méthode de l'amortissement proportionnel à l'utilisation.

L'achalandage représente principalement l'excédent du prix payé sur la valeur attribuée aux éléments identifiables de l'actif net obtenus lors de l'acquisition d'une filiale et est amorti selon la méthode de l'amortissement linéaire sur une période de 40 ans.

L'escompte sur la dette à long terme qui provient de billets sans intérêt est amorti selon la méthode de l'amortissement linéaire sur les mêmes périodes que celles des emprunts s'y rapportant.

Les frais de démarrage sont amortis selon la méthode de l'amortissement linéaire sur des périodes de 2 et 5 ans.

Conversion des devises

Les éléments monétaires d'actif et de passif libellés en devises des sociétés opérant au Canada et des filiales étrangères intégrées sont convertis au taux de change en vigueur à la date des bilans, tandis que les autres éléments d'actif et de passif sont convertis au taux en vigueur à la date des opérations. Les revenus et les dépenses libellés en devises sont convertis au taux moyen en vigueur durant les exercices à l'exception de l'amortissement qui est converti au taux d'origine. Les gains et les pertes sont inclus dans les résultats des exercices.

Les éléments d'actif et de passif des filiales étrangères autonomes sont convertis en dollars canadiens au taux de change en vigueur à la date des bilans. Les revenus et les dépenses sont convertis au taux moyen en vigueur durant les exercices. Les gains et les pertes sont présentés au poste «Écarts de conversion cumulés» de l'avoir des actionnaires.

Les Industries C—MAC Inc.
Notes complémentaires
aux 31 décembre 1994 et 1993

(les chiffres dans les tableaux sont en milliers de dollars)

3 − INFORMATIONS SUR L'ÉTAT DES RÉSULTATS ET BÉNÉFICES NON RÉPARTIS

	1994	1993
Revenus de contrats de location−vente	1 691 $	$
Revenus d'intérêts	897	1 181
Amortissement de l'achalandage	560	20
Amortissement des frais de démarrage	175	24
Amortissement des frais de développement	499	388
Charges locatives	3 940	2 194
Gain sur change étranger	1 146	62
Intérêts sur la dette à long terme	2 322	993
Opérations conclues avec des sociétés affiliées		
Ventes	635	
Achats	487	70
Dépense d'intérêts		105

4 − ACQUISITIONS D'ENTREPRISES

Le 29 novembre 1993, la société a acquis certains éléments d'actif opérationnels situés à Winnipeg, Canada d'une société de télécommunication pour un montant de 13 426 315 $. Cette acquisition d'entreprise a été financée par un paiement comptant de 10 800 000 $ et un billet sans intérêt de 2 626 315 $.

Le 11 janvier 1994, la société a acquis d'une société de télécommunication 4 650 000 actions ordinaires de Memotec Communications Inc., soit 51,7 % des actions ordinaires en circulation, pour un montant total de 40 762 391 $. Cette acquisition a été financée par un paiement comptant de 31 137 391 $ et un billet de 9 625 000 $ portant intérêt à 5 %, garanti par 1 100 000 actions ordinaires de Memotec Communications Inc. et remboursable le 4 janvier 1995. En décembre 1994, un montant de 5 500 000 $ plus les intérêts ont été payés par anticipation et le solde du billet a été renégocié au taux d'intérêt préférentiel plus 0,125 % et remboursable en deux versements égaux en capital de 2 062 500 $ les 21 décembre 1995 et 1996. Memotec Communications Inc. est une société qui fabrique et met en marché des produits de réseaux de communication et qui offre des services connexes.

Le 1er octobre 1994, par le biais d'une filiale nouvellement créée, la société a acquis certains éléments d'actif opération−nels situés à Evreux, France pour un montant de 2 074 319 FF (525 633 $). Cette acquisition d'entreprise a été financée par un paiement comptant de 188 093 FF (47 663 $) et un billet sans intérêt de 1 886 226 FF (477 970 $). Le vendeur est aussi en droit de recevoir en octobre 1996, jusqu'à un maximum de 2 000 000 FF (525 200 $), une somme équivalente à 10 % des revenus provenant des éléments d'actif opérationnels acquis excédant 40 000 000 FF (10 504 000 $) pour chacune des deux années se terminant les 30 septembre 1995 et 1996.

Les Industries C—MAC Inc.
Notes complémentaires
aux 31 décembre 1994 et 1993

(les chiffres dans les tableaux sont en milliers de dollars)

4 — ACQUISITIONS D'ENTREPRISES (suite)

Ces acquisitions ont été comptabilisées selon la méthode de l'achat pur et simple. Les résultats d'exploitation depuis les dates d'acquisition ont été inclus aux états financiers consolidés. Les éléments d'actif et de passif acquis se détaillent comme suit:

	1994	1993
Actif		
Encaisse	9 463 $	
Comptes clients	16 856	$
Stocks	13 174	2 626
Frais payés d'avance et autres	630	
Contrats de location à recevoir	2 179	
Immobilisations	7 958	10 800
Achalandage	22 873	
	73 133	13 426
Passif		
Comptes fournisseurs et frais courus	11 268	
Revenus reportés	3 210	
	14 478	
Part des actionnaires sans contrôle	17 367	
	31 845	
Coût d'acquisition	41 288	13 426
Encaisse des filiales acquises	9 463	
Diminution de la trésorerie à la suite des acquisitions	31 825 $	13 426 $

5 — DÉBITEURS

	1994	1993
Comptes clients	45 748 $	32 316 $
Portion à moins d'un an des contrats de location à recevoir	1 462	
Portion à moins d'un an des effets à recevoir	151	167
Subvention à recevoir	745	
	48 106 $	32 483 $

6 — STOCKS

	1994	1993
Produits finis	7 356 $	3 344 $
Produits en cours	15 255	9 854
Matières premières	25 806	18 945
	48 417 $	32 143 $

Les Industries C−MAC Inc.
Notes complémentaires
aux 31 décembre 1994 et 1993

(les chiffres dans les tableaux sont en milliers de dollars)

7 − IMMOBILISATIONS

	1994		
	Coût	Amortis−sement cumulé	Valeur comptable nette
Terrains	3 858 $	$	3 858 $
Bâtiments	27 093	2 532	24 561
Matériel et outillage	49 997	14 276	35 721
Mobilier et agencements	1 908	587	1 321
Matériel en construction	1 513		1 513
Licence	150	13	137
	84 519	17 408	67 111
Matériel et outillage loués en vertu d'un contrat de location−acquisition	1 006	222	784
	85 525 $	17 630 $	67 895 $

	1993		
	Coût	Amortis−sement cumulé	Valeur comptable nette
Terrains	3 644 $	$	3 644 $
Bâtiments	25 917	1 464	24 453
Matériel et outillage	33 720	6 644	27 076
Mobilier et agencements	1 055	252	803
Matériel en construction	753		753
Licence	150		150
	65 239	8 360	56 879
Matériel et outillage loués en vertu d'un contrat de location−acquisition	1 006	121	885
	66 245 $	8 481 $	57 764 $

En 1994, le coût des immobilisations a été réduit par une subvention de 745 500 $.

En 1993, la société a acquis un immeuble d'une société affiliée pour un montant de 650 000 $.

8 − AUTRES ÉLÉMENTS D'ACTIF

	1994	1993
Achalandage	22 982 $	668 $
Escompte sur la dette à long terme	938	1 844
Contrats de location à recevoir	721	
Frais de démarrage	313	400
Dépôts	203	739
Effets à recevoir des employés sur achats d'actions, 6 % et 7 %, échéant en 1997	215	437
Frais de développement		499
Impôts sur le revenu reportés		377
Autres	289	100
	25 661 $	5 064 $

Les Industries C—MAC Inc.
Notes complémentaires
aux 31 décembre 1994 et 1993

(les chiffres dans les tableaux sont en milliers de dollars)

9 — DETTES BANCAIRES

Un titre négociable d'un montant de 7 228 000 $, des créances, des stocks et des immeubles sont affectés à la garantie des dettes bancaires.

10 — CRÉDITEURS

	1994	1993
Comptes fournisseurs	27 521 $	22 500 $
Frais courus	12 846	3 908
Revenus reportés	284	
Billet à payer, sans intérêt		2 626
Dû à une société affiliée, 6 %		382
	40 651 $	29 416 $

11 — DETTE À LONG TERME

	Versements exigibles à moins d'un an	1994	1993
Crédit renouvelable, taux préférentiel plus 0,5 %, échéant en 1996 (*)	$	11 570 $	$
Emprunts à terme de 7 306 920 $CAN et 6 861 969 $US, échéant à différentes dates jusqu'en 2000 (*)			
Taux préférentiel plus 0,125 % à 1 %	3 551	11 980	15 781
7,56 %	1 377	4 946	
Billets non garantis, sans intérêt, de 2 666 667 $CAN, 520 980 $US, 3 311 500 £ et 1 886 226 FF, échéant à différentes dates jusqu'en 1996	5 944	11 158	15 757
Obligation relative aux biens loués, 7,50 %, échéant en 1996	172	356	516
Autre emprunt		169	
		40 179	32 054
Versements exigibles à moins d'un an	11 044 $	11 044	8 525
		29 135 $	23 529 $

(*) Des créances, des stocks, des immobilisations et les actions de filiales sont affectés à la garantie des emprunts.

Les versements sur la dette à long terme au cours des cinq prochains exercices s'élèvent à 11 044 000 $ en 1995, 22 733 000 $ en 1996, 2 883 000 $ en 1997, 1 951 000 $ en 1998 et 835 000 $ en 1999.

10

Les Industries C—MAC Inc.
Notes complémentaires
aux 31 décembre 1994 et 1993

(les chiffres dans les tableaux sont en milliers de dollars)

12 — CAPITAL—ACTIONS

Autorisé

Nombre illimité d'actions sans valeur nominale

Ordinaires, votantes et participantes

Privilégiées de catégorie «A», non votantes, non participantes, rachetables au gré de la société au montant du capital versé ou de la juste valeur marchande de la contrepartie reçue lors de l'émission

Privilégiées de catégorie «B», dividende non cumulatif de 12 %, non votantes, non participantes, rachetables au gré de la société au montant du capital versé ou de la juste valeur marchande de la contrepartie reçue lors de l'émission

Privilégiées de catégorie «C», pouvant être émises en série, non votantes, ayant priorité sur les actions ordinaires mais subordonnées aux actions privilégiées de catégorie «B» quant aux dividendes et aux actions privilégiées de catégories «A» et «B» quant au remboursement de capital advenant la liquidation ou dissolution de la société. Le conseil d'administration est autorisé à déterminer, avant l'émission, la désignation, les droits, les privilèges, les conditions et les restrictions se rattachant aux actions de chaque série

Émis et payé

Le 14 septembre 1993, un certificat de modification a permis le fractionnement de 1 action ordinaire en 2 actions ordinaires prenant effet le 24 septembre 1993. Cette modification a été reflétée rétroactivement.

Les variations du capital—actions se résument ainsi:

	Nombre d'actions		Montant	
	1994	1993	1994	1993
Actions ordinaires				
Solde au début	25 861 914	19 451 830	81 178 $	32 082 $
Actions émises contre espèces, nettes des frais de placement de 1 999 650 $		6 200 000		48 375
Levées d'options d'achat d'actions contre espèces		81 842		60
Régimes d'actionnariat aux employés contre espèces		128 242		661
	25 861 914	25 861 914	81 178	81 178
Actions privilégiées de catégorie «B»				
Solde au début		500 000		500
Rachat d'actions contre espèces		(500 000)		(500)
Solde à la fin				
			81 178 $	81 178 $

En 1992, la société a adopté un régime d'options d'achat d'actions ordinaires à l'intention des employés et dirigeants. Le régime prévoit l'octroi d'options visant l'achat d'un maximum de 1 467 680 des actions de la société au gré du conseil d'administration. En 1993, la société a octroyé des options permettant d'acquérir 270 000 actions à des prix variant de 5,40 $ à 8,25 $ l'action. En 1994, la société a octroyé des options permettant d'acquérir 10 000 actions à un prix de 7,25 $ l'action. Toutes ces options sont toujours en circulation.

13 — ENGAGEMENTS

Au 31 décembre 1994, les engagements de la société en vertu de contrats de location—exploitation pour des bâtiments, du matériel et de l'outillage s'élèvent à 27 963 000 $. Les paiements minimums exigibles pour les cinq prochains exercices s'élèvent à 3 520 000 $ en 1995, 3 345 000 $ en 1996, 3 036 000 $ en 1997, 2 872 000 $ en 1998 et 2 965 000 $ en 1999.

Les Industries C−MAC Inc.
Notes complémentaires
aux 31 décembre 1994 et 1993

(les chiffres dans les tableaux sont en milliers de dollars)

14 − ÉVENTUALITÉS

Le vendeur d'une entreprise acquise antérieurement par la société exécute présentement certains travaux correctifs aux installations de la société, résultant de la découverte de contaminants environnementaux, alors qu'il utilisait ces installations. Ces travaux sont exécutés à la suite d'une ordonnance d'un organisme gouvernemental de l'État de la Floride à laquelle le vendeur a consenti de se soumettre. Le vendeur a aussi convenu de tenir la société indemne contre toute responsabilité en relation avec ces obligations relatives à l'environnement qui existaient au 31 mars 1992. Cependant, si le vendeur était dans l'impossibilité de compléter les travaux ou de se conformer à une telle indemnisation, l'organisme gouvernemental pourrait demander à la société de les compléter. Il est présentement impossible de déterminer si cette responsabilité pourrait revenir à la société ou, si tel est le cas, le montant à débourser. Conséquemment, aucune provision n'a été enregistrée aux états financiers de la société.

Lors de la vérification environnementale qui a précédé l'acquisition en 1992 de deux usines en Angleterre, la société avait été mise au courant de l'existence d'irrégularités provenant des activités antérieures. Selon les conventions d'achat d'éléments d'actif conclues entre les parties, le vendeur a retenu les services d'experts−conseils devant rédiger un rapport environnemental. Le mandat des experts−conseils était de recommander des mesures afin que ces deux usines soient conformes aux lois environnementales en vigueur au moment de leur acquisition, le vendeur s'étant engagé à prendre en charge les frais de mise en oeuvre de ces mesures. Dans leur rapport de juillet 1993, les experts−conseils sont arrivés à la conclusion que, bien que les deux usines n'aient pas été en violation des lois environnementales en vigueur au moment de leur acquisition, à titre de mesures préventives, il serait conseillé que des travaux de décontamination soient effectués à Harlow. Il se peut que, dans le cas des usines situées à Harlow et à Great Yarmouth, la société ait à engager elle−même certains frais advenant que, dans l'exercice de leur discrétion, les autorités anglaises exigent à l'avenir la mise en oeuvre d'autres mesures. Ces autorités n'ont jusqu'ici manifesté aucun signe laissant présager une éventuelle intervention de leur part.

En 1993, une filiale étrangère a convenu d'auto−assurer une partie des réclamations d'assurance relatives à un programme d'indemnisation accordé à ses employés et une partie des réclamations relatives à un programme d'assurance−santé. En avril 1994, la filiale a annulé son auto−assurance concernant le programme d'indemnisation accordé à ses employés et a souscrit à une police conventionnelle. Avec l'aide du gestionnaire de chaque programme respectif, la filiale a établi des provisions pour couvrir ses réclamations en suspens signalées ainsi que celles encourues, mais non signalées.

Des provisions pour les réclamations d'assurance relatives aux programmes d'indemnisation des employés et d'assurance−santé sont inscrites aux 31 décembre 1994 et 1993 et se détaillent comme suit :

	1994	1993
Programme d'indemnisation des employés	26 $	163 $
Programme d'assurance−santé	280	198
	306 $	361 $

Au 31 décembre 1993 et jusqu'en avril 1994, la filiale a fait cession de ses droits sur des certificats de dépôt à long terme pour un montant de 516 980 $ au gestionnaire du programme d'indemnisation des employés. Au 31 décembre 1994, la filiale devait fournir une caution de 140 180 $ comme garantie pour les réclamations encourues mais non signalées qui pourraient exister concernant le programme d'auto−assurance d'indemnisation des employés qui a été annulé. La filiale avait un passif éventuel maximum de 551 240 $ au 31 décembre 1993 et jusqu'en avril 1994. La filiale s'était aussi engagée à payer un facteur de conversion de perte de 15 % et des frais d'administration de 35 % en plus de 100 % de toutes les réclamations facturées jusqu'à concurrence du montant du passif éventuel maximum.

À l'égard du programme d'assurance−santé, la filiale a une limite de perte spécifique par événement de 140 180 $ en 1994 et de 99 130 $ en 1993, et un passif éventuel maximum global estimé à 1 957 530 $ et 2 139 800 $ au 31 décembre 1994 et 1993 respectivement.

Tout paiement pouvant résulter de ces éventualités serait imputé aux résultats de l'exercice alors en cours.

Les Industries C−MAC Inc.
Notes complémentaires
aux 31 décembre 1994 et 1993

(les chiffres dans les tableaux sont en milliers de dollars)

---

15 — IMPÔTS SUR LE REVENU

L'écart du taux d'impôt effectif par rapport au taux d'imposition de base s'explique comme suit:

	1994	1993
Taux d'imposition de base	37,7 %	37,7 %
Augmentation (diminution) du taux d'imposition attribuable aux éléments suivants:		
Dégrèvement pour bénéfices de fabrication et de transformation	(2,1)	(2,1)
Écarts permanents et autres	0,5	2,0
Taux d'impôt effectif	36,1 %	37,6 %

La société n'a pas provisionné d'impôts sur le revenu à l'égard des bénéfices non distribués des filiales étrangères puisque ces bénéfices sont réinvestis dans les opérations de ces filiales.

L'avantage fiscal d'une filiale provenant de pertes d'exploitation de 2 900 000 $ et d'éléments d'actif incorporel de 24 600 000 $ amortissables aux fins fiscales n'est pas inscrit dans ces états financiers consolidés. La filiale pourra utiliser l'avantage fiscal jusqu'en 2001 pour les pertes à reporter et jusqu'à un montant maximum annuel de 1 700 000 $ pour les éléments d'actif incorporel.

---

16 — DÉPENDANCE ÉCONOMIQUE

Pour les exercices terminés les 31 décembre 1994 et 1993 respectivement, environ 38 % et 53 % des revenus de la société proviennent de plusieurs divisions d'une société de télécommunication.

Les Industries C–MAC Inc.
Notes complémentaires
aux 31 décembre 1994 et 1993
(les chiffres dans les tableaux sont en milliers de dollars)

17 – INFORMATION SECTORIELLE

La société exerce ses activités dans un seul secteur d'activités : la microélectronique de pointe. La répartition géographique se résume ainsi:

	1994		1993	
Revenus				
Canada				
Revenus intérieurs	42 839	$	24 988	$
Exportations				
Clients	31 215		11 130	
Transferts	8 262		516	
	82 316		36 634	
États–Unis d'Amérique	137 063		98 040	
Europe	50 993		37 301	
Transferts intersectoriels	2 549		1 897	
	190 605		137 238	
	272 921		173 872	
Élimination des transferts intersectoriels	(10 811)		(2 413)	
	262 110		171 459	
Élément non réparti – revenus d'intérêts	897		1 181	
Revenus totaux	263 007	$	172 640	$
Bénéfice d'exploitation avant éléments non répartis				
Canada	4 569	$	6 557	$
États–Unis d'Amérique	7 407		7 429	
Europe	2 890		3 184	
Élimination des transferts intersectoriels	18			
	14 884		17 170	
Éléments non répartis				
Revenus d'intérêts	897		1 181	
Frais d'administration	(2 696)		(1 016)	
Amortissement de l'achalandage	(560)		(20)	
Frais financiers	(2 978)		(1 508)	
Amortissement de l'escompte sur la dette à long terme	(920)		(744)	
Impôts sur le revenu	(3 117)		(5 671)	
Part des actionnaires sans contrôle	(360)			
	(9 734)		(7 778)	
Bénéfice net	5 150	$	9 392	$
Éléments d'actif				
Canada	205 220	$	183 311	$
États–Unis d'Amérique	70 952		50 263	
Europe	37 455		26 854	
	313 627		260 428	
Éliminations	(95 756)		(88 941)	
Actif total	217 871	$	171 487	$

18 – CHIFFRES DE L'EXERCICE PRÉCÉDENT

Certaines données correspondantes fournies pour l'exercice précédent ont été reclassées en fonction de la présentation adoptée pour le présent exercice.

Liste des comptes utilisés dans le livre

Actif à court terme

101 Encaisse
102 Petite caisse
103 Quasi-espèces
104 Placements temporaires
105 Provision pour diminution de valeur des placements temporaires
106 Clients
107 Provision pour créances douteuses
108 Honoraires d'avocat à recevoir
109 Intérêts à recevoir
110 Loyers à recevoir
111 Effets à recevoir
112 TPS à recouvrer
113 TVQ à recouvrer
115 Souscriptions à recevoir – Actions ordinaires
116 Souscriptions à recevoir – Actions privilégiées
119 Stock _____
120 Stock _____
121 Stock _____
124 Fournitures de bureau non utilisées
125 Fournitures de magasin non utilisées
126 _____ non utilisées
128 Assurances payées d'avance
129 Intérêts payés d'avance
130 Impôts fonciers payés d'avance
131 Loyers payés d'avance
132 Stock de matières premières
133 Stock de produits en cours, _____
134 Stock de produits en cours, _____
135 Stock de produits finis

Placements à long terme

141 Placements de portefeuille en actions
142 Placements en obligations
144 Placements en _____
145 Fonds de remboursement d'obligations
146 Participation dans _____

Immobilisations corporelles

151 Automobiles
152 Amortissement cumulé – Automobiles
153 Camions
154 Amortissement cumulé – Camions
155 Bateaux
156 Amortissement cumulé – Bateaux
157 Livres

158 Amortissement cumulé – Livres
159 Livres de droit
160 Amortissement cumulé – Livres de droit
163 Matériel de bureau
164 Amortissement cumulé – Matériel de bureau
165 Matériel de magasin
166 Amortissement cumulé – Matériel de magasin
167 Matériel _____
168 Amortissement cumulé – Matériel _____
169 Machinerie
170 Amortissement cumulé – Machinerie
171 Améliorations locatives
172 Amortissement cumulé – Améliorations locatives
173 Bâtiments
174 Amortissement cumulé – Bâtiments
175 Bâtiments _____
176 Amortissement cumulé – Bâtiments _____
179 Frais d'aménagement des terrains
180 Amortissement cumulé – Frais d'aménagement des terrains
181 Frais d'aménagement des terrains _____
182 Amortissement cumulé – Frais d'aménagement des terrains _____
183 Terrains

Ressources naturelles

185 Gisement minier
186 Épuisement cumulé – Gisement minier
187 Gisement pétrolifère
188 Épuisement cumulé – Gisement pétrolifère

Immobilisations incorporelles

190 Frais de premier établissement
191 Brevets d'invention
192 Propriétés louées à bail
193 Franchises
194 Droits d'auteur
195 Fonds commercial
196 Frais de développement
197 Marque de commerce

Frais reportés

198 Frais de constitution
199 Impôts reportés (débiteurs)

Passif à court terme

201 Fournisseurs
202 Assurances à payer
203 Intérêts à payer
205 Frais légaux à payer
207 Salaires administratifs à payer
208 Loyers à payer
209 Salaires à payer
213 Impôts fonciers à payer
214 Provision pour garanties
215 Impôt sur le bénéfice à payer
216 Dividendes à payer – Actions ordinaires
217 Dividendes à payer – Actions privilégiées
218 Assurance-emploi à payer
219 Régime de rentes du Québec à payer
220 Impôt fédéral retenu à la source à payer
221 Impôt provincial retenu à la source à payer
222 Fonds des services de santé à payer
223 Assurance collective à payer
224 Régime de retraite à payer
225 Cotisations syndicales à payer
226 Dette relative aux indemnités de vacances
227 TPS à payer
228 TVQ à payer
230 Honoraires de consultation reçus d'avance
231 Honoraires reçus d'avance
232 Honoraires professionnels reçus d'avance
233 Produits d'exploitation reçus d'avance
234 Dépôts reçus de clients
235 Loyers reçus d'avance
236 Fonds national de formation de la main-d'œuvre à payer
237 Commission de la santé et de la sécurité du travail du Québec à payer
240 Effets à payer à court terme
241 Escompte sur effets à payer à court terme

Passif à long terme

251 Effets à payer à long terme
252 Escompte sur effets à payer à long terme
253 Obligations découlant d'un contrat de location-acquisition
254 Escompte sur contrat de location-acquisition
255 Emprunt obligataire
256 Escompte d'émission d'obligations
257 Prime d'émission d'obligations
258 Impôts reportés (long terme)
259 Emprunt hypothécaire

Capitaux propres

Entreprise individuelle et société de personnes

301 _____ – Capital
302 _____ – Prélèvements
303 _____ – Capital
304 _____ – Prélèvements
305 _____ – Capital
306 _____ – Prélèvements

Société par actions

Capital-actions

307 Capital-actions ordinaire
309 Capital-actions ordinaire souscrit
310 Capital-actions privilégié
312 Capital-actions privilégié souscrit

Surplus d'apport

314 Surplus d'apport – Prime à l'émission d'actions ordinaires
315 Surplus d'apport – Prime à l'émission d'actions privilégiées
316 Surplus d'apport – Gain sur rachat d'actions ordinaires
317 Surplus d'apport – Gain sur rachat d'actions privilégiées
318 Surplus d'apport – Bien reçu à titre gratuit

Bénéfices non répartis

320 Bénéfices non répartis
321 Dividendes en espèces
322 Dividendes en actions

Produits d'exploitation

401 Honoraires professionnels gagnés
402 Honoraires gagnés
403 Honoraires de gestion gagnés
404 Produits de réparation – Main-d'œuvre
405 Services rendus
406 Commissions gagnées
407 Loyers gagnés
408 Dividendes créditeurs
409 Intérêts créditeurs
413 Ventes
414 Rendus et rabais sur ventes
415 Escomptes sur ventes

Coût des marchandises vendues

502 Coût des marchandises vendues
505 Achats
506 Rendus et rabais sur achats
507 Escomptes sur achats
508 Frais de transport à l'achat

Coût de fabrication

520 Achats de matières premières
521 Frais de transport des matières premières
522 Amortissement – Brevets d'invention
523 Épuisement – Gisement minier
530 Salaires des travailleurs de l'usine
531 Main-d'œuvre directe
540 Charges indirectes de fabrication
541 Coût des matières indirectes
542 Main-d'œuvre indirecte
543 Assurances – Usine
544 Supervision
545 Fournitures de fabrication utilisées
546 Force motrice
547 Charges diverses de fabrication
548 Impôts fonciers de l'usine
550 Loyers de l'usine
551 Réparations et entretien du matériel de fabrication
552 Petits outils
560 Amortissement – Matériel de fabrication
561 Amortissement – Usine

Écarts sur coût standard

580 Écarts sur la quantité de matières premières
581 Écarts sur le prix des matières premières
582 Écarts sur le nombre d'heures de la main-d'œuvre directe
583 Écarts sur le prix de la main-d'œuvre directe
584 Écarts sur les charges indirectes de fabrication
585 Écarts sur les charges indirectes de fabrication contrôlables

Charges

Amortissement

601 Amortissement – _____
602 Amortissement – Droits d'auteur
604 Amortissement – Bateaux
605 Amortissement – Automobiles
606 Amortissement – Bâtiment _____
607 Amortissement – Bâtiment _____
608 Amortissement – Frais d'aménagement des terrains _____
610 Amortissement – Livres de droit
611 Amortissement – Camions
612 Amortissement – Matériel de bureau
613 Amortissement – Matériel de magasin
614 Amortissement – Matériel
615 Amortissement _____

Salaires

620 Salaires du personnel de bureau
621 Salaires des vendeurs
622 Salaires
623 Salaires _____
624 Charges sociales
625 Avantages sociaux

Frais financiers

630 Différence de caisse
631 Escomptes perdus
633 Intérêts débiteurs
634 Frais bancaires

Assurances

635 Assurances
636 Assurances – Matériel de bureau
637 Assurances _____

Loyers

640 Loyers
641 Loyers – Bureaux
642 Loyers – Magasin
643 Loyers – Matériel
644 Loyers des camions
645 Loyers _____

Fournitures utilisées

650 Fournitures de bureau utilisées
651 Fournitures de magasin utilisées
652 Fournitures _____ utilisées
653 Fournitures _____ utilisées

Charges diverses

655 Publicité
656 Créances douteuses
657 Frais d'impression
658 Dépenses des bateaux
659 Frais de location du matériel
662 Frais de carte de crédit
663 Frais de livraison
668 Nourriture et boissons
669 Essence, huile et réparations
671 Essence et huile

672 Charges administratives
673 Frais de conciergerie
674 Frais légaux
676 Frais de déplacement
677 Charges diverses
681 Permis et licences
682 Frais de poste
683 Impôts fonciers
684 Réparations _____
685 Réparations _____
687 Frais de vente
688 Téléphone
689 Frais de voyage
690 Électricité
691 Frais de garantie
695 Impôts sur le bénéfice

Gains et pertes

701 Gain sur cession

702 Gain sur vente de matériel
703 Gain sur vente de placements temporaires
704 Gain sur vente de camions
705 Gain sur _____
706 Produits de placements
801 Perte sur cession
802 Perte sur vente de matériel
803 Perte sur échange de _____
804 Perte non matérialisée sur la valeur des placements temporaires
806 Perte sur vente de placements à long terme
807 Perte sur vente de machinerie
808 Perte sur vente de _____
809 Perte sur _____
810 Gain ou perte sur liquidation
901 Sommaire des résultats

Index